Die Geschichte der Hörakustik

Die Geschichte der Hörakustik

2000 Jahre Hören und Hörhilfen

Rainer Hüls

Median-Verlag Heidelberg

Die Geschichte der Hörakustik – 2000 Jahre Hören und Hörhilfen
© 1999 Median-Verlag von Killisch-Horn GmbH
25.12.99
Autor: Rainer Hüls, Hamburg
Redaktion: Kurt Osterwald, Heidelberg
Layout und Satz: Vogt Grafik-Design, Heidelberg/Eppelheim
Repro: RSK, Leimen
Druck und Bindung: Color-Druck, Leimen

Die Deutsche Bibliothek – CIP-Einheitsaufnahme

Hüls, Rainer:
Die Geschichte der Hörakustik : 2000 Jahre Hören und Hörhilfen / Rainer Hüls. –
Heidelberg : Median-Verl. von Killisch-Horn, 1999
  ISBN 3-922766-66-8

Vorwort

Die Absicht des Autors und seines Verlegers war es ursprünglich, mit diesem Buch nur die Entwicklung des Berufsstandes der Hörgeräte-Akustiker und die Leistungen seiner Gründer aufzuzeichnen und für die jüngere Generation zu bewahren. Die Beschäftigung mit der Materie hatte aber schon nach kurzer Zeit gezeigt, dass es sehr reizvoll sein würde, die Geschichte des Berufsstandes in größere historische, ökonomische und fachwissenschaftliche Zusammenhänge zu stellen. Seine Bedeutung für die Rehabilitation von Schwerhörigkeiten ist dadurch nur noch deutlicher geworden, denn er bildet den Höhepunkt einer langen Tradition und Entwicklung. Es konnte auf diese Weise auch vermieden werden, dass der Inhalt des Buches den Charakter einer bloßen Festschrift annahm, wie sie anlässlich berufsständischer Jubiläen gerne veröffentlicht wird. Derartige Druckschriften haben oft den Charakter eines »Pflichtenheftes«, ihr Inhalt ist mehr oder weniger vorher schon bekannt und nicht selten wandern sie nach flüchtiger Durchsicht ungelesen ins Archiv.

Es ging mit diesem Buch vielmehr darum, nicht nur den Hörgeräte-Akustikern einen geschichtlichen Überblick über die Entwicklung auf dem Gebiet der apparativen Rehabilitation von Schwerhörigkeiten zu geben, sondern auch Angehörigen der Industrie, den Ärzten, Physikern, Mitgliedern der Verbände und Medien und nicht zuletzt den Schwerhörigen selbst und ihren Angehörigen.

Damit sollte auch ein Kompendium geschaffen werden, das sich für historisch Interessierte nebenbei als Nachschlagewerk eignet. Dennoch ist »Die Geschichte der Hörakustik« kein Lehrbuch. Es versucht vielmehr, einen – soweit als möglich – unterhaltsamen fachlichen Streifzug durch die Jahrhunderte zu unternehmen. Im Hinblick darauf, dass die meisten Leser Hörgeräte-Akustiker sein werden oder dem Beruf nahestehen, bildet die Schaffung ihres Berufsstandes naturgemäß einen thematischen Schwerpunkt, der ergänzt wird durch ein Kapitel über die geschichtliche Entwicklung des Handwerks im Allgemeinen.

Es war hohe Zeit, die Geschichte der Hörhilfen und ihrer Anwendung für die Otologie, Audiologie, Akustik und die Industrie festzuhalten, weil von Jahr zu Jahr mehr an fachhistorischem Wissen verloren geht. Es hatte sich schon jetzt bei der Arbeit an diesem Buch gezeigt, dass sich viele Ereignisse und Daten, die Jahrzehnte zurückliegen, nicht mehr eindeutig klären lassen.
Die noch verfügbaren Dokumente und persönlichen Erinnerungen widersprachen sich in Inhalt und Chronologie manchmal ganz erheblich und konnten in einigen Fällen nicht mehr eindeutig geklärt werden.

Eine andere Erfahrung während der Recherchen war, dass viele Angehörige der jüngeren Generation unseres Faches nur noch ein geringes branchenhistorisches Bewusstsein zu haben scheinen, das durch dieses Buch aber wieder neu geweckt werden könnte. Die Herstellung, der Vertrieb und die Anpassung von Hörhilfen ist nämlich nicht nur eine Quelle des Gelderwerbes, sondern eine segens- und sinnstiftende Tätigkeit für andere und sich selbst.

Mein Dank geht an verschiedene Kolleginnen und Kollegen, die mir mit ihren Erinnerungen teils mündlich, teils schriftlich zur Verfügung gestanden oder mir in anderer Weise bei der Erstellung des Manuskriptes geholfen haben:

Mads B. Andersen, Jörg Baier, Stefan Bandick, Oliver Barz, Thomas Becker, Arnoud Beem, Hans Bergenstoff, Christian Bönschen, Paul Bommer, Herbert Bonsel, Hans Georg Braun, Helmut Eckert, Kurt Erich Döll, Ingo Döscher, Harald Feldmann, Joachim Geerling, Käthe Geers, Thomas Glaue, Lawrence T. Hagen, Gerhard Hillig, Klaus Hüber, Kurt Iffland, Martin Kind, Werner Köttgen, Horst Lachenicht, Henry Meltsner, Aubrey Miller, Karl Müller, Anne-Marie Müthel, Claus Nielsen, Berthold Ollmann, Kurt Osterwald, Christina Osterwald, Roland Papenfuß, Karlo Pasemann, Reimer Rohweder, Max Schwaiger, Klaus Seifert, Bent Simonsen, Harold Spar, Clemens Starke, Inge Steinl, Rainer Trunt, Horst Werner Wendt, Peter C. Werth, Erik Westermann, Johannes Wittkowski.

Rainer Hüls

Hamburg, Dezember 1999

Inhalt

I. Altertum

Stürmische See

Der Weg zum Herzen geht über das Ohr
(Arabisches Sprichwort)

Kaiser *Hadrian* (76 bis 138 n. Chr.) wäre besser in Italien geblieben. Als er im Jahr 122 vom Rhein kommend den Ärmelkanal in Richtung Britannien überquerte, tobten die Herbststürme so schwer über der Nordsee, dass das kaiserliche Flaggschiff, eine schwere Hexere, kaum ihren Kurs halten konnte. Der reisefreudige Friedenskaiser, der sich nicht scheute, mit den gemeinen Soldaten selbst die beschwerlichsten Tagesmärsche zu Fuß zurückzulegen, hatte sich auch auf dieser Reise nicht geschont und stundenlang im eisigen Wind an Deck gestanden. Dass er selbst an den kältesten Wintertagen jede Kopfbedeckung ablehnte, um seinen Soldaten seine vorbildliche Härte und Tapferkeit unter Beweis zu stellen, sollte sich auf dieser Reise zum erstenmal rächen. Der 54-jährige Kaiser hatte seine körperliche Widerstandsfähigkeit offenbar überschätzt und zog sich eine Mittelohrentzündung zu, in deren chronischem Verlauf er auf dem rechten Ohr schwerhörig wurde.

In den folgenden Monaten, da Hadrian den Bau des berühmten 117 Kilometer langen Verteidigungswalles in Britannien persönlich überwachte, war keine Zeit für eine ärztliche Behandlung. Entweder musste man in Gegenwart des Kaisers deutlich lauter sprechen oder schweigen. Weil er als Stoiker ohnehin der Meinung war, dass Bedachtsamkeit in der Rede für einen gebildeten Mann geboten sei, entschied er sich für letzteres. Er stellte eigens einen Beamten ein, dessen einzige Aufgabe darin bestand, darauf zu achten, dass dem Kaiser nur das Notwendigste mündlich vorgetragen wurde und möglichst Stille in seiner Umgebung herrschte. Ansonsten wurden ihm Schrifttafeln gereicht.

Der Beobachtungsgabe, dem Scharfsinn, der Menschenkenntnis und dem Witz des Kaisers Hadrian taten seine Schwerhörigkeit und Schweigsamkeit allerdings keinen Abbruch. Als sich ein alter Graukopf um die genannte Beamtenstelle bewarb, aber dem Kaiser nicht passend erschien, schickte er ihn mit der Bemerkung wieder weg, er sei zu alt für den Posten. Als sich derselbe Mann am nächsten Tag mit gefärbten Haaren und verstellter Stimme noch einmal bei Hadrian

Abb. I.1. Die Büste des Kaisers Hadrian (76 bis 138 n. Chr.)

vorstellte, wehrte dieser mit der lakonischen Bemerkung ab: »Die Stellung habe ich bereits deinem Vater abgelehnt.« *(Lissner, Die Caesaren, S.165 ff.)*

Aber manchmal hörte Hadrian besser, als er zugab. Als er eines Tages in den öffentlichen Thermen einen Greis sah, der sich den Rücken am Marmor des Tepidariums scheuerte, fragte er ihn, was das zu bedeuten habe. »Ich kann mir leider keinen Sklaven leisten, der mir den Rücken kratzt!« entgegnete der alte Mann. Daraufhin schenkte der Kaiser ihm großzügig drei Sklaven und eine auskömmliche Jahresrente.

Als der Imperator anderntags wieder die Thermen aufsuchte, standen da 30 alte Männer, die sich den Rücken an der Wand scheuerten. Der Kaiser ignorierte sie jedoch und ging wortlos seines Weges. Daraufhin fingen die alten Männer laut an zu jammern, wie schwer doch das Leben ohne Sklaven sei. Sie hofften, dass der Kaiser sie hören würde. Der aber stellte sich taub. Daraufhin klagten sie schließlich so laut, dass es dem Kaiser zu bunt wurde. Er blieb stehen und kam zurück. Die Alten strahlten vor Freude in Erwartung einer großzügigen kaiserlichen Schenkung. Doch der gab ihnen stattdessen den weisen Rat: »Am besten kratzt ihr euch gegenseitig den Rücken. Das hilft und erspart der Staatskasse viel Geld!«

Ob Hadrian, von dem der berühmte Ausspruch stammt »Viele Ärzte sind des Fürsten Tod«, jemals wegen seiner Schwerhörigkeit einen Arzt konsultierte und was dieser dem Kaiser als Therapie empfohlen hätte, ist nicht bekannt. Es ist aber sehr wahrscheinlich, dass er den berühmten römischen Arzt *Archigenes* zu sich gerufen hätte, der schon seinem Vorgänger Trajan diente. Von jenem Archigenes wird berichtet, dass er nicht nur verschiedene Erkrankungen des Ohres erfolgreich zu behandeln wusste, sondern auch ein Mittel gekannt hat, das einen Schwerhörigen in die Lage versetzte, wieder deutlich besser zu hören. Dazu empfahl er, eine »klingende Röhre«, die nach Form und Länge geeignet war, Schall aufzunehmen und zu verstärken, an das Ohr zu halten. Ob Hadrian sich dieser Hörhilfe bedient hat, ist höchst ungewiss, denn es ist nur überliefert, dass er seine Hand hinter das Ohr zu halten pflegte. Gekannt hat er das Hörrohr aber mit einiger Wahrscheinlichkeit (*Galen, De comp.med.sec.loc.Lib.III, Kap.1*).

Hörhilfen im Nebel der Geschichte

Der Erfinder des Hörrohres war Archigenes sicher nicht, denn zumindest die Sprachrohre werden bereits weit vor ihm in der antiken Literatur erwähnt, und die waren immer auch als Hörrohr zu verwenden, wenn man sie einfach umdrehte.

Die Frage, wann die ersten mechanischen Hörhilfen in der Geschichte der Menschheit in Gebrauch waren, wird nie definitiv zu klären sein. Das Prinzip der mechanischen Schallverstärkung, ob in der Form des Aussendens oder Empfangens von Schall, war mit ziemlicher Sicherheit von Anbeginn an bekannt. Es ist sehr unwahrscheinlich, dass die Menschen der Urzeit nicht zufällig die schallfokussierende Wirkung der hinter das Ohr gehaltenen Hand entdeckt und genutzt haben. Zu ihrem Überleben gehörte die Hörbereitschaft in der Nacht, um sich vor wilden, nachtjagenden Tieren zu schützen, und die Verständigung bei Tage, wenn sie selber die Jäger waren. Der Mensch war schon immer ein »homo audiens« und »homo communicator«.

Dieselben akustischen Entdeckungen wird er beim spielerischen Umgang mit großen Blättern, leeren Muscheln oder hohlen Knochen und Baumstämmen gemacht haben. Auch ist es unwahrscheinlich, dass man mit der Erfindung der ersten Blasinstrumente, seien sie aus Stierhörnern, Schilfrohr oder Muscheln gefertigt, nicht zugleich auch deren hörverstärkende Wirkung entdeckt hätte, die sich ergibt, wenn man das Mundstück an das Ohr hält. Genauso wie der Mensch seit Urzeiten weiß, dass die hohle Hand als akustischer Verstärker beim Flüstern, Rufen und eben auch beim Hören nützlich ist, genauso lange weiß er, dass ein Hohlkörper als akustischer Verstärker nicht nur beim Aussenden, sondern auch beim Empfangen von Schall nützlich ist. Es wäre also völlig unlogisch, dass man das Sprachrohr und das Signalhorn kannte, aber nicht das Hörrohr. Insofern ist die Geschichte des Hörrohres nicht von der Geschichte der Blasinstrumente und Sprachrohre zu trennen.

Abb. I.2. Die Fotomontage von 1974 zeigt die Göttin Pallas Athene mit einer Trompete am Ohr. Der spanische Arzt Enrique Mencheta wollte damit zeigen, wie naheliegend der Gebrauch dieses Instrumentes als Hörrohr gewesen ist

Eine andere Frage ist, ob das archaische »Hörrohr« nennenswert verbreitet war, genauer gesagt, ob es gezielt für die Schwerhörigkeit hergestellt und eingesetzt worden ist? Das ist eher unwahrscheinlich, weil es dazu der Diagnose und der Therapie durch einen Ohrenarzt bedurft hätte. Diesen aber gab es noch nicht. Weiterhin hätte es der notwendigen Kaufkraft bedurft, ein Hörrohr zu erwerben. Die Möglichkeit bestand für die Masse der Bevölkerung nicht und eine wirtschaftlich interessante Herstellung lohnte deshalb auch nicht.

Weiter muss gefragt werden: Wenn die segenstiftende Wirkung der »Hörrohre« bekannt war, warum gibt es dann nur so wenige Belege in Wort und Bild?

Es fällt auf, dass es fast keine Abbildungen aus der Antike oder dem Mittelalter gibt, die einen Menschen zeigen, der eine Hörhilfe benutzt oder wenigstens die Hand hinter das Ohr hält. Daraus ist immer der Schluss gezogen worden, dass es vor dem 17. Jahrhundert keine Hörhilfen gab. Aber ist das plausibel? Die Menschen haben sich schon immer mit dem Schall beschäftigt, allein schon deshalb, weil sie musiziert und Kriege geführt haben. Die Akustik ist die älteste experimentelle Wissenschaft und es gab bereits in der Antike Forschungen über die Natur des Schalls, seine Geschwindigkeit, die Art seiner Ausbreitung, wie er sich am besten einfangen und über weite Strecken übertragen lässt. Aber auf die einfachste aller Ideen, den Schall mit den überall schon bekannten Muscheln, Röhren, Hörnern und Trichtern einfach dem Ohr zuzuführen, sei keiner gekommen? Der spanische Ohrenarzt *Enrique Mencheta* hat das 1974 einmal in einer Fotomontage dargestellt, weil er zeigen wollte, wie naheliegend das gewesen ist.

Es hat damals schon Schädelöffnungen, Augenoperationen, Zahnersatz, Beinprothesen, Anästhesie, Rektoskopie, Plastische Chirurgie und eine Vielfalt an medizinischen Instrumenten gegeben, aber der Schwerhörigkeit hat man machtlos gegenüber gestanden und keine physikalische Therapie dafür gewusst? Es gab in der Antike schon Münzautomaten, Wasserorgeln, Taxameter, Entfernungs- und Höhenmesser, Wassermühlen, Feuerlöscher, siebenstöckige Wohnhäuser, Wasserhähne, Spieldosen, Dampfmaschinen, hydraulische Tempeltüren, Planetengetriebe und eine ausgefeilte Militärtechnik, aber akusto-mechanische Hörhilfen gab es nicht? *(Vgl. Neuburger, Die Technik des Altertums, James/Thorpe, Enzyklopädie der frühen Erfindungen).*

Wenn es sie aber doch gegeben hat, warum haben wir dann keine Abbildungen davon? Der Grund wird derselbe gewesen sein wie heute. Man versuchte, Hördefizite zu verstecken oder gar zu verleugnen. Und wenn es Hörhilfen gab, so erkennen wir sie nicht und interpretieren die in Frage kommenden Gegenstände als Schmuck. Im Falle Alexanders des Großen war das wahrscheinlich der Fall. Doch davon später. Wenn Forscher in tausend Jahren unsere Bildarchive sichten werden, so fänden sie vermutlich kaum Personen mit Hörhilfen darunter. Gerade Prominente vermeiden in aller Regel die Veröffentlichung unvorteilhafter Photos und – soweit es sie gibt – werden gerade die nicht für die Nachwelt archiviert. Wird man je ein Bild von Bill Clinton finden, auf dem er seine Hörhilfe zeigt?

Um wieviel mehr muss das gegolten haben zu einer Zeit, da große Männer und Frauen wie Caesar oder Cleopatra als Götter galten und nur in idealisierender Form dargestellt werden durften. Die persönlichen Krankengeschichten waren schon damals tabu, die Ärzte unterlagen wie heute der Schweigepflicht. Wenn aber schon die Schwerhörigkeiten der Großen dieser Welt verschwiegen wurden, wäre es dann nicht logisch, wenn auch die Hörhilfen ein Tabu geblieben wären?

Vielleicht hat die Seltenheit historischer Belege für Schwerhörigkeiten und Hörhilfen aber auch noch eine zusätzliche und ganz einfache Erklärung: Schwerhörigkeit war noch nicht so weit verbreitet wie heute! In einer modernen Industriegesellschaft haben etwa 20 % der Bevölkerung Hörschäden, damals waren es vielleicht aber nur 2 %. Die Wahrscheinlichkeit, auf Bilder von Hörhilfen aus dem Altertum oder dem Mittelalter zu stoßen, wäre dann zehnmal so gering wie heute, ganz abgesehen davon, dass überhaupt nur noch wenige Abbildungen erhalten sind.

Der Sonnengott hielt die Hand hinters Ohr

Pharao *Amenophis IV.* (1364 bis 1348 v. Chr.), der als Sonnengott »Echnaton« in die Geschichte einging, war der Einzige, der seine mehrfache Behinderung, die einige Symptome der Fröhlichschen Krankeit (Dystrophia adiposo-genitalis) wie Fettleibigkeit der Hüften und Oberschenkel, Wasserkopf (Hydrocephalus) und kaum entwickelte primäre und sekundäre Geschlechtsmerkmale (Hypogenitalismus) aufwies, nicht versteckte, sondern sie geradezu als Zeichen seiner Göttlichkeit ansah und einen monströsen Kult daraus machte. Echnaton litt wegen seines auffällig großen Wasserkopfes mit einiger Wahrscheinlichkeit auch an einer zentralen Hör- und Sprachstörung. *(Zur Pathologie des Echnaton: s. Aldred, Echnaton, S.145 ff. Es sei noch angemerkt, dass der Widerspruch nie aufgeklärt werden konnte, wieso Echnaton einerseits geschlechtlich immer ein Kleinkind blieb, andererseits aber als Lüstling galt und mit Nofretete unverkennbar eigene Nachkommen mit denselben Krankheitsbildern zeugte).*

Hat der Pharao eine Hörhilfe benutzt? Wahrscheinlich nicht, denn auch aus seiner Zeit sind keine Darstellungen von Hörhilfen erhalten. Vielleicht hat Echnaton aber auch nur die Hand hinter sein Ohr gehalten. Dieses einfachste aller Mittel, um besser hören zu können, ist für das alte Ägypten immerhin belegt. Es gibt

Abb. I.3. Ein ägyptischer Musiklehrer hört dem Schüler aufmerksam zu und hält die Hand hinter das Ohr

Abb. I.4. Lauschende ägyptische Mädchen aus der Zeit Amenophis' IV.

ein Fresko aus dem 3. Jahrtausend v. Chr., das einen Musiklehrer zeigt, der einem Schüler, der das Harfenspiel erlernen soll, aufmerksam zuhört. Dazu benutzt er seine Hand als Schallverstärker. Aus Echnatons Zeit stammt das Wandbild mit den Mädchen, die ihre Hand hinters Ohr halten.

Wahrscheinlich aber musste Echnaton keine eigens konstruierte Hörhilfe benutzen, denn die typischen, aus gestärktem Leinen bestehenden Kugelperücken der

Abb. I.5. Pharao Echnaton in der Seitenansicht mit Kugelperücke. Deutlich sind die weiblichen Körperformen zu erkennen (Bild links)

Abb. I.6. Pharao Tut-Anch-Amun mit Kugelperücke. Das gestärkte Leinen wirkte wie ein hinter das Ohr gehaltener Hörfächer (Bild rechts)

Abb. I.7. Der Deutsche Kaiser Sigismund (1368 bis 1437) auf seinem Thronsessel, der mit einem Baldachin überwölbt war, der hörverstärkend wirkte

*Abb. I.8. Der 2 300 Jahre alte sumerische Goldhelm musste die Ohren
nachbilden und offen halten, damit der König Meskalamdug dem
Geschehen der Kulthandlungen akustisch folgen konnte*

Pharaonen hatten mit Sicherheit auch den Effekt, den Schall hinter dem Ohr zu
reflektieren. Die berühmte Goldmaske des Tut-Anch-Amun ist ein Beispiel hierfür. Dabei fällt auf, dass sie in einigen Fällen so getragen wurde, dass das Ohr
bedeckt blieb, in anderen Fällen aber so, dass es frei blieb. Wie wenn eine Hand
hinter das Ohr gehalten wird, so wird im letzteren Falle die Ohrmuschel durch
die Perücke leicht nach vorne gedrückt. Was waren die Perücken anderes als
überdimensionale Ohren? Akustisch wirkten sie wie Hörfächer, die es im 19.

Jhdt. in großer Vielfalt gegeben hat. Auch sie bestanden aus gespannten Stoffen oder Fellen und bildeten eine ebene Fläche. Sie verstärkten, wie die Kugelperücke, die Schatteneffekte des Kopfes, was einer Verstärkung des Richtunghörens gleich kam. Im Gegensatz zum Hörfächer war die Kugelperücke sogar eine binaurale Anordnung und damit noch effektiver als der Hörfächer. Sie muss in den Audienzen in jedem Falle eine Hilfe zum Hören gewesen sein, wenn auch nicht gerade für mittel- bis hochgradige Schwerhörigkeiten. Vom Mittelalter bis zur Neuzeit waren die Thronsessel der Kaiser und Könige oft wie große Ohrensessel geformt, die von einer Art Baldachin muschelförmig überwölbt wurden. Sie erleichterten das Hören bei Audienzen und Thronratssitzungen wie es die Perücken der Pharaonen taten. Sie waren Hörhilfen, auch wenn sie nicht ausdrücklich so genannt wurden.

Nicht nur bei Audienzen, auch bei Kult-Handlungen musste man gut hören können. Der 2 300 Jahre alte Goldhelm des sumerischen Königs *Meskalamdug,* den man in einem Königsgrab in Ur gefunden hat und der kultischen Zwecken diente, hat auf jeder Seite eine Öffnung für das Ohr, die zu einer deutlich abstehenden Ohrmuschel ausgeformt wurde. Damit wurde vermutlich nicht einer königlichen Schwerhörigkeit Rechnung getragen, sondern nur auf ziemlich professionelle Weise ausgeglichen, was der unkomfortable Helm ohne diesen Hörverstärker dem König an Hörfähigkeit genommen hätte.

Die Krankheit der Götter

Eine andere, allerdings unfreiwillige Ausnahme von der gebotenen Diskretion war der bedauernswerte römische Kaiser *Claudius* (10 v. Chr. bis 54 n. Chr.), über den sich die Menschen schon zu Lebzeiten in aller Öffentlichkeit lustig machten. Beim Mittagessen schlief er jedesmal ein und schnarchte dann so fürchterlich, dass seine Familie ihn mit Dattelkernen bewarf. Wieder erwacht, fing er schon bei der geringsten Aufregung an, rote Flecken im Gesicht zu bekommen, zu stottern und heftig mit dem Kopf zu wackeln. Er lief immer mit offenem Mund herum, zuckte mit den Gliedern und sabberte. Als wäre das nicht alles schon genug, tropfte ihm auch noch ständig die Nase. Und er war vergesslich. Nachdem er seine wegen ihres ausschweifenden Lebens berüchtigte Ehefrau Messalina hatte vergiften lassen, erkundigte er sich am nächsten Tag besorgt, warum die Kaiserin nicht zum Mittagessen erscheine.

So jedenfalls berichten es die Historiker. Claudius ist wegen seiner Behinderungen, die postum als spastische Paralyse diagnostiziert wurden, immer als Trottel dargestellt worden. Seine Mutter nannte ihn »Missgeburt«. Dabei muss er wohl in Wirklichkeit ein ziemlich intelligenter Mann gewesen sein. Bevor er nämlich nach der Ermordung Kaiser Caligulas (41 n. Chr.) überraschend und gegen seinen Willen zum Kaiser ausgerufen wurde, war er ein anerkannter Historiker und Staatsrechtler gewesen, der sich lebenslang nur seinen Studien zu widmen gedachte. Claudius ist ein Beispiel dafür, wie körperliche Behinderungen schon immer mit geistiger Unzulänglichkeit gleichgesetzt wurden. Und sie wurden dem Spott preisgegeben.

Der wackelnde Kopf und die tropfende Nase hatten sicherlich etwas Komisches. Aber man machte sich auch darüber lustig, dass er beim Gehen hinkte. Das ließ sich gut parodieren, obwohl es einen ernsthaften Hintergrund hatte. Er war unter dramatischen Umständen als Frühgeburt zur Welt gekommen, litt sofort unter schweren Allergien, hatte die Malaria und war teilweise gelähmt.

Er wurde von seiner Familie, dem julisch-claudischen Herrscherhaus, als Knabe und noch als Erwachsener von der Öffentlichkeit ferngehalten, weil man sich seiner schämte. Seinen Kopf soll er immer schief gehalten haben, als sei er ihm

Abb. I.9. Kaiser Claudius (10 v. Chr. bis 54 n. Chr.) wurde wie Alexander der Große in idealisierter und heroisierter Form dargestellt. Seine verschiedenen körperlichen Gebrechen sind nicht erkennbar

zu schwer. Auch das war für eine Karikatur gut geeignet. In Wirklichkeit musste Claudius seinen Kopf wohl nur im Gespräch zur rechten Seite neigen, um besser hören zu können. Er war nämlich auch noch schwerhörig, und zwar seit seiner Kindheit als Folge einer Masernerkrankung. Er vermied tageweise jedes Gespräch und zog es dann vor, Schrifttafeln auszutauschen. Benutzte auch er keine Hörhilfe? *(Anm. Die Angaben zu Claudius stammen u.a. aus: Scarre, Die Römischen Kaiser, S.43).*

Julius Caesar (100 bis 44 v. Chr.) hatte es ebenfalls mit den Ohren. Er hatte sich seit 49 v. Chr. immer öfter unwohl gefühlt. Er litt unter starken Kopfschmerzen, hatte Schwindelanfälle und Krämpfe, manchmal mit Schaum vor dem Mund und manchmal mit Erbrechen. Dazu kamen visuelle und akustische Halluzinationen (Epilepsia auditiva), schließlich ein Hörsturz und Tinnitus. Die Hörprobleme verschwanden wieder, die dahinterstehende Krankheit nicht. Die Symptome wurden von dem römischen Geschichtsschreiber Plutarch (46 bis 120 n. Chr.) postum als Epilepsie gedeutet, wohl auch, weil sie als »Krankheit der Götter« galt und sogar als »morbus sacer«, als »heilige Krankheit«, bezeichnet wurde. Vor Caesar wurden schon die großen Feldherren Hannibal und Alexander der Große davon befallen und Caesar sollte da vermutlich nicht nachstehen.

Für Caesars Schwerhörigkeit käme auch die Menièresche Krankheit in Betracht, weil deren Symptomatik Ähnlichkeiten mit der Epilepsie aufweist. Möglich wäre auch eine chronische Mittelohrentzündung (Otitis media chronica), denn Caesar hat, wie später Hadrian, jegliche Kopfbedeckung abgelehnt und sich selbst noch im fortgeschrittenen Alter mit nur spärlich behaartem Haupt den eisigen Winterwinden des germanischen Nordens ausgesetzt. Damit wollte er, wie *Sueton* berichtet, seinen Soldaten ein Beispiel der Härte gegen sich selbst geben.

William Shakespeare (1564 bis 1616) hat Caesars Schwerhörigkeit in seinem gleichnamigen Drama verarbeitet und dabei auch schon auf das Problem des Störlärms hingewiesen. Als der blinde Wahrsager Caesar beim Gang zum Senatsgebäude anruft, um ihn vor den Iden des März zu warnen, Caesar den Mann aber in der Masse schaulustiger Menschen nicht orten kann, greift Casca ein und es entwickelt sich eine Szene um das Hören und das Sprechen.

Casca: »Still da! Ein jeder Lärm soll schweigen!«

Caesar: »Wer ist es im Gedränge, der mich begehrt? Durch die Musik dringt gellend eine Stimme, die nach Caesar schreit. Sprich! Caesar neigt sein Ohr!«

Wahrsager: »Caesar! Nimm vor des Märzen Idus dich in acht!«

Caesar versteht immer noch nicht, denn Brutus wiederholt für ihn: »Es ist ein Wahrsager, der euch vor des Märzen Idus warnt!«

*Abb. I.10. Julius Caesar:
»Komm zu meiner rechten,
denn mein linkes Ohr ist
taub!«*

Caesar: »Bringt ihn vor mich, damit ich sein Gesicht sehen kann!«
Caesar ist offensichtlich darauf angewiesen, den Sprechenden und seine Lippenbewegungen zu sehen.

Caesar: »Sprich noch einmal!«

Wenig später wird Caesars Schwerhörigkeit noch deutlicher, als er zu Marcus Antonius sagt:
»Komm zu meiner rechten, denn mein linkes Ohr ist taub!«

Shakespeare war kein Audiologe oder Akustiker, hat die Szene aber ganz realistisch dargestellt.

Kaiser *Augustus* (63 v. Chr. bis 14 n. Chr.) erlitt 13 n. Chr. auf seinem Alterssitz in Nola einen Hörsturz und war mehrere Tage lang taub. Während dieser Zeit verkehrte er nur noch schriftlich mit seiner Umgebung, wie später Hadrian und Claudius. Er erholte sich aber schnell und konnte bald wieder normal hören.

Die Ohren der Antike

Das Hören stand in der Antike in hohem Ansehen. Es war bei *Cicero* (106 bis 43 v. Chr.) gleichbedeutend mit dem »Streben nach Wahrheit«, denn nur wer hörte, der konnte etwas lernen. Das Zuhören gehörte zu den Pflichten eines sittsamen Lebens. Das schloss ein »gesundes Misstrauen gegen Hören und Sehen«, wie *Seneca* (55 v. Chr. bis 40 n. Chr.) in seinen Betrachtungen »Über die Seelenruhe« zu bedenken gab, allerdings nicht aus. Die Sitte, jemanden am Ohrläpp-

Abb. I.11. Die antiken Theatermasken dienten der Typisierung der Charaktere und wirkten zugleich als Sprachschallverstärker

chen zu ziehen, stammt aus römischer Zeit. Das Ohr war der Sitz des Gedächtnisses und das Zupfen daran war eine Aufforderung, eine wichtige Sache nicht zu vergessen. Vor Gericht wurden die Zeugen durch Zupfen am Ohr ermahnt, die Wahrheit zu sagen und sich ihre Aussagen zu merken.

Es wurde ein großer Aufwand getrieben, um das Hören zu kultivieren. *Vitruvius* (1. Jhdt. v. Chr.), der römische Universalgelehrte und geniale Konstrukteur, berichtete, dass in den Nischen der großen griechischen Amphitheater, die bis zu 20 000 Personen Platz boten und wegen ihrer Größe und offenen Architektur schwer zu beschallen waren, gewaltige Paraboloide installiert wurden, die den von der Bühne kommenden Schall reflektierten und gezielt auf einzelne Zuschauergruppen lenkten. Zusätzlich trugen alle Schauspieler Masken, die einerseits der dramaturgischen Verstärkung dienten (Charaktermasken), andererseits der akustischen. Sie waren in ihrem inneren Teil so ausgeformt, dass der Schauspieler gegen eine kleine Öffnung sprechen musste, die sich nach außen hin zu einem Schalltrichter erweiterte.

Der Grieche *Tastex* experimentierte im 5. Jhdt. v. Chr. so lange mit den verschiedensten Masken und Trichtern, dass er in der Lage war, die schallverstärkenden Wirkungen der Masken den einzelnen Schauspielern und Sängern anzupassen, je nachdem, in welcher Tonlage sie sprachen und sangen oder wie kräftig ihre Stimme war. Schließlich fand Tastex diejenige Trichterform heraus, die besonders den Sprachschall verstärkte und zugleich eine gewisse Streuung bewirkte, denn man sollte die Schauspieler in alle Richtungen hin gut hören können *(Neuburger, Die Technik des Altertums, S.361).*

Heron von Alexandria, der geniale griechische Erfinder, der im 1. Jahrhundert nach Chr. schon Münzautomaten, Dampfmaschinen (mit 1 500 Umdrehungen pro Minute!), Feuerlöscher, mechanische Puppentheater, Injektionsnadeln, solarbetriebene Brunnen, selbstreinigende Öllampen, Orgeln mit Windrad-Antrieb, Theodoliten (Entfernungsmesser), automatische Türen und vieles mehr erfunden hatte, ersann zur dramatisierenden akustischen Verstärkung von Theatervorstellungen die automatische »Donnermaschine«, um damit Gewitter zu simulieren. Sie bestand aus schweren Bronzekugeln, die, durch eine Hebelbewegung freigegeben, durch eine Röhre fielen und dabei auf Metallzungen verschiedener Größe auftrafen. Die Zungen wurden dadurch zum Klingen gebracht. Die Kugeln prallten schließlich noch mit lautem Getöse auf ein großes Abschlussblech auf *(James/Thorpe, Enzyklopädie der frühen Erfindungen, S.124 ff., 410 ff.).*

Vitruv griff die Experimente des Tastex wieder auf und ließ große Vasen aus Bronze gießen, die er im Theater zwischen die Sitze, die für Patrizier und Senatoren reserviert waren, installieren ließ. Diese Vasen waren hinsichtlich ihrer Größe und ihres Resonanzverhaltens so abgestimmt, dass sie die exakten Stimmlagen einzelner Schauspieler einfingen und gezielt verstärkten *(Vitruvius, De Architectura, VV 1 ff.).*

Die Kurie, der Sitzungssaal des Senates in Rom, hatte aus akustischen Gründen eine sehr ungewöhnliche Form. Sie war nur 9 Meter breit, aber 21 Meter hoch. Dadurch wurde bei 600 bis 900 versammelten Senatoren und manchmal tagelangen Sitzungen einerseits ein zu schnelles Erwärmen und Verbrauchen der Luft verhindert, andererseits aber eine Verstärkung der Rednerstimmen erreicht. Die Kurie ist später auch das akustische Vorbild für die Kirchenbauten der Romanik und Gotik gewesen, die ebenfalls – und nicht nur aus symbolischen Gründen – sehr hoch gebaut wurden. Das ermöglichte den Gläubigen das Hören der

Abb. I.12. Das »Ohr des Dionysios«

Abb. I.13. Ein »Lauschangriff«, wie ihn sich Athanasius Kircher 1650 vorgestellt hat

priesterlichen Worte selbst bei größerer Entfernung von der Apsis, die deshalb stets die Form eines schallreflektierenden Halbrunds mit einer aufgesetzten Kuppel hatte. Die Kirchtürme der Gotik sind immer als »Fingerzeig Gottes« gedeutet worden. Vielleicht ist diese Symbolik auch akustisch zu verstehen, denn seit den Tagen des Alten Testamentes ist der Mensch aufgefordert, seine Sinne nach oben zu richten und auf Gottes Wort zu hören. Der deutsche Physiker und Philosoph *Georg Christoph Lichtenberg* (1742 bis 1799) hat den Kirchturm jedenfalls auch als symbolischen Schalltrichter gedeutet, der (umgestülpt) die Stimmen der versammelten Gemeinde bündelte und himmelwärts lenkte. Lichtenberg gehörte wie *Pythagoras*, *Lao-tse*, *Ernest Ansermet* (1883 bis 1969) und *Martin Heidegger* (1889 bis 1976) zu denjenigen Philosophen, die sich über den Schall und das Hören Gedanken gemacht und deren relative Natur erkannt hatten: »Die Erschütterung der Luft wird erst dort zu Schall, wo ein Ohr ist.«

Das Prinzip der Schallverstärkung wurde von den Griechen nicht nur friedlich genutzt. *Herodot* berichtete, dass bei der Belagerung von Barca im 6. Jhdt. v. Chr. durch die Perser gewaltige Hohlschilde als »Horchgeräte« benutzt wurden, um die Aktivitäten des Feindes bei Nacht oder in weiter Ferne zu erkunden. Und *Typho von Alexandria* hatte bei der Belagerung von Appollonia in Illyrien 214

v. Chr. lange schallfokussierende Bronzetrichter als Richtmikrofone benutzt *(Needham, Science and Civilization in China, Bd.4, Kap.1, S.202 ff.).*

Die Phönizier verwendeten im 3. Jhdt. v. Chr. große Meeresmuscheln, die mit Lack gehärtet waren und entweder als Signalinstrumente oder vielleicht sogar als Richthörgeräte genutzt wurden. Ihre Eigenresonanzen waren nämlich vorzüglich dazu geeignet, bestimmte Schallereignisse aus größerer Distanz zu militärischen Zwecken herauszufiltern und zu verstärken. Als Signalhorn im Kampf diente die Meeresmuschel (Shankha) auch im indischen Heldenepos Mahabharata, das etwa zur selben Zeit entstand.

In einem Gefängnis der Antike ließ sich das Prinzip der Schallverstärkung durch große Hohlräume zur akustischen Überwachung der Gefangenen einsetzen. Das »Ohr des Dionysios« war ein unterirdischer Kerker des misstrauischen Tyrannen *Dionysios* (431 bis 367 v. Chr.) in Syrakus, der die Gespräche seiner Gefangenen mit Hilfe des schallreflektierenden Gewölbes der Grotte und eines trichterförmigen Schallkanals, der nach oben in seine Gemächer führte, belauschen konnte. Pater *Athanasius Kircher* wurde 1650 dadurch zu eigenen Experimenten angeregt, die als bildliche Darstellung erhalten geblieben sind.

August Strindberg (1849 bis 1912) hat dieses Motiv in seinem »Traumspiel« 1901 wieder aufgegriffen und die akustische Grotte nach dem vedischen Kriegergott das »Ohr des Indra« genannt. Weil er im Gegensatz zu Dionysios schon um die Funktion des Innenohres wusste, hat er der Grotte, mit der Indra die Klagen der Sterblichen hören konnte, die Form einer großen Cochlea gegeben.

Die Antike wusste die menschlichen Ohren und ihre Funktion also nicht nur vorzüglich nachzuahmen, sie nutzte sie auch zu ganz profanen und sogar libidinösen Zwecken. In der Komödie »Anteia« des Dichters *Eunikos* feuert eine verliebte junge Grazie ihren Freier mit den Worten an: »Pack' mich bei den Ohren und gib mir den Henkelkuss!« *(s. Lissner, So habt ihr gelebt, S. 344. Mit dem »Henkelkuss« wollte Eunikos vermutlich eine Analogie herstellen zu den zweihenkeligen Trinkschalen, die man auch an beiden Seiten packen musste, um den Inhalt genießen zu können.)*

Mit Pauken und Trompeten

Die Gesetze der Akustik ließen sich aber nicht nur vorzüglich für antike Theatervorstellungen und »Lauschangriffe« nutzen, sie waren auch hervorragend als offensive Waffen im Krieg geeignet. Um 1450 v. Chr. brachte *Josua* die Mauern der kanaanitischen Festung Jericho mit dem Schall von Widderhorn-Posaunen zum Einsturz. Sieben Priester bliesen sieben Tage lang in sieben Hörner, unterstützt vom Krieggeschrei der Israeliten (Jos.5, 13-6,27). Dass die Bibel dabei über ein Ereignis berichtet, das im Prinzip tatsächlich möglich gewesen ist, wies 1997 der Schweizer Esoteriker und Laienforscher *Erich von Däneken* nach. Bei einer Frequenz von 90 Hz und einer Schallleistung von 30 000 Watt brachte er eine Mauer von 10 x 5 Metern vor laufenden Fernsehkameras zum Einsturz.

Moses hatte einst auf Geheiß Gottes und nach dessen genauer Anleitung zwei Trompeten aus Silber geschmiedet, mit denen er das Volk Israel in der Wüste Sinai zusammenrufen, vor Feinden warnen oder das Signal zum Angriff oder Aufbruch geben konnte. Der ebenso weise wie kriegerische *Salomon* ließ später 120 solcher Trompeten anfertigen, um für seine umfangreichen militärischen Unternehmungen gerüstet zu sein (4. Mos. 31,6 und Chron. 5,2). *Selma Lagerlöf*, die schwedische Literatur-Nobelpreisträgerin, hat 1904 in ihren »Christuslegenden« dieses Motiv wieder aufgegriffen und den Ton eines riesigen Kupferhorns zum Fanal der Weltenwende gemacht. Sie dichtete das Horn, das die »Stimme des Weltfürsten« genannt wird, in den Tempel Salomons hinein und verknüpfte es mit eschatologischen Vorstellungen. Danach sollte derjenige als

Abb. I.14. Die Ammonshörner Alexanders des Großen waren Symbol und Schmuck zugleich, aber sie könnten auch kaschierte Hörhilfen gewesen sein

31

zukünftiger Erlöser des Menschengeschlechtes offenbart werden, der in der Lage war, dem Monstrum einen Ton zu entlocken.

Hörner und Blasinstrumente der verschiedensten Ausführung waren zu militärischen Zwecken mindestens schon seit 1 200 v. Chr. in Gebrauch. Das wird zum Beispiel von den Wikingern und den Hethitern berichtet. *Alexander der Große* soll 330 v. Chr. ein großes Megaphon eingesetzt haben, um seine Soldaten zusammenzurufen. Damit das Instrument nicht zu unhandlich wurde, bestand es aus zwei miteinander verbundenen Klangkörpern, die wie Schnecken mehrfach gewunden waren und auf diese Weise nur einen Durchmesser von 2,50 Metern erreichten. Es soll so wirkungsvoll gewesen sein, dass es noch im Umkreis von 100 Stadien (18,5 Kilometer) zu hören war *(Berger, The Hearing Aid, S.9)*.

Die rätselhaften Hörner Alexanders des Großen

Es ist nicht ganz abwegig zu vermuten, dass Alexander der Große, der auf seinen Eroberungszügen auch immer Wissenschaftler und Techniker in seiner Begleitung hatte, die umgekehrte Wirkung der Schalltrichter, nämlich die Hörverstärkung, ebenso zu nutzen wusste. War Alexander schwerhörig? Es gibt von Alexander interessanterweise eine Münze, eine Tetradrachme, auf der er mit einem Kopfband zu sehen ist, an dem ein kleines Widderhorn befestigt ist, dessen Trichteröffnung nach vorne gerichtet ist und dessen spitzes Ende auf der Concha aufliegt. Man kann sogar ein Teil erkennen, das nahe an der Hornspitze angesetzt ist und als Schlauch oder Röhrchen interpretiert werden könnte. Es liegt neben dem Tragus und ist einwärts gekrümmt.

Weil es senkrecht angeordnet ist, kann es sich nicht um eine der beiden großen Falten in der Ohrmuschel handeln (Crus helicis et anthelicis), weil die fast waagerecht verlaufen. Es könnte dem Künstler bei dem Versuch, die Anatomie des Ohres nachzubilden, ein Fehler unterlaufen sein. Besonders wahrscheinlich ist das aber nicht, denn alles andere an Alexanders Kopf wurde sehr lebensecht dargestellt.

Dieses Horn ist immer als Schmuck und als Zeichen für Alexanders Verehrung für den ägyptischen Widdergott Amun eingestuft und deshalb auch »Ammonshorn« genannt worden. Aber warum sollte es nicht als Hörhilfe genutzt worden sein? Schmuck und Prothetik haben sich nie ausgeschlossen und camouflierende Hörhilfen hat es immer gegeben. Warum nicht auch damals? Auch wenn das auf der Münze nicht zu sehen war, ist diese Anordnung mit Sicherheit beidseitig gewesen, denn in der Überlieferung des *Koran* wird von Alexander stets als dem »Zweigehörnten« gesprochen. Auch Amun hatte zwei Hörner. Schon aus Gründen des Gleichgewichtes wird diese Konfiguration bi-

*Abb. I.15. bis 17. Die
»Aurolese Phones« ab 1810
und die »KaWe
Ohrenbrille« von 1950
sehen den Ammonshörnern
des Alexander erstaunlich
ähnlich*

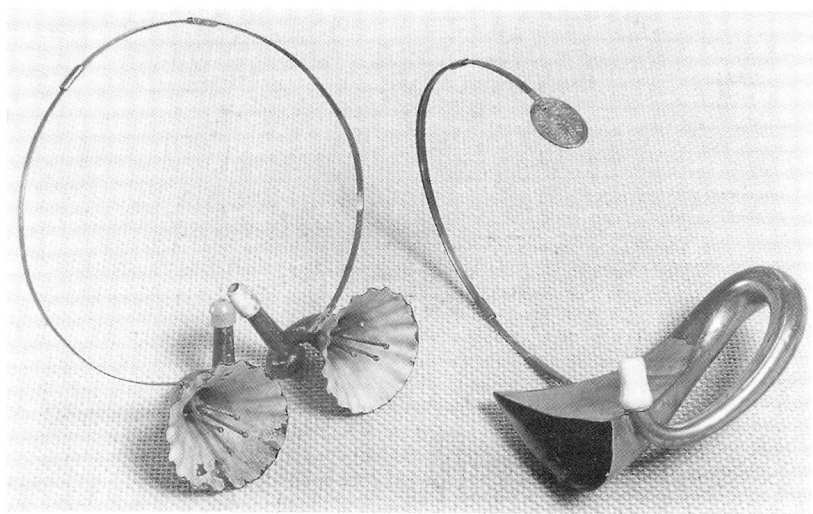

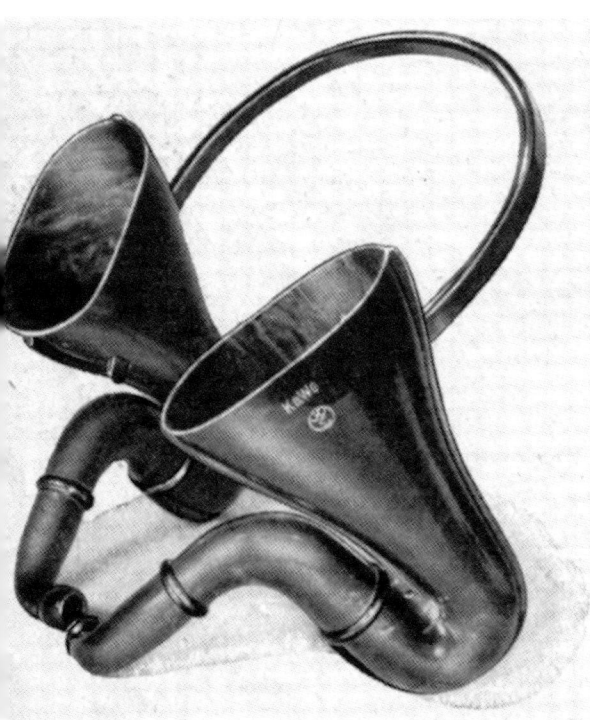

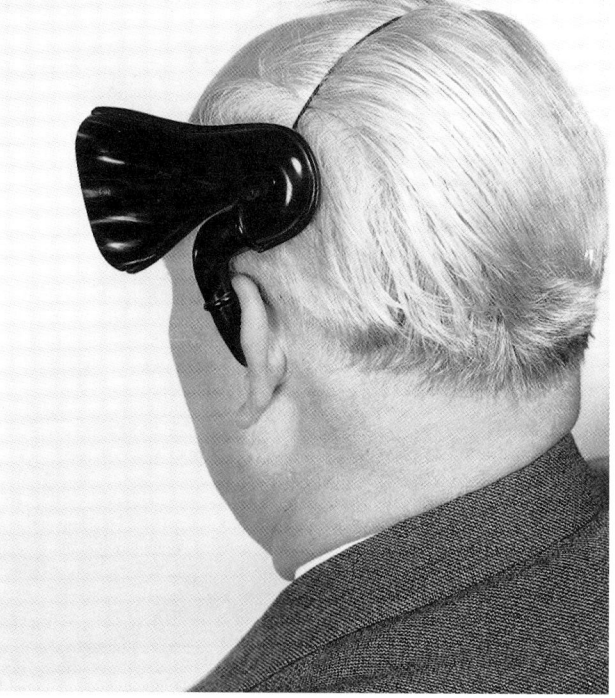

lateral gewesen sein. Es könnte sich hierbei also um eine sehr alte binaurale Hörhilfe gehandelt haben. Ihre Ähnlichkeit mit den kleinen »Aurolese«-*Doppelhorn-Hörhilfen* mit *Kopfband* von 1810, 1830 und 1833 ist in der Tat verblüffend.

Es fällt auch auf, dass diese Konfiguration auf den verschiedenen Münzen, die man gefunden hat, unterschiedlich dargestellt wird. Offenbar hat Alexander mit verschiedenen Möglichkeiten experimentiert, denn auf einer anderen Münze ist das einwärts in den Gehörgang gekrümmte Teilchen nicht zu sehen. Und auf einer weiteren Münze wiederum ist das Horn nicht *auf* das Ohr gesetzt, sondern *dahinter*. Es schmiegt sich außerordentlich passgenau dem Ohrmuschelrand (Pinna) an und überragt diesen in der Weise, dass eine Vergrößerung der Ohrmuschel und deren schallfokussierende Wirkung zwangsläufig die Folge gewesen sein musste. Weiter fällt auf, dass das Kopfband nicht wie sonst oberhalb der Ohrmuschel verläuft, sondern weitaus tiefer, wobei es hinter der Ohrmuschel endet. Es sieht so aus, als ob es sich hierbei um eine unter Spannung stehende Metallspange handelt, die das Horn hinter das Ohr drückt und es dabei leicht nach vorne biegt. Das erinnert sehr auffällig an die Ohrspreizer oder »Kollektoren« der Neuzeit, deren Funktion lediglich war, wie eine hinter das Ohr

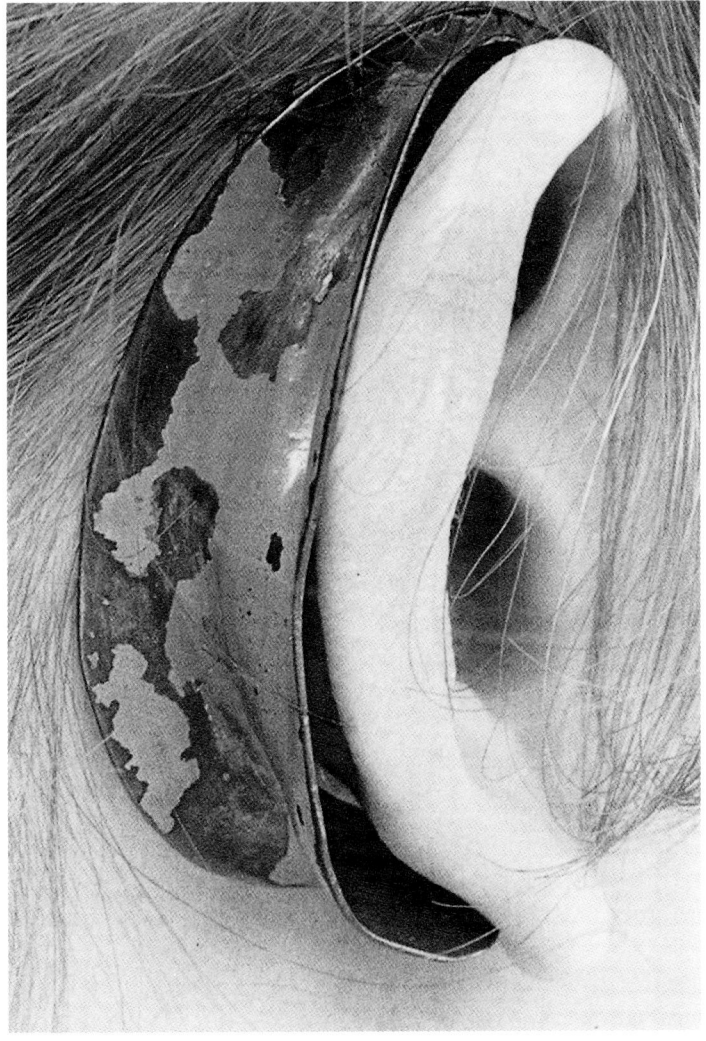

Abb. I.18. Websters Otophone von 1860 diente der Abspreizung der Ohrmuschel

Abb. I.19. Auf dieser Darstellung Alexanders des Großen liegen die Hörner etwas hinter dem Ohr, als wenn sie – wie bei dem Otophone – abgespreizt werden sollten

gehaltene Hand die schallsammelnde Fläche der Ohrmuschel zu vergrößern und das Ohr dabei etwas nach vorne zu richten. »Websters Otophone« von 1860 war so eine Hörhilfe.

Es gibt ein weiteres Indiz dafür, dass man in der Antike binaurale Hörhilfen gekannt hat und Alexander bei der Erfindung seines Doppelhorns wahrscheinlich sogar auf ein noch älteres Vorbild zurückgegriffen hatte. Es gibt nämlich eine Vasenmalerei aus Griechenland, die den Fruchtbarkeitsgott *Dionysos* in Form jener Holzstatue zeigt, die am Fuße der Akropolis zu *Athen* in einem kleinen Tempel verehrt wurde. Diese Herme ist mit einem Kranz aus Weinreben und zwei großen Scheiben oder Schalen hinter dem Ohr geschmückt, die als Hörfächer gedeutet werden können. Dionysos, der ja zugleich der Gott des Weinbaues, aber auch der Musik und der Dichtkunst war, veranstaltete der Mythologie nach Wettbewerbe für Musiker und Dichter, aus denen sich später die klassischen Tragödien und Komödien entwickelt haben. Wenn man in Betracht zieht, dass die Lyra, die bei den Wettbewerben eine wichtige Rolle spielte, ein ausgesprochen leises Instrument war und Dionysos bei all dem Lärm um ihn herum die Rolle des Richters spielen sollte, dann liegt es nahe, dass sein Gehör einer Unterstützung bedurfte.

Es wäre nicht abwegig zu vermuten, dass Alexander Elemente des Ammun-Kultes mit denen des Dionysos-Kultes verbunden hat. Er schlüpfte bei seinen Trinkgelagen gern in die Rolle des *Bacchus (Dionysos)*, der bei den Ägyptern als Sohn des Ammun angesehen und darum gelegentlich auch mit Hörnern dargestellt wurde. Der »zweigehörnte« Alexander nutzte die Hörner des Widdergottes Ammun, um sich als Dionysos feiern zu lassen und gleichzeitig seine Hörbehinderung auf äußerst geschickte Weise zu verbergen. Aber dabei kopierte er die Hörner des Ammun und ihre Trageweise nicht, sondern veränderte sie gemäß den akustischen Erfordernissen. Sowohl der Widder als auch der Widdergott Ammun tragen ihre Hörner in der natürlichen Position, nämlich aus der oberen Schläfengegend entwachsend, sich waagerecht vom Kopf entfernend, dann nach unten sich windend und schließlich weit nach vorne zeigend spitz zulaufend. Alexanders Hörner sind dagegen wie Lauscher mit ihrer Wurzel und

Abb. I.20. Der Gott Dionysos als hölzerner Torso auf einer griechischen Vase in starker Vergrößerung. Die großen Ohrlöffel oder Hörfächer befähigten ihn, Richter bei Dichterlesungen und Lyra-Wettbewerben zu sein

Abb. I.21. Pan-Otische
Fabelwesen bei den Skythen,
ca. 8. Jhdt. v. Chr.

Öffnung waagerecht nach vorne gerichtet und mit der Spitze einwärts zum Ohr hin gewunden *(Vgl. Connolly/Dodge, Die antike Stadt, S.90 ff., Lexikon der Alten Welt, Bd. 1, S.755, Vollmer, Wörterbuch der Mythologie, S.36, S.91).*

Es bleibt noch die Frage zu klären, ob Alexander überhaupt schwerhörig war, und wenn ja, warum er es verborgen hat. Darüber kann nur spekuliert werden. Bekannt ist, dass er wie sein Vater, *Philipp II. von Makedonien* (382 bis 336 v. Chr.), von Geburt an körperlich behindert war. Philipp hatte ein verkürztes Bein und bei Alexander zeigte sich die Asymmetrie des Körpers als Schiefgesichtigkeit. Beides durfte freilich niemals abgebildet werden und beide sind der Nachwelt nur als schöne und strahlende Helden im Gedächtnis geblieben. Alexanders Schiefgesichtigkeit könnte durchaus mit einer deformierten oder verschlossenen Ohrtrompete *(Tubenstenose)* verbunden gewesen sein, die zu einseitiger Schwerhörigkeit geführt hätte. Gesichtsanomalien und Gesichtslähmungen *(Facialisparese)* stehen oft im Zusammenhang mit einer Schwerhörigkeit, weil der Gesichtsnerv auch den Steigbügel des Mittelohres innerviert. Außerdem litt Alexander an Epilepsie und gegen Ende seines Lebens auch an Malaria. Dazu kam das Leiden der Ehrgeizigen, der Hörsturz, und in dessen Folge die lästigen Ohrgeräusche. Das sind Krankheitsbilder, die oft mit einem Hörverlust einhergehen. Es hätte durchaus dem Bild des ehrgeizigen und eitlen Alexander entsprochen, wenn er wenigstens das, was er von seinen Gebrechen verbergen konnte, nämlich seine Schwerhörigkeit, auch tatsächlich mit den damals bekannten Mitteln vertuscht hätte. Dass sein Vater Philipp II. ein zu kurzes Bein hatte, ist in den antiken Quellen nirgendwo erwähnt. Es kam heraus, als man 1977 das Grab des 336 v. Chr. ermordeten Königs entdeckte und die Mumie nach fast zweieinhalbtausend Jahren an das Licht der Öffentlichkeit zerrte.

Große Ohren hatten auch die *Pan-Otier*, die geheimnisvollen Ohrmenschen der Skythen, ein iranisches Reitervolk, das im 8. Jahrhundert v. Chr. aus dem eurasischen Steppenraum nach Südosteuropa gekommen ist. Die Pan-Otier (Ganzohren, Überall-Ohren, Großohren) wurden mit riesigen Ohrmuscheln dargestellt, die den Ohren von Hasen sehr ähnlich sahen. Ob damit eine besondere sensuelle Sensibilität (oder Hasenfüßigkeit!) dieses Volkes beschrieben werden sollte, ist nicht klar. Wahrscheinlich handelte es sich eher um eine mythisch zoomorphe Symbolik, denn die Skythen stellten den Menschen oft mit Körperteilen von Tieren dar.

Der Trompetenkrieg

Doch zurück zu den Schallverstärkern des Militärs. Zur Ausrüstung jeder römischen Kohorte gehörte die lange und gerade Trompete *(tuba)*, eine Weiterentwicklung der griechischen *Salpinx*, die für Angriffs- und Rückzugssignale verwendet wurde, das kreisförmig gebogene Horn *(cornu)*, mit dem die Befehle des Kommandeurs an die Feldzeichenträger weitergegeben wurden und das kleine Horn *(bucina)*, mit dem innerhalb des Lagers Wecksignale gegeben werden konnten. Zeitweilig war auch ein dünnes und langes Signalhorn *(lituus)* im Gebrauch, das am Ende gekrümmt war und dadurch wie ein Spazierstock aussah. Es war der Vorgänger des Krummhorns, das im 15./16. Jhdt. zum Musizieren verwendet wurde.

Die Lautstärke, die Hornisten und Trompeter mit ihren Instrumenten erzeugen können, muss beträchtlich sein, denn sie hat sogar den Lauf der Weltgeschichte

beeinflusst. Bei der großen Schlacht von Zama im Jahre 202 v. Chr., bei der es um die Frage ging, ob die Welt karthagisch oder römisch werden sollte, hatte *Hannibal* (247 bis 183 v. Chr.) 80 afrikanische Elefanten auf die Römer gehetzt, um sie zertrampeln zu lassen. Das jagte den römischen Legionären einen ungeheuren Schrecken ein, weil Elefanten nicht zu ihrer Kriegsführung gehörten und man nur die kleineren indischen kannte, die gelegentlich bei den Tierkämpfen zu sehen waren. Doch diese mächtigen Tiere konnten ihre riesigen Ohren so bedrohlich aufrichten, dass sie noch größer aussahen, als sie es ohnehin schon waren. Dazu konnten sie derart tiefe und brummende Töne (im *Infraschallbereich* unterhalb der Hörgrenze von 16 Hertz) von sich geben, dass die Erde erzitterte. Beim Angriff erhoben sie ihre Rüssel drohend gegen den Feind und bliesen damit so schrill und laut, dass spätestens dann eine Panik ausbrach. Doch Hannibals Gegner, *Publius Cornelius Scipio* (235 bis 184 v. Chr.), ließ sich nicht irre machen und kam auf die rettende Idee, seine »Aeneatores« (bei fünf Legionen waren das immerhin 60 Bläser!) einen solch ohrenbetäubenden Lärm machen zu lassen, dass die entnervten Dickhäuter unverzüglich die Flucht ergriffen, allerdings nicht, ohne ebenfalls heftig zu trompeten!
(Anm.: Bei der panischen Kehrtwendung der Elefanten konnte es passieren, dass sie die eigenen Leute zertrampelten. Um das zu verhindern, wurden ihnen von ihren Führern, die hinter ihrem Kopf saßen, mit einem Schlegel dicke Nägel hinter die Ohren getrieben, woraufhin sie sofort zusammenbrachen).

Die Makedonier, den Römern auch nicht besser gesonnen, glaubten daraus gelernt zu haben. Ihr König *Perseus* (179 bis 165 v. Chr.) hatte riesige Elefanten-Attrappen anfertigen lassen, die nicht nur noch furchterregender aussahen als die großen »Afrikaner« Hannibals, sondern auch nicht weglaufen konnten. In ihren Bäuchen waren Trompeter versteckt, die die Lautstärke ihrer Instrumente durch die Hohlräume der Attrappen noch beträchtlich steigern konnten. Das Getöse in der Schlacht von Pydna (168 v. Chr.) soll nicht nur der Lautstärke, sondern auch des schauerlichen Hohlklanges wegen unerträglich gewesen sein. Die Römer ließen sich aber auch dieses Mal nicht schrecken, bezwangen den Gegner und stiegen zur Weltmacht auf *(Faber, Auf den Spuren Hannibals, S.94).*

Das Orakel von Delphi

In Mesopotamien, dem vermuteten Ursprungsland aller modernen Wissenschaften, ist ein Relief von etwa 700 v. Chr. erhalten, das einen Mann mit einem Sprachrohr zeigt. Ob es als Signalinstrument diente oder aber als Lautsprecher für schwerhörige Zuhörer, ist nicht mehr zu ermitteln.

Antike Spuren medizinisch-akustischer Instrumente gibt es nur wenige. *Homer*, der im 8. Jahrhundert vor unserer Zeitrechnung gelebt hat, erwähnte in der

»Ilias« ebenfalls ein Sprachrohr. Ob das auch zum Hören genutzt wurde, entzieht sich unserer Kenntnis.

Wozu die ägyptischen Priester die langen Trichterröhren benutzten, die auf den alten Fresken der Echnaton-Periode zu sehen sind, ist indessen überliefert. Sie stellten sich damit im Tempel so hinter den monumentalen Statuen des Sonnengottes Aton auf, dass sie nicht zu sehen waren. Wenn dann das Volk in Erwartung höherer Weisungen in den Tempel strömte, sprachen sie den Willen der Götter einfach in die versteckten schallverstärkenden Röhren hinein. Dadurch entstanden in den gewaltigen Tempelhallen so große Lautstärken und eindrucksvolle Halleffekte, dass kein Zweifel mehr an der Göttlichkeit der Botschaften aufkommen konnte *(Mencheta, La Protesis auditiva, S. 18)*.

Noch bekannter wurde das Beispiel des griechischen Orakels, das im Tempel des Gottes *Apollon* in Delphi befragt werden konnte. Das Orakel stand in allerhöchstem Ansehen im Altertum und galt als kulturelles Zentrum der hellenistischen Welt und als geographischer Mittelpunkt der Erde überhaupt. Es fand in der Mitte des Tempels statt, der auf einem großen Felsen errichtet worden war. Über einer Felsspalte war ein Dreifuß aufgestellt, auf dem die Priesterin *Pythia* zur geweihten Stunde mit hoch erhobenen Armen stand und, von geheimnisvoll wabernden Nebeln umhüllt, die aus der Tiefe der Spalte aufstiegen, den Willen Apollons verkündete.

Es ist nicht schwer zu erraten, wie das Orakel funktionierte: Unter dem Tempel befand sich eine Grotte, die durch die Felsspalte mit der Tempelhalle verbunden war. In der Grotte saßen die Priester, die über die trichterförmige Spalte nicht nur recht gut hören konnten, was oben gefragt wurde, sie konnten der Pythia damit auch ihre weisen Ratschlüsse soufflieren. Die Nebel, die man in der Grotte mit Feuer und siedenden, gefärbten Wassern erzeugte, sollten die visuelle Wahrnehmung der Ratsuchenden gefangennehmen und von der akustischen ablenken. Anderen Quellen zufolge befand sich die Grotte vor dem Tempel und die Priesterin stand vor einer senkrechten Felsspalte, aus der ihr das Orakel zugeflüstert wurde. Wie es auch immer genau gewesen ist, die Kunst der Meinungsbeeinflussung war offensichtlich schon vor Jahrtausenden bestens bekannt *(Vgl. Irmscher, Lexikon der Antike)*.

Auch zu medizinischen Zwecken wurde die Schallverstärkung genutzt. *Seneca*, der Philosoph, Staatsmann und Lehrer des späteren Kaisers Nero, berichtete über »Hörrohre« aus Ebenholz, die ägyptische Ärzte schon seit 300 v. Chr. zur Auskultation des Brustkorbes und des Unterleibes eingesetzt haben sollen. Das *Stethoskop* war demnach schon lange bekannt *(Vgl. Löwenstein, Seneca, S.120)*.

In Pompeji fand man trichterförmige Gegenstände aus Bronze, die als Hörrohre gedient haben könnten. Die Wissenschaftler sind sich aber nicht einig, ob es sich dabei vielleicht um ganz etwas anderes handelte, nämlich um Klistiere! Dieses Beispiel zeigt die große Unsicherheit, die bei der Identifizierung antiker Gegenstände herrscht *(Vgl. Politzer, Geschichte der Ohrenheilkunde, Bd.I).*

Die Akusmatiker

Nicht nur in praktischen Versuchen, auch in der Theorie hatten sich die Griechen und Römer bereits mit der Akustik und dem Hören beschäftigt. *Archytas* (430 bis 345 v. Chr.) definierte den Schall als periodische Schwingung und die Stoiker machten sich über dessen Wellencharakter Gedanken. *Lukretian* (98 bis 55 v. Chr.) war aufgefallen, dass Blitz und Donner zwar gleichzeitig entstehen, der Donner aber erst mit einer Zeitverzögerung zu hören war. Daraus folgerte er: »Der Schall bewegt sich langsamer als das Licht.«

Pythagoras (575 bis 600 v. Chr.) beschäftigte sich ausführlich mit der Tonskala und den ihr zu Grunde liegenden Zahlenverhältnissen. Seine Schüler nannte man deshalb ursprünglich nicht »Pythagoräer«, sondern »*Akusmatiker*«. Das ist, wenn man so will, eine sehr frühe Berufsbezeichnung für einen Audiologen oder Akustiker *(Andresen, Lexikon der Alten Welt, Bd.1).* Das Hören selbst sah er als einen »feinen, warmen Hauch der Seele« an.

Platon (427 bis 347 v. Chr.) war überzeugt, dass ein Ton ein Luftstoß war, der sich über die Ohren mit dem Blut über das Gehirn und bis zur Leber verbreitete, die als der Sitz der Seele angesehen wurde. Ähnlich metaphysisch ausgerichtete Theorien finden sich bei *Heraklit, Anaxagoras, Empedokles, Diogenes* und *Demokrit (alle Angaben von Platon bis Aristoteles aus: Politzer, Geschichte der Ohrenheilkunde).*

Hippokrates (460 bis 377 v. Chr.) meinte, zum Hören bräuchte es nur feste Materie. Er hatte durchaus richtig beobachtet, dass der Schall durch das äußere Ohr zum Trommelfell gelangt. Er glaubte allerdings, dass der durch dieses hindurch trete und dann an den Knochen des Schädels und seiner Hohlräume widerhalle. Diese halligen Geräusche seien jedoch ziemlich grässlich und es sei nur einem sehr kleinen Loch in der Hirnhaut zu verdanken, dass nur die nützlichen Schallanteile letztendlich zum Gehirn gelangen konnten.

Aristoteles (384 bis 22 v. Chr.) sah den Schall auch als bewegte Luft an. Ihre Schwingungen würden sich auf die unbewegte Luft des Ohres und die Schädelhohlräume übertragen. Als Sitz des Gehörs nahm er einen großen Hohlraum im hinteren Schädel an, der durch einen Gang mit dem Gehör verbunden sei. Trotz dieser abwegigen Theorien kommt Aristoteles doch das Verdienst zu, den Verdeckungseffekt des schwächeren durch den stärkeren Schall entdeckt zu haben, ein Effekt, der ihm offenbar im Zusammenhang mit dem *Tinnitus* (*Ohr-geräusch*) aufgefallen ist.

Die Chinesen, die sich der Legende nach von den Griechen wissenschaftlich in-spirieren ließen, machten sich etwa ab dem 2. Jhdt. v. Chr. Gedanken über den Schall, wenn auch kulturbedingt in sehr metaphorischer Weise. Während die Griechen analytisch vorgingen, beschäftigten sich die Chinesen analogisch mit

Abb. I.22. Buddha wurde aus mythologischen Gründen meistens mit überlangen Ohren dargestellt. Wahrscheinlich sollte das Wissen, Erkenntnis und Sinnlichkeit symbolisieren

dem Schall. Er war für sie ein ähnliches Ereignis wie der Geruch oder der Geschmack und wurde als Erscheinungsform des «»*Ch-hi*« betrachtet, die als allgegenwärtige feinstoffliche Energie alles Leben durchdringt. Noch im 11. Jhdt. n. Chr. war man allgemein der Meinung, Schall entstehe, wenn sich zwei verschiedene Formen des Ch-hi aneinander reiben.

Tung Chung-Shu experimentierte schon sehr wissenschaftlich mit der Form der Schallwellen in Bezug auf verschiedene Medien, sah sie aber nicht als Molekularbewegungen der Luft, sondern als Schwingungen zwischen dem Ying und dem Yang an. *Liu Chih* beobachtete 274 n. Chr. die radialen Wellen, die sich »auf dem Wasser bildeten und übertrug diese Wellentheorie« auf die Luft. Dabei unterschied er zwischen Wellen hoher (*ch-hing*) und niedriger Frequenz (*cho*). Ch-hing und cho bezeichneten zugleich die oberen und unteren Grenzbereiche der menschlichen Stimme. Weiter fand er heraus, dass die Vibrationen eines festen Körpers die Luft in Schwingungen und umgekehrt die Schwingungen der Luft einen Körper in Vibrationen versetzen konnte.

Im 4. Jhdt n. Chr. machten die Chinesen ganz erstaunliche Fortschritte bei der Erforschung des Schalls, die sie auch praktisch in hervorragender Weise anzuwenden wussten. Man konnte nämlich sehr exakte Berechnungen bei Bauarbeiten durchführen, indem man aus der Zeitdifferenz des sichtbaren Trommelschlages und seiner Hörbarkeit in einer bestimmten Entfernung die Höhe des Bauwerkes ermittelte *(Needham, S.209)*.

In Indien und China war man mehr an den philosophischen Aspekten des Hörens interessiert. Der langohrige *Buddha* (560 bis 480 v. Chr.) machte sich mehrfach Gedanken über »das Ohr und die Töne, durch die das *Hörbewusstsein* entstehen«. Ähnlich wie es bei *Matthäus* und *Lukas* im Neuen Testament heißt »Wer Ohren hat, der höre!«, sagte Buddha seinen Jüngern: »Der Ohren hat, mag dem Glauben sich regen!« *(Grimm, Die Lehre des Buddha, S.40ff.)*. Dabei unterschied er wie *Lao-tse* (6. Jdt. v. Chr.) zwischen dem rein physiologischen und dem spirituellen Hören beziehungsweise den äußeren und den inneren Ohren. »Wenn das Hören vernichtet ist, sammelt sich das Herz auf die ewigen Tiefen«, sagte Lao-tse, und meinte damit natürlich nicht die tatsächliche »Vernichtung« des physiologischen Gehörs, sondern die Kunst, es gelegentlich von den äußeren Dingen abzulenken und auf die »innere Stimme« zu richten *(Sloterdijk, Mystische Zeugnisse, Sammlung von Martin Buber, S.277)*.

Sein rationalistischer Antipode und Zeitgenosse *Konfuzius* (551 bis 479 v. Chr.) zog ein gutes physiologisches Gehör zunächst einmal vor und rühmte sich, dass er »...noch im Alter von 60 Jahren jedes Ding ohne Schwierigkeiten aufnehmen« könne. Aber auch er betonte, dass das aufmerksame Zuhören Teil eines sittsamen Lebens sei und das Hören allgemein letztendlich zu »höheren Ebenen« führen müsse *(Oehler, Konfuzius, S.21-22, 41)*.

Beschnittene Ohren

Die Erkrankungen des Ohres, insbesondere die Schwerhörigkeit, sind so alt wie die Menschheit. Die Zeugnisse darüber sind allerdings äußerst rar. Etwa aus dem Jahre 1550 v. Chr. stammt ein ägyptischer Papyrus, der über »das Ohr, wenig hört es« und die Mittel zu dessen Heilung berichtet. Da weder die Anatomie des Hörorgans noch dessen Wirkungsweise untersucht wurde, konnten die Methoden der Heilung nur magischen und rituellen Charakter haben. So wurden unter anderem Mistelschleim und Weihrauch mit Gänseschmalz unter Anrufung der Gottheit in das kranke Ohr eingebracht. Papyri aus späteren Jahrhunderten lassen keinerlei Fortschritte auf dem Gebiet der Ohrenheilkunde erkennen.

Der Beruf des Ohrenarztes scheint, ebenso wie in Hellas, noch unbekannt gewesen zu sein, obwohl es durchaus schon Spezialisierungen wie die Zahnheilkunde und die Augenheilkunde gegeben hat. Erst im Rom der Kaiserzeit gab es einige *Ohrenärzte (auricularii)*. Sogar eine frühe Form des Phoniaters war schon bekannt, wenn auch weniger aus medizinischen als aus kulturellen Gründen, denn sie wurden für das *Sprachtraining* von Schauspielern herangezogen. Einige dieser »Phonasken« haben versucht, Kaiser *Nero* (37 bis 68 n. Chr.) das kunstvolle Sprechen und Singen beizubringen. Dazu stellte sich ein Phonaske hinter dem Imperator auf und gab ihm mit einer Stimmpfeife einen bestimmten Ton vor, der dann genau zu treffen war. Der Erfolg dieser Bemühungen soll bekanntlich äußerst zweifelhaft gewesen sein. Sein Lehrer Seneca spottete sogar über sein »unzuverlässiges Gehör«, womit wahrscheinlich eher das musikalische als das physiologische Gehör gemeint war, denn Nero soll sich beim Spiel der Lyra oft in den Saiten vergriffen haben. Dass Nero schwerhörig gewesen ist, dafür gibt es aber keine Hinweise in der antiken Literatur *(Löwenstein, Seneca, S.24)*.

Es sei noch bemerkt, dass die nie verstummenden Gerüchte, Nero habe sich im Circus Maximus eines Smaragds oder Rubins als Sehhilfe bedient, nie belegt worden sind. Obwohl seinem Erzieher Seneca die vergrößernde Wirkung des geschliffenen Glases schon bekannt war, ist Nero vermutlich nicht auf eine Sehhilfe angewiesen gewesen. Er soll die Edelsteine, die statt einer Vergrößerung nämlich eine Verkleinerung bewirkten, lediglich zu seiner Belustigung benutzt haben, weil ihm die Gladiatoren dadurch wie winzige Puppen erschienen. Eine andere Deutung besagt, dass Nero, der wahrscheinlich erst von der späteren Geschichtsschreibung zum Scheusal gemacht worden ist, diese rohen Schauspiele sehr verabscheut hat. Weil aber das Volk seine Gegenwart zu den Spielen verlangte, soll er es vorgezogen haben, sie mit Hilfe der Edelsteine nur sehr distanziert zur Kenntnis zu nehmen.

Die Assyrer scheinen auf dem Gebiet der Ohrenheilkunde schon recht fortgeschritten gewesen zu sein, denn man hat bei Ausgrabungen Schrifttafeln aus dem 7. Jhdt. v. Chr. gefunden, die sowohl Abhandlungen über das Ohr als auch Beschreibungen otiatrischer Gegenstände enthalten. Es wird auch berichtet, dass König *Sardanapal* an »Ohrenfluss« litt. Welche Therapie angewendet wurde, ist nicht bekannt.

Auch die Juden des Altertums verfügten über keinerlei anatomische Kenntnisse, da ihnen das Berühren der Körper Verstorbener aus religiösen Gründen verboten war. Ihre Heilmethoden waren ebenso einfach wie plausibel: Bei trockenen Ohren waren flüssige Mittel und bei fließenden Ohren trockene Mittel anzuwenden. Dazu war der Saft von Ziegennieren oder das geschmolzene Fett von Käfern ebenso geeignet wie das Ausräuchern feuchter Ohren mit brennenden Dochten aus Stroh, Knoblauch und hundertjährigem Schilfrohr.

Die Ohren hatten eine besondere mythologische Bedeutung bei den Juden. Sie waren das »hörende Herz« des Menschen (*Spr. 23,12* und *1 Kön. 3,9*). Für sie war das Hören wichtiger als das Sehen. Das erste, was ein Jude hörte, wenn er auf die Welt kam, war das Bekenntnisgebet Israels: »Höre Israel!« *(Talmud, Übers. V. Mayer, S.654)*. Und es war das letzte, was er hörte, wenn er diese Welt wieder verließ. Nur wer hörte, wurde selig gepriesen (*Luk.11,28* und *Mt.13,16* und *Jer.6,10*). Unter ägyptischem Einfluss wurde das Ohr aber auch zum Anbringungsort heidnischer Amulette gegen böse Zauberei (*Jes.3,20; 1. Mose 35,4* und *2. Mose 32,2*).

Das »beschnittene Ohr«, das mit dem Blut des Opferlammes bestrichen wurde, galt als Garant der Reinheit (*Lev.14,14* und *17-18*).
Wer nicht hörte oder auch nur mangelnde Hörbereitschaft zeigte, der hatte »unbeschnittene Ohren« und konnte den Bund mit Gott nicht eingehen. Stummheit und Taubheit wurden deshalb als Besessenheit gedeutet. Wird beides besiegt, ist die Zeit des Heils gekommen.

Da wundert es nicht, wenn die mutwillige Beschädigung des Hörvermögens als eine todeswürdige Strafe angesehen wurde. Im 12. Jhdt. heißt es im Religionskodex des *Moses Maimonides*: »Derjenige, der seinen Vater aufs Ohr schlägt und ihn taub macht, ist des Todes schuldig...« (*IV Mamzin, V.6*).

Warum *Petrus*, der bekanntlich dem Soldaten Malchus im Garten Gethsemane gleich das ganze Ohr mit dem Schwert abschlug, straffrei ausging, bleibt unklar. Vielleicht, weil Jesus das Ohr sofort wieder angesetzt und die Wunde geheilt hatte, vielleicht aber auch, weil Malchus nicht sein Vater war (*Luk. 22,50-51*). Das Hören war so wichtig, dass eine Erkrankung des Ohres sogar am Sabbat behandelt werden durfte. Es besiegelte nicht nur den Gottesbund, sondern es war auch Ausgangspunkt jeder Schöpfung.

»Am Anfang war das Wort«, heißt es im Prolog des Johannes-Evangeliums, und der Logos schuf die Wirklichkeit. Der Schöpfungsakt war ein akustischer und die Welt entstand aus dem Klang. Unser Wort »*Ur*-sprung« hat dieselbe Sprach-wurzel wie das Wort »Ohr« und bedeutet wörtlich »Ohrquelle«. Das Ohr ist die Quelle aller Dinge. Im Niederländischen heißt »Ursprung« noch heute »Oorsprung«. Auch die »Ohrgeburt« der Menschen in der griechischen und christlichen Mythologie spiegelt diese Vorstellungen wieder. Das Gehör ist auch ontogenetisch der erste Sinn des Menschen. Es ist der erste, der lebt, und der letzte, der stirbt. Bereits drei Wochen nach der Befruchtung der Eizelle beginnt das Ohr des Fötus Gestalt anzunehmen. Vier Monate später ist es vollkommen fertig und bis zum Ende des Lebens ohne Unterbrechung dienstbereit.

Die Antwort jedes Gläubigen auf Gottes Wort war der Ge-*hor*-sam. Wer nicht hören konnte, hatte deshalb einen minderen sozialen Status. Schwerhörigkeit war bei den Juden gleichstellt mit Minderwertigkeit und Taubheit und sogar mit Irresein. Schon wer zu kleine, ungleiche oder herabhängende Ohren hatte, war nicht befähigt, Priester zu werden. Umgekehrt galt, was der Schweizer Theologe und enge Freund Goethes, *Johann Kaspar Lavater* (1741 bis 1801), so ausdrückte: »Wer hören kann, kann alles!«

Seit Moses gilt das unbeschädigte Ohr bei den Juden auch als ein Symbol der Freiheit und der Selbstbestimmung. In *Exodus 21,6* befiehlt Gott dem Moses, demjenigen die Ohren (gemeint sind die Ohrläppchen) zu durchbohren, der sich weigert, sich von der ägyptischen Knechtschaft zu befreien. Der Pfriemen im Ohrlappen war seither das Zeichen des Knechtes, der seinem Herrn zu gehor-chen hatte.

Der Bund mit Gott war durchaus gegenseitig, denn auch Gott »erhörte« dieje-nigen, die sich »seinem Ohr offenbarten, es erweckten und auftaten«. Dazu musste ihr Gebet jedoch »erhörlich« sein, das heißt von inniger Zuwendung zu Gott erfüllt (*Spr.20,12* und *Jes.22,14* und *50,4-5* und *Ps.40,7*). Stumme und taube Götter waren genauso wenig wert, wie ihre menschlichen Abbilder. Für die heidnische Götterwelt der Ägypter und Babylonier hatte das Volk Israel nur Hohn und Spott übrig, weil sie »Ohren haben und dennoch nicht hören kön-nen« *(Ps.155,6).*
Wer das Ohr missbrauchte und seinem Nachbarn Unsittliches, Missgünstiges und Verleumderisches einflüsterte, wurde als »*Ohrenbläser*« verachtet *(Röm.1,29* und *2 Kor.12,20).*

Der Prophet *Mohammed* (570 bis 632 n. Chr.) sah das Ohr ebenfalls als den Ort göttlicher Eingebungen an. Er soll als sichtbaren Beweis der empfangenen gött-lichen Weisungen einer Taube beigebracht haben, Erbsen aus seiner Ohrmuschel zu picken. Er wählte die Taube dazu aus, weil sie als Symbol des Friedens und Überbringer himmlischer Botschaften angesehen wurde. Das Ohr war das Or-gan, welches am ehesten mit Gott direkt in Verbindung treten konnte. Wer Gott liebte, den liebe auch Gott. In Sure 38 des Korans sagt er: »Wenn ich einen Menschen liebe, dann bin ich das Ohr, mit dem er hört.« Einer der 99 Namen Allahs ist deshalb auch heute noch »Der Hörende« (al-SAMI'U). Mit dem Hören war aber nicht ausschließlich der physiologische Vorgang gemeint, denn in Sure 24 heißt es, dass göttliche Offenbarungen nur im meditativen Zustand empfangen werden können, wenn nämlich »...der Verstand still steht und Hören und Sehen vergehen.«

Der Gott des Koran war aber wie derjenige der Bibel auch ein unbarmherzig strafender Richter. Wer seine Ohren dazu benutzte, falschen Einflüsterungen zu lauschen, zum Beispiel denen des Satans, dem sollte »am Jüngsten Tag geschmolzenes Blei in die Ohren gegossen werden« *(Al Ghasali, Das Elixier der Glückseligkeit, S.154).* Ob diese Zitate immer ganz wörtlich genommen werden können oder nur orientalische Metaphorik sind, muss dahingestellt bleiben.

Die Gleichsetzung von Hörfähigkeit und Teilhabe am sozialen Leben fand im Altertum auch ihren Ausdruck in den Gesetzen des Kaisers *Justinian* (483 bis 565 n. Chr.), die den Gehörlosen die staatsbürgerlichen Rechte nicht zuerkannten und sie unter Vormundschaft stellten. Das Zuhören war so wichtig, dass *Epiktet* (50 bis 138 n. Chr.) sogar meinte, der Mensch habe deshalb zwei Ohren und nur einen Mund, weil er doppelt so viel hören wie reden solle.

II. Das Mittelalter

Ärzte und Quacksalber

Auf dem Gebiet der *Plastischen Chirurgie* wurde im Altertum schon Erstaunliches geleistet. Wer keine Ohrläppchen mehr hatte, zum Beispiel als Folge des Ohrabschneidens, das im Altertum bei vielen Völkern als Strafe üblich war, dem konnte auf höchst bemerkenswerte Weise geholfen werden. Die *Ayur-Veda-Medizin* kannte schon vor mehr als zweitausend Jahren die Kunst der Rekonstruktion durch eine »*Otoplastik*«. Dazu entnahm man aus der Wange des Unglücklichen ein Stückchen Haut und Gewebe und nähte es an der wunden Stelle der Ohrmuschel an, bis es fest verwachsen war. *(Anm.: Für den Ohrersatz ist der Begriff »Otoplastik« seit etwa 100 Jahren im Gebrauch und bezeichnet künstliche Ohrnachbildungen in Form von Epithesen und chirurgische Rekonstruktionen im Bereich der Ohrmuschel. Heute schließt er – eigentlich nicht ganz korrekt – als Oberbegriff oft auch Myringoplastiken (Trommelfellersatz), Meatoplastiken (Gehörgangsnachbildungen) und Tympanoplastiken (Ersatz von Gehörgangsknöchelchen und Fenestrationen) mit ein. Seit 1964 meint der Begriff im Zusammenhang mit der Hörgeräte-Akustik auch die Acryl-Ohrmulde zur Befestigung und akustischen Abdichtung von Hörgeräten).*

Augenoperationen waren schon seit dem 2. Jahrtausend v. Chr. in Babylonien bekannt und wurden im »*Codex Hammurabi*« beschrieben. Die Inder hatten vor 2000 Jahren ganze Nasen verpflanzt oder nachgebildet (Rhinoplastik), die Etrusker ersetzten vor 3000 Jahren fehlende Zähne durch Ochsenbein und die Chinesen, Ägypter, Römer, Griechen und Kelten waren schon in der Kunst der Trepanation (Schädelöffnung) geübt.

Die Plastische Chirurgie und die Behandlung von Ohrenschmerzen sind Beispiele dafür, wie sehr man einerseits schon zu fast modernen medizinischen Leistungen befähigt war, andererseits aber noch ganz archaisch-magische Heilungsversuche unternahm. Wer unter Ohrenschmerzen litt, musste sich einen schrecklichen Sud aus Öl und Regenwürmern oder aus Kellerasseln und Schnecken einträufeln lassen. Auch ein Gemisch aus Ziegen-Urin und Wein sowie Taubenkot und verkohlter Pferdemist wurden erprobt. Die Injektion geschah allerdings wieder auf eine fast professionelle Weise, nämlich mit einem speziellen medizinischen Instrument, das »*Ohrenspritze*« (oriculario clystere) genannt wurde.

Nicht immer ging die Behandlung glimpflich aus. Der römische Arzt Galen (130 bis 200 n. Chr.) berichtete, dass ein Kollege scharfen Pfeffer in das entzündete

Ohr eines Patienten gegossen haben soll, worauf dieser vor Schmerzen rasend das Weite suchte und um ein Haar Selbstmord begangen hätte. Vielleicht hatte es der Patient auch versäumt, den Beistand des Gottes *Aeskulap* zu erbitten, dem man vor einer Behandlung des Ohres eine Votivgabe in Form einer Ohrmuschel aus Terrakotta zu geben pflegte. Gegen die Schwerhörigkeit wurden Gehörgangsspülungen und Injektionen mit Kräutersäften und Öl verordnet, sofern sie einfache Ursachen hatten, wie die Ansammlung von Ohrenschmalz, Schmutz und Wundverkrustungen. Die durch die Injektionen aufgeweichten Verhärtungen wurden mit einem speziellen *Ohrlöffel (specillum auricularium)* oder einem *Schabeisen (strigilis)* entfernt.

In schwereren Fällen, wie zum Beispiel bei Gehörgangsatresien, Polypen und Geschwüren, griff man zu Glüheisen, Skalpell oder ätzenden Tinkturen. Auch kleine Tiere im Gehörgang wie Flöhe, Würmer, Ohrenkneifer oder Käfer konnten den Menschen quälen und sein Gehör beeinträchtigen. Hiergegen halfen stinkende und ätzende Tinkturen, die die kleinen Plagegeister zur sofortigen Flucht veranlassten.

Eine andere Methode nach *Celsus,* einem hochberühmten Gelehrten zur Zeit des Tiberius, bestand darin, den Patienten auf eine frei hängende Holzplatte zu legen, auf die so lange energisch mit einem Hammer geschlagen wurde, bis die Krabbeltiere die Flucht ergriffen und mit der *Pinzette (volsella)* ergriffen werden konnten. Ob indessen die kräftigen Hammerschläge dem Gehör und den Nerven des Patienten gut bekommen sind, verriet Celsus nicht.

Waren die Ursachen für eine Schwerhörigkeit durch Sondenuntersuchungen äußerlich nicht erkennbar, weil sie im Mittelohr oder Innenohr zu suchen waren, so kamen Diäten, Abführmittel, Aderlässe oder Kräutermixturen aus Zimt, Pfeffer und Weihrauch in Betracht. Es darf vermutet werden, dass diese Mittel nicht besonders erfolgreich waren. Der bereits erwähnte Archigenes empfahl zur sofortigen Abhilfe lieber ein heftiges Niesen bei zugehaltener Nase, eine Methode, die dem Valsavaschen Versuch schon recht nahe kam. Half das nichts, verordnete Archigenes die Verstärkung des Schalles und dessen Einleitung in das Ohr des Schwerhörigen vermittels einer trichterförmigen Röhre *(tuba auditiva).*

Galen war vielleicht der berühmteste aller römischen Ärzte, denn seine Schriften blieben bis zum späten Mittelalter in der Medizin maßgebend. Er war der Leibarzt des Kaisers *Marc Aurel* (121 bis 180 n. Chr.), von dem er das Recht erhielt, nach den grausamen Kämpfen und Tierhatzen in den Amphitheatern die zerfetzten Leiber der Gladiatoren zu inspizieren. Was für das heutige Empfinden abscheulich klingen mag, geschah bei Galen jedoch aus wissenschaftlichem Interesse und war der Ausgangspunkt der modernen Anatomie. Dabei untersuchte er auch den menschlichen Schädel und das Schläfenbein mit seinen

Höhlen. Er gab der Ohrschnecke den noch heute gebräuchlichen Begriff »*Laby-rinth*«, systematisierte die Erkrankungen des Ohres und entdeckte die Zusammenhänge zwischen dem Hörnerv, der erstmalig von dem alexandrinischen Arzt *Erasistratus* (330 bis 250 v. Chr.) erwähnt wurde, und dem Gesichtsnerv.

Galen betrachtete auch als erster jedes Krankheitssymptom als ein Leid, das individuelle Ursachen hatte und dementsprechend therapiert werden musste. Gegen die Schwerhörigkeit fiel ihm leider nichts Neues ein. Er empfahl Diäten, Abführmittel und Kräutersäfte. Große Fortschritte in Wissenschaft und Medizin gab es in der Antike und im Mittelalter nur in größeren Abständen. Nachdem das Hörrohr schon vor Jahrhunderten bekannt war, geriet es offenbar für lange Zeit wieder in Vergessenheit. Erst *Alexander von Tralles* (525 bis 605 n. Chr.) berichtete wieder, dass einige seiner Kollegen versucht hätten, der Schwerhörigkeit durch Hörrohre und andere akustische Instrumente beizukommen. Er unterschied zwischen »fiebriger« und »fieberloser« Schwerhörigkeit, wobei die erste offensichtlich Hörstörungen meint, die zum Beispiel infektiöse akute Erkrankungen des Ohres begleiten, und die zweite die dauerhafte und nicht heilbare Form der *Innenohrschwerhörigkeiten.*

Alexander erwähnt auch, dass einige Ärzte durch gezielte Hörübungen versucht hätten, das Gehör wiederherzustellen. Das geschah mit Trompeten, die man dem Schwerhörigen an das Ohr setzte und kräftig hinein blies. Andere Ärzte hätten »mit Schellen und anderen selbst erfundenen Instrumenten« einen großen Lärm in Gegenwart des Schwerhörigen gemacht. Das kann nicht viel genützt haben, denn 1 500 Jahre lang ist nichts Ähnliches mehr versucht worden.

Alexanders Kollege *Aetius* schwor bei Schwerhörigkeit auf eine ebenso neue wie originelle Therapie. Dem Patienten wurde zunächst der Kopf geschoren und dann mit Öl eingerieben. Half das nichts, so griff auch Aetius wieder zu dem probaten Mittel des Ziegen-Urins, der aber zuvor neun Tage geräuchert und dadurch eingedickt wurde. Wohin der gerieben wurde, ist nicht bekannt.

Paulus von Aegina (7. Jhdt.) vertraute mehr auf seine chirurgischen Künste und wurde der Spezialist für alle Formen von Atresien, Tumoren und Kontusionen im Bereich des äußeren Ohres. Die Schwerhörigkeit hielt er nicht für heilbar und entwickelte deshalb keine Therapien dafür.

Die Araber, die weitgehend die medizinischen Kenntnisse der Griechen und Römer übernommen hatten, erweiterten deren Therapievorschläge gegen die Schwerhörigkeit, indem sie heiße Bäder, häufige Wagenfahrten und Reiten auf sandigem Boden empfahlen.

Die Heiligen des Mittelalters

Auch das späte Mittelalter brachte keine Fortschritte in der Otiatrie. *Albertus Magnus* (1193 bis 1286), der große Erneuerer der Wissenschaften, wusste bei Schwerhörigkeit und Taubheit keinen besseren Rat, als das Hirn eines Löwen mit etwas Öl in das Ohr einzubringen. *Hildegard von Bingen* (1098 bis 1179), die hochgebildete Theologin, Volksmedizinerin und Ratgeberin von Kaisern und Päpsten, zog es vor, das abgeschnittene Ohr eines Löwen unter Hersagung eines frommen Spruches über das erkrankte Gehör des Patienten zu halten. Es musste aber das rechte Ohr des Löwen sein, andernfalls war die Therapie angeblich wirkungslos.

Das Mittelalter brachte viele Heilige hervor, die für die verschiedensten Berufe und Anliegen zu Schutzpatronen erhoben wurden, aber auch für bestimmte Ge-

Abb. II.1. Die Heilige Oranna. Spätbarocke Orannaskulptur von 1760 mit einem rechten Ohr in der einen, und einem Kreuz in der anderen Hand

Abb. II.2. Die Oranna-Skulptur aus Lahr

brechen zuständig waren und diese nach dem Glauben des Volkes heilen konnten, wenn man ihnen Opfergaben zu Füßen legte. Es wäre verwunderlich, wenn es nicht auch einen Heiligen oder eine Heilige für das Ohr gegeben hätte. In Lothringen lebte im 6. Jhdt. eine Adlige namens *Anna*, die ihre irisch-schottische Heimat mit ihrer Zwillingsschwester verlassen hatte, um in der Fremde zu dienen. Sie litt an einer Erkrankung der Ohren und war schwerhörig. Ihr Vater, der Herzog von Lothringen, soll sie deshalb verstoßen haben. Anna überkam daraufhin ein tiefes Mitgefühl mit allen Menschen, deren Ohren erkrankt waren und die nicht hören konnten. Sie kümmerte sich um Menschen, die von »Kopfschmerzen, Schwindel, Ohrenleiden und Taubheit geplagt werden«, betete für sie und heilte sie durch Handauflegen. Im Volk war die »stille Heilige« bald als »Ohr-Anna« bekannt und beliebt und führte fortan ein entsagungsvolles und heiligmäßiges Leben. 1480 wurde aus der »*Ohr-Anna*« die »Heilige *Oranna*«, die noch heute in dem kleinen saarländischen Ort Überherrn nahe der französischen Grenze verehrt wird. Vor allem Ohrenkranke aus Frankreich pilgern nach Überherrn, um dort die kleine Kapelle der Oranna aufzusuchen und ihren Beistand zu erbitten. Die Pilger setzen sich in der Kapelle die eiserne »Kopfwehkrone« auf, benetzen ihre Ohrläppchen mit dem Wasser aus dem Oranna-Brunnen und bitten die Patronin um Heilung ihrer Ohren. Der »Sonntag nach Kreuzerhöhung« (14. September) ist der Tag ihrer besonderen Verehrung, und am Montag darauf, dem »Dorannatag«, finden Prozessionen und eine »Orannakirmes« statt. Seit 1969 sind die Reliquien der »Heiligen von Berus«, die heute auch als Schutzpatronin Deutsch-Lothringens gilt, in der kleinen Oranna-Kapelle in Berus-Überherrn bei Saarlouis ausgestellt.

Die spätbarocke Orannaskulptur aus dem Jahre 1760 zeigt die Heilige mit dem Kreuz in der einen Hand und mit dem rechten Ohr in der anderen. Es musste – wie bei Hildegard – das rechte Ohr sein. Auch in Lahr in Rheinland-Pfalz wird eine Heilige gleichen Namens verehrt. In einer kleinen Kapelle steht dort eine Skulptur aus Sandstein, die ein Mädchen darstellt, das auf sein rechtes Ohr zeigt (*vgl. Tinnitus-Forum, 1/99, S. 5, sowie Schriften der Gemeinde Überherrn im Saarland*).

Diese Bevorzugung des rechten Ohres mag heute komisch wirken, hatte jedoch ihre mythologischen Wurzeln bei den Ägyptern, Griechen und Römern. Sie beeinflussten besonders Hildegard, die das linke Ohr in ihren Visionen als lang, schlapp und feige erlebte und mithin für eine heilstiftende Verwendung als unbrauchbar ansah. Die Redensart, jemand sei »linkisch«, stammt aus dieser Zeit.

Der Mythos vom »besseren rechten Ohr« hat tatsächlich eine realen Hintergrund. Die Rechtsohrigkeit der meisten Menschen ist zwar minimal, lässt sich aber neurologisch durchaus nachweisen. Im Hinblick auf die cerebrale Verarbeitung auditiver Reize kann das rechte Ohr als Leitohr bezeichnet werden (*Tomatis, Das Ohr und das Leben, S.90 ff.*).

Abb. II.3. Franziskus von Assisi (1181 bis 1226)

In der *Kabbala,* den jüdischen Geheimlehren des 15. Jahrhunderts, hatten die verschiedenen Seiten der Ohren ebenfalls unterschiedliche Bedeutungen. Sie wurden genauso mit der Macht der Buchstaben, der Sterne und der Jahreszeiten in Verbindung gebracht, wie die Funktionen des Gehörs und die Ursachen für Taubheit *(Papus, Die Kabbala, S. 192).*

Ein besonders tragischer Fall mittelalterlicher Quacksalberei war die Behandlung des Heiligen *Franziskus von Assisi* (1181 bis 1226). Am Ende seines Lebens musste er für seine jahrelangen Selbstkasteiungen und die Überzeugung, dass der Leib der Feind Gottes sei, teuer bezahlen. Leber, Magen und Darm schwer geschädigt, an Wassersucht und Tuberkulose leidend, übersät mit Christi Wundmalen und wegen einer Augenentzündung fast erblindet – dem Todgeweihten schickt Papst *Innozenz IV.* seinen arabischen Leibarzt zur Hilfe. Um das Augenlicht des Märtyrers zu retten, verbrennt der Arzt dem Unglücklichen die Haut von den Ohren bis zu den Augenbrauen mit dem Glüheisen. Als das nichts nützt, greift der Arzt zum allerletzten Mittel. Er opfert für die Augen das Gehör, indem er beide Trommelfelle mit dem Eisen durchsticht und dabei die Mittelohren zerstört.

Zu spät erkennt Franziskus, dass auch der Leib von Gott geschaffen ist: »Freue dich, Bruder Leib, von nun an bin ich bereit, dir alles zu gewähren, was du willst.« Er stirbt 1226, blind und taub und unter größten körperlichen und seelischen Qualen in Portiunkula (Green, Bruder Franz, S. 388 ff.).

Augenmerk vor Ohrenmerk

Die grausame Therapie an Franziskus ist mit ein Ausdruck dafür, wie sehr sich auch in der christlich-abendländischen Kultur die *Dominanz* des Sehens gegenüber dem Hören durchgesetzt hat. Das wissenschaftliche Denken, das ganz wesentlich auf dem Experiment und der Beobachtung von Objekten beruht, hat das Hören marginalisiert. Die Ursprünge liegen in der Kultur der Ägypter, für die die Menschen Augenwesen waren. Der Mensch wurde, anders als in der jüdisch-christlichen Mythologie, nicht aus dem Ohr Gottes, sondern aus dem Auge des Sonnengottes Re geboren. Die Metapher »Alle Augen« ist das Synonym für »Menschheit«. Die Griechen haben Elemente der ägyptischen Mythologie auch in dieser Beziehung aufgenommen. Für *Heraklit* (550 bis 480 v. Chr.) stand fest: »Die Augen sind genauere Zeugen als das Ohr.« *(von Zabern, Ägyptens Aufstieg zur Weltmacht, S. 55, Heraklit, Über das Ohr, in: Renner, Klassiker des Denkens, S.28).*
Der Sprachwissenschaftler und berühmte Märchensammler *Jakob Grimm* (1785 bis 1873) hat dieses Denken für das anbrechende Technische Zeitalter bereitwillig übernommen und apodiktisch verkündet: »Das Auge ist der Herr, das Ohr der Knecht! Das Auge befiehlt, das Ohr gehorcht!«

Die vorwiegend visuell ausgerichtete Medienkultur unserer Tage steht ganz in dieser kulturellen Tradition. Der wirtschaftliche Druck, der dahinter steht, ist nicht neu. Der römische Dichter *Horaz* (65 bis 8 v. Chr.) beklagte sich zu seiner Zeit, dass »sich das Vergnügen vom Ohr zum unsteten Schaugenuss der Augen verlagert hat.« *(Weber, Brot und Spiele, S.158).* Einen »ständig größer werdenden Druck der Konkurrenzunterhaltung« im alten Rom, dem nur mit einem »radikalen Umschwung vom Ohr zum Auge« begegnet werden konnte, stellt *Carl Weber* in seinem Buch »Brot und Spiele« fest. Langeweile und Desinteresse an den antiken Dramen, aber auch die zunehmenden sozialen Probleme sollten mit billigen visuellen Schaueffekten vertrieben werden *(Ebda. S. 158 ff.).*

Liebeslust und Ohrensausen

Welche Töne! Wie verführen sie mein Ohr!
(Friedrich Schiller)

Zu den Hörstörungen, die schon die Menschen des Altertums ziemlich plagen konnten, gehören auch die *Ohrgeräusche (tinnitus aurium).* Diese seien gänzlich »gegen die Natur«, befand Galen und erklärte sie mit Blähungen, Dämpfen oder zähen dicken Säften im Kopf, aber auch mit Vorstellungen, die der Realität schon recht nahe kommen, wie Verstopfungen des Gehörnerven oder allgemeinen Schwächezuständen. Sofern Knaben davon befallen waren, waren sie als Medium für magische Zwecke, zum Beispiel bei der Weissagung oder der Wahrheitsfindung vor Gericht, sehr nützlich und standen in hohem Ansehen. Das galt aber nur dann, wenn der *Tinnitus*, der als »Sprechen der Ohren« bezeichnet wurde, auf beiden Ohren gleichzeitig oder wenigstens auf der rechten Seite auftrat. Ein Knabe mit linksseitigem Tinnitus galt als schlechtes Medium *(Vgl. Galen, Über die Heilkunst, in: Renner: Klassiker des Denkens, S. 131, und Feldmann, Tinnitus Aurium).*
Bei der Bevorzugung des rechten Ohres mag eine Rolle gespielt haben, dass sich Griechen und Römer von der ägyptischen Kultur beeindrucken ließen, denn in einem alten Papyrus heißt es: »Es strömt Lebenshauch durch das rechte Ohr und Todeshauch durch das linke.« *(Peyser, Das Labyrinth, S. 152).*

Für *Plinius den Älteren* stand der Tinnitus für die Fähigkeit zur Gedankenübertragung. Ein unbekannter römischer Dichter sah sein Ohrensausen folgerichtig nicht als ein großes Unglück an, sondern als das Liebesgeflüster seiner Angebeteten, die sich ihm nächtens mit »schmeichelnder Stimme« nähert. Er schrieb darüber ein schwärmerisches Gedicht mit dem Titel »De Tinnitus aurium«.

Für die berühmte lesbische Dichterin *Sappho* (612 bis 560 v. Chr.) war der Tinnitus eine unvermeidliche Begleiterscheinung der Eifersucht. Sie klagte über ein »Dröhnen und Brausen« in den Ohren, wenn sie sah, wie sich eine ihrer Schülerinnen mit einem Jüngling einließ. Sie beschrieb ihre Gefühle in einem leidenschaftlichen Gedicht, das dem effeminierten römischen Dichter *Catull* so gut gefiel, dass er es noch einmal mit eigenen Worten niederschrieb. Auch ihm dröhnte es in den Ohren, allerdings nicht, weil ein Mädchen sich mit einem Knaben vergnügte, sondern ein abtrünniger Knabe mit einem Mädchen. »Die Ohren klingen mir und brausen! Es wird mir schwarz vor Augen!« *(Feldmann, Tinnitus Aurium, S. 22 ff.).*

Wurde der Tinnitus-Leidende im Altertum eher als ein Medium göttlicher Kräfte angesehen und das Leiden, das auch gelegentlich verharmlosend als Liebesgeflüster, »*sonitus*« (Klang) oder »*susurrus*« (Summen, Säuseln, Flüstern), bezeichnet wurde, so war es von der Spätantike bis zur Neuzeit der Teufel, der dahinter steckte. Die Einflüsse des Christentums hatten ihre Spuren hinterlassen. Das Ohr wurde wie das Auge als »Pforte der Sinnlichkeit« angesehen und mit Misstrauen betrachtet.

Die Saat dazu hatte bereits *Paulus* (1 bis 66 n. Chr.) gelegt, der gegen die »Lust des Fleisches« gewettert und zur Selbstkasteiung aufgefordert hatte. *Augustinus* (354 bis 430 n. Chr.) hatte dem Liebreiz der Musik und der schönen Klänge zu widerstehen versucht und gegen »die Gelüste der Ohren« gekämpft, die ihn »un-

Abb. II.4. »Garten der Lüste« von Hieronymus Bosch (um 1500, Ausschnitt)

ter ihre Herrschaft« bringen wollten (*Röm. 5,12 und 7,16-24, Gal.5,17, Kor.9,27*). Ihre eigentliche Aufgabe sei es, »nach dem Worte Gottes zu hungern«. Mit seinen Augen war er genauso wenig zufrieden. Auch sie verführten ihn zu allerlei unkeuschem Begehren. Das Ohr als Vermittler niederer Lüste thematisierte *Hieronymus Bosch* noch einmal um 1500 in seinem Bild »Garten der Lüste«, wo ein Ohrenpaar von einem Messer und von mehreren Pfeilen durchbohrt wird.

Das Hören war also, wenn es dem Gehorsam gegenüber Gott diente, durchaus ein gottgefälliger Vorgang. Der Begründer des Mönchtums, *Benedikt von Nursia* (480 bis 547), verkündete »Der Glaube kommt aus dem Hören« und seine erste Ordensregel lautete: »Höre und neige dein Ohr im Herzen« *(S. Die Grossen, Bd.II/2, S. 720).*

Hörschläuche und Ohrgeburten

Der griechisch-mythologische Einfluss auf den christlichen Glauben in Verbindung mit der paulinisch leibfeindlichen Komponente und der später von der weströmischen Kirche versuchten Abschaffung der Augendominanz zugunsten des Hörsinns führte im Mittelalter manchmal zu kuriosen mystischen Überhöhungen der Funktionen des Ohres. Da wurde zum Beispiel das Dogma der unbefleckten Empfängnis Mariens mit dem Mythos der »Ohrgeburt« der Athene durch Zeus verknüpft. Über dem Nordportal der Marienkapelle in Würzburg kann man eine Darstellung aus dem 15. Jhdt. sehen, wo Gott der Jungfrau Maria sein *»Pneuma«* einhaucht, ohne ihre Jungfräulichkeit zu verletzen. Sie empfängt (und gebiert) durch das Ohr (*conceptio per aurem*). Auch Zeus gebiert seine Tochter Athene aus dem Kopf heraus. Das Relief von Würzburg wird deshalb als ein Akt der Empfängnis und nicht als eine akustische Kommunikation gedeutet.

Das Ohr als Ein- oder Austrittsstelle der Seele war eine Vorstellung, die schon bei Ägyptern und Griechen, ja selbst bei Mongolen und Indern zu finden ist. Bei den Christen wurde das Ohr der Ort, durch den Geburt und Empfängnis stattfinden, wo »das Wort Fleisch wird« (*Johannes*). Diese ursprünglich oströmische Lehre wurde ab dem 12. Jhdt. von der weströmischen Kirche übernommen. Der *Sarkophag Heinrichs I.* von 1320 in der Elisabeth-Kirche zu Marburg zeigt diese Metaphorik ebenso wie viele sakrale Kunstwerke aus dem 12. bis 14. Jahrhundert *(zur Bedeutung von Hören und Sehen in der Religion vgl. Mayr, Wort gegen Bild. Zu Ohrgeburt und Ohrempfängnis vgl. Kottwitz, Im Anfang war das Ohr, beides in: Kuhn/Kreutz, »Das Buch vom Hören«).*

Martin Luther (1483 bis 1546) glaubte trotz seiner Liebe zur Musik, aber vielleicht wegen seiner Menièreschen Krankheit, das Ohr in »strenge Zucht« nehmen zu

müssen. Er vermutete nämlich, sein unerträgliches Brausen und Klingeln im linken Ohr, das er »*tonitus*« (Donner, Geschrei) nannte, seien die »Faustschläge des Satan« auf sein Fleisch, weil dieser ihn wohl nicht leiden mochte. Heilmethoden gab es zu seiner Zeit nicht, noch nicht einmal die abenteuerlichen Quacksalbereien, die bei Ohrenkrankheiten sonst zu Diensten standen. So blieb dem Arzt nichts weiter übrig, als dem Reformator warme Tücher, weiche Kissen und viel Ruhe zu verordnen.

Die christlichen Mystiker des späten Mittelalters sahen das Ohr hingegen oft nicht als Anstifter zu sinnlichen Genüssen, sondern als Instrument Gottes. Erwähnt werden sollen diesbezüglich die wiederholten Seligpreisungen der Ohren (»Selig sind die Ohren...«) durch *Gertrud die Große* (1256 bis 1302) und *Thomas von Kempen* (1380 bis 1471). *Meister Eckehart* (1260 bis 1327) räumte dem Ohr Vorrang vor den anderen Sinnen ein, wenn man das Wort Gottes hören wollte. Ähnliches ist von *Hildegard von Bingen* (1098 bis 1179), *Thomas von Aquin* (1225 bis 1274) und *Nikolaus von Kues* (1400 bis 1464) überliefert *(vgl. Brixner, Die Mystiker).* Bei der katholischen Taufe werden noch heute beide Ohren des Kindes zum Zeichen ihrer symbolischen Öffnung vom Pfarrer kurz berührt.

Auch im klassischen Humanismus war das Ohr ein besonderes Organ. Der Weltenbürger und Gegenspieler Luthers, *Erasmus von Rotterdam* (1469 bis 1536), nannte das Ohr das »Organ der Seele«. Und er rät zur geistigen Reinlichkeit: »Wenn das Ohr verschmutzt ist, kann die Seele nichts hören.« *(Erasmus, Vertraute Gespräche, S. 285).*

Erst mit dem Zeitalter der Aufklärung, die das Paradigma der griechischen Philosophen von der Beobachtung als wichtigstem Kriterium jeder Wissenschaftlichkeit – von der kurzen Blüte der Renaissance einmal abgesehen – wieder neu entdeckte, trat das Auge erneut seine Herrschaft über das Ohr an.

Nadelstiche und Ohrenkitzeln

Kurz erwähnt werden sollen auch noch einmal die Chinesen des Altertums, die zwar – wie eingangs ausgeführt – schon früh einiges auf dem Gebiete der Akustik geleistet hatten, auf dem Gebiete der Medizin aber noch geringere Kenntnisse besaßen als die Europäer der Antike, jedenfalls im naturwissenschaftlichen Sinne. Sie hatten, wie die Juden und Christen, starke sittliche und religiö-

Abb. II.5 Nordportal der Marien-Kapelle in Würzburg (Anfang des 15. Jahrh.) (Bild links)

se Bedenken gegen anatomische Studien an Verstorbenen und konnten deshalb ebenfalls nur wilde Spekulationen über die Funktionen des Gehörorgans anstellen. Einige Ärzte glaubten, die Ohren seien die »Fenster der Nieren« und stünden mit dem Urogenitalsystem in Beziehung, andere ordneten die Ohren eher der Galle, der Lunge, den Blutgefäßen oder dem Darm zu.

Ärzte, die die *Akupunktur* anwendeten, sahen das Ohr als Projektionsfläche des gesamten Körpers an, der für jedes Organ einen entsprechenden Repräsentanten in Form eines Einstichpunktes auf der Ohrmuschel hat. Das hat seine gewisse Berechtigung darin, dass kein Areal auf der Körperoberfläche so viele Nervenendungen aufweist, wie eben die Ohrmuschel. Die Ohrakupunktur nahm aus diesem Grund immer eine Sonderstellung gegenüber der normalen Körper-

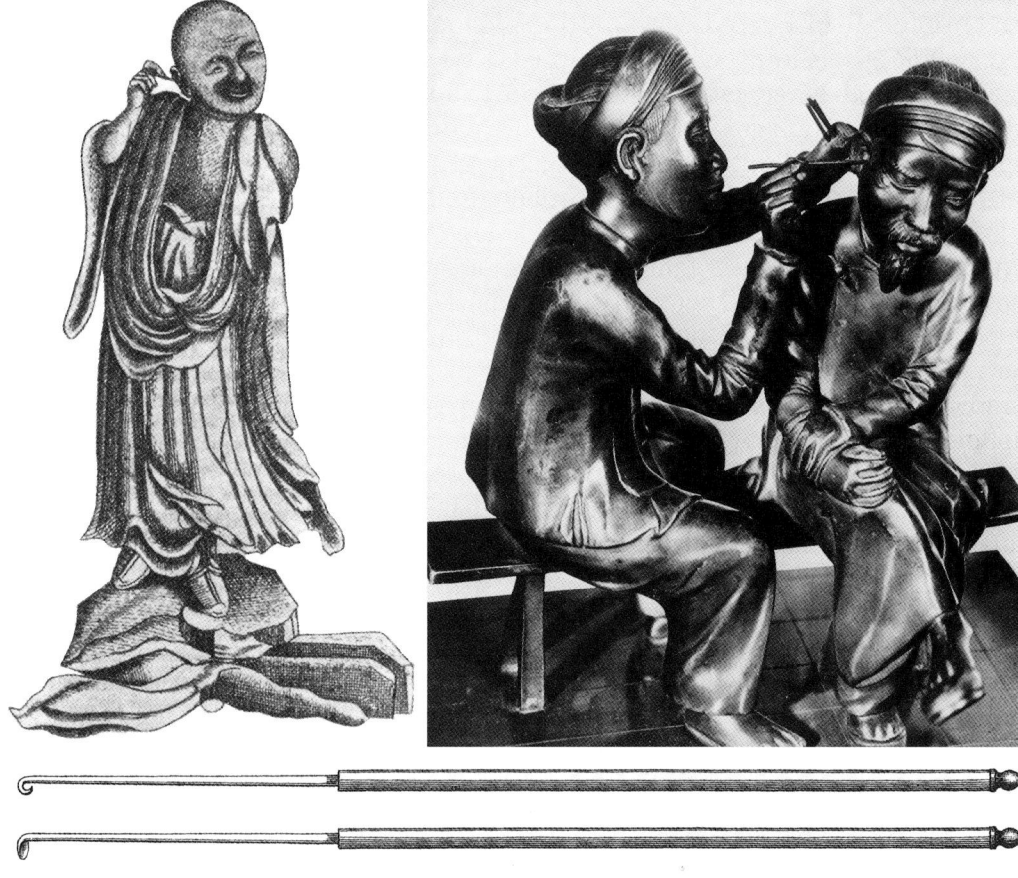

Abb. II.6. Die Chinesen lieben es, sich mit kleinen Ohrhäkchen im Ohr zu kitzeln

Abb. II.7. Ohrinspektion und Reinigung mit silbernen Ohrhäkchen im alten China. In Japan gibt es noch heute öffentliche »Ohrentage«, an denen sich jeder Bürger im Freien einer Ohreninspektion unterziehen kann

akupunktur ein. Schwerhörigkeit konnte sie zwar nicht bessern, dafür aber Ohrgeräusche.

An otiatrischen Instrumenten kannte man nur Häkchen, mit denen man Fremdkörper aus dem Gehörgang entfernen konnte, die aber kurioserweise zugleich der Lieblingsbeschäftigung der Chinesen dienten, dem Kratzen und Kitzeln. Es ist eine alte Abbildung erhalten, auf der man einen Chinesen sehen kann, der sich mit sichtlichem Vergnügen ausgiebig mit einem Ohrhaken im Ohr kitzelt.

Die Japaner entlehnten ihr Wissen weitgehend von der chinesischen Medizin. Erwähnenswert ist die nur in Japan anzutreffende *Moxibustion* zur Behandlung der Schwerhörigkeit. Damit ist das Abbrennen von kleinen Kräuterkugeln auf der Haut an bestimmten Stellen des Körpers gemeint, womit man die Vorstellung verband, dass damit die negativen Kräfte aus den tiefer liegenden Organen nach außen getrieben und verbrannt würden. Bei Lähmungen der Gesichtsnerven soll diese Methode sogar sehr erfolgreich gewesen sein. Ob man nach der Räucherei auch besser hörte, ist nicht mehr zu ermitteln.

Anatomen und Leichendiebe

Mit dem Niedergang des Römischen Reiches und der Ausbreitung und Vorherrschaft des Christentums in Europa geriet vieles von dem in Vergessenheit, was die Antike an medizinischem Wissen hervorgebracht hatte. Das war vor allem eine Folge des veränderten Welt- und Menschenbildes des Mittelalters, das die naturwissenschaftliche Ausrichtung des aristotelischen Denkens aus religiösen Gründen ablehnte. *Herophiles von Alexandria* (um 300 v. Chr.) durfte in Ägypten noch uneingeschränkt Leichen sezieren und sein anatomisches Wissen war für jeden Arzt jahrhundertelang unverzichtbar. Aber schon die Griechen und Römer betrieben anatomische Studien meistens nur noch an Tieren. Den Christen war die Sektion von Verstorbenen gänzlich verboten, weil sie mit dem Glauben an die Auferstehung nicht vereinbar war. Hinzu kam, dass sich die Kirche jahrhundertelang als oberste Instanz für alle Bereiche der Gesellschaft ansah, einschließlich der Wissenschaften, und autokratisch festlegte, ob und was überhaupt geforscht werden durfte.

Die Erforschung der Welt mit den Mitteln des Verstandes schien ihr nicht notwendig zu sein, weil alle wesentlichen Fragen nach ihrer Meinung bereits in der Bibel beantwortet und mithin eine Angelegenheit des Glaubens waren. Wer darüber hinaus forschte, machte sich der Gotteslästerung verdächtig.

Die Medizin degenerierte in der Folge zu einem Anhängsel des klösterlichen Lebens und wurde nur noch von Mönchen praktiziert. Ärzte gab es nicht mehr.

So ist es zu erklären, dass über den Zeitraum von der Spätantike bis zur Neuzeit, also über mindestens sechs Jahrhunderte hinweg, keinerlei Fortschritte bei der medikamentösen oder technischen Rehabilitation von Schwerhörigkeiten erzielt wurden.

Erst im 13. Jahrhundert finden sich mit der beginnenden Renaissance in Italien wieder erste Ansätze zur Erforschung des menschlichen Körpers und seiner möglichen Fehlfunktionen, wobei man zunächst da anschließt, wo die Antike aufgehört hatte. Die Behandlungsmethoden bei Schwerhörigkeit und Taubheit haben einerseits noch ihren alten abergläubischen Charakter, wenn zum Beispiel *Arcolano* mit den abgeschnittenen Köpfen von Eidechsen und *Lanfranchi* mit dem Fett grüner Laubfrösche experimentiert, andererseits aber schon gezielte Hörübungen mit den Patienten unternommen werden. Auch die Erkenntnis von *Bernard von Gordon,* dass eine angeborene oder länger als zwei Jahre unbehandelt gebliebene Gehörlosigkeit keine Aussicht mehr auf eine Besserung hat, ist durchaus mit dem Stand heutigen medizinischen Wissens vereinbar.

Immer wieder wird Schwerhörigkeit mit Blähungen erklärt oder mit unbewegter und dicker Luft, die sich im Gehörgang oder in den Hohlräumen des Schädels anstaue. Eine von vielen Ärzten angewandte Therapie war deshalb das Einsetzen eines kleinen Silberrohres in den Gehörgang, der um das Instrument herum abgedichtet wurde. Der Arzt saugte dann mehrmals kräftig an dem Rohr, um die eingeschlossene Luft zu verdünnen. Auch zum Absaugen von Vereiterungen wurde so verfahren, allerdings delegierte der Arzt diese Tätigkeit lieber an eine Hilfskraft.

Auf dem Gebiet de Anatomie gab es erst wieder ab 1300 zaghafte Fortschritte, als der italienische Arzt *Mondino* gegen alle Bedenken des Klerus den Mut fand, Leichen zu sezieren und *Galeazzo* dies 100 Jahre später an der neu gegründeten Universität zu Wien sogar öffentlich tat. Die Kenntnisse über das Gehör wurden dabei kaum verbessert, weil die chirurgischen Instrumente noch zu grob und die einzelnen Bestandteile des mittleren und inneren Ohres zu klein waren. Das *Mikroskop* wurde ja erst 1590 erfunden. Ob man bei den Sektionen wenigstens Vergrößerungsgläser benutzte, die erstmalig schon von Seneca 63 n. Chr. erwähnt wurden und in der Renaissance langsam in Gebrauch kamen, ist nicht bekannt. Sei es nun mit bloßem Auge oder Lupe, dem Bologneser Anatom *Achillini* kommt das Verdienst zu, etwa um 1500 Hammer und Amboss entdeckt zu haben.

Berengario, ein berühmter und erfolgreicher Professor für Chirurgie aus Bologna, untersuchte 1514 *Trommelfell* und *Gehörknöchelchen* schon wesentlich genauer und verstand erstmalig auch deren Funktion. Die Ohrschnecke blieb aber auch ihm rätselhaft. Seinen Forscherdrang, dem er nur nachkommen konnte, wenn er menschliche Leichen und lebende Tiere sezierte, bezahlte er mit der Verbannung in die Provinz.

Obwohl die Anatomen immer weniger bereit waren, sich dem Sektionsverbot der Kirche zu unterwerfen, wurde ihre Tätigkeit vor allem in den Augen des einfachen Volkes noch lange Zeit verabscheut. Das führte dazu, dass sich die Professoren und deren Studenten nächtens auf Friedhöfen trafen, um noch frische Leichen wieder auszugraben und zu stehlen, was nicht immer ohne Schlägereien mit den Leichenwächtern abging, die von der Kirche eigens zur Abwehr der nächtlichen wissenschaftlichen Umtriebe eingestellt wurden.

Andreas Vesalius (1514 bis 1564), der zeitweilige Leibarzt *Philipp II. von Spanien,* bedarf der besonderen Erwähnung, da ihm die erste genauere Beschreibung des äußeren und mittleren Ohres, einschließlich des inneren *Ohrmuskels,* des *Promontoriums,* des *runden* und des *ovalen Fensters,* sowie die erste halbwegs naturgetreue zeichnerische Darstellung der Gehörknöchelchen zu verdanken ist. Er hat auch die Begriffe »*malleus*« für den Hammer und »*incus*« für den Amboss eingeführt. Die Existenz des *Steigbügels* übersah Vesalius allerdings, was dar-

Abb. II.8. Andreas Vesalius (1514 bis 1564) war Leibarzt Philipps II. von Spanien. Er entdeckte einige Teile des äußeren und mittleren Ohres. Andere übersah er mangels Mikroskopie oder sie blieben ihm rätselhaft

auf schließen lässt, dass noch keine vergrößernden Optiken bei der Sektion zu Hilfe genommen wurden. Auch er stand noch ziemlich ratlos vor dem eigentlichen Wunderwerk des Ohres, dem *Labyrinth*, dessen Funktion ihm ebenso unklar blieb wie die der *Hörnerven*.

In den folgenden Jahrzehnten gelang mit dem unaufhaltsamen Aufstieg der Naturwissenschaften auch auf dem Gebiet der Ohranatomie ein wichtiger Fortschritt nach dem anderen. 1546 entdeckte *Ingrassia* zufällig den Steigbügel und die Schallleitungseigenschaft der Zähne. Noch bedeutsamer für sein Jahrhundert war aber das Wirken von *Gabriele Falloppio* (1523 bis 1562), ein der Überlieferung nach überaus liebenswürdiger, bescheidener und allseits hochgeschätzter Gelehrter, dem der große Ohrenheilkundler *Adam Politzer* »Größe des Wissens und eine seltene Erhabenheit des Charakters« nachsagte. Als er starb, sollen die Wissenschaftler Europas von tiefer Trauer erfüllt gewesen sein.

Abb. II.9. und II.10. Gabriele Falloppio (1523 bis 1562) und Bartholomeo Eustachio (1520 bis 1574) waren zwei der größten Ohrenärzte ihrer Zeit. Sie entdeckten unter anderem die Bogengänge der Ohrschnecke und die Hörnervenbahnen

Falloppio entdeckte beziehungsweise beschrieb relativ genau den *Faszialiskanal,* den Bänderapparat des Mittelohres, den Verlauf der *Gehörnerven,* das Trommelfell, die Gelenkverbindungen zwischen den *Ossikeln,* die Fenster, den Warzenfortsatz, den Griffelfortsatz, die Bogengänge, den Vorhof und die Schnecke. Er beobachtete auch den *Pneumatisationsprozess* des *Warzenfortsatzes* bei Kindern und das *akustische Zusammenwirken* seiner *belüfteten Zellen* mit *Sinus, Antrum* und *Paukenhöhle.*

So glänzend Falloppio vor der Geschichte als Anatom auch dastehen mag, als Pathologe ist er ein Kind seiner Zeit geblieben. So erklärt er den eitrigen Ausfluss des Ohres bei einer Otorrhoe als »Exkremente des Gehirns«. Reiner Aberglaube sind auch seine ersten Ansätze zur Hörtheorie. Töne entstehen für ihn durch die »Ansammlung von Dünsten im Kopf«.

Sein griesgrämiger Zeitgenosse *Bartholomeo Eustachio* (1510 bis 1574), Anatom, Philosoph, Philologe und Leibarzt des Papstes, wird von vielen Medizinhistorikern in seiner Bedeutung noch höher eingeschätzt als Falloppio. Er beschrieb den *Trommelfellspanner* und den *Stapediusmuskel,* die drei Bänder an Hammer und Amboss und entdeckte die Nervenbahn, die man auch *Paukensaite* nennt (chorda tympani). Die *Ohrtrompete,* die nach ihm Eustachische Röhre genannt wurde, untersuchte er besonders gründlich. Er beschrieb sie sehr genau und verstand auch erstmals ihre große Bedeutung für Physiologie und Therapie. Es dauerte aber noch 200 Jahre, bis seine Erkenntnisse über die Ohrtrompete in die medizinische Praxis umgesetzt wurden.

Der Holländer *Volcher Koyter* (1534 bis 1600) ist der Erste, der die *Otologie* als ein gesondertes medizinisches Fach ansieht. Er schreibt ein Buch über das Ohr mit 17 Kapiteln, wobei er die ersten Kapitel dem Schall und dem Hörvorgang widmet. Er erkannte schon die *Fokussierungseffekte* der Ohrmuschel, die resonanzbildenden Eigenschaften des Gehörganges und die schalltransportierende Funktion des Trommelfells. Dass es auch der Verstärkung diente, auf die Idee kam er freilich noch nicht. Man könnte Koyter aufgrund seiner relativ ausführlichen Abhandlungen über das Hören als den ersten Audiologen bezeichnen, wenn man von den frühen Spekulationen der Griechen zu diesem Thema absieht.

Trotz der Fortschritte, die seit dem 13. Jahrhundert, vor allem in Italien, auf dem Gebiet der Anatomie gemacht wurden, gab es in Europa auch weiterhin eine starke Abneigung gegen Leichensektionen, die sich auch in wissenschaftlichen Kreisen bis ins 19. Jahrhundert halten konnte. Nicht nur dieser anhaltenden Abneigung wegen, sondern auch, weil eine Reihe von Kriegen, Epidemien und Reformationsbewegungen die Aufmerksamkeit der Wissenschaftler von der weiteren Erforschung der menschlichen Anatomie, insbesondere der des Ohres, ablenkte, gab es für etwa 200 Jahre eine Stagnation auf dem Gebiet der Ohrenheilkunde.

Erst ab dem 18. Jahrhundert erhielt die Otologie wieder entscheidende neue wissenschaftliche Impulse:

1704 schreibt *Valsalva* ein Standard-Werk über die Anatomie des Ohres, 1724 erfindet *Guyot* den Vorläufer der *Tubensonde*, 1736 entdeckt *Cottugno* Peri- und Endolymphe, 1757 unterscheidet *Haller Luft- und Knochenleitung*, 1777 erkennt *Sandifort* das Akustikusneurinom, 1778 entdeckt *Leschevin* die *Frequenzrepräsentation* in der Schnecke, 1788 entwickelt *Samuel Heinicke* die orale Taubstummensprache und *Abbé Michel de l'Epée* die gestuelle, 1800 punktiert *Astley Cooper* das Trommelfell, 1805 erfolgt die Eröffnung der ersten HNO-Klinik in London,

Abb. II.11. Volcher Koyter (1534 bis 1600) war der erste Spezialist für Ohrenkrankheiten und schrieb das erste Fachbuch zu diesem Thema (aus: Politzer, Geschichte der Hals-Nasen-Ohrenheilkunde Bd.1, S.107)

*Abb. II.12. und II.13. Marchese Alfonso Corti (1822 bis 1876) und Ernst Reissner
(1824 bis 1875) waren zwei der wichtigsten Entdecker auf dem Gebiet der Otologie
im 19. Jahrhundert*

1821 erfindet *Itard* die Tubensonde, teilt die Schwerhörigkeit in fünf Grade ein
und experimentiert mit *Tinnitus-Maskierungen,* 1830 entwickelt Itard eine
binaurale Hörhilfe, 1840 weist *Müller* durch Experimente den schallflektierenden
Effekt der Concha nach, 1841 erfindet *Friedrich Hoffmann* den *Ohrenspiegel,* 1842
erfindet *Bezold* die *Stimmgabelprüfung,* 1851 entdeckt *Corti* das nach ihm benannte
Organ, 1852 beschreibt *Reissner* die nach ihm benannte Membran, 1855 publiziert *Rinne* den nach ihm benannten Versuch, 1861 folgt die Beschreibung der
Menière-Krankheit, 1838 erkennt Müller die Bedeutung des *Lidreflexes,* 1862 begründet *Helmholtz* seine *Lehre von den Tonempfindungen,* 1864 baut *Lucae* das
Akumeter zur Messung des Hörvermögens, 1865 beschreibt *Politzer* das positive
Recruitment, 1867 begründet Lucae die *Tympanometrie,* 1870 erkennt *Goltz* die
Funktion der *Bogengänge,* 1871 versucht sich *Wolf* an der *Sprachaudiometrie,* 1873
beschreibt *Schwartze* die *Mastoidektomie,* 1889 wird erstmalig die *Radikaloperati-
on* des Mittelohres durchgeführt *(alle Angaben aus: Politzer, Geschichte der Ohrenheilkunde).*

Es braucht aber immer eine gewisse Zeit, bis neue Entdeckungen zu einem un-umstritten akzeptierten Fachwissen, geschweige denn zu einem Bestandteil der Allgemeinbildung werden. Überliefert ist die Geschichte des Mediziners und großen deutschen Dichters *Friedrich Schiller* (1759 bis 1805), der 1775, also 39 Jahre nach der Entdeckung der Innenohrflüssigkeiten durch *Cottugno,* in seiner Dissertation behauptet hat, das Ohr sei inwendig knochentrocken und beinhart. Über gegenteilige Theorien hatte sich der streitbare Studiosus obendrein noch mokiert. Dazu gehörte die des Greifswalder Anatomen *Theodor Pyl,* der 1742 ebenfalls Flüssiges in der Schnecke gesehen zu haben meinte. Das konnte nicht gutgehen. Die Arbeit wurde nicht zum Druck zugelassen, die Promotion war verspielt und Schiller wurde als Regimentsarzt im Krieg eingesetzt. Dort sollen die Anforderungen an seine anatomischen Kenntnisse geringer bemessen gewesen sein *(Peyser, Vom Labyrinth aus gesehen).*

Schiller hätte sich die Blamage übrigens ersparen können, wenn ihm aufgefallen wäre, was das lateinische Wort »cochlea« eigentlich vor seiner Verwendung für das Innenohr im alten Rom bedeutet hatte. Die Römer waren bekanntlich in der Wasserbautechnik schon recht fortgeschritten und »cochlea« war der Name, den sie nicht nur dem Kriechtier ganz allgemein, sondern auch insbesondere der schneckenförmigen Wasserschraube (!) gaben, mit deren Hilfe man die Felder bewässern konnte. Das »tympanum«, der Name für das Trommelfell, war bei den Römern, neben dem Tamburin und der runden Scheibe, auch die Trommelpumpe eines Wasserhebewerkes. Schiller muss die Bezeichnung »cochlea« schon gekannt haben, denn sie wurde bereits 200 Jahre vor ihm durch Falloppio eingeführt.

Ohrhörner und andere Merkwürdigkeiten

Die Möglichkeit, einem Schwerhörigen einen Schallverstärker zum teilweisen Ausgleich seines Hörverlustes anzubieten, schien nochmals für einige Jahrhunderte in Vergessenheit geraten zu sein. Lediglich von einigen Mönchen im südfranzösischen *Albi* ist überliefert, dass sie im 13. Jhdt. mit verschiedenen Tierhörnern Experimente hinsichtlich ihrer sprachschallverstärkenden Wirkung unternommen hatten. *(Die meisten frühen Angaben über das Hörrohr stammen aus: Berger, The Hearing Aid).* Seit dem bereits erwähnten Alexander von Tralles, der im 6. Jhdt. lebte und über den Gebrauch von Hörrohren berichtete, hatte es keine derartigen Hinweise mehr in der Literatur gegeben.

Es würde aber verwundern, wenn nicht von dem Universalerfinder *Leonardo da Vinci* (1452 bis 1519) akustische Experimente angestellt worden wären. Zwar dienten sie nicht der Abhilfe bei Schwerhörigkeit, sondern, wie die militärischen Horchapparate der Antike, der akustischen Überwachung feindlicher Operationen. Dabei war da Vinci das Rohr als Leiter von *Luftschall* schon ebenso bekannt, wie die Schallleitungsfähigkeit des Wassers. Er empfahl deshalb, feindliche Flottenbewegungen dadurch aufzuspüren, dass man ein Rohr ins Wasser hält und daran lauscht. Auf diese Weise konnte man die knarrenden Spanten und das Getrampel der Matrosen an Deck der Schiffe schon aus der Ferne hören.

Vereinzelt gibt es Abbildungen von akustischen Instrumenten, bei denen aber nicht ganz klar ist: Wird da jemand beschallt oder abgehorcht? Die monströse apokalyptische Vision von *Hieronymus Bosch* (1450 bis 1516), die heute im Dogenpalast zu Venedig zu besichtigen ist, zeigt ein riesiges Trichterrohr, das direkt auf die Köpfe von nackten, gequälten Menschen gerichtet ist. Werden die mit Höllenlärm terrorisiert, um für ihre irdischen Missetaten zu büßen oder werden sie, jeder Privatheit beraubt und akustisch entblößt, von einem voyeuristischen, gierigen Teufel belauscht?

In Angers an der Loire gibt es einen mysteriösen *Wandteppich,* den König *Karl V. von Frankreich,* der ein Förderer der Künste war, 1377 anfertigen ließ. Man sieht darauf die vier Erzengel, die gerade ihre Schwerter aus der Scheide ziehen, weil der Tag des Jüngsten Gerichtes naht. Obwohl es nur vier Erzengel gibt, ist auf dem Teppich ein fünfter zu sehen, der unmittelbar unter einer Wolke steht, auf der Gott thront und offenbar mündliche Anweisungen für das bevorstehende Weltenende und Christi Auferstehung erteilt. Der fünfte Engel hat seinen Kopf erhoben und seinen Blick nach oben direkt auf Gott gerichtet. Dabei hält er ein langes geschwungenes Rohr in der Hand, dessen Schalltrichter ebenfalls direkt auf Gott gerichtet ist. Der Engel hört auf Gottes Wort und bedient sich dabei dieses Rohres, aber vermutlich nicht, weil er schwerhörig ist, sondern als Symbol seiner besonderen hörenden und »gehorsamen« Aufmerksamkeit gegenüber

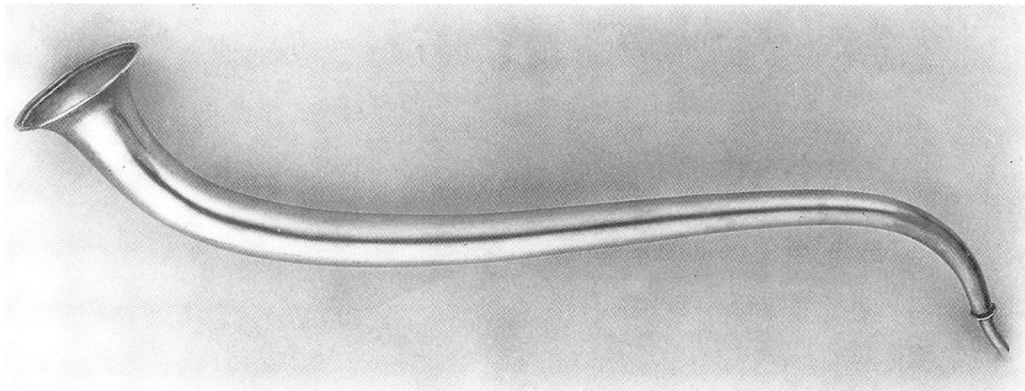

Abb. II.14. Die silberne Ohrtrompete von 1812 sieht derjenigen des Wandteppichs von Angers aus dem 14. Jhdt. sehr ähnlich

Gott. Es ist ein Ausdruck der großen Distanz zwischen Gott, seinen Helfern und den Menschen. Es bedarf eines Mediums, das diese Distanz überbrücken hilft und der Verständigung dient. Dieses Medium ist hier das lange Rohr, das der silbernen »Ohrtrompete« von *Paul* Storr aus dem Jahre 1812 zum Verwechseln ähnlich sieht. Auch wenn hier keine Schwerhörigkeit dargestellt werden sollte, sondern nur die Metaphorisierung des Gehorsams, so zeigt die Szene aber doch, dass der Künstler den realen Gegenstand »Ohrtrompete« gekannt haben muss. Andernfalls hätte er ihn nicht als Metapher verwenden können. Ganz ähnlich ist eine Darstellung in der Marienkirche zu Oppenheim, in der der Heilige Geist über ein Rohr in Mariens Ohr gelangt.

Über eine Miniatur aus einem Folianten des 12. Jahrhunderts, der im Besitz der Bibliothèque Nationale von Paris ist, kann ebenfalls nur spekuliert werden. Dennoch weist die Darstellung noch eindeutiger auf die Existenz von Hörrohren in einer Zeit hin, die weit vor deren bisher angenommenem Entstehungsdatum von 1650 liegt. Sie zeigt König Artus, der die Jagd eröffnet und dabei in der einen Hand einen Bogen hält und in der anderen einen Trichter, der leicht als Jagdhorn gedeutet werden könnte. Dagegen spricht aber, dass er nicht auf dem Horn bläst, was bei der Eröffnung der Jagd erwartet werden könnte, sondern es gegen sein linkes Ohr zu halten scheint und dabei den Kopf leicht nach rechts geneigt hält, als wenn er intensiv lausche. Wenn diese Deutung richtig ist, was

Abb. II.15. König Artus auf der Jagd. Deutlich sieht man, wie er einen Trichter ans Ohr hält. (Miniatur aus dem 12. Jhdt.)

Abb. II.16. »Ich habe auch Muscheln. In mancher steckt ein Ohr, das hört und rauscht.« (Else Lasker-Schüler) (Bild rechts) (Mary Lemon Walles, 1877 bis 1916, »Listening to the sea«, The Bridgeman Art Library London)

will er dann hören? Will er das Wild, das im Dickicht knackende Geräusche verursacht, akustisch aufspüren?

Hören kann man auch mit *Meeresmuscheln,* wie es schon die *Phönizier* taten. Die Kinder aller Zeiten entdecken das geheimnisvolle Rauschen wieder neu, das die Muscheln uns bieten, wenn man sie ans Ohr hält. Ein sehr schönes Gemälde aus dem England des 18. Jhdts. zeigt ein Mädchen mit einer Muschel. Sie ist das einfachste Medium, das uns erlaubt, die Luft als das wahrzunehmen, was sie ist: eine belebte und energiereiche Materie. Wir hören nämlich die verstärkte Brownsche Molekularbewegung. Die Luftmoleküle sind ständig in Bewegung und wirken auf die Wandungen und Windungen der Muscheln wie niederprasselnde Regentropfen auf ein Blätterdach.

III. Die Neuzeit

»Jeder höret gern den Schall, der zum Ton sich rundet.«
(Johann Wolfgang von Goethe)

Die ersten Hörrohre

Erst Mitte des 16. Jahrhunderts gibt es wieder einen Hinweis auf die Existenz von Hörrohren, als *Vidus Vidius* den Nutzen von Hörrohren mit dem von Brillen verglichen haben soll, die es schon seit 1285 in Italien gab und die erstmals 1352 abgebildet wurden. Als deren Erfinder gilt *Alessandro Spina* aus Pisa (gest. 1313), obwohl der sich wiederum auf einen Lehrmeister berief, der aber nicht genannt werden wollte. *Johann Baptist de la Porta* (1538 bis 1615) hatte 1560 in seiner »Magia naturalis« die Aufassung vertreten, man müsse wie manche scharfhörenden Tiere, die über sehr große Ohren verfügten, einen Trichter konstruieren, der dieselbe Wirkung erzielen müsse, wenn man ihn ans Ohr hielte.

1613 wurde das *Hörrohr* erstmalig mit einer genauen Datierung erwähnt, weil in diesem Jahr ein italienischer Handwerker namens *Paolo Aproino* angeblich das Hörrohr erfunden und gebaut hatte, was aber nie belegt werden konnte. 1627 schrieb der legendäre englische Naturwissenschaftler und Lordkanzler *Sir Francis Bacon* in einer wissenschaftlichen Veröffentlichung über den Nutzen von Hörrohren, die angeblich in Spanien in Gebrauch waren.

Es muss aber vermutet werden, dass Hörrohre in der Medizin noch nicht allgemein bekannt waren. Das ist vor allem deshalb der Fall, weil sie noch nicht in Serie produziert worden sind und noch keine entsprechende Verbreitung gefunden hatten. Obwohl Illustrationen in den medizinischen Fachbüchern schon bekannt waren, gab es vor 1673 niemals irgendwelche Abbildungen von Hörrohren, was ein Hinweis darauf ist, dass ihnen noch keine besondere Bedeutung zugemessen wurde. Auch war der eigentliche Nutzen eines solchen Instrumentes nicht sofort für jedermann einsichtig. So empfiehlt *Mercurialis*, ein Zeitgenosse des Vidius, die Anwendung eines Hörrohres nur deshalb, weil der verstärkte Schall erwärmend auf das Ohr wirke und »stockende Säfte«, die für die Schwerhörigkeit verantwortlich seien, auflöse und austreibe.

1640 wird das Hörrohr wieder erwähnt, und zwar von dem Juristen und Universalgelehrten *Pietro Amiani*, der es aber nur theoretisch beschreiben konnte und nicht realisieren ließ. 1657 schließlich berichtet *Wolfgang Höfer* über ein spanisches Hörrohr, das »Sarbatana« genannt wurde.

Aber wie so oft in der Geschichte scheinen bestimmte Ideen »in der Luft« zu liegen und nach Verwirklichung zu drängen, wenn die Zeit dafür reif ist. Mehrere Erfinder kommen dann plötzlich auf dieselben Einfälle und im Nachhinein ist es kaum möglich zu sagen, wer der Erste war.

Vermutlich hatte Amiani den großen deutschen Erfinder und Universalgelehrten *Athanasius Kircher* (1601 bis 1680) inspiriert, den er kannte und in seinen Büchern mehrfach erwähnte. Kircher ist jedenfalls derjenige, der 1650 ein Hörrohr baute, in der Öffentlichkeit vorstellte und damit in die Geschichte als Erfinder dieses Instrumentes einging. Seine »*Ellipsis Otica*« von 1673 gilt als die erste bildliche Darstellung eines Hörapparates, wenn der auch eher einem akustischen Experiment gedient haben dürfte, als der technischen Rehabilitation eines Schwerhörigen. Der Apparat war von so gewaltigen Ausmaßen, dass er auf einen eigens dafür hergestellten Tisch gestellt werden musste. Das Monstrum diente der Verständigung zwischen zwei Personen dergestalt, dass jeder an einem der beiden Enden saß und sowohl in die Öffnung hinein sprechen als auch damit hören konnte.

Erste Abbildungen von Hörhilfen gibt es allerdings erst 1673, als der Holländer *Frederik Dekkers* seine eigene Erfindung für ein Buch zeichnet. Seine Hörhilfe war jedoch weniger ein Rohr als ein kleiner und kurzer Trichter, der mit der spitzen Seite an das Ohr gehalten und mit einem *Kopfband* fixiert wurde. Er zeichnet für dasselbe Buch auch das Hörrohr seines Landsmannes *Antonius Nuck*. Es ist lang und wie eine Schnecke mehrfach gewunden, hat ein Ohrstück und einen Haltegriff. Eigentlich wäre »*Ohrhorn*« ein angemesseneres Wort als »Hörrohr«. Tatsächlich waren die ersten Hörhilfen in ihrer Formgebung wesentlich vielfältiger, als es mit dem deutschen Wort »Hörrohr« ausgedrückt werden kann. Die englische Sprache differenziert da besser, vermutlich weil in jener Zeit die meisten Instrumente in England erfunden und gebaut wurden. Sie unterscheidet zum Beispiel »trumpet« (Trompete), »tube« (Röhre), »horn« (Horn), »funnel« (Trichter), »receptor« (Empfänger) und »cornet« (Kornett) und fügt sie mit anderen Wörtern wie »ladle« (Suppenkelle), »pipe« (Pfeife), »tragus« (Tragus), »banjo« (Banjo), »dome« (Dom), »bell« (Glocke), »scoop« (Schaufel), »cane« (Rohrstock), »cup« (Tasse, Becher), »bowl« (Schüssel) und »bugle« (Jagdhorn) zu sehr bildhaften Wortschöpfungen zusammen.

Vor allem aber wird mit den Wörtern »hearing« oder »ear« kombiniert, zum Beispiel »hearing tube« oder »ear trumpet«. Immer ist damit ein Hörrohr in der einen oder anderen Form gemeint. Die Kombination mit dem Wort »speaking«, zum Beispiel bei »speaking trumpet« oder »speaking tube«, bezeichnet zwar auch ein Hörrohr, allerdings aus der Sicht des Gesprächspartners, der in das Rohr hinein spricht. Als »speaking tubes« werden deshalb vorzugsweise diejenigen Instrumente bezeichnet, bei denen die Einsprechöffnung dem Sprechenden sehr weit entgegenkommt, zum Beispiel über einen langen flexiblen Schlauch oder ein Teleskoprohr.

Die begriffliche Nähe von Hörrohren und verschiedenen Blasinstrumenten hatte einen bestimmten Grund. Im Jahre 1700 tauchten in England nämlich die Geschäftskarten des Fabrikanten *William Bull* auf, auf denen Musikinstrumente und zugleich Hörhilfen abgebildet waren. Bull war der erste, der Hörhilfen in Serie produzierte und sich dabei an die Vielfalt der Formen bei den Blasinstrumenten anlehnte, was die ähnliche Funktion und der ähnliche Produktionsprozess beider Gegenstände nahelegte.

Dem Erfindergeist waren trotz Bulls beginnender Serienproduktion noch lange keine Grenzen gesetzt. 1718 stellt Pater *Sebastian Truchel* eine Hörhilfe vor, die auf einem gänzlich anderen Prinzip beruhte als der Schalltrichter. Er konstruierte ein künstliches Trommelfell, das, aus Ochsendarm oder feinstem Pergament gefertigt, auf einen Ring aufgespannt und mit einem Haltegriff versehen war. Hielt man die »*Ohr-Trommel*« auf die Ohrmuschel, soll sich ein gewisser Verstärkungseffekt ergeben haben. 1740 versprach sich *Nicholas LeCat* großen Erfolg von einer glockenartigen Konstruktion, die er den anatomischen Verhält-

Abb. III.1. Arzt mit Hörrohr (etwa 1800)

nissen der äußeren und mittleren Ohren bei Tieren nachempfand und darin ebenfalls eine Membran als schallverstärkendes Medium einbaute.

Dieses Membran-Prinzip griff auch der schon erwähnte französische Arzt und Taubstummenlehrer Gaspard Itard 1791 für seine Hörrohre und Schalltrichter auf, wobei er die interessante Entdeckung machte, dass die Membranen den Sprachschall besonders gut transportierten. Er differenzierte deshalb künftig zwischen Hörgewinn für Sprache und bloßer Verstärkung, wenn er Hörhilfen hinsichtlich ihres therapeutischen Nutzens bewerten sollte.

Erwähnt werden sollte auch noch Itards bahnbrechende Entdeckung, dass eine beidseitige Versorgung mit Hörhilfen, die er 1830 erprobte, indem er zwei gleiche Instrumente über einen *Kopfbügel* miteinander zu einer Einheit verband, ein

A curious Junto of Slandering Elves
— or — Listners seldom hear good of themselves.

Publ. Jan.ʸ 27.ᵗ 1817 by H. Humphrey,
27 S.ᵗ James's Street.

Abb. III.2. Dieses Bild von 1817 zeigt eine Versammlung tratschender Weiber. Die eine hört selbst hinter dem Vorhang noch recht gut, die andere benötigt dazu ein Hörrohr

deutlich besseres Sprachverstehen ermöglichte, als mit einer einseitigen Versorgung.

Die Ohr-Trommel lebte 1807 noch einmal kurz auf, als *John Gough* eine solche Hörhilfe aus Schweinsblase anfertigte. Danach setzte er die Membran vorzugsweise in die Schalltrichter von Hörrohren ein. Andere Erfinder benutzten die Schweinsblase als Membran am Ohrstück eines Hörrohres, um den Klang zu verbessern und weil man glaubte, das Trommelfell dadurch zu einer erhöhten Beweglichkeit anregen zu können.

Goldene Zeiten

Das 19. Jahrhundert wurde zu Recht als »Goldenes Zeitalter des Hörrohres« bezeichnet, denn seitdem prominente Mediziner wie Itard es als ein taugliches Mittel gegen die *»Harthörigkeit«*, wie man die Schwerhörigkeit damals auch nannte, empfohlen hatten, wurde ein wahres Feuerwerk an immer neuen »Hörmaschinen« aus den verschiedensten Materialien und Formen erfunden.

Da gab es zum Beispiel ab 1883 Hörrohre von dem Wiener *Ludwig Kugel,* die an ihrem Trichterende seitlich offen waren, damit die Einsprache für die eigene Stimme und die anderer erleichtert wurde. Außerdem wurde damit angeblich die Echowirkung der Stimme vermindert und das Richtungshören verbessert. Zusätzlich waren an dem Ohrstück 15 bis 18 Löcher angebracht, die als Belüftung (vent) dienten und als »Absorber für *Transversalwellen*« (diversion to the transverse vibrations). Das geniale Produkt hatte bereits einen Markennamen, nämlich *»Autodiphon«,* und wurde in Serie produziert.

Andere Hörhilfen wurden geschickt als Spazierstöcke, Stühle, Pfeifen, Operngläser, Bücher oder Fächer für die Damen kaschiert, wieder andere standen auf dem Tisch oder wurden in Blumenvasen integriert. Es gab sehr auffällige Exoten in Form von Schalltrichtern, die auf dem Kopf getragen und mit Bändern gehalten wurden, und sehr diskrete Versionen, die unter dem Haar verschwanden. Für Europas Monarchen wurden Hörrohre sogar in die Thronsessel eingebaut. Der unglückliche König *Johann VI. von Portugal* (1769 bis 1826), der 1807 vor den Franzosen nach Brasilien flüchten musste, ließ sich nach seiner Rückkehr aus dem brasilianischen Exil 1820 einen »Akustischen Thron« in London anfertigen. Der erste dieser Art wurde schon im Jahre 1706 gebaut.

Es wurde mit allem experimentiert: Haltebänder für Ohr und Kopf, harte und flexible Ohrstücke, starre und einsteckbare Trichter, aufsteckbare Trichter für Brillen (Hörbrillen), ovale und runde, tiefe und tellerförmig flache Trichter mit seitlicher Anordnung, feste und rotierbare Ohrstücke, starre und biegsame Endrohre und flache Kollektoren, die vor der Brust getragen und von Bändern ge-

Abb. III.3. König Johann VI.
(»Goa«) von Portugal (1769
bis 1826) auf seinem
»Akustischen Thron«

Abb. III.4. Ein Hörstuhl
aus dem Jahr 1879. Die
Schallfänger waren an
Gelenken aufgehängt und
konnten dadurch auf den
Sprechenden gerichtet
werden

Abb. III.5. Ein Tisch-Hörrohr aus dem 19. Jahrhundert

Abb. III.6. Ein besonders schönes und seltenes Hörrohr aus Glas (ca. 1800)

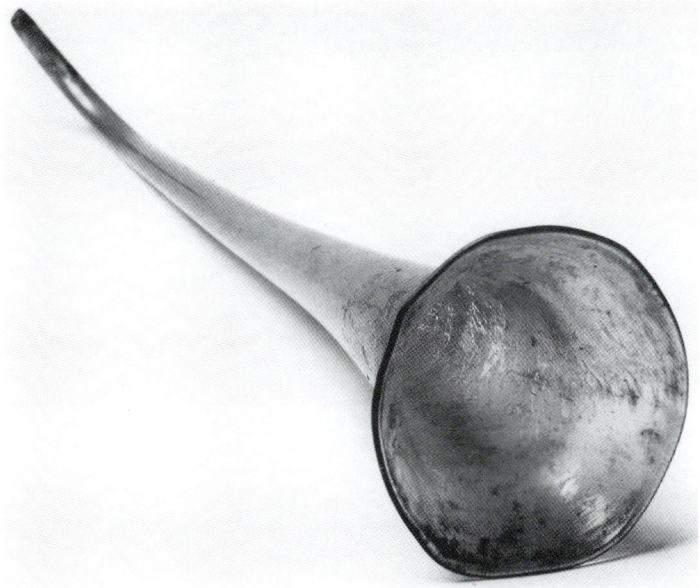

halten wurden. Die verwendeten Materialien waren Hartgummi, Messing, Aluminium, Silber, Pappe, Kupfer, Schildpatt, Elfenbein und Horn. Ja, ein ganz seltenes Exemplar aus dem Jahr 1800 war sogar vollkommen aus Glas.
Nicht immer waren die Hörhilfen lange Rohre, die sich vom Schallaustritt (Ohrstück) bis zum Schalleintritt (Trichteröffnung) trichterförmig erweiterten. Es gab

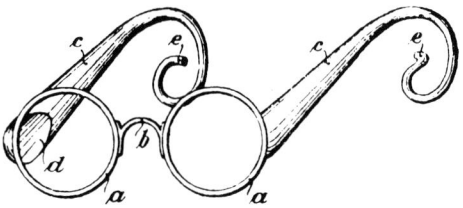
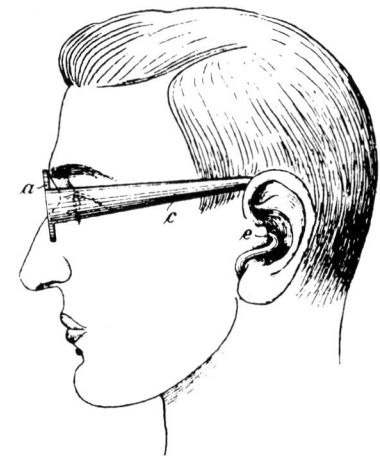

*Abb. III.7. Eine Hörbrille von 1920,
deren Bügel als Schalltrichter ausgeführt
waren und über eine flexible
Verlängerung direkt ins Ohr führten*

auch erfolgreiche Versuche mit ganz anderen Formen. Zu erwähnen ist zum
Beispiel der »*Canteen Reporter*« aus dem Jahre 1875, ein Taschengerät, das speziell für afrikanische Plantagenarbeiter konstruiert wurde, die sich das Instrument mit einem Schulterband umhängen konnten und so ihre Hände beim Pflükken und Reiten frei hatten.

Der »*Sound Receptor*« von 1880 hatte 32 rechteckige Zellen oder Waben und sah
aus wie ein Bienenstock. Man glaubte offenbar, je mehr Schallkollektoren vorhanden sind, desto besser müsste das Ergebnis sein. 1875 kam ein pfiffiges

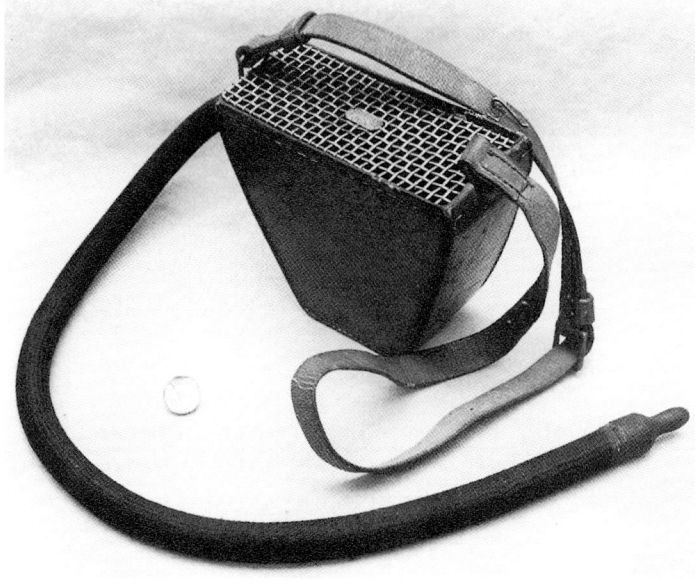

*Abb. III.8. Eine Hörhilfe
aus Südafrika von 1875,
die sich die Plantagen-
arbeiter beim Reiten um-
hängen konnten*

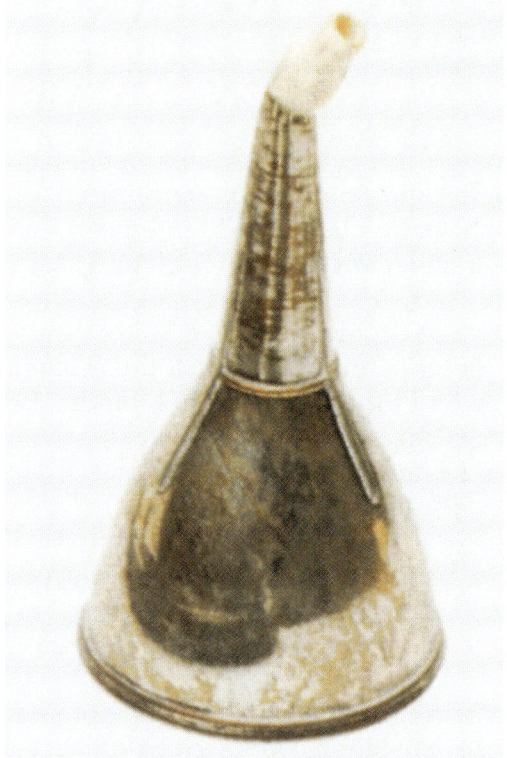

Abb. III.9. und III.10. Wer sich kein Hörrohr von einem professionellen Hersteller leisten konnte, baute sich einfach selber eines, zum Beispiel aus alten Küchengeräten oder einem Weintrichter (rechts oben)

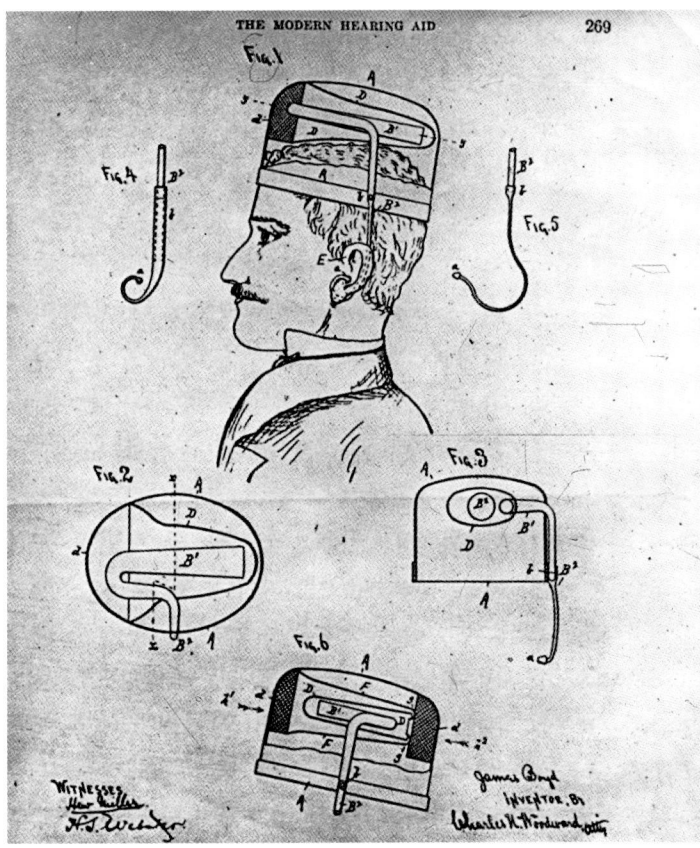

Abb. III.11. Der »Hör-helm« vom James Boyd (etwa 1900) war so konstruiert, dass ein Schalltrichter in einen Herrenhut eingebaut war und der Schall seitlich in das Ohr geführt wurde. Als Zeuge der Patent-anmeldung hatte ein »Herr Müller« unterschrieben

Konferenzgerät auf den Markt, dass 6 trichterförmige Schallkollektoren um einen Resonanztopf herum angeordnet hatte und so dem Schwerhörigen ein Rundum-Hören ermöglichte. 6 Kollektoren hatte auch eine Blumenvase von 1800, die ebenfalls als Hörhilfe für Konferenzen am runden Tisch eingesetzt wurde.

Das wahrscheinlich erste an individuelle Hörverluste anpassbare Hörinstrument gab es 1875. Der *»Adjustable Resonator«* von der Firma Hawksley in London war so gebaut, dass sein Resonanzkörper, der gleichzeitig als Schallkollektor diente, durch einen verschiebbaren Kolben in seiner Größe so verändert werden konnte, dass verschiedene akustische Verstärkungen möglich wurden.

Hawksley stellte auch den *»Bilateral Circular Receptor«* her. Das war ein Hörrohr mit abgeflachtem seitlichem Schalleintritt, wie es sie bereits gab, allerdings mit einer doppelseitigen Anordnung, die ein *omnidirektionales Hören* ermöglichte.

Der *»Closed Ball Resonator«* von Hawksley hatte keinen Schalltrichter, der dem Gesprächspartner zugewendet war, sondern dem Hörer. Dort, wo eigentlich der

Trichter sein sollte, befand sich stattdessen eine geschlossene Resonanzkugel. Die akustischen Ergebnisse waren aber so mangelhaft, dass man bald eine Variante herausbrachte, deren Resonanzkugel offen war. Ein anderes Hörrohr dieser Firma hatte sogar zwei Resonanzkammern eingebaut, die sich hinter einem elliptischen Schalltrichter verbargen. Das Ergebnis waren Resonanzspitzen bei 600 Hertz und 8 000 Hertz mit Verstärkungen von 32 bzw. 21 Dezibel.

Das Modell *»Hair Receptor«* war so geformt, dass sich der Schalltrichter der Kopfform anpasste und gut unter dem Haar versteckt werden konnte. Ein sich stark verjüngendes Rohr führte vom Haar zum Gehörgang.

Der *»Akustische Fächer«* war eine sehr diskrete Hörhilfe, die sich die Angewohnheit der Damen zunutze machte, ihren Fächer nicht nur zur Kühlung, sondern auch als Schutz gegen neugierige Blicke einzusetzen, indem er dicht vor das Gesicht gehalten wurde. Dadurch war die Möglichkeit gegeben, ein kleines aufsteckbares Hörrohr dahinter zu verbergen.

Hörrohre waren auch nicht immer gebogen oder gar mehrfach gewunden. Der *Hörstab (Acoustic Cane)* sah wie ein Vorgriff auf das sachliche Design der Moderne aus, denn er war sehr schlank, kurz und gerade und hatte ein versenkbares Ohrstück und einen rechtwinklig angesetzten Schalltrichter. Der ebenfalls gerade, aber recht lange und am Griff verzierte *Hörstock (Acoustic Walking Stick)* wirkte dagegen etwas bieder. Er war zum Flanieren und Wandern geeignet. Der Griff fungierte auch als Schalleintrittsöffnung.

An alles musste bei der Erfindung neuer Hörhilfen gedacht werden. 1880 wurde ein *»Mourning Ear Trumpet«* vorgestellt, das speziell für Damen vorgesehen war, die zu einer Beerdigung gingen. Das Hörrohr war ganz und gar mit schwarzen Rüschen und Schleifen verziert *(alle Angaben stammen aus: Berger, The Hearing Aid, Bennion, Antique Hearing Devices und Koelkebeck et al., Historic Devices for the Deaf)*.

Mit der Erfindung des Dampfschiffes 1781 gehörten Hörrohre, die zugleich auch als Sprachrohre dienten, bald zur standardmäßigen Ausstattung eines jeden größeren Schiffes. Im Ruderhaus, also auf der »Brücke« des Kapitäns, befanden sich zwei Schalltrichter aus Messing, die sich zu zwei langen Rohren verjüngten. Das eine Rohr konnte bis zu 50 Meter lang sein und führte in den Maschinenraum, das andere war wesentlich kürzer und führte zur Kajüte des Kapitäns, die sich meistens gleich neben dem Ruderhaus befand.
Dadurch waren zwei ganz wichtige Orte im Schiff jederzeit sofort für Kommandos ansprechbar. Umgekehrt konnten die Antworten sofort nach oben zum Steuermann oder Kapitän durchgegeben werden.
Besonders laut war die Verständigung damit nicht, aber wenigstens deutlich. Ja, die Maschinisten konnten damit sogar die Offiziere auf der »Brücke« belau-

schen, wenn der Schalltrichter für die Einsprache nicht mit einer Klappe abgedeckt war. Durch den Dampfdruck auf den neuen Schiffen waren im Übrigen auch die »*Typhons*«, das waren Schiffsignale von wesentlich höherer Lautstärke, möglich geworden.

Um 1930 ließ sich in Holland ein reicher Kaufmann bei der Firma *Acousticon* in Arnheim das »*Ohr Gottes*« bauen, einen riesigen Schalltrichter, der auf einem Podest stand und auf die Kanzel in der Kirche gerichtet war. Über einen Schallschlauch mit Ohrstück wurde so die Predigt an das Ohr des frommen Mannes

Abb. III.12. Arnoud Beem mit dem »Ohr Gottes« von 1930. Es wurde vorrangig in der Kirche benutzt

geleitet, der in der ersten Reihe saß. Das »Ohr Gottes« ist ein Einzelstück und heute bei *Arnoud Beem* in Doesburg/Holland zu bestaunen.

Selbst darüber, wie man mit einem Hörrohr am besten den Klängen des Radioapparates oder des *Phonographen* lauschen könnte, machte man sich schon Gedanken. Obwohl die große Zeit für die Hörrohre schon lange vorbei war, konstruierte der *Earl Barnett Atkinson* (1892 bis 1967), der selber sehr schwerhörig war, noch 1940 eine Vorrichtung aus Gummi, die speziell zum Radio- und Schallplattenhören geeignet war. Man stülpte einen großen Gummitrichter über den Lautsprecher des Radiogerätes oder den Schalltrichter des Phonographen und leitete den so aufgenommenen Schall über einen Gummischlauch zu einem Ohrstück, das ebenfalls aus Gummi war. Atkinson erhielt 1940 ein Patent darauf und produzierte das schwabbelige Gebilde namens *»Klear-Tone«* noch einige Jahre lang. Per Postkarte konnte man es zum Preis von 3 1/2 Pfund bestellen.

Die Ohrstücke der Hörapparate waren nicht immer nur dicke olivenartige Endstücke, die man lediglich oberflächlich am Gehörgang ansetzen konnte. Ein französisches Modell namens *»Audigène«* hatte ein so langes und schlankes Ohrstück, dass man es in den Gehörgang einführen konnte, um den Schall sehr gezielt zum Trommelfell führen zu können.

Tickende Uhren

> *»Mit zwei Ohren versehen hat uns der Herr!«*
> (Heinrich Heine)

Auch die beidohrige Versorgung war bereits bekannt. Als Beispiel sind die binauralen *»Ohrschaufeln«* (*earscoops*) zu nennen, die mit einem Halteband zu einem Pärchen angeordnet waren und unter den Markennamen *»Auricles«* oder *»Dupliphones«* verkauft wurden. Das Modell *»Aurolese«* von F. C. Rein & Son erhielt auf der Pariser Weltausstellung sogar eine Medaille.

Das Modell *»Autophone«* war ein binaurales Hinter-Ohr-Gerät, weil jede Seite ihren eigenen Schallkollektor besaß, der den eingefangenen Schall seitenrichtig über ein Ohrstück in den Gehörgang leitete. Die großen *»Ohrlöffel«* aus Schildpatt wurden von einem verstellbaren Kopfband gehalten. Eine Hörbrille von 1896 aus New York besaß ebenfalls zwei Schalltrichter mit je einer dazugehörigen Schallzuführung zum Ohr.

Während diese Hörapparate wirklich schon beidohrig im Sinne von *dichotischem* (stereophon-binauralem) Hören waren, gab es daneben auch die *diotische* (monophon-binaurale) Variante. Hierbei erhalten zwar auch beide Ohren ein Signal, aber qualitativ unterschiedslos und aus derselben Quelle. Der »*Hörkamm*« von 1870 gehörte in diese Kategorie. Er war wegen des erforderlichen Schallkollektors eigentlich mehr eine ziemlich große, auf dem Kopf zu tragende *Haarspange*, die über zwei Schallschläuche und Ohrstücke verfügte und speziell für den Opernbesuch empfohlen wurde.

1874 wurde in Paris ein »binaurikulares« Gerät vorgestellt, das mit einer Verzweigung hinter dem Schalltrichter, dem sogenannten *Y-Stück*, und zwei Schallschläuchen und Ohrstücken ausgestattet war. Die gesamte Konfiguration wurde mit einem Kopfband in Position gehalten. Es soll aber bereits 1791 eine Hörhilfe mit dem mysteriösen Namen »*Mursinna*« gegeben haben, die über ein Y- und zwei Ohrstücke verfügte.

Abb. III.13. Beidseitiges Hören wurde schon im 19. Jahrhundert als notwendig erkannt. Verschiedene binaurale Hörhilfen mit Kopfband

Abb. III.14. Eine elegante Schildpatt-Hörbrille aus dem 19. Jahrhundert

Enoch Henry Currier, ein Gehörlosenpädagoge aus New York, verwendete das Y-Stück auch für seine *Duplex-Hörrohre.* Die waren speziell für die Gehörlosenpädagogik konstruiert und hatten eine Einsprechöffnung für den Lehrer und eine für den Schüler zu dessen Selbstkontrolle. Später baute Currier das Duplex-Gerät zur Vielhöranlage für seine Klasse aus. *Samuel Sexton,* ein Kollege Curriers, erweiterte das Duplex-Rohr dahingehend, dass jeder Schüler damit die eigene Sprache und die des Lehrers beidohrig hören konnte.

Abb. III.15. Verschiedene »Hördosen« aus dem 19.Jhdt.

Abb. III.16. Das binaurale Schulgerät von Samuel Sexton von 1885. Das Kind konnte über das »Mikrofon« seine eigene Stimme kontrollieren

Dass im 19. Jhdt. bereits soviele binaurale Geräte auf den Markt kamen, war zunächst nicht selbstverständlich und entsprang eher dem Geschäftssinn ihrer Produzenten als wissenschaftlich unstrittiger Erkenntnis. Vor dem Hintergrund einer jahrhundertelang gültigen Philosophie über den Menschen und seine Sinneswahrnehmungen, war die Wissenschaft nämlich der Meinung, dass Töne nicht wie Gegenstände einen Raum einnehmen, sich also auch nicht darin ausdehnen könnten. Das menschliche Gehör sei mithin nicht in der Lage, eine Schallquelle im Raume zu orten. Wenn Menschen anderes behaupteten, so beruhe das auf Einbildung. Noch 1838 bestritt der schottische Philosoph und Universitätsprofessor *Alexander Bain* (1818 bis 1903) öffentlich ganz energisch die These, das menschliche Gehör könne Schallquellen lokalisieren. Man müsse sich nur vor eine Gruppe abwechselnd sprechender Menschen stellen. Mit geschlossenen Augen könne man nicht sagen, wer gerade spricht, mit offenen Augen zwar schon, aber nur deshalb, weil man die Lippenbewegungen des Betreffenden sehen könne. Auf die Idee, dass mit seinem eigenen Gehör etwas nicht stimmte, war Bain offenbar nicht gekommen. In anderer Beziehung war Bain jedoch seiner Zeit weit voraus. Er bekam 1843 das Patent für das *Telefaxgerät (alle folgenden Angaben aus: Gööck, Die Geschichte der Erfindungen).*

Acht Jahre später machte sich *Ernst Heinrich Weber* (1795 bis 1878) daran, die Bainschen Thesen zu widerlegen. Er kam auf die ziemlich einfache Idee, Versuchspersonen identisch aussehende, aber unterschiedlich tickende Uhren lokalisieren zu lassen. Damit konnte er nachweisen, dass die richtigen Lokalisationen der Versuchspersonen eindeutig auf den Gehörsinn und nichts anderes zurückzuführen waren.

Abb. III.17. Ernst Heinrich Weber (1795 bis 1878) prüfte das menschliche Gehör mit mehreren tickenden Uhren

Dieser Versuch blieb dreißig Jahre lang die einzige medizinisch anerkannte Methode, das intakte oder gestörte Richtungshören eines Patienten festzustellen. Erst 1876 unternahm ein anderer Wissenschaftler weitergehende Versuche. Der Physiker und Lord von Rayleigh, Sir *William Strutt* (1842 bis 1919), stellte sich dazu auf den Rasen vor der Universität von Cambridge und ließ sich die Augen verbinden. Seine Assistenten mussten dann Stimmgabeln unterschiedlicher Schwingungszahl anschlagen, um das Richtungshörvermögen seiner Lordschaft zu prüfen. Strutt konnte den jeweiligen Ort der Schallquelle stets genau bestimmen. Allerdings machte er dabei zwei wichtige einschränkende Entdeckungen. Die eine war, dass Töne, die entweder exakt von vorne oder hinten kamen, nicht lokalisiert werden konnten, und die andere, dass tiefe Töne schwieriger zu orten waren als hohe. Schließlich fiel ihm auch auf, dass die Intensität der Schallwahrnehmungen unterschiedlich war, je nachdem, woher der Schall kam und mit welchem Ohr er gehört wurde (*Kopfschatteneffekt*). Für Töne unter 400 Hz galt das zu seiner Verwunderung allerdings nicht und er entwickelte daraufhin die »Phasentheorie«, die sich mit den Laufzeitdifferenzen tiefer Töne zwischen dem linken und rechten Ohr beschäftigt, um zu erklären, dass auch tiefe Töne, wenn auch schwieriger, lokalisiert werden können.

Strutt machte sich auch um die Akustik verdient, weil er mit seiner »*Rayleigh-Scheibe*« als erster die Geschwindigkeit des Schalls bestimmte und 1880 eine zweibändige »Theorie des Schalls« verfasste.

Die Entdeckung ihrer Lordschaft führten drei Jahre später zu ihrer ersten praktischen Anwendung. Die königliche Marine konstruierte zu nautischen Zwecken 1880 ein stereophones Richthörgerät namens »*Topophon*«, das mit einem Gestell über der Schulter des Anwenders so befestigt wurde, dass beide Hände freibleiben konnten. Damit konnte der Kapitän eines Kriegsschiffes im Nebel die Signale anderer Schiffe orten, also deren Standort und ungefähre Entfernung. Ähnliche Konstruktionen wurden im Ersten Weltkrieg zur Ortung feindlicher Flieger verwendet.

DE TOPOPHOON.

Abb. III.18. Das Topophon von 1880 war ein Richthörgerät, das in der Marine bei schlechter Sicht verwendet wurde

Abb. III.19. Ein Schall-ortungs-Gerät aus dem Ersten Weltkrieg. Der Schall wurde den Ohren des Benutzers über zwei Sammel-Schläuche zugeführt

Auch die Entwicklung der Stereophonie in der Telefonie und der Unterhaltungs-elektronik hat ihre Wurzeln in den Beobachtungen von *John William Strutt*. Dazu gehört das »*Theatrophon*« von 1881 von *Clement Ader* (1841 bis 1925), mit dem man per Telefon Theatervorstellungen stereophonisch miterleben konnte, 1925 das »*Ultraphon*« der Firma Küchenmeister, ein Grammophon mit Raumklang-Effekt (Pseudo-Stereophonie), 1932 die Stereo-Schallplatte von *EMI* mit »*Flanken-schrift*«, eine Kombination aus Edisons *Tiefenschrift* und Berliners *Seitenschrift*, um zwei zeitgleiche Toninformationen abzubilden (ab 1958 als monofähige 45°-

Schrift), und schließlich 1933 die *Kunstkopf-Stereophonie* des Physikers *Harvey Fletcher* von den *Bell-Laboratories,* der sich um die Physiologie des Hörens auch in späteren Jahren noch wiederholt verdient machen sollte.

Kuriositäten

John Curtis (1778 bis 1860) erfand ein Hörrohr, das zwei Endstücke hatte, und zwar eines – wie üblich – für das Ohr und eines für den Mund. Er glaubte nämlich, einen noch besseren Hörgewinn erzielen zu können, wenn der Schall zusätzlich über die *Eustachische Röhre* in das Mittelohr geleitet wurde.

Noch kurioser mutet aus heutiger Sicht das »*Otophone*« an, ein ziemlich nutzloses Produkt aus dem Jahre 1836, das in verschiedenen Größen geliefert werden konnte und lange Zeit ein Renner war. Sein Erfinder, der Londoner Ohrenarzt *William Webster*, war der festen Überzeugung, dass die menschliche Ohrmuschel im Laufe der Evolution immer kleiner werde und dieser Prozess noch lange nicht beendet sei. Damit die Ohren auch künftig nicht ihren Dienst versagten, konstruierte er eine Prothese, die die anatomischen Kümmerlinge dazu zwang, sich vertikal zu strecken und gleichzeitig dem Schall horizontal entgegenzukrümmen, wie das bei einer hinter das Ohr gehaltenen Hand der Fall ist. Dadurch sollten die Ohren auch in der Zukunft groß genug bleiben, um den Schall einzufangen. Außerdem, so behauptete Webster, bilde sich Wärme unter der Ohrprothese, die eine deutliche Besserung des Hörvermögens bewirke. Noch Anfang des 20. Jahrhunderts wurden in Paris zwei ähnlich »schwindelhafte Ohrapparate« (laut einem Gutachten von 1919) fabriziert und unter dem Markennamen »*Auralese*« und »*Audiphone Invisible*« angeboten.

William Webster war mit der Ohranatomie offensichtlich rundum unzufrieden. Während er die Ohrmuscheln als zu klein ansah, waren ihm die Gehörgänge in der Regel viel zu groß und eine Ursache für die Anhäufung des völlig nutzlosen Ohrenschmalzes.

Seine zweite »geniale Erfindung« war deshalb das »*Unsichtbare Gehörgangsrohr*«, das dazu diente, nur noch den Schall in den Gehörgang zu lassen, dem Ohrenschmalz aber den Zugang verwehrte.

Hörrohre und Sprachrohre waren seit der Antike nicht immer klar voneinander zu unterscheiden, weil Schalltrichter immer zweierlei Zwecken dienen konnten. Der Wiener Ohrenarzt *Albert Bing* benutzte das Hörrohr 1899 als Sprachrohr und entotisch-diagnostisches Hilfsmittel, um mit seiner Hilfe abzuklären, ob eine hochgradige Schwerhörigkeit durch eine Ankylose (Versteifung) der Stapes verursacht sei. Dabei führte er einen Katheter in die Tube ein und verband dessen Ende mit einem Hörrohr, in das er einige Worte hineinsprach. Konn-

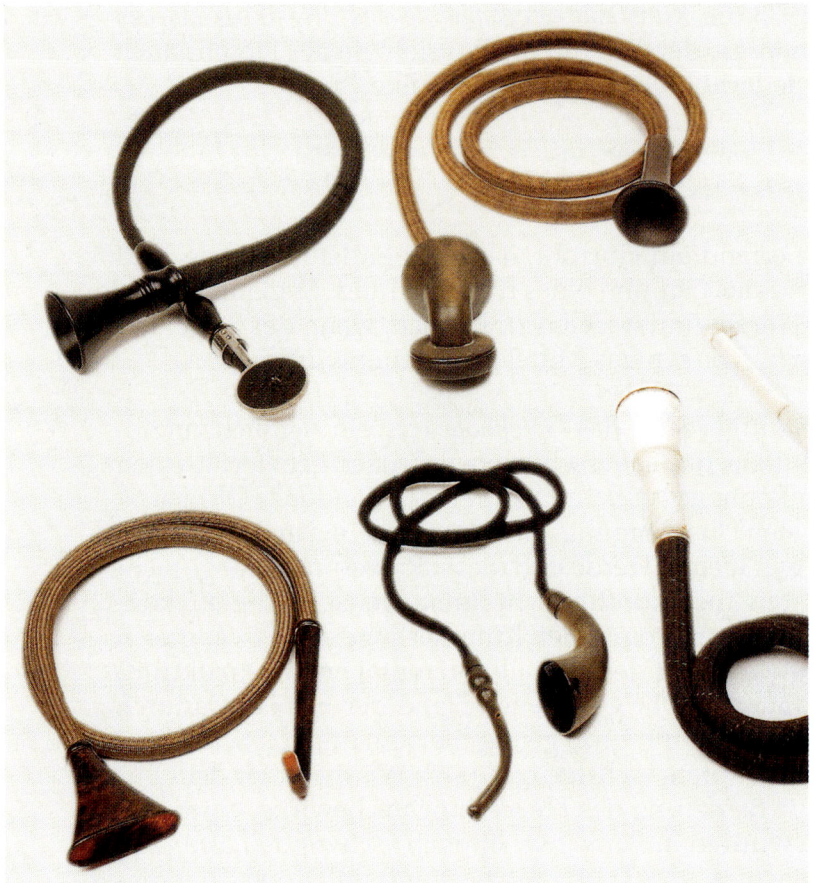

Abb. III.20. Hörschläuche machten die direkte Kommunikation zwischen zwei Menschen einfacher, weil sie flexibel waren und keine festen Sitzpositionen erforderten wie bei den starren Hörrohren

te der Patient die Worte hören und fehlerfrei wiedergeben, so sprach das für eine freie Beweglichkeit des Steigbügels und eine Ankylose im Bereich von Hammer und Amboss.

Ebenso waren die Hörschläuche gleichzeitig Sprachschläuche, weil der Sprechende das eine Ende ergreifen und hineinsprechen musste.

In den USA kam 1905 eine Merkwürdigkeit auf den Markt, die sich *Vibrations-Sprachrohr* nannte. Es war so konstruiert, dass in seinem Inneren eine Metallzunge aufgehängt war, die mit der Sprache in analoge Schwingungen versetzt wurde, die sich auf eine lange Spiralfeder übertrugen und von dieser bis zum Ohrstück transportiert wurden. Dort konnten die mechanischen Schwingungen über eine Membran hörbar gemacht werden.

Massagegeräte für das Trommelfell zur Stimulation der *Ossikel* wurden eine Zeit lang als ganz probates Mittel zur »Heilung« von Schwerhörigkeiten angesehen.

Abb. III.21. Verschiedene Hörrohre aus dem 19. und 20. Jhdt.

Miller Reese Hutchinson, von dem später noch ausführlicher die Rede sein wird, hatte ein solches Gerät namens »*Akou-Massage*« mit einigem Erfolg 1902 auf den Markt gebracht. Die Vorstellung, dass man durch bloße Massagen alle Schwerhörigkeiten würde heilen können, hielt sich erstaunlich lange. 1913 stellte der deutsche Erfinder *Emil Loest*, der von 1910 bis 1939 Hörgeräte in Duderstadt unter dem Markennamen »*Exophon*« fabriziert hatte, ein pneumatisches Massage-Gerät namens »*Audito*« vor. Es wurde mit einer Handkurbel in Bewegung gesetzt, wobei die Kurbelbewegungen auf eine Welle und einen Exzenter übertragen wurden, die sich in einem geschlossenen Metallzylinder befanden. Durch die Rotationen des Exzenters entstanden schnelle Luftdruckwechsel in dem Zylinder, die über zwei Schläuche und zwei Ohr-Oliven an die Gehörgänge des Patienten weitergegeben wurden. Das »Audito« war mindestens bis 1929 erhältlich und wurde mit einer Broschüre angepriesen, die im Laufe der Jahre eine Auflage von erstaunlichen 200 000 Exemplaren erreichte und sogar in mehrere Sprachen übersetzt wurde.

Abb. III.22. Ein schwerhöriger Offizier auf dem Schlachtfeld. Zeitgenössische Karikatur aus dem 19. Jhdt.

Abb. III.23. Das »Audito« von Emil Loest bewirkte durch schnelle Luftdruck- wechsel im Gehörgang eine Massage des Mittelohres und sollte dadurch die Schwerhörigkeit bessern

Über das Nachfolge-Gerät »*Krusophon*« ist außer dem Namen nichts mehr bekannt.

1923 erfand *William Kloman* (1876 bis 1951) aus Washington ebenfalls zwei »*ear exercisers*«, die mit Hilfe von regelbaren Vibrationen das Trommelfell massierten und so die Funktionsfähigkeit des Gehörs wiederherstellen sollten.

Auf das Massage-Prinzip setzte die amerikanische Firma *Hearing Devices* noch einmal im Jahre 1930 und schließlich 1934 der französische Hersteller *Louis Lafont*.

Wie man sieht, wurden Hörhilfen und ähnliche Apparate nicht nur für seriöse Zwecke eingesetzt. Auf vielen Jahrmärkten gab es das »*Delphische Orakel*«, eine geheimnisvolle Wachsfigur, in die zwei Hör- bzw. Sprachrohre so geschickt eingebaut wurden, dass der Ratsuchende von einer verdeckten Person prompt eine passende Antwort auf seine Frage ins Ohr geflüstert bekam.

Auch für Klatsch und Tratsch war das Hörrohr vorzüglich geeignet, wie eine Karikatur des berühmten französischen Grafikers *Honoré Daumier* (1808 bis 1879) aus dem Jahre 1848 zeigt.

ACTUALITÉS

216

331

— Je vous dis que le moment n'est pas encore venu d'aborder!

Abb. III.24. Mit der Zeichnung »Aktualitäten« mokierte sich Honoré Daumier (1808 bis 1879) über den in Mode gekommenen Gebrauch technischer Hilfsmittel

Verschiedene Patente aus dem England des 19. Jahrhunderts bezogen sich nicht auf Hörhilfen, sondern auf Zubehörprodukte und Prothesen wie künstliche Trommelfelle aus Gummi, Ohrmuscheln aus Leder, *Gehörschutzstöpsel* und *Schalldeflektoren (Gehörschutz)*. Auch Sonderhörhilfen waren schon patentiert, zum Beispiel Vielhöranlagen für Kirchen und Hörrohre für Kapitäne, die speziell die Signale der Schiffahrt verstärken konnten.

»Der Fall Beethoven«

Besonders bekannt als Konstrukteur von Hörrohren wurde der Erfinder des Metronoms, Klavierlehrer und Instrumentenbauer *Johann Nepomuk Mälzel* (1772 bis 1838), weil er für *Ludwig van Beethoven* (1770 bis 1827) vier verschiedene Versionen davon hergestellt hat. Beethoven erwies Mälzel seine Dankbarkeit durch eine kleine Melodie, die er anlässlich eines Abendessens spontan für ihn komponierte und 1812 im 2. Satz seiner 8. Symphonie noch einmal verwendete. Später hat Beethoven den Nutzen seiner Hörrohre aber völlig verneint. Das lag einerseits daran, dass er völlig ertaubte und selbst mit akustischen Verstärkern nichts mehr hörte, ja sogar der Meinung war, die Hörrohre würden sein Gehör schwächen. Von Mälzels vier Hörrohren hat er deshalb nur eines des öfteren

benutzt. Andererseits lag seine Unwilligkeit an den späteren Urheberrechts-
streitigkeiten mit Mälzel, die der allzu ehrgeizige Klavierlehrer mit seinen Pla-
giaten Beethovenscher Musik vom Zaun gebrochen und Beethoven damit tief
verletzt hatte.

Der Fall Beethoven ist wohl der berühmteste und zugleich auch anrührendste
in der Geschichte der Hörhilfen. Schon mit 25 Jahren stellte der Komponist auf
dem linken Ohr eine Hochtonstörung fest, drei Jahre später auf der rechten Sei-

*Abb. III.25. Woher nahm
Beethoven die ungeheure
Kraft und die genialen
Inspirationen für sein
außergewöhnliches Werk?*

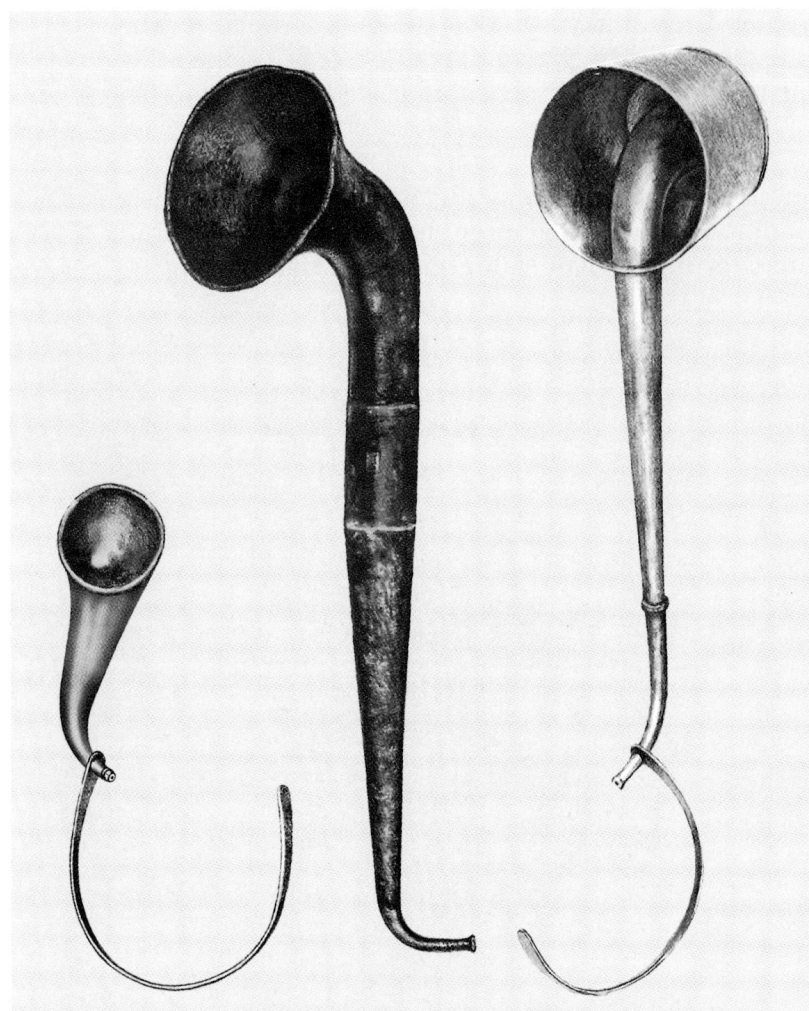

te. Im Laufe seines Lebens verschlechterte sich die linke Seite bis zur Resthörigkeit und die rechte bis zur völligen Taubheit.

Die Diagnose würde heute lauten: toxisch bedingte Neuritis nervi acustici mit einer Degeneration des Hörnerven. Die früher häufig geäußerte Vermutung, es habe sich um eine atypische Otosklerose oder durch eine Syphilis bedingte Hörstörung gehandelt, gilt heute als eher unwahrscheinlich *(Böhme, Wie wurde Beethovens Hörstörung behandelt? 4. Audio-Symposium 1977, S.25 ff.).*

Beethoven eilte von einem Arzt zum anderen und ließ die verschiedensten Kuren über sich ergehen, um sein Gehör zu retten. Alles, was damals in der Kunst der Medizin stand, wurde ausprobiert: Mandelöl, lauwarme Bäder, galvanische Ströme und magnetische Felder, Diäten, Trinkkuren, Meerrettich (mit Baumwolle umwickelt ins Ohr gegeben), Öleinspritzungen, Elektro-Vibrationen am Mastoiden, grüne Nussschalen in harnwarmer Milch ins Ohr getröpfelt und verschiedene »*Schallmaschinen*«, »*Kopfmaschinen*« und »*Gehörsmaschinen*«, von denen leider nicht mehr gesagt werden kann, was sie konkret darstellten. Wahrscheinlich waren das seine eigenen Ausdrücke für die verschiedenen Formen mechanoakustischer Hörhilfen, die zu seiner Zeit auf den Markt kamen.

Beethoven war selbst verzweifelt darum bemüht, seinem Schicksal zu entkommen und studierte mit großem Eifer alle möglichen medizinischen Zeitschriften, um keine neue Therapie unversucht zu lassen. Er wurde sogar erfinderisch und fertigte eigenhändig eine Knochenleitungshörhilfe in Form eines langen Holzstabes an, dessen flaches Ende er zwischen die Zähne nahm und am anderen Ende in seinen Konzertflügel steckte. Eine andere Konstruktion bestand aus einem mehrfach klangverstärkten Flügel, der mit einem Souffllierkasten überwölbt war, unter den Beethoven seinen Kopf halten musste, um die Vibrationen des Instrumentes zu verspüren. Außer der Taubheit quälten ihn seine jahrelangen Magen- und Darmbeschwerden sowie eine Leberzirrhose. Nachdem auch seine Hilferufe »Sprecht lauter! Schreit! Ich bin taub!« nichts mehr nutzten, konnte er sich nur noch schriftlich unterhalten. Seine »Konversationshefte« sind bis heute erhalten geblieben.

Schon mit 32 Jahren war Beethoven so verzweifelt, dass er seinem Leben ein Ende setzen wollte. Aber er machte weiter und schuf unter diesen unerträglichen Bedingungen einige der größten und schönsten Werke der Musikgeschichte! Wenn wir noch nach 200 Jahren die beseelte Zartheit, ja die Zärtlichkeit spüren können, die uns im 1. Satz seines D-Dur-Violinkonzertes begegnet, wenn wir auch heute noch den tiefen Seelenfrieden und die frühlingshaft lichte Heiterkeit seiner 6. Symphonie (»Pastorale«) in aller Lebendigkeit erleben, und wenn wir uns von den geradezu explosiven Jubelsätzen in der 5. und der 9. Symphonie und der c-moll-Phantasie für Klavier, Chor und Orchester immer wieder aufs Neue mitreißen lassen, dann muss man sich nicht nur vor dem Genius dieses Titanen verneigen, sondern auch fragen, woher nahm dieser Mann diese unvergleichlichen Inspirationen, diese unglaubliche Schaffenskraft und diese unerschütterliche Zuversicht?

Man kann das Werk Beethovens aus heutiger Sicht nicht hoch genug bewerten, und zwar nicht nur wegen seiner Taubheit, sondern auch wegen des völligen Fehlens der technischen Hilfsmittel, die den Komponisten unserer Tage wie selbstverständlich zur Verfügung stehen. Beethoven starb am 26. März 1827 nach langer und schwerer Krankheit im Alter von nur 56 Jahren (*Anm.: Erst 1999 fanden amerikanische Genforscher anhand einer DNA-Analyse eines Haares von Beethoven heraus, dass er an einer Bleivergiftung gestorben war, die durch den überreichlichen Genuss eines bestimmten Fisches verursacht worden ist. Außerdem litt Beethoven an einer Leberzirrhose).*

Zeit- und Leidensgenossen

Beethoven war nicht der einzige große Musiker, der an Schwerhörigkeit und Taubheit litt. Auch *Luigi Cherubini* (1760 bis 1862) hörte schlecht und der tschechische Komponist *Friedrich Smetana* (1824 bis 1883) litt in hohem Alter in Folge einer Syphiliserkrankung an Tinnitus und Taubheit. *Robert Schumann* (1610 bis 1856) litt ebenfalls an Syphilis, die von heftigen Ohrgeräuschen begleitet wurde. Beides trieb Schumann in den Wahnsinn und schließlich in den Freitod. Der luetische Tinnitus (Lues = Syphilis) war damals weit verbreitet. Ein anderes prominentes Opfer dieser Krankheit war der Philosoph *Friedrich Nietzsche* (1844 bis 1900). Am schwersten traf es den französischen Komponisten *Gabriel Fauré* (1845 bis 1924). Er lebte in den letzten Jahren seines Lebens nach einer Hirnhautentzündung ohne Gehör und ohne Augenlicht. *Georg Friedrich Händel* (1685 bis 1759) und *Johann Sebastian Bach* (1685 bis 1750) sollen im Alter zwar noch einigermaßen gehört haben, dafür traf beide in den letzten Lebensjahren das schwere Schicksal der fast vollständigen Erblindung. Damit war ihnen die eigenhändige Notation unmöglich geworden und ihr künstlerisches Schaffen beendet. Wie der zeitlebens blinde, aber gut hörende Kirchenmusiker *Conrad Paumann* (1409 bis 1473) seine Werke notierte, ist nicht bekannt. Die Komponistin *Maria Theresia von Paradis* (1759 bis 1824), die zeitlebens blind, aber ebenfalls nicht taub war, hatte es in dieser Hinsicht jedenfalls besser, weil speziell für sie eine Blinden-Notenschrift entwickelt worden war. Von von Paradis wurde *Wolfgang Amadeus Mozart* (1756 bis 1791), der ihr aus Bewunderung eines seiner Klavierkonzerte widmete, unterstützt. Mozart selbst war in seiner Schaffenskraft durch keinerlei Erkrankungen der Sinnesorgane behindert, litt aber an einer angeborenen Deformation der rechten Ohrmuschel. Es handelte sich dabei um einen Knorpel, der im Antitragus begann und sich bis tief in die Concha hinein fortsetzte. Trotz dieser Beeinträchtigung, die sicherlich auch akustische Auswirkungen hatte, soll Mozart über das »*absolute Gehör*« verfügt haben, das heißt, er konnte Töne genau bestimmen und bedurfte keiner Einstimmung auf einen Basiston mit der Stimmgabel.

Beethovens Beispiel, eine Hörhilfe zu benutzen, sind in der Moderne drei sehr prominente Musiker gefolgt: die Dirigenten *Wilhelm Furtwängler* (1886 bis 1954) und *Sir Thomas Beecham* (1879 bis 1961) sowie der Violin-Solist *Yehudi Menuhin* (1916 bis 1999). Ob der im Alter schwerhörige Pianist *Arthur Rubinstein* (1887 bis 1982) eine Hörhilfe benutzte, ist nicht bekannt.

Ein ganz anderer Fall war der »Jahrhunderttenor« *Enrico Caruso* (1873 bis 1921), der 1902 auf dem rechten Ohr nach einer operativen Entfernung der Eustachischen Röhre das Tieftongehör verloren hatte. Ihm wäre mit einem der damaligen schmalbandigen Hörapparate oder mit einem »*Dentaphone*« auf dem Wege des Knochenhörens wohl zu helfen gewesen. Aber das kam weder auf der Bühne in Frage, noch wäre es in seinem Falle überhaupt sinnvoll gewesen. Caruso soll nämlich seine besonderen stimmlichen Qualitäten dadurch ausgebildet haben, dass er seinen Gesang zu einem Teil über seinen Schädelknochen mithören und so kontrollieren konnte *(vgl. Tomatis, Das Ohr und das Leben, S.95 ff.).*

Beethovens berühmte Zeitgenossen, der Philosoph und Komponist *Jean-Jacques Rousseau* (1712 bis 1778), der Waterloo-Sieger und britische Premierminister *Arthur Wellesley Wellington* (1769 bis 1852) und der Begründer der klassischen Nationalökonomie, *David Ricardo* (1772 bis 1823), haben dagegen niemals von einer Hörhilfe Gebrauch gemacht. Rousseau erlitt mit 52 Jahren einen Hörsturz, wurde danach fast taub und zugleich von fürchterlichem Ohrensausen gequält. Ricardo litt an einer schweren Ohreninfektion, die ihn ertauben ließ, schließlich sogar auf das Gehirn übergriff und zum Tode führte. Auch der Dichter und Schöpfer von »Gullivers Reisen«, *Jonathan Swift* (1667 bis 1745), der an der Menièreschen Krankheit litt und zeitweilig nichts hörte, hat vermutlich keine

Abb. III.27. Friedrich Smetana (1824 bis 1883) wurde trotz seiner Hörprobleme u.a. mit der Oper »Die verkaufte Braut« zum National-Tondichter der Tschechen

Abb. III.28. Der Komponist und Dirigent Wilhelm Furtwängler (1886 bis 1954) musizierte ungeachtet seiner Hörprobleme bis ins hohe Alte. Er eröffnete 1951 mit Beethovens »IX. Sinfonie« die Bayreuther Spiele nach dem Zweiten Weltkrieg

Abb. III.29. Sir Thomas Beecham (1879 bis 1961), prominenter britischer Dirigent, litt ebenfalls unter Schwerhörigkeit. Sein Bonmot: »Es ist ein Irrtum zu glauben, dass jedes Geräusch Musik ist.«

Abb. III.30. Yehudi Menuhin (1916 bis 1999), Dirigent und Violinist, galt Zeit seines Lebens als beispielhafter Humanist und Kosmopolit

Hörhilfe benutzt *(vgl. Die Grossen, Bd.XII/2, S. 771)*. Näheres ist diesbezüglich auch nicht über die schwerhörigen Dichter *Gottfried Keller* (1819 bis 1890), *Franz Grillparzer* (1791 bis 1872) und *Conrad Ferdinand Meyer* (1825 bis 1898) bekannt.

In ähnlicher Weise wie Rousseau wurde der spanische Hofmaler *Francisco Goya* (1746 bis 1828) von Tinnitus und Taubheit heimgesucht, deren Ursache wahrscheinlich eine akute Bleivergiftung im Alter von 46 Jahren war. Er hatte vermutlich, wie zuvor schon *Michelangelo* (1475 bis 1564), der ebenfalls an Tinnitus litt, zu viel Bleicarbonat zum Aufhellen der Farben benutzt. Goya und Michelangelo haben, soweit wir das wissen, noch nichts von den segensreichen Erfindungen der mechano-akustischen Hörhilfen gewusst. Heute wäre es möglich, beiden auf unterschiedliche Weise apparativ zu helfen.

Der bedeutendste und erfolgreichste englische Maler seiner Zeit, der 1768 von König *Georg III.* geadelte Präsident der Royal Academy, *Sir Joshua Reynolds* (1723

*Abb. III.31. Der Maler Joshua Reynolds
(1723 bis 1792) hörte im Alter schwer und
portraitierte sich selbst (Original: Tate
Gallery of London)*

bis 1792), wurde im Alter ebenfalls schwerhörig. Wider alle Eitelkeiten und Konventionen hat er für die Nachwelt in einem Selbstbildnis festgehalten, dass ihm die hinter das Ohr gehaltene Hand als Hörhilfe diente *(s. Kindlers Malerei Lexikon, S.270 ff.).*

Zu Rousseau sei noch bemerkt, dass ihn sein Leiden dazu brachte, sich mit der Frage der Hörziehung taubstummer Menschen zu beschäftigen. Er war in dieser Frage mehrfach in Kontakt mit dem spanischen Taubstummenlehrer *Jacob Rodrigues Pereire* (1715 bis 1780), der in Frankreich der Vorreiter der lautsprachlichen Hörziehung und große Gegenspieler des Gebärdensprachlers *Abbé de L'Epée* (1712 bis 1789) gewesen ist. Rousseau, der nicht nur Philosoph, sondern auch Musiker war, experimentierte sogar mit Saiteninstrumenten und deren Resonanzkörpern und kam schließlich zu der Überlegung, dass man Tauben auch auf vibro-taktilem Wege, also über den Tastsinn, das Hören und Sprechen beibringen können müsste.

Die Verstärkung eines Hörrohres reichte weder aus, eine an Taubheit grenzende Schwerhörigkeit auszugleichen, noch einen Tinnitus zu verdecken. Die Möglichkeit dazu war sicherlich schon in Erwägung gezogen worden, denn der Verdeckungseffekt bei Ohrensausen war, nachdem das Wissen des Aristoteles hierüber wieder in Vergessenheit geraten war, 1821 von Itard wiederentdeckt und 1883 von dem berühmten Wiener Ohrenarzt *Victor Urbantschitsch* (1847 bis 1912) in umfangreichen Experimenten bestätigt worden.

Statt die Ohrgeräusche akustisch zu verdecken, versuchte der Leibarzt Friedrichs des Großen, *Christian Grapengiesser* (1773 bis 1813), Tinnitus und Taubheit durch eine Stimulation des Innenohres auf galvanischem Wege zu besiegen. Die Versuche blieben aber erfolglos und wurden wieder aufgegeben.

Selbstversuche und Schürzenjäger

Der »Vater der englischen Ohrenheilkunde«, *Joseph Toynbee* (1815 bis 1866), bezahlte einen Selbstversuch, der seine Theorie beweisen sollte, dass Chloroform, durch die *Eustachische Röhre* in das Mittelohr gepresst, Tinnitus heilen würde, an dem er selber litt, mit dem Leben. Er hatte tragischerweise die Flasche, in der sich das Chloroform befand, mit einer Flasche verwechselt, die Blausäure enthielt.

Nicht zur falschen Flasche, dafür aber zum falschen Versuchsobjekt griff Toynbees Kollege, der ebenfalls an Tinnitus leidende Dubliner Ohrenarzt und stadtbekannte Schürzenjäger *William Robert Wilde* (1815 bis 1876) bei seinen Experimenten mit Chloroform. Sexuell unbestreitbar anders gepolt als sein Sohn, der Dichter *Oscar Wilde (1854 bis 1900)*, vergriff sich der virile Vater an der ebenfalls nicht ganz unbekannten Miss Travers, die ihm als Patientin anvertraut war.

Abb. III.32. Joseph Toynbee (1815 bis 1866) verwechselte bei einem Selbstversuch zur Tinnitus-Therapie Chloroform mit Blausäure

Als das chloroformierte Fräulein wieder zu Bewusstsein kam und sich ihrer Unschuld und ihres guten Rufes beraubt fühlte, verklagte sie Wildes Vater auf Schadenersatz. Das Gericht gab ihr zwar Recht, gewissermaßen als Verwarnung des umtriebigen Ohrendoktors, reduzierte die geforderte hohe Summe allerdings um ein Vielfaches mit der Begründung, weder bei ihrem Ruf noch ihrer Unschuld sei viel zu rauben gewesen *(Toellner, Illustrierte Geschichte der Medizin, S. 2650).*

Ob *Vincent van Gogh* (1853 bis 1890), der an der Menièreschen Krankheit litt, die mit Tinnitus, Schwerhörigkeit und Schwindelgefühlen einhergeht, sich deshalb

Abb. III.33. William Robert Wilde (1815 bis 1876) war nicht nur der Vater des weltbekannten Dichters Oscar Wilde, sondern auch ein hochberühmter Ohrenarzt mit Eigenheiten

1888 das Ohr abgeschnitten hat oder nicht, bleibt umstritten. *Feldmann* glaubte nachgewiesen zu haben, dass dies nichts als eine Legende sei *(Feldmann, Tinnitus Aurium, S. 35).*

Für die Versorgung leichter Hörverluste und Ohrgeräusche war das Hörrohr allerdings ein sehr probates Mittel geworden. Das *Central Institute of the Deaf* in St. Louis hat verschiedene Hörrohre am *KEMAR*, einer Versuchsanordnung mit einem künstlichen Kopf und Oberkörper, die für akustische Messungen verwendet wird, überprüft. Dabei stellte das Institut für Hörrohre und deren Derivate Verstärkungswerte von 10 bis zu 30 Dezibel und Ausgangsschalldrücke von bis zu 110 Dezibel fest, mit ganz unterschiedlichen Wiedergabecharakteristiken. Die reichten oft von 30 bis 20 000 Hertz, waren aber oft mit so vielen Resonanzen belastet, dass das Sprachverstehen erschwert statt verbessert wurde. Wenn der Schwerhörige das Rohr dem Sprechenden entgegenrichtete und dieser direkt in das Rohr hineinsprach, wurden die Sprachfrequenzen besonders verstärkt und die Verständigung war dann erheblich besser. Durch die unterschiedlichsten Bauformen und Resonatoren war man im 19. Jahrhundert im Prinzip schon in der Lage, für viele Typen von Hörverlust ein passendes Instrument zu finden.

Achtung! Radioaktivität!

Die Idee des maßgefertigten Im-Ohr-Gerätes ist eigentlich schon sehr alt, denn das »*Blumen-Hörrohr*« von 1810 verfügte über ein metallenes Ohrstück, das der Concha des Patienten genau angepasst war. Auch Miniaturgeräte hat es schon früh gegeben. In England und Frankreich wurden winzige »*Hör-Röhrchen*« hergestellt, die so geformt waren, dass die kleinen gewundenen Trichter über die Ohrmuschel gehängt und die Ohrstücke in den Gehörgang eingesteckt werden konnten.

Die »*Cup Anatomicals*« waren maßgefertigte Hohlschalen aus Metall, die exakt in die Ohrmuscheln hineinpassten und die es auf Wunsch sogar als Flachprofil-Version gab. Der Verstärkungseffekt war naturgemäß äußerst gering und selbst in vielen Fällen leichter Hörverluste nicht ausreichend. Jahrzehnte später, als In-vivo-Messungen an verschiedenen Testpersonen technisch möglich wurden, fand man heraus, dass in einigen Fällen sogar eine Verschlechterung des Hörvermögens eintrat. Kosmetisch waren sie allerdings nicht zu übertreffen.

Die »*Earwells*« und »*Ear Inserts*« waren Passepartout-Versionen der »Cup Anatomicals«, die in mehreren Größen lieferbar waren. Die »Earwells« sahen aus wie die Aufsatzstücke der modernen Otoskope, also wie kleine, kurze Trichter. Die »Ear Inserts« verfügten zusätzlich über Resonanzräume, die verschiedene Formen haben konnten und in der Concha Platz fanden. Diese Geräte wurden unter Produktnamen wie »*Vibraphone*« oder »*Apparator Auris*« angeboten.
Die »*Telephone Inserts*« der Firma Somers Brothers aus New York hatten in den winzigen Trichtern Spiralfedern eingebaut und einen feinen Draht, der aus dem Trichter herausragte. Beim Tragen dieser Wunderstöpsel und gleichzeitigem Aufliegen eines Telefonhörers auf die Ohrmuschel sollte der Draht von der groben Membran des Telefonhörers in Schwingungen versetzt werden, die dann, über den Federmechanismus verstärkt, zum Trommelfell gelangten. Ein »Telephone Insert« kostete ganze 2 Dollar und 50 Cents.

Auch diese Produkte waren so nutzlos, dass die *American Hearing Society* sie offen als Betrug bezeichnete und von den Herstellern verlangte, sie vom Markt zu nehmen. Nur das erfolgreiche »*Audi-Ear*« der *American Earphone Company* in New York von 1925 hatte eine gewisse Verstärkungswirkung, weil dem Standard-Ohrstöpsel wenigstens ein kleiner Schallkollektor aus Zelluloid aufgesetzt war.

Eine Kuriosität unter diesen Produkten war das »*Audiophone*«. Es hatte die Form einer Kaulquappe, füllte wie ein modernes Halbschalen-Gerät nur die untere Hälfte der Concha aus und der Schalleintritt lag verdeckt zwischen Gerät und Concha. Sein Erfinder, *Charles Fensky* aus St. Louis, behauptete, es sei mit einer Substanz namens »*Hearium*« radioaktiv gemacht worden und würde daher nicht nur den Schall verstärken, sondern langfristig sogar die Schwerhörigkeit beseitigen. Er war so begeistert von dieser fixen Idee, dass er 1925 noch eine zweite Version unter dem Namen »*Radium-Ear*« auf den Markt brachte und mehrere Patente dafür anmeldete. Als allerdings die amerikanische Aufsichtsbehörde für Medizinprodukte *BIAM* (Bureau of Investigation of the American Medical Association) die Geräte kritisch unter die Lupe nahm, ließ er die Aussagen über deren angebliche Radioaktivität lieber fallen.

Sound Discs und Kinnbügel

Die künstlichen Trommelfelle, die es bereits einmal 1640 in Deutschland gegeben hatte und die um 1850 in England und Amerika neu aufkamen, sind noch im Zusammenhang mit Im-Ohr-Geräten zu erwähnen, sofern sie der Unterstützung der Verstärkungsfunktion des Trommelfelles dienten und nicht bloß der Abdichtung bei Verletzungen. Ab etwa 1885 wurden sie in Serie produziert und unter dem Namen »*Sound Discs*« für 5 Dollar pro Stück vertrieben. Sie bestanden aus einer Gummischeibe, die auf einer kleinen Haltestange montiert war, mit deren Hilfe man die Scheibe in den Gehörgang einführen und vor dem Trommelfell plazieren konnte.

Angeblich bewirkten die nahezu unsichtbaren »Sound Discs« zuverlässig eine Verstärkung des Schalls, indem seine Schwingungen mit zehnfacher Stärke auf das Zentrum des Trommelfells konzentriert würden. Das entspräche immerhin einer Verstärkung von 20 dB. Des Weiteren würden auch die Hörnerven geschont und gestärkt und damit das Gehör langsam regeneriert. Empfohlen wurden diese Hörhilfen sowohl bei intakten als auch bei defekten Trommelfellen. Die Handhabung soll allerdings sehr schwierig und sogar gefährlich gewesen sein, weil man damit aus Ungeschicklichkeit ein gesundes Trommelfell leicht beschädigen konnte. Auch trat der gewünschte Verstärkungseffekt nur dann ein, wenn das Instrument absolut korrekt platziert war. Die »*American Medical Association*«

warnte deshalb auch davor und bezeichnete die Instrumente als »nutzlos und gefährlich«.

Das Modell war aber dennoch so erfolgreich, dass sein Erfinder, *George Wilson* aus Louisville/Kentucky, eine eigene Fabrik dafür errichtete, die sich bald als Goldgrube herausstellte. Das animierte viele Unternehmer in Europa, ähnliche Produkte auf den Markt zu bringen. Berühmt und berüchtigt wurde die »Breslauer Hörkapsel«, die von Medizinern wegen ihrer unhaltbaren Versprechungen heftig kritisiert wurde.

Andere kleine Hörmittel wurden dagegen für seriöse medizinische Zwecke produziert und sind zum Teil heute noch in Gebrauch. Da gab es zum Beispiel kleine Dilatoren, also Einsätze, die den Gehörgang bei Schwellungen und Entzündungen offen halten und – sofern mit einem Trichter versehen – in geringem Umfange auch den Schall verstärken konnten. Daneben gab es viele verschiedene Einsätze, die gegen den knöchernen Teil des Gehörganges drückten und so das Hören über Knochenleitung unterstützten.

Alles ist schon einmal dagewesen, selbst die binauralen *Kinnbügelkopfhörer*. Wieder war es der erfindungsreiche Londoner Hersteller Hawksley, der auf diese Idee kam. Sein »*Binaural Beard Receptor*« bestand aus einem kräftigen Bügel, der unter dem Kinn beziehungsweise unter dem Bart getragen wurde. Er hatte nach vorn eine breite Öffnung, die den aufgefangenen Schall auf beide Bügelseiten verteilte und über flexible Schläuche den Ohren zuführte. In deren oberen Enden waren Federn eingesetzt, die den Bügel unter Spannung hielten, damit die Ohrstücke nicht so leicht aus dem Ohr herausfallen konnten. Hawksley, dem eigentlich eine Unisex-Hörhilfe als ideales Produkt vorschwebte, betonte in seinem Katalog, dass der Hörbügel auch für Damen geeignet sei, und empfahl in diesem Falle, ihn mangels Bart mit einem Halstuch zu verdecken.

Wenn das noch nicht das Richtige für die Dame von Welt war, konnte Hawksley auf den reich mit Gold verzierten »*Boquet Holder*« verweisen, einen Schallfänger, der vor der Brust über dem Kleid getragen wurde und entweder mit Spitze drapiert oder mit Blumen verziert werden konnte, für die etliche Einstecklöcher vorhanden waren. Als Alternative konnte die feine Dame auch den »*Floral Receptor*« des renommierten Londoner Herstellers *Charles Rein & Son* wählen. Hier war der wesentlich zierlichere Schallfänger ganz als Blumenkelch ausgeführt, der keck hinter dem Ohr getragen wurde, wobei das Ohrstück diskret eine Blüte verdeckte. Gehalten wurde die Blume von einem Kopfband, das unter dem Haar verschwand.

Einiges Kopfzerbrechen bereitet den Kennern antiker Hörhilfen ein Produkt, das in verschiedenen Ländern 1897 patentiert wurde. Die Patentschriften sind schlicht unauffindbar und das seltsame Objekt bleibt hinsichtlich seiner Anwendung rätselhaft. Es besteht aus einem 82 cm langen Eichenschaft, an dessen Ende zwei sich gegenüberstehende pfeifenförmige Schalltrichter fest installiert sind. Die Trichter haben an ihren spitzen Enden je eine Öffnung wie ein Ohrstück, können aber in dieser Konfiguration unmöglich an das Ohr gehalten werden. Es wird vermutet, dass an den spitzen Enden Schläuche aufgesetzt und den Ohren zugeführt wurden, wobei der eine Schalltrichter dem eigenen Mund zugewandt war, der andere aber dem des Gesprächspartners. Der Schaft diente vermutlich dazu, die Trichter zwischen zwei sich gegenüber sitzenden Gesprächspartnern auf Körperhöhe zu halten. Dann wäre das Gerät eine Art Sprachtrainer gewesen.

Ganz erstaunlich ist immer wieder der Erfindungsreichtum der Konstrukteure des 18. bis 19. Jahrhunderts. Vielleicht gerade weil man sich technologisch noch nicht auf einer höheren Stufe betätigen konnte, wurde alles ausprobiert, was auf dem vorhandenen Niveau möglich war. Bedingt durch die leichte Anpassbarkeit der Geräte, sofern dieser Begriff hier überhaupt angebracht ist, den niedrigen Preis und die fehlende Erklärungsbedürftigkeit wurden sie in erster Linie per Zeitungsannonce zum Versand oder über ein Kaufhaus angeboten. Auch die Hersteller selbst sowie niedergelassene Ohrenärzte und Kliniken gaben die Geräte an die Schwerhörigen ab. Eine berufliche Spezialisierung, die auf Auswahl, Modifikation, Anpassung und Service von Hörhilfen ausgerichtet war, gab es im heutigen Sinne noch nicht.

In den Vereinigten Staaten, wo ein sehr großer Teil der mechano-akustischen Hörhilfen erfunden und produziert worden ist, gab es als informelle Berufsbezeichnung lediglich den »*Aurist*«, den man als Vorläufer des »*Audiologist*« bezeichnen kann. Der Aurist konnte ein Allgemeinmediziner, ein Physiker, ein Militärarzt, ein Psychologe, Taubstummenlehrer oder Sprachtherapeut sein, der sich Zusatzkenntnisse über das Hören angeeignet hatte und sich in besonderer Weise aufgefordert fühlte, sich um die Schwerhörigen zu bemühen. Viele Erfinder von Hörhilfen waren deshalb Auristen.

Die unglaubliche Vielfalt mechano-akustischer Hörhilfen, vor allem im 19. Jahrhundert, ist zu einem Teil erhalten geblieben und kann heute in verschiedenen Sammlungen dieser Welt bewundert werden. Sie sind in den medizinhistorischen Museen von Wien, Paris, Ingolstadt und Rom, in den wissenschaftlichen Museen von Florenz, Genf, Oxford und London, im Museum für Verkehr und Technik in Berlin, in den kulturhistorischen Museen von Pergamon, Leiden, Leeds, Sheffield, Camden und Williamsburg/Virginia, im Castle Museum in New York, an der Queen's University in Belfast, im Red House Museum in Hampshire, im Königlichen Museum der Armeemedizin zu Aldershot, im Königlichen Nationalinstitut für Ertaubte in London, im Zentralinstitut für Ertaubte in St. Louis, im Smithsonian Institute in Washington, im Forschungszentrum der Firma *Oticon* in Helsingör, bei Danavox in Praestø, bei Amplivox in Oxford, in der Universitätsklinik Münster *(Feldmann-Sammlung)* und in der Akademie für Hörgeräte-Akustik in Lübeck zu sehen. Als größte Sammlung der Welt mit 3 000 Exponaten gilt die *Berger-Sammlung* in der Kent State University in Ohio. Bedeutende private Sammlungen sind die von *Werner Köttgen* in Köln, *Arnoud Beem* in Holland, *Erik Westermann* in Dänemark, *Peter Werth* in London und *Aubrey Miller* in Karlsruhe. Eine bedeutsame Sammlung des Berliner Ohrenarztes *Dr. Georg Zinser,* der von 1948 bis 1971 Chefarzt an der HNO-Klink Berlin-Neukölln gewesen war und dort etwa 1 000 historische Geräte zusamengetragen hatte, ist leider aufgelöst worden. Ein Teil davon wurde in die Berger-Sammlung eingegliedert, ein anderer Teil ging in das Technische Museum in Ingolstadt und ein weiterer Teil an die Akademie für Hörgeräte-Akustik in Lübeck.

Produziert wurden die mechano-akustischen Hörhilfen hauptsächlich in Amerika und England, aber auch in Deutschland, Italien, Frankreich, in der Schweiz und in Japan. Ihre Erfinder waren meistens Ohrenärzte, manchmal auch Physiker, Erfinder-Unternehmer oder schwerhörige Laien.

Hören mit Biss

Dass der Mensch Schallereignisse nicht nur auf dem Luftleitungsweg, also über Ohrmuschel, Gehörgang, Trommelfell und Gehörknöchelchenkette, hören kann, sondern auch über seine Knochen, die den Schall in Form von Vibrationen an das Innenohr weiterleiten, war schon dem römischen Arzt Galen (131 bis 200 n. Chr.) bekannt. Sein Wissen geriet aber wieder in Vergessenheit und so gilt der römische Arzt, Philosoph und Erfinder der Cardanwelle, *Girolamo Cardano* (1501 bis 1576), als der Entdecker der Knochenleitung. Insbesondere die Beobachtung, dass Schall besonders gut über die Zähne übertragen werden kann, wird ihm zugeschrieben.

Der schon erwähnte italienische Edelmann und Freizeitgelehrte *Baptista de la Porta* soll daraus erste praktische Konsequenzen gezogen und mit Röhren aus Ton und Blei experimentiert haben, die eine Übertragung von Klopfzeichen über größere Distanzen hinweg ermöglichten, wenn das Ende der Leitung von jemandem zwischen den Zähnen gehalten wurde. *Hieronymus Capivacci* (gest. 1589) schlussfolgerte daraus die Möglichkeit einer Unterscheidung von Schallleitungs- und Innenohrschwerhörigkeit, und *John Bulwer* (1614 bis 1684) erkannte den Wert dieses Prinzips auch für den Ausgleich von Schwerhörigkeiten.

Christian Paullini (1643 bis 1712) hatte das Prinzip der Knochenleitung auf sehr eindrucksvolle Weise kennengelernt. Auf einer Reise nach Kopenhagen wurde er mit einem Mann bekanntgemacht, der schwerhörig war und lange Zeit den

Predigten des Pastors in der Kirche akustisch nicht folgen konnte. Dieser Mann entdeckte rein zufällig, wie er die Predigt wieder klar und deutlich verstehen konnte, wenn er das eine Ende einen langen Stocks zwischen die Zähne steckte und das andere Ende unter die Kanzel hielt. So ist wohl ein unbekannter Mann aus Dänemark der Erfinder des Knochenleitungs-Hörgerätes.

Von dem taubstummen englischen Maler *Thomas Arrowsmith* ist aus dem Jahre 1826 überliefert, dass er sich die Fingernägel besonders lang wachsen ließ, weil er damit Musik hören konnte, wenn er sie an die hölzernen Resonanzkörper von Musikinstrumenten hielt oder an die Holzbalken eines Konzertsaales presste.

Ein junger Arzt namens *Paul Baumer* (1725 bis 1771) aus Erfurt berichtete über ein Frau, die eine 60 cm lange Scheide eines alten rostigen Schwertes als Hörhilfe benutzte. Baumer fand diesen Notbehelf nicht befriedigend und experimentierte 1749 mit Röhren aus Glas, Stahl und Kupfer, die an beiden Enden abgeflacht waren. Später erweiterte er das eine Ende zu einem Schalltrichter.

Die erste gebrauchstüchtige Knochenleitungshörhilfe stammt von dem französischen Arzt Jean Marie Gaspard Itard (1775 bis 1838), der übrigens nie Medizin studiert hatte und im Urteil seiner Nachwelt als ziemlich roher Empiriker dasteht. Sein Zeitgenosse, *Prosper Mèniere* (1789 bis 1862), berichtete zum Beispiel, dass Itard einem tauben Mädchen ein Loch in den Schädel gebohrt haben

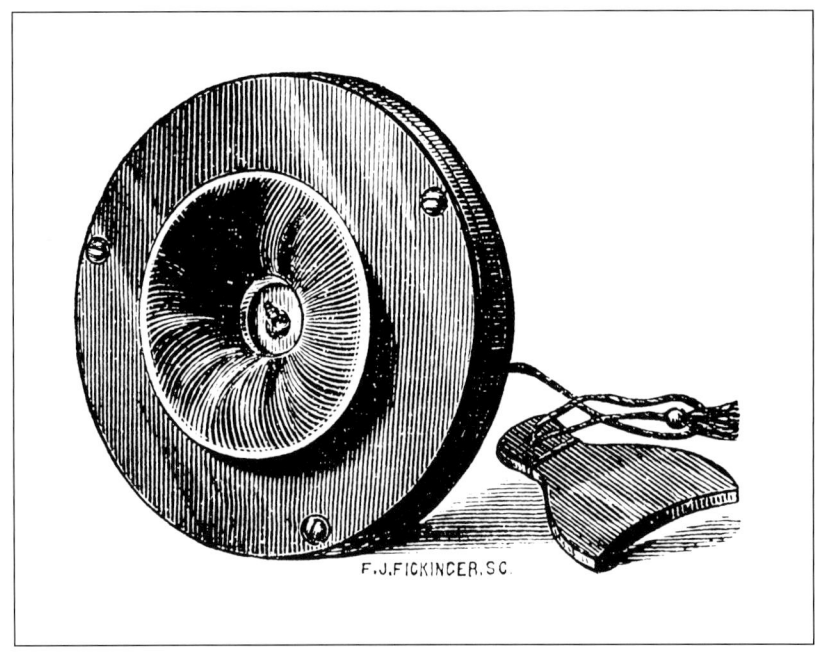

F.J.FICKINGER.SC.

Abb. III.34. Das Dentaphone-Knochenleitungs-Hörgerät von 1875

soll, um den Tönen einen besseren Zugang zu verschaffen *(zitiert nach Lane, Mit der Seele hören, S. 534)*. Itards 1812 vorgestelltes Instrument war sicherlich keine technische Sensation, denn es bestand nur aus einem Stab aus Holz, der an dem einen Ende spitz und an dem anderen Ende pyramidenartig zu einem Klotz erweitert war. Das spitze Ende nahm der Sprecher zwischen die Zähne, das dicke Ende drückte der Zuhörer gegen seine Schneidezähne. Wie der Sprecher mit dem spitzen Ende zwischen den Zähnen sprechen konnte, bleibt rätselhaft. Vermutlich ging es Itard, der ja zugleich auch Taubstummenlehrer war, nur um die akustische Demonstration von Vokalen.

1876 entwickelte und produzierte *Giovanni Paladino* eine Hörhilfe namens »*Fonifero*«, die aus einer bis zu eineinhalb Meter langen Eisenstange bestand, wobei das eine Ende gegen die Zähne oder den Mastoiden des Hörenden gedrückt wurde, das andere, das aus einem Metallbügel bestand, gegen den Kehlkopf des Sprechenden.

Schon ziemlich fortgeschritten war das »*Dentaphone*«, das um 1875 in Amerika auf den Markt kam. Es hatte ein »Mikrofon«, das aus einer Membran bestand, deren Schwingungen über einen Draht an ein Mundstück aus Holz übertragen wurden. Bei diesem Modell musste der Sprecher seine Sprachvibrationen nicht mehr in direktem Körperkontakt, zum Beispiel über den Kehlkopf, auf ein festes Medium übertragen, sondern er konnte frei sprechen. Es wurde also Luftschall zu Körperschall transformiert. Ein Unbekannter aus Amerika hatte damit ein Prinzip der Schallübertragung serienreif gemacht, das Paul Baumer zwar hundert Jahre zuvor schon experimentell herausfand, aber offenbar nicht weiter verfolgte.

Man kann an dem Beispiel auch sehen, wie langsam in früheren Jahrhunderten technologische Fortschritte erzielt wurden. Immer wieder gab es Pausen von mehreren Jahrzehnten.

Das »*Dentaphone*« kam später – obwohl noch nicht elektrisch – unter der Bezeichnung »*Electrophone*« als Mini-Version auf den Markt. Vermutlich war aber die Verstärkung dieses Gerätes noch nicht zufriedenstellend, weil ein elektrischer Verstärker noch fehlte. Das etwas später entwickelte Modell »*Osteophone*« nahm deshalb den Schall beziehungsweise die Vibrationen des Sprechenden lieber über eine großflächige Membran auf dessen Brust auf.

Auch die Idee, den Schall direkt an einer technischen Schallquelle abzunehmen, kam damals schon auf. Der »*Audio-Eingang*«, der 1923 patentiert wurde und für eine Variante des »*Dentaphone*« verwendet wurde, ermöglichte einen direkten Anschluss an einen Edisonschen Phonographen. Und *Clifford Phipps* aus Boston entwickelte etwa 1928 ein Knochenleitungs-Hörgerät namens »*Radio Vibra-Tone*«, das man direkt an Radiogeräte und Phonographen anschließen konnte.

Besonders erfolgreich war *Richard Rhodes* »Audiphone«, das 1893 auf der Weltausstellung von Chicago eine Medaille errungen hatte. Rhodes, der weder Otologe noch Ingenieur, sondern ein Verleger humoristischer Bücher war, kam auf
die Idee, eine Knochenleitungshörhilfe zu konstruieren, weil er nach einer Mittelohrentzündung selbst unter einer Schallleitungsschwerhörigkeit litt. Eines
Tages stellte er zufällig fest, dass er das Ticken seiner Taschenuhr besser hören
konnte, wenn er sie zwischen den Zähnen hielt. Das brachte ihn auf den Einfall, eine 24 x 28 cm große und nur 1 mm dicke Hartgummischeibe, einen *Akustischen Fächer*«, als Schallfänger und Resonanzkörper zu verwenden. Damit die
Scheibe vom Luftschall leichter in Schwingungen versetzt werden konnte,
musste sie unter Spannung stehen. Deshalb konnte man sie über kleine Zug-
bänder, die vom Griff des Instrumentes aus zu bedienen waren, halbmondför-
mig zusammenziehen. Wie viele andere Geräte dieser Bauart konnte es nur die
tiefen Frequenzen zwischen 300 und 1 000 Hertz gut verstärken (bis zu 35 dB),
darüber fiel die Wiedergabe deutlich ab. Lieferbar war das Instrument in verschiedenen Größen und Ausführungen, zum Beispiel mit Verzierungen zum
Aufpreis, als Zwei-Blatt- oder Opern-Version.

Viel Glück hat Rhodes mit dem »Audiphone« später nicht mehr gehabt. Während sich die Preise anfangs noch zwischen 10 und 15 Dollar bewegten, konnte
er wegen der vielen Nachahmer und Konkurrenzmodelle bald nur noch 3 bis 5
Dollar pro Stück nehmen. Dann folgten mehrere Zeitungsartikel, in denen der
Nutzen des Gerätes bezweifelt wurde, sowie öffentliche Reihenuntersuchungen
mit Studenten, die in der Mehrzahl unbefriedigend verliefen. Letzteres auch deshalb, weil die Indikation für eine Knochenleitungshörhilfe nicht beachtet wurde und die Probanden mit einer Innenohrschwerhörigkeit naturgemäß über
keinen Hörerfolg berichten konnten. Zu allem Überfluss entbrannte dann noch
ein wissenschaftlicher Streit über eine Marginalie, nämlich den Markennamen
»Audiphone«. Kritikaster bemängelten, dass hier ein lateinischer Wortstamm
mit einem griechischen kombiniert worden und das Produkt in die rein griechische Form »Auxiphone« umzubenennen sei.

Richard Rhodes endete 1902 auf sehr tragische Weise. Trotz mitgeführtem
»Audiphone« hatte er eine herannahende Eisenbahn nicht gehört und wurde
von ihr erfasst.

Ein Patent für eine Knochenleitungs-Hörbrille wurde erstmals 1909 an Augustus Rosenberg in London vergeben, blieb aber unbeachtet. Anders als bei den
viel späteren Modellen sollte der Vibrator nicht am Ende des Brillenbügels sitzen, sondern zwischen den beiden Brillengläsern auf der Nasenwurzel. Von 1931
bis 1933 wurde eine ganze Reihe von Patenten angemeldet, die alle auf diesem
Prinzip beruhten und als »Nasengeräte« bezeichnet werden könnten. Keines der
Patente erreichte jemals das Stadium der Produktion. Ab 1941 wurden in Amerika und Europa mehrere Patente für Knochenleitungsbrillen angemeldet, de-

ren Vibratoren gegen den Mastoiden drückten. Dafür sollte das Mikrophon zum Zwecke der frontalen Schallaufnahme auf der Nase sitzen. Die Verstärker waren bei allen diesen Geräten noch in separaten Taschengeräten untergebracht.

Stimmgabeln und Flaschen

Mit der Entdeckung, dass der Mensch auch über die Zähne und die Schädelknochen hören kann, war zugleich ein wertvoller Ansatz zur diagnostischen Überprüfung des Gehörs gegeben. Es ist Girolamo Cardano gewesen, der vermutlich als erster erkannte, dass das Innenohr noch intakt sein müsse, wenn ein Schwerhöriger über die Knochenleitung noch hören konnte. Die einfache funktionelle Einteilung der Hörstörungen in Schallleitungs- und Schallempfindungshörverlust ist noch heute der Ausgangspunkt jeder Überprüfung des Gehörs *(die meisten der folgenden Angaben zur Audiometrie entstammen dem Werk von Feldmann, »Die Geschichte der Hörprüfungsmethoden«).*

Baptista Porta hatte in Italien schon um das Jahr 1600 eine Stimmgabel für Hörexperimente verwendet. In Deutschland brauchte es weitere 100 Jahre, bis *Günther Christoph Schelhammer* (1649 bis 1712) an diese Versuche anknüpfen konnte. Es gehörte nämlich sehr viel Mut dazu, denn das Anschlagen einer Gabel zwecks Tonerzeugung war zum Tabu erklärt worden. Wer es dennoch tat, rief den Teufel herbei. So jedenfalls war es noch 1930 im »Handbuch des deutschen Aberglaubens« nachzulesen.

Als Erfinder der Stimmgabel in der heutigen Form gilt der Londoner Musiker *John Shore* (1662 bis 1752), der sie 1711 für musikalische Zwecke entwickelt hatte und nicht medizinisch nutzte.
Aber wie so oft in der Geschichte geraten die Dinge in Vergessenheit, wenn die Zeit für ihre praktische Anwendung noch nicht reif ist. Erst fast hundert Jahre nach Shore wurden von verschiedenenen Wissenschaftlern die physikalischen und hörphysiologischen Untersuchungen mit der Stimmgabel wieder aufgenommen und führten unter anderem zur Entdeckung der *Hörgrenzen (Chladni,* 1821), des akustischen *Verschlusseffektes* und des Überhörens bei einseitigem Ohrverschluss *(Tourtual und Wheatstone,* 1827) und der optimalen Aufsetzpunkte am Schädelknochen *(Müller, 1838).*

Es gilt heute als sicher, dass Ernst Heinrich Weber (1795 bis 1878), dem ein Teil dieser Versuche zugeschrieben wird und der ihnen den Namen gegeben hat, in Unkenntnis früherer Versuche durch andere Wissenschaftler vieles nur wiederholt und bestätigt hat (1834). Auch hat er selbst daraus keine systematischen Hörprüfungsmethoden und diagnostischen Regeln entwickelt.

Neben den Stimmgabelprüfungen konnte sich noch eine ganze Weile die sehr grobe Bestimmung des Hörvermögens durch einfache Hörweitenprüfungen mit Vorsprechen oder tickenden Uhren halten.

Einen ersten Durchbruch bedeuteten die Versuche von *Wolke* (1802), Itard (1821) und *Polansky* (1842), weil sie – anders als bei den einfachen Seitenvergleichen und Hörweitenprüfungen – die Ergebnisse genauer quantifizieren konnten und sie vor allem reproduzierbar machten. Das war möglich durch die Einführung zunächst sehr einfacher technischer Hilfsmittel, die aber im Laufe der Zeit ständig verbessert wurden.

Polansky benutzte einen Teststab für die Zähne, der mit Markierungen versehen war, und an dem eine Taschenuhr aufgehängt war. Die Taschenuhr wurde entsprechend den Markierungen nach und nach näher zum Mund des Probanden geführt, bis er das Ticken hören konnte. Damit war die Hörschwelle für Knochenleitung ermittelt. Mit der Uhr ließ sich auch eine Hörschwellenprüfung für die Luftleitung durchführen und mit den Knochenleitungswerten vergleichen. Dabei entdeckte er das bessere Übertragungsverhalten des Schalls über Luftleitung.

Heinrich Adolf Rinne (1819 bis 1868) verifizierte diese Entdeckung mit der Stimmgabel. Er hatte festgestellt, dass ihre Schwingungen am Ohr noch zu hören waren, wenn über die Zähne die Hörschwelle bereits unterschritten war.

Der nächste »technologische« Schritt waren die »*Akumeter*«, die von den verschiedensten Physikern und Medizinern entwickelt wurden, angefangen von Wolkes einfacher Holzkonstruktion von 1802, Itards *Kupferpendel* von 1821, über die *Schlagwerk-Geräte* von *Schmalz* (1846) und *Yearsley* (1855) bis zu *Politzers Klöppelapparat* von 1877. Letzterer war sogar für die Messungen der Knochenleitung geeignet.

Die »Akumeter« dienten alle demselben Zweck, nämlich der möglichst genauen Bestimmung des Grades der Schwerhörigkeit. Sie funktionierten im Prinzip immer in der Weise, dass Töne oder Geräusche in verschiedenen Lautstärken mechanisch erzeugt wurden, bis sie eben gerade gehört werden konnten. Dabei gab es wegen der unterschiedlichen Konstruktionen noch keine einheitlichen Maßstäbe, so dass die verschiedenen Messungen nicht miteinander vergleichbar waren.

Conta bediente sich 1864 zur Bestimmung des Grades der Schwerhörigkeit wieder der bewährten Stimmgabel, weil er auf die Idee gekommen war, dass ihre Abklingzeit und die damit verbundene Hördauer des Patienten ein geeignetes Maß dafür sein könnte.

Die nächsten Versuche galten der Ermittlung der oberen Hörgrenze und wurden von verschiedenen Erfindern mit Zahnrad-, Loch- und Dampfsirenen oder mit Klangstäben und Klangplatten vorgenommen.

Viel einfacher und praktischer war aber die von *Galton* 1876 erfundene Lippenpfeife, deren Tonhöhe mit einer exakt justierbaren Millimeterschraube verändert werden konnte. Galton war indessen mit der Ermittlung der oberen Hörgrenze beim Menschen nicht zufrieden. Es mutet ein bisschen wie ein Jungenstreich an, wenn Galton bei seinen Spaziergängen in London nach Hunden Ausschau hielt, um sich ihnen unauffällig zu nähern und im passenden Augenblick auf den mit Luft gefüllten Gummigriff seines Spazierstocks zu drücken, in dem seine berühmte Pfeife versteckt war. Seinen Versuchen war aber nur zum Teil der gewünschte Erfolg beschieden, denn während die kleinen Hunde bei jedem kräftigen Pfeifton entsetzt davonliefen, blieben die großen Exemplare träge in der Sonne liegen und würdigten Galton keines Blickes.

Sehr erfolgreich war das »*Monochord*« von *Struycken* aus dem Jahr 1910. Es war im Prinzip ein Streichinstrument mit nur einer Saite aus Stahl, die durch Reibung an einem Bogen und der Änderung ihrer Länge und Spannung Töne von verschiedener Höhe erzeugen konnte. Seine Schwäche lag darin, dass es kaum kalibrierbar und frei von Obertönen war.

Nach der Möglichkeit, Hörschwellen und Hörgrenzen für Geräusche und Töne zu messen, galt das Interesse der Mediziner jetzt dem logischen nächsten Schritt, der exakten frequenzspezifischen Untersuchung des gesamten Hörfeldes. Man wollte also die Hörschwellen in Bezug auf eine Serie »reiner« Töne ermitteln und so eine Hörkurve gewinnen, die etwas Genaueres über die Charakteristik der Hörstörung aussagen konnte.

Friedrich Bezold (1842 bis 1908) hatte dazu mit dem Physiker Edelmann zusammen 1894 ein Verfahren entwickelt, das in der Lage war, eine »kontinuierliche Tonreihe« hörbar zu machen. Auch hier erwies sich die Stimmgabel wieder als vorzüglich geeignet. Man benötigte dazu nur zehn verschieden große Exemplare, die durch je zwei verstellbare Gewichte in ihrem Schwingungsverhalten so verändert werden konnten, dass sie frei von Obertönen und in der Frequenz stufenlos soweit veränderbar waren, dass sie nahtlos an das nächste Instrument anschlossen. Die Tonreihe wurde durch drei Pfeifen ergänzt, so dass der ganze Hörbereich des Menschen abgebildet und geprüft werden konnte. Die Überprüfung, ob die einzelnen Instrumente wirklich reine Töne erzeugten oder noch mitschwingende andere Frequenzen enthielten, war durch die von *Hermann von Helmholtz* (1821 bis 1894) 1862 entwickelten Resonatoren und den darauf beruhenden Klanganalysen möglich geworden, die in der Akustik fortan eine große Rolle spielen sollten.

Die *Tonreihe* von *Bezold-Edelmann*, die nach Meinung einiger Erfinder verbesserungswürdig war, wurde bald mit den verschiedensten Klangkörpern nachgeahmt. Zu einiger Berühmtheit gelangte die »*Stumpfsche Flaschenorgel*«, weil 1899 Albert Schweitzers Gehör damit überprüft worden war.

Aber Stimmgabeln, Flaschen, Schalltrichter und Holzkästchen waren bei weitem nicht so beeindruckend wie das Ungetüm, das Ebbinghaus um 1900 konstruiert hatte. Es bestand aus Flaschen, Hebeln, Gewichten, einem Gebläse und jeder Menge Zungenpfeifen. Man könnte es, wegen seiner vergleichsweise ausgeklügelten Mechanik, als erstes Audiometer der Geschichte bezeichnen.

Andere Physiker verwendeten große Energien darauf, die Stimmgabeln der Bezoldschen Tonreihe hinsichtlich ihrer Anfangsamplitude und Abklingzeit zu messen, zu kalibrieren und die Schwingungen aufzuzeichnen. Struycken gelang es dabei, Amplituden bis herab zu einem tausendstel Millimeter zu messen, und das ohne jede Elektronik.

Der Gedanke lag nahe, statt einer Galerie verschiedener und schnell wieder abklingender Tonquellen eine einzige von konstanter Intensität zu verwenden, die nach exakten Vorgaben moduliert werden und damit verschiedene Töne definierter Qualität erzeugen konnte. Das wurde erst durch die Einführung der Elektrizität möglich, mit der auch ein neues Zeitalter in der Geschichte der Akustik begann.

Bei allen diesen Versuchen stand die Erwägung, durch genauere Kenntnis von Art und Umfang einer Hörstörung mit einem gezielten apparativen Ausgleich anzusetzen, zunächst noch nicht im Mittelpunkt des Interesses der Wissenschaftler, weil die Möglichkeiten dazu noch nicht gegeben waren. Auch das kam erst mit der Elektrizität. Es ging erst einmal darum, das Ohr und seine akustischen Defekte genauer zu verstehen. Aber ohne diese Versuche wären die später entwickelten physikalischen Therapien nicht möglich gewesen.

IV. Das Technische Zeitalter

Alles ist möglich

Gegen Ende des 19. Jahrhunderts, der sogenannten »Gründerzeit«, fand in der westlichen Welt geradezu eine Explosion neuer Entdeckungen und Erfindungen statt. Wissenschaft und Technik machten nach jahrhundertelangem Stillstand plötzlich große Fortschritte, die jedes Jahr, ja manchmal jeden Tag, eine neue Sensation bescherten, die die Menschen in Staunen versetzten und den Glauben an die technische Machbarkeit aller Dinge begründeten. Dazu gehörten 1860 die Erfindung der *Rotationspresse* zur Herstellung von Zeitungen in Massenauflagen, 1861 die Erfindung der *Telefonie*, 1862 die Messung der *Lichtgeschwindigkeit* und die Überquerung des Atlantiks mit dem Schiff in acht Tagen, 1863 die Eröffnung der ersten Untergrundbahn in London, 1866 die Erfindung des *Mikroskops* und die Inbetriebnahme des Nordatlantik-Kabels, 1868 der *Farbfotografie*, 1869 die Eröffnung des Suez-Kanals und die Durchquerung des amerikanischen Kontinents mit der Union Pacific Eisenbahn, 1874 die Herstellung von Schreibmaschinen, 1876 die ersten brauchbaren *Telefone*, 1879 die Erfindung der *Glühbirne*, 1881 die Errichtung des öffentlichen Fernsprechverkehrs und die Einweihung der elektrischen Straßenbahn in Berlin, 1882 die Entdeckung des Tuberkulose-Erregers durch Robert Koch, 1883 Eröffnung der Brooklyn-Bridge in New York, der längsten Hängebrücke der Welt, 1884 die Einteilung der Welt in Zeitzonen, 1885 erste erfolgreiche Tauchfahrt mit einem *U-Boot* und die Erfindung des Prinzips der *elektronischen Bildübertragung* (Nipkow), 1886 die Geburtsstunde des Automobils und der *Datenverarbeitung* (Hollerith), 1887 die Erfindung des *Grammophons*, 1893 die Durchstoßung des Isthmus von Korinth, 1895 die Entdeckung der *Röntgenstrahlen* und die Einführung der *Kinematographie*, 1897 die Einführung der *drahtlosen Telegraphie*, 1889 die Errichtung des Eiffelturmes in Paris, 1896 Entdeckung der Uran-Strahlung, 1898 die Entdeckung des Radiums, die Erfindung der *Braunschen Röhre* und der *magnetischen Tonaufzeichnung*, 1899 die Anfänge der Kernphysik, 1900 die Anfänge der Quantentheorie, der erste Flug mit einem Zeppelin und die Inbetriebnahme der Borsig-Dampfmaschine mit 100 000 PS, 1901 der Ballon-Flug in 10 800 Metern Höhe und die *drahtlose Telegraphie* über den Atlantik, 1902 die Fertigstellung des Assuan-Staudamms und das Patent auf das *Farbfernsehen*, 1903 der erste Flug mit einem *Motorflugzeug*, die erste *Hochgeschwindigkeitseisenbahn* (210 km/h) und die Erforschung der Radioaktivität, 1904 die Einweihung der Transsibirischen Eisenbahn, die erste telegraphische Übermittlung von Bildern, die erste drahtlose Übertragung von Musik, die

Entwicklung der *Elektronenröhre* und die Erfindung der *Radartechnik,* 1905 die Revolutionierung der Grundlagen der Physik durch Albert Einstein, 1909 die Erreichung des Nordpols, 1911 die des Südpols, 1910 die Entwicklung der Neonröhre und die erste Volkszählung mit *Hollerith-Lochkarten,* 1913 das erste *Solarkraftwerk,* 1914 die Eröffnung des Panama-Kanals, 1922 das *Autoradio,* 1927 die *Quarzuhr* und die Überquerung des Atlantiks mit einem Flugzeug, 1931 das *Elektronenmikroskop* und die erste *TV-Übertragung* in England, das erste *Tonbandgerät* und 1936 die erste *gedruckte Schaltung.* Die Menschheit befand sich in einem ungeheuren Technologie-Rausch. Alles wurde jetzt für möglich gehalten. Einen deutlichen Dämpfer bekam diese euphorische Stimmung allerdings 1912, als das größte Passagierschiff der Welt, die »Titanic«, die man für unsinkbar gehalten hatte, eine Tagesreise von New York entfernt einen Eisberg rammte und unterging.

Letzte Ehren

Obwohl das Prinzip der elektro-akustischen Übertragung ab den 60er bzw. 70er Jahren des 19. Jahrhunderts in verschiedenen Apparaten zur Anwendung kam, konnten sich die mechano-akustischen Hörhilfen noch weit bis in das 20. Jahrhundert hinein auf dem Markt halten. Sie waren relativ einfach zu bedienen, preiswert in der Herstellung und gegenüber den ersten elektrischen Hörapparaten auch schöner und vielfältiger in der Form. So kam es, dass das gute alte Hörrohr in den Katalogen einiger Medizintechnik-Hersteller noch bis in die 70er Jahre hinein immer wieder angeboten wurde.

Zu neuen Ehren kam es noch einmal durch das Theater. Das Hamburger Ohnsorg-Theater zeigte 1964 monatelang den Schwank »Das Hörrohr« mit dem Volksschauspieler Otto Lüthje in der Rolle des schwerhörigen Opas. Wie es damals üblich war, wurde das Stück auch an einem Samstagabend im Deutschen Fernsehen übertragen und so die altertümliche Hörhilfe nachhaltig in das Bewusstsein von Millionen Menschen gerückt. Lüthje hielt das Hörrohr in dem Stück bestimmt hundertmal an seinen »Lauschlappen«, wie das Ohr auf Plattdeutsch genannt wird. 1987/88 wurde es mit Karl-Heinz Kreienbaum in der Hauptrolle noch einmal neu inszeniert. Das war aus der Sicht der Hörgeräte-Akustiker gar nicht so willkommen, verstärkte es doch die alten Vorurteile gegen die Schwerhörigkeit. Das Wort »*doof*« hat nämlich dieselbe sprachliche Wurzel wie »taub« und im Englischen ist die Redewendung »*deaf and dumb*« noch heute weit verbreitet.

1989 kam das Hörrohr am Berliner Schillertheater ein weiteres Mal auf die Bühne, diesmal sogar mit einem international bekannten Filmstar in der Hauptrolle. Der zweifache Oscar-Preisträger und UNICEF-Sonderbotschafter *Peter Ustinov* spielte den tauben Beethoven in dem Stück »Beethovens Zehnte«, das das schrift-stellernde und schauspielernde Universaltalent Ustinov sich selbst auf den Leib geschrieben hatte. Die Idee des Hörgeräte-Herstellers Rexton, Peter Ustinov an-zubieten, das Hörrohr, das er auf der Bühne benutzte, gegen ein modernes Im-Ohr-Gerät auszutauschen, um auf diese Weise Vorurteile gegen die Auffällig-keit von Hörgeräten abbauen zu helfen, wurde von dem Star jedoch höflich dan-kend abgelehnt.

Die Idee war wohl auch nicht so gut, denn Beethoven trug nun einmal ein Hör-rohr und kein modernes Im-Ohr-Gerät. Aber weil Ustinov ein Mann mit Hu-mor ist, lud er den Vertriebsleiter der Firma Rexton ein, sich das Stück persön-lich anzusehen. Er würde dann schon verstehen, dass die Dramaturgie des Stük-kes das Hörrohr erforderlich mache. Daraufhin lud die Firma Rexton eine Grup-pe von Berliner Hörgeräte-Akustikern ein, sich Ustinov gemeinsam auf der Büh-

Abb. IV.1. Der polyglotte Universalkünstler Peter Ustinov thematisierte »Hören«

ne anzusehen *(Anm.: Ustinov erhielt die beiden Oscars für seine Nebenrollen in »Topkapi« und »Spartacus«).*

Der Zufall wollte es, dass an diesem Abend noch ein weiterer großer Star des Films im Theater anwesend war, und auch noch in derselben Reihe wie die Akustiker. Es war *Heinz Rühmann*. Die Gelegenheit bot sich aber nicht, auch ihm gleich ein Im-Ohr-Gerät anzudienen. Spät abends traf die Akustikergruppe überraschenderweise noch einmal mit Heinz Rühmann zusammen, und zwar in der Bar des Hotels Kempinksi am Kurfürstendamm. Diesmal fasste der Rexton-Mitarbeiter Siegmund Kunisch, der selber ein Gehörgangsgerät trug, Mut und sprach den mittlerweile 87-jährigen Grandseigneur des deutschen Films an.

Aber weil alles sehr schnell ging und keine Zeit war, sich besonders intelligente Worte zu überlegen, ging der dreiste Annäherungsversuch voll daneben. Rühmann rümpfte pikiert die Nase, machte auf dem Absatz kehrt und verließ eiligen Schrittes die Bar. Immerhin! Man hatte es versucht! *(Persönliche Erinnerungen des Autors).*

Zu Peter Ustinov sei noch angemerkt, dass er vermutlich den Nutzen moderner Hörhilfen durchaus zu schätzen wusste, denn er soll seinen schwerhörigen Hund mit einer solchen beglückt haben. Die Geschichte wurde immer wieder in der Branche erzählt, konnte aber nie bewiesen werden. Wahrscheinlich wurde sie mit einer tatsächlichen Begebenheit verwechselt, über die von der Illustrierten »STERN« im März 1957 berichtet wurde. Danach hatte eine Frau namens Ellen Bostick aus New York ihrem schwerhörigen Terrier »Pandy« ein Taschengerät auf den Rücken geschnallt und den Hörer ins Ohr gesteckt. Der Hund soll sofort wieder bestens gehört und das mit einem freudigen Bellen bestätigt haben.

1958 wurde ein zweiter Fall bekannt. Es handelte sich um den tauben Spaniel »Grubby«, der sein Gehör durch explodierende Feuerwerkskörper verloren haben soll. Der Hund gehörte der amerikanischen Violinistin Catherine Pierce vom Dallas-Symphony-Orchestra und war es gewohnt, in die Proben mitgenommen zu werden. Mrs. Pierce beschwor, dass »Grubby« äußerst musikliebend sei und sehr unter dem Entzug des Kunstgenusses leide. Nach dem Einsetzen der Hörhilfe soll er mit dem Schwanz gewedelt und sich an seinen gewohnten Platz im Orchester begeben haben *(STERN, 23.3.1957, Süddeutsche Zeitung v. 17.2.1958).*

Der Hörgeräte-Akustiker *Horst-Peter Hühne* erzählte 1970 eine andere Geschichte, die sich mit einem Hörrohr im Theater zugetragen haben soll. Ein älterer Herr, der die modernen elektrischen Hörgeräte hartnäckig verweigerte und auf dem Gebrauch seines alten Hörrohres bestand, betrat eines Abends einen Konzertsaal. Der Platzanweiser, des Segens jedweder Hörhilfen offensichtlich unkundig, beäugte das Hörrohr mit sichtlichem Misstrauen. Nachdem er den alten

Herrn zu seinem Platz geführt hatte, flüsterte er ihm noch schnell die unmiss-
verständliche Warnung zu: »Wenn Sie während der Vorstellung auch nur einen
einzigen Ton auf dem Ding blasen, fliegen Sie raus!« (*»Der rote Faden« Nr.3, 4/70*).

Elektrifiziert

Das Prinzip der mechano-akustischen Hörhilfen beruhte darauf, dass die natürlichen Luftdruckschwankungen, die wir als Schall wahrnehmen, von Trichtern, Paraboloiden und Resonatoren eingefangen und durch mehrfache Refle-
xionen auf eine kleine Querschnittsfläche, wie sie bei Hörrohr-Hals, Hör-
schlauch, Ohrstück, Gehörgang und Trommelfell gegeben sind, komprimiert
und dadurch verstärkt wurden. Genauer gesagt wurde die Schallenergie daran
gehindert, sich kugelwellenförmig frei im Raum auszubreiten und dadurch ihre
Energie zu verlieren. Es handelte sich eigentlich nur um eine kunstvolle Weiterentwicklung des bewährten Prinzips der Schallsammlung, das mit der hinter das Ohr gehaltenen Hand schon immer instinktiv praktiziert wurde.

Mit der elektro-akustischen Übertragung gelang den Erfindern ein technologi-
scher »Quantensprung«, der so viele neue Entwicklungsmöglichkeiten bot, die
das mechano-akustische Prinzip nicht bieten konnte, weshalb es sich früher oder
später als Sackgasse der technologischen Evolution erweisen musste.

Das grundsätzlich Neue an der *elektro-akustischen Übertragung* bestand darin,
dass die Umwandlung von Luftdruckschwankungen, und nichts anderes ist
Schall, in analoge elektrische Spannungsschwankungen möglich wurde. Das
natürliche Schallsignal wurde also in ein anderes Medium transformiert, ver-
schlüsselt, verstärkt, weitergeleitet, entschlüsselt und wieder als Schall hörbar
gemacht. Während die mechano-akustischen Hörhilfen, also im Wesentlichen
die Hörrohre, eine Erhöhung der Verstärkung nur auf dem Wege der raumbean-
spruchenden Vergrößerung ihrer Schalltrichter ermöglichten, was deren Handhabung natürlich erheblich erschwerte, konnten die elektro-akustischen Hörhilfen ihre Verstärkung im Prinzip beliebig erhöhen, ohne dabei voluminöser
zu werden. In späteren Jahrzehnten wurde sogar beides möglich, nämlich eine
Erhöhung der Verstärkung bei gleichzeitiger sukzessiver Reduzierung der Größe.

Obwohl die Elektrizität in ihren Wirkungen seit *Thales von Milet* (624 bis 546
v. Chr.) bereits bekannt war, gab es 2 200 Jahre lang keine neuen Erkenntnisse
auf diesem Gebiet. *William Gilbert* (1544 bis 1603) hatte zwar die *»Bernstein-Ver-
suche«* der Griechen, Römer und Chinesen wieder aufgenommen, aber nichts
Neues über die Natur der *»vis electrica«*, wie er die geheimnisvolle Kraft nannte, herausfinden können.

Das änderte sich mit den Versuchen einiger Männer, von denen jeder für eine andere bahnbrechende Entdeckung oder Erfindung stand: *Benjamin Franklin* (1706 bis 1790) für die elektrische Leitfähigkeit von Metall, *Aloiso Luigi Galvani* (1737 bis 1798) für die »galvanische« Erzeugung von Elektrizität, *Alessandro Volta* (1745 bis 1827) für deren Speicherung in der *»Volta-Säule«* genannten Batterie, *Johann Wilhelm Ritters* (1776 bis 1810) für den Akkumulator, *André Marie Ampère* (1775 bis 1836) für die Untersuchung der Phänomene des Elektromagnetismus und der Elektrodynamik sowie *Michael Faraday* (1791 bis 1867) für deren Nutzbarmachung in Form der elektromagnetischen Induktion. Sie alle verwendeten für den Gegenstand ihrer Forschungen schon den Begriff »Elektrizität«, der 1646 in die Wissenschaft eingeführt wurde.

Durch die Entdeckungen des 18. Jahrhunderts war es möglich geworden, Elektrizität zu erzeugen, weiterzuleiten und zu speichern. Jetzt ging es um die entscheidenden nächsten Schritte, nämlich Schall aufzunehmen, in Elektrizität umzuwandeln und an anderer Stelle wieder in hörbaren Schall zurück zu verwandeln.

Zur Erfindung der Batterie sei noch angemerkt, dass einige Physiker und Archäologen zu der Vermutung neigen, es habe sie bereits im 3. Jhdt. v. Chr. gegeben. Man hatte nämlich 1936 in einer antiken Siedlung der Perser ein ursprünglich mit Asphalt versiegeltes Tongefäß gefunden, das in seinem Innern einen Kupferzylinder enthielt, der mit Säure gefüllt war und aus dem ein Eisenstab herausragte. Zwischen dem Kupfer und dem Eisen entstand eine elektrolytische Spannung, die einen schwachen Strom erzeugte. Der Zweck dieser *»Batterie von Bagdad«* hing vermutlich mit dem Galvanisieren von Metallen zusammen, das einigen Wissenschaftlern zufolge damals ebenfalls schon bekannt war. Auch alchimistische Versuche standen im Verdacht, Zweck der Bagdad-Batterie gewesen zu sein *(James/Thorpe, Enzyklopädie der Erfindungen, S. 133 f.)*.

Die Telefonie

Nach der Entdeckung des galvanischen Effektes, der zur Erfindung der Batterie führte und im Prinzip darauf beruhte, dass zwischen zwei unterschiedlichen Metallen, die in eine Flüssigkeit (*Elektrolyt*) getaucht werden, ein Strom entsteht, war die Erfindung des Telefons eine unverzichtbare Voraussetzung der elektroakustischen Hörhilfe. Es war der deutsche Lehrer und Physiker *Philip Reis* (1834 bis 1874), der auf Umwegen auf die ziemlich gewagte Idee gekommen war, den zuvor von dem amerikanischen Maler *Samuel Finley Morse* (1791 bis 1872) erfundenen Telegraphen auch für die direkte Übertragung der menschlichen Sprache einzusetzen.

Dabei war das ursprünglich gar nicht seine Absicht. Eigentlich hatte er für seine Schüler nur ein großes Ohr aus Holz konstruiert, an dem er den Hörvorgang demonstrieren wollte. Dazu musste man in eine Ohrmuschel sprechen, worauf das »Trommelfell«, das aus einer Wurstpelle bestand, in Schwingungen versetzt wurde. Die übertrugen sich auf »Hammer« und »Amboss« aus Platinstreifen und Metallfedern, die an eine galvanische Stromquelle angeschlossen waren. Das führte zu rhythmischen Unterbrechungen des Stroms, die von einem Draht zu einer Spule weitergeleitet wurden, in der eine Stricknadel steckte. Die Spule erzeugte in demselben Rhythmus Magnetfelder, die die Nadel zu Ausschlägen anregten. Die Ausschläge wurden auf einen hölzernen Resonator übertragen und in Schall umgesetzt, der das ursprünglich gesprochene Wort wiedergab.

Reis wollte damit zeigen, wie seine in das Ohr gesprochenen Worte am »Innenohr« ankommen und wieder hörbar gemacht werden konnten. Die Übertragungsqualität war naturgemäß noch sehr schlecht, weil die Schallschwingungen nicht kontinuierlich, sondern »zerhackt« und mit konstanter Stromstärke weitergeleitet wurden. Die einzelne Schwingung musste eine Mindestenergie erreichen, damit der Federmechanimus ausgelöst wurde und ein Strom fließen konnte. Was zu leise oder energiearm war, wie die Schwingungen der hohen Töne, wurde nicht übertragen. Man musste also mit möglichst großer Lautstärke in den Apparat hineinsprechen, oder besser gesagt hineinschreien, damit am anderen Ende überhaupt etwas ankam. Manchmal wurden ganze Wörter nicht übertragen.

Aber wenn man so will, hatte Reis damit den ersten elektrischen »Ohrapparat« konstruiert, und das im wahrsten Sinne des Wortes. Weil damit aber keine Verstärkung verbunden war, kam er vermutlich nicht auf die Idee, einen Apparat für Schwerhörige daraus zu machen, sondern in Konkurrenz zur Telegraphie einen zur Telefonischen Übermittlung von lebendiger Sprache über eine größere Distanz hinweg. Seine Telefonie blieb allerdings zunächst auf eine Entfernung von 100 Metern beschränkt.

Das Gerät, das er später der Öffentlichkeit vorstellte, ging zwar aus seinem Ohrmodell hervor, war aber viel kleiner und nur zum Telefonieren gedacht. Es ist auch ein Beispiel für die Ignoranz, die kleingeistige Zeitgenossen an den Tag legen können, wenn sie mit revolutionären Neuerungen konfrontiert werden. Reis war zwar selber Physiker, aber nicht Inhaber eines angesehenen Lehramtes. Er fand für seine Erfindung nicht das geringste Verständnis, als er es 1861 seinen renommierten Kollegen des Physikalischen Vereins in Frankfurt vorstellte. Im Gegenteil, die Herren machten sich über das »wertlose Spielzeug« des rührigen Lehrers lustig. Und der renommierte Professor *Johann Christian Poggendorf* (1796 bis 1877), Verleger einer Fachzeitschrift für Physik, lehnte die Veröffentlichung eines Manuskriptes von Reis ab, der seine Erfindung darin beschrieben hatte. Auch war niemand bereit, seine Erfindung zu produzieren oder wenigstens zu finanzieren.

Immerhin schaffte es Reis, seinen Apparat dem österreichischen Kaiser *Franz Josef I.* (1830 bis 1916) vorzuführen. Daraufhin meldete sich der Verleger Poggendorf bei Reis und war bereit, das Manuskript doch noch abzudrucken. Aber Reis hatte auch seinen Stolz. Er lehnte höflich dankend ab.

Ein verbessertes Modell, das Reis 1864 der Öffentlichkeit vorstellte, blieb ebenfalls ohne Resonanz. Reis starb 1874 im Alter von erst vierzig Jahren einsam und vergessen an Tuberkulose. Eine besondere Tragik liegt darin, dass der Mann, der sein Leben der Idee gewidmet hatte, die Wirkungsmacht der menschlichen Sprache in weite Ferne zu tragen, am Ende seines Lebens seine eigene Stimme durch eine Kehlkopferkrankung verlor.

Der Ruhm, der Erfinder des Telefons zu sein, fiel dem amerikanischen Taubstummenlehrer *Alexander Graham Bell* (1847 bis 1922) zu, der den Reisschen Apparat während seines Studiums in Würzburg gesehen und sofort erkannt hatte, was sich daraus machen ließ. Die wichtigste Anregung aber kam von den Versuchen, die Helmholtz mit magnetisierten Stimmgabeln unternommen hatte und die ihn auf das Induktionsprinzip brachten.

Aber auch Bell hatte in jenen turbulenten Erfinderjahren keine Zeit zu verlieren, um der »Erste« zu sein. Nur um zwei Stunden (!) kam er seinem Konkurrenten, dem amerikanischen Erfinder *Elisha Gray* (1835 bis 1901), zuvor, der am selben Tag zum Patentamt geeilt war und sich schon in den Geschichtsbüchern als Erfinder des Telefons wähnte. Heute ist Gray vergessen und Bell noch immer ein berühmter Mann.

Bells große Verbesserung bestand darin, dass er den Schweinedarm gegen eine Membran aus magnetisiertem Metall ersetzte, deren Schwingungen auf der Senderseite Magnetfeldänderungen in einer Magnetspule und nach dem Prinzip der elektromagnetischen Induktion elektrische Ströme erzeugten. Das war ein großer Fortschritt, weil die Sprache nicht mehr durch einen Unterbrecher-Mechanismus zerhackt, sondern in analoge elektrische Signale umgesetzt und auf der Empfängerseite wieder in Sprache zurück verwandelt wurde. Dadurch war die Übertragungsqualität deutlich besser als bei Reis. Anders als bei Reis kam Bell wegen des Induktionsprinzips auch ohne externe Stromquellen aus, was seinen Apparat sehr handlich machte.

Bells Telefon war in der verbesserten Version von 1876 sehr einfach und praktisch, weil Sender und Empfänger aus zwei identischen Stielhörern bestanden. Der Nachteil war, dass man den Hörer blitzschnell vom Mund an das Ohr führen musste, wenn man die Antwort des Gesprächspartners nicht verpassen wollte. Die Schwäche bei Bells Konstruktion war auch, wie schon bei Reis, die mangelnde Lautstärke und die geringe Reichweite von maximal 100 Metern.

Der Kaiser von Brasilien

Auch Bell hatte zunächst keinen Erfolg mit seinem Modell. Auf einer Ausstellung anlässlich der Jahrhundertfeier der amerikanischen Unabhängigkeitserklärung im Jahre 1876 in Philadelphia durfte er sein Telefon zwar ausstellen, jedoch in einem kleinen Nebenraum so weit abgelegen von den Besucherströmen, dass wochenlang keiner Notiz von seiner Erfindung nahm.

Als der Tag kam, da die Preisrichter noch einmal alle Exponate in Augenschein nehmen wollten, um die Sieger zu küren, kamen sie zu guter Letzt auch an Bells wundersamer Sprechmaschine vorbei. Sie hatten sich schon längst für eine andere Erfindung entschieden und nahmen Bells Apparat nur noch flüchtig wahr, ja sie machten sogar ein paar unpassende Bemerkungen darüber und wollten weitergehen. Da wollte es der Zufall, dass der Kaiser von Brasilien, *Dom Pedro II.*, der Bell von früher her kannte und gespannt auf dessen Erfindung war, mit großem Pressegefolge den Raum betrat. Er ließ sich den Apparat ausführlich erklären und probierte ihn höchstpersönlich aus. Der Kaiser war über alle Maßen begeistert. Er tat den berühmten Ausspruch: »Mein Gott, der Apparat kann ja reden!« Zwei weltberühmte Wissenschaftler, Joseph Henry und William Thomson, die sich ebenfalls im Gefolge des Kaisers befanden, waren nicht weniger begeistert und erklärten den schwitzenden Preisrichtern: »Hier, meine Herren, sehen Sie das größte Wunder, das je auf dem Gebiet der Elektrizität vollbracht worden ist!«

So ganz zufällig war diese Begegnung freilich nicht, denn Dom Pedro, der sich unter anderem auch für die Taubstummenbildung eingesetzt und 1856 eine Gehörlosenschule in Rio de Janeiro gestiftet hatte, war aus diesem Grunde bereits mit Bell mehrfach in Kontakt gewesen.

Die Erfindung schlug jetzt ein wie eine Bombe und ihr Ruf eilte um die ganze Welt. Aber die Erfindung muss den Verstand von Bells Zeitgenossen auch gehörig überfordert haben, denn bei weiteren Vorführungen in anderen Städten wurde er als »windiger Bauchredner«, »Schwindler« und »Betrüger« beschimpft. Andere wieder überzogen Bell mit einer Flut patentrechtlicher Prozesse, weil sie behaupteten, denselben Apparat schon viel früher erfunden zu haben.

Einer von ihnen antwortete vor dem Patentgericht auf die Frage, warum er es dann nicht schon längst zum Patent angemeldet hätte: »Weil mir nicht bewusst war, dass meine Erfindung ein Telefon war!«

Auch die Erben von Philip Reis hatten gegen Bell geklagt. Bei der entscheidenden Verhandlung vor Gericht, wo die Richter sich ein eigenes Urteil über den Reisschen Apparat bilden wollten, versagte das technische Wunder jedoch und so wurde die Sache zugunsten Bells entschieden.

Alexander Graham Bell konnte den unvergleichlichen Siegeszug der Telefonie noch miterleben. Als er am 2. August 1922 starb, wurde zu seinem Gedenken das gesamte amerikanische Telefonnetz mit 15 Millionen Anschlüssen für 1 Minute abgeschaltet.

Kohlenstaub

Ein weiterer Schritt auf dem Gebiet der Übertragung der menschlichen Sprache war die Erfindung des Kohlemikrofons durch Bells Freund *Thomas Alva Edison* (1847 bis 1931), der die Übertragungslautstärke des Bellschen Telefons bei großen Entfernungen verbessern, aber vor allem dessen Patent umgehen wollte. Eine Lösung, die auf der elektromagnetischen Induktion beruhte, kam deshalb nicht in Frage. Auch Edison studierte zunächst sorgfältig die Erfindung von Philip Reis, um sich inspirieren zu lassen. Er fand, dass das Telefon von Reis immer noch recht brauchbar und das Induktionsprinzip gar nicht nötig war. Es kam für Edison darauf an, einen gegebenen kontinuierlichen Strom so durch die Sprache zu verändern, dass er die Schwingungen des Sprachschalles abbilden und jederzeit wieder reproduzieren konnte. Dazu musste er nur das Unterbrecher-Prinzip des Reisschen Telefons durch ein Modulationsprinzip ersetzen.

Wie so oft half Edison 1877 der Zufall. Ein Knopf, der aus Lampenruß gepresst war und nutzlos herumlag, fiel in sein Blickfeld und veranlasste ihn zu dem Geistesblitz, dass wechselnder Druck auf dieses Material elektrische Widerstandsänderungen bewirken müsste. Der Druck konnte zum Beispiel durch Schallwellen über eine Metallmembran ausgeübt werden. Das Kohlemikrophon war geboren.

Das Neue an diesem Mikrophon war, dass es nicht mehr die Hauptlast der Transformation von Schall in Elektrizität zu tragen hatte, wie das bei Bells magnetischem Mikrophon der Fall war, sondern nur noch als Steuerelement für eine leistungsfähigere Stromquelle benutzt wurde. Dadurch war es möglich geworden, größere Lautstärken zu erreichen und weitere Distanzen zu überbrücken. Es musste also niemand mehr beim Telefonieren schreien, weil das Mikrophon empfindlicher war als die früheren und die relativ geringen Lautstärkeunterschiede der aufgenommenen Sprache durch eine ausreichend starke externe Stromquelle als große Lautstärkeunterschiede am Hörer wiedergegeben wurden. Der Hörer wurde weiterhin elektromagnetisch angetrieben, d. h. ein magnetischer Gleichfluss wurde von einem elektromagnetischen Wechselfluss überlagert, der die Hörermembran in Schwingungen versetzte.

Auch zwei andere Kohlemikrophone, die von *Francis Blake* und *David Edward Hughes* 1878 beziehungsweise 1879 erfunden wurden, waren zunächst kein

Anstoß zur Erfindung eines Hörgerätes. Beide machten sich wie Edison die druckabhängige elektrische Leitfähigkeit von Kohlegranulat zunutze, und auch ihre Mikrophone waren Schallaufnehmer, elektrische Leiter und Verstärkerelement in einem.

Es mag verwundern, dass mit der Erfindung des Telefons, oder spätestens mit dessen Verbesserung durch Edison, nicht auch das elektrische Hörgerät für Schwerhörige erfunden wurde. Das Telefon war ja auch ein Hörapparat und es hätte nahe gelegen, diese Technik auch für den Ausgleich einer Schwerhörigkeit einzusetzen. Es ist bemerkenswert, dass Edison, der alles und jedes erfinden und verbessern wollte und die unglaubliche Menge von 700 000 Seiten Papier mit technischen Skizzen, Experimenten und Ideen beschrieben hatte, aus denen schließlich 1 093 bahnbrechende Patente hervorgingen, nicht auch das Hörgerät erfunden hat, obwohl er selber schwerhörig war.

Thomas Alva Edison war ein ebenso schwerwiegender und aufsehenerregender Fall wie Beethoven. Auf dem linken Ohr war er völlig taub und auf dem rechten hochgradig schwerhörig. Ab 1905 wurde er auch auf dem rechten Ohr taub. Vermutlich wurden seine Ohren schon 1854 im Alter von sieben Jahren

Abb. IV.2. Thomas Alva Edison (1847 bis 1931)

infolge einer Scharlacherkrankung schwer geschädigt. Die Legende berichtet, dass ein Erlebnis als Zwölfjähriger, als er sich als Zeitungsverkäufer in der Eisenbahn auf der Strecke zwischen Detroit und Port Huron sein Taschengeld verdiente, schuld an seiner Taubheit war. Weil er es nicht lassen konnte, während der Fahrt im Gepäckwagen chemische Experimente zu unternehmen, geriet der Waggon in Brand, worauf ihm der Schaffner ein paar derart schallende Ohrfeigen versetzt hatte, dass Edisons Innenohren stark beschädigt wurden. Er selbst schilderte das Ereignis so: »Ich wurde durch einen Zeitungskunden aufgehalten, als sich der Zug bereits wieder in Bewegung setzte und ohne mich weiterfuhr. Ich rannte so schnell ich konnte hinter dem Zug her und konnte mit meine Händen gerade noch den Haltegriff des Waggons erreichen. Aber die Stufen waren für mich zu hoch, um meine Füße darauf zu setzen. So hing ich für einige Augenblicke hilflos in der Luft und drohte abzustürzen, bis ein Eisenbahner herbeieilte und mich bei den Ohren packte und auf die Plattform des Waggons zerrte. Ich spürte etwas in meinen Ohren knacken und von diesem Moment an war ich taub. So hat mir der Mann, der mein Leben durch beherztes Zupacken gerettet hat, zugleich das Gehör genommen.«

Das Schicksal wollte es, dass Edison zwei Jahre später Gelegenheit hatte, seinerseits einem dreijährigen Jungen in ähnlicher Situation das Leben zu retten, und sich aus diesem Anlass seiner wirklichen Berufung bewusst wurde. Buchstäblich in letzter Sekunde riss er am Bahnhof von Mount Clemens das Kind des Stationsvorstehers, das auf den Eisenbahngleisen spielte, vor dem heranrasenden Zug zurück. Der überglückliche Vater bedankte sich bei Edison, indem er ihn in die Geheimnisse der Telegraphie einwies. Daraufhin gab Edison sein (autodidaktisches) Chemiestudium auf und widmete sich fortan der Elektrizität und Elektroakustik *(s. Die Grossen, Bd.IX/1, Seite 93).*

Edison gab nie auf und machte immer das Beste aus einer Situation. So lernte er auch, mit seiner Schwerhörigkeit umzugehen. Ja, er betonte immer wieder, dass er ohne sie nie so viel geleistet hätte. Er habe als Jugendlicher nicht nur seiner Wissbegierde wegen ein so intensives Bücherstudium absolviert, sondern auch, weil er in der Schule und in einem Hörsaal an der Universität akustisch nichts mitbekommen hätte. *(Anm. d. Verf.: Anzunehmen, dass Edison ein technischer »Fachidiot« gewesen ist, der nur technische Bücher gelesen hat, wäre weit gefehlt. Er las mit großem Interesse die Werke von Goethe, Schiller, Lavater, Hugo, Disraeli und Rousseau).*

Er hat sich wahrscheinlich nicht mit der Erfindung oder Verbesserung der Hörhilfe beschäftigt, ja noch nicht einmal eine benutzt, weil er – wenigstens nach außen hin – überzeugt davon war, dass er seiner Taubheit manche Entdeckung zu verdanken habe. An dem *Phonographen* und dem Telefon habe er nur deshalb so lange gearbeitet, weil beides für ihn zu leise war und er nach einem Weg gesucht habe, wie man den Schall verstärken könnte. Und die Telegraphie habe er so gut verstanden und verbessern können, weil er die lauten »Klopfersignale«

der ersten Telegraphen, die noch nicht mit Papierstreifen arbeiteten, spüren und teilweise sogar hören konnte. Dabei hätten ihn keine anderen Geräusche ablenken können. Seine euphemistische Haltung gegenüber seiner Taubheit war sicherlich auch ein Schutz gegen zuviel unerbetenes Mitleid. Seinem Tagebuch vertraute er hingegen an, dass er sehr darunter leide: »Seit meinem zwölften Lebensjahr habe ich keinen Vogel mehr singen hören.«

Die schallsammelnde und verstärkende Wirkung der Hörrohre war ihm natürlich bekannt, auch wenn er davon in Bezug auf seine hochgradige Schwerhörigkeit keinen Gebrauch gemacht hatte. Bevor er sich mit der Entwicklung des Kohlekörnermikrophons beschäftigte, setzte er gewaltige Schalltrichter für seine ersten Tonaufnahmen im Studio ein.

Edison, der »Zauberer von Menlo Park«, hat sich zeitlebens körperlich überfordert. Das hatte seine Spuren hinterlassen. Er starb am 18. Oktober 1931 an Harnvergiftung, Nierenentzündung, Diabetes und Magengeschwüren.

Von der Telefonie zum Hörapparat

Aber immerhin, man war dem Gedanken an ein elektrisches Hörgerät schon recht nahe gekommen. Und das war wieder das Verdienst von Bell, wenn auch zunächst das des Vaters. Der Sprachwissenschaftler *Alexander Melville Bell* war wohl der erste, der überhaupt den Gedanken hatte, einen elektrischen Apparat zu entwickeln, der Schwerhörigen und Tauben helfen könnte. Er hatte demjenigen seiner drei Söhne eine Belohnung versprochen, dem es gelang, eine geeignete »Sprechmaschine« zu bauen. Man ist nicht überrascht zu erfahren, dass Sohn Graham den Preis gewann. Er hatte mit etwa 13 Jahren einen Apparat konstruiert, der immerhin »Mama« sagen konnte.

Das genügte den Ansprüchen des Vaters freilich nicht, dem eine visuelle statt einer akustischen Umsetzung der Sprache vorschwebte, ähnlich der »Singenden Flamme«, die der Franzose *Rudolph Koenig* 1872 für diesen Zweck erfunden hatte. Als Taubstummenlehrer bevorzugte er das Lippenablesen und den Spracherwerb gegenüber der Gebärdensprache, und ein optischer Sprachtrainer schien ihm dazu die beste Hilfe zu sein. Die akustische Variante wäre so neu auch nicht mehr gewesen, denn der Russe *C. G. Kratzenstein* hatte schon 1781 eine Maschine konstruiert, die verschiedene Vokale erzeugen konnte. Ähnliches hatte 1828 auch der Engländer *Robert Willis* versucht.

Auch Bell junior war von der Idee begeistert, eine optische Hörhilfe zu bauen, und die Beschäftigung mit dem Reissschen Telefon zielte ursprünglich auf deren Entwicklung ab *(Lane, Mit der Seele hören, S. 421)*. Bevor er nämlich sein Telefon zu Ende konstruiert hatte, soll er schon 1872 einen ersten simplen elektrischen Hörapparat für seine schwerhörige Mutter konzipiert haben. Ob er das Gerät auch wirklich gebaut hat und ob es funktionierte, ist nicht mehr festzustellen.

Jedenfalls soll es 1877 einen zweiten Versuch gegeben haben, den er für seine taube Ehefrau Mabel unternahm. Diesmal plante er angeblich sogar ein Gerät mit Verstärker. Gesichert ist das nicht und viele vermuten, dass es sich auch hierbei nur um optische Hörhilfen gehandelt hat.

Ein Patent von *Clarke & Foster* von 1880 bezog sich auf ein Knochenleitungs-hörgerät, dessen Schallaufnehmer einen Elektromagneten enthielt und vermutlich den Strom für die Übertragung und den Antrieb des Vibrators lieferte. Leider ist weder das Patent klar beschrieben, noch ist das Gerät erhalten, wenn es überhaupt jemals gebaut worden ist. *Kenneth W. Berger* (1924 bis 1994) schlug deshalb vor, das Jahr 1880 nicht als die Geburtsstunde der elektrischen Hörhilfe anzunehmen. Dieselbe Haltung hatte er auch gegenüber Bells Erfindungen, weil der schlüssige Beweis fehlte, dass es sich bei dessen Hörhilfen um akustische Übertragungen gehandelt hat und sie auch wirklich realisiert worden sind.

Seither wird allgemein davon ausgegangen, dass das erste elektrische Hörge-rät erst 20 Jahre nach der Erfindung des Telefons und des Kohlemikrophons vor-gestellt worden ist, und zwar 1896 von dem Engländer *Bertram Thornton* (1856 bis 1913). Dabei hatte Thornton sich nichts wirklich Neues einfallen lassen, son-dern lediglich die Verstärkungsleistung eines Telefons mit Kohlemikrophon statt zur Überbrückung einer Distanz zu einer Verständigungsverbesserung auf eng-stem Raum eingesetzt. Das »Hörgerät« bestand somit aus einem Kohle-mikrophon, einem magnetischen Hörer und einem Set aus drei Trockenbatteri-en, die sich in einem Kasten befanden. Mikrophon und Kasten standen auf dem Tisch, der Hörer wurde von dem Schwerhörigen in der Hand gehalten. Weder die Verstärkung noch der Frequenzbereich gingen über die Werte hinaus, die von den Hörrohren bekannt waren. Aber ein Anfang in eine neue Epoche war gemacht.

Thornton war Arzt an einem Heim für Taubstumme gewesen und auf diesen naheliegenden Einfall gekommen. Er hatte niemals selber beansprucht, der Er-finder des Hörgerätes zu sein und nannte seinen Apparat auch nicht etwa »Hear-ing Aid«, sondern bescheidenerweise »*Telephone Aid*«. Thornton kam dann aber doch noch auf eine ziemlich eigenständige Idee, die mit den mechano-akusti-schen Geräten zwar schon früher realisiert worden war, aber in Verbindung mit dem »Telefongerät« doch ein Novum darstellte. Er schloss mehrere Hörer an seinen Apparat an und konnte somit eine ganze Klasse unterrichten. Obwohl der bescheidene Thornton auch in Bezug auf sein »*Lamprophone*« keinerlei Ori-ginalität für sich in Anspruch nahm, wurde ihm aber doch ein Patent darauf erteilt. Die elektrischen Hörhilfen der ersten Generation werden seit diesen frühen Versuchen Thorntons auch als »Telefoniegeräte« bezeichnet. Später sprach man oft auch ganz einfach nur von »*Kohlegeräten*«, »*Karbongeräten*« oder, wegen der verstärkenden Funktion der Batterie, von »*Batteriegeräten*«.

Durchbruch im Buckingham Palace

Thorntons Tischgerät fand bald einen Nachfolger, der sogar in Serie produziert wurde. Sein Erfinder war *Dr. Miller Reese Hutchinson* (1876 bis 1944), ein hochbegabter junger Ingenieur aus Montrose in Alabama, der eine exzellente Ausbildung an der dortigen Militärakademie, am Polytechnischen Institut und an der Medizinischen Hochschule absolviert hatte und ab 1910 für mehrere Jahre engster Mitarbeiter und Vertrauter von Thomas Alva Edison wurde. Schon mit 35 Jahren wurde er im amerikanischen »Who is who?« gelistet und in einem Atemzuge mit Thomas Edison und *Henry Ford* genannt.

Hutchinson, der über seine technische Begabung hinaus auch ein unternehmerischer Mensch war, hatte sofort die kommerzielle Verwertbarkeit dieser Erfindung erkannt. Nur leider fehlte ihm das Kapital dazu. Da lernte er im rechten Moment einen Mann aus den ersten Kreisen der Gesellschaft kennen: *James Howard Wilson*. Der Schwiegersohn des amerikanischen Präsidenten und Friedensnobelpreisträgers von 1919, *Thomas Woodrow Wilson* (1856 bis 1924), hatte nicht nur unternehmerischen Weitblick und Wagemut, sondern Macht, Einfluss und Kapital. Mit der finanziellen Hilfe des Präsidenten gründeten Wilson und Hutchinson 1898 eigens für die Serienproduktion von Hörapparaten eine Firma, die den Namen »*Akouphone Company*« erhielt. Dieses Unternehmen wurde – mit Hilfe des Weißen Hauses – zum ersten Hörgerätehersteller der Welt. Welch ein nobler Start für diese kleine Industrie!

Das erste Produkt der Akouphone Gesellschaft mit dem Namen »*Akoulallion*« kostete 400 Dollar und hatte sogar schon technische Raffinessen aufzuweisen. So konnten damit bis zu drei Personen gleichzeitig binaural hören und ein Audio-Eingang für einen Phonographen war auch vorhanden. 1900 brachte Hutchinson eine kleinere und tragbare Version heraus, die er »*Akouphone*« nannte. Auch ein Audiometer mit dieser Bezeichnung erschien zur gleichen Zeit auf dem Markt.

Aber fast wäre der Anfang schon das Ende gewesen. Das »Akouphone« muss mit 60 Dollar wohl zu billig gewesen sein, denn Hutchinsons Unternehmen ging ein Jahr später in Konkurs.

Doch Hutchinson war ein Glückspilz. Wieder sollte er Hilfe bekommen und wieder von der allerersten Adresse. Der Prinz von Wales, *Albert Edward* (1841 bis

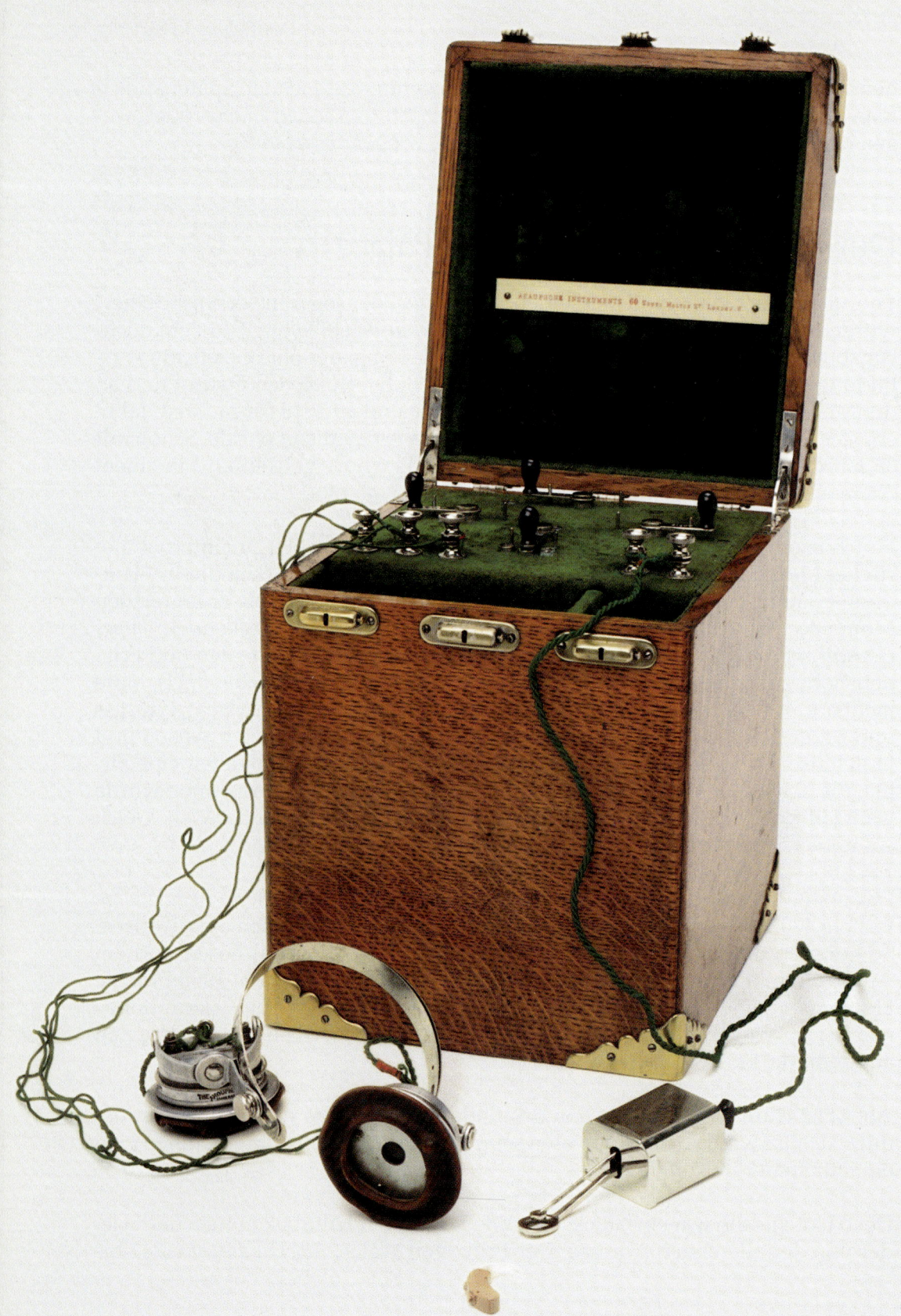

1910), hatte schon nicht mehr damit gerechnet, jemals König von England zu werden, weil seine robuste und resolute Mutter *Victoria von Kent,* die ab 1837 Königin von Großbritannien und Irland und ab 1876 auch Kaiserin von Indien war, nicht daran dachte, beizeiten zugunsten ihres Sohnes abzudanken. Als sie nach 63-jähriger Regentschaft 1901 verschied, sollte der ewige Kronprinz, nun bereits 60-jährig, am 9. August 1902 als Edward VII. den Thron besteigen. Dabei gab es ein Problem. Die Tochter des dänischen Königs *Christian IX., Caroline Marie Alexandra* (1844 bis 1925), die seit 1863 mit Edward vermählt war, litt seit ihrer Kindheit an einer fortschreitenden Schwerhörigkeit. Da sie der umfangreichen Zeremonie, die vom Erzbischof von Canterbury in der Westminster Abbey zelebriert werden sollte, in allen Einzelheiten folgen und auf die vom Protokoll festgelegten Fragen die richtigen Antworten geben musste, wurde händeringend nach einer Lösung gesucht.

Weil bereits ihre Mutter, *Louise von Hessen-Kassel,* die ebenfalls schwerhörig gewesen war, mit Hörrohren gute Erfahrungen gemacht hatte, wollte Alexandra während der Krönung eine Hörhilfe benutzen. Es sollte aber das Neueste sein, das in der Welt zu bekommen war. Der berühmte Erfinder Miller Reese Hutchinson, dessen Ruf bis nach London gedrungen war, wurde deshalb in den Buckingham Palace eingeladen, um den königlichen Hoheiten seine Erfindung vorzuführen. Hutchinson ließ sich nicht zweimal bitten und reiste sofort nach London, eine verbesserte Version des »Akouphone« im Gepäck.

Die Hoheiten waren von dem Hörapparat sofort begeistert, denn Alexandra konnte damit hören, wie schon lange nicht mehr. Und Edward, der im Volke nicht nur als sehr modebewusster und sportlicher, sondern auch als sehr fortschrittlicher Mann galt, wollte unbedingt zeigen, wie sehr er mit seinen 60 Jahren noch voll auf der Höhe der Zeit war. Da kam der elektrische Wunderapparat aus Amerika gerade recht. So konnten die Hoheiten guten Gewissens beschließen, dass die Krönung ohne Einschränkungen nach dem vorgeschriebenen Protokoll vollzogen werden sollte.

Das Bild von der neuen Königin von England, die während der Krönungszeremonie in Westminster Abbey einen Hörapparat benutzt, ging um die ganze Welt

Abb. IV.3. Das erste Audiometer von Miller Reese Hutchinson (1898). Gemessen werden konnten mehrere Frequenzen und Lautstärken für Luft- und Knochenleitung (Bild links)

und Miller Reese Hutchinson wurde als dessen Erfinder über Nacht ein berühmter Mann. Auch die Bevölkerung in England hat regen Anteil an dem Ereignis genommen. Obwohl Alexandra eine Ausländerin war, hatte sie wegen ihrer Schönheit, Bescheidenheit und Fürsorge ihrem Volke gegenüber schon bald die Herzen ihrer Untertanen gewonnen. Es wurde ihr wegen ihrer Schwerhörigkeit, die sie nie zu verbergen versucht hatte, sogar sehr viel Mitgefühl entgegengebracht. Um so bewegter wurde die Krönungszeremonie im ganzen Land verfolgt und die wunderbare Hörhilfe aus Amerika zur Kenntnis genommen.

Aus Dankbarkeit für seine Bemühungen um das königliche Gehör erhielt Hutchinson von Ihrer Majestät eine Goldmedaille mit dem Krönungsmotiv und einer persönliche Widmung darauf: »M.R. Hutchinson von Königin Alexandra als Zeichen ihrer Freundschaft und in Anerkennung seiner Verdienste auf dem Gebiete der wissenschaftlichen Forschung und Erfindung.«

Königin Alexandra war anderen Mitgliedern des Hochadels weit voraus. Der an Altersschwerhörigkeit leidende Kaiser *Franz Josef I.* (1830 bis 1916) von Österreich-Ungarn hätte eine Hörhilfe ebenso nötig gehabt, aber er begnügte sich damit, die Hand hinter das Ohr zu halten und sich nach vorne zu beugen. Auch der deutsche Kaiser und König von Preußen, *Wilhelm II.* (1859 bis 1941), hörte auf einem Ohr nicht besonders gut. Ob er jemals einen Hörapparat ausprobiert hat, ist unbekannt. Dafür war Alexandra ein gutes Beispiel für den englischen Premierminister *Sir Winston Churchill* (1874 bis 1965), der 1948 als Oppositionsführer ein Hörgerät erworben hatte. Es soll allerdings etliche Male vorgekommen sein, dass er im Unterhaus das Gerät vor aller Augen demonstrativ abschaltete, wenn ihn die Reden der regierenden Labour Party ärgerten oder langweilten.

In den folgenden Jahren nach dem königlichen Ereignis erhielt Hutchinson eine ganze Reihe weiterer internationaler Auszeichnungen und Goldmedaillen, darunter die »Universal Exposition Medal of St.Louis«, das »Diplome Bruxelles Exposition Universelle Et Internationale« und den »Grand Prix de Paris« anlässlich der Weltausstellungen von 1904 in St. Louis, 1935 in Brüssel und 1937 in Paris.

Das Werden einer neuen Industrie

Mit dem großen Erfolg von 1902 ließ sich ein neuer Anfang machen. Hutchinson gründete im Jahr darauf die »Hutchinson Acoustic Company« und entwickelte weitere Modelle, darunter das später sehr erfolgreiche »Acousticon«, ein medizinisches Gerät zur akustischen Mittelohrmassage namens »Massacon« und einen Sprachtrainer für Taube.

Hutchinson erkannte auch schon frühzeitig die Notwendigkeit einer Anpassung der Geräte an die individuellen Hörverluste und entwickelte 1904 ein sogenanntes »Master Hearing Aid«, bei dem der Proband zwischen verschiedenen Wiedergabecharakteristiken und Verstärkungen wählen konnte. Er führte auch bald den

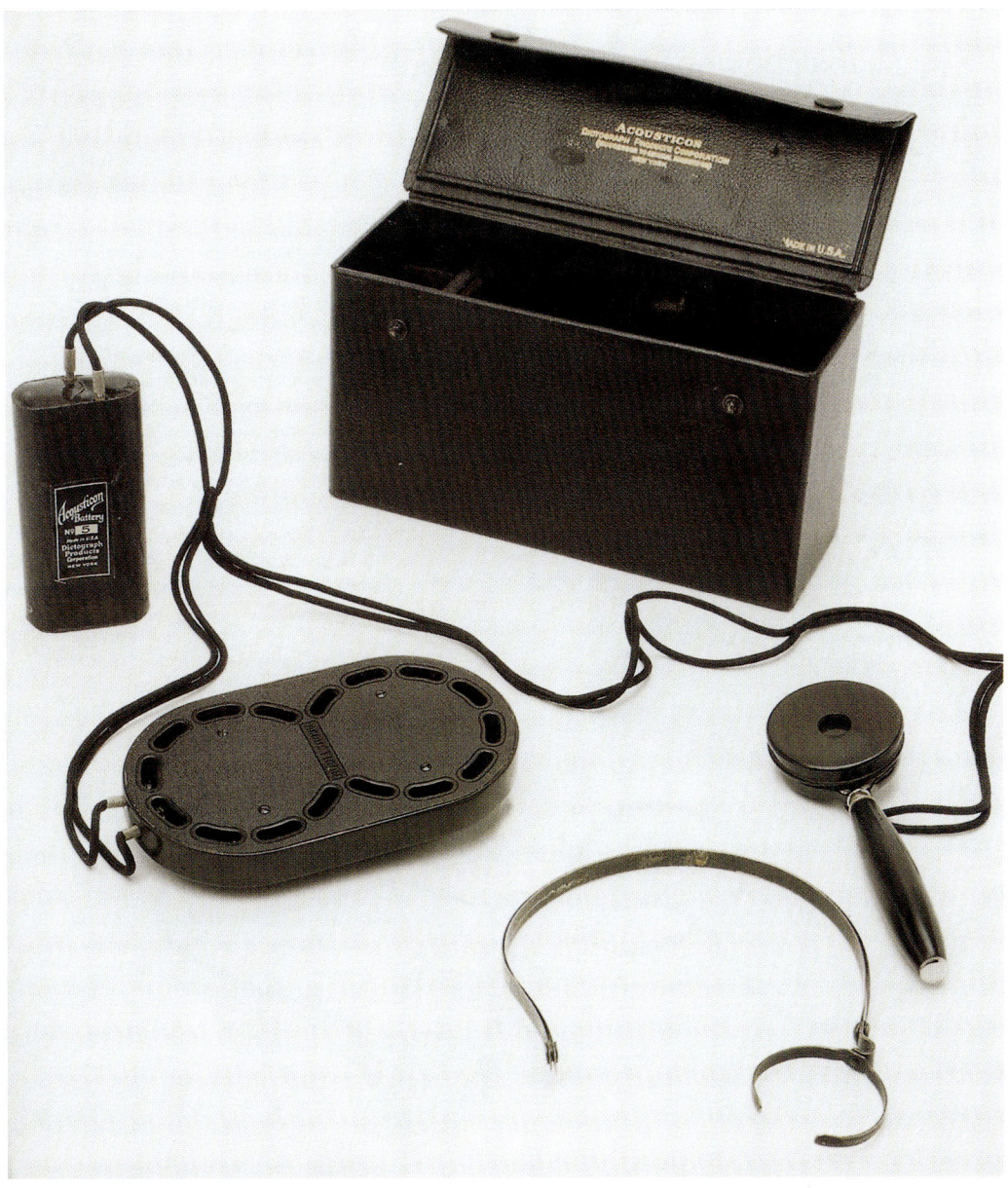

Abb. IV.4. Telefonie-Gerät der Firma Acousticon von 1910. Es bestand aus einem doppelten Kohlekörner-Mikrophon, einer Batterie und einem Hörer. Dazu gab es einen Transportkoffer und ein Halteband aus Stahl für den Fall, dass man den Hörer nicht zu lange halten mochte

Lautstärkeregler an seinen Hörapparaten ein, die den Bedürfnissen der Anwender nach individueller Bedienung sehr entgegenkamen.

Aber Hutchinson war Erfinder und nicht in erster Linie Unternehmer. Er verließ 1904 tief enttäuscht das Unternehmen, nachdem ihn sein Partner Willard S.

Abb. IV.5. Telefonie-Gerät der Firma Globe Earphone aus dem Jahr 1925. Die beiden großen Batterien waren bei Betrieb in dem Kasten. In der Öffnung des Kastens verbarg sich das Mikrophon. An der Hörerschnur sieht man einen Schiebewiderstand zur Regulierung der Lautstärke

*Abb. IV.6. Acousticon
Telefoniegerät von 1927 in
der Schatulle zum
Aufbewahren*

Mears verlassen und mit Hutchinsons Erfindungen eine eigene Hörgeräte-Firma gegründet hatte. Mears war damit recht erfolgreich und produzierte bis 1956 Hörgeräte. Hutchinsons eigene Firma ging 1905 nach dem doppelten Aderlass ein zweitesmal in Konkurs. Später sind daraus durch Neugründungen so bekannte Unternehmen wie *General Acoustic, Dictograph* und *Acousticon* hervorgegangen. Die amerikanische General Acoustic Company ist nicht zu verwechseln mit der englischen General Acoustics Limited, die erst 1923 entstand und in England Acousticon-Geräte vertrieb.

Hutchinson machte später noch als Autor wissenschaftlicher Veröffentlichungen von sich reden, vor allem aber als Erfinder der Klima-Anlage, des Lautsprechers, des elektrischen Tachometers, der elektrischen Hupe (*Klaxon-Horn*) und des automatischen Starters für das Automobil. Dazu kamen unzählige in- und ausländische Patente und Copyrights, unter anderem auf den Namen »*Television*«. Für den Rundfunksender NBC konzipierte er die »Acousticon Hour«, eine sonntägliche Musik-Sendung, in der so berühmte Show-Stars wie die Sängerin *Sophie Tucker* und der Komponist *Sheldon Brooks* (»Goodbye My Lady Love«) auftraten.

Ganz nebenbei war er ein aktives und angesehenes Mitglied in 15 internationalen wissenschafllichen, politischen, sozialen und kommerziellen Organisationen, darunter der »American Academy of Political and Social Sciences«, der »Royal Society for the Encouragement of Arts, Manufacture and Commerce« und dem »National Institute of Social Sciences«.

Feinde hatte er nicht, und wenn er Gegenstand des Spotts wurde, dann war dieser wohlwollender Natur. Von *Mark Twain*, der ein Freund Hutchinsons war, wird berichtet, dass er sich über dessen Autohupe und das Klaxon-Horn lustig gemacht haben soll. Das habe der alles nur erfunden, damit die Leute anschließend ein Hörgerät von ihm bräuchten.

Abb. IV.7. Knochen-leitungshörgerät der Firma Sonotone von 1933. Der kleine Hörer wurde gegen den Warzenfortsatz hinter dem Ohr gehalten

Miller Reese Hutchinson lebte immer unter Hochspannung, rastlos, neugierig, risikofreudig und sprunghaft. Dass er 1909 seine Hörgeräte-Fertigung ausgerechnet in eine ehemalige Fabrik für Schießpulver verlegte, hatte da fast schon symbolischen Charakter. Auch sein Ende 1944 ereilte ihn sehr plötzlich und inmitten hektischer Betriebsamkeit: Er starb im Alter von 67 Jahren an Herzversagen im New Yorker »Athletic Club«.

Zwar hatte Thornton als Erster die Idee, die bereits vorhandene Telefonie-Technik als Hörgerät zu benutzen, aber Hutchinson war der erste, der gezielt damit ein spezielles Hörgerät entwickelt und in Serie produziert hat. Darum ist Miller Reese Hutchinson mit Recht als dessen Erfinder in die Geschichte eingegangen.

Beinahe wäre diese Ehre einem Österreicher zuteil geworden. *Ferdinand Alt*, ein Mitarbeiter des großen Adam Politzer an der Wiener Ohrenklinik, soll bereits 1900 ein Hörgerät entwickelt haben. Er hatte es aber entweder nicht rechtzeitig fertiggestellt oder aber nicht schnell genug an die Öffentlichkeit gebracht, jedenfalls lässt es sich erst für das Jahr 1906 nachweisen. Berger war sogar der Meinung, das kolportierte Datum 1900 sei schlicht ein Druckfehler in den Veröffentlichungen jener Zeit gewesen.

So gibt es viele Unsicherheiten bei der genauen Datierung der Erfindungen des 19. Jahrhunderts und bei der gerechten Entscheidung, wem jeweils die Ehre zukommt, der Erste gewesen zu sein. Es ist sicherlich so, dass diese Zeit so viel an Kreativität hervorgebracht hat, dass viele Erfinder sich gegenseitig inspirierten und dass manche Erfindungen auch einfach »in der Luft« lagen.

Nicht viel anders war es auf dem Gebiet der Otologie und der Akustik. Besonders die Zeit von 1850 bis 1900 brachte so viele Fortschritte, dass man sie auch den *»Akustischen Frühling«* genannt hat.

Verstärkung

Die ersten elektrischen Hörapparate wurden zwar als technische Wunderwerke betrachtet, hatten aber gegenüber den mechano-akustischen Hörhilfen noch keine wirklich entscheidenden Fortschritte gebracht, weil sie, je nach Bauart, zunächst nur zwischen 10 und 15 Dezibel Verstärkung ermöglichten. Das war für diejenigen Schwerhörigen noch zu wenig, die ihre Gesprächspartner auch dann nicht verstehen konnten, wenn entweder lauter gesprochen oder die Hand hinters Ohr gehalten wurde, oder auch beides zusammen. Dabei darf auch nicht vergessen werden, dass sowohl die beiden natürlichen Hörhilfen, die Ohrmuschel und die Hand, als auch die Hörtrichter und Hörfächer etwas bewirkten, was mit den einfachen Mikrophonen der elektrischen Apparate nur bedingt möglich war, nämlich die Abschattung der von hinten und der Seite kommenden Störgeräusche.

Später konnte die Verstärkung bis auf 30 Dezibel gesteigert werden. Das geschah entweder durch einen stärkeren Strom (3 bis maximal 9 Volt), oder durch eine Vergrößerung des Mikrophons, seine Einbettung in einen Resonanzkasten oder durch die mit einem Regler veränderbare Membranspannung bzw. Empfindlichkeit des Mikrophons. Weil die Bauweise dadurch zu klobig wurde, versuchte man es mit zwei parallel geschalteten Mikrophonen, was optisch durchaus akzeptabel war. Als man aber dazu überging, bis zu fünf Mikrophone pro Hörgerät zu verwenden, war die Toleranzgrenze des Benutzers überschritten und waren die Konstrukteure in eine Sackgasse geraten.

Mit der zunehmenden Lautstärke der Geräte kam auch das Bedürfnis nach einer Lautstärkeregelung auf. Dazu setzte man einfach einen Gleitwiderstand in den Stromkreis ein, der vom Patienten sehr einfach zu bedienen war. Damit war ein Vorteil gegenüber den Hörrohren erreicht. Ein zweiter Vorteil war, dass das lästige Nachhallen vieler Hörrohre durch zu viele Resonanzen bei den elektrischen Geräten weitgehend entfiel. Dafür waren sie im Gegensatz zu den Hörrohren von einer Stromquelle abhängig, die sich damals noch sehr schnell erschöpfte.

Trotz erster Pluspunkte für die elektrischen Hörgeräte zeigte sich aber bald, dass die technischen Grenzen der Kohlemikrophone erreicht waren. Sie hatten einige Nachteile, die nicht zu übersehen, oder besser gesagt, zu überhören waren: die starken und fast immer störenden Eigenresonanzen der Membranen, die großen Verzerrungen durch deren Nachschwingen und die Störgeräusche, die auch ohne Schall durch das leicht bewegliche Granulat entstanden. Das Kohlematerial war auch spätestens nach einem Jahr unbrauchbar geworden und musste ersetzt werden. Dafür gab es spezielle Nachfüllapparate, die sich aber nicht am Markt durchsetzten. Schließlich ließ auch der Übertragungsbereich zu wünschen übrig. Mit einer maximalen Bandbreite von 500 bis 2 500 Hz waren die Geräte nicht für alle Hörverluste geeignet. Interessanterweise hatte man aber schon die Möglichkeit, in gewissem Umfang spezifische Wiedergabekurven herzustellen, und zwar über die bereits erwähnte Verwendung mehrerer Mikrophone, die über unterschiedliche Übertragungseigenschaften verfügten und parallel miteinander verschaltet waren.

Eine kuriose Blüte der »*Kohlegeräte*« machte Ende der 20er Jahre in Amerika Furore. Während der Zeit der Prohibition (Alkoholverbot) florierten die Schwarzmärkte für Gin und Whiskey und deren illegale Herstellung in den Hinterhöfen der Mafia. Die territorialen Auseinandersetzungen der »Paten« führten auch zu einem dramatischen Anstieg der Kriminalität, der von der Polizei nur noch mit ungewöhnlichen Mitteln beizukommen war. Da kamen clevere Hersteller

Abb. IV.8. Das Detektiv-Hörgerät »Detecta-Phone« von 1935

von Hörapparaten wie die *Globe Ear Company* auf die Idee, ihre Geräte in leicht veränderter Form als Detektivgeräte anzubieten. Die Produkte hießen »*Secret Phone*« und »*Detecta-Phone*« und fanden auch bei Privatdetektiven, die untreue Ehemänner bespitzeln sollten, reißenden Absatz.

George Orwell hatte sich 1948 unter anderem auch davon zu seinem Roman-Welterfolg inspirieren lassen, den er in sinniger Verdrehung des Entstehungsjahres »1984« nannte. In seiner Zukunftsvision des totalen Überwachungsstaates benutzte der unsichtbare, aber allgegenwärtige »Big Brother« diese Detektivgeräte als Abhöranlagen.

Glüheffekt

Noch einmal sollte Thomas Alva Edison für die Entwicklung des Hörgerätes eine große Bedeutung erlangen. 1883 hatte er in seinem Labor an der Verbesserung seiner Glühlampe getüftelt und dabei zufällig den Glühemissionseffekt und damit eine Voraussetzung für die elektrische Verstärkung durch Elektronenröhren entdeckt. Er hatte diesen »*Edison-Effekt*« eigentlich nur wiederentdeckt, denn

Charles-François de Cisternay Du Fay (1698 bis 1739) hatte schon vor ihm beobachtet, dass ein glühender Körper im Vakuum Elektronen aussendet.

Edison hatte aber keinen praktischen Nutzen daraus gezogen. Das war erst das Verdienst des deutschen Geschäftsmanns und Erfinders *Robert von Lieben* (1878 bis 1913), der eine Fabrik für Telefone gegründet hatte und unbedingt das Problem lösen wollte, wie man die Telefonströme bei Fernleitungen verstärken konnte.
Das gelang ihm 1905 zum ersten Male mit seinem »*Kathodenstrahlenrelais*«, bei dem in einer vakuierten Röhre zwischen Kathode und Anode ein elektromagnetisches Feld als Verstärker des Anodenstromes angeordnet war.
Das System von Liebens funktionierte aber nur bei starken Strömen und war deshalb noch keine Lösung für eine Verstärkung schwacher Ströme in Telefonen und Hörapparaten für Schwerhörige.

Abb. IV.9. John Ambroise Fleming, der Erfinder der Elektronenröhre, war schwerhörig und trug ein Hörgerät

Edisons Berater *John Ambroise Fleming* (1849 bis 1945) konstruierte 1904 in Fortführung der Edison-Versuche die *Gleichrichterröhre* mit zwei Elektroden (»*Diode*«), mit der zwar auch noch keine Verstärkung schwacher Ströme zu erzielen war, die dafür aber einen weiteren Schritt auf dem Weg zu einem einfachen und brauchbaren Verstärkerröhren-Prinzip darstellte. Wie Edison war auch Fleming schwerhörig, kam aber ebenfalls nicht auf die Idee, die neuen Erkenntnisse für ein Hörgerät zu verwenden. Das holte er allerdings 1932 nach, als er für den englischen Hersteller Ardente tätig wurde.

Eigentlich gebührte von Lieben, dessen genialer Erfindergeist selbst den Dichter Hugo von Hoffmannsthal begeisterte, der Ruhm, als erster die Verstärkerröhre gebaut zu haben. Tatsächlich gelang ihm schon vier Jahre nach seinem Kathodenstrahlrelais-Verstärker der Durchbruch zur »Gitterlösung«, die die aufwendige Verwendung des elektromagnetischen Feldes zur Steuerung des Anodenstromes überflüssig machte. Aber in diesen Zeiten arbeiteten immer mehrere Erfinder gleichzeitig und in Konkurrenz zueinander an denselben Problemen, und so kam ihm ein Amerikaner um knapp drei Jahre zuvor.

Es war *Lee de Forest* (1873 bis 1961), ein vom Präsidenten *Theodore Roosevelt* geförderter kongenialer Physiker, der 1906 den Einfall hatte, ein Metallgitter aus Nickel als Steuerelektrode zwischen Kathode und Anode zu setzen (»*Triode*«). Seine »Gitter-Elektrode«, die er als »Audion« patentieren ließ, ermöglichte eine effektive Steuerung und Verstärkung des Anodenstroms auch bei schwachen Strömen.

In großen Stückzahlen konnte die Elektronenröhre aber erst ab 1913 gebaut werden, nachdem das Problem der Gas- und Luftreste in den Röhren durch die Hochvakuum-Technik gelöst wurde. Das Verfahren wurde eigentlich durch den deutschen Physiker *Wolfgang Gaede* (1878 bis 1945) erfunden, dann aber von dem amerikanischen Physiker, Chemiker, Hobbyflieger und Bergsteiger *Irving Langmuir* (1887 bis 1957) bis zur Marktreife weiterentwickelt und zum Patent angemeldet.

Es dauerte zwar noch 15 Jahre, bis die Triode in Hörgeräten zum Einsatz kam. Es war aber die Voraussetzung dafür geschaffen, dass man zur Erhöhung der Verstärkung nicht mehr auf eine Vergrößerung der Batteriespannung oder die Verwendung von Resonatoren und mehreren Mikrofonen angewiesen war. Das erste Hörgerät, das mit einer Triode bestückt wurde, war das »*Vactuphone*« von 1921, das von *Western Electric* für die *Globe Ear-Phone-Company* hergestellt wurde. Es war noch ein ledernes Koffergerät mit den Abmessungen 181 x 184 x 100 mm und einem Gewicht von 2,75 kg. Es war mit einer Heizbatterie von 1,5 Volt und einer Anodenbatterie von 24 Volt bestückt und kostete damals 135 Dollar. Der Name des Gerätes war eine Kombination aus den Wörtern *Vacuum*, *Tube* und Tele*phone*. Es wurde von einem englischen Grafen namens *Charles Hanson*

1920 entwickelt und zum Patent angemeldet, nachdem er bereits einige Zeit zuvor – Genaues weiß man nicht – angeblich ein ähnliches Gerät für seine schwerhörige Mutter konstruiert hatte. Dass das Röhrenverstärker-Hörgerät womöglich aus dem Ersten Weltkrieg stammen könnte, dafür gibt es keine Belege mehr, wohl aber Behauptungen und Gerüchte. Der Präsident der *American Otological Society, David Harold Walker* (1873 bis 1963), behauptete jedenfalls, schon 1917 ein solches Gerät als Einzelstück gebaut zu haben. Und im Ersten Weltkrieg soll ein Vorgänger des Vactuphone als Abhörgerät gegen die Deutschen eingesetzt worden sein (*Berger*, S. 87).

Die ersten Röhrenverstärkergeräte waren *stationäre* oder bestenfalls transportable Geräte, aber noch keine *tragbaren* »Körpergeräte«. 1923 kam Western Electric mit einem Apparat auf den Markt, dem Modell 10-A, das man als »Schrankgerät« bezeichnen müsste, denn es hatte die ungewöhnlichen Maße 300 x 900 x 1200 mm und wog 100 Kilogramm! Das kam daher, dass Western Electric für das Modell das Gehäuse des A-1 Audiometers benutzen wollte, und das war nun einmal nicht kleiner. Außerdem war das 10-A ein binaurales Gerät mit zwei getrennten Kanälen. Es kostete die stolze Summe von 2 250 Dollar. *Marconi* zog als Gehäuse für sein Modell einen kleinen Koffer vor und kam deshalb mit »nur« 11 Kilogramm

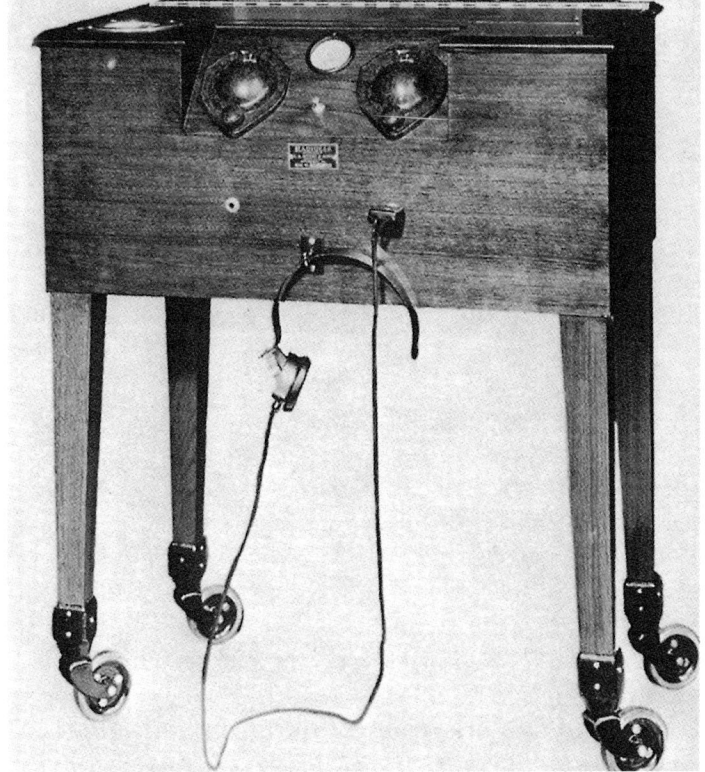

Abb. IV.10. Eines der ersten Röhrenverstärkergeräte, das »Radioear« von 1925. Es war ein 84 Kilogramm schweres Tischgerät und kostete, je nach Ausführung, zwischen 300 und 600 Dollar

Abb. IV.11. und IV.12. Beispiel für ein Röhrenverstärker-Koffergerät (1936) und für ein kleineres tragbares Gerät (1944), beide Geräte stammen von der Firma Amplivox

aus. 1925 folgte von *Radio Ear* ein Tischgerät, das mit 84 Kilogramm auch nicht gerade ein Leichtgewicht war. *Gaumont* brachte 1926 ein Gerät heraus, das mit 110 Volt Netzstrom und später auch mit einer Heizbatterie von vier Volt und einer Anodenbatterie von 80 Volt betrieben werden konnte. Es war ein Mehrzweckgerät, das auch als Verstärker für öffentliche Versammlungen genutzt werden konnte. Die Verwendung von Netzstrom für den Betrieb von Hörgeräten wurde zeitweilig als eine Alternative zu den Batterien gepriesen. Das »Phonophor Super«, ein kleines Koffergerät von Siemens, das von 1946 bis 1948 hergestellt wurde, konnte mit Gleich- oder Wechselstrom, mit 110, 120 oder 220 Volt betrieben werden. Das Problem dabei war nur, dass die Stromspannungen in den öffentlichen Netzen in Abhängigkeit von der Tageszeit von 220 auf 160 Volt absacken konnten, was dazu führte, dass das Gerät zu brummen anfing.

Eine weitere wichtige Voraussetzung für die Konstruktion von elektrischen Hörhilfen war die Verwendung von kleineren Hörern. Bei den Kohlegeräten hatte man noch normale Telefonhörer verwendet, die für Normalhörende gut genug in Leistung und Wiedergabequalität waren, aber nicht für Schwerhörige. Ein locker an das Ohr gelegter Hörer hatte zu viele Streuverluste und bündelte den Schall nicht in der notwendigen Weise für den Gehörgang. Deshalb musste ein

Hörer entwickelt werden, der viel kleiner als die Telefonhörer war und den Schall möglichst in irgendeiner Weise direkt dem Gehörgang zuführte. Dazu brauchte man nur die Schallaustrittsöffnung, die bisher nur eine runde Öffnung direkt über der sichtbaren Membran war, so zu verlängern und zu verjüngen, dass eine Art Olive entstand, die man in den Gehörgang stecken konnte. Die Olive hielt den Hörer einigermaßen in seiner Position, verhinderte Energieverluste durch eine Streuung des Schalls (»akustisches Leck«) und bot einen gewissen Schutz gegen Rückkopplungen. Als Haltehilfe wurden vielfach Drahtschleifen benutzt, die wie Bügel über die Ohrmuschel gehängt wurden.

Andere Hörer hatten statt der Olive eine Nase, über die ein Spannring für eine auswechselbare Olive oder eine individuelle Ohrmulde passte. Dieses maßgefertigte Anpassteil ist schon im Zusammenhang mit den mechano-akustischen Hörhilfen hergestellt und verwendet worden. Es diente wie die Olive dem Halt, aber vor allem dem Tragekomfort von kleinen Im-Ohr-Hörverstärkern wie den »Earcups«, »Ear Wells« und »Ear Inserts«, die im Kapitel über die mechano-akustischen Hörhilfen bereits beschrieben worden sind. Der Bedarf für eine individuelle Olive war dadurch entstanden, dass jedes standardisierte Teil nach einer Weile im Ohr drückt und schmerzt. Das konnte verhindert werden, indem man eine Form herstellte, die sich exakt dem individuellen Gehörgang anpasste. Bei den elektrisch verstärkenden Hörgeräten übernahm die Otoplastik zusätzlich die Funktion, akustische Lecks und Rückkopplungen zu vermeiden und die akustische Wiedergabe nach Bedarf zu beeinflussen.

Alle notwendigen Teile waren jetzt im Prinzip verfügbar: die Trockenbatterie, das Mikrofon, der Verstärker, der elektromagnetische Hörer und die Otoplastik. Bevor das neue Zeitalter in der Geschichte der Hörgeräte endgültig beginnen konnte, war es aber erforderlich, auch die Hörprüfungsmethoden zu verbessern. Denn was nützten die neuen technischen Möglichkeiten, wenn man nicht wusste, auf welche Weise ein Schwerhöriger schlecht hörte und mit welchem akustischen Angebot das zu kompensieren war.

Akumetrie

Auch in der Akumetrie hatte mittlerweile die Elektrizität Einzug gehalten und neue Möglichkeiten eröffnet. Es ging darum, die »*Kontinuierliche Tonreihe*« von ihrem Nachteil zu befreien, dass man einen Prüfton nicht konstant halten und nach Belieben in der Intensität verändern konnte. *Helmholtz* hatte 1862 Versuche unternommen, die zwar einem ganz anderen Zweck als dem der Hörprüfung dienten, die aber eine hervorragende Grundlage zur Erreichung dieser Ziele boten. Er hatte eine Stimmgabel mit Hilfe eines Unterbrechers und eines Elektromagneten in gleichbleibende Schwingungen versetzen können, die eine Serie von sieben weiteren Stimmgabeln mit anderen Frequenzen zu eigenen Schwingungen anregte. Dadurch war eine Tonreihe geschaffen, die reine Töne mit konstanter Intensität und beliebig langer Dauer produzieren konnte. Schon zwei Jahre später kam ein Kollege von ihm auf die naheliegende Idee, mit der Helmholtzschen Versuchsanordnung Hörprüfungen über Luft- und Knochen-leitung vorzunehmen, aber noch ohne die Möglichkeit, dem Probanden verschie-dene Lautstärken anzubieten.

Bald konstruierten eine ganze Reihe von Physikern und Otologen Apparate auf der Grundlage dieses Prinzips, jedoch nun mit der Möglichkeit, über einen Schie-bewiderstand verschiedene Lautstärken zu erzeugen. Sie nannten ihre Appa-rate »*Elektrisches Akumeter*« oder »*Sonometer*«.

Und schließlich, im Jahre 1879, kam ein amerikanischer Otologe namens *Brian William Richardson* auf die glorreiche Idee, in einem Fachartikel das elektrische Sonometer von *David Edward Hughes* (1831 bis 1900), von dem er über alle Ma-ßen begeistert war, auf den Namen »*Audiometer*« zu taufen.
Man liest auch oft, dass dieser Begriff von *Seashore* oder von dem Erfinder Hughes selbst stamme. Belegt ist die erstmalige Verwendung aber nur von Richardson, der die Urheberschaft auch für sich selber reklamierte. Aber wie auch immer, damit war die »*Audiometrie*« geboren, obwohl sich die Begriffe »*Akumetrie*« und auch »*Otometrie*« noch eine ganze Weile halten konnten. Der Begriff »*Auralometrie*«, der in der Literatur jener Zeit ebenfalls auftauchte, konnte sich nicht durchsetzen.

Weitere Fortschritte waren 1899 die logarithmische Einteilung der Lautstärke-skala durch C. E. Seashore aus Iowa entsprechend dem psychophysischen Ge-setz von *Weber-Fechner*, wonach das natürliche Lautheitsempfinden des Men-schen nicht proportional, sondern logarithmisch mit dem tatsächlichen Anstieg der Schalldrücke zunimmt. Seashore war vermutlich auch der erste Otologe, der Reihenuntersuchungen in großem Umfang durchführte. In Chicago soll er da-mit 5 700 Schulkinder untersucht haben.

Max Wien gelang es 1903, Töne zwischen 200 und 16 000 Hertz von bis dato nie erreichter Reinheit mit einer »*Elektrischen Sirene*« zu erzeugen und er soll die ersten exakten Hörschwellenmessungen vorgenommen haben. Über das *Pilling-McCallie-Audiometer*, das 1907 patentiert wurde, ist leider nichts mehr bekannt. Nach weiteren Versuchen anderer Forscher, die mit rotierenden Lochscheiben und Selenzellen sowie mit Kombinationen von verschiedenen Wechselstrom-generatoren experimentiert hatten, kam 1913 der Durchbruch mit dem Tonge-nerator von *Wilhelm Brünings*. Dieses Prinzip verzichtete bei der Tonerzeugung auf mechanische Teile, wie die Stimmgabel oder die Lochscheibe, und benutzte statt dessen elektrische Schwingkreise. Prüfbar waren zunächst nur drei Töne, nämlich 128, 512 und 2 048 Hertz, die aber schon auf die Hörschwelle geeicht

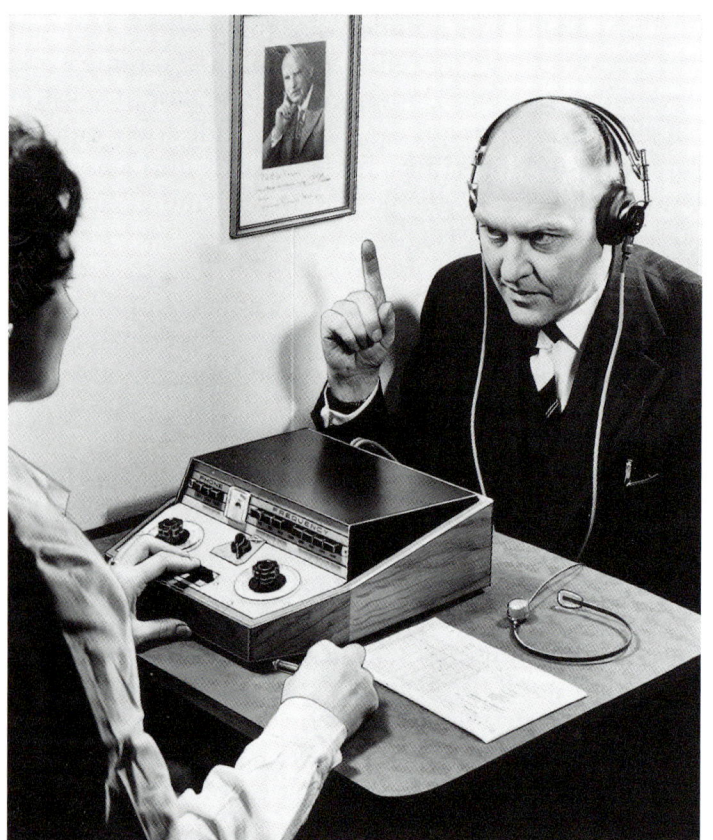

*Abb. IV.13. und IV.14.
Hörprüfung Anfang der
50er Jahre mit einem
einfachen Reintonaudio-
meter (CTA 8) und Ende
der 90er Jahre mit einem
kompletten Computer-
Anpass- und Messsystem
(Aurical mit Laptop). Der
Arbeitsplatz erlaubt die
Lautheits-Skalierung und
digitale Programmierung
der Hörhilfe*

waren und gemäß einer logarithmischen Skalierung in der Lautstärke erhöht werden konnten.

Die Erfindung der Elektronenröhre brachte bei den Audiometern wie bei den Hörhilfen den ungeheuer wichtigen Fortschritt, dass Töne verstärkt werden konnten. 1919 stellten die Berliner Otologen *Schaefer* und *Gruschke* das »*Otaudion*« vor, einen »elektro-akustischen Apparat zur Hörschärfenmessung mittels einer kontinuierlichen Tonreihe«, der mit Röhren bestückt war und schon über Vertäubungsmöglichkeit, Unterbrechertaste und eine dem *Tympanometer* bereits sehr ähnliche Messvorrichtung verfügte, die »*Otosklerometer*« genannt wurde. Das Gerät stieß auf sehr großes Interesse bei den Ohrenärzten und fand auch einen Produzenten, aber wie bei so vielen technischen Neuerungen waren es auch hier wieder die Amerikaner, die es zu einem marktfähigen Produkt weiterentwickelten und große Geschäfte damit machen konnten.

Das 1921 vorgestellte »1A« von der Western Electric Company, das so groß wie ein Kleiderschrank, aber technisch schon ziemlich anspruchsvoll war, konnte zwar bloß 25 mal in den USA verkauft werden, bereitete aber den Durchbruch für die professionelle Audiometrie vor. Der Grund für den zögerlichen Start des »1A« lag aber nicht an der mangelnden Einsicht der Ärzte in den Nutzen des Apparates, sondern in dem damals als ungeheuer hoch empfundenen Preis von 1 500 Dollar. Es bleibt aber dennoch das Verdienst dieses ersten klinischen Audiometers, dass mit seiner Hilfe *Fletcher* und *Wegel* 1922 die Normalhörschwelle und die Fühlschwelle bestimmen konnten, *Kingsbury* 1927 die Isophonen (Kurven gleicher Lautheit), *Wegel* und *Lane* 1924 die Verdeckungseffekte und *Fowler* 1928 das *Recruitment (Lautheitsausgleich)*.

Das wenig später vorgestellte Modell »2A« verkaufte sich schon sehr viel besser. Es war kleiner, transportabel, batteriebetrieben und nur noch halb so teuer wie der Vorgänger. Man konnte damit acht Frequenzen im Bereich von 64 bis 8 192 Hz prüfen. Der »*Audio-Amplifier*« von 1925 ermöglichte sogar die Vertäubung und die Übertragung von Sprache als Hörprüfung. Ab 1928 bekamen die Audiometer von Western Electric und das Otaudion von der *Medizinisch-Technischen Company* in Berlin auch serienmäßig Knochenleitungshörer. Das erste Sprachaudiometer soll 1920 von dem amerikanischen Unternehmer *William Henry Bristol* (1859 bis 1935) auf der Basis eines Phonographen entwickelt worden sein. Bristol tat sich 1925 auch als Fabrikant eines Hörgerätes namens »*Audiophone*« hervor.

Heiße Ohren

Ein Problem bei allen Audiometern war, dass die Telefonhörer bzw. bald auch die besser abdichtenden Kopfhörer zu schlecht in der Übertragungsqualität waren. Deshalb kam der Amerikaner *F. W. Kranz* auf eine absonderliche Idee: Er führte einen gekapselten Platindraht in den Gehörgang des zu prüfenden Ohres ein, erhitzte ihn durch einen Gleichstrom und überlagerte ihn mit einem Wechselstrom variierender Frequenz, so dass dadurch Wärmeschwankungen entstanden, die wiederum hörbare Luftdruckschwankungen erzeugten. Das »*Thermophon*« konnte sich aber nicht durchsetzen, weil es keine größeren Lautstärken produzieren konnte, ohne dass der Proband heiße Ohren bekam. Das Problem wurde durch die Verbesserung der elektromagnetischen Hörer auf elegantere Weise gelöst.

Das in Freiburg verbesserte »Otaudion« zog für die Hörprüfungen einen Lautsprecher vor, der dicht neben das Ohr gestellt wurde, bei gleichzeitiger Ausschaltung des Gegenohres durch ein »*LärmTelefon*«. Gemessen wurde zunächst in *Neper,* später übernahm man die amerikanische Maßeinheit Dezibel.

Die Herstellung, die Kalibrierung und der zuverlässige Gebrauch der Knochenleitungshörer waren noch viel schwieriger als bei den Luftleitungshörern. Problematisch waren auch, und sind es bis heute, die richtige Positionierung am Warzenfortsatz, die Konstanz der Andrückkräfte, die ungewollte Erzeugung von Luftschall bei hohen Lautstärken und die Beschränkung auf nur wenige Frequenzen.

Selektometrie

Obwohl in den nächsten Jahren in schneller Folge immer bessere Audiometer auf den Markt kamen, waren diese Geräte in erster Linie in den Kliniken im Einsatz. Der niedergelassene Arzt hatte zunächst keinen erkennbaren Grund für frequenzspezifische Hörprüfungen. Es gab ja noch keine Anpassung von Hörgeräten, die diesen Namen verdient hätte. Ganz abgesehen davon, dass es auch noch keine nennenswerte Zusammenarbeit zwischen Ärzten und Hörgeräte-Händlern gab.

Hinzu kam auch, dass die Geräte für den normalen Arzt noch zu teuer waren. Das Problem lösten in den 30er Jahren viele Ärzte, indem sie sich einfach selber eines bauten. Der Anstoß dazu kam von der Einführung des Radioapparates, der anfangs aus Kostengründen in Form von Bausätzen erhältlich war. Viele Menschen haben damals so ihren ersten Empfänger mit dem Schraubenzieher und der Montageanleitung in der Hand eigenhändig zusammengesetzt. Da lag es nahe, Ähnliches auch mit den Audiometern zu tun. Für 800 Reichsmark war so ein Bausatz schon zu bekommen.

Weil trotz der Bausätze nur wenige Ärzte über ein Audiometer verfügten und die Notwendigkeit einer Verbindung von Audiometrie und Hörgeräteanpassung noch nicht gesehen wurde, hatte die Methodik der Anpassung ihren Ausgangs-punkt nicht in der Diagnose des Mediziners, sondern in den Hörversuchen des Kunden. Der probierte so lange verschiedene Fabrikate aus, bis er mit einem der Geräte zufrieden war. Aber immerhin, schon auf dieser nicht-medizinischen Ebene kam der Bedarf nach einer Systematisierung, Reproduzierbarkeit und Ver-gleichbarkeit der Tests auf. Die Folge war, dass parallel zu den Audiometern Geräte entwickelt wurden, die auf den Verkauf von Hörgeräten bezogen wa-ren. So kamen in den 30er Jahren in Amerika die sogenannten »*Hearing Aid Fit-ting Devices*« (Hörgeräte-Anpasshilfen) auf den Markt. Das »*Selex-A-Phone*« der Radioear Corporation von 1935 zum Beispiel ermöglichte die Auswahl unter verschiedenen Kombinationen von Mikrophonen, Hörern und Verstärkern. Andere Produkte, wie das »*Audioscope*« von *Sontone* oder das »*Aurogage*« von Sonotone, arbeiteten ganz ähnlich.

Abb. IV.15. Das Selex-A-Phone von 1935 ermöglichte eine vergleichende Auswahl verschiedener Hörgeräte-Typen

1947 wurde diese Idee von *Beltone* mit dem »*Selectometer*« wieder aufgegriffen, wobei jetzt nicht die realen Komponenten miteinander kombiniert und vergli-chen, sondern nur simuliert wurden. Weitere »*Master Hearing Aids*« (Simulations-Hörgeräte) wurden seit 1959 von *Vicon* (»*Metricon*«), von *Audiotone* (»*Auricon*«) und anderen angeboten. Der Grundgedanke der Selektometrie, ein Hörgerät nicht durch Vergleiche mit anderen auszuwählen, sondern gezielt zu konfigu-rieren, ist in späteren Jahren auf andere Weise immer wieder neu belebt wor-den und wird an Bedeutung noch erheblich zunehmen.

Eingepasst und angepasst

Mit der größeren Verstärkung der Hörgeräte und den kleinen Einsteckhörern wurde es notwendig, letzteren einen Halt in der Ohrmuschel zu geben und die Schallzuführung zum Gehörgang gegen Rückkopplungen abzudichten. Das konnte aber nur erreicht werden, wenn die Form des schallführenden Ohreinsatzes exakt der natürlichen Form von Ohrmuschel und Gehörgang angepasst war. Dieses maßgefertigte Ohrstück bekam den Namen »*Otoplastik*«, obwohl der eigentlich schon für das partielle Ohrersatzstück und die Ohr-Epithese, wie sie in der craniofazialen *Rekonstruktionschirurgie* beziehungsweise der *Otochirurgie* Anwendung fanden, besetzt war. Auf die Idee, auch das Ohrstück so zu nennen, waren *Wolfgang Dreve* (1920 bis 1996), *Inge Dreve* und *Prof. Klaus Backwinkel* 1948 gemeinsam beim Tennisspielen in Unna gekommen. Man war der Meinung,

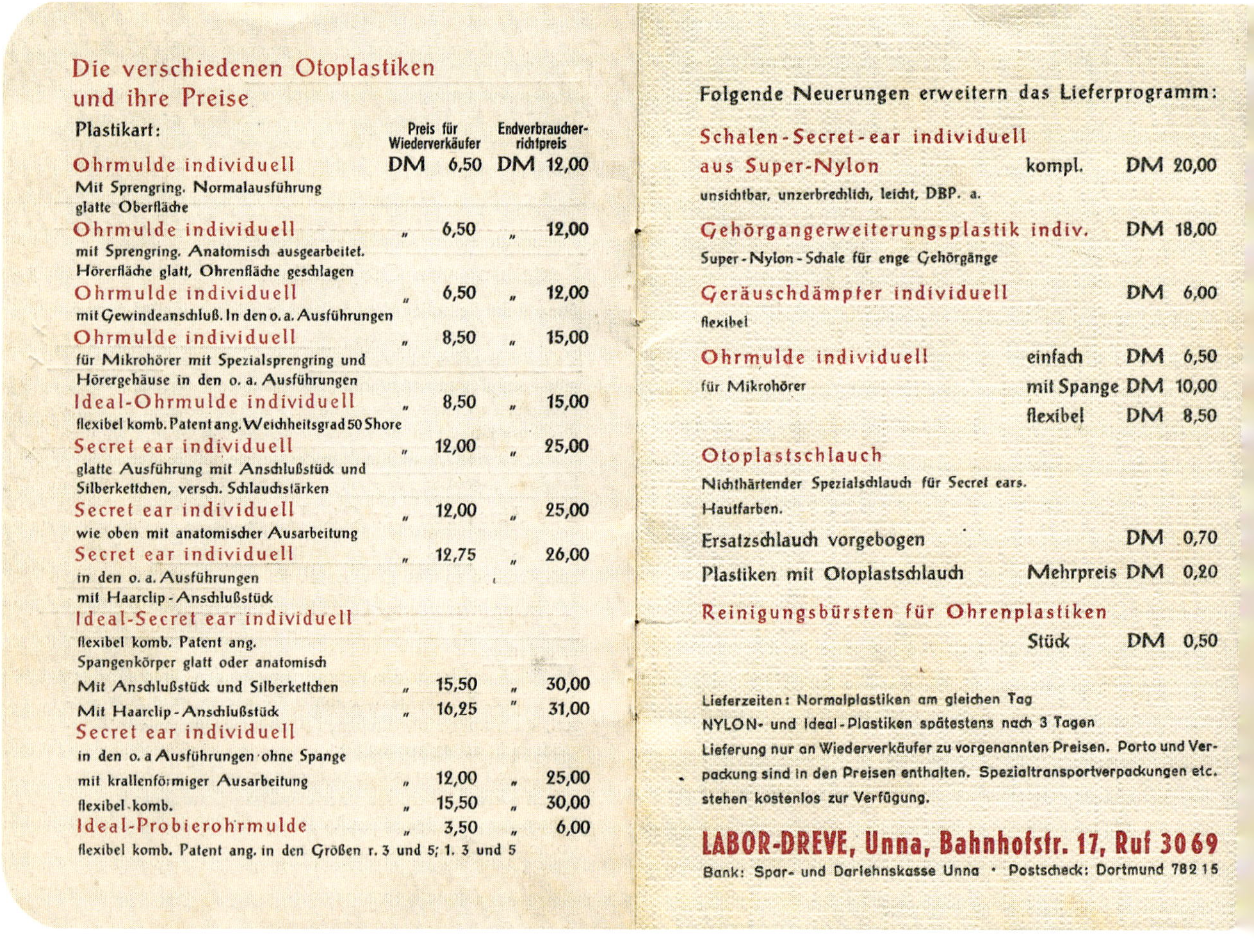

Die verschiedenen Otoplastiken und ihre Preise

Plastikart:	Preis für Wiederverkäufer	Endverbraucherrichtpreis
Ohrmulde individuell Mit Sprengring. Normalausführung glatte Oberfläche	DM 6,50	DM 12,00
Ohrmulde individuell mit Sprengring. Anatomisch ausgearbeitet. Hörerfläche glatt, Ohrenfläche geschlagen	„ 6,50	„ 12,00
Ohrmulde individuell mit Gewindeanschluß. In den o. a. Ausführungen	„ 6,50	„ 12,00
Ohrmulde individuell für Mikrohörer mit Spezialsprengring und Hörergehäuse in den o. a. Ausführungen	„ 8,50	„ 15,00
Ideal-Ohrmulde individuell flexibel komb. Patent ang. Weichheitsgrad 50 Shore	„ 8,50	„ 15,00
Secret ear individuell glatte Ausführung mit Anschlußstück und Silberkettchen, versch. Schlauchstärken	„ 12,00	„ 25,00
Secret ear individuell wie oben mit anatomischer Ausarbeitung	„ 12,00	„ 25,00
Secret ear individuell in den o. a. Ausführungen mit Haarclip-Anschlußstück	„ 12,75	„ 26,00
Ideal-Secret ear individuell flexibel komb. Patent ang. Spangenkörper glatt oder anatomisch		
Mit Anschlußstück und Silberkettchen	„ 15,50	„ 30,00
Mit Haarclip-Anschlußstück	„ 16,25	„ 31,00
Secret ear individuell in den o. a Ausführungen ohne Spange		
mit krallenförmiger Ausarbeitung	„ 12,00	„ 25,00
flexibel komb.	„ 15,50	„ 30,00
Ideal-Probierohrmulde flexibel komb. Patent ang. in den Größen r. 3 und 5; l. 3 und 5	„ 3,50	„ 6,00

Folgende Neuerungen erweitern das Lieferprogramm:

Schalen-Secret-ear individuell aus Super-Nylon unsichtbar, unzerbrechlich, leicht, DBP. a.	kompl.	DM 20,00
Gehörgangerweiterungsplastik indiv. Super-Nylon-Schale für enge Gehörgänge		DM 18,00
Geräuschdämpfer individuell flexibel		DM 6,00
Ohrmulde individuell für Mikrohörer	einfach	DM 6,50
	mit Spange	DM 10,00
	flexibel	DM 8,50
Otoplastschlauch Nichthärtender Spezialschlauch für Secret ears. Hautfarben.		
Ersatzschlauch vorgebogen		DM 0,70
Plastiken mit Otoplastschlauch	Mehrpreis	DM 0,20
Reinigungsbürsten für Ohrenplastiken	Stück	DM 0,50

Lieferzeiten: Normalplastiken am gleichen Tag
NYLON- und Ideal-Plastiken spätestens nach 3 Tagen
Lieferung nur an Wiederverkäufer zu vorgenannten Preisen. Porto und Verpackung sind in den Preisen enthalten. Spezialtransportverpackungen etc. stehen kostenlos zur Verfügung.

LABOR-DREVE, Unna, Bahnhofstr. 17, Ruf 3069
Bank: Spar- und Darlehnskasse Unna • Postscheck: Dortmund 78215

Abb. IV.16. Dreve-Otoplastik-Katalog und Preisliste ca. 1954

Abb. IV.17. Ohrabdrucknahme mit Gips (ca. 1952)

dass dieses Teil eine kurze, prägnante und medizinisch klingende Bezeichnung brauchte. Seither hat sie sich in der ganzen Welt durchgesetzt.

Vor 1925 war die Otoplastik für die Hörgeräte-Anpassung kaum bekannt, obwohl es sie bereits gab. Das vom amerikanischen Schwerhörigeninstitut *CID* veröffentlichte Buch »Historic Devices for Hearing« zeigt auf Seite 18 eine Hörhilfe von 1810, an deren ohrseitigem Ende sich eine individuell geformte Otoplastik aus Metall befindet. Wenn mit Sicherheit ausgeschlossen werden könnte, dass die Ohrmulde später angesetzt worden ist, dann wäre das Jahr 1810 das früheste nachweisbare Datum der ersten Otoplastik. Auch die im selben Buch abgebildete Ohrmulde von 1830 wäre noch sensationell alt, sofern nicht hier wie da ein nicht rekonstruierbarer Datierungsfehler vorliegt. Erstaunlicherweise erwähnt Amerikas Spezialist für antike Hörhilfen und Begründer der umfangreichen historischen Sammlung im Kent State Museum in Ohio, Kenneth Berger, diese Ohrmulden nicht. Er datiert die Entstehung der Otoplastik vielmehr auf das Jahr 1885. Sie ist demnach von dem Wiesbadener Arzt *Friedrich Wilhelm Aschendorf* erfunden worden, um damit kleinen *Hörtrichtern (»ear cups«)* den nötigen Halt im Ohr zu geben.

1890 stellte die Firma *Hawksley Ltd.* in London ebenfalls Otoplastiken für »cups« her, wobei die Herstellungsweise überliefert ist. Das Ohr wurde zunächst mit weichem Dentalwachs abgeformt. Dann wurde der feste Abdruck beschnitten, mit Metallpuder bestäubt und in eine Kupfersulfatlösung getaucht sowie galvanisiert. War die Kupferschicht dick genug, konnte man das Wachs unter Hitze ausschmelzen und die Kupferschale polieren. Fertig war das Maßohrstück, sofern es nicht noch versilbert oder vergoldet werden sollte.

Ohrabformungen wurden 1893 auch zu medizinischen Studien- und Lehrzwecken vorgenommen, in dem der durch Auskochen (Mazeration) skelettierte knöcherne Gehörgangsteil Verstorbener mit Blei ausgegossen wurde.

Die Otoplastik als Ansatzstück für eine Hörhilfe ist vermutlich nicht älter als rund 200 Jahre, vorausgesetzt, das vorgenannte Datum von 1810 stimmt. In einer anderen Form und zu einem anderen Zweck könnte sie es aber schon weitaus früher gegeben haben. Es wird nämlich in den Schriften des Florentiner Arztes *Nicola Nicole* (1357 bis 1430) berichtet, dass die silbernen Röhrchen, die der byzantinische Arzt *Simeon Seth* im 11. Jhdt. zur Behandlung von Taubheit einsetzte, »genau in den Gehörgang passten«. Die Passgenauigkeit war erforderlich, um im Gehörgang ein Vakuum durch Saugen erzeugen zu können, mit dem Fremdkörper entfernt und das Trommelfell und die Gehörknöchelchen beweglicher gemacht werden sollten. An anderer Stelle wird auch Wachs erwähnt, das zur Abdichtung des Gehörganges diente. Leider bleibt unklar, ob das Metall selber passgenau geformt wurde und das Wachs nur eine zusätzliche Abdichtungsfunktion hatte, oder ob das Wachs allein für die Passgenauigkeit sorgen musste.

Die frühen Otoplastiken im heutigen Sinne hatten noch einen sehr beschränkten Einsatzbereich und fanden deshalb noch keine größere Verbreitung. *Passe-Partout-Plastiken* tauchten ab 1922 auf dem US-Markt auf, konnten sich aber aus erklärlichen Gründen nicht durchsetzen. Was nur annähernd passt, ist eben nicht gut angepasst. Es drückte, pfiff oder fiel zu leicht wieder aus dem Ohr heraus. Das eigentliche Geburtsjahr der Otoplastik in der heutigen Form, also als schallführendes und haltgebendes Bindeglied zwischen Trommelfell und *elektroakustischer* Hörhilfe, ist das Jahr 1926. *Halsey August Frederick* (1887 bis 1961) aus New Jersey erhielt für die Western Electric Company das erste Patent für das, was wir heute Ohrmulde, Ohrstück, Ohrpassstück oder Otoplastik nennen.

Die eigentliche Autorität auf diesem Gebiet war in den 30er und 40er Jahren der New Yorker Zahnarzt *B. A. Schier,* der selber schwerhörig war und deshalb ein persönliches Interesse daran hatte, die Abdrucktechniken der Dentisten auf die Otologie zu übertragen. Er führte ab 1929 bis weit in die 40er Jahre hinein verschiedene Experimente und Verbesserungen an der Otoplastik durch und veröffentlichte mehrere Artikel, in denen er sich als erster dafür aussprach, grundsätzlich individuelle Ohrstücke bei der Hörgeräteanpassung zu verwenden. Darüber hinaus setzte er sich 1945 für die Belüftungsbohrung ein, die sich zwei Jahre zuvor sein Kollege *Henry D. Fiene* hatte patentieren lassen, und beschreibt die akustischen Auswirkungen verlängerter oder verkürzter Ohrstücke. Er erfand 1959 auch die Expander-Olive, die für Probeanpassungen von Hörgeräten große Verbreitung erreichten. Der historischen Genauigkeit wegen muss noch darauf hingewiesen werden, dass die Nützlichkeit der Belüftung eines Ohrstückes, wenn auch nur im Zusammenhang mit dem Hörrohr, schon 1905 von dem deutschstämmigen Amerikaner *Hermann G. Pape* erkannt und patentiert wurde. Ihm ging es um die Ausschaltung der lästigen Halleffekte, die für Hörrohre typisch waren.

Weitere Meilensteine in der Entwicklung der Otoplastik und der Ohrabformung waren: 1943 die Belüftungsbohrung und die Auswirkungen verschiedener Einsätze im Schallkanal, 1945 die *Acrylplastik,* 1946 *Abdruckmaterial aus Acryl* (davor wurden Gips, Wachs, Gummi, Alginate und Hydrocolloide verwendet), 1947 die Abdrucknahme mit Pulver und Lösungsmittel, 1948 der Begriff »Otoplastik« für Ohrmulden, die aus Plexiglas, Nylon, Otylen, Polystyrol und Acryl gefertigt wurden, 1949 die gezielte Frequenzbeeinflussung durch Filtereinsätze im Schallkanal, 1949 die Spritzmethode für die Abdrucknahme, 1950 die Hochtonplastik, 1958 die Weichplastik, 1965 das C-Silikon und das »*Sofort-Ohrstück*«, 1967 Untersuchungen von *Lybarger* über die offene Versorgung, 1970 Untersuchungen von *Alfred Dunlavy* über die Auswirkungen der Länge von Schallschläuchen bei offener Versorgung, 1970 Festlegung einheitlicher Bezeichnungen der Otoplastik-Teile durch die *NAEL (National Association of Earmold Laboratories,* USA), 1970 bis 1973 Untersuchungen über die Auswirkungen verschiedener Ohrmuldenformen auf das Sprachverstehen, 1971 der *Vario-Vent* und Untersuchungen von *Courtois* und *Berland* über das Resonanzverhalten von Gehörgängen unterschiedlicher Volumina, 1972 das *Lybarger-Horn*, 1973 das *Select-A-Vent* und der *Venting-Tube-Adapter*, 1977 die Abdruckspritze für Silikone, 1979 das *Killion-Horn*, 1979 Standardisierung der Bohrungen durch die NAEL, 1980 das *Libby-Horn*, 1984 *lichthärtende Kunststoffe*, 1992 die thixotropen A-Silikone (*s. Berger, S. 162 ff., Dreve, Otoplastik, Manuskript von ca.1960*).

Die Kunst der Ohrabdrucknahme hat indessen schon immer ihre Tücken gehabt und zu Missverständnissen geführt. Unvergessen sind die Abdrücke, die Anfang der 80er Jahre, als die individuellen Im-Ohr-Geräte noch neu waren, an die Firma Starkey-Willco in Hamburg eingeschickt wurden. Weil die Firma ihre ersten Geräte »Conchageräte« nannte, haben viele Akustiker in der ersten Zeit tatsächlich nur die Abdrücke der Concha eingeschickt, ohne den erforderlichen Gehörgangsteil, der für den Halt und die Schallführung unentbehrlich ist.

Im Orient war der Ohrabdruck scheinbar noch völlig unbekannt. Die Firma Siemens in Erlangen erhielt eines Tages aus dem Iran ein Audiogramm mit der Bitte, ein Im-Ohr-Gerät anzufertigen. Doch leider fehlte der Abdruck dazu. Auf Bitten von Siemens, diesen baldmöglichst nachzureichen, schickte der arabische Arzt zwei Wochen später einen weißen Briefbogen, auf dem fein säuberlich ein Ohr abgebildet war. Er hatte den Patienten sein Ohr zunächst auf ein Stempelkissen drücken lassen und dann auf das Papier. Der Patient soll von dem Verfahren wenig begeistert gewesen sein, denn er musste tagelang mit einem blauen Ohr herumlaufen.

Auristen, Otologen und Audiologen

Die beiden Weltkriege des 20. Jahrhunderts haben Deutschlands Leistungen auf vielen Gebieten der Wissenschaft und der Technik, die nicht direkt mit den Rüstungsanstrengungen verbunden waren und dadurch gefördert wurden, sehr stark zurückgeworfen. Die Wiederaufbauleistungen nach beiden Kriegen waren zwar enorm, banden die Kräfte aber wiederum an vordringlichere Aufgaben als gerade die Förderung der Wissenschaft vom Hören und die Rehabilitation von Schwerhörigen. Es kann daher nicht verwundern, dass die neue Wissenschaft der Audiologie, die sich mit den Fortschritten auf den Gebieten der Otologie, der Audiometrie und der Hörgeräte-Technik geradezu zwangsläufig daraus entwickeln musste, in Amerika und nicht in Deutschland ins Leben gerufen wurde.

Aber selbst in den USA, auf deren Boden keine Kriege stattgefunden hatten, war die Entstehung der Audiologie mit dem Krieg verknüpft. Seit der Landung der Amerikaner in der Normandie 1942 erlitten Tausende ihrer Soldaten schwere *Knalltraumata* durch ihre eigenen Geschützfeuer, Maschinengewehrsalven und die Detonation feindlicher Bomben. Es gab beim US-Militär zwar schon die »*Ear Wart*« (»Ohrwarze«), ein *Gehörschutz-Stöpsel,* der aber noch nicht Vorschrift war. Wer nichts mehr hörte, wurde nach Hause geschickt und von »Auristen« behandelt, Militärärzten, die sich meist autodidaktisch Zusatzkenntnisse über die Ohren und das Hören erworben hatten. Dieses Wissen reichte aber für gezielte Rehabilitationsmaßnahmen nicht aus, wie sich bald herausstellen sollte. Es war die Situation eingetreten, die der bekannte amerikanische Phoniater *Robert West* schon 1936 prophezeit hatte, als er seinen Kollegen zurief: »Die Zeit ist gekommen, wo wir uns darüber klar werden müssen, dass viele von uns, die sich für

Abb. IV.18. Raymond Carhart (1912 bis 1975)

das Thema Schwerhörigkeit interessieren, nicht mehr weitermachen können, ohne unser Berufsbild zu erweitern. Das heißt, dass wir den Leuten helfen sollten, wieder zu hören, was sie eigentlich noch hören könnten.« West verwendete zwar noch nicht das Wort »Audiologie«, aber er war derjenige, der die Vision für diese neue Fachwissenschaft gehabt hat.

Das Wort »*Audiologie*« tauchte zum erstenmal 1935 als Titel eines Lehrfilms (»Audiology«) über das Hören und die Anwendung von Hörgeräten auf, den ein Ingenieur der Firma Acousticon namens *Sterling J. Sears* gedreht hatte. 1939 wurde es vereinzelt schon in verschiedenen Publikationen verwendet und sogar erstmalig als Berufsbezeichnung (»*Audiologist*«) vorgeschlagen. In die Wissenschaft »offiziell« eingeführt haben den Begriff »Audiologie« etwa zeitgleich 1945 der Otorhinolaryngologe *Norton Canfield* und der Sprach- und Stimmheilkundler *Raymond Carhart*. Das Wort »Pädaudiologie« wurde erstmals 1940 von einem englischen Kinderarzt namens *J. Ewing* verwendet.

Als »Vater der Audiologie« wird seither *Raymond Carhart* (1912 bis 1975) bezeichnet. Er war während des Krieges von der Regierung beauftragt worden, spezielle Ohrenkliniken einzurichten, in denen die schwerhörigen Verwundeten und Veteranen behandelt werden sollten. Er rief das »Aural Rehabilitation Program for the Wardeafened Military Personnel« (Programm zur Wiederherstellung des Hörvermögens bei kriegstauben Angehörigen des Militärs) am Deshon General Hospital in Butler/Pennsylvania ins Leben. Daneben entstanden noch drei weitere Spezialabteilungen in Allgemeinkliniken sowie in einer Marineklinik mit derselben Zielsetzung. In diesen Kliniken wurden in den sechs Kriegsjahren 16 000 schwerhörige und ertaubte Soldaten behandelt. Ein Rest dieser Tradition ist die noch immer bestehende kostenlose Hörgeräteversorgung für Angehörige des Militärs und Veteranen *(Bess/Humes, Audiology, S. 8 ff.)*.

Zu Carharts Verdiensten gehört unter anderem, dass er sich immer dafür eingesetzt hat, dass die Audiologie eng mit der Otologie verschwistert bleibt und sich damit als vollwertige Wissenschaft dauerhaft etablieren konnte. Er hat auch die Ausbildung zum »Audiologist« ins Leben gerufen, und gab der »American Speech and Hearing Association« (ASHA) ihren Namen.

Seine zahlreichen Schüler haben ihn als einen »warmherzigen Mann mit einem brillanten Geist und einer meisterhaften Rednerbegabung« in Erinnerung.

Audiologen haben heute in den USA ihren Arbeitsplatz in kommunalen Hospitälern, Sprachheil- und Gehörlosenzentren, Pflegediensten, als frei praktizierende Spezialisten, als Forscher und Lehrer an Universitäten und Colleges, beim Militär und in der medizinischen Veteranenbetreuung, als Lehrer an Sonder- und Regelschulen, als Partner von HNO-Ärzten und Hörgeräte-Spezialisten sowie in der Hörgeräte-Industrie.

In Abgrenzung zum »Audiologist« bezeichnet der »*Otologist*« im amerikanischen Sprachgebrauch entweder einen Hals-Nasen-Ohrenarzt, der sich auf die Ohren spezialisiert hat, oder einen Ohrenarzt, der von vornherein nicht das ganze HNO-Studium absolviert hat. Die relativ junge Bezeichnung »*ENT-Specialist*« ist in Amerika *(»ENT-Doctor«)* und England *(»ENT-Consultant«)* gebräuchlich. Sie bezeichnet einen Arzt, der nach der Ausbildung zum Allgemeinmediziner eine breite Facharztausbildung zum Otorhinolaryngologen absolviert hat.

Die heute in Amerika kaum noch gebräuchliche Bezeichnung *»Otiatrist«* bezieht sich nur auf den Gehilfen in der ENT-Praxis. Nicht durchsetzen konnte sich die Graduierung zum *»Audioprosthologist M.A.«*, die Harold Williams von der Universität in El Paso in Texas in den 70er Jahren eingeführt hatte und die den Beruf des Hörgeräte-Spezialisten auf eine akademische Ebene hob.

Die Akustiker

Seit den Tagen der Pythagoräer und der Chinesen des Altertums hatte es keine systematischen Forschungen auf dem Gebiet der Akustik mehr gegeben. Erst Sir *Francis Bacon* (1561 bis 1626), der Begründer des neuzeitlichen wissenschaftlichen Empirismus, der an das wissenschaftliche Denken und die Experimente der Antike anknüpfte, hatte sich 1600 mit der Schallgeschwindigkeit befasst. Aber wie in vielen anderen Fällen jener Zeit, war der Urheber einer neuen wissenschaftlichen Erkenntnis gar nicht vom Fach, denn Bacon war eigentlich Rechtsanwalt, Philosoph und Politiker! Er war bis 1621 Lord-Kanzler von England, bis er wegen einer Bestechungsaffäre zurücktreten musste. Nach Bacon versuchte sich auch der Astronom *Galileo Galilei* (1564 bis 1642) an der Akustik und nach ihm der französische Natur- und Musikforscher *Marin Mersenne* (1588 bis 1648). Mersenne entdeckte (nach Pythagoras) erneut die Resonanz gleichgestimmter Saiten, vermaß die Schallgeschwindigkeit in der Luft und entdeckte die Obertöne.

Erst *Ernst Florens Chladni* (1756 bis 1827) aus der Lutherstadt Wittenberg hat diese Versuche systematisch mit den verschiedensten Materialien durchgeführt und tabellarisch erfasst. Er war der wichtigste Experimentalphysiker seiner Zeit und der erste deutsche Akustiker. 1787 veröffentlicht er seine »Theorie des Klanges«, in denen er die »*Chladnischen Klangfiguren*« beschreibt. 1796 folgt eine Studie »Über die Longitudinalschwingungen der Saiten und Stäbe« und 1802 legt er sein Hauptwerk vor, das er schlicht »Akustik« nennt. Darin legt er unter anderem die Hörgrenzen des Menschen fest. 1817 und 1821 folgen weitere Arbeiten zur »Praktischen Akustik«. Die war aber offensichtlich nicht nur für praktische Zwecke brauchbar, sondern auch für die schönen Künste, denn Chladnis Klangfiguren inspirierten den Dichter *Leopold Freiherr von Hardenberg* (1772 bis 1801), der sich »*Novalis*« nannte, zu der Dichtung »Die Lehrlinge zu Sais«. *Thomas Mann* (1875 bis 1955) war ebenfalls von Chladnis Entdeckungen beeindruckt und verarbeitete dessen Gedanken in seinem »Doktor Faustus«, wo er den Jonathan Leverkühn über das Wesen der Natur in mystischer Weise spekulieren lässt.

Der Mediziner *Hermann von Helmholtz* (1821 bis 1894) konnte auf Chladnis Experimenten aufbauen und um einige entscheidende Erkenntnisse erweitern. Helmholtz war eine ungewöhnliche Persönlichkeit. Er stammte von *William Penn* (1644 bis 1718) ab, dem legendären Quäker und Gründer des Staates Penn-

Abb. IV.19. Hermann von Helmholtz – »das hässliche und kränkliche Wunderkind«

sylvania. Der Zeitlebens schüchterne und überaus bescheidene Helmholtz, den seine Mutter bei seiner Geburt enttäuscht als »hässlich und kränklich« einstufte (und später stolz ihr »Wunderkind« nannte!), hat trotz seines zurückhaltenen Wesens und einer gewissen Langsamkeit im Denken und Sprechen, eine beachtliche wissenschaftliche Karriere zustande gebracht. Ursprünglich hatte er Medizin studiert und danach fünf Jahre als Militärarzt gedient, bis ihn das wissenschaftliche Universalgenie *Alexander von Humboldt* (1769 bis 1859) von der ungeliebten Arbeit befreite und an die Naturwissenschaftliche Fakultät der Berliner Universität berief.

Das war ziemlich ungewöhnlich, denn Humboldt war alles mögliche, nur kein Mediziner, und hätte Helmholtz eigentlich nicht viel zutrauen können. Aber Helmholtz hatte eine gute Referenz in Berlin, den großen Physiologen und Anatomen *Johannes Müller* (1801 bis 1858), bei dem er studiert hatte und der als erster die Medizin dem strengen naturwissenschaftlichen Experiment und der exakten Beobachtung unterwarf. Durch Müllers interdisziplinäre Forschungen und methodische Arbeitsweise hatte Helmholtz seine Liebe zur Physik entdeckt, insbesondere zu der Sinnesphysiologie des Menschen. Müller hatte auch Stimmgabelversuche durchgeführt und Helmholtz für die Akustik interessiert, der nun fest entschlossen war, nur noch der Forschung und Lehre zu dienen und sich vor allem universalistisch weiterzubilden wie Müller und Humboldt.

Bekannt wurde er dadurch schließlich als Physiker, Physiologe und Philosoph, aber nicht als Mediziner. Seine erste Arbeit auf dem neuen Gebiet wurde zwar von dem Verleger *Poggendorf* abgelehnt (man erinnere sich, mit dem hatte schon Philip Reis seine liebe Not), aber seine Arbeit »Über die Natur der menschlichen Sinnesempfindungen« (1852), bei der es um einen Vergleich zwischen Auge und Ohr und die Wahrnehmung von Licht und Schall ging, machten ihn mit einem Schlage in ganz Europa bekannt. Seine »Lehre von den Tonempfindungen« (1863) erregte auch das lebhafte Interesse *Richard Wagners* (1813 bis 1883), mit dem ihn von da an eine enge Freundschaft verband.

Helmholtz' Arbeiten führten dazu, dass schließlich sogar Physiker, wie der später ebenfalls zu Weltruhm gelangte und für die Akustik nicht weniger bedeutsame *Heinrich Hertz* (1857 bis 1894), bei Helmholtz in die Lehre gingen und die ebenfalls höchst bedeutsamen Physiker *Michael Faraday* (1791 bis 1867), *Gustav Robert Kirchhoff* (1824 bis 1887), *Robert Bunsen* (1811 bis 1899), *James Maxwell* (1831 bis 1879), *John Tyndall* (1820 bis 1893), *Ludwig Boltzmann* (1844 bis 1906) und *Max Planck* (1858 bis 1947) mit Helmholtz befreundet waren und ihn konsultierten.

Helmholtz wurde 1858 Professor für Physik in Heidelberg und 1871 in Berlin. 1887 übertrug ihm sein Schwiegervater, *Werner von Siemens,* die Leitung der von Siemens gestifteten *Physikalisch-Technischen Reichsanstalt (PTR)*. Helmholtz'

Ansehen war schließlich so groß, dass er – wie Bismarck – jederzeit beim deutschen Kaiser Gehör fand und sich deshalb den Spitznamen »Reichskanzler der Wissenschaften« einhandelte. 1889 wurde er vom Kaiser geadelt.

Die Akustik hat Helmholtz unter anderem Erkenntnisse über die Interferenzerscheinungen bei Licht- und Schallwellen zu verdanken. Daraus entwickelte er den nach ihm benannten »*Helmholtz-Resonator*«, dessen Prinzip für Klanganalysen unentbehrlich ist und der später in der Hörgeräteindustrie Anwendung finden wird, um die akustischen Wiedergabeeigenschaften eines Schallwandlers (Mikrophon oder Hörer) in einem Hörgerät zu korrigieren. Das kann notwendig sein, wenn unerwünschte »Täler« und »Spitzen« in der Wiedergabekurve eines Hörgerätes auftreten. Man kann dann mit einem Resonator, der nichts anderes als ein Hohlkörper (Rohr, Kapsel, Nebenkammer) mit einer genau abgestimmten Eigenfrequenz ist, dieselbe Frequenz aus dem Übertragungsbereich des Hörgerätes gezielt herausfiltern, verstärken und dadurch eine gewisse Glättung (Linearisierung) der Wiedergabekurve erreichen.

Abb. IV.20. Johannes Müller (1801 bis 1858) war der erste Mediziner in Deutschland, der unter Laborbedingungen exakte Kenntnisse über den menschlichen Körper erwarb

In der Automobilindustrie wird die Erfindung von Helmholtz umgekehrt angewendet. Es geht dort nicht darum, bestimmte Schwingungen zu verstärken, sondern störende, drehzahlabhängige Resonanzen des Motors herauszufiltern und zu eliminieren.

Zur Physiologie der Sinnesorgane und ihrer Arbeitsweise trug er die sogenannte »*Einorts-Resonanztheorie*« bei, derzufolge jede vom menschlichen Ohr wahrgenommene Frequenz einem bestimmten Ort entlang der Innenohrschnecke zuzuordnen sei, weil sie ebendort eine Resonanz der Basilarmembran auslösen würde. Diese Theorie, die in Teilen noch heute gültig ist, wurde später von *Georg von Békésy* (1899 bis 1972) zur »*Wanderwellentheorie*« weiterentwickelt. Békésys Theorien waren schon allein deshalb bemerkenswert, weil er sie mit einfachsten Modellen und Mitteln experimentell entwickelte. Die Bewegung und »Aufsteilung« der Wanderwelle entlang der *Basilarmembran* erforschte er zum Beispiel mit einer einfachen Gummimembran und Aluminiumstaub oder an der geöffneten Innenohrschnecke eines toten Elefanten. 1961 erhielt Békésy, der kein Mediziner, sondern ein Ingenieur war, für seine medizinisch bedeutsamen Forschungen über das Innenohr den Nobelpreis für Medizin.

Neben den Forschungen auf dem Gebiet der Akustik bleibt der Name Helmholtz auch mit der Erfindung des Augenspiegels verbunden, ohne den sich die moderne Augenheilkunde niemals hätte entwickeln können. Er war der erste Mensch, der die lebende Netzhaut eines Menschen gesehen hat *(vgl. Ramser, Hermann von Helmholtz, in: Die Großen, S. 345).*

Die Fabrikanten

Wieviele Fabrikanten von Hörrohren es gegeben hat, ist nicht mehr zu ermitteln. Das liegt auch an dem Definitionsproblem, wann jemand als Hersteller zu bezeichnen ist und wann nicht. Viele Exemplare waren handwerklich angefertigte Einzelstücke und die Serienproduktion noch selten. Die klassischen Länder des Hörrohres waren Amerika, England, Holland, Frankreich, Deutschland und Italien.

Mit der »Elektrifizierung« der Hörapparate und der maschinell-industriellen Fertigung ihrer Komponenten wurde eine serielle Fertigung nicht nur möglich, sondern auch notwendig, damit die Komponenten entsprechenden Absatz finden konnten.
Sie konnten aber relativ einfach und schnell von Hand zusammengesetzt werden, so dass die Herstellung eines Hörgerätes mit wenig Kapital und Personal möglich war. Das erklärt die ungeheure Menge von Hörgeräte-Herstellern, die im 20. Jahrhundert entstanden. Die allgemeine Fortschrittseuphorie aufgrund der vielen Erfindungen im »Technischen Zeitalter« und die Massenfertigung zu

günstigen Preisen lösten ab 1900 eine Welle von Neugründungen aus, die historisch eine einmalige und nicht wiederholbare Situation darstellte. Zwischen 1900 und 1950 sind etwa 98 Hersteller entstanden. Historisch bedingt entfiel auf die USA mit 48 Firmen der Löwenanteil. Es folgen Deutschland mit 22, England mit 13, Japan mit 3, die Schweiz mit 3, Frankreich mit 3, Dänemark mit 2, Holland mit 2, Österreich und Schweden mit je 1 Gründung.

Dabei ist die wirtschaftliche Bedeutung nicht gewichtet worden, die sich ja erst noch erweisen musste. Die Zahlen sind also nur ein Spiegel der Gründungsaktivitäten in diesem Zeitraum. Maßgebend bei der Datierung ist nicht das Gründungsjahr der Gesellschaft, sondern der Beginn der Hörgeräte-Fabrikation bzw. des Vertriebs. Reine Vertriebsniederlassungen, die keine eigenen Produkte herstellten, aber aus Gründen des nationalen Marketings oft unter eigenem Phantasienamen auftraten, als seien sie originäre Hersteller, bleiben hier unberücksichtigt. Nach 1950 kamen noch mindestens 20 Firmen bei gleichzeitiger starker Fluktuation hinzu. Die Gesamtzahl ist seit den 70er Jahren aber durch industrielle Verdrängungsprozesse wieder drastisch zurückgegangen. Die Hörgeräte-Industrie mag insofern als Lehrbuch-Beispiel dafür dienen, wie eine neue Technologie eine ungeheure Menge von unternehmerischen Aktivitäten auslösen kann, die dann aber unweigerlich in einen Ausleseprozess münden, der nur wenige Firmen auf Dauer überleben und wachsen lässt. Vor allem die Goldgräber-Mentalität der Amerikaner führte dazu, dass sich manche auf die neue Technologie stürzten und sich dabei schnelle Profite erhofften. Ein Beispiel ist der Traktor-Hersteller *Irwin H. Cole* aus Chicago, der sich 1959 dazu verstieg, nebenbei Hörgeräte der Marke »*Ear Level*« zu produzieren. Solche Schnellschüsse konnten naturgemäß nicht gutgehen, vor allem nicht in einem Bereich, der sehr viel spezielles Wissen, Marktgespür und Verantwortungsbewusstsein verlangt. Da nützte es auch wenig, dass Cole seiner Firma einen wissenschaftlichen Anstrich zu geben versuchte, in dem er sie »Hearing Research Institute« nannte. 1963 gab Cole die Herstellung von Hörgeräten freiwillig wieder auf.

Aber selbst dort, wo das Interesse nicht rein kommerzieller Natur war und Hörgeräte zur staatlich gelenkten Bedarfsdeckung dienten, hatte die Herstellung von Hörgeräten ohne den notwendigen wirtschaftlichen Unterbau und ohne unternehmerische Visionen keine Aussicht auf dauerhaften Erfolg. Beispiele sind die typischen Nachbauten von amerikanischen Hörgeräten in Ägypten, die so schöne Namen trugen wie »Pharao«, »Pyramid« und »Sphynx«, oder die »Sozialgeräte«, die von dem staatlichen Unternehmen *Medresco* (Medical Research Council) in England seit 1948 hergestellt wurden, die Geräte der Firma *Medexport* in Russland (ab 1948) und die Geräte der *VEB Funkwerk Kölleda* in der DDR (ab 1956). Technisch einfach, aber von guter Qualität waren dagegen die »*Otwidan*«-Geräte, die als Gemeinschaftsprodukte der Firmen Oticon, Widex und Danavox ab 1963 in Dänemark hergestellt und nur für die Gratisversorgung in den dortigen Kliniken bestimmt waren.

Manche der ehemals großen Namen sind selbst den Fachleuten nicht mehr bekannt, und viele kleine Firmen schafften den Durchbruch nie und gaben kurz nach ihrer Gründung wieder auf. Die vorerwähnten 98 Hersteller sollen, damit sie nicht vollends der Vergessenheit anheim fallen, hier ohne Ansehen ihrer wirtschaftlichen Bedeutung noch einmal in der Reihenfolge ihrer Gründung bzw. Aufnahme der Hörgeräteproduktion genannt werden:

1898   Akouphone, USA (Produktname »Acousticon« ab 1903)

1902   Oriphone, USA

1904   Hutchinson Acoustic, USA (ehem. Akouphone) (»Acousticon«) Mears, USA American-Danish-Oticon, DK

1905   Deutsche Akustik, D

1906   General Acoustic Co., USA (ehem.Hutchinson Acoustics) (Produktname   »Acousticon«)

1907   Globe Ear-Phone, USA

1908   Stolz Electrophone, USA Stromberg-Carlson, USA

1909   Williams Articulator, USA

1910   Loest, D Auris, USA Siemens, D Deutsche Otophone, D Parasound, GB

1911   Franck-Valery Frères, F Magnaphone, USA

1912   GEM Earphone, USA Luer, F

1913   Franck-Valery (Francophone), F Struxiano (Integra) 1913, F

1914   Stolz Electrophone, USA Magniphone, USA Port-O-Phone, USA Hawksley, GB

1915   Maison Emile, F Port-O-Phone, USA

1916   Telonor, USA Anderfone, USA

1917   Telephone & Microphone, GB

1918   Dictograph, USA (ehemals General Acoustic Co.)

1919   Ardente, GB Camillus Nyrop, DK Univis, USA

1920   Windler, D Megalophone, D

1921   National Hearing Device, USA

1922   Lafont, F Trimm, USA Potter, CAN

1923 Western Electric, USA
      American Earphone, USA
      Norcap, USA
      Ossicaide, GB
      Marconiphone, GB
      General Acoustics Ltd., GB

1924 Goldentone, USA
      Hearing Devices, USA
      Bausophon, D
      Stille-Werner, S
      Drapier, F
      Louis & Löwenstein, D
      Radio-Ear, USA

1925 Fortiphone, GB
      Radioear, USA
      G.R. Schulze, D
      Audiophone, USA
      Parrel, F

1926 Burschers, D
      Amplifone, USA
      City Eeerade, GB
      Kortekamp, D (1948 neu
      gegründet)

1927 Sangamo Electric, USA
      Otometrophone, USA

1928 French, USA
      Oravox, GB
      W.A.Charles, GB
      Radio Vibra-Tone, USA

1929 Trutonophone, USA
      Dombrowski, D
      Sonotone, USA

1930 Agema, D
      Siac (Sonophon), F
      Deutsche Otophon, D
      F.C.Rein, GB
      Ampliphone, USA

1931 Multitone, GB

1932 Radio-Aid, GB

1933 Public, USA

1934 Hoshinophone, Japan

1935 Vacolite, USA
      Amplivox, GB
      Aurex, USA
      Thirsk, GB
      Rochhausen, D
      Matsushita (National), J
      Paraphone, USA
      J.C.White (Tru-Tone), USA

1936 Maico, USA
      Telex, USA
      Godsend, USA
      Tel-Audio, USA

1937 Vernon-Spencer, GB
      Auraphone, GB
      Beoton, D
      Penn-Cliff, USA
      Peto-Scott, GB
      Wengel, USA

1938 Unex, USA
      Paravox, USA
      Crystal Ear, USA
      Duratron, USA
      Toulemonde, F

1939 F.C.Rein, USA
      National Hearing Aid, USA
      Otarion, USA
      Bonochord, GB

1940 Aladdin, USA
      Beltone, USA
      Solo-Pac, USA
      Fairchild, USA
      Hear-Clear, USA

1942 Zenetron (Zenith), USA
Cunningham-Beatty, GB
Goldentone, USA
Hasco, USA
Sony, J

1944 Pylon, GB
Rion, Japan
Otronics, USA

1945 Crystal-Vox, USA
Dynamic Hearing Aids, USA
GAES, E

1946 Atlas, D
Audium, NL
Micronic, USA
Microtone, USA
Danavox, DK
Audiotone, USA
American Sound, USA
Audivox, USA
Emerson, USA
Gloria, A
Trutone, USA

1947 Willco, D
Nihon Koden, Japan
AG für Elektro-Akustik
(Phonak), CH
P.C.Werth, GB
Elton, A
Gfeller (Bernafon), CH
Micro-Electric (Templeton), USA
Tonemaster, USA

1948 Wendton, D
Auraltone, GB
Micro-Electric, CH
Televox, USA
Philips, NL
Neufeldt (Neophon), D
Diaphon, D
A.B.Transistor, S

C.A.F.A, F
Medresco, GB
Precision Electronics, USA
Viennatone, A

1949 Universal Hearing Aid, USA
Electro Acoustic, USA
Sengewitz, D
National Earphone, USA
Dahlberg, USA
Audibel, F
Lectron, GB
Rochester Acoustical Labs., USA
Sears, USA
Silverton, NL
Tonamic, USA
Weda, GB

1950 Bosch, D
Henke, D
Electroacoustic (ELAC), D
Electronica, E
Fidelity Hearing Aid, USA
Mackie, GB
Voxtron, USA

1951 Aditone, D
Bell Audiphone, USA
IV. DasTechnische Zeitalte
Dyna-Phone (Dynafone), USA
Electrophonic Labs., USA
Norcap (Audex), USA
Normatone, USA
Valandy, USA
Westar (Westrex), GB

1952 Micro-Rex, D
Rexton (Bommer), CH
Malchus, NL
Vox, D
Primo Sound, J
Public Aid, USA
Pylon Scientific, GB

1953 Müller-Ernesti (Ariston), D
Qualitone, USA
Trans-Audio, USA
Transitton, D
Willoughby, USA

1954 Akumed, D
Magnatone, USA
Martin Hearing Aid, USA
Radar Electronics, USA
Simplex, USA
Smallwood (Hear-O-Vison),
USA
Soundcraft, USA
Soundmaster, USA
Stanley-Webster, USA

1955 A.R.E., CAN
Busse Electronics, USA
Ingelen, A
Mellotone, USA
Philco, USA
Skandiavox, DK
Trans-Audio, D
Vicon, USA
Visatone, USA
Weflex, USA

1956 Selectron Lyss, CH
Linke, D
Toepholm & Westermann
(Widex), DK
Audiophone, D
Otoacustica, I
Polyfon, GB

1957 Montaphone, CH
Rowiphon, D
Hansaton, D
Vanco, USA

1958 Universal Microphone, USA
(*Datum unsicher*)
RX Hearing Aids, USA

Conny Industrial, J (*Datum unsicher*)
Cortiton Hochoki, J (*Datum unsicher*)
Dicton, DK
Hi-Fi-Hearing Aid, USA
Phonovox, USA
Taiyo (Denshi), J

1959 Hearing Research Institute (Ear Level), USA
Ear Master, USA
Erik Hoye (Vingtone), N
Olson, USA

1960 Ultima Audio, USA

1961 American Electronic, USA
Coselgi, I
Fidelity Electronics, USA
Audio Hearing Aids, GB
Shibaura (Toshiba), J
Vari Electronics, USA

1962 Bernatone, GB
Interton, D
Veritone, USA

1963 Egyptian Clinic, Ägypten
Electone, USA
Electronic Development, USA
Phonic Ear, USA

1964 Unitron, CAN

1967 A&M, GB

1968 Texas Hearing Instruments, USA

White's Hearing Aids, GB

1971 Starkey, USA

1975 ABBCO, USA

Welch ein Erfindungsreichtum bezüglich der Namen!

Nicht mehr eindeutig hersteller- und zeitmäßig einzuordnen sind die »Universal«-Geräte, die wahrscheinlich in den 20er Jahren in Neuseeland, die »Chico«-Geräte, die ab 1926 in Australien, die »Sherrill«- und die »Sheltone«-Geräte, die in Amerika hergestellt wurden. Ein merkwürdiger Zufall ist, dass die Hersteller, die sich zeitlich nicht mehr zuordnen lassen, alle mit einem »O« anfangen: Ofigem in Frankreich, Oliver Electric, Orophone, Oto-Dyne, Omni Hearing Systems, Omega Electronics in den USA und Omic in Polen. Zum Teil handelte es sich hierbei auch um Firmen, die Hörgeräte nur am Rande und nur für kurze Zeit hergestellt hatten. Aber auch sie haben etwas zu dieser Branche beigetragen.

Die erste größere Hörgeräte-Vertriebsfirma in Europa war die *Danish-American-Oticon* in Kopenhagen. Ihre Gründung ging auf ganz persönliche Erfahrungen des dänischen Kaufmanns *Hans Jörgen Frederik Demant* (1855 bis 1910) zurück. Weil seine Frau und einige Verwandte schwerhörig waren, hatte er schon 1902 den Gebrauch einer elektrischen Hörhilfe durch Prinzessin Alexandra von Dänemark anlässlich der Krönungszeremonie in London mit großem Interesse verfolgt. Zwei Jahre später fuhr er eigens nach London, um einige Geräte des amerikanischen Herstellers Acousticon für seine Familie einzukaufen. Der Hörerfolg muss für damalige Verhältnisse sehr beeindruckend gewesen sein, denn Demant beschloss sofort, so schnell wie möglich seinen Beruf als Weingroßhändler an den Nagel zu hängen und diese überaus nützlichen Apparate nach Dänemark zu importieren und mit Gewinn zu verkaufen. 1904 rief Hans Demant die Firma American-Danish-Oticon ins Leben, die damit die erste Hörgeräte-Firma auf dem Kontinent war, auch wenn sie zunächst noch keine eigenen Geräte herstellte.

Ein geheimnisvoller Name

Nachdem Hans Demant 1910 gestorben war, übernahm sein Sohn *William Demant* (1888 bis 1979) bereitwillig das Geschäft, weil auch er in der Belieferung der schwerhörigen Bevölkerung mit Hörgeräten eine sinnvolle und ehrenhafte Aufgabe sah. William baute das Geschäft zügig aus. 1911 erwarb er die Rechte für Norwegen und Schweden und eröffnete dort Niederlassungen.

Mit der Herstellung eigener Geräte wurde erst 1939 begonnen. Auch dafür war wieder der Krieg die Ursache. Wegen der deutschen Besatzung in Dänemark war das junge Unternehmen von den Lieferungen aus Amerika abgeschnitten und musste schnellstens für Ersatz sorgen. Den bekam es einerseits durch die Produkte der Firma »Deutsche Akustik«, die 1905, also ein Jahr nach der American-Danish-Oticon, von *Alfred Hahn* in Berlin gegründet worden war, andererseits durch die Eigenfertigung. Die ersten eigenen Produkte, die Modellrei-

Abb. IV.21. Vom Weinhandel zum Hörgeräte-Import: Hans Jörgen Frederik Demant (1855 bis 1910)

Abb. IV.22. Erfolgreich mit geheimnisvollem Firmennamen: William Demant (1888 bis 1979)

he »Acousticus« (1940) und das fast schon legendäre Erfolgsmodell »TA« (1946), hatten allerdings noch eine geringe Fertigungstiefe, das heißt, man verwendete noch sehr viele fertige Teile anderer Hersteller. Diese ersten Eigenfabrikate trugen erstmalig den Markennamen »Oticon«. William Demant war eine ungewöhnliche Unternehmerpersönlichkeit. Er arbeitete bis zu seinem 91. Lebensjahr für Oticon.

Die Herkunft des Namens »Oticon« ist geheimnisvoll. Was der Name ursprünglich bedeuten sollte, kann nicht mehr geklärt werden, weil sein Schöpfer schon 1957 verstarb. Die einfachste Erklärung wäre noch die Herleitung des aus dem Griechischen entlehnten lateinischen Wortes »oticus« (»zum Ohr gehörend«). Andere vermuten, dass es sich hierbei um die Zusammenfügung zweier griechischer Wortstämme handelte, nämlich der Worte »ous« (»Ohr«) und »eikon« (»Abbild«). Plausibler wird die Theorie, wenn man den Genetiv von »ous« in Betracht zieht, der »otos« (»des Ohres«) lautet. Demnach könnte Oticon »Abbild des Ohres« bedeuten. Ein andere Theorie besagt, dass die ersten beiden Silben von »Ot-i-atrie« hergeleitet sind und die dritte von »con-sensus« (lat. für: »Übereinstimmung«) oder «con-sentio« (lat. für: »im Einklang stehen, harmo-

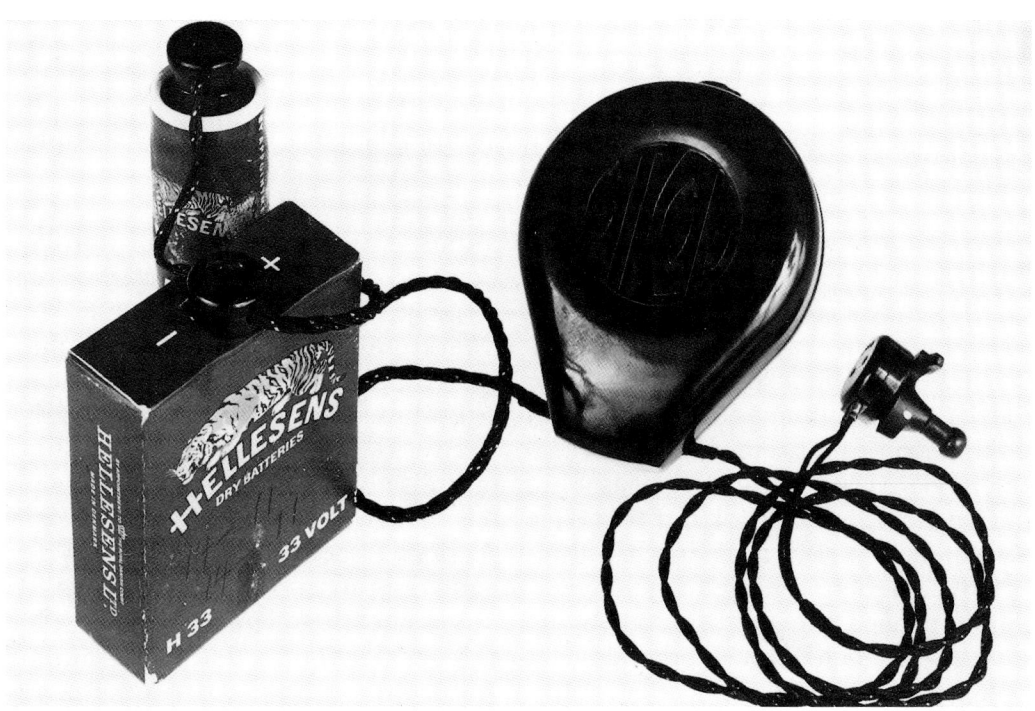

Abb. IV.23. Das Oticon-Modell TA von 1946

Abb. IV.24. Die erste Oticon-Fabrik 1939 in Kopenhagen

nieren mit, passen zu«). Oticon würde dann bedeuten: »in Übereinstimmung mit der Ohrenheilkunde«. Eine dritte Theorie geht davon aus, dass es sich um die Zusammensetzung aus den Wörtern »Oti-atrie« und »con-centus« (lat. für: »Einklang, Harmonie, Musik«) handelt. Demnach könnte Oticon etwas euphemistisch »Musik für die Ohren« heißen.

Böse Zungen behaupten allerdings, dass diese schönklingenden Deutungen bewusst in die Öffentlichkeit lanciert worden sind, um von dem ersten Produkt, das diesen Namen trug, abzulenken, weil es nicht zum Image der späteren Weltfirma passte. Es kam schon 1930 auf den Markt, und zwar nicht von der dänischen Firma, sondern von der amerikanischen Firma Hearing Devices Inc. in New York. Das Imageproblem soll damit zusammengehangen haben, dass das erste Oticon-Gerät keine Hörhilfe war, sondern ein kleines, nicht gerade prestigeträchtiges Massage-Gerät für das Ohr zum Preis von 9 Dollar und 86 Cents. Es bestand aus einem Pistolengriff und einem Schlauch mit einer Olive an der Spitze. Mit der Pistole wurde durch kräftiges Pumpen Druck erzeugt, der durch den Schlauch in den Gehörgang gelangte und von dort aus aufgrund der 50 bis 100 empfohlenen Druckwechsel das Mittelohr und seine Ossikel massierte. Das sollte deren Beweglichkeit wiederherstellen und gegen Taubheit sowie Ohrgeräusche helfen. Das Gerät war aber kein Konkurrenzprodukt zu Hutchinsons »Massacon«, das durch akustische Stimulationen ebenfalls die Beweglichkeit des Mittelohres, aber auch die Durchblutung des Innenohres bewirken sollte. Das »Massacon« wurde nur durch den Mediziner angewendet. Das »Oticon« war dagegen ein Billigprodukt zur Selbsttherapie. Pikanterweise bedeutet die Silbe »con« im Englischen auch »Schwindel«, was den Erfindern der Namen Acousticon, Massacon und Oticon wohl entgangen sein musste. Damit wollte das renommierte dänische Weltunternehmen aber absolut nichts zu tun haben.

Was auch immer die richtige Bedeutung des Namens Oticon ursprünglich gewesen sein mochte, sein Namensgeber jedenfalls ist bekannt. Es handelte sich um den schwerhörigen Amerikaner *Charles H. Lehmann* (1878 bis 1957). Lehmann hatte den Namen »Oticon« 1904 an Demant verkauft, der der Meinung war, es gäbe nicht Besseres für seine Zwecke. Dieser Charles Lehmann war es wiederum, der 1930 das Massagegerät gleichen Namens auf den Markt brachte, und zwar in seiner Eigenschaft als Geschäftsführer der Firma Hearing Devices.

Wieso er diesen Namen wieder verwenden konnte, obwohl er die Rechte daran bereits 1904 verkauft hatte, und was er damit bezweckte, kann nicht mehr geklärt werden. Lehmanns Sohn Herbert bekam den Namen von 1957 bis 1962 indirekt wieder zurück, weil er in dieser Zeit die amerikanische Generalvertretung für die dänischen Oticon-Geräte übernommen hatte.

In Dänemark wurde erst 1956 das lange Wortgebilde »American-Danish-Oticon« endgültig auf »*Oticon*« verkürzt. Unter diesem Namen entwickelte Oticon sich im Laufe der Jahrzehnte zu einem der größten und erfolgreichsten Hörgeräte-Hersteller der Welt.

»Acousticon« war, wie aus der Übersicht deutlich wird, eigentlich für lange Zeit nur ein Produktname, der von den Firmen Hutchinson Acoustics, General Acoustic Company, Dictograph und Acousticon, die alle aus der ursprünglichen Hutchinson-Gründung namens »Akouphone« hervorgegangen waren und zum Teil nur Umbenennungen und Reorganisationen bedeuteten, benutzt wurde. Weil das beherrschende Produkt dieser Firmen aber eben jenes »Acousticon« war, wurde vereinfachend immer nur von der Firma »Acousticon« gesprochen.

Der erste Hörgeräte-Hersteller in Deutschland war die *Deutsche Akustik-Gesellschaft*, die 1905 von *Alfred Hahn* (1849 bis 1918) in Berlin-Wilmersdorf gegründet und nach dessen Tod von seiner Witwe Clara Hahn weitergeführt worden ist. Ab 1937 firmierte das Unternehmen nach einer Einheirat mit dem Zusatz »Steup & Co.« und gehörte ab 1960 zu der amerikanischen Firma *Otarion*. Bis 1961 wurden eigene Geräte hergestellt, dann nur noch Otarion- und später Multiton-Geräte aus Berlin. 1966 kauft *Uwe Fischer* das Unternehmen und gliedert es in die Hamburger Firma *Hansaton* ein.

Ein Riese entsteht

Nach den Firmen Acousticon, American-Danish-Oticon und Deutsche Akustik trat 1910 eine weitere Firma auf den Plan, die sich als Hersteller für Hörgeräte historisch bedeutsam und dauerhaft erfolgreich erweisen sollte: die Firma *Siemens*. Sie wurde bereits 1847 von dem Universitäts-Mechaniker *Johann Georg Halske* (1814 bis 1890) aus Hamburg und einem erfinderischen Artillerieleutnant aus Lübeck namens *Werner Siemens* (1816 bis 1892) in Berlin gegründet. Siemens hatte den Zeigertelegraphen entscheidend verbessert und 1847 in Preußen und 1850 in England Patente darauf erhalten. Er sah darin eine ungeheure geschäft-

Abb. IV.25. Wer kennt ihre Namen noch?
Gebrauchsanweisungen, Werbeblätter und Garantiescheine
einiger deutscher Hörgeräte-Hersteller aus den frühen 50er
Jahren: Ariston, Multiton, Deutsche Elektronik (Omniton,
Eltronik), MicroRex, Wendton, Ollmann, Aditone, Mikro-
Akustik (Omikron), Blaupunkt und RFT (DDR). Keine der
Firmen ist mehr als Hörgeräte-Hersteller existent. Blaupunkt
existiert noch als Markenname für Autoradios, Ollmann ist heute
ein Filialunternehmen der Hörgeräte-Akustik und Aditone ist in
Danavox aufgegangen (Tafel Seite 178/179)

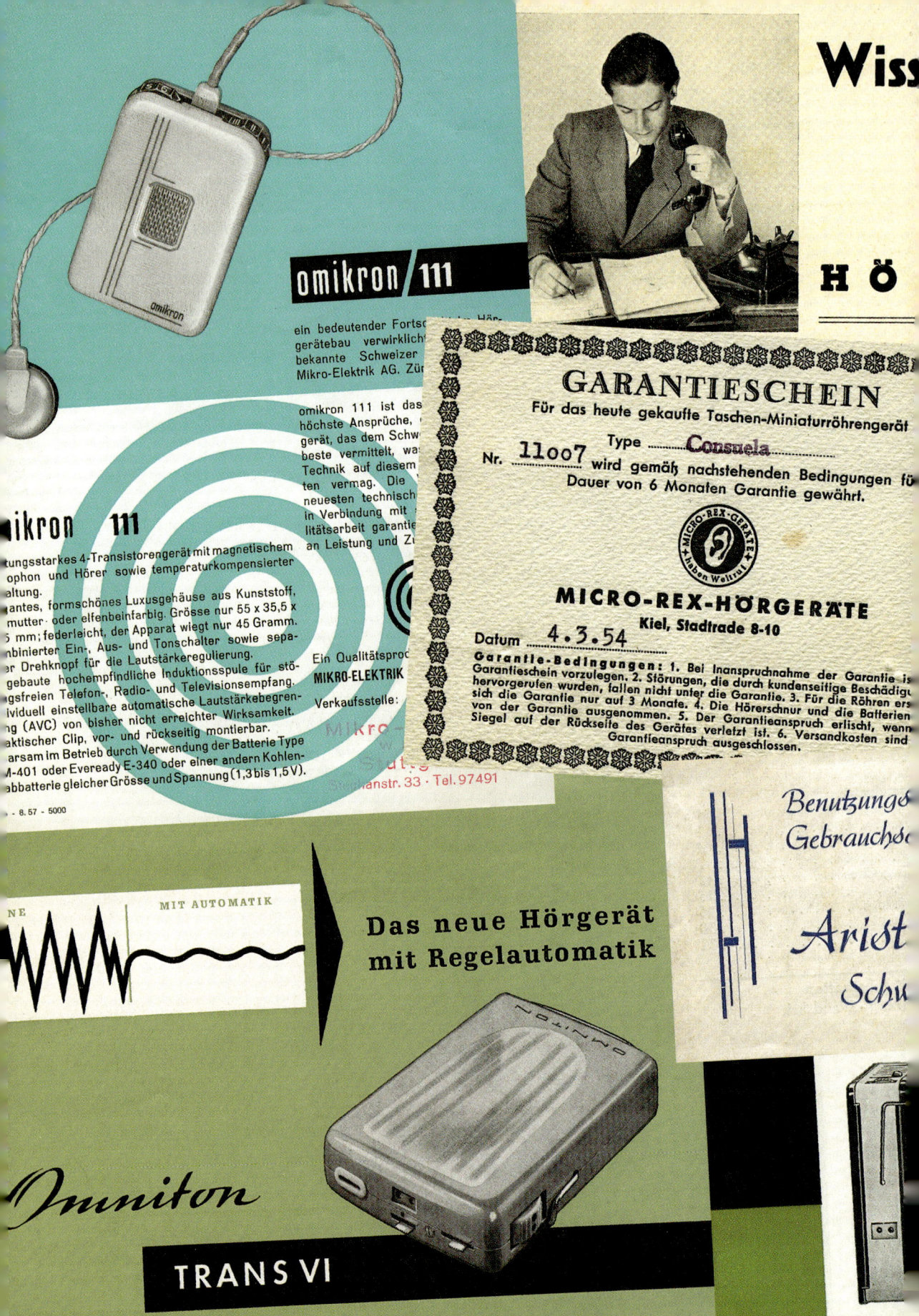

omikron / 111

ein bedeutender Fortsc... Hör-
gerätebau verwirklicht...
bekannte Schweizer ...
Mikro-Elektrik AG. Zür...

omikron 111 ist das ...
höchste Ansprüche, ...
gerät, das dem Schw...
beste vermittelt, wa...
Technik auf diesem ...
ten vermag. Die ...
neuesten technisch...
in Verbindung mit ...
litätsarbeit garanti...
an Leistung und Zu...

...ikron 111

...ungsstarkes 4-Transistorengerät mit magnetischem
...ophon und Hörer sowie temperaturkompensierter
...altung.
...antes, formschönes Luxusgehäuse aus Kunststoff,
...mutter- oder elfenbeinfarbig. Grösse nur 55 x 35,5 x
...5 mm; federleicht, der Apparat wiegt nur 45 Gramm.
...nbinierter Ein-, Aus- und Tonschalter sowie sepa-
...er Drehknopf für die Lautstärkeregulierung.
...gebaute hochempfindliche Induktionsspule für stö-
...ngsfreien Telefon-, Radio- und Televisionsempfang.
...ividuell einstellbare automatische Lautstärkebegren-
...ng (AVC) von bisher nicht erreichter Wirksamkeit.
...aktischer Clip, vor- und rückseitig montierbar.
...arsam im Betrieb durch Verwendung der Batterie Type
...M-401 oder Eveready E-340 oder einer andern Kohlen-
...abbatterie gleicher Grösse und Spannung (1,3 bis 1,5 V).

Ein Qualitätsprod...
MIKRO-ELEKTRIK

Verkaufsstelle:

Mikro-...
...
Stut...
Stephanstr. 33 · Tel. 97491

- 8.57 - 5000

Wiss

H Ö

NE   MIT AUTOMATIK

**Das neue Hörgerät
mit Regelautomatik**

Benutzungs
Gebrauchs...

Arist

Schu...

Omniton

TRANS VI

wertes

HR GEHÖR

IHRE

ILFE

TON 500

BEDIENUNGS-
ANLEITUNG

Minuet

und

nd

für

n-Ge

SIS TOR

Anleitung
für das Hören mit dem
Omniton
500
der
BLAUPUNKT
ELEKTRONIK
GMBH
DIE NEUZEITLICHE
ELEKTRONEN-HÖRHILFE

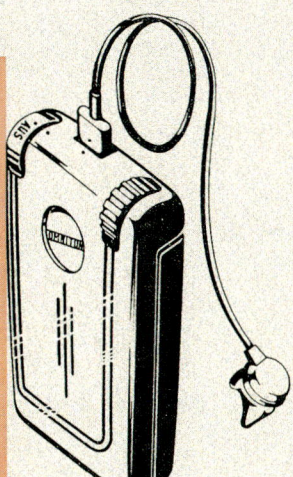

BRUNO OLLMANN · ESSEN
Spezialwerkstätten elektrischer Hörgeräte
Fabrik und Verwaltung: Wörthstraße 24

Garantieschein

Für den Ihnen am **19.3.51** gelieferten

Original BEOTON-Taschen-Röhren-Hörapparat

Type 366 P

Fabrik-Nr. **01720**

übernehme ich eine Garantie von zwölf
Monaten, gerechnet vom Tage der Rech-
nungsausstellung. Die Garantie erstreckt
sich auf sämtliche Fehler, die sich trotz
sachgemäßer Benutzung des Apparates in
dieser Zeit einstellen mit Ausschluß des
Kabels und der Batterien, die einem normalen Verschleiß unterliegen. Die Ausführung der Reparatur sowie die Lieferung
der Ersatzteile geschieht kostenlos. Ver-
sandkosten trägt der Kunde. Der Garantie-
anspruch erlischt, sowie festgestellt wird,
daß der Apparat durch fremde Hand geöffnet worden ist.

Bedienungsanleitung
für die
WENDTON -
BREITBAND-HÖRBRILLE
WT 920

WENDTON
WERNER WENDT KG

Spezialfabrik für Hörgeräte

HAMBURG 39 - HUDTWALCKERSTR. 2-8

HÖREN

MIT

EINER

BRILLE

aditone
HÖRBRILLE

liche Chance und beschloss, ein Unternehmen darauf aufzubauen. Siemens hatte richtig spekuliert, denn schon ein Jahr später erhielt er vom preußischen König *Friedrich Wilhelm IV.* den Auftrag, Telegraphenlinien zwischen Berlin und Frankfurt und Berlin und Köln zu bauen. Siemens wurde damit durch ein spektakuläres Großereignis ebenso über Nacht berühmt, wie später Hutchinson anlässlich der Krönung von König Edward VII. Als die Frankfurter Nationalversammlung 1848 Friedrich Wilhelm IV. zum Deutschen Kaiser ausrief, war diese Nachricht dank Siemens Nachrichtentechnik eine Stunde später in Berlin. Der Erfolg konnte auch nicht mehr durch die in die entgegengesetzte Richtung zu übermittelnde Nachricht geschmälert werden, dass der preußische König dieses Ansinnen ablehnte. *(Anm.d.Verf.: Der König wollte durch Gottes und nicht durch eines Parlamentes Gnaden Kaiser werden. Vgl. Weiher, Werner von Siemens, in: Die Grossen, Bd.8/1, S. 176).*

Werner Siemens baute sein Unternehmen unter großen persönlichen Schwierigkeiten und Entbehrungen auf, weil er sich neben seinen Pflichten als Offizier und seiner Erfindertätigkeit auch noch um seine neun Geschwister kümmern und das Erbe seines glücklosen Vaters verwalten musste.

Mit dem Namen Werner Siemens bleibt auch eine Institution verbunden, die für die Hörgeräte-Industrie noch eine große Rolle spielen sollte. Es war die »*Physikalisch-Technische Reichsanstalt in Berlin*«, die ab 1958 in Braunschweig als »*Physikalisch-Technische Bundesanstalt (PTB)*« auch Bauartprüfungen für Hörgeräte durchführte. Werner Siemens hatte, »beseelt von dem Glauben, dass durch die Verbindung von Wissenschaft und Technik die Menschheit besser und zufriedener werden könne«, die Reichsanstalt 1887 gestiftet, um insbesondere auch ein firmenunabhängiges Institut zu schaffen, das in der Lage war, die Qualität technischer Produkte zu überprüfen und zu bewerten. Er gründete auch den *Elektrotechnischen Verein ETV*, der sich später *VDE (Verein Deutscher Elektrotechniker)* nannte, und die *Kaiser-Wilhelm-Gesellschaft*, aus der später die *Max-Planck-Gesellschaft* hervorgeht. Siemens erfand noch eine ganze Reihe bahnbrechender technischer Neuerungen, darunter 1867 die *Dynamomaschine*, die genug Strom lieferte, um die Telegrafie auch über größte Distanzen hinweg, zum Beispiel über den Atlantik nach Amerika, zu ermöglichen.

Die Anerkennung seiner Arbeit blieb nicht aus. 1860 verlieh ihm die Berliner Universität die Ehrendoktorwürde der Philosophie, 1873 wurde er Mitglied der Preußischen Akademie der Wissenschaften und 1888 von Kaiser *Friedrich III.* in den Adelsstand erhoben. Diese Ehrung war fünf Jahre zuvor schon seinem anglophilen Bruder Wilhelm zuteil geworden, der von der englischen Königin Victoria für seine Verdienste um das Transatlantikkabel geadelt worden ist. Beide Brüder nannten sich von da an »von Siemens«. *(Anm. d. Ver.: Friedrich III. folgte auf Wilhelm I. und regierte nur 99 Tage, bevor er wegen einer schweren Erkrankung zu Gunsten von Wilhelm II. abdankte).*

Abb. IV.26. Die erste Siemens-Fabrikation von Hörgeräten 1910 in Berlin

Ob sein Interesse, Schwerhörigen zu helfen, damit zusammenhing, dass er die älteste Tochter des renommierten Psychoakustikers *Hermann von Helmholtz* geheiratet hatte und somit in die Welt des Hörens involviert wurde, ist ungewiss. Jedenfalls baute Siemens 1878 einen Telefonhörer mit Hilfe eines von ihm erfundenen Hufeisenmagneten so um, dass er laut genug war, einem Schwerhörigen das Telefonieren zu ermöglichen. Als Hörgerät war das Modell *»Phonophor«* aber noch nicht zu bezeichnen, weil es kein Mikrophon besaß und noch nicht speziell für den Ausgleich von Schwerhörigkeiten konzipiert war *(internes Siemens-Papier von 1975, ZVW 143).*

Sein Sohn *Carl Friedrich von Siemens* (1872 bis 1941) rief 1918 ebenfalls eine Institution, wenn auch nur als Mitgründer, ins Leben, die später für die Hörgeräte-Industrie eine große Bedeutung haben sollte, den *Zentralverband der Deutschen Elektrotechnischen Industrie (ZVEI)*. Carl Friedrich von Siemens leitete diesen Verband bis 1933. Werner und Carl Friedrich von Siemens stellten – wie zuvor die bereits erwähnten Hans und William Demant – einen Eigentümer-Unternehmertyp der Gründergeneration dar, wie sie uns auch nach dem Zweiten Weltkrieg noch einmal begegnen werden, aber in heutiger Zeit immer seltener wer-

*Abb. IV.27. Phonophor-
Gerät mit Kopfhörer
(ca. 1913)*

den. *(Vgl. Harenbergs Personenlexikon des 20. Jahrhunderts, S. 1176, und Engasser et
al., Große Männer der Weltgeschichte, S.433).*

1910 fing die Firma Siemens erstmals an, spezielle Geräte für Schwerhörige herzustellen. Aber man wollte, um erst einmal Erfahrungen mit dieser Technik zu
sammeln, zunächst nur den Bedarf im eigenen Hause decken. Die Geräte wurden aus diesem Grunde lediglich an Firmenangehörige abgegeben und die Produktion ab 1912 wieder eingestellt. Nach einigen Monaten Pause kam Siemens
dann 1913 mit einem Modell heraus, das für den allgemeinen Markt bestimmt
war und den Namen »*Esha-Phonophor*« trug. Mindestens zehn Jahre lang wird
dieses Gerät in verschiedenen Varianten gebaut. Eine Preisliste aus dem Jahre
1925 zeigt und beschreibt sie ausführlich. Die Geräte unterschieden sich in der
Verstärkung, Form und Trageweise voneinander, waren aber sonst – der Zeit
weit voraus – als Modulbausteine konzipiert. Alle haben einen »Schallfänger«
(Mikrophon), eine »Vorrichtung zur Wiedergabe der Töne« (Hörer), eine »Bat-

terie von Trockenelementen« (Batterie), die »Zuleitungen« (Schnüre) mit den Steckkontakten und einen zusammenklappbaren Kopfbügel. Die Geräte mit Namen »Esha-Phonophor« waren in drei Klassen einzuteilen: 1. für mäßig starke Sprachwiedergabe, 2. für mittelstarke Sprachwiedergabe und 3. für sehr starke Sprachwiedergabe.

Die unterschiedlichen Verstärkungen und Hörkomforts wurden dadurch erreicht, dass Geräte wahlweise einen oder zwei Hörer hatten, und wahlweise ein, zwei oder vier Mikrophone. Die Geräte wirkten außerordentlich elegant im Design. Sie waren in einer Brieftasche, einer Damentasche, einem Etui oder in einem Gehäuse ähnlich einer Klappkamera (»Kodakform«) untergebracht. Als Zubehör war, außer den Ersatzbatterien, ein »Schieber-Regulierwiderstand« lieferbar, mit dem man die Lautstärke einstellen konnte.

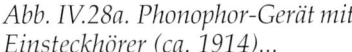

Abb. IV.28a. Phonophor-Gerät mit Einsteckhörer (ca. 1914)...

Abb. IV.28b. ...und zum Radiohören

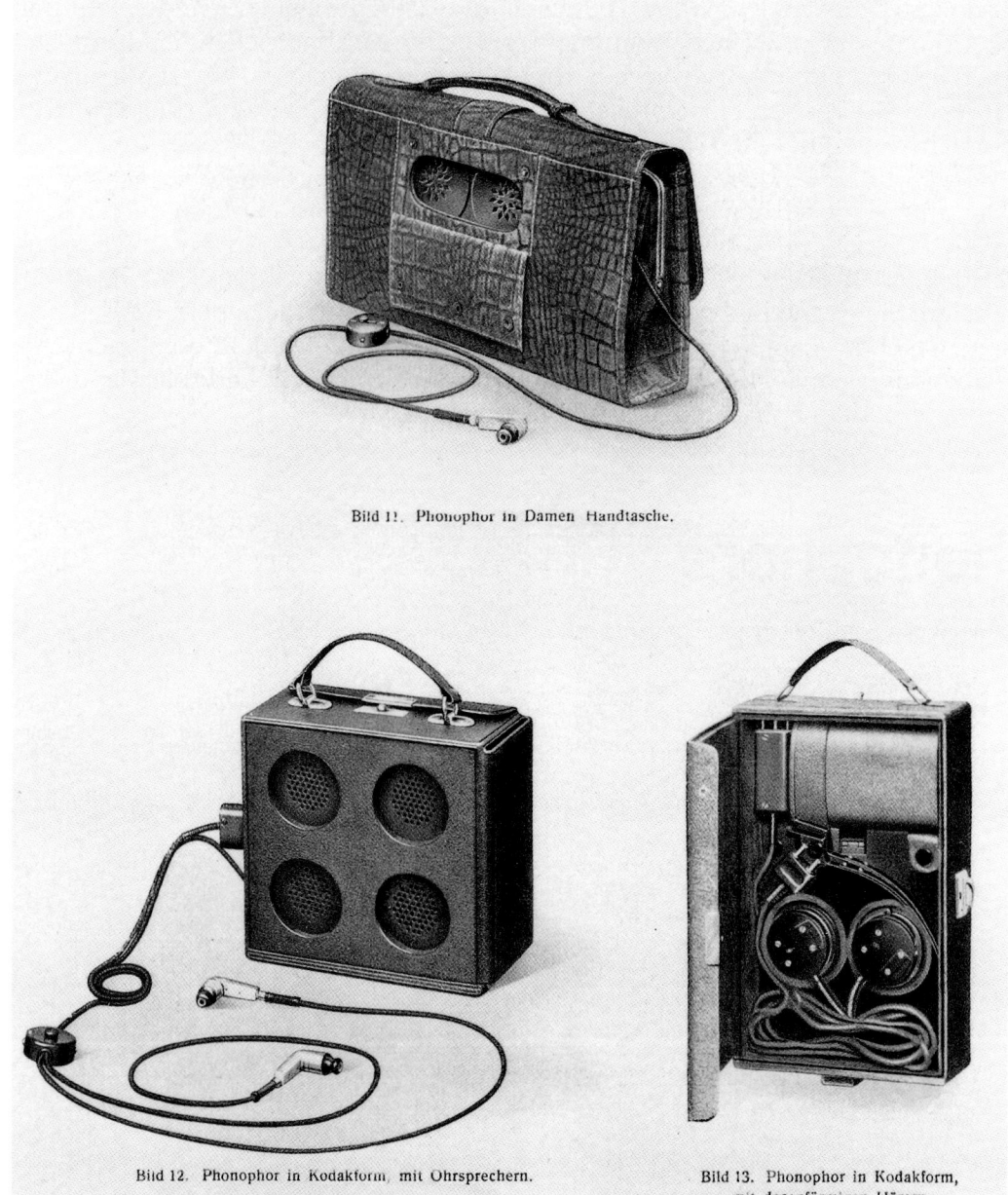

Bild 11. Phonophor in Damen Handtasche.

Bild 12. Phonophor in Kodakform, mit Ohrsprechern.

Bild 13. Phonophor in Kodakform, mit dosenförmigen Hörern.

Abb. IV.29. Phonophor-Geräte als Damen-Handtasche und als Koffer (»Kodakform«). Das Koffergerät hat deutlich sichtbar vier Schallfänger (ca. 1916)

Abb. IV.30. Das Handtaschengerät in Großaufnahme

Angeboten wurden die Geräte ab 1925 unter der zugkräftigen Adresse des »*Wernerwerk*« der *Siemens & Halske AG* in Berlin-Siemensstadt. Hergestellt wurden sie aber bereits in Erlangen, wo 1877 von Ernst Moritz Reiniger ein kleiner Betrieb zur Fabrikation physikalischer und elektromedizinischer Geräte entstanden war, der ab 1886 in die größere »*Reiniger, Gebbert & Schall OHG*« integriert wurde. Mit der Audiologie kam das Unternehmen schon sehr früh in Berührung, weil es ab 1906 den elektrischen Akumeter gebaut hatte, der 1882 von dem Wiener Ohrenarzt Victor Urbantschitsch entwickelt worden war. 1919 wurde auch das »*Hörschärfe-Messgerät*« nach *Kasparek und Nottebrock* bei Siemens entwickelt, mit dem spezielle Gehörprüfungen für akustisch stark beanspruchte Arbeiter durchgeführt werden konnten. 1932 wurde das Unternehmen in Erlangen in Siemens-Reiniger-Werke AG umbenannt und hieß so bis 1969.

Weil die Chronisten, Journalisten und Übersetzer mit den Firmenbezeichnungen manchmal ihre liebe Not haben, war dieser Name nicht ganz unproblematisch. 1983 wurde aus »Siemens-Reiniger« in der Übersetzung eines deutschen Fachartikels ins Englische nämlich kurzerhand »Siemens-Cleaner« gemacht. Aber es ist verbürgt, dass bei Siemens in Erlangen niemals Reinigungsmittel hergestellt wurden, sondern nur solide Medizintechnik und Hörgeräte.

Die Phonophor-Serie wurde in den folgenden Jahren mit großem Erfolg fortgesetzt und kam mit den jeweiligen Beinamen Alpha, Beta, Gamma, Delta, Epsilon, Zeta und Super auf den Markt.

Für hochgradig Schwerhörige:
Phonophor mit Doppel-Schallfänger und Mikrophonverstärker

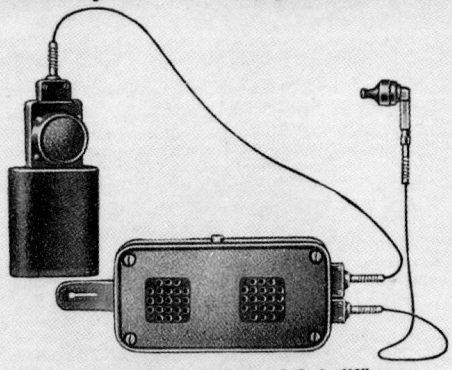

Bild 5. Phonophor mit Doppel-Schallfänger, Mikrophonverstärker und Einsteckhörer

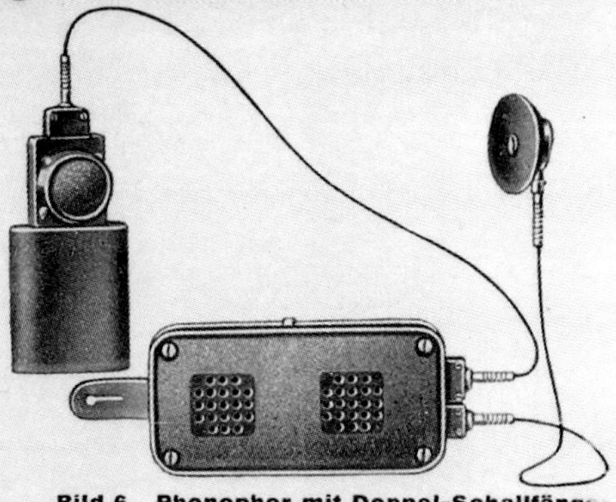

Bild 6. Phonophor mit Doppel-Schallfänger, Mikrophonverstärker und Muschelhörer

Dieser den höchsten Ansprüchen genügende Apparat geht aus dem Phonophor mit Doppel-Schallfänger dadurch hervor, daß ein Mikrophonverstärker auf die Batterie gesteckt wird. Die damit erzielbare außerordentlich große Lautstärke ermöglicht müheloses Hören auch in sehr großen Räumen, wie Theatern, Konzert- und Vortragssälen. Die Lautstärke ist mittels Schiebers am Schallfänger sehr bequem und genau regelbar. Da der Mikrophonverstärker jederzeit einzeln käuflich ist, kann der Besitzer eines Phonophors mit Doppel-Schallfänger bei wachsender Schwerhörigkeit seinen Apparat weiter verwenden und braucht lediglich den Verstärker nachzubestellen. Wir liefern die Phonophore mit Doppel-Schallfänger und Mikrophonverstärker normal:
1. **mit Einsteckhörer** (Bild 5);
2. **mit Muschelhörer** (Bild 6) und Kopfbügel;
3. **mit Einsteck- und Muschelhörer.** Bei dieser Anordnung hat der Hörer alle verfügbaren Mittel zu Gebote, die Lautstärke dem Stand seines Leidens und den örtlichen Verhältnissen bequem und genauestens auzupassen: durch Einstellen des am Empfänger angebrachten Schiebers und durch Benutzen des geeigneten Hörers (Einsteck- oder Muschelhörer, mit oder ohne Mikrophonverstärker).

So bequem und unauffällig sind die Phonophore

Bild 7. Die Dame trägt den leichten Schallfänger unter dem Kleid an einem um den Hals gelegten Bande. Die Batterie (mit oder ohne aufgestecktem Mikrophonverstärker) findet in einem auf das Unterkleid genähten Täschchen Platz. Der nach Art der Bilder 9—13 getragene Hörer wird durch die Frisur verdeckt. Der ganze Phonophor ist also völlig unsichtbar.

Bild 8. Der Herr hängt den Schallfänger an einen besonderen Westenknopf in Schulternähe und steckt die Batterie (mit oder ohne Mikrophonverstärker) einfach in die Tasche. Der Hörer wird nach Art der Bilder 9—13 getragen. Bis auf ein kurzes Stück dünnen Verbindungskabels, das aus dem Rockkragen zum Hörer führt, ist auch diese Einrichtung ganz unauffällig.

Siemens besonderer Beitrag zur Entwicklung von Hörhilfen in den frühen Jahren war 1914 die Erfindung des *Kleinhörers*, auch »*Ohrsprecher*« genannt. Heute bezeichnet man diesen Hörertyp als »*Einsteckhörer*«. Bis dahin waren alle Hörhilfen mit den typischen Telefonie-Hörern ausgestattet, die nur flach auf die Ohrmuschel gehalten werden konnten. Der Vorteil eines Kleinhörers lag darin, dass er direkt auf dem Gehörgang saß und mit weniger Energieaufwand einen höheren Schalldruck am Trommelfell erzeugen konnte. Hinzu kamen das geringere Gewicht und die unauffälligere Trageweise, wobei auch dieser Hörertyp zunächst nicht ohne eine Haltevorrichtung auskam. Dazu war aber, statt des großen Kopfbügels, nur noch ein kleiner »*Ohrbügel*« in Form eines gebogenen

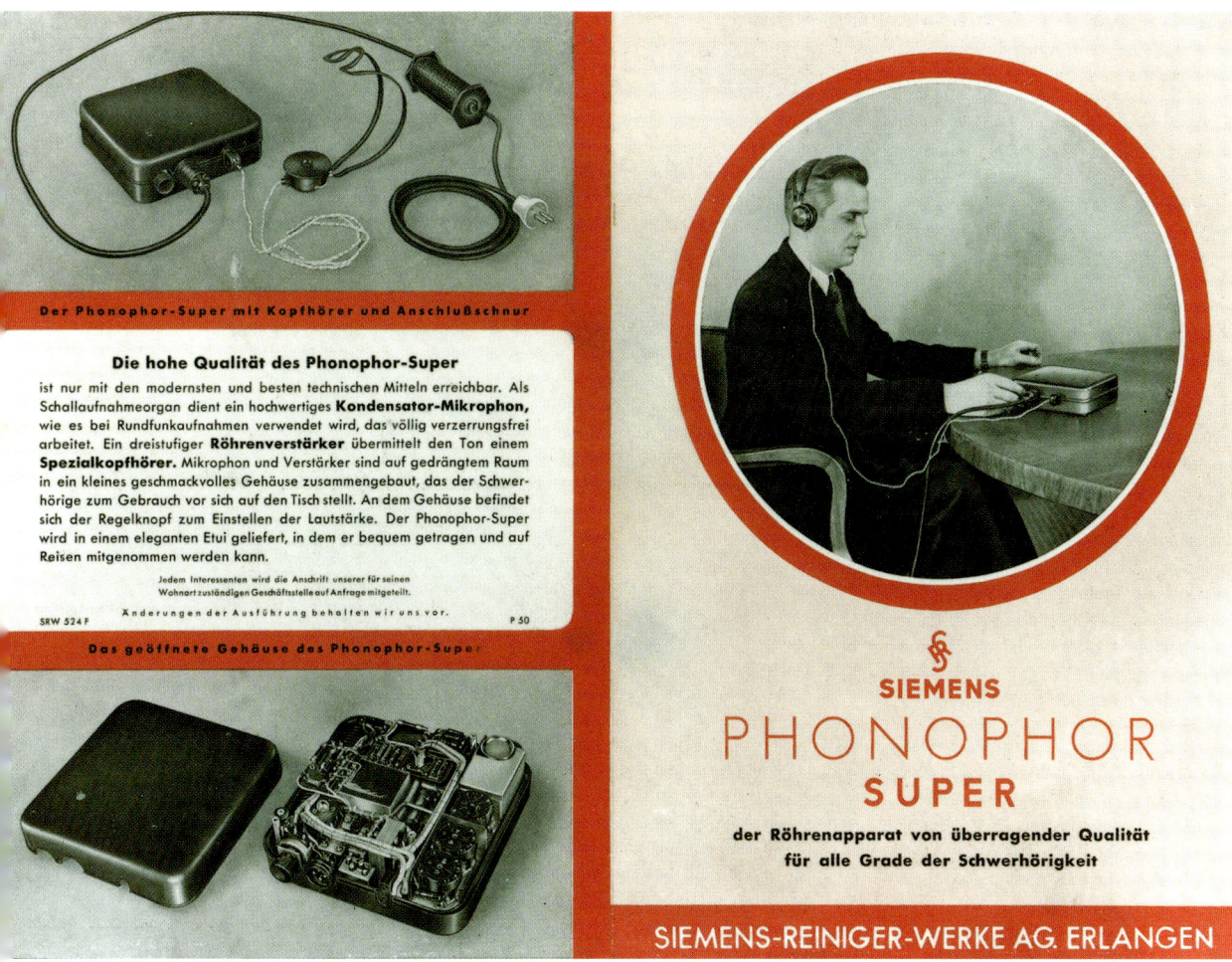

Abb. IV.31. *Verbesserte Phonophor-Geräte mit extra Mikrophon-Verstärker nach dem Kohleverstärker-Prinzip (»Booster«) auf der Batterie. Dadurch konnte eine höhere Verstärkung erreicht werden (ca. 1925) (Bild links)*

Abb. IV.32. *Phonophor-Super Röhrenverstärker-Gerät (fünf Röhren) mit Netzanschluss und regelbarer Lautstärke, 1946 (Bild oben)*

Drahtes notwendig, der in seiner Form der Ohrmuschel angepasst war. Später übernahm diese Haltefunktion die Otoplastik.

Ein anderer Beitrag der Firma Siemens zur Entwicklung der frühen Hörhilfen war ein neuer Verstärkertyp, der 1924 eingeführt wurde. Der »*Kohleverstärker*« basierte auf dem Prinzip des *Kohlemikrophons*, das heißt, auch hier wurde Druck auf eine mit Kohlekörnern gefüllte Kammer ausgeübt, die einen gleichförmigen Strom modulierte. Erzeugt wurde der Druck aber nicht, wie beim Mikrophon, von einer schalldruckaufnehmenden Membran, sondern von einem elektromagnetischen Antriebssystem, das den Strom schon moduliert vom Mikrophon erhielt und verstärkte. Der verstärkte Strom wurde dann dem Hörer zugeleitet und in hörbaren Schall transformiert. Der Effekt war nicht zu verachten. Ein Modell der Firma *Globe Ear* konnte mit dem Zuschalten dieses »Boosters« seine Verstärkung von 28 auf 46 dB steigern *(Berger, The Hearing Aid, S. 66, Güttner, Zur Geschichte der Hörgeräte, S. 5, Berger, Festvortrag anlässlich 75 Jahre Siemens-Hörgeräte von 1985, S. 1).*

Der Kohleverstärker sollte eine Alternative zu den aufkommenden Röhrenverstärkern sein. So leistungsfähig die Vakuumröhren auch waren, sie hielten

Abb. IV.33. Ein Phonophor mit Knochenleitungshörer beim Einsatz im Büro

Abb. IV.34. Eine Phonophor-Preisliste von 1927 (Bild rechts)

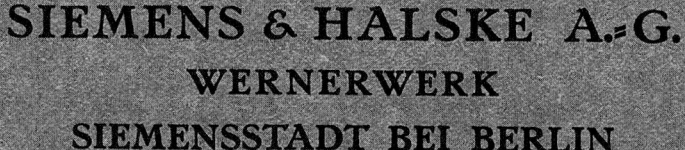

SIEMENS & HALSKE A.-G.
WERNERWERK
SIEMENSSTADT BEI BERLIN

Preisliste 52

9. Teil

Elektrische Apparate
für Schwerhörige

„Esha-Phonophor"

Abb. IV.35. Eine frühe elektrische Vielhöranlage in der Kirche (1928)

nur eine begrenzte Zeit, waren teuer in der Herstellung und benötigten immer zwei Batterien. Die Idee des Kohleverstärkers war deshalb naheliegend und einfach zu realisieren. Aber es gab gravierende Nachteile wie erhöhte nicht-lineare Verzerrungen und störende Geräusche beim Gehen oder Tragen von schweren Kleidern (Reibegeräusche). Besonders lästig war etwas, das in heutiger Zeit geradezu komisch anmutet: Je nachdem, ob der Benutzer des Gerätes stand, saß oder auf dem Bett lag, lieferte das Gerät unterschiedliche Verstärkungswerte, bis hin zum Totalausfall, wenn er sich verneigte! Zehn Jahre lang hat man versucht, diese prinzipiellen Schwächen abzustellen, aber ohne durchschlagenden Erfolg. Angesichts der rasch einsetzenden Miniaturisierung der Vakuumröhren hatte der Kohleverstärker bald keine Zukunft mehr und wurde letztlich für immer aufgegeben.

Schließlich bedarf das Bemühen des Hauses Siemens um die apparative Betreuung von Gemeinschaftseinrichtungen schwerhöriger Menschen besonderer Erwähnung. 1922 war man in Anlehnung an die Konfigurationen aus den mechano-akustischen Tagen darauf gekommen, auch elektrische Hörapparate in der Weise miteinander zu verbinden, dass in Schulen, Kirchen und Hörsälen zu Zwecken der Lehre, der Hörerziehung oder auch nur der Unterhaltung ein gemeinsames Hören möglich wurde. Diese »*Vielhöranlagen*« waren eine segens-

Abb. IV.36. und Abb. IV.37.
Zwei fortgeschrittenere
Anlagen in Schwerhörigen-
Schulen 1953 und 1966
(unteres Bild)

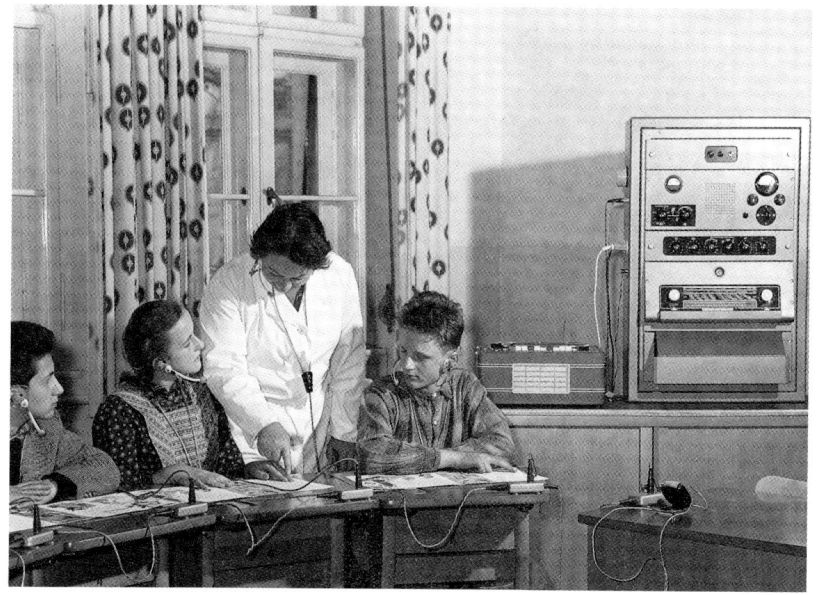

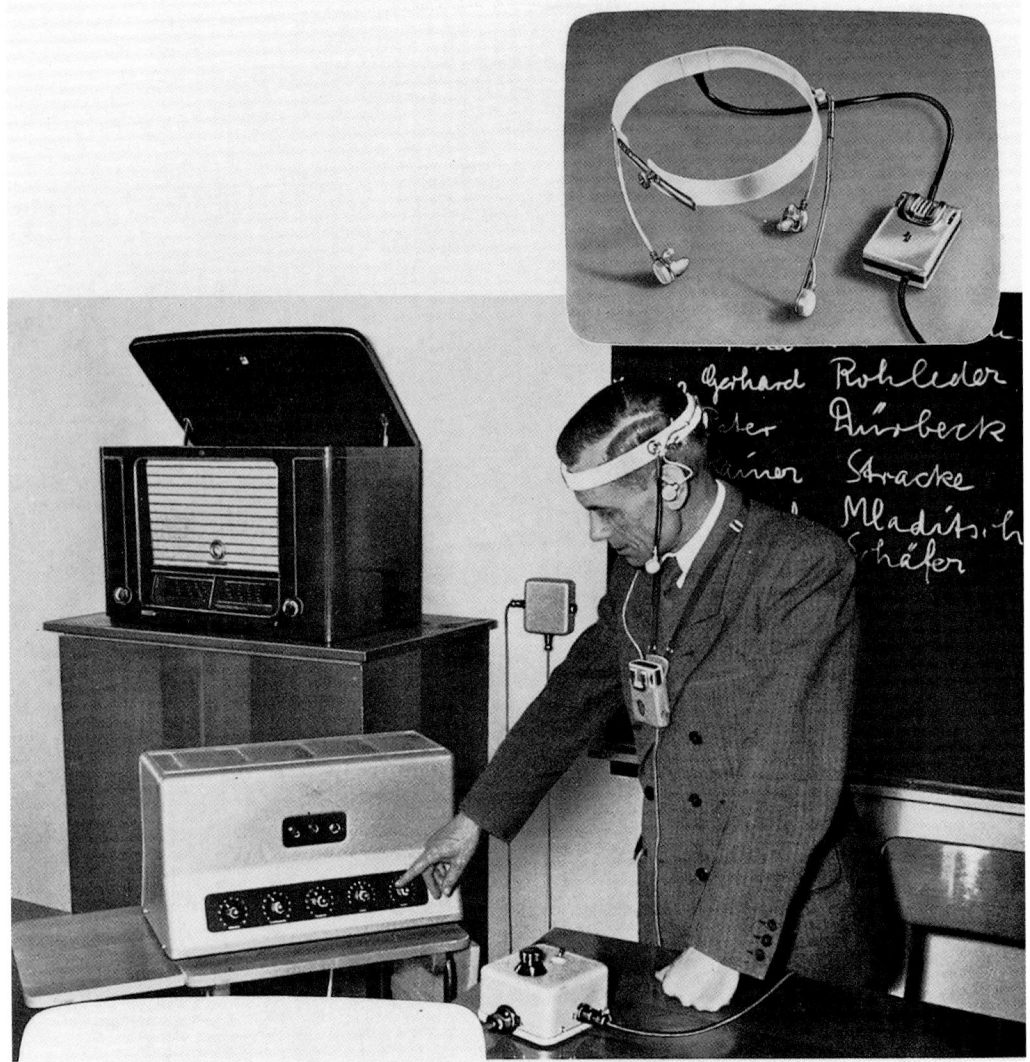

Abb. IV.38. Ein Lehrer in einer Schwerhörigenschule prüft seine Anlage

reiche Einrichtung. Ab 1928 werden sie in Kirchen eingesetzt, nachdem sie mit
Verstärkern, die Rundfunkröhren enthielten, leistungsfähiger gemacht worden
sind. Ab 1932 werden sie in Zusammenarbeit mit der *Klangfilm GmbH*, der führenden deutschen Firma auf dem Gebiet der Lichttontechnik, in bestimmten
Filmtheatern eingesetzt. Dazu nutzte man die vorhandenen Röhrenverstärker
in den Vorführräumen, die mit bestimmten Sitzplätzen im Saal verbunden waren, die über Steckverbindungen für Kopfhörer und Lautstärkeregler verfügten.

1969 wurde der Hörgeräte-Bereich in Erlangen in den »Unternehmensbereich
Medizintechnik« der Siemens AG integriert und 1989 als selbständige Unter-

nehmenseinheit unter der Firmierung »Siemens Audiologische Technik GmbH« wieder ausgegliedert.

Beileibe keine Zwerge...

Die Unternehmer, die bis 1950 eine Hörgeräte-Fabrikation in Deutschland aufgebaut hatten, waren Pioniere, die manchmal nur wenige Geräte herstellten und dann wieder aufgaben. Es war also nicht so, wie oft zu hören ist, dass der Erfolg in den Gründerjahren in jedem Falle garantiert war, nur weil der Kapitalbedarf vorgeblich gering und die Märkte nicht gesättigt waren. Unternehmerisches Geschick und klare Ziele waren auch damals schon unabdinglich. Ob erfolgreich oder nicht, sie haben am Aufbau dieser Branche mitgewirkt und sollten noch einmal gewürdigt werden. Wie lange diese Firmen jeweils existent waren bzw. Hörgeräte hergestellt haben und was Firmenname bzw. Produktname war, ist nicht mehr in allen Fällen zu ermitteln gewesen.

1900-1909   Alfred Hahn, Berlin (Deutsche Akustik)

1910-1919   Emil Loest, Duderstadt (Loest)
               T. Flateau, Berlin (Megalophone)
               Gustav Kirchner, Hugo Wilhelm, Stuttgart (Kirchner & Wilhelm)

1920-1929   Ludwig Sudicatus, Berlin (Louis & Löwenstein, später AGEMA, ACUTUS Hörgeräte)
               Hermann Dombrowski, Berlin (Dombrowski)
               Hans von Baussen, Berlin (Bausophon)
               Hans Burschers, Allenburg (Luchsohr)
               Franz Kortekamp, Köln (1944 ausgebombt)
               G. R. Schulze, Berlin (G. R. Schulze)

1930-1939   Bruno E. Ollmann, Essen (Beoton)
               Carl Anton Tegner, Frankfurt (Deutsche Otophone)
               Martin Rochhausen, Waldkirchen (Rochhausen)

1940-1949   Willy Kunze, Kiel (Atlas Werke AG)
               Karl Neufeldt, Marburg (Neophone)
               Lothar P. H. Sengewitz, Kiel (Sengewitz, Elac)
               Heinz Will, Hamburg (Willco)
               Werner Wendt, Hamburg (Wendton)
               Dr. Hans Stephan, Bonn (Diaphon)
               Franz u. Fritz Kortekamp, Duderstadt (1948 neu gegr.)
               Joseph Mellert, Konstanz (Melton, Klarton)

1950 -1959 Günther Mayer, Gustav Wagner, Karl Lehrer, Berlin (Bosch)
        Dr. Erhard W. Ahrens, Kiel (ELAC)
        Georg Henke, Tuttlingen (Henke)
        Dr. Joachim Ritzmann, Erlangen (Siemens)
        Richard Schössel, München (Trans-Audio)
        Rolf-Müller Ernesti, Hamburg (Ariston)
        Heinz Will, Hamburg (Transitton)
        Kurt Linke, Kiel (Linke)
        Gerhard Röhr, Berlin (Rowiphon)
        Arndt W. Osterroth, Krefeld (Aditone)
        Vagn Tvermoes, Krefeld (Aditone, v. Osterroth übernommen)
        Robert Steger, Böblingen (Conex)
        Rudolf G. E. Fischer, Hamburg (Hansaton)
        Herbert Volknandt, Essen (Vox)

1960-1969 Hellmuth J. Türk, Köln (Interton)
        Gertrud Sengewitz, Kiel (Micro Rex)

Nicht alle deutschen Unternehmer der Branche eröffneten ihren Betrieb in Deutschland. Einige gingen in die USA und versuchten dort ihr Glück. Der Danziger *Emil Meyrowitz* (1851 bis 1937) zum Beispiel gründete 1875 in New York zunächst ein Optikgeschäft und stellte ab 1887 kleine binaurale Ohrschalen zur Hörverbesserung (»Invisiphones«) und Hörrohre mit eingebauten Membranen (»Otophones«) her, später einige Telefoniegeräte und Hörhilfen für die Oper. *Rolf Stutz* und *Richard Wagner* gründeten 1946 in Boston die Firma Micronic, die später von Audivox übernommen wurde. *Erich Hechler* (1897 bis 1970) gründete 1926 in New York die Firma American Hearite, vertrieb in den USA Geräte der Deutschen Akustik GmbH und stellte Zubehör her. *Walter Bienemann* (gest. 1960) gründete 1945 in Detroit die Firma Crystal-Vox und produzierte nur ein einziges Hörgerät. Er konnte aber als Einzelhändler bis 1950 überleben. *Georg Borgfeldt* (1853 bis 1903) ließ sich 1881 als Importeur in New York nieder und vertrieb bis etwa 1925 Geräte der Deutschen Akustik GmbH unter dem klangvollen Namen »Celebrate« in den USA. *Anton Heilmann* aus Hamburg war schon in den 30er Jahren nach New York gegangen, ließ sich dort als Hörmittelhändler nieder und vertrieb die englischen Fortiphone-Geräte in den USA. Weitere Lebensdaten von ihm sind nicht mehr bekannt. *Benno Hirschfeld* (weitere Daten nicht bekannt) ging 1943 nach Brasilien und produzierte dort bis 1950 das Röhrengerät »Invictus«. *Hugo Lieber* (1868 bis 1936) gründete 1929 die sehr erfolgreiche Firma Sonotone, die Siemens-Geräte in den USA vertrieb. *Walter Trimm* (weitere Daten nicht bekannt) gründete 1922 in Chicago eine Fabrik für Radioapparate und stellte ab 1929 auch Hörgeräte her. Recht erfolgreich war sein Hörgeräte-Bausatz zum Selbermachen, von denen er 1 800 Stück verkaufen konnte. *(Anm.: Der Autor hat beim großen Dinner des NHAS-Hörgeräte-Kongresses 1983 in Denver/Colorado zufällig neben Anton Heilmann gesessen und so von dessen*

Herkunft aus Hamburg-Eimsbüttel erfahren. Beide waren in Hamburg aufgewachsen und kannten dieselben Straßen, Kinos, Kneipen usw. So klein ist die Welt!).

Auch Frauen aus Deutschland betätigten sich in Amerika in der Hörgeräte-branche. Es handelte sich um *Clara Hoffmann* (gest.1967, weitere Daten nicht bekannt), die 1918 in Pittsburgh ein Büro als Hörmittelhändlerin eröffnete und von 1938 bis 1943 unter der Bezeichnung »Duratron« einige Hörgeräte produziert hat und 1955 in Kalifornien in den Ruhestand ging. Ein anderes Beispiel ist *Frieda Kay* (weitere Daten nicht bekannt), die 1924 in New York die Firma Acoustic Products gründete und bis 1930 Hörgeräte herstellte. *Marion Klein* und *Minna Eckhaus* gründeten 1944 in New York die Firma Otronics, kamen aber als Fabrikanten nicht über ein Hörgeräte-Modell hinaus. *(Alle Daten aus Berger, The Hearing Aid).*

Auch in England ließen sich deutsche Emigranten nieder und entwickelten sich zu Hörgerätefabrikanten. Der Berliner Jurist *Dr. Ernst Werth* (1893 bis 1972) kam eher zufällig zu den Hörgeräten. Auf der Suche nach einem beruflichen Neuanfang hatte er 1939 in London für den Hörgeräte-Hersteller Ardente zunächst Etuis angefertigt und auf diesem Wege auch seinem Sohn, *Peter C. Werth,* Arbeit verschaffen können. 1939 begann Peter, bei *Ardente* und später bei *Thirsk,* Röhrengeräte zusammenzubauen. Ab 1942 lernte er immer mehr Schwerhörige kennen und kam so 1946 auf die naheliegende Idee, ein Geschäft daraus zu machen und sich als Englands erster Fachberater niederzulassen. Das Geschäft wurde ab 1947 auch zu einem Großhandel und Herstellungsbetrieb für Hörgeräte erweitert und erfolgreich bis in unsere Zeit weitergeführt.

Der Zweite Weltkrieg hat nicht nur mit dem Verschwinden vieler dieser Firmen seine Spuren hinterlassen. »Made in Germany« war für viele Kunden im Ausland eine Weile tabu. Das ging sogar soweit, dass Firmen, die gar nicht deutsch waren, jede Nähe zu Deutschland peinlichst vermieden. Während der traditionsreichste aller Hörmittelhersteller, die englische Firma F. C. Rein & Son, die schon ab 1796 Hörrohre und ab ca. 1920 elektrische Hörgeräte hergestellt hatte, stets wie das deutsche Wort »rein« ausgesprochen worden ist, bestanden die Inhaber mit dem Ausbruch des Zweiten Weltkrieges darauf, dass es wie das englische Wort »rain« auszusprechen sei.

Ähnlich verhielt sich 1935 die amerikanische Firma »Teutonophone«. Wegen der antideutschen Gefühle in den USA infolge von Hitlers Machtergreifung glaubte man, mit diesem Namen geschäftlichen Schaden zu erleiden. Man änderte den Namen deshalb in »Trutonophone« um.

V. Die Moderne

Neuanfang

Der Wahnsinn des Zweiten Weltkrieges bedeutete die schwerwiegendste Zäsur in der Geschichte der Menschheit. Weltweit verloren durch Kriegshandlungen, in Gefangenschaft oder in Konzentrationslagern 55,3 Millionen Menschen ihr Leben. Allein in Deutschland wurden 3,6 Millionen Zivilpersonen und 3,0 Millionen Soldaten getötet. 9,8 Millionen Menschen kamen in deutsche Konzentrationslager, wovon 5,7 Millionen ermordet wurden. Dazu kamen eine halbe Million Zivilisten durch Luftangriffe ums Leben und 1,5 Millionen verhungerten auf der Flucht. 2 Millionen Soldaten überlebten als Schwerbeschädigte, 1,9 Millionen kamen in russische Kriegsgefangenschaft. 19,3 Millionen Deutsche wurden vertrieben, ausgewiesen oder zwangsweise umgesiedelt, 2,3 Millionen ausgebombt, 3 Millionen blieben vermisst. Durch die russische Demontagepolitik in Berlin und Ostdeutschland wurden zusätzlich mehrere Milliarden Reichsmark vernichtet.

Der Erste Weltkrieg hatte schon einen ungeheuren wirtschaftlichen Schaden angerichtet und Deutschland 165 Milliarden Goldmark gekostet sowie alle beteiligten Staaten zusammen 1,4 Billionen Goldmark. Der Zweite Weltkrieg übertraf den ersten noch um ein Vielfaches. Er kostete Deutschland 700 Milliarden Reichsmark und die übrige Welt die unvorstellbare Summe von 6 Billionen Reichsmark.

Ein kleiner Eindruck davon, was die damaligen Hörmittelhändler in den Bombennächten des Zweiten Weltkrieges erlebt haben, kann durch einen Auszug aus einem Brief vermittelt werden, den der Textilhändler Rudolf Cramer aus Wuppertal am 8. März 1943 an seinen Hörgeräte-Lieferanten Bruno Ollmann in Essen geschrieben hat:

»Ich hoffe, dass Sie von dem Fliegerangriff am 5. März nichts abgekriegt haben. Wie ich aus dem beigefügten angebrannten Versandzettel Ihrer Firma ersehen kann, hat es bei Ihnen gebrannt. Diese und ähnliche Drucksachen sind durch die Hitzewellen in der Nacht in großen Mengen von Essen zu uns nach Wuppertal herübergeflogen. Wir konnten bei zunächst sternenklarem Himmel die Brände von Essen sehr gut sehen, bis wenig später der ganze Himmel von einer pechschwarzen Rauchwolke verdeckt war, so dass man seine Hand nicht mehr vor Augen sehen konnte. Wir haben des Nachts manchmal von hier aus das ganze Ruhrgebiet übersehen können und um unsere Volksgenossen gebangt, wenn wir die gewaltigen Einschläge der Bomben durch die starken Luftdruckwellen und den dumpfen Donner bis hierhin gehört und am eigenen Leib gespürt haben. Jede Nacht sehen wir die Scheinwerfer und das Trommelfeuer Ihrer Flak-Geschütze. Wir erwarten sehnlichst den Tag, an dem diese Luftangriffe und das Sterben unschuldiger Frauen und Kinder endlich aufhören.«

Ebenso wie der Erste Weltkrieg hatte auch der Zweite vor allem in Deutschland wegen der ungeheuren Rüstungsanstrengungen einen jahrelangen Stillstand in der Entwicklung und Produktion von zivilen Industrie- und Konsumgütern zur Folge gehabt, nicht zuletzt auch in der Hörgeräte-Industrie. Nach dem Zusammenbruch war die deutsche Bevölkerung in höchstem Maße auf importierte Güter angewiesen. Auf dem Schwarzmarkt kosteten beispielsweise 20 amerikanische Zigaretten 159 Reichsmark und 1 Kilo Kaffee 1 100 Reichsmark.

Die politischen Impulse, die eine wirtschaftliche Wiederbelebung Deutschlands und Europas nach dem Krieg möglich machten, waren:

1944 (noch vor Kriegsende) die Rücknahme des sogenannten »*Morgenthau-Plans*«, benannt nach dem unbeugsamen amerikanischen Politiker *Henry Morgenthau* (1891 bis 1967), der die Verkleinerung Deutschlands, seine Rückstufung auf den Status eines Agrarstaates, Zwangsarbeit für Deutsche und hohe Reparationszahlungen vorsah, durch den gemäßigten Präsidenten und Begründer von Wirtschafts- und Sozialreformen in den USA (»New Deal«), *Franklin D. Roosevelt* (1882 bis 1945).

1947 die Wiederaufbauhilfe der USA für Europa und der sogenannte »*Marshall-plan*« (auch: ERP-Plan), benannt nach dem amerikanischen Politiker und Friedensnobelpreisträger von 1953, *George C. Marshall*, in Höhe von 13,5 Milliarden Dollar (davon für West-Deutschland 1 Milliarde Dollar).

1948 die Währungsreform und die Gründung des Europäischen Wirtschaftsrates (OEEC).

1950 die Europäische Zollunion (EZU) und das Abkommen über die Wirtschaftliche Zusammenarbeit zwischen Deutschland und den USA (ECA-Vertrag).

1951 die Gründung der Montanunion und die Auflockerung des Produktionsverbotes durch die Alliierten und den »Schumann-Plan«, benannt nach dem französischen Europapolitiker *Robert Schumann* (1886 bis 1963), sowie der Beitritt der Bundesrepublik Deutschland zur Weltbank.

1952 die Teilnahme Deutschlands am Abkommen von Bretton Woods von 1944 (Bindung der D-Mark an den Dollar).

1953 die Regelung und Reduzierung der Kriegsschulden Deutschlands durch das »Londoner Abkommen«.

1954 die Gründung des Internationalen Währungsfonds (IWF).

1955 der Rückgang der Arbeitslosigkeit um 1 Million seit Kriegsende, Wiederaufbau-Plan für Berlin und die Gründung der Westeuropäischen Union (WEU).

1956 die Wiedereingliederung des Saarlandes.

1957 die Gründung der Europäischen Wirtschaftsgemeinschaft (EWG).

1958 das Europäische Währungsabkommen (EWA) und die Gründung der Europäischen Freihandelszone (EFTA).

1960 drastische Zollsenkungen innerhalb von EWG und EFTA (20 %) und Gründung der »Organisation für wirtschaftliche Zusammenarbeit und Entwicklungshilfe« (OECD).

1963 Zollsenkungen zwischen den USA und der EWG durch die »Kennedy-Runde«.

Die Währungsreform von 1948 bedeutete, dass jeder Deutsche zunächst ein »Kopfgeld« von 40 Deutschen Mark erhielt. Danach konnte jeder Deutsche nochmals 60 Reichsmark im Verhältnis von 1:1 gegen DM eintauschen. Sparguthaben wurden im Verhältnis von 20:1 eingetauscht, Verbindlichkeiten im Verhältnis 10:1 abgewertet, Aktien im Verhältnis 1:1 umgetauscht, Pensionen und Mieten im Verhältnis von 1:1 umgestellt. Mit der neuen Währung füllten sich schnell wieder die Schaufenster der Läden, die Lebensmittelrationierung wurde aber erst 1950 endgültig abgeschafft. Drei neue Deutsche Mark entsprachen 1948 dem Wert von 1 Dollar.

Auf der technischen Seite kamen neue Impulse in die Hörgeräte-Industrie durch die Einführung deutlich kleinerer Röhren (1934), der gedruckten Schaltung (1936), der Mini-Vakuum-Röhren (1942), der Transistoren (1947) und der Quecksilberoxid-Batterien (1942). Alle diese Komponenten sind eigentlich für militärische Zwecke erfunden worden.

Die Mini-Vakuum-Röhren führten eine Entwicklung fort, die ganz im Interesse der Verbraucher lag, nämlich immer kleinere, kompaktere und vor allem *tragbare* Hörgeräte herzustellen. Die Verringerung der Baugröße der Röhren hatte nebenbei zur Folge, dass sie mit weniger Energie auskamen und deshalb auch immer kleinere Batterien ermöglichten. Beides zusammen setzte eine Miniaturisierung der Hörgeräte in Gang, die bis heute noch nicht abgeschlossen ist.

Abb. V.1. Taschen-
Hörgerät, mit 2 Mini-
Vakuum-Röhren bestückt

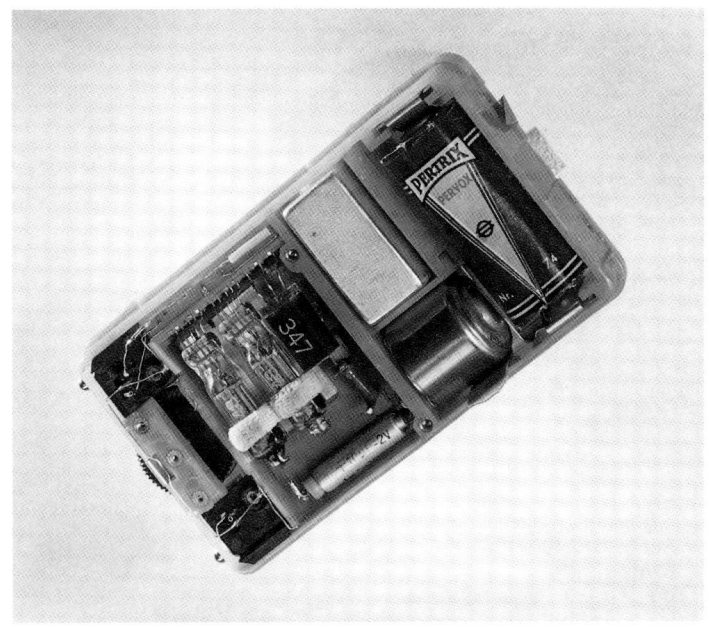

Abb. V.2. Die Abbildung
zeigt eine herkömmliche
Vakuum-Röhre, wie sie in
den 30er Jahren in den
großen Tisch- und
Koffergeräten eingesetzt
wurde, daneben die
wesentlich kleineren Mini-
Vakuum-Röhren, die ab
1942 zur Verfügung
standen

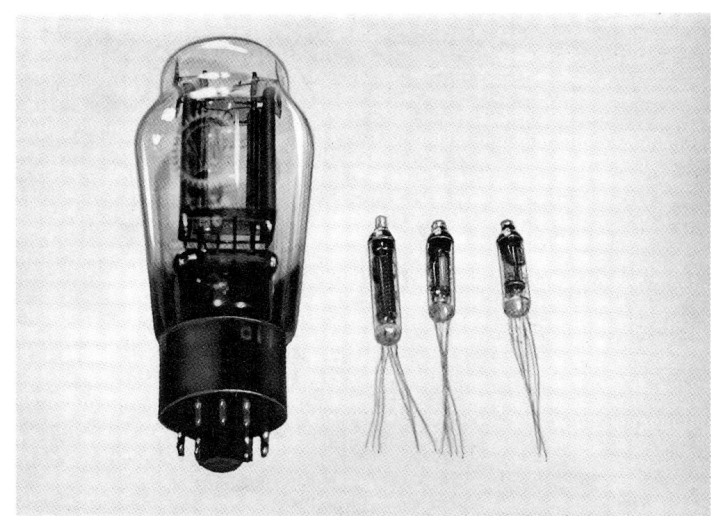

Als Erfinder des *tragbaren* Röhrenverstärker-Hörgerätes gilt *Arthur M. Wengel* (1892 bis 1952) aus Madison in Wisconsin. 1937 ließ er von seiner Erfindung eine Probeserie bauen und 1938 als »Stanleyphone« auf den Markt bringen. Vom tragbaren Gerät war es nur noch ein Schritt bis zum *Kompakt-Gerät.* 1937 stellte die Firma Sonotone das Modell »Perceptron« vor, das in einem Kamera-Gehäuse von Kodak steckte und den Eindruck erwecken sollte, dass da jemand fotografierte und nicht etwa schwerhörig war. Es war das erste Röhrenverstärkergerät,

Abb. V.3. und V.4.
Beispiele für Nachkriegs-
Modelle: Zwei schöne
Taschengeräte, links: Firma
Microtone (1949), unten:
Acousticon (1947), dann
gleiche Firma (1950) und
ein Gerät von 1954

Abb. V.5. Taschengeräte von Wendton (ca. 1960)

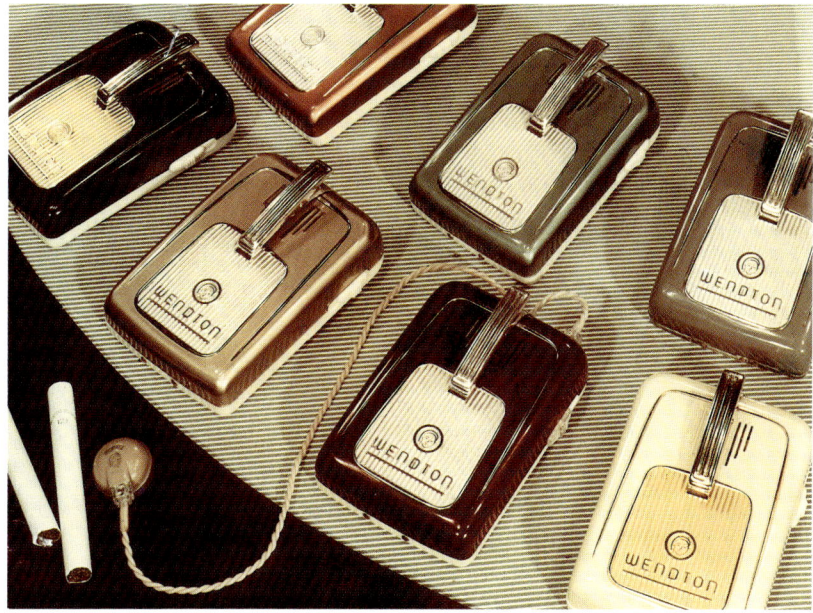

das in einem einzigen Gehäuse untergebracht war. 1944 zog die Firma Beltone mit dem Modell »*Mono-Pac*« nach, das aber nichts mehr kaschierte, sondern als ein richtiges Hörgerät am Körper getragen und gezeigt wurde. Man nannte diese Bauart »*Einkassettengerät*«, weil die Batterien im Verstärkergehäuse integriert waren und der störende Batteriekasten sowie die Kabelverbindungen zum Verstärker entfielen. Eine weitere technische Raffinesse dieses Gerätes waren die patentierten Röhrensockel, die ein sehr schnelles Auswechseln der Mini-Röhren auch für Laien ermöglichten. In Abgrenzung zu den »Mono-Pac«-Geräten wurden diejenigen, die aus mehreren Teilen bestanden, als »*Multi-Pack*«-Geräte bezeichnet.

Es war anscheinend nicht immer einfach, die verschiedenen technischen Neuerungen, die aus Amerika kamen und die sich in der für die englische Sprache typisch einfachen und knappen Form benennen ließen, ins Deutsche zu übersetzen. Die Atlas-Werke bezeichneten ihr Röhrengerät »Atlas 1« von 1952 in Anlehnung an Beltones »Mono-Pac« einfach als «Einpackgerät«, obwohl es doch eigentlich zum Hören gedacht war.

Wenn der Hund pfeift

Ohne die *Quecksilberoxid-Batterie,* die *Samuel Ruben* 1942 erfunden hatte und der er das internationale Kürzel »RM« (Ruben Mercury) gab, wäre die Entwicklung der Hörhilfen zum Stillstand gekommen. Die bis dahin üblichen Zink-Kohlenstoff-Batterien waren zwar relativ klein, aber zu gering in der Leistung, zu anfällig gegen Feuchtigkeit und hohe Temperaturen, und zu schnell erschöpft. Für die Röhrenverstärker genügte das nicht mehr. Sie benötigten zwei Batterien, eine kleinere zum Heizen des Glühdrahtes (»A-Batterie«) und eine große für den Anodenstrom (»B-Batterie«). Anfänglich hatte die Heizbatterie 4 Volt und die Anodenbatterie 45 Volt bei tragbaren Geräten, und bis zu 80 Volt bei stationären. Später, mit der Einführung der leistungsfähigen *Doppelgitterröhren* und der *Mini-Vakuum-Röhren*, genügten 1,5 Volt für die Heizung des Glühfadens und als Anodenstromspannung 30 Volt, später dann 22,5 Volt und schließlich 15 Volt.

Die Anforderungen an die Batterien stiegen in dem Maße, wie die Verstärkung der Hörgeräte erhöht und deren Bauform verkleinert wurde. Diese hohen Anforderungen erfüllte die Quecksilberoxidbatterie bei ziemlich kleiner Baugröße. Sie wurde 1943 entwickelt und 1946 als RM-3 von *Mallory*, zunächst für Hörgeräte der Marke Beltone, eingeführt. Später gab es sie in immer kleineren Formen.

Als noch leistungsfähiger erwiesen sich die Silberoxid-Batterien, die ab 1959 in der Baugröße 312 angeboten wurden. Weil jedoch seit etwa 1980 die Weltmarktpreise für Silber ständig stiegen, haben sie sich auf Dauer trotz ihrer Vorteile als zu teuer erwiesen und sind deshalb von der Quecksilberoxid- und der *Zink-Luft-Batterie*, die im Auftrage der NASA für Raumfahrtzwecke entwickelt worden war, verdrängt worden.

Mit der fortschreitenden Miniaturisierung und Leistungsfähigkeit der Hörgeräte wurden immer bessere und kleinere »*Primärzellen*«, wie man die »normalen« Einmal-Trockenbatterien in Abgrenzung zu den wiederaufladbaren »*Sekundärzellen*« (*Akkumulatoren*) auch nennt, entwickelt:

1949 die RM-1, *1952* die 401, *1956* die RM 675, *1959* die RM 312 und die MS 312, *1967* die MP 675 H, *1969* die RM 675 LH, *1977* die 675 Zinc Air, *1979* die 13 Zinc Air, *1983* die 312 Zinc Air und *1994* die Zinc Air 5 A. Wartungsfreie und gasdichte Sekundärzellen aus Nickel und Cadmium gibt es seit *1909*. Sie wurden in den zwei wichtigsten Bauformen 10 DK und 20 DK angeboten. Sie müssen aber alle 8 bis 10 Stunden nachgeladen werden, lassen sehr schnell in der Leistung nach und sind für starke Geräte mit PP-Verstärker nicht geeignet. Der »Knüller« sollte eigentlich die »Atom-Batterie« werden, die *1957* von der Firma Elgin National Watch Co. auf der Basis on Promethium 147 für Uhren entwickelt worden war. Weil die Batterie aber eine dicke Metallkapsel benötigte und sich für Hörgeräte als zu groß erwies, kam das Projekt aus dem Versuchsstadium nicht heraus (*Skafte, 50 years of Hearing Instruments, Seite 34*).

Die zunehmende Leistungsfähigkeit der Hörgeräte und Betriebsdauer der Batterien konnte auch Nachteile haben. Eine schon etwas betagte Kundin des Hörmittel-Versandhändlers *Hal-Hen* in New York rief eines Tages im Service der Firma an und fragte ganz verzweifelt:

»Wie lange, um alles in der Welt, hält denn so eine Hörgerätebatterie eigentlich?«
»So 3 bis 5 Tage bei täglich mehrstündigem Gebrauch«, antwortete der hilfsbereite Servicetechniker. Neugierig geworden, was denn das Problem der älteren Dame ist, fragte er besorgt nach:
»Aber warum sind Sie denn so beunruhigt? Haben Sie keine Batterien mehr? Geht Ihr Hörgerät nicht mehr?«
»Doch! Doch! Aber das ist es ja gerade! Mein Hund hat das Hörgerät verschluckt und jedes Mal wenn er das Maul aufmacht, pfeift es!«, berichtete die alte Dame ganz aufgelöst. Der leicht verstörte Hund, dem für einige Tage das Maul verboten wurde, soll das Hörgerät voll funktionsfähig wieder von sich gegeben haben, wenn auch mit leerer Batterie *(Erinnerung von Harold Spar).*

Bekanntschaft mit einer zuverlässigen Hörgeräte-Batterie hatte 1970 auch ein anderes Tier gemacht. Es handelte sich um einen etwa 3 mm langes Würmchen, das Techniker der Firma Bonsel in Frankfurt eines Tages in einem zur Reparatur eingeschickten Hörgerät entdeckt hatten. Das winzige Tier war bei seiner Wanderschaft durch das Hörgerät wahrscheinlich einigen heftigen Stromschlägen von 1,4 Volt ausgesetzt gewesen, denn obwohl es noch lebte, wirkte es etwas benommen. Nachdem es aus einer misslichen Lage befreit worden war, wurde – einem Bericht in der Zeitschrift »Der Hörgeräte-Akustiker« zufolge – ernsthaft erwogen, den tapferen Winzling Prof. Bernhard Grzimek vom Frankfurter Zoo zu übergeben, der ihn seiner nicht weniger robusten »Steinlaus« hätte zugesellen können *(Der Hörgeräte-Akustiker 5/70, S. 55).*

Auch die Hörgeräte waren immer zuverlässiger geworden. Um das zu demonstrieren, war ein Vertreter der Firma *Paravox* 1949 auf einen ausgefallenen Werbegag gekommen. Er charterte ein Flugzeug und drehte damit im Beisein der Presse ein paar Runden über dem Flughafen von Akron in Ohio. Dann warf er eine Hand voll Hörgeräte aus dem Flugzeug, die die Presseleute eilig einsammelten und sofort überprüften. Sie funktionierten alle! *(The Hearing Aid, 4/49).*

Es soll sogar schon vorgekommen sein, dass ein Hörgerät so leistungsfähig gewesen ist, dass es wie ein Störsender auf die große Bühnenelektronik der Hamburger Staatsoper gewirkt hat. Das Nachrichtenmagazin »Der Spiegel« berichtete in Heft 10/1974, dass während einer Vorstellung von Wagners »Götterdämmerung« ein »durchdringender und gleichmäßig hoher Ton« zu hören gewesen war, der den Intendanten Rolf Mares einigermaßen nervös gemacht und dem Dirigenten *Horst Stein* den Schweiß auf die Stirn getrieben hat. Erst der im Publikum anwesende Theologe Peter Fischer-Appelt fand heraus, dass es sich bei dem Pfeifen nicht um das Geheul der untergehenden Götter Walhalls handelte, sondern um eine ungünstige Interferenz eines besonders starken Push-Pull-

Hörgerätes am Ohr einer Zuschauerin mit der Aufnahmetechnik des Opernhauses. Die Dame selbst hatte nichts Störendes vernommen, soll sich aber über den Theologen gewundert haben, der während der Vorstellung mit der Hand hinterm Ohr mehrfach zwischen den Sitzreihen hin und hergelaufen ist.

Ähnliches ereignete sich 1957 in einer Flensburger Kirche, wo die Predigt des Pastors von seltsamen Heultönen gestört wurde. Auch hier fanden findige Theologen schließlich die Ursache heraus. Eine etwas altertümliche Kirchenhöranlage erzeugte Rückkopplungen, wenn ein elektromagnetischer Hörer der Anlage gegen das Mikrophon eines eingeschalteten Kopf-Gerätes kam, das noch keine Hörspule besaß. Das Ereignis muss einige Aufregungen verursacht haben, denn mehrere Zeitungen berichteten darüber. Gleichzeitig meldeten die Zeitungen eine neue Erfindung, die derlei Ungemach zukünftig zu verhindern versprach. Gemeint war die Telefonspule, eine winzige Drahtspule, die Sprache und sogar Musik »aus der Luft auffangen« könne. *(Pinneberger Tageblatt v. 3.9.57, Stormarner Tageblatt v. 3.9.57, Bühler Bote v. 3.8.57).* 1983 gab es einigen Wirbel um Hörgeräte, die auf Diebstahlwarnanlagen in Kaufhäusern aktivierend wirkten.

Eine Episode blieben die Solarzellen. 1953 brachte *Radioear* ein Versuchsgerät heraus, das mit Solarzellen betrieben werden konnte, und 1955 bis 1958 gab es von *Dahlberg* Taschengeräte und Hörbrillen mit den beziehungsreichen und klangvollen Namen »*Solaris*« und »*Solar-Ear*«. Otarion bot Kits zum Nachrüsten für seine Hörbrillen an. Doch der große Erfolg blieb der Solartechnik versagt, weil die Kapazität der Zellen und deren Spannungsstabilität zu gering war.

Halbe Leitung: Transistoren

Der Zweite Weltkrieg bewahrheitete wieder den alten Satz des Heraklit, dass der Krieg der »Vater aller Dinge« sei. Besonders in den USA wurde intensiv geforscht und entwickelt, um unter anderem die Beweglichkeit der Infanterie, deren Logistik und Nachrichtentechnik zu verbessern. So brauchte man zum Beispiel für eine bessere Transportabilität und unbedingte Zuverlässigkeit der Funkgeräte kleinere Batterien und Verstärker. Das Ergebnis der militärischen Anstrengungen auf diesem Gebiet waren kleinere Batterien, *Mini-Vakuum-Röhren*, *Transistoren* und »*Gedruckte Schaltungen*«.

Der *Transistor*, der 1947 von *John Bardeen* (1908 bis 1991), *Walter Brattain* (1902 bis 1987) und *William Bradford Shockley* (1910 bis 1989) erfunden wurde und ab 1948 auch für zivile Zwecke zur Verfügung stand, hatte im Prinzip dieselbe Funktion wie vorher die Elektronenröhre (*Triode*). Es ging darum, den vom Mikrophon aufgenommenen und in elektrische Spannungsschwankungen umgewandelten Schall zu verstärken und schließlich mit Hilfe des Hörers wieder in hörbaren Schall zu verwandeln. Je mehr Transistoren hintereinander geschaltet wurden, desto größer war die erzielte Gesamtverstärkung. Die Transistoren bedeuteten einen weiteren großen Fortschritt in der Geschichte der Hörhilfen, weil sie kleiner waren als die bereits miniaturisierten Vakuumröhren und somit die Baugröße der Hörgeräte nochmals beträchtlich verringerten. Die Bauhöhen der Röhren, die in Hörgeräten eingesetzt wurden, hatten sich zwischen 1929 und 1949 von 70 mm auf 20 mm und die Durchmesser von 36 mm auf 5 mm ganz erheblich reduziert. Es wurden in einem Hörgerät 1 bis 5 Stück davon benötigt, je nach der gewünschten Verstärkung. Die Transistoren verkleinerten sich zwischen 1952 und 1958 von 10 mm auf 2 mm in der Höhe und von 5 mm auf 1 mm in der Breite. Insgesamt hatte man also eine Reduzierung des Volumens eines einzigen aktiven Bauelementes auf 0,6 % des ursprünglichen Wertes erreicht, oder anders ausgedrückt auf sechs Tausendstel! Dabei darf nicht vergessen werden, dass die Entwicklung der Elektronenröhren mit riesigen Glaskörpern von 20 cm Höhe und 8 cm Durchmesser angefangen hatte, auch wenn diese Ungetüme noch nicht für Hörhilfen verwendet wurden. Würde man die Transistoren des Jahres 1958 dazu in Beziehung setzen, wäre der Vergleich noch eindrucksvoller.

Außer den geringen Abmessungen und dem Wegfall der *Heizbatterie* hatte der Transistor weitere entscheidende Vorteile. Die lange Vorwärmzeit der Röhren entfiel, weil ein Transistor keinen Glühfaden hat und fast sofort betriebsfähig ist. Die Engländer nannten die Transistoren deshalb auch »kalte Röhren«. Ein Transistor ist auch langlebiger als eine Elektronenröhre, weniger empfindlich gegen Erschütterungen, benötigt weniger Ruhestrom und seine Energieausbeute ist um das 50fache besser als bei der Elektronenröhre.

Doch es dauerte noch vier bis sechs Jahre, ehe Transistoren auch für Hörgeräte einsetzbar waren. Die ersten *Punktkontakt-Transistoren* (»Spitzen-Transistoren«) von Bardeen/Brattain/Shockley, die 1951 in einer *Knochenleitungshörbrille* getestet wurden, waren noch zu groß und benötigten zuviel Energie (130 mW). Das besserte sich rasch 1949 mit Shockleys *Flächentransistoren* und 1954 mit *Jean A. Hoernis Planar-Silizium-Transistoren*, die nur noch 5 mW brauchten. (*Anm.: Shockleys Flächentransistoren wurden erstmals 1950 im Korea-Krieg zur Zündung von Mörser-Granaten eingesetzt*). 1963 kamen die unipolaren *Feldeffekt-Transistoren (FET)* hinzu, die von *Steven Hofstein* und *Frederick Heiman* erfunden worden waren, und erstmals durch elektrische Felder steuerbar waren, noch weniger Energie erforderten und kleinere und bessere Wandler ermöglichten.

Die Umstellung von *Germanium* auf *Silizium* wirkte sich vorteilhaft aus, weil Silizium als Halbleiter und Basismaterial des Transistors weniger temperaturempfindlich war, weniger Rauschen produzierte und eine noch bessere Energieausbeute ermöglichte. Damit, und in Verbindung mit der 675er Batterie, war ein anderer wichtiger Fortschritt erzielt worden, nämlich die Verlängerung der Betriebsdauer eines Hörgerätes von 12 auf bis zu 80 Stunden. Die Planartechnik brachte den zusätzlichen Nutzen, dass man mehrere Transistoren auf einem Kristall in Serie fertigen konnte, die dann einfach voneinander abgeschnitten wurden. Ihre Herstellung wurde dadurch zu sehr niedrigen Kosten möglich. Planartransistoren waren außerdem eckig, flach und platzsparend. Der Nachteil des Siliziums, dass es in Hörhilfen eine höhere Batteriespannung (1,3 bis 1,5 Volt) benötigte als das Germanium (0,9 bis 1,3 Volt) und deshalb den Einsatz der teuren *Silberoxid-Batterien* erforderte, konnte mit der Planartechnik ebenfalls gelöst werden. Sie erforderte Spannungen zwischen 1,0 und 1,5 und erlaubte daher problemlos die Verwendung der preiswerteren Quecksilberbatterien. *(Anm.: Der Begriff »Halbleiter«, der sich auf Materialien mit verminderter elektrischer Leitgfähigkeit bezog, wurde 1911 erstmals von J. Könisberger und J. Weiss verwendet).*

Die ersten *Transistorgeräte* von 1952 verzichteten noch nicht völlig auf Elektronenröhren, so dass es für eine kurze Zeit Hybride gab, die beides enthielten. Das erste dieser Geräte, das *Sonotone* 1010, wurde 1952 mit dem »*Annual Audio Engineering Award*« ausgezeichnet. Ab Anfang 1953 gab es dann die ersten reinen Transistorgeräte im Handel, zum Beispiel das »Transimatic« von *Microtone* und das »Transist-Ear« von *Maico*. Bemerkenswert ist dabei, dass, anders als bei den Verstärkerröhren, wo die Radiogeräte der erste Einsatzbereich waren, die Transistoren erst mit fast 1 ½ Jahren Verzögerung, nämlich im Herbst 1954, in Radiogeräten Verwendung fanden. Das Hörgerät war zu dieser Zeit eigentlich eine technische Sensation. Aber schon damals fanden die Konsumgüter eine we-

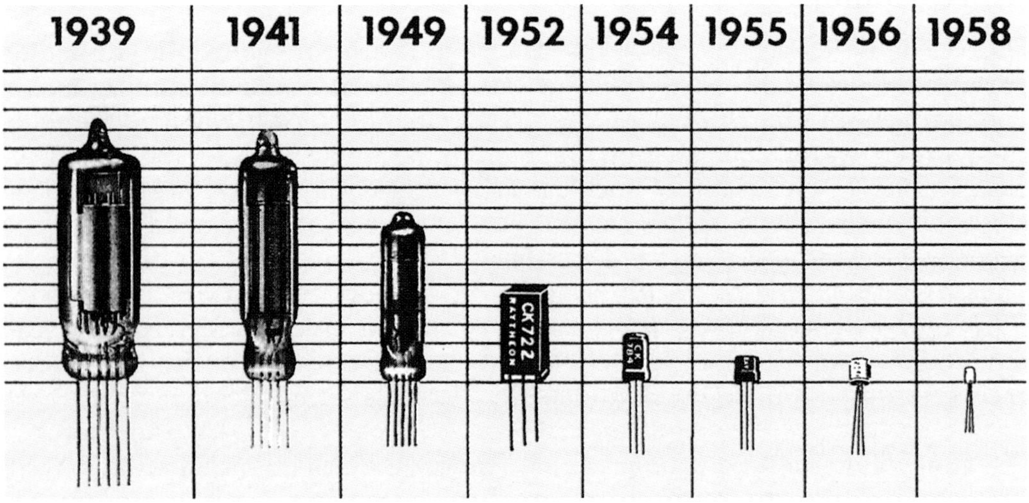

Abb. V.6. Entwicklung der Abmessungen von Mini-Vakuum-Röhren und Transistoren im direkten Vergleich und in realer Größe (1:1)

sentlich größere Verbreitung und Aufmerksamkeit, so dass mit der Einführung der Transistortechnik immer das Radiogerät in Verbindung gebracht wird und nicht das Hörgerät. In der Hörgeräte-Industrie war die Transistortechnik indessen sofort ein »Knüller«. 1953 waren von den 225 000 Hörgeräten, die in den USA verkauft wurden, schon fast 45 % Transistorgeräte, 33 % Hybride und nur noch 22 % Röhrengeräte. Das war ein Erfolg, der dringend Not tat, weil nach dem Boom mit den Röhrengeräten, der die Stückzahlen in den USA von 1937 bis 1944 auf 200 000 Einheiten hochgetrieben hatte, 1945 wieder auf 150 000 zurück gefallen war und erst langsam wieder bis auf 220 000 im Jahr 1948 anstieg, und zwar in Folge der heimkehrenden US-Soldaten, die an der Front *Knalltraumata* erlitten hatten.

In später Anerkennung für die Erfindung des Transistors wurde *John Bardeen, Walter Brattain* und *William B. Shockley* (von den *Bell Laboratories*) 1956 der Nobelpreis für Physik zuerkannt. Bardeen erhielt den Nobelpreis für die Forschung auf dem Gebiet der *Supraleittechnik* 1972 sogar ein zweites Mal. Den Namen

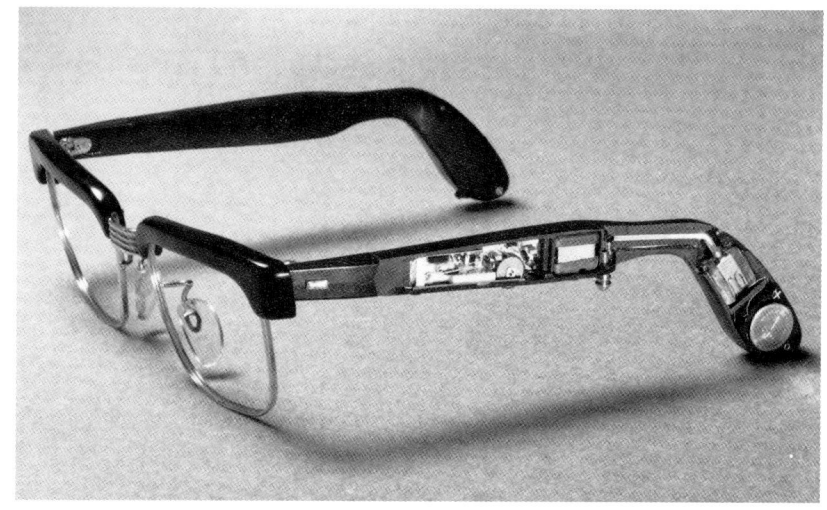

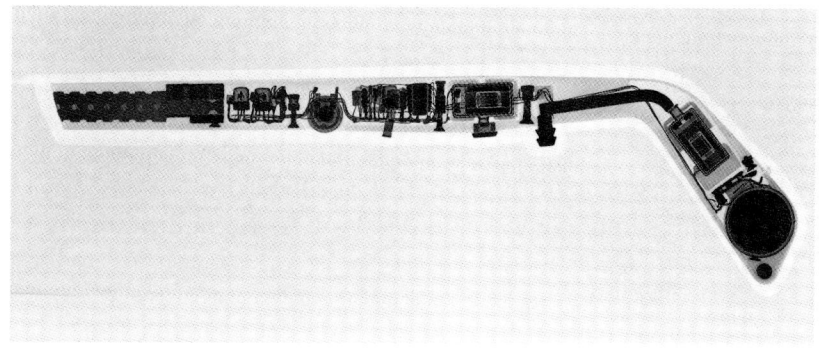

Abb. V.7. und V.8. Eine Hörbrille nach Einführung der Transistortechnik. Deutlich sieht man den relativ kleinen Verstärkerteil mit den einzelnen Transistoren, Kondensatoren und Widerständen. Den größten Platz nehmen nun die Batterie und der Hörer ein (unteres Ende des Brillenbügels), sowie das Mikrofon (oben neben dem Verstärker). Noch deutlicher wird das auf der Röntgenaufnahme (Bild unten)

Abb. V.9. Hörbrille in der korrekten Trageweise. Man sieht den Schallschlauch, der zur Otoplastik im Ohr führt

»Transistor« hatte sich sein Mitarbeiter *John Pierce* ausgedacht. Er kam darauf, weil ein Transistor eigentlich den Charakter eines »*Transferring Resistors*« (ein Widerstand mit leitenden Eigenschaften) hat, und verkürzte diese Umschreibung auf den Namen »Transistor«. Eigentlich, so meinte Pierce, müßte das Teil den Namen »Persistor« (der/das Widerborstige, Widerstehende oder Widerstrebende) erhalten *(vgl. Berger, S. 94)*. William B. Shockley gründete 1955 die »Shockley Semiconductor Laboratories«, die zur Keimzelle des »*Silicon Valley*« wurden. Weil Shockley aber so ungemein halsstarrig, misstrauisch und autoritär gewesen sein soll, ließen ihn die Mitarbeiter schon zwei Jahre später im Stich. Shockley, der die Welt mit der Erfindung des Transistors verändert hatte, kam mit seiner eigenen kleinen Welt nicht mehr zurecht. Während seine Mitarbeiter *Gordon Moore* und *Robert Noyce* das weltbekannte Unternehmen für Mikroelektronik *INTEL* gründeten und zu Milliardären aufstiegen, gab Shockley 1963 als Unternehmer auf und wurde Professor für Maschinenbau. Als er damit auch

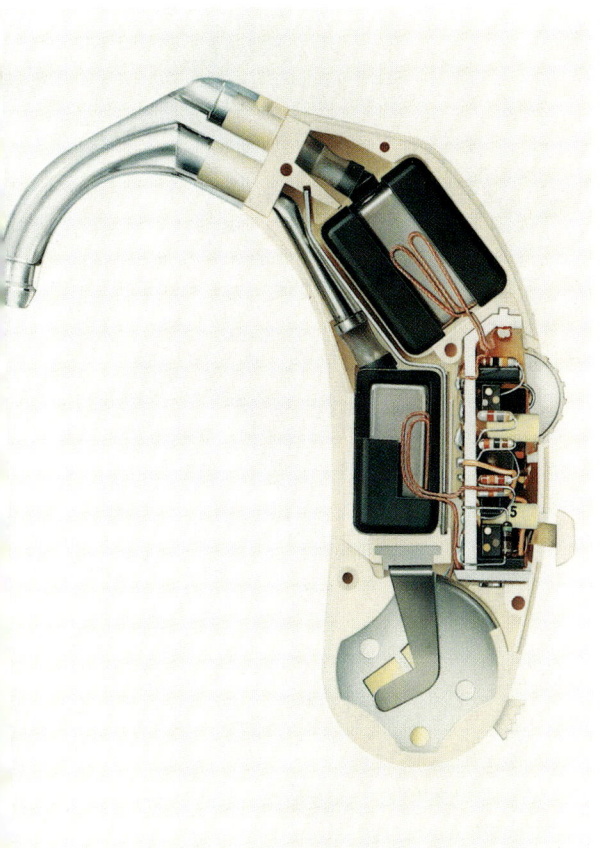

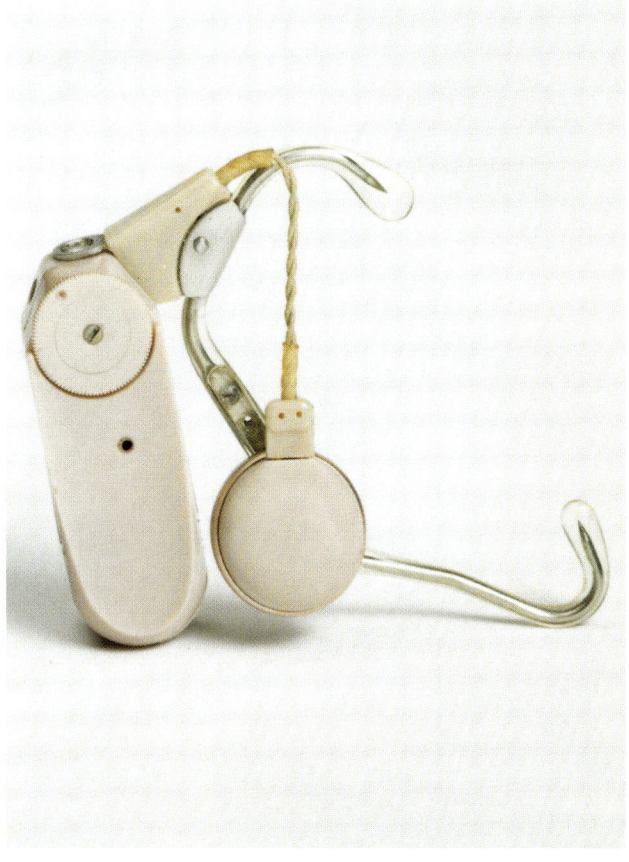

Abb. V.10. Ein Hinter-dem-Ohr-Gerät nach Einführung der Transistortechnik. Man sieht rechts auf dem »Rücken« des Gerätes den Lautstärkesteller und einen Schalter. Beide Bauteile sitzen zusammen mit dem relativ kleinen Verstärkerblock in einem Abteil des Gehäuses. Darüber sieht man das ziemlich große Mikrofon, das sehr aufwendig in Gummi gelagert wurde. Rechts oben: Ein Hinter-Ohr-Gerät von Philips (ca. 1958). Der Hörer befand sich außerhalb des Gehäuses und wurde durch zwei brillenbügelartige Arme am Ohr fixiert. Zwei Gelenke sollten die gesamte Konfiguration der Anatomie des Ohres anpassen

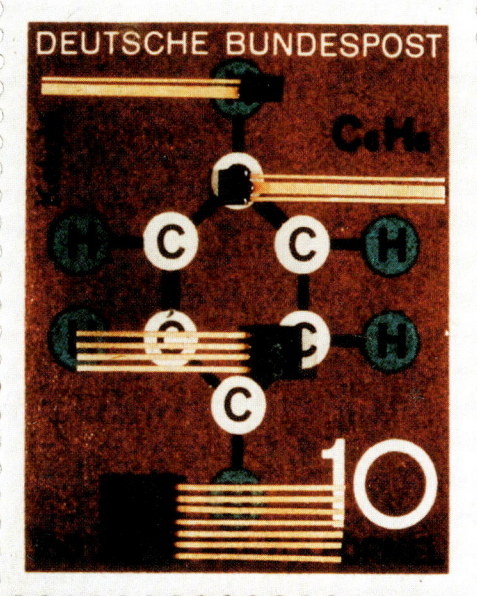

Abb. V.11. Die Deutsche Bundespost widmete 1965 der neuen Halbleitertechnik (Transistoren, Dioden, Integrierte Schaltkreise), die viele elektrische Geräte sehr viel kleiner und leistungsfähiger gemacht hatten, eine Sonderbriefmarke

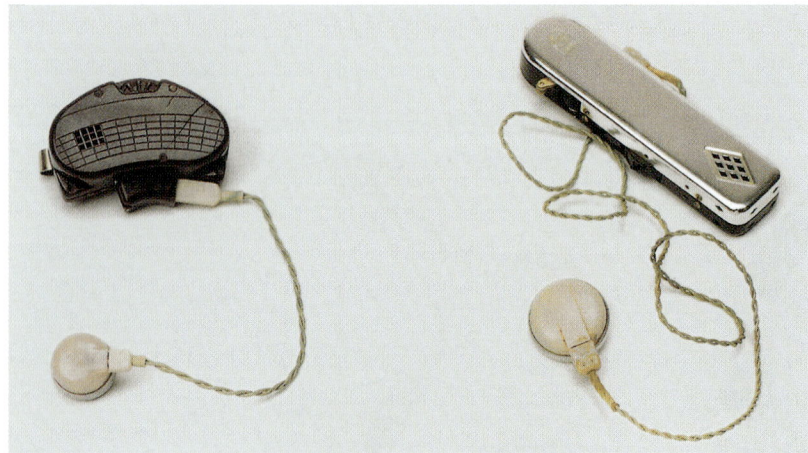

*Abb. V.12. und V.13.
Beispiele für Haar-
spangen-Geräte aus den
50er Jahren.
Links: Sonotone 79, rechts:
Philips KL 5700.
Unten: Diverse
Haarspangen-Geräte
weiterer Hersteller*

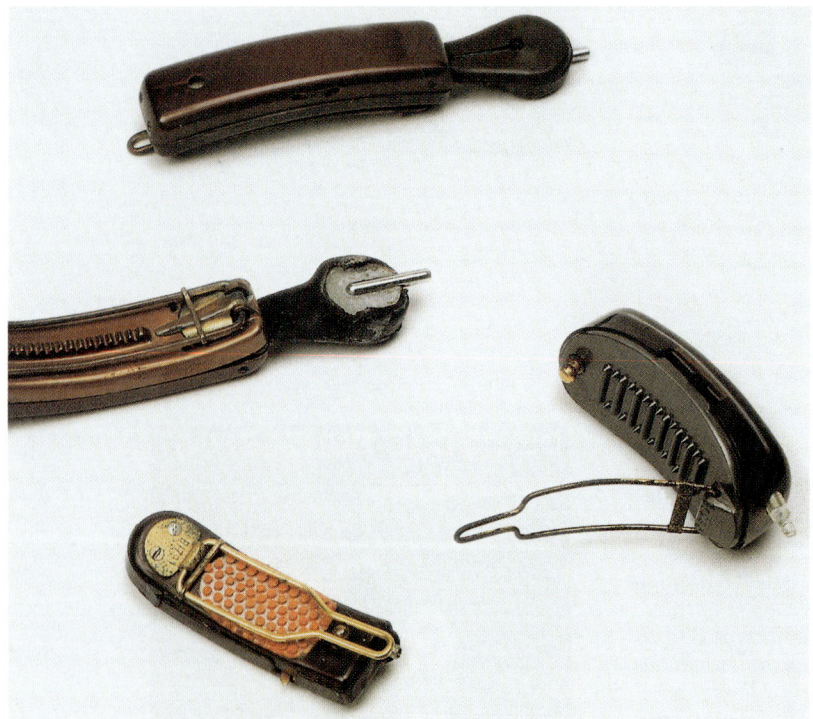

nicht erfolgreich war, veröffentlichte er rassistische Theorien und forderte die Sterilisation für alle Menschen mit einem IQ unter 100, zu denen er sich selbst allerdings nicht zählen mochte. Er starb 1989 vereinsamt in Los Angeles *(Der Spiegel, 18/99, S. 140)*.

Die Folge der Transistortechnik und deren geringen Platzbedarfs ist die Einführung von Hörbrillen, Haarspangen-, Hinter-Ohr- und Im-Ohr-Geräten, die man

Abb. V.14. und V.15. Die Transistortechnik machte auch die Herstellung relativ kleiner Im-Ohr-Geräte möglich. Hier die Siretta von 1966, darunter im Vergleich zu einer Briefmarke

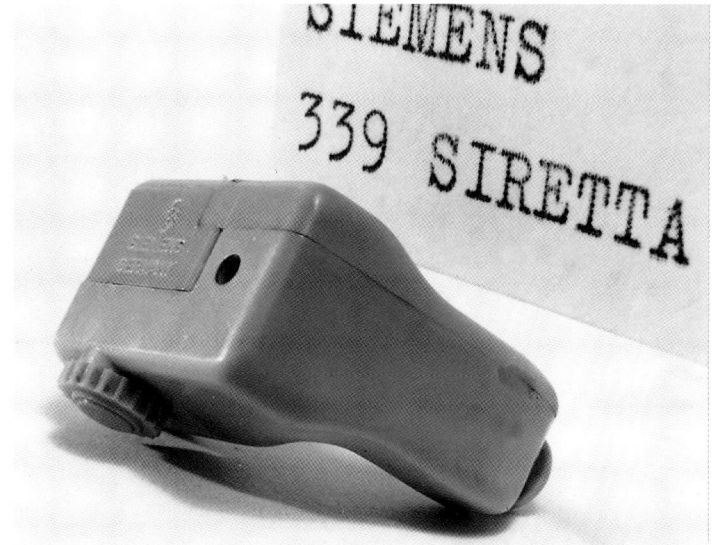

Abb. V.16. Die Transistortechnik ermöglichte auch andere kleine Gerätearten, hier eine Induktionshörhilfe aus den 50er Jahren

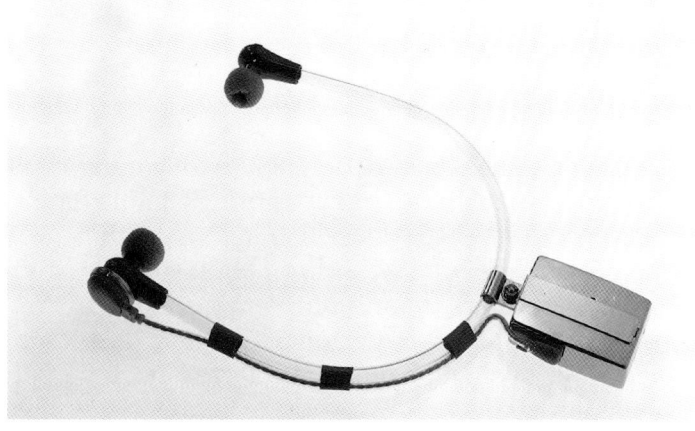

Abb. V.17. Ein Taschengerät der Marke »Beoton« von 1954. Das Modell »T 54« hatte vier Transistoren, ein Kristallmikrofon, eine zweistufige Klangblende, einen Ein-Aus-Schalter kombiniert mit einem Lautstärkeregler, eine maximale Verstärkung von 54 dB und einen maximalen Eigenstörpegel von 67 dB. Es konnte mit einer 1,5 Volt- oder auch mit einer 3 Volt-Batterie betrieben werden. Der Betriebsstrom lag bei 4,6 mA bei 1,5 V. (Die Bilder stammen aus der Berliner »Zinser-Sammlung«)

früher auch gerne zusammenfassend als »*Kopfgeräte*« bezeichnet hat, um sie von den Taschen- und Koffer- bzw. Tischgeräten abzugrenzen.

Schallwandler

Bei Alltagstauglichkeit, Wiedergabequalität und Verstärkungsleistung einer Hörhilfe kommt es nicht nur auf spannungsstabile Batterien mit ausreichender Kapazität und Betriebsdauer sowie leistungsfähige Verstärker an, sondern ganz besonders auf die Schallwandler. Damit sind die Mikrophone und die Hörer gemeint. Der Verstärker kann nur verarbeiten, was ihm vorher zugeführt wurde. Ist das Mikrophon von geringer Qualität und kann es das natürliche Schallereignis nur in engen Grenzen und dazu noch verzerrt an den Verstärker übertragen, dann hat der Schwerhörige keinen Nutzen von seinem Gerät.

Seit dem Kohlekörner-Mikrophon von Thomas Edison hatte sich auf diesem Gebiet eine Menge getan. Auch hier ging es stets darum, mehr Qualität bei kleineren Abmessungen zu realisieren. Da die Verstärker, die mit Röhren und Transistoren arbeiteten, schon sehr leistungsfähig waren, konnte man auf die Kohlemikrophone verzichten und weniger empfindliche Schallwandler, die dafür aber kleiner waren, weniger Eigenrauschen hatten und einen größeren und »glatteren« Frequenz-Übertragungsbereich aufwiesen, den Vorzug geben. Es war nur darauf zu achten, dass die Impedanzen der Mikrophone mit denen der Verstärker-Eingangsstufen kompatibel waren. Zwischen 1945 und 1950 wurden deshalb mit guten Resultaten *Kristall-Mikrophone* in den Röhrenverstärkergeräten eingesetzt, und danach *Magnet-Mikrophone* in den Transistorgeräten. Dieser Mikrophontyp verfügte auch über eine wertvolle Eigenschaft, die im Hinblick auf die steigenden Anforderungen an eine gute Hörgeräte-Versorgung immer wichtiger wurde, nämlich die Sprach-Übertragungsqualität. Bisherige Mikrophone nahmen jeden Schall ohne Bevorzugung bestimmter Frequenzbereiche auf oder sie produzierten gänzlich nutzlose und sogar störende und sprachverdeckende Resonanzen. Der Schwerhörige wollte aber mit seiner Hörhilfe nicht unbedingt alles und jedes lauter hören, was im Falle von Umweltlärm sogar sehr lästig werden konnte, sondern in erster Linie wieder mit anderen Menschen kommunizieren können. Dazu musste er die Worte seiner Gesprächspartner »selektiv« aus anderen Umweltgeräuschen heraushören können. Er wollte die Worte seiner Gesprächspartner aber nicht nur hören, sondern auch verstehen. Dazu gehörte eine klare und präzise Wiedergabe der gesprochenen Worte mit allen Vokalen (Selbstlaute wie a, e, i, o, u) und Konsonanten (Mitlaute wie d, f, g, s, t).

Das Magnet-Mikrophon war aber besonders in den sprachrelevanten Frequenzen übertragungsstark, also zwischen 500 und 3 000 Hz. Es ist kein Zufall, dass gerade Telefonhörer hier ihren Hauptübertragungsbereich haben. Es ist beim Telefonieren schon der eigene Umgebungslärm störend genug, da muss nicht noch derjenige des Gesprächspartners übertragen werden.

Das Magnet-Mikrophon war demnach für sehr viele Hörverluste eine große Hilfe, weil damit eine Verbesserung des Sprachverstehens im Störlärm zu erreichen war. Aber es gab auch Hörverluste, deren Reintonaudiogramme eine Verstärkung auch der ganz hohen oder der ganz tiefen Frequenzen erforderlich machten, jedenfalls wenn der Schwerhörige sehr hohe Ansprüche an die Übertragungsqualität in verschiedenen Hörsituationen stellte. Viele waren nicht nur am bloßen Verstehen der Worte interessiert, sondern wünschten auch einen möglichst natürlichen Klang. Als dann noch der Wunsch nach Hörverstärkung im Konzertsaal oder vor der häuslichen Musikanlage aufkam, war das Magnet-Mikrophon nicht mehr ausreichend.

Es wurde ein Mikrophon gesucht, dessen Übertragungsbereich möglichst breitbandig war. Was von dieser Übertragungsleistung nicht benötigt wurde, konnte man jederzeit unterdrücken. Aber man konnte nicht nachträglich hinzufügen, was nicht da war. Insofern war man mit dem *Keramik-Mikrophon*, das sich die elektrischen Eigenschaften der Piezokeramik zunutze machte und Frequenzen von 10 bis 10 000 Hertz übertragen konnte, wesentlich flexibler. Es war schon seit einigen Jahren bekannt, kam aber erst 1964 in dem Sonotone 300 erstmalig in einer Hörhilfe zum Einsatz.

Als weiterer Vorteil des Keramik-Mikrophons gegenüber dem Elektromagnetischen erwies sich die geringere Empfindlichkeit gegenüber Erschütterungen. Hörhilfen wurden nun einmal am Körper getragen, auch während des Gehens und Laufens, bei der Arbeit und sogar beim Sport. Da durfte die Membran des Mikrophons nicht zu sensibel für Vibrationen und Stöße sein. Ganz zu schweigen von dem Umstand, dass Hörhilfen auch gelegentlich zu Boden fallen, was für Schallwandler mit elektromagnetischen Spulen äußerst abträglich war. Den Vorteilen des Keramik-Mikrophons stand der Nachteil gegenüber, dass eine Anpassung seiner hohen Impedanz an den Verstärker notwendig war, was ein zusätzliches Bauteil, den sogenannten »*Feldeffekt-Transistor*« (FET) erforderte.

In den folgenden Jahren, als die Hörgeräte immer kleiner wurden und im Alltag immer größeren Belastungen ausgesetzt waren, zeigte sich, dass man ihre Empfindlichkeit gegen Vibrationen, Stöße und versehentliches Fallenlassen noch erheblich reduzieren musste. Die fast ideale Lösung für dieses Problem war das *Elektret-Kondensator-Mikrophon*, das nicht nur nochmals ein gutes Stück breitbandiger und linearer (»glatter«) als das Keramik-Mikrophon war, sondern auch leichter und zugleich extrem belastbar. Es ging auf Entdeckungen aus dem Jahre 1885 zurück und arbeitet nach einem einfacheren und zugleich effektiveren Prinzip als die übrigen Mikrophone. Ein Elektret ist ein spezieller Kondensator, der nicht wie sonst üblich eine Gleichspannung aus externer Energiequelle benötigt, sondern wie ein Dauermagnet ein eigenes permanentes elektrisches Feld erzeugt und wegen seiner Fähigkeit zur dielektrischen Polarisation als elektrostatischer Wandler eingesetzt werden kann. Das heißt, auch hier werden Schalldruckwellen von einer Membran aufgenommen und in elektrische Wechselspannungen umgesetzt. Weil aber, im Unterschied zu den anderen Mikrophonen, die Membram zugleich die Elektrode ist und nur aus einer hauchdünnen Folie besteht, ist das Elektret-Mikrophon sehr klein und außerdem noch sehr stoßfest. Es wurde erstmalig 1937 von dem Siemens-Ingenieur *Helmut Sell* als mögliches Prinzip für ein Mikrophon in Betracht gezogen. Aber erst ab 1971 wurde es auch in Hörgeräte eingebaut. Danach wurde es schrittweise weiter miniaturisiert, bis es um 1985 das Keramik-Mikrophon vollständig verdrängt hatte *(vgl. Berger, S. 93 ff., Güttner, S.7 ff., Pasemann, Manuskript zur Geschichte der Audiologischen Technik v. Siemens, S. 7).*

Die Entwicklung der Mikrophone war damals noch keineswegs an ihr Ende gelangt. Um in lauten Umgebungen besser und gezielter hören zu können, war es sinnvoll, die Empfindlichkeit der Mikrophone zu »richten«, das heißt, ihren Wirkungsgrad auf bestimmte Radien zu verengen. Wer sich mit einem Gesprächspartner unterhält, schaut ihn in der Regel direkt an, das heißt, er sitzt vor ihm. Warum sollte man dann jeden Umgebungslärm um den Gesprächspartner herum mit aufnehmen und verstärken, der die Unterhaltung nur stört? Der erste Schritt in diese Richtung war, dass man die Mikrophone in den Hinter-Ohr-Geräten nach vorne bzw. nach oben verlegte. Diese »frontale Schallaufnahme« war erst möglich, nachdem die Mikrophone so klein geworden waren, dass sie in das schlanke Oberteil eines Hinter-Ohr-Gerätes hineinpassten. Die Schalleintrittsöffnung war jetzt also nach vorne gerichtet, was der natürlichen Hörsituation entsprach. Es dauerte aber eine Weile, bis das System Standard werden konnte. Noch bis in die 80er Jahre hinein gab es Geräte, die das Mikrophon an der Basis des Gehäuses hatten, wie das legendäre E 18 P und das E 22 P von Oticon.

Der nächste Schritt waren Mikrophone mit einer eingebauten besonderen Richtungswirkung. Das erste Hörgerät mit einem *Richt-Mikrophon* wurde 1969 in Deutschland von *Johannes Wittkowski* für die Firma Willco entwickelt. Es hieß »*Diskriminator*«, weil ein direktionales Schallaufnahmesystem in einer lauten Umgebung vorteilhafter für die »Diskrimination« (Unterscheidung) von Sprache ist.

Eine Besonderheit war das E 24 V von Oticon, das ein *omnidirektionales Mikrophon* mit einem *direktionalen* kombinierte und je nach Hörsituation ein Umschalten ermöglichte. Weil das Gerät als zu groß empfunden wurde, verkaufte es sich aber nicht besonders gut.

Auch die Hörer, die die vom Mikrophon erzeugten Spannungsschwankungen nach ihrer Verstärkung wieder in hörbaren Schall verwandeln, sind ein wichtiges Element der Hörgeräte-Technik. Sie erfüllen dieselbe Funktion wie die Lautsprecher der großen Geräte der Elektroakustik und müssen in Anbetracht ihrer winzigen Größe Erstaunliches leisten. Nach den großen Telefoniehörern und den kleinen Einsteckhörern wurden auch auf diesem Gebiet viele Verbesserungen erreicht. Das heißt, die Hörer wurden nicht nur immer kleiner, sie arbeiteten auch immer verzerrungsfreier, breitbandiger, mit immer geringerem Stromverbrauch und potentiell höheren Schalldrücken.

Die Miniaturisierung führte dazu, dass die Hörer nicht mehr als ein separates Teil verwendet werden mussten, das über eine Hörerschnur mit dem Gehäuse des Hörgerätes verbunden war, sondern im Rahmen der »Kopfgeräte« zunächst als Anhängsel, recht bald aber direkt in das Hörgerät eingebaut werden konnten. Nach den Batterien und den Mikrophonen waren damit auch die Hörer voll integriert und die Hörgeräte zu kompletten und kompakten Einheiten fortentwickelt worden.

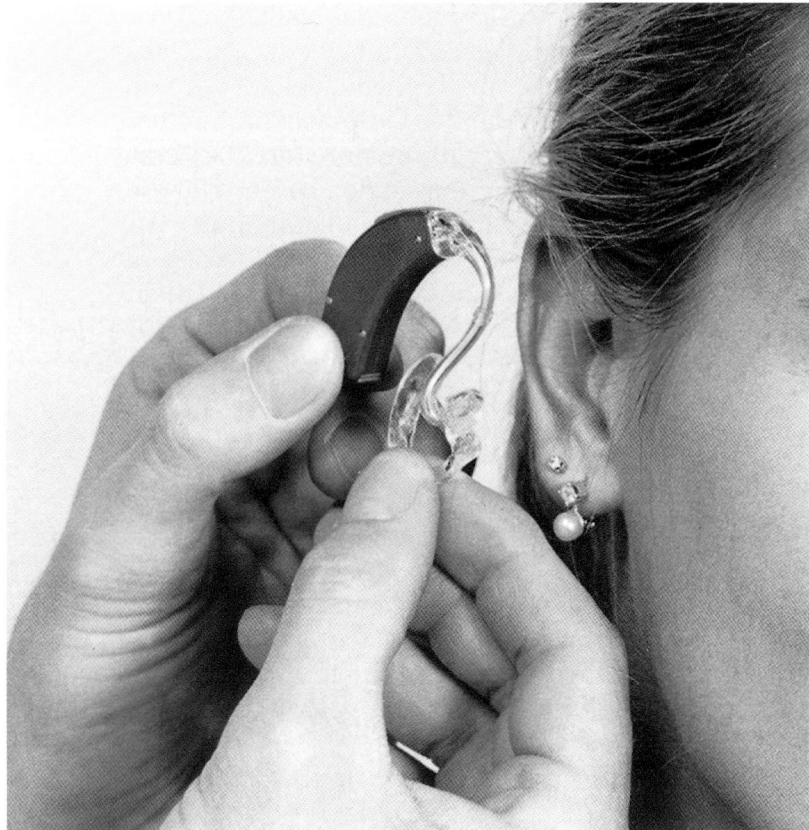

Ähnlich wie bei den Mikrophonen gab es auch bei den Hörern verschiedene Prinzipien, die zum Einsatz kamen. Nach den magnetischen Hörern gab es in den 50er Jahren auch Kristallhörer, die statt eines Transformators eine Tondrossel erforderten. Sie wurden wegen ihrer Kurzlebigkeit bald wieder aufgegeben. Geräte mit diesem Hörertyp wurden auch als »*Kristallgeräte*« bezeichnet.

Das neue Hörer-System bedingte allerdings, dass eine Schallfortleitung vom Gehäuse des Hörgerätes bzw. von dessen Hörerausgang zum Gehörgang geschaffen werden musste. Das gelang durch das an den Schallaustritt angekoppelte Winkelstück, den Schallschlauch, das Bogenstück und schließlich die schon erwähnte Otoplastik, wobei der gesamten Konfiguration zugleich eine Haltefunktion zukam.

Hieraus entwickelte sich im Laufe der Zeit auch eines der Aufgabengebiete der Hörgeräte-Akustiker, denn mit den genannten Teilen und ihrer Abstimmung aufeinander ließen sich eine ganze Reihe von Frequenzgang-Korrekturen vornehmen, um die Wiedergabe des Hörgerätes optimal an die Hörkurve des Schwerhörigen anzugleichen. Die Modifikation der gegebenen Wiedergabe-eigenschaften von Hörgeräten durch den Einsatz von Filtern in den Winkel-stücken, verschiedene Bohrungen an den Otoplastiken und Variationen ihrer Zapfenlängen hat sich fast zu einer eigenen Wissenschaft entwickelt und die Literatur darüber füllt die Fachbibliotheken der Hörgeräte-Akustiker, Otoplastik-Labors und Audiologischen Forschungseinrichtungen.

Nebenbei ein Hörgerät

Die Entwicklung von Hörgeräten war immer ein Nebenprodukt von technischen Fortschritten auf anderen Gebieten gewesen, wie man am Beispiel des Telefons, der Batterien und der Röhren sehen konnte. Die entscheidenden Verbesserun-gen der Hörgeräte-Technik gingen stets von Komponenten aus, die in anderen

Abb. V.19. Gerd Rosenstand (1909 bis 1991) gründete 1943 die Firma Danavox (ab 1977 im Great Nordic Konzern) und rief 1968 die Danavox-Stiftung ins Leben, die seither alle zwei Jahre ein audiologisches Symposium veranstaltet

Branchen und für andere Zwecke entwickelt worden sind. Selten nur sind neue Technologien gezielt für das Hörgerät erfunden worden. Die Ursache ist darin zu suchen, dass der Markt für Hörgeräte, selbst im weltweiten Maßstab, immer zu klein gewesen ist und spezielle Entwicklungen angesichts geringer Stückzahlen wirtschaftlich nicht vertretbar waren. Dennoch ist es erstaunlich, was die Hörgeräte-Industrie im Laufe der Jahrzehnte aus den »Abfallprodukten« der großen Industrien zu entwickeln verstanden hat.

Das galt insbesondere für die Radiogeräte-Hersteller, die problemlos auf die Fertigung von Hörgeräten umsteigen konnten. Die heute weltbekannte Firma *GN Danavox* in Kopenhagen zum Beispiel ging aus einem Radiogeräte-Hersteller hervor, der 1930 gegründeten dänischen Firma »*Nordisk Radio Industri*«. Der Name »*Danavox*« stand in den 30er Jahren in Dänemark für ein bekanntes Radiogerät und wurde ab 1943 als Firmenname für eine Tochtergesellschaft verwendet, die Tonbandgeräte, Schallplattenspieler, Lautsprecher, Mikrophone und gewerbliche Beschallungsanlagen für Theater, Schulen und Sportplätze herstellte. Ab 1946 vertrieb Danavox importierte Hörgeräte der Marke »*Multitone*«, stellte aber schon ein Jahr später fest, dass man diese Art von Geräten mit vorhandenen Mitteln und Teilen besser bauen könnte. Daraus entstand das Lebenswerk des Firmengründers *Gerd Rosenstand* (1909 bis 1991) und des weit über die Landesgrenzen hinaus bekannten und hochgeschätzten Ingenieurs *Hans Bergenstoff*, dem die Branche viele wichtige Verbesserungen zu verdanken hat und der noch bis 1998 für Danavox tätig war.

Ein anderes Beispiel für einen Radiogerätehersteller, der erst mit Hörgeräten den Durchbruch schaffte, ist auch die Firma *Willco* in Hamburg, die 1945 gegründet wurde, zunächst Radios und dann versuchsweise Tonbandgeräte gebaut hatte, sich ab 1947 aber ambitioniert als Hörgeräte-Hersteller betätigte. Die Firma bekam ihren Namen von dem Gründer *Heinz Will* (gest. 1969), der im Dezember 1947 noch zwei weitere Gesellschafter aufnahm, und zwar *Günther Schwedersky*, der später in Essen ein Hörgeräte-Institut betrieb, und *Elisabeth Kind-Kröger*, die zeitgleich in der Schweiz eine Vertriebsgesellschaft für Hörgeräte aufgebaut hatte. Heinz Will, der ständig zwei Zigaretten gleichzeitig rauchte und dabei Unmengen von Cognac und Kaffee konsumierte, verließ Willco 1952 wegen ständiger Querelen mit Schwedersky, um schließlich in Hamburg einen neuen Herstellungsbetrieb zu gründen, die Firma *Transitton*, der aber kein dauerhafter Erfolg mehr beschieden war *(persönliche Erinnerungen von Johannes Wittkowski, ehemals Fa. Willco)*.

Auch der Hörgeräte-Hersteller *Philips* entwickelte sich aus anderen Unternehmensabteilungen heraus. 1891 von dem holländischen Ingenieur und Glühlampen-Konstrukteur *Gerard L. F. Philips* in Eindhoven gegründet, erhielt Philips zwar schon 1929 ein Patent für ein Röhrenverstärker-Hörgerät, etablierte sich als Hersteller auf diesem Gebiet aber erst 1948. Treibende Kraft für die Idee, Hör-

Abb. V. 20. Das A-100
von General Acoustics
war das einzige
Hörgerät, das zugleich
Radiosender empfangen
konnte

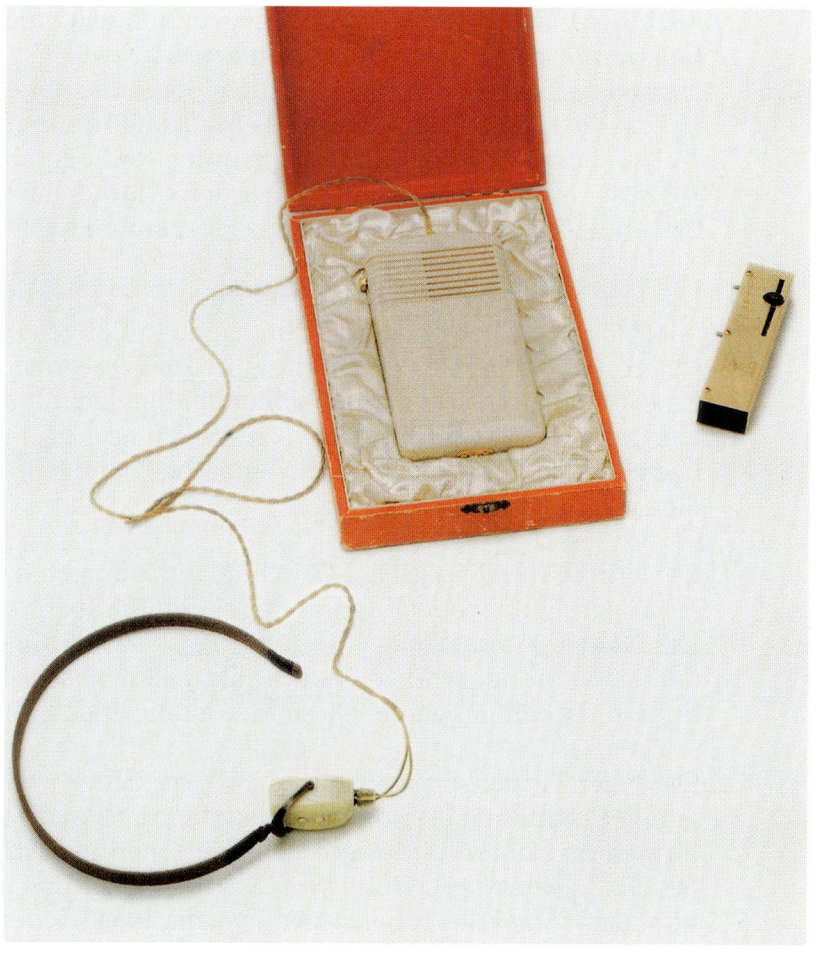

geräte herzustellen, war der Ingenieur *Berend de Boer,* der in den folgenden Jahrzehnten zu den bekanntesten Konstrukteuren der Branche zählen sollte.

Ein weiteres Beispiel ist der Hersteller von nautischen Instrumenten und Phonographen, »Elac«, der 1926 in Kiel gegründet wurde und zwischen 1950 und 1956 unter der Leitung von *Dr. Erhard W. Ahrens* Hörgeräte produziert hatte. Die Ideen dazu hatte ihm *Dr. Werner Güttner* hinterlassen, der von 1937 bis 1949 für Elac als Entwicklungsingenieur gearbeitet hatte, seine Talente dann aber bei Siemens in Erlangen besser entfalten konnte, wo er bis 1982 tätig war. Güttner gehört zu den profiliertesten Ingenieuren der Hörgeräte-Industrie.

Gute Radiogeräte bauen zu können, war geradezu eine Empfehlung für ein Unternehmen, das sich anschickte, auch Hörgeräte herzustellen. Die Firma *Bosch,* 1886 von dem »roten« Unternehmer und »Erfinder des 8-Stunden-Tages«, *Ro-*

bert August Bosch (1861 bis 1942), gegründet, war eigentlich auf Kraftfahrzeug-Elektronik spezialisiert. Durch den Erwerb des 1925 gegründeten Radiogeräte-Herstellers Maison Schulze, der auch Hörgeräte herstellte, kam Bosch im Jahre 1932 in die Hörgerätebranche und entwickelte diesen Zweig mit einigem Erfolg weiter. Durch den Zukauf des bekannten Radiogeräte-Herstellers »*Blaupunkt*« 1952, der ebenfalls Hörgeräte unter dem Markennamen »Omniton« herstellte, bekam Bosch weiteren Auftrieb als Hörgeräte-Hersteller.

Die *Radiofabrik Ingelen* in Wien, die schon 1922 gegründet wurde, stellte ebenfalls Hörgeräte her, und zwar durch eine Initiative von *Fritz Hüber*. Hüber kam schon 1946 zu Ingelen und hatte dort 1955 begonnen, sich für die Hörgeräte-Produktion zu interessieren. Weil er bei Ingelen mit seinen Ideen nicht weiterkam, ging er 1957 für zehn Jahre zu Willco nach Hamburg und danach zurück nach Wien zu *Viennatone*. Auch Viennatone hatte 1946 zunächst als Radiogeräte-Hersteller (»*Urania*«) angefangen.

Die Firma *General Acoustics Ltd.* in England, die auch Radiogeräte herstellte, hatte sogar den Einfall, ein Hörgerät mit einem Radioempfänger zu kombinieren. Das Modell »*Acousticon A-100*« von 1947 war so ein früher *Walkman*, bei dem der Schwerhörige jederzeit auf die aktuellen Nachrichten oder eine Musiksendung umschalten konnte. Diese Idee ist nie wieder aufgegriffen worden.

Die ersten Firmen, die in Deutschland nach dem Zweiten Weltkrieg mit der Hörgeräte-Produktion begannen, waren die *Atlas-Werke* in Bremen, eine von 1 535 Firmen im Imperium des größten deutschen Industriellen *Hugo Stinnes* (1870 bis 1924). Unter der Leitung von *Dr. Willy Kunze* fing man 1946 mit der Produktion von Hörgeräten (»*Elmaphon*«) an, die 1954 wieder aufgegeben wurde. Seitdem produzierten die Atlas-Werke, deren Schwerpunkt eigentlich die Herstellung nautischer Instrumente war, nur noch Audiometer.

1946 entwickelte die Firma *Siemens*, die schon von 1910 bis 1934 Hörgeräte gebaut hatte, ihr erstes Gerät nach dem Krieg (»*Phonophor Super*«) und begann 1948 mit dessen Produktion *(Anm.: Genaueres zur Firma Siemens im Kapitel «Ein Riese entsteht«)*.

Die ersten Händler und Organisationen in den USA

Die Hörhilfen, die seit Hutchinson hergestellt worden sind, kamen auf verschiedenen Wegen zum Verbraucher. Sie wurden oft direkt vom Hersteller bezogen, der in Zeitungsannoncen auf sich aufmerksam machte und die Geräte per Post verschickte oder in kleinen Servicestellen direkt auf dem Fabrikgelände verkaufte (USA). Bis in die 50er Jahre hinein waren auch Haustürverkäufe und »Mobile Offices« (USA) sehr verbreitet. Das waren Campingwagen, mit denen der Händler von Ort zu Ort zog und so sein Laden-Büro immer dabei hatte.

Als die Händler dazu übergingen, die Campingwagen dauerhaft an einem Ort zu stationieren, war ein wichtiger Schritt in Richtung zum Ladengeschäft getan. Daneben wurden die Geräte auch über Versandhandelskataloge angeboten, von stationären Händlern mit exklusiven *Franchise-Verträgen* (USA) oder von ambulanten Händlern an »*Sprechtagen*« in Gaststätten oder Augenoptikerläden verkauft (Deutschland). 1958 kam die Firma *Dahlberg* mit einer neuen Geschäftsidee auf den Markt, dem *Mietkauf-Hörgerät*! Man brauchte es nicht zu kaufen, konnte es aber später immer noch, wobei die bisherigen Mietzahlungen auf den Kaufpreis angerechnet wurden. Auch das »*Telemarketing*« (Verkauf am Telefon) wurde schon ausprobiert, setzte sich aber nicht durch. 1952 hatte sich ein Händler in Dallas/Texas sogar schon der lokalen Fernsehwerbung bedient, um auf sich aufmerksam zu machen. Andere setzten auf »*Direct Mails*«. Gelegentlich wurden die Geräte auch vom Haus- oder Ohrenarzt oder von einer Klinik, die entsprechende Mustergeräte zur Ausprobe von der Industrie zur Verfügung gestellt bekommen hatte, für den Schwerhörigen beschafft. Mit einer Beratung und Anpassung im heutigen Sinne hatte das nicht viel zu tun. Die Geräte selbst hatten ohnehin fast keine Einstellmöglichkeiten, so dass es nur nach dem Motto gehen konnte: »Wenn du etwas hörst, ist das Gerät richtig!« Eine Auswahl an Verstärkungen und Wiedergabecharakteristiken konnte dem Schwerhörigen nur durch das Ausprobieren verschiedener Modelle angeboten werden, die sich durch Stromspannung, Hörer- und Mikrophon-Ausstattung voneinander unterschieden. Das war aber auch nur begrenzt möglich, weil die »fliegenden« Händler meistens in Lohn und Brot bei einem bestimmten Hersteller standen und folglich nur dessen Produktpalette anbieten durften, die in manchen Fällen nur aus seinem einzigen Gerät bestand. Und das musste unbedingt verkauft werden, bevor womöglich ein Konkurrent das Geschäft machte.

Spezialisierte Fachhändler gab es zunächst nur wenige. Die Stückzahlen waren noch zu gering und angesichts der Einfachheit der Geräte bestand nur ein geringer Beratungs- und Anpassungsbedarf. Lediglich in Millionenstädten konnte man so etwas wagen. Das erste Ladengeschäft wurde vermutlich 1906 in New York von der *General Acoustic Company* gegründet. Es folgten bis 1918 weitere elf Geschäfte, zum Beispiel in Los Angeles, Boston, Washington und Chicago, sowie eines in Montreal in Kanada und je eines in London und Paris.

Die Bedingungen für die ersten stationären »selbständigen« Händler, die in den USA in den 30er und 40er Jahren aufkamen und mit den Herstellern Franchise-Verträge abgeschlossen hatten, waren sehr hart. Kam heraus, dass sie einen Vertreter einer Konkurrenzfirma zum Gespräch empfangen hatten oder sogar freundschaftliche Kontakte zu ihm unterhielten, konnte ihnen der Vertrag so-

fort gekündigt werden. Das bedeutete auch, dass es weder einen Erfahrungsaustausch, noch eine gemeinsame Weiterbildung oder Interessenvertretung zwischen den Händlern geben konnte. Man hatte Angst, sich zu treffen.

Das System war infolge der Spätfolgen der Wirtschaftsdepression der 30er Jahre und des Zweiten Weltkrieges aufgekommen, und die meisten, die sich als
Händler selbständig machen wollten, verfügten nur über wenig Kapital. Sie
bekamen deshalb erst einmal kostenlos Kommissionsware von den Herstellern
geliefert, die nach Verkauf abgerechnet werden musste. Der Händler behielt eine
kleine Spanne für sich. Durch dieses System waren die Händler ausschließlich
an einen einzigen Lieferanten gebunden. 1943 gab es in den USA 43 Hersteller,
von denen aber nur sechs über 50 % des Marktes abdeckten. Ihnen standen etwa
3 500 ambulante und stationäre Händler gegenüber. Klare Grenzen zwischen
ambulantem und stationärem Handel gab es allerdings noch nicht. Manche
Händler hatten zwar einen festen Standort in Form eines Ladengeschäftes oder
eines kleinen Büros, fuhren aber tagelang über Land.
Sie mussten um jeden einzelnen Kunden kämpfen und auf diese Weise entgegenkommen *(alle Informationen aus »5o years«, Hearing Instruments Sonderausga-
be von 1990).*

*Abb. V.21. Herstellerviel-
falt in den USA in den 50er
Jahren. Die meisten Firmen
sind nicht mehr existent*

Abb. V.22. Typisches kleines Hörgeräte-Geschäft in den USA, hier in Minneapolis/Minnesota

Die Meinung, der Hang zur Organisation und Vereinsbildung sei eine typisch deutsche Eigenschaft, ist ein Vorurteil. Schon Jahre bevor sich in Deutschland die Hörmittelhändler organisierten, konstituierte sich 1948 in Amerika das Vorbild, die »*National Hearing Aid Consultants Association*«, allen Widerständen von Seiten der Industrie zum Trotz. Das erste Treffen fand vom 3. bis 5. Mai 1948 im Chicagoer »Stevens Hotel« statt. Jeder Teilnehmer musste 7 Dollar und 50 Cents Eintritt bezahlen, für heutige Verhältnisse ein geradezu lächerlicher Betrag! Der kommissarische Vorsitzende war *Dean Marucci* aus Chicago. Im Laufe der Tagung wurden gleich »Nägel mit Köpfen« gemacht und auch die Händler in Kanada und den Ländern Mittel- und Südamerikas eingeladen, Mitglied zu werden, und der Verband in »*International Hearing Aid Association of America*« *(IHAA)* umbenannt. Zum Vorsitzenden wurde *Fred Davis* aus New York gewählt und schon zwei Monate später entstanden die ersten Regionalorganisationen der IHAA in Colorado, Texas, Wisconsin, Michigan und Kalifornien. Dem ersten

BRITISH
JOURNAL
OF
AUDIOLOGY

An international journal of audiological science and practice

| 71 |
| Editorial |
| Ian M. Winter and Roy D. Patterson |

| 73 |
| British Society of Audiology Short Papers Meeting on Experimental Studies of Hearing and |
| Deafness, Laboratory of Physiology, |
| University of Cambridge, 22–23 September 1996 |

| 133 |
| Announcements |

THE JOURNAL
of
the Acoustical Society
of Japan
(E)

21 466
SN 0001-7884

No. 6 · pp. 811–924
November/December 1996

Volume **82**

acta acustica

ACUSTICA united with acta acustica

The Journal of the European Acoustics Association (EEIG)

S. Hirzel Verlag

International Journal on Acoustics

ACUSTICA

American Journal of
AUDIOLO

Vol. 6 No. 1 ·

AMERICAN
SPEECH-LANGUAGE
HEARING
ASSOCIATION

A Journal of Clinical Pr

ISSN 0105-0397

scandinavian audiology

1997
VOL. 26
NO. 1

25 YE

Editor-in-Chief:
Einar Laukli

Co-Editors:
Birgit O.-Cook/Agnete Parving/
Ulf Rosenhall

Editorial Secretary:
Lars Lindén

CONTENTS

0105-0397(199703)26:1;1-D

SCANDINAVIAN UNIVERSITY PRESS
Oslo, Stockholm, Copenhagen, Oxford, Boston

Abb. V.23. Weltweit wurde und wird in Sachen Audiologie und Akustik publiziert – siehe auch Seiten 226/227

JULY 1989 $2.50

HEARING INSTRUMENTS

THE PUBLICATION FOR HEARING HEALTH PROFESSIONS

In-the-ear fittings—Following the shooting star of the 1980s

AMERICAN AUDITORY SOCIET

B·U·L·L·E·T·I·N

Vol. 19, No. 1, November, 1994   Published by the American Auditor
512 East Canterbury Lane, Phoenix

1994 Nova Scotia Meeting Highlights

Halifax, Nova Scotia provided an international backdrop for the 1994 Scientific Session of the American Auditory Society.

With over 50 countries represented, attending both the AAS meeting and the International Congress of Audiology, the gathering provided an opportunity to exchange ideas with counterparts from throughout the world.

Continued on Page 3

Outgoing AAS President, Deborah Hayes with new Preside Brookhouser 1994-1996

Starkey Renews *Ear and He* Grant for 1995 to Graduate

Starkey Laboratories, Eden Prairie, MN, has informed th Auditory Society that it will renew its grant to provide c *and Hearing,* the scientific publication c free of change to graduate students in an

This grant enables AAS to provide all six issues of *E* to students in 1995. Recipients are encouraged to appreciation to Starkey Laboratories, Inc., Atten Director of Marketing, 6700 Washington Ave. Sou MN 55344.

Donald Dirks, Ph.I 1995 Carhart Memorial Lec

Dr. Donald Dirks, UCLA, has been honored to pre AAS Carhart Memorial Lecture. This will be pre 1995 in Dallas, TX during the meeting of the A emy of Audiology. Plan now to attend.

Official Newsletter of the American

October 1996
Vol. 49, No. 10

LAST BUT NOT LEAST, THE FINAL WORD, P. 84

THE HEARING JOURNAL®

The Journal of Hearing Care and Technology

EDUCATION IN HEARING CARE:

January-February-Ma

Audecib

THE OFFICIAL JOURNAL OF THE INTERNATIONAL HEARING SOCIETY

PROFILE:
LINDA DONALDSON
NIHIS CHAIRPERSON

WHAT ARE THE
BUILDING BLOCKS OF
GOOD CERTIFICATION
PROGRAMS?

REDUCING HEARING
AID PURCHASERS'
SENSE OF RISK

THE FINANCIAL
COLUMN:
SAVING THE
AMERICAN DREAM

CAPTURE THE SPIRIT!
WASHINGTON, D.C.
TO HOST 1995
IHS CONVENTION

Middle Ear Symptoms While Flying: Ways to Prevent a Severe Outcome

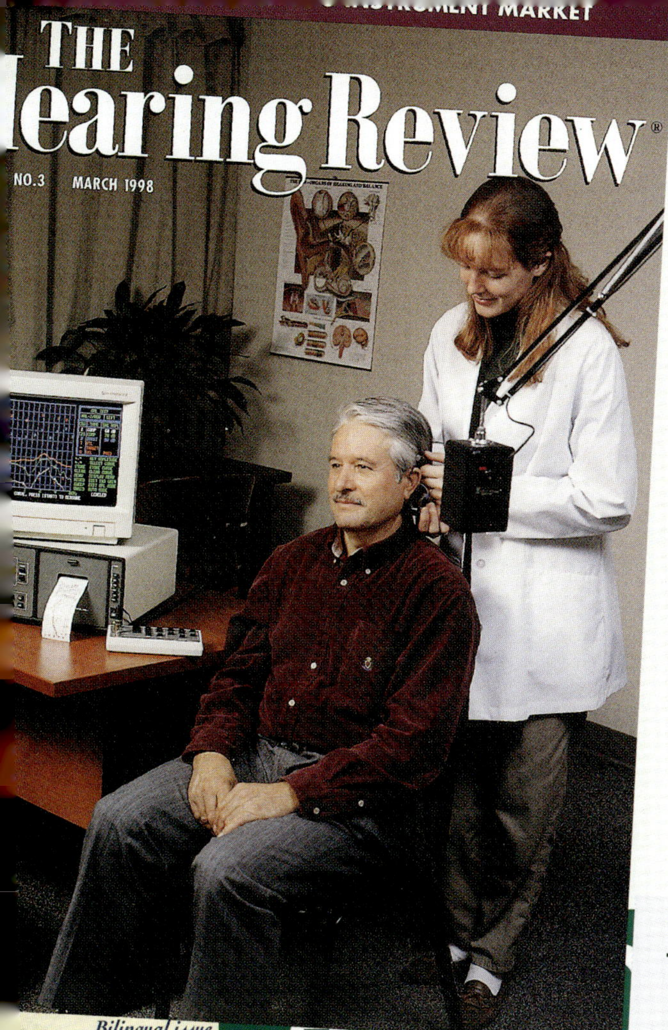

THE Hearing Review®

NO.3 MARCH 1998

INSTRUMENT MARKET

AUDIO *infos*

A REVUE DE L'AUDIOPROTHÈSE

Bilingual issue

MARKETING

PRODUITS D'HYGIÈNE ET D'ENTRETIEN

AUDIOMEDI

TINNITUS

L'ACOUPHÈNE EN MAL DE RECONNAISSAN

TINNIT
IN DIR
OF
RECO

MANIFESTATION

IL EST TEMPS DE SE FAIRE ENTENDRE

ENTENDEZ-NOUS,
LES SOURDS SONT DANS LA RUE
DIFFÉRENT=OUI
INDIFFÉRENT=NON

GERMANY

EN DÉPIT DE TOUTES RÈGLES

Hörgeräte
Hörgerä

De nouveaux circuits de distribution sont en train de concurrencer les audioprothésiste professionnels en Allemagne

AGAINST ALL

'S TIME
O BE HEARD

November 1999   Nr. 11   D 13

Hörakustik

»Beethoven« und »Früh-erkennung«...

...waren Themata einer Presseever-anstaltung, die SAT in Bonn ange-boten hatte. Wir waren für Sie da-bei und entdeckten sogar – ganz nebenbei – die respektlose Taube auf dem Kopf des genialen Sinfo-nikers – mehr auf den Seiten 36 bis 40.

Erste Notizen vom Kongress-Geschehen in Nürnberg...

...dürfen Sie bereits in diesem Heft erwarten. Während die Haupt-Be-richterstattung, gutem Brauche folgend und aus der Feder fachkompeter Spezialisten, in der Dezember-Ausgabe folgt, haben wir eilig – unter dem Titel »Aus dem Nürnberger Stenoblock« – erste Informationen, Ereignisse und Beobachtungen (wie die drei »BIOMS« Kurt Iffland, Marianne Frickel und Klaus Klingbeil auf unserem Bild) für Sie auf den Seiten 20 bis 35 gesammelt. Dies und unser Bemühen um Aktualität sind auch der Grund, dass die »Hörakustik« 11/99 mit einigen Tagen Verspä-tung erscheint: Wir hoffen auf Ihr Verständnis!

Was lange währt...

...wird endlich gut, dachte sich die Firma Phonak in Zürich und präsentierte nach sechsjähriger Entwicklungsphase ihr mit Spannung erwarte-tes erstes digitales Hör-System. Dies geschah im Vorfeld für deutschsprachige »Meinungsbildner« in angemessenem Rah-men mit Information, aber auch mit Musik, Tanz (unser Bild), Witz und typisch eidgenössischer Gastfreundschaft – Seiten 58 bis 68.

Hörmittelhändler-Kongress der Welt war die Einsicht vorausgegangen, dass die Hörgeräte-Anpassung bestimmten Spielregeln folgen sollte und es eine Instanz geben müsste, die für das Berufsethos, die Ausbildung und die angestrebten Zulassungsverfahren zuständig sein müsse.

Die amerikanischen Hörgeräte-Hersteller, die für einen Augenblick nicht mehr die wichtigste Kraft am Markt waren und das Marktgeschehen bestimmen konnten, hatten sofort begriffen, dass sie ihrerseits nur in Gemeinsamkeit stark sein konnten. Die 19 größten Hersteller beschlossen deshalb 1948, einen informellen Gesprächskreis, den sie bereits 1942 ins Leben gerufen und »*American Hearing Aid Association*« (*AHAA*) getauft hatten, auf eine offizielle Basis zu stellen. Das Ziel war, einheitliche Testverfahren für Hörgeräte zu entwickeln und verbindlich zu machen und eine statistische Erfassung des Hörgeräte-Marktes auf die Beine zu stellen. Ein wichtiger Beitrag der AHAA – auch im Sinne der IHAA – war, dass sie ihren Vertretern und Händlern untersagte, den Titel »Doktor« zu verwenden, was immer mehr in Mode gekommen war und wissenschaftlichen Organisationen wie der »*American Speech and Hearing Association*« (*ASHA*) und der »*American Academy of Ophthalmology and Otolaryngology*« (*AAOO*) verständlicherweise ein Dorn im Auge war. Man wollte lieber langfristig eine solide Berufsausbildung und ein anerkanntes Berufsethos entwickeln und nicht mit einem pseudo-akademischen und aufschneiderischen Schnellschuss in der Öffentlichkeit an Glaubwürdigkeit verlieren. Dieses Beispiel zeigt, wie sinnvoll – auch im Interesse der Öffentlichkeit und der Verbraucher – eine Zusammenarbeit der Marktpartner sein kann. Die ASHA geht auf das Jahr 1925 zurück und die AAOO auf das Jahr 1896.

Bereits 1949, auf dem IHAA-Kongress, kam der Anstoß zu einer weitreichenden Idee, die sofort große Begeisterung auslöste und bis heute Bestand hat. Man hatte *Mike Julian* vom »*Better Vision Institute*« (Institut für Besseres Sehen) eingeladen, der über den Nutzen einer Fördergemeinschaft für die Optische Industrie und den Augenoptikerberuf referierte und anregte, einen Dollar pro verkauftes Hörgerät in einen Fördertopf zu leiten, um auch den Gedanken des »Besser Hören« in der Öffentlichkeit publik zu machen. So kam es 1949 zu der Gründung der »*Hearing Aid Foundation*« *(HAF)* mit *David Barnow* als erstem Vorsitzenden. Man hatte auf die Formulierung »Better Hearing« im Verbandsnamen verzichtet, um Verwechslungen mit dem »*Better Hearing Institute*« zu vermeiden, einer Gemeinschaft von vier Herstellern (Acousticon, Radioear, Sonotone, Western Electric), die sich bereits 1936 formiert hatte.

Die Händler in Deutschland

Das erste Ladengeschäft in Europa befand sich wahrscheinlich in Amsterdam. Es wurde im Januar 1910 von dem Instrumentenbauer *Pieter Geervliet* (1875 bis

Abb. V.24. Das vermutlich erste Ladengeschäft für Hörgeräte in Europa – die Firma Geervliet in Amsterdam (1910)

1951) mit Hilfe von General Acoustic gegründet und firmierte als »Instrumenten-handel P. Geervliet«. Geervliet eröffnete danach weitere Filialen unter dem Na-men »Beter Horen«. Geschäfte dieses Namens existieren noch heute in Holland. Weitere Standorte in Europa waren zu besetzen, und so eröffnete in den 20er Jahren der Oticon-Gründer *William Demant* »Acousticon«-Geschäfte in Stock-holm, Oslo, Helsingfors, Arnheim, Paris, Brüssel und Mailand.

Die Rechte des Namens »*Acousticon*« wurden von General Acoustic und später von *Dictograph* recht großzügig vergeben, so dass um diesen Namen Verwirrun-gen entstanden sind. Es war schon damals schwer zu durchschauen und kann heute erst recht nicht mehr genau geklärt werden, wer ihn wann benutzen durfte, ob als Name für einen Laden, eine Fabrik, ein Produkt oder eine nationale Ver-

Abb. V.25. Acousticon-Fachgeschäft in den 20er Jahren in Arnheim/Holland

triebsniederlassung. Jedenfalls wurden in späteren Jahrzehnten Acousticon-Läden in Holland und Italien gegründet und bis 1965 existierte in England ein kleiner Hersteller gleichen Namens, der dann in der Firma *A&M* aufging, die es bis heute gibt. »A&M« ist eine Abkürzung aus den Namen *Acousticon* und *Multitone*. In den USA hat der Name Acousticon überlebt, wo es noch heute etwa 150 Geschäfte gleichen Namens gibt, und ebenso in Holland, wo es noch 22 gibt.

Auch in Deutschland gab es langsam aber stetig immer mehr Händler, die meisten von ihnen hatten nur einen Reisegewerbeschein und waren herstellerabhängig. In den 20er Jahren waren es kaum mehr als ein Dutzend. Einer von Ihnen war *Walter Ludwig* (1904 bis 1989), der sein Geschäft um 1929 eröffnet hatte, wegen des Krieges pausieren musste und 1949 wieder als Reisender anfing, Hörgeräte »an den Mann zu bringen«. 1959 ließ er sich mit einem Geschäft in Frankfurt erneut nieder und ging 1972 in den Ruhestand.

Ein anderer Händler, der schon sehr früh anfing, war *Bruno Ollmann* (1902 bis 1964). 1937 eröffnete er in Essen sein erstes Fachgeschäft, pausierte dann we-

gen des Krieges, arbeitete danach für kurze Zeit als Konstrukteur für Hörgeräte bei der Deutschen Akustik Gesellschaft in Berlin und begann 1948, selber
Hörgeräte herzustellen (bis 1965). Mit *Prof. Karl-Heinz Hahlbrock* zusammen hat
er 1954 das erste Sprachaudiometer (Beoton Modell V) und 1962 das erste Lid-
reflex-Audiometer in Deutschland produziert. 1956 stellte er den weltweit ersten Telefonverstärker für Schwerhörige her und konnte davon 100 000 Stück
absetzen. Sein Unternehmen hielt sich auch nach seinem Tod 1964 als bedeutender Hersteller von Audiometern. Der ab 1965 für Siemens hergestellte
»Audiator« war ein großer Erfolg und die seit 1971 produzierten »Beomat«-
Audiometer sind Legende geworden.

Dabei gab es solche Händler, die sich schnell mit ihrem Beruf identifizierten,
ihn ernstnahmen und wirklich helfen wollten, und andere, die den Handel mit
Hörgeräten als ein jederzeit austauschbares und beliebiges Gewerbe ohne ethi-
sche Verpflichtungen betrachteten. Gegen diese »marktschreierischen Anprei-

Abb. V.26. Das Acousticon-Geschäft in Arnheim (um 1950)

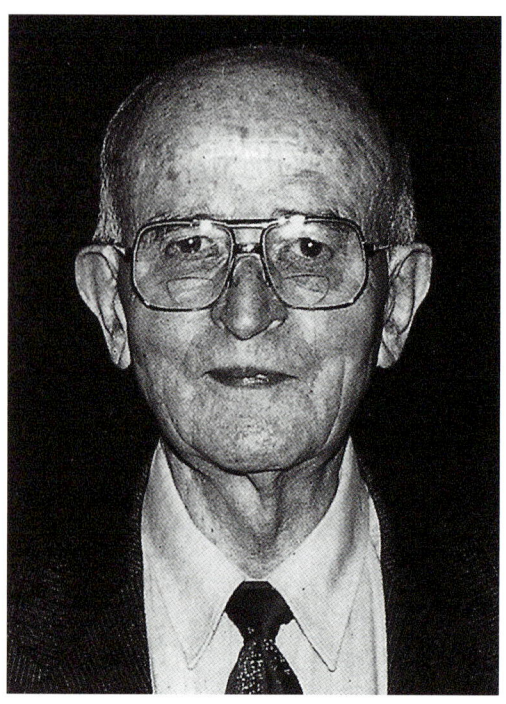

Abb. V.27. Walter Ludwig gehörte zu den allerersten »Hörgeräte-Händlern«, der sein Ladengeschäft 1929 eröffnete

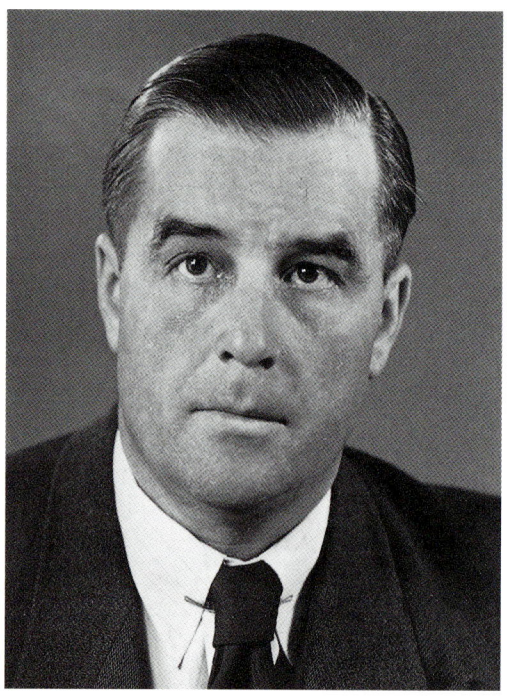

Abb. V.28. Bruno Ollmann war als Hersteller von Hörgeräten und Audiometern der Marke »Beoton« und als Hörmittelhändler einer der ersten und erfolgreichsten Unternehmer der Branche in Deutschland

Bruno Ollmann Spezialgeschäft für Hörgeräte für Schwerhörige
Essen, Steeler Straße 1, Ecke Adolf Hitler-Straße
Nachnahme RM Wert RM
in Buchstaben: RM
72

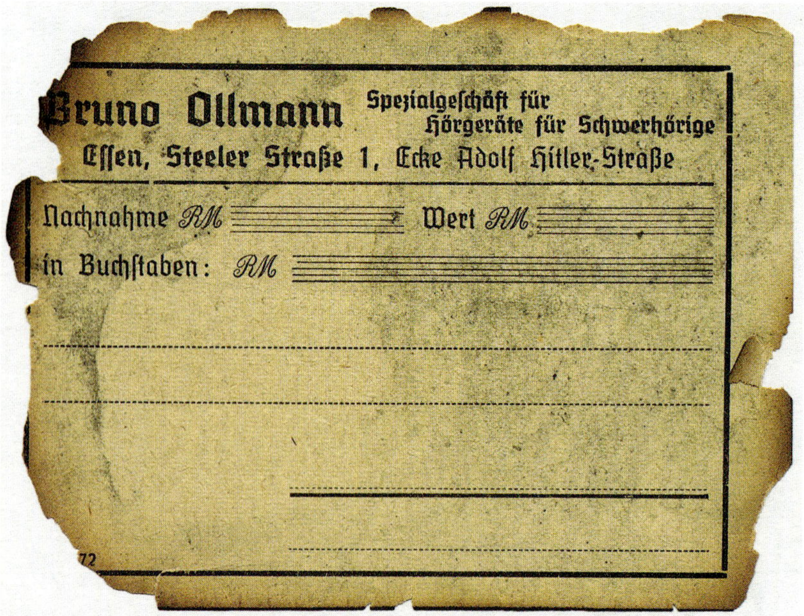

Abb. V.29. Ein Dokument, das inklusive Brandspuren deutsche Geschichte erzählt – Relikt einer Bombennacht des Zweiten Weltkrieges

Abb. V.30. Das erste Fachgeschäft von Bruno Ollmann, 1937 in der Steeler Straße in Essen. Das Büro (Bild unten, spätere Aufnahme) befand sich in der 1. Etage, der Laden (Bild oben) darunter

*Abb. V.31.a und b. Neuan-
fang nach dem Krieg:
Bruno Ollmann als
Verkäufer an einem
»Sprechtag«. Links auf dem
Bild ist sein »Lehrling«
Erich Rombkowsky zu
sehen...*

*...der, zunächst ambulanter
Händler, wie unser Bild
zeigt, sich später als
Hörakustiker in Hamburg
niedergelassen hat*

Abb. V.32. Bruno Ollmann mit seinem Sortiment an
Ton- und Sprachaudiometern in den 50er Jahren auf
einer Fachausstellung in Frankreich

sungen« wollten sich Anbieter wie der Hersteller *Werner Wendt* (1905 bis 1974), der seit 1934 »Kohlegeräte« der Firmen Maico, Amplivox, Deutsche Akustik und Acousticon in Hamburg vertrieb, absetzen. In Ermangelung einer Ausbildungsstätte für die Händler war jeder auf sich selbst gestellt oder man nahm die Ausbildungsangebote der Hersteller in Anspruch.

»Wendige« Unternehmer wie Wendt stellten sich ihr eigenes Material zusammen, das sie ihren »medizinischen Hilfspersonen« (Vertreter und Händler) zur Pflichtlektüre machten. Mit vier Schreibmaschinenseiten zur Physiologie und Pathologie des Ohres (»Medizinischer Grundriss für Vertreter«) war es nach Wendts Meinung aber erst einmal genug. Alles andere sollte durch Erfahrung und einen zweitägigen Schnellkurs in Hamburg kommen, was für damalige Verhältnisse schon sehr viel war.

Die ersten Reisenden und Händler bildeten einen bunt zusammengewürfelten Haufen der verschiedensten Berufe: Augenoptiker, Chemiker, Metzger, Bäcker und Konditoren, Bandagisten, Orthopäden, Uhrmacher, Photographen, Juristen, Ingenieure, Physiker, Maurer, Graphiker, Diplomaten, Taxifahrer und Handelsreisende der unterschiedlichsten Branchen. Überhaupt waren die Lebensläufe der ersten Frauen und Männer dieser Branche außergewöhnlich.
Aubrey Miller (geb. 1912 in London) zum Beispiel hatte zunächst von 1929 bis 1933 in Weimar Flugzeugbau studiert und danach als Konstrukteur von Flugzeugen in verschiedenen Unternehmen gearbeitet. Er war unter anderem auch in Peenemünde an der Entwicklung von Hitlers legendärer »Wunderwaffe« V-1 beteiligt. Nach dem Krieg hatte er zunächst als selbständiger Kleinunternehmer für die amerikanischen Besatzungssoldaten Radiogeräte repariert und aus den sogenannten »Entgifterbüchsen« der Wehrmacht Tauchsieder hergestellt, die er dann auf dem Schwarzmarkt verkaufte. Nach zehnjähriger Tätigkeit als Reise-Ingenieur für Siemens im Bereich Medizintechnik ließ er sich 1960 als Hörmittelhändler in Karlsruhe nieder und erwarb 1969 im Alter von 57 Jahren als einer der ersten den Meisterbrief für Hörgeräte-Akustik. Dr. Werner Pistor reimte zu seinem 80. Geburtstag:

> *»Was für die Dichter ist der Schiller,*
> *ist für schwache Ohren unser Miller!«*

Andere »Männer der ersten Stunde«, wie *Kurt Iffland*, *Theodor Geers* und *Wilhelm Aumann,* waren in Kriegsgefangenschaft gewesen und mussten buchstäblich mit nichts anfangen. Natürlich gab es auch »Frauen der ersten Stunde«, wobei einige zunächst an der Seite ihres Mannes standen und andere ganz alleine anfingen, sei es als Angestellte, sei es gleich als Selbständige. Zu diesen Frauen gehörten *Edith Will* in Hamburg (1946), *Käthe Geers* in Dortmund (1951), *Lina Köttgen* (1951) in Köln, *Helga Gravenstein* in Wattenscheid (1952), *Inge Bade* (1955), *Ellen Keibel* (1958) und *Ruth Krause* (1958) in Bremen.

Auf der ökonomischen Seite ging es natürlich nicht ohne eine Mindest-Investition. Wer für Wendt arbeiten wollte, erhielt gegen eine Kaution alles, was man damals brauchte, um Hörgeräte zu verkaufen: ein Audiometer, zehn Hörgeräte, Batterien, Hörer, Schnüre, Wachs, Gips, Bunsenbrenner, Reparaturwerkzeuge, und natürlich Audiogramm- und Auftragsformulare. *(Anm. d. Verf.: Nach Erinnerungen von Käthe Geers betrug die Kaution 15 000 DM, was damals sehr viel Geld gewesen ist. Dieser Darstellung wird von Horst Werner Wendt widersprochen. Nach seiner Erinnerung wurden die Anpass-Utensilien leihweise ohne Kaution überlassen).* Wurde ein Hörgerät verkauft, so erhielt der Vertreter 25 % Provision. Zu den ersten Repräsentanten der Firma Wendton gehörten unter anderem auch Karl Köttgen und Theodor Geers, die sich später zu bedeutenden Unternehmern in der deutschen Hörgeräte-Branche weiterentwickelten *(»Fachliche Hinweise« Nr. 5, Manuskript von Werner Wendt 1951, Geers, Unternehmen Besser Hören, S. 52 ff.).*

Dass es in den Anfangsjahren manchmal recht unkompliziert und hemdsärmelig zuging, kann man sich leicht vorstellen. Aber man muss nicht jede Geschichte glauben, die aus dieser Zeit bekannt ist. Da sollen zum Beispiel zwei Hörgeräte-Vertreter im Jahr 1948, als sie gerade die Dörfer entlang der Ostsee »abklapperten«, tagelang keine Geschäfte gemacht haben. Als sie auf eine ausgebombte Apotheke stießen, in der hunderte leerer Medizinfläschchen herumlagen, kamen sie auf die Idee, diese mit dem Wasser der Ostsee zu füllen und als »Hörwasser« zu verkaufen. Obwohl das eigentlich als Scherz gemeint war, muss das Wasser geholfen haben, denn es gab etliche Nachbestellungen *(nach den Erinnerungen von Aubrey Miller, ohne Garantie auf Richtigkeit).*

Die Reisenden

Die Firma *Beltone Dienst GmbH* in Bad Orb, eine deutsche Niederlassung der Beltone Hearing Aid Corporation in Chicago, ist ein Beispiel für große ausländische Hersteller, die sich nach dem letzten Krieg in Deutschland niederließen und dort professionelle Vertriebsorganisationen aufbauten.
Natürlich hatte die starke und kapitalkräftige Firma Beltone weitaus größere Möglichkeiten als Werner Wendt, den deutschen Markt zu bearbeiten. Relativ schnell konnte man ganz Deutschland mit einem Netz von Repräsentanzen überziehen. So wurden in allen größeren deutschen Städten selbständige Bezirksstellen eingerichtet, denen wiederum zahlreiche Ortsstellen angegliedert waren. Dazu gab es direkt bei Beltone angestellte Bezirks-Instruktoren, die die Bezirks- und Ortsstellen betreuten und die Verträge mit den regionalen staatlichen Versorgungs- und Beschaffungsämtern aushandelten. Um eventuelle Wechselkursschwankungen zu umgehen, wurde auch die Herstellung der Beltone-Geräte exportiert und auf nationaler Ebene organisiert. Die Geräte für Deutschland, die so euphorische Namen trugen wie »Melody«, »Harmony«, »Lyrik« und »Sym-

phonette«, wurden in Lizenz in Bad Orb von den Süddeutschen Präzisionswerk-stätten hergestellt.

Die Ausbildung der Vertreter war bei Beltone um einiges extensiver und fundierter als bei Wendton. Obwohl der deutsche Beltone-Chef *Hans A. Hölterhoff* 1952 bekann-te, dass sich der Außendienst »aus allen Schichten der Bevölkerung« rekrutierte und besondere Vorkenntnisse »nicht unbedingt notwendig« seien, sah er aber doch die Notwendigkeit einer »ständigen Schulungsarbeit« und engagierte sich auf diesem Gebiet in besonderer Weise. »Hörgeräte kann man nicht verkaufen wie Schuhcreme oder Automobile«, pflegte er zu sagen. Wichtig sei die »systematische Bearbeitung des Marktes und die ernsthafte Beratung des Schwerhörigen mit großem psycho-logischem Fingerspitzengefühl« und nicht das schnelle »Konjunkturgeschäft«. Auch betonte Hölterhoff immer wieder die »Notwendigkeit einer individuellen Anpas-sung«, ein Gedanke, der damals durchaus noch nicht selbstverständlich war. Wenn alles richtig gemacht worden sei, dann »schmiegt sich das Gerät in die individuelle Hörlücke des Schwerhörigen ein«. Danach habe eine »wiederholte kostenlose Nach-untersuchung und eventuelle Umstellung des Gerätes« zu erfolgen, wozu der Kunde höchstens jeden Monat, spätestens aber nach sechs Monaten, in seiner Woh-nung aufzusuchen sei. Damit war das Nachsorge-Prinzip, wie es heute für jeden Hörgeräte-Akustiker selbstverständlich ist, eingeführt.

Gasthof-Veranstaltungen, wie sie bis dahin noch weit verbreitet waren, lehnte Beltone ebenso ab wie das »Hausieren«, also den Haustürverkauf ohne Anfor-derung des Kunden. Man legte vielmehr Wert auf eine sachkundige, service-intensive und dauerhafte Betreuung der Schwerhörigen. Ziel war das »Wieder-erwachen des Hörverständnisses« und dass der Kunde »alle zwei bis drei Jahre ein neues Gerät kauft«. Allerdings dürfe der Beltone-Berater beim Kunden weder »mit der Tür ins Haus fallen«, noch sich die »Familiengeschichte allzu ausführ-lich anhören«. Time war auch damals Money! Für »heiße Tips«, wo noch ein Schwerhöriger unversorgt sein könnte, war der Berater immer dankbar. Kleine Prämien an den auskunftswilligen Postboten, Hausmeister oder Apotheker um die Ecke waren dabei durchaus üblich.

Der Berater hatte alles griffbereit in seinem Koffer zu haben: Instruktionsheft (falls er mal nicht weiter wusste), Batterien, Taschenlampe, Karteikarten, Test-oliven, Pfeifenreiniger, Kabel, Röhren, Stecker, Hörer, externe Mikrophone und Abdruckmaterial (Wachs, Gips, Spatel, Töpfe, Watte, Servietten, Zwirnsfaden). Spezielles medizinisch-technisches Gerät war noch nicht immer erschwinglich oder wurde noch nicht für notwendig befunden. So diente die Taschenlampe zur Ohrinspektion und der Pfeifenreiniger zur Säuberung der Ohrstücke.

Reparaturen wurden sofort vor Ort erledigt. Die häufigsten Defekte der Röhren-geräte waren der Totalausfall wegen Korrosion der Batteriekontakte oder Kabel-brüchen an den Steckern, das »Brodeln und Knistern« bei zu schwacher Anoden-

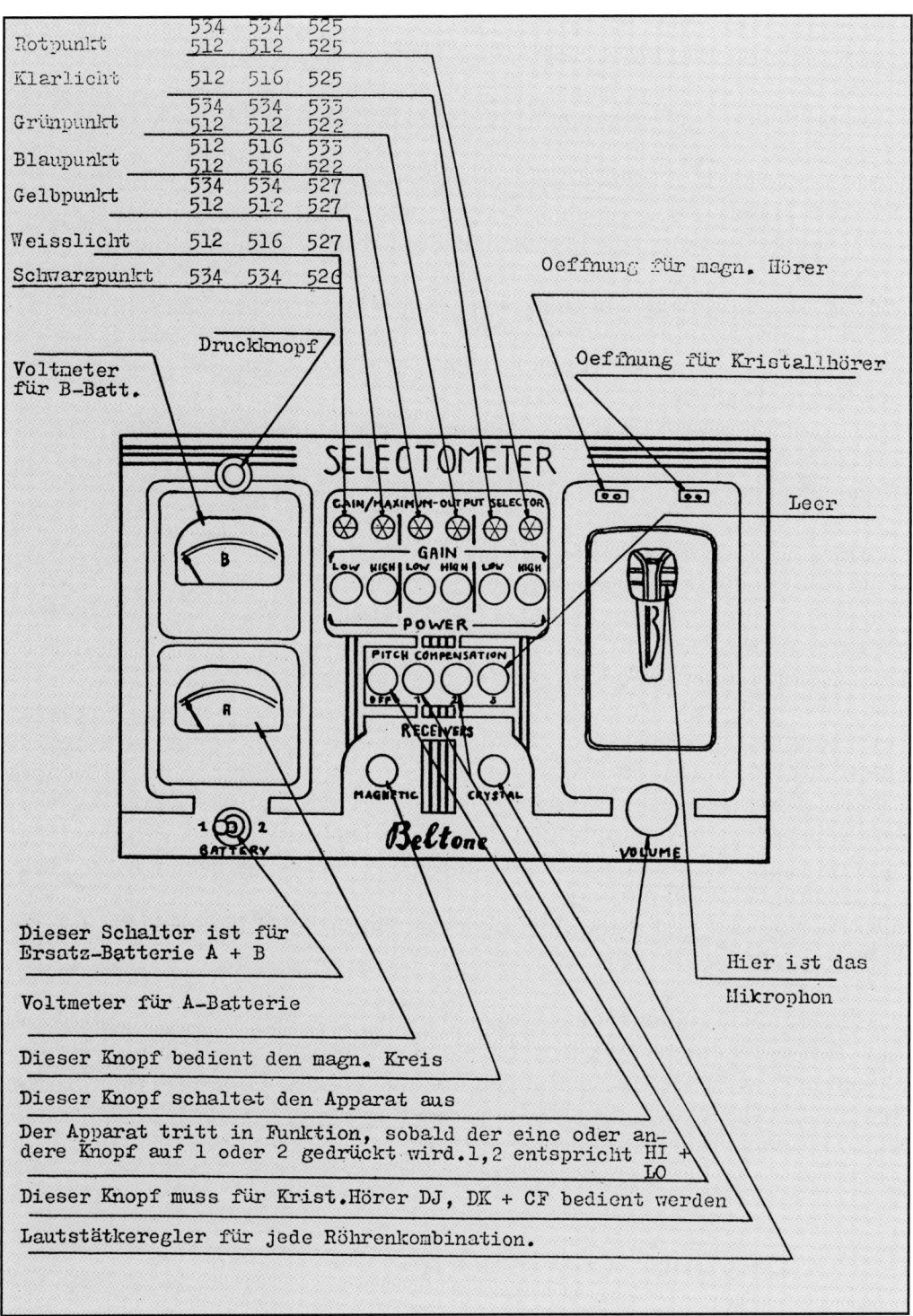

Rotpunkt	534	534	525
	512	512	525
Klarlicht	512	516	525
Grünpunkt	534	534	535
	512	512	522
Blaupunkt	512	516	535
	512	516	522
Gelbpunkt	534	534	527
	512	512	527
Weisslicht	512	516	527
Schwarzpunkt	534	534	526

Druckknopf

Voltmeter
für B-Batt.

Oeffnung für magn. Hörer

Oeffnung für Kristallhörer

Leer

Hier ist das
Mikrophon

Dieser Schalter ist für
Ersatz-Batterie A + B

Voltmeter für A-Batterie

Dieser Knopf bedient den magn. Kreis

Dieser Knopf schaltet den Apparat aus

Der Apparat tritt in Funktion, sobald der eine oder andere Knopf auf 1 oder 2 gedrückt wird.1,2 entspricht HI +
LO

Dieser Knopf muss für Krist.Hörer DJ, DK + CF bedient werden

Lautstätkeregler für jede Röhrenkombination.

*Abb. V.33. Arbeitsunterlage für Beltone-Vertreter, um das »Selectometer« bedienen zu können
(1952)*

batterie, das »Klingen« bei Röhrendefekten, das »Pfeifen« bei schlecht sitzenden Ohrstücken, die starken Verzerrungen in der Tonwiedergabe bei zu schwacher Heizbatterie, das Versagen der Tonblende durch korrodierte oder erlahmte Kontaktfedern, das »Klemmen« der Steckkontakte und Batteriedeckel.

Das alles konnte in der Regel sofort behoben werden, wobei der Vertreter das passende Handwerkszeug stets bei sich hatte: Uhrmacher-Schraubenzieher, Klemmzange, Justierzange, Spitzzange, Putzlappen, Trichloraethylen, Chloroform, Lupe, Sandpapier oder Feile. Die Fehlersuche wurde zum Teil recht hemdsärmelig vorgenommen. Um zu prüfen, ob das Pfeifen auf ein schlechtsitzendes Ohrstück zurückzuführen war, empfahl das Beltone-Instruktionsheft, dem Kunden bei eingesetztem Hörer und Ohrstück ein dickes Sofakissen gegen die Ohrmuschel zu drücken.
Wenn es nicht mehr pfiff, war das Ohrstück schuld. Es hätte nämlich auch andere Gründe geben können, zum Beispiel Fremdeinflüsse wie Straßen- und Maschinenlärm oder schlichte Einbildung (»Phantomgeräusche«).

Eine Besonderheit des Direktvertriebes der Firma Beltone war, dass die Berater keine Audiometer benutzten, sondern Selektometer. Im Prinzip ging es natürlich auch darum, das Hörvermögen der Kunden zu prüfen, jedoch nicht über das Erfassen der Hörschwellen und Hörverluste, sondern über das Tongehör, also welche Frequenzen gehört bzw. nicht gehört werden. Während die Audiometrie eine objektive Messung darstellte, war die Selektrometrie eine subjektive und komparative. Insgesamt standen mehr als 100 selektrometrische Einstellungen für die Evaluation des Gehörs zur Verfügung. Damit wollte sich Beltone von der Arbeitsweise anderer Hersteller absetzen und zugleich eine Auswahl der bestmöglichen Versorgungen durch Vergleiche zwischen verschiedenen Geräten – und das waren natürlich nur die eigenen, sicherstellen. Diese Philosophie gipfelte in der Aussage:
»Das Audiometer gibt Aufschluss über den Hörverlust, das Selektometer darüber, wie man Abhilfe schaffen kann.«

Das System war zugleich eine Vorwegnahme des Custom-Made-Gedankens, denn das Selektometer war in der Lage, dem Probanden sieben Grundschaltungen und 15 Zwischenschaltungen anzubieten, die dann nach dem Baukasten-System, bestehend aus verschiedenen Röhren und Hörern, zusammengesetzt werden konnten *(s. Hölterhoff, Beltone Instruktionsheft von 1952).*

Gehörlose und Schwerhörige

Fürsorge und Schulen für Taubstumme gab es schon seit dem 16. Jahrhundert. Der spanische Benediktinermönch *Pedro Ponce de Leon* (1520 bis 1584) war wahr-

Abb. V.34. Abbé Charles Michel de L'Epée (1712 bis 1789) beim Gehörlosen-Unterricht in Paris

scheinlich der erste, der versuchte, Taubstummen das Sprechen beizubringen und sie so wieder in die Gesellschaft einzugliedern. Bis dahin galten Taubstumme als dumm und standen unter der Vormundschaft der Hörenden. Noch 1821 bezeichnete der französische Arzt Itard die Gehörlosen als »intellektuell und emotional primitiv« *(zitiert nach Lane, Mit der Seele hören, S. 197)*. Ponce lehrte seine Zöglinge zunächst das Schreiben und Lesen, indem er die Wörter, die er an die Wandtafel schrieb, auch als Gegenstände zeigte. Dann sprach er die Wörter so vor, dass die Schüler die typischen Lippenbewegungen, die zu den einzelnen Phonemen gehörten, abzulesen und nachzubilden erlernen konnten. Ergänzend führte Ponce auch das Handalphabet ein und legte damit den Grundstein zu der lautsprachlichen Methode. Der Schweizer Arzt *Johann Conrad Amman* (1669 bis 1741) ergänzte Ponces Lehrmethode durch das vibrotaktile »Ablesen« am Kehlkopf des Sprechenden, ebenfalls mit dem Ziel, den Taubstummen die Lautsprache beizubringen.

Der Begründer der gebärdensprachlichen Schule war in Paris der von König *Ludwig XVI.* geförderte *Abbé Charles Michel de L'Epée* (1712 bis 1789), der das von Ponce eingeführte *Fingeralphabet* (*Daktylologie*) nicht mehr als Mittel der Kommunikation einsetzte, sondern nur noch zum besseren Erlernen des Schreibens. Statt dessen entwickelte er eine inhaltlich eigenständige Zeichen- und Gebärdensprache, die von Alphabet und Phonetik völlig losgelöst war.

Eine individuelle, also nicht standardisierte und pädagogisch vermittelte Gebärdensprache hat es vermutlich schon immer gegeben. Das belegt ein Verdikt des Papstes *Innozenz III.* (1160 bis 1216), wonach ein Gehörloser dann heiraten durfte, wenn er zu der Trauungszeremonie mittels Gebärdensprache seinen Teil beitragen konnte. Auch individuelle Versuche von Gehörlosen, das Sprechen zu lernen, muss es schon gegeben haben, denn *Plinius* (23 bis 79 n. Chr.) berichtet von einem zu seiner Zeit sehr erfolgreichen tauben Maler patrizischer Herkunft namens *Quintus Pedius*, der sprechen konnte. Er wurde von Julius Caesar so hoch geschätzt, dass er ihn zum Miterben machte. Auch die Gesetzgebung des Kaisers *Justinian* (482 bis 565) differenzierte bezüglich der Rechtsstellung der Gehörlosen zwischen denen, die taubstumm waren und denen, die sprechen konnten. Letztere waren rechtsfähig.

Die Frage, ob den Gehörlosen besser mit der Lautsprache oder der Gebärdensprache zu helfen sei, hat sich seit de L'Epée zu einem erbitterten Glaubenskrieg zwischen »*Oralisten*« und »*Gebärdlern*« entwickelt. Ursächlich dafür war die Rivalität und Eifersucht zwischen *Jacob Rodrigues Pereire* (1715 bis 1780) und de L'Epée. Pereire hatte mit seiner lautsprachlichen Methode zunächst viel Aufsehen erregt und die Anerkennung vieler europäischer Monarchen erreicht, darunter auch die des deutsch-römischen Kaisers *Joseph II.* (1741 bis 1790). Obwohl Pereire zunächst auch das Wohlwollen des französischen Königs *Ludwig XVI.* (1754 bis 1793) gewinnen konnte, bekam er von ihm zu seiner großen Überraschung und Enttäuschung keine Mittel zur Errichtung einer Gehörlosenschule, sondern sein Gegenspieler de L'Epée, den er schon als den Unterlegenen angesehen hatte.

Die Anhänger beider Richtungen haben sich seitdem in aller Welt organisiert und versucht, die Öffentlichkeit und die Gesetzgeber jeweils auf ihre Seite zu ziehen.
Die Gebärdensprachler, die sich mittlerweile als bedrohte Minderheit betrachten, pochen auf das Recht einer eigenständigen kulturellen Identität. Das Problem dabei ist nur, dass diese kulturelle Eigenständigkeit nur aufrecht erhalten werden kann, wenn alle bisherigen und zukünftigen Errungenschaften von Medizin und Technik, die eine Integration der Betroffenen in die Gesellschaft der Hörenden möglich machen könnten, grundsätzlich abgelehnt werden. Alle Bestrebungen, ihnen das Hören wieder zu ermöglichen, betrachten sie als Versuch der »Ausrottung«, »Unterdrückung«, »Indoktrination« und »Gleichmache-

rei« durch den medizinisch-industriellen Komplex. Die Gehörlosigkeit betrachten sie nicht als Krankheit oder genetischen Defekt, sondern als eine Variante der Natur und des menschlichen Lebens *(die Begriffe stammen aus: Lane, Mit der Seele hören, S. 9 ff.)*.

Das tiefe Misstrauen gegen das »medizinische Modell« der Reintegration der Gehörlosen in die Gesellschaft der Hörenden kommt unter anderem auch daher, dass die »sprechenden Taubstummen« des 18. Jhdt. nicht nur als wissenschaftliche Studienfälle behandelt, sondern leider auch wie Jahrmarktsattraktionen herumgereicht wurden. Aus dieser Zeit kommt das Vorurteil gegen die lautsprachliche Erziehung, es ginge hierbei um die »Dressur« schwerbehinderter Menschen zur Selbstbestätigung einer hörenden Mehrheit. Einen schlechten Dienst erwies der lautsprachlichen Fraktion auch der livländische Professor *Jakob Wild*, der im 18. Jhdt. eine »Sprachmaschine« erfunden hatte, um den Gehörlosen auf möglichst rationelle und mechanische Weise das Sprechen beizubringen *(genaue Lebensdaten sind nicht bekannt. Vgl. Politzer, Bd. 2, S. 430)*.

Bei den ideologischen Auseinandersetzungen um den richtigen Weg geht es auch um die Angst derjenigen, die nicht mehr therapierbar sind, sich von den eigenen Kindern zu entfremden, denen heute die Möglichkeit geboten wird, die Lautsprache zu erlernen. Dabei manövriert sich die Gemeinde der Nur-Gebärdensprachler jedoch in ein historisches und gesellschaftliches Abseits. Ihre Kultur bleibt stehen, während die kulturelle Entwicklung der hörenden Mehrheit und die Fortschritte im Bereich von Medizin und Technik immer weiter gehen. Wenn eine Taubheit in den ersten drei Lebensmonaten eines Kindes diagnostiziert wird *(Neugeborenen-Screening)*, kann heute mit einer gezielten Frühförderung und apparativen Versorgung, erst mit einem Hörgerät, später mit einem Cochlea-Implantat, eine Reifung der Hörbahnen und die Entwicklung des Sprachzentrums in der Großhirnrinde effektiv gefördert werden. Dadurch wird dem Gehörlosen das Hören, das Verstehen von Sprache und das Sprechen ermöglicht, aber auch das Schreiben und das Lesen erheblich erleichtert. Während zu de L'Epées Zeiten kaum eine Unterscheidung zwischen Gehörlosigkeit, hochgradiger Schwerhörigkeit und Resthörigkeit möglich war, weiß man seit den großen Fortschritten auf dem Gebiet der modernen Audiometrie, dass es wirkliche Gehörlosigkeit nur sehr selten gibt. Etwa 98 % der Menschen, die »taub« geboren werden, verfügen tatsächlich noch über Hörreste und entwicklungsfähige Hörnervenzellen und Hörbahnen.

Wird der Zeitpunkt der Frühförderung verpasst, hat der Gehörlose keine Wahl mehr zwischen Lautsprache und Gebärde. Dann *muss* er gebärden. Umgekehrt kann ein Hörender immer noch die Gebärdensprache erlernen, wenn er will. Das bewusste Versäumnis einer Frühförderung und Hörerziehung und die daraus resultierende Endgültigkeit der Taubheit wird von den Gebärdensprachlern aber als Garant für die Selbsterhaltung der kulturellen und sozialen Enklave der

Gebärdenden angesehen. Der Rückzug in die Geborgenheit der Gebärdenge-
meinde wird von ihren Protagonisten als »Glück« für die gehörlosen Kinder
bezeichnet, ihre »zwangsweise Entstummung« als diskriminierende Menschen-
rechtsverletzung.

Die moderne *Pädagogische Audiologie* betont dagegen, dass dem hörgeschädigten Kind mit einer *»hörgerichteten Frühförderung«* nichts aufgezwungen wird, was
seiner natürlichen Anlage nicht gemäß wäre. Im Gegenteil, ein Hörenlernen im
Sinne des Aufnehmens *aller natürlichen akustischen Sensationen,* die die natürlichen visuellen Begleitinformationen wie Gestik, Mimik und Kinesik nicht aus-
schließt, sei vielmehr geeignet zu entwickeln, was von Natur aus entwickelt
werden will. Diese Form der Frühförderung ginge damit auch über die klassischen unisensorischen »oralistischen« Hör- und Sprachtrainingsmethoden, die
nur die akustischen Informationen berücksichtigten und darüber hinaus
zwangsläufig den starren linguistischen Strukturen folgen müssten, um einiges

*Abb. V.35. Christiane
Hartmann-Börner, Vorsit-
zende des Berufsverbandes
Deutscher Hörgeschädig-
tenpädagogen (BDH), hat
1999 in Übereinstimmung
mit dem Deutschen Berufs-
verband der Fachärzte für
Phoniatrie und Pädaudio-
logie sowie der Deutschen
Gesellschaft für Phoniatrie
und Pädaudiologie die
missliche und schwer zu
unterscheidende Formu-
lierung »Pädoaudiologie«
zugunsten der »Pädago-
gischen Audiologie« aus
der Welt geschafft*

hinaus. Ihr Ziel sei der muttersprachliche und annähernd natürliche Sprach-erwerb. Im Gegensatz dazu sei der Erwerb einer muttersprachfremden und iso-lierten *Gebärdensprache* nicht zu empfehlen, weil damit weder Fremdsprachen noch das Lesen und Schreiben überhaupt erlernt werden könnten. Schließlich sei die Übersetzung von Fachbegriffen außerordentlich erschwert. Alles zusam-men behindere aber die soziale und vor allem berufliche Integration der Hör-geschädigten ganz erheblich. Die taubstumme *Helen Keller* konnte verschiede-ne Sprachen erlernen, an der Universität studieren und selber Bücher veröffent-lichen, weil sie lautsprachlich ausgebildet wurde.

Die Pädagogische Audiologie grenzt das eigenständige Gebärden deshalb in der Frühförderung, wo es nur auf die Entwicklung der zentral-auditiven Bereiche des Kindes ankommt, kategorisch aus. Die »*Lautsprachbegleitenden Gebärden*« (LBG) und die »*Lautsprachunterstützenden Gebärden*« (LUG), die anders als zum Beispiel die »*Deutsche Gebärdensprache*« (DGS) keine eigenständigen Sprachen mit eigener Grammatik und Syntax darstellen, sind als Hilfestellungen nach der Phase des Spracherwerbs aber ebenso willkommen wie das Absehen, das auch von den Normalhörenden als Begleitinformation genutzt wird. Und schließlich steht die moderne Pädagogische Audiologie dem Einsatz technischer Hilfsmittttel wie Hörhilfen und FM-Schulanlagen positiv gegenüber. *(»Pädoaudiologie«, wie die Pädagogische Audiologie noch bis vor kurzem hieß, ist noch ein relativ neuer Be-griff, der einen Teilbereich der Pädagogik bezeichnet. Er ist nicht zu verwechseln mit der »Pädaudiologie«, die eine medizinische Fachrichtung darstellt. Ein entsprechendes Berufsbild auf gesetzlicher Basis gibt es noch nicht. Zu den Forderungen des 1894 ge-gründeten «Berufsverbandes Deutscher Hörgeschädigtenpädagogen« (BDH) und den Vorstellungen über ein entsprechendes Berufsbild siehe »Hörgeschädigten-Pädagogik« 2/1999, S. 3 ff.).*

Schon Pereire hatte die Möglichkeit ausprobiert, tauben Menschen durch appa-rative Applikationen eine Hörunterstützung zu geben, die in Verbindung mit dem Lippenablesen ein gewisses Maß an Sprachverstehen ermöglichten. Zu großer Berühmtheit gelangte der Fall seiner Schülerin *Marie Marbois* (1749 bis 1829). Pereire hatte ihr ein Hörrohr gegeben, mit dessen Hilfe sie in der Lage war, einige Geräusche und etwa 30 Wörter akustisch zu identifizieren und dann nachzusprechen. Sie wurde wie ein Weltwunder überall herumgereicht. Die Könige von Polen, England, Frankreich und Schweden bewunderten sie eben-so wie der schon erwähnte Kaiser des Heiligen Römischen Reiches Deutscher Nation, *Joseph II.* Die französischen Philosophen der Aufklärung, *Jean-Jacques Rousseau* (1712 bis 1778) und *Denis Diderot* (1713 bis 1784), beschäftigten sich mehrmals mit ihr und entwickelten daraus sogar eigene Vorschläge zur Gehör-losenpädagogik.

Selbst de L'Epée konnte im Falle seines Schülers *Louis Clément* der Versuchung nicht widerstehen, ihm mit Hilfe eines Hörrohres, das er ihm an die Schläfe hielt,

Abb. V.36. Rodrigues Pereire beim Sprachunterricht mit Marie Marbois (aus »Illustrierte Geschichte der Medizin«)

*Abb. V.37a. Heinickes »Schulhaus« in
Hamburg-Eppendorf und...*

zu demonstrieren, was akustische Schwingungen sind. Cléments Innenohr war offenbar noch intakt, denn er konnte über Knochenleitung auch das Ticken einer Uhr hören, die man ihm gegen die Zähne drückte. Ein solcher Fall würde heute nicht mehr als gottgegebene Taubheit angesehen werden. Mit Hilfe eines Knochenleitungs- oder knochenverankerten Hörgerätes könnte man dem Betroffenen fast wieder normales Hören ermöglichen. Es ist sogar überliefert, dass die Hälfte der 6- bis 20-jährigen Schüler de L'Epées noch über die Knochenleitung hören konnten.

Dass Gehörlose durchaus einen Nutzen aus einer apparativen Versorgung ziehen können, daran gibt es heute keinen Zweifel mehr. Wieviele tausend Menschen bereits mit Luftleitungs- oder Knochenleitungshörgeräten, knochenverankerten Hörgeräten, vibro-taktilen Sprachtrainern, Cochlea-, Hirnstamm- oder Mittelohr-Implantaten versorgt worden sind, darüber gibt es keine Statistiken. Nur gelegentlich erfährt die Presse davon, wie etwa in dem recht spektakulären Fall der fast tauben *Louise Rissmann*, die 1954 im biblischen Alter von 106 Jahren in Berlin ein Taschenhörgerät angepasst bekam. Zum ersten Male in ih-

V. 37b. ...Samuel Heinecke (1727 bis 1790)

rem Leben konnte sie wieder hören. »Das ist der schönste Tag in meinem Leben!« sagte sie überglücklich dem populären Schlagersänger und »Mann am
Klavier« *Bully Buhlan*, der das Gerät an Frau Rissmann übergeben hatte.

Besonderer Erwähnung bedarf noch der kursächsische Bauernsohn *Samuel
Heinicke* (1727 bis 1790), der zum Begründer der lautsprachlich orientierten Taubstummenbildung in Deutschland wurde. Heinicke, der eigentlich Bauer werden
sollte, ließ sich stattdessen lieber von der Leibgarde des Königs von Sachsen an-
werben und nutzte die sichere Stellung und die reichliche Freizeit für das Studium der Wissenschaften. Sein autodidaktisch erworbenes Wissen gab er bald an
andere Menschen weiter und entdeckte so seine Begabung zum Lehrer. Dabei
lernte er einen Taubstummen kennen, den er unter Zuhilfenahme des Fingeralphabetes erfolgreich unterrichtete. Von Jena aus, wo er 1757 ein Studium begonnen hatte, floh er unter abenteuerlichen Umständen vor den preußischen Trup-
pen nach Hamburg, wo er zunächst eine Anstellung als Privatsekretär bei dem
dänischen Grafen Schimmelmann erhielt und schließlich 1768 zum Küster der
Eppendorfer Kirche ernannt wurde. Dort unterrichtete er 1769, gegen den heftigen Widerstand des Pfarrers, 13 gehörlose Kinder. Der Pfarrer wetterte – offenbar in Unkenntnis von Jesu Taubstummenheilung im Markus-Evangelium – von
der Kanzel herab gegen Heinickes Lehrtätigkeit, weil Gott diese Menschen nun
einmal stumm gemacht habe und Heinicke sich gegen Gottes Pläne versündige.

Man könnte die Eppendorfer Pfarrkirche im heutigen Hamburg als erste Gehörlosenschule in Deutschland bezeichnen. Allgemein wird aber erst Heinickes

– mit dem offiziellen Segen und der finanziellen Hilfe des Kurfürsten Friedrich August von Sachsen – 1778 in Leipzig gegründete Gehörlosenschule mit dieser Ehre bedacht. Sie wurde zu ihrem 50-jährigen Bestehen 1827 durch den persönlichen Besuch von König *Anton von Sachsen* noch einmal nachdrücklich gewürdigt.

Heinicke nahm 1790 ein Geheimnis mit ins Grab, das er zu Lebzeiten vergeblich zu Höchstpreisen zu verkaufen versucht hatte. Niemand war bereit, 10 000 Taler für einen verschlossenen Briefumschlag, also gewissermaßen eine »Katze im Sack«, zu bezahlen. Das »Geheimnis«, das der zeitlebens finanziell notleidende Heinicke voller Illusionen so hoch bewertet hatte, bestand aus seiner Idee, Taubstummen über die Kombination von Fingeralphabet und Geschmackssinn das Hören beizubringen. Diese Idee war sicherlich mehr ein Ausdruck seiner schlimmen finanziellen Lage am Ende seines Lebens – seine Familie war nicht abgesichert – als rationaler Überlegung. Seine Behauptung, der Geschmack ersetze das Gehör, rief bei seinen prominenten Kollegen im Ausland jedenfalls nur Spott hervor. Die postume Anerkennung der Lebensleistung Samuel Heinickes wurde dadurch aber nicht berührt.

Nichts ist unmöglich

Natürlich gibt es Fälle, bei denen nicht einmal mehr ein Restgehör vorhanden ist, das einen Ansatz für eine normale apparative Versorgung bieten könnte. Aber auch das ist versucht worden, wie bei dem amerikanischen Journalisten und Schriftsteller *Henry Kisor* (geb. 1940), der als Kind an Meningitis und Enzephalitis erkrankt war. Seine Hörnerven waren zu großen Teilen zerstört, was eine bekannte Gehörlosenpädagogin zu der Prognose veranlasste, dass Kisor – wie alle anderen Gehörlosen – »nie mehr zu einem brauchbaren Mitglied der hörenden Gesellschaft werden kann«. Der mutigen Entscheidung der Eltern, ihr Kind nicht in eine gebärdensprachlich orientierte Schule, sondern sogar in eine ganz normale Schule zu schicken, ist es zu verdanken, dass Kisor eine glänzende berufliche Laufbahn als Schriftsteller und Journalist bei der »Chicago Sun-Times« absolvieren konnte. Das ist insofern bemerkenswert, als Kisor als Journalist auch unbedingt telefonieren, Diktate auf Band sprechen und abhören, an Konferenzen teilnehmen, Lautsprecherdurchsagen bei Sportveranstaltungen hören, Interviews mit Ausländern führen und synchronisierte Filme rezensieren können muss. Das Letztere ist eine ungeheure Anforderung, weil hierbei auch noch die Möglichkeit des Lippenablesens entfällt. Das Hörgerät, das Kisor als Kind bekam, war zu schwach und es bewirkte kaum mehr als ein »Kitzeln im Gehörgang«. Wenn die Haarzellen in der Innenohrschnecke und die afferenten Nervenfasern zerstört sind, kann weder eine Schallübertragung mit Luftleitung noch mit Knochenleitung wahrgenommen werden. Heute wäre es möglich, Kisor mit Hilfe eines Hirnstamm-Implantates wenigstens das sprachunterstützende Verstehen von Vokalen zu ermöglichen. *(Kisor, Die Geschichte eines Gehörlosen, München 1993).*

Im Falle der fast ertaubten Schriftstellerin und Journalistin der »New York Times«, *Hannah Merker*, helfen zwei Hörgeräte wenigstens soviel, dass sie in Verbindung mit dem Ablesen der Lippen an Gesprächen teilnehmen kann. Sie ist so dankbar für »diese kleinen Wunder«, dass sie sie aus Übermut rosa angemalt hat. Man sollte die Geräte sehen, denn sie war stolz darauf. 1983 kam sie auf die Idee, einen offenen Brief an den amerikanischen Präsidenten *Ronald Reagan* (geb. 1911) zu richten. Sie hatte nämlich ein Photo in der «New York Times« gesehen, das den Präsidenten mit einem Im-Ohr-Hörgerät im rechten Ohr zeigte. Reagan, der in Hollywood jahrelang in recht mittelmäßigen Western-Filmen als schießwütiger Cowboy aufgetreten war, hatte eines Tages bei den Dreharbeiten ein Knalltrauma erlitten, weil jemand mit einem Trommelrevolver vom Kaliber 38 ein paar Schüsse direkt neben seinem Ohr abgefeuert hatte. Merker schrieb an den Cowboy a.D.: »Ich wäre stolz auf einen Präsidenten, der sein Hörgerät selbstbewusst zur Schau stellt! Welch ein Ort der Macht, um diese kleinen Wunder des Lebens zu propagieren! Ich könnte mir vorstellen, dass Hörgeräte mit ein wenig mehr Werbung beliebter als Ohrringe würden!«

Und was tat der Präsident? Er nahm es sich zu Herzen und ließ durch seinen Sprecher verkünden, dass »er mit seinem öffentlich getragenen Hörgerät Menschen Mut machen möchte, eines zu tragen.« Das war nicht zu erwarten gewesen, denn noch im Präsidentschaftswahlkampf 1980 hatte er sein Gerät nicht tragen wollen, weil »es die Wähler an mein Alter erinnern könnte.« *(Vgl. Merker, Listening, S.182 ff.)*

Der amerikanischen Publizistin, Pazifistin und Pulitzer-Preisträgerin *Helen Keller* (1880 bis 1968), die seit ihrem 19. Lebensmonat blind und zugleich taub war, wäre in heutiger Zeit wahrscheinlich mit einer Spezialhörhilfe zu helfen gewesen. Ob sie über den Schädelknochen gehört oder die Schwingungen des Schalles mehr gefühlt hat, geht aus ihren Lebenserinnerungen nicht eindeutig hervor. Wer schwerhörig oder taub ist, kann tiefe Töne zwischen 125 und 1 000 Hertz schon bei geringen Lautstärken (15 bis 45 dB) über den Tastsinn seiner Finger fühlen. Auch kann bei sehr großen Lautstärken Luftschall über den ganzen Körper gefühlt werden. In beiden Fällen glaubt der Schwerhörige oder Gehörlose, er habe die Töne gehört. Das kann sogar richtig sein, nämlich dann, wenn ein Teil der Vibrationen über die Knochenleitung zum Innenohr gelangt und dort tatsächliche Hörempfindungen auslöst. Helen Keller schrieb 1902, dass sie teils lausche, teils fühle:

»Ich lausche mit Ehrfurcht dem Rollen des Donners und der gedämpften Lawine von Tönen, wenn sich das Meer auf den Sand stürzt. Und ich liebe das In-

Abb. V.38. Helen Keller (1880 bis 1968)   *Abb. V.39. Margarete von Witzleben (1853 bis 1917)*

strument, das alle Melodien des Ozeans zu schwellenden Fluten zusammenfasst und ausströmen lässt: die vielstimmige Orgel. Auch in anderen Instrumenten wohnt greifbares Entzücken. Die Geige erscheint von schönem Leben beseelt, wie sie dem Meister antwortet. Die Unterschiede sind zarter als beim Piano. Die Musik des Pianos genieße ich am meisten, wenn ich das Instrument berühre.«

Helen Keller war eine der beeindruckendsten Frauen der Geschichte. Der Schriftsteller *Mark Twain* (1835 bis 1910), mit dem sie befreundet war, sagte über sie: »Im 19. Jahrhundert gab es nur zwei bemerkenswerte Charaktere: Napoleon und Helen Keller.« Die Aussichten, jemals ein halbwegs normales Leben in der sehenden und hörenden Welt führen zu können, konnten nicht schlechter sein. Und dennoch schaffte sie es, mit Hilfe ihrer Förderer Mark Twain, Thomas Alva Edison und Alexander Graham Bell und vor allem ihrer (selbst blinden, aber nicht tauben) aufopferungsvollen Lehrerin Anne Mansfield Sullivan das Sprechen, das Schreiben und das Lesen in der Braille-Schrift zu erlernen. Ihre Gesprächspartner verstand sie, indem sie ihnen ihre Finger auf die Lippen legte und so die Worte »ablas«. Sie lernte auf diese Weise nicht nur Englisch, sondern auch Latein und Französisch. Italienisch lernte sie, um Dante, und Deutsch, um Goethe im Original lesen zu können. Sie trieb Sport und spielte Schach, schrieb mehrere Bücher, machte Weltreisen und sprach auf 250 Veranstaltungen zu 250 000 Menschen. Eine Hörhilfe lehnte sie aber, wohl von ihrem Freund Edison beeinflusst, zeitlebens ab. Wahrscheinlich hat sie auch nicht die »akustische

Braille-Schrift« benutzt, eine Erfindung der Firma RCA von 1957, die Blinden-Schriften nach dem photoelektrischen Prinzip abtasten und mit einer »Sprech-maschine« in Vibrationen oder Luftschall verwandeln konnte *(aus der Stuttgar-ter Zeitung »Wochenend«, Nr. 44 von 1957, S. 9).*

Der amerikanische Präsident William *Howard Taft* (1857 bis 1930), Henry Ford (1863 bis 1947), *Charlie Chaplin* (1889 bis 1977) und der englische König Georg VI. (1895 bis 1952) suchten ihre Nähe. Wirkliche Freundschaft verband sie aber nur mit ihrer Lehrerin, Miss Sullivan, mit Mark Twain und der bedeutenden italienischen Pädagogin *Maria Montessori* (1870 bis 1952). Sie wurde bald als eine ungewöhnlich intelligente Gesprächspartnerin und engagierte Sozialreformerin hoch geschätzt und zu Audienzen bei König *Alexander I.* von Griechenland (1893 bis 1920), dem japanischen Kaiser *Hirohito* (1901 bis 1989) und Papst *Pius XII.* (1876 bis 1958) eingeladen. Überall wurde die Ehrendoktorin Keller mit größter Liebenswürdigkeit und Freundlichkeit empfangen. Während der Konferenzen und Audienzen sprach sie normal mit dem Mund, »hörte« aber mit Hilfe des Fingeralphabetes, sofern geschulte Dolmetscher zur Stelle waren, oder befühl-te die Lippen ihrer Gesprächspartner. Nur einmal war sie *wirklich* sprachlos, als sie nämlich ein Opfer von Intoleranz und grober Unhöflichkeit wurde. Als *Lady Astor* sie in London mit dem berühmten englischen Dramatiker *George Bernard Shaw* (1856 bis 1950) bekanntmachen wollte und Shaw sich sehr unhöflich ge-genüber Helen Keller aufgeführt hatte, klärte sie ihn darüber auf, dass die Be-sucherin taub und blind sei. Darauf polterte Shaw zurück: »Das ist nichts Be-sonderes! Alle Amerikaner sind taub, blind und dumm!«. Dieser Vorfall entwik-kelte sich bald zu einem internationalen Skandal, der damit endete, dass Shaw sich auf Bitten der englischen Regierung bei Helen Keller schriftlich entschul-digte *(alle Informationen aus: Keller, Meine Welt, München 1994).*

Das Beispiel Helen Keller zeigt wie kein anderes, dass der Verlust eines Sinnes-organs weder eine Stigmatisierung und Ausgrenzung aus dem normalen gesell-schaftlichen Leben bedeuten muss, noch die Notwendigkeit zu einer Subkultur begründet. Die Betroffenen sind, sofern sie gefördert werden, an sich selber glau-ben und den nötigen Ehrgeiz entwickeln, zu Höchstleistungen fähig. Das Bei-spiel ist aber gerade deshalb so eindrucksvoll, weil im Falle Helen Kellers, wo gleich zwei Sinne nicht mehr zur Verfügung standen, die völlige Resignation und Hingabe in das vermeintlich unabänderliche Schicksal zu erwarten gewe-sen wäre.

Die Schwerhörigenbewegung

Nicht nur die Gehörlosigkeit, sondern auch die Schwerhörigkeit kann zu star-ken Beeinträchtigungen im täglichen Leben führen. Dass viele der Betroffenen einer besonderen Fürsorge bedurften, diese Erkenntnis kam erst um das Jahr 1900 auf. Die Berlinerin *Margarete von Witzleben* (1853 bis 1917) wurde aufgrund der Erfahrungen mit ihrer eigenen Schwerhörigkeit dazu angeregt, sich nach dem Vorbild des Berliner Taubstummenvereins von 1848 um schwerhörige Mitbürger in ihrer Stadt zu kümmern. Sie organisierte am Pfingstsonntag 1901 den ersten Sondergottesdienst für Schwerhörige, beteiligte sich 1902 an der Gründung der »Berliner Gemeindeschule für Schwerhörige«, gründete 1903 eine spezielle Fürsorgeeinrichtung, gab 1905 eine Monatsschrift »Mitteilungen für Schwerhörige und Taube« heraus, unternahm 1906 statistische Erhebungen an Berliner Schulen und gründete 1908 die *Hephata-Vereinigung*, die wenig später viele Nachahmer in ganz Deutschland finden sollte.

Zur Finanzierung ihrer Projekte nutzte sie eine Erbschaft von ihrer Tante, bekam aber auch Hilfe von anderer Seite. Ab 1905 wurde sie tatkräftig von Pastor *Friedrich von Bodelschwingh* (1831 bis 1919) unterstützt, dem Gründer der berühmten Heilanstalten in Bethel bei Bielefeld. Kaiser Wilhem II. ließ ihr nach einem Benefizkonzert für Schwerhörige »huldvollst« eine einmalige Spende von 300 Mark zukommen. Dessen Untergebener, ein Beamter aus Dresden, war generöser als seine Majestät und stiftete die stattliche Summe von 2 000 Mark. 1913 wird das erste Erholungsheim für Schwerhörige in Wernigerode eröffnet und wenig später die erste Vielhöranlage mit 24 Anschlüssen angeschafft. 1914 schlossen sich die Vereine in Berlin, Wiesbaden, Halle, Stuttgart, Hamburg und Stettin unter ihrer Leitung zum »Bund der Hephata-Schwerhörigen-Vereine und -Gemeinden« zusammen. Daneben gab es überall Neugründungen in Deutschland, die sich eng an das Berliner Vorbild anlehnten. Margarete von Witzleben inspirierte 1912 auch die schwerhörige Schweizer Diakonissin *Anna Eidenbenz* (1870 bis 1934), die sie in einer fast schicksalhaft zu nennenden zufälligen Begegnung in einem Züricher Hospital kennengelernt hatte, dort ebenfalls einen Hephata-Verein zu gründen, aus dem 1920 der BSSV (Bund Schweizerischer Schwerhörigen-Vereine) hervorging. *(Hören und Verstehen, Jubiläumsschrift des BSSV, 1995).*

Die genaue Vorgeschichte der »Mutter der Schwerhörigen« bleibt unklar. Bekannt ist, dass sie sich vor der Zeit ihres Engagements für die Schwerhörigen auch als Journalistin betätigte und mal unter dem Pseudonym »Renate Lindner« schrieb, mal unter dem Namen »von Brandenburg«. Diese letzte Information lässt vermuten, dass sie eine Tante des Generalfeldmarschalls und späteren Widerstandskämpfers *Erwin von Witzleben* (1881 bis 1944) gewesen sein könnte, der 1944 von Hitlers »Blutrichter« Roland Freisler unter entwürdigenden Umständen vor dem Volksgerichtshof vorgeführt und in Plötzensee hingerichtet worden ist. Erwin von Witzlebens Mutter war eine gewisse Therese Brandenburg, deren Schwester Margarete gewesen sein könnte. Es ist möglich, dass Margarete erst später den Namen »von Witzleben« angenommen hat, der für ein sehr altes Adelsgeschlecht aus dem 12. Jahrhundert stand und ihren Ambitionen mehr Gewicht gab. Geheiratet hatte sie aber niemanden aus diesem Geschlecht, denn sie legte zeitlebens Wert auf die Anrede »Fräulein«. Margarete von Witzleben war ohne Frage eine bedeutende Frau jener Zeit, die damals wahrscheinlich auch nur als Ledige ihre ehrgeizigen Ziele in die Tat umsetzen konnte. Die Pazifistin und Nobelpreisträgerin *Bertha von Suttner,* die Frauenrechtlerin *Helene Lange* und die Sozialistin *Rosa Luxemburg* sind Beispiele aus dieser Zeit. *(Informationen des Landesarchivs Berlin und des Vereins Herold in Berlin).*

Die »Hephataner« stießen nicht überall auf Gegenliebe, vor allem wegen der vorwiegend religiösen Ausrichtung ihrer Tätigkeiten, die zum Teil von der Inneren Mission unterstützt wurden. Der Name »Hephata« bezieht sich auf die Wunderheilung in Sidon am galiläischen See (*Mk.7,31 bis 36*), wo Jesus einem taubstummen Jüngling die Finger in die Ohren steckte und seine Zunge mit Speichel berührte. Er gebot dem Jüngling »Öffne Dich!«, was auf aramäisch »Hephata!« hieß, und machte ihn auf diese Weise wieder hörend und sprechend.

Berliner Gehörlosen-Pädagogen und Freunde der Gehörlosenförderung sahen im Gegensatz zu Margarete von Witzleben eher die ganz praktischen Bedürfnisse schwerhöriger Menschen und gründeten unter Führung des Architekten *Franz Brönner* 1914 einen Berliner Schwerhörigen-Verein, der neben Unterhaltungsangeboten wie Theateraufführungen, Tanzabenden, Ausflügen und Sportwettkämpfen vor allem nützliche Beratungen bieten sollte. Dazu gehörten die Arbeitsbeschaffung, die Rentenberatung, die Mietberatung und die Rechtsberatung, wobei letztere zu Konflikten mit den Anwaltskammern führte.

In enger Kooperation mit Franz Brönner gründete der Berliner Arzt *Dionys Reinfelder* ab 1902 parallel zu den Aktivitäten der Margarete von Witzleben »Hörklassen« und Schwerhörigenschulen in Berlin und bemühte sich um technische Hilfen. Die Firma *Telefunken* unterstützte Reinfelder mit einer Vielhöranlage mit 300 Kopfhörern. *(Anm.: Technische Einzelheiten und das Produktionsjahr der Vielhöranlage sind nicht bekannt. Es scheint so zu sein, dass Telefunken noch vor Siemens elektrische Vielhöranlagen gebaut hat).*

Später kam die *Hörmittelberatung* hinzu, das heißt, die Schwerhörigen-Vereine beschäftigten sich auch mit der Abgabe von Hörhilfen. Wie viele Hörhilfen auf diesem Wege ausgeliefert worden sind, lässt sich nicht mehr ermitteln. Eine Zahl ist jedoch bekannt: Allein in der Schweiz wurden von etwa 1935 bis 1950 fast 6 000 Hörhilfen über die Hörmittelberatungsstellen abgegeben.

Die deutsche Schwerhörigen-Bewegung blieb auch in den späteren Jahren gespalten, wobei die religiös orientierte *Hephata-Bewegung* in den 20er Jahren nur noch ¼ aller organisierten Schwerhörigen repräsentierte. Jahrelange Versuche, die Schwerhörigenvereine in der Weimarer Zeit in einem »Reichsbund« zu vereinen, scheiterten an der Sonderstellung der 24 deutschen Hephata-Vereine. Die Nationalsozialisten führten 1933 eine Zwangsvereinigung zum *Reichsbund der Deutschen Schwerhörigen (RBS)* herbei, wohl auch, um deren Aktivitäten kontrollieren zu können. Erster »Führer« des Reichsbundes war *Dr. Alfred Dreyer,* der

Abb. V.40. Propaganda-schrift 1936: Gehörlose galten ebenfalls als erbkrank

nach dem Kriege (1950 bis 1955) auch wieder Vorsitzender des *Deutschen Schwer-hörigen-Bundes (DSB)* wurde. Die ideologische Einflussnahme der Nazis äußer-te sich unter anderem darin, dass die »Gesetze zur Reinhaltung der Rasse« (1933) auch auf die Schwerhörigen angewendet werden sollten, in dem man deren »frei-willige« *Sterilisation* anmahnte: »Denke an die Zukunft deines Volkes und brin-ge dieses Opfer.« Außerdem wurden die jüdischen Schwerhörigen aus dem Reichsbund ausgestoßen. Die Nazis versuchten, ihre Ziele auch dadurch abzu-sichern, dass sie die Jugendlichen von den älteren Schwerhörigen separierten. Dazu integrierten sie junge Schwerhörige ab 1934 in die Hitler-Jugend und or-ganisierten ab 1936 eigene Schwerhörigen-Gruppen innerhalb der HJ. Noch schwerer als die Schwerhörigen wurden die Taubstummen bedrängt, sofern sie genotypisch (von Geburt an) taubstumm waren. Sie wurden als »erbbiologisch entartet«, »geistig und sittlich minderwertig« und als »Last für das Volk« ange-sehen, die im Interesse der »Sozialhygiene« »besser nicht geboren« wären wie jedes andere »unnütze Leben«. Taubstummheit wurde mit Schizophrenie, Blöd-heit, Kretinismus (Verkrüppelung), Epilepsie, Geisteskrankheit und «morali-

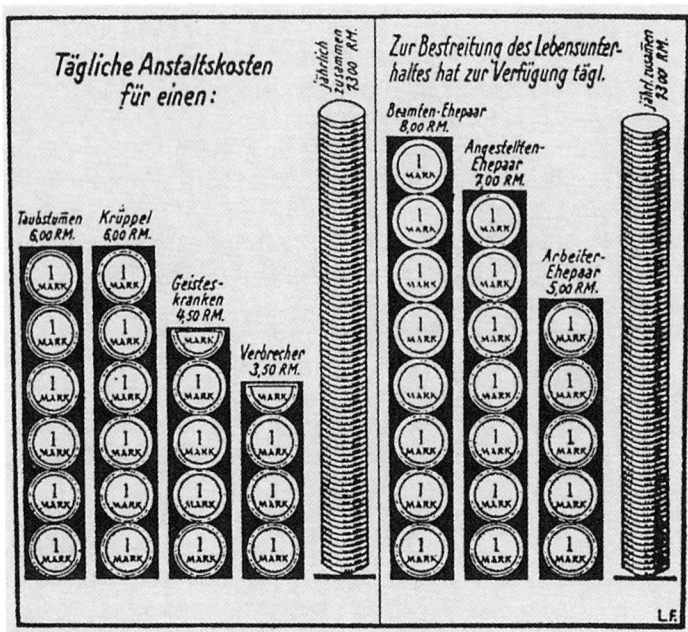

*Abb. V.41. (aus Dithmar,
Schule im Dritten Reich,
Luchterhand)*

scher Haltlosigkeit« gleichgesetzt. Neben den eugenischen Lösungen ist auch die Euthanasie als »Endlösung« diskutiert und vermutlich auch ohne konkrete gesetzliche Grundlage praktiziert worden. Gesetzliche eugenische Lösungen gab es unter dem Einfluss namhafter wissenschaftlicher Veröffentlichungen, die in den 20er und 30er Jahren »en vogue« waren, auch in Schweden, Dänemark, Norwegen, Finnland, der Schweiz und in Österreich. Viele Wissenschaftler, der *»Reichsverband der Gehörlosen Deutschlands e.V.« (RGD)* und der *»Bund Deutscher Taubstummenlehrer« (BDT)* protestierten gegen die Gesetzesvorlagen der Nationalsozialisten, jedoch ohne Erfolg. *(Vgl. Vater, Der Weg in die Sterilisation Gehörloser, in: Hörgeschädigten Pädagogik 6/98, 2/99 und 4/99).*

Viele Vereine lösten sich während des Krieges auf, vielleicht, um der Bevormundung durch die Nazis zu entgehen, vielleicht aber auch wegen der Wirren der Kriegsjahre. Nach dem Krieg bildeten sich in den verschiedenen Regionen Deutschlands wieder neue Schwerhörigenvereine, die sich 1949 zu einem *»Dachverband für Schwerhörige und Ertaubte«* zusammenschlossen, aus dem sich dann der *»Deutsche Schwerhörigen-Bund«* (DSB) entwickelte. 1956 wurde parallel dazu in der *DDR* ein Gehörlosenverband gegründet. Die Vorsitzenden des Deutschen Schwerhörigenbundes seit 1949 waren bzw. sind: *Aloys Rust, Adolf Kronsbein, Hermann Zarges* (1949 bis 1950), *Dr. Alfred Dreyer* (1950 bis 1955), *Friedrich Friedmann* (1955 bis 1975), *Günter Hinzmann* (1975 bis 1987), *Dr. Claus Harmsen* (1987 bis 1995), *Hans Hoffmann* (1995 bis 1996), *Dr. Harald Seidler* (seit 1996). *(Vgl. Manu-*

skript von Christian Bönschen zur Geschichte des DSB, Literaturwerkstatt des Deutschen Schwerhörigen-Bundes in Dortmund).

Im südlichen Nachbarland besteht schon seit 1920 der *Bund Schweizerischer Schwerhörigenvereine (BSSV)*, dessen langjähriger Geschäftsführer *Werner Bütikofer* (seit 1974) mit diversen Aktivitäten nicht nur in der Schweiz (Ausstellung »Geheimnis Ohr« etc.) sondern europaweit die Sache der Schwerhörigen zu einem relevanten Thema bei Politik und Öffentlichkeit gemacht hat. Die Zentralpräsidenten des BSSV seit 1920: *Paul Beglinger* (1920 bis 1926), *Prof. Emil Schlittler* (1926 bis 1949), *Dr. Ernst Oppikofer* (1949 bis 1955), *Dr. Karl Kistler* (1955 bis 1963), *Dr. Karl Tanner* (1963 bis 1972), *Dr. Max H. Meister* (1972 bis 1981), *Franz Schmidig* (1981 bis 1997) und seit 1997 *Barbara Wenk*.

Abb. V.42. Werner Bütikofer, seit 1974 Generalsekretär des Bundes Schweizerischer Schwerhörigenvereine und Vizepräsident der internationalen Schwerhörigenvereinigung IFHOH-Europe, ist mit diversen Aktionen, u.a. der Ausstellung »Geheimnis Ohr«, als Organisator und Initiator ein erfolgreicher »Manager der Betroffenen«

Ein neuer Beruf

Neben den ambulanten Händlern, die in der Regel zwar redliche, aber doch meistens nur gering qualifizierte freie Handelsvertreter oder angestellte Außendienst-Mitarbeiter waren, gab es ab etwa 1950 zunehmend auch die stationären, die sich schon deshalb intensiver um ihre eigene fachliche Weiterbildung bemühen konnten, weil sie sich der zeitraubenden Reisetätigkeit enthielten. Wer pro Tag mehrere Stunden am Steuer eines »Leukoplastbombers« saß, hatte dafür nicht die Zeit. Die stationären Händler entwickelten das verständliche Bedürfnis, sich von den »Quacksalbern und Kurpfuschern« abzusetzen. Damit waren zu allererst die »Hausierer« gemeint, die mit gemischten Bauchläden, angefüllt mit Textilien, Bürsten, Seifen, Schnürsenkeln, und nebenbei auch Hörgeräten, umherzogen und ihre Waren an der Haustür feilboten. Ein Arzt formulierte das 1955 so: »Kein Mensch würde bei einem Radiohändler eine Brille kaufen. Warum soll das beim Hörgerät anders sein?«

Es war notwendig geworden, dass sich die »berufenen Hörmittelberater« zu einer Interessengemeinschaft zusammenschlossen, um gemeinsam Strategien gegen die »Unberufenen« und »skrupellosen Geschäftemacher«, wie ein Arzt die »fliegenden« Händler bezeichnete, entwickeln zu können. Dazu gehörte vor allem das Fernziel einer staatlichen beruflichen Anerkennung als Hörmittelhändler und ein Verbot des ambulanten Handels.

Unterstützung für diese Bestrebungen kam auch von Seiten der Ärzteschaft, die bei einer ambulanten Versorgung mit Hörapparaten nicht konsultiert wurde. Das konnte für die Betroffenen dann gefährlich werden, wenn ihre Schwerhörigkeit auf eine medizinisch dringend behandlungsbedürftige Erkrankung der Ohren zurückzuführen war. Auch von einigen Vertretern des Deutschen Schwerhörigenbundes (DSB), der in verschiedenen Städten Hörmittelberatungsstellen unterhielt, kam Unterstützung. Die Industrie stand diesen Überlegungen zunächst sehr skeptisch gegenüber und sah sich noch nicht veranlasst, den Vertrieb ihrer Produkte über eigene Reisende aufzugeben. Als Ergebnis seiner vielfältigen Erfahrungen im Umgang mit Schwerhörigen und den »Nebenberuflichen« forderte 1948 der Leiter der DSB-Hörmittel-Beratungsstelle in Oldenburg i.O., *Walter Benedierks,* öffentlich, das »Ausprobieren von Hörprothesen« zum Hauptberuf zu machen. Auch *Käthe Achilles-Müller,* eine der Rechtsberaterinnen des DSB, warnte vor dem allzu voreiligen Erwerb eines Hörapparates. Wer Staubsauger, Textilien, Radios und Hörhilfen mit derselben Beredsamkeit an der

Abb. V.43. Ein Werbeblatt
der Firma Wendt von 1934
(Bild rechts)

WENDTON

Vertrieb medizinisch-technischer Apparate
Spezialhaus moderner Hörhilfsmittel für Schwerhörige

Werner Wendt, Hamburg-Altona 1, Amselstraße 3 (Bei der Schiller-Oper)
Fernsprecher: 43 47 45 / Postscheck: Hamburg 86584
Bank: Westholsteinische Bank Altona, Beim grünen Jäger 17

HÖRE BESSER MIT
WENDTON

Gebrauchsanweisung für „Wendton"-Hörapparate

Am Hörer Modell B, siehe Abbildung Nr. 3: Der Schalter auf E geschoben ist eingeschaltet, auf A abgestellt. Beim Hörer Modell K, Abbildung Nr. 2 und Modell M, Abbildung Nr. 3 ist die An- und Abstellvorrichtung (d) an der Schnur.

Am Mikrophon (b) laut (5) und leise (1) regulieren, siehe Abbildung Nr. 3. Das Abstellen nicht vergessen, da sich sonst die Batterie unnötig verbraucht. Die ersten Tage den Apparat im Winkel gebogen auf den Tisch stellen (siehe Abbildung 2) in ruhiger Lage, langsam sprechen bis sich das Ohr gewöhnt hat.

Ich höre wieder alles!

Knopfhörer K (fast unsichtbar). Nach Gebrauch mit einem Griff leicht unter die Kleidung (Westentasche oder Bluse) zu stecken.

So unauffällig trägt man den neuesten geräuschlosen „Wendton"-Tonfilter-Apparat

Type 10/1 Rm.

Technische Erläuterungen auf der Rückseite vom Doppel- oder Einfachmikrophon

DER ECHTE
WENDTON

Abbildung Nr. 1

Die Herren tragen das Mikrophon mit Batterie in der Westentasche. Die Schnur läuft hinten am Hals zum Mikrophon b

Die Damen tragen das Mikrophon mit Batterie im Brustbeutel oder Tasche unter der Bluse, den Hörer im Ohr unterm Haar versteckt (unsichtbar).

Abbildung Nr. 2

Type 7/1 Rm.

mit Hörer und Regulator laut und leise stellbar kräftiger Ton

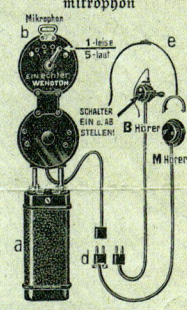

Abbildung Nr. 3
Doppeltmikrophon-Apparat (Westentaschenformat)
Type 7/2 mit Hörer und Regulator
(laut und leise stellbar, besonders kräftiger Ton)
Rm.

Type 10/2 mit Hörer und Regulator
(Tonfiltermikrophon, bes. kräftiger klarer Ton Batterie etwas breiter, Westentaschenformat)
Rm.

Knochenhörapparat, Rm. und (nur für Patienten mit guter Knochenleitung. Der Hörer sitzt unauffällig hinterm Ohr, mittels Kopfbügel e).

Tonfilterapparat mit Verstärker, Rm. (das stärkste und beste Gerät), mit Hörer K B oder M am Ohr, werden wie auf Abbild Nr. 1 getragen, nur die Batterie hinten in der Hosentasche, das Mikrophon an der Weste, also 3teilig. Damen tragen in diesem Falle die Batterie in einer Unterrocktasche, das Mikrophon am Halsband, oder den ganzen Apparat in einer Spezialhandtasche, Rm. Von diesem Apparat gibt es eine besondere Gebrauchsanweisung.

Ausführliche Gebrauchsanweisung und Erläuterungen.

1 Die „Wendton"-Hörapparate für Schwerhörige bestehen aus den 3 Teilen: Mikrophon, Hörer u. Batterie (3 u. 4½ Volt). Das **Mikrophon** (b) stellt die Schallaufnahmescheibe dar, der **Hörer** (K) gibt die aufgenommenen und verstärkten Töne an das Ohr weiter u. die **Batterie** (a) liefert den erforderlichen elektrischen Strom. Siehe Abbildung Nr. 2.

2 Unsere Taschenapparate, welche wir in allen Lautstärken führen, liefern wir, wenn nicht anders gewünscht wird, mit anmontierter Batteriehülse (a). Dieselbe besitzt leicht bewegliche Scharnierkontaktstifte, welche die Verbindung zwischen Mikrophon und der Batterie herstellen. Mittels des Scharniergelenkes der Batteriehülsenstifte ist

es möglich, den Apparat senkrecht in der Tasche zu tragen (siehe Abbildung 1) oder aber so auf den Tisch zu stellen, daß ein Umfallen des Apparates nicht möglich ist. Zu diesem Zwecke wird Batteriehülse und Mikrophonscheibe zu einem rechten Winkel gebogen und dann auf den Tisch gelegt. Der Apparat arbeitet dann mit Resonanzwirkung sehr laut und deutlich. Siehe Abbildung Nr. 2.

3 Beim Tragen des Apparates am Körper, z. b. bei Herren in der Westentasche oder Außentasche des Anzuges, bei Damen an oder unterhalb der Bluse in einem Brustbeutel oder Tasche auf der Unterwäsche, muß darauf geachtet werden, daß die durchbrochene Siebseite des Mikrophons (b) nach außen zeigt, da hier die Schallwellen aufgenommen und in das Innere des Mikrophons geleitet werden.

4 Der Hörer wird mit der vorderen Seite, in welcher sich beim Mittelhörer Modell M das kleine Schalloch,

Abb. V.44. Werner und Edelgard Wendt 1952

Abb. V.45. Die Wendton-
Fabrik (1955. Rückansicht
vom Leinpfad-Kanal aus)

*Abb. V.46.a. und b. Hörge-
räte-Fabrikation bei Wendt
in der Hudtwalckerstraße
(um 1960)*

Haustür anpreise, wolle eben nur ein schnelles Geschäft machen, egal, ob der
Schwerhörige hinterher mit dem Gerät zurecht käme oder nicht.

Viele Vertreter des DSB meinten aber sich selbst, wenn sie forderten, dass nur
qualifizierte und hauptberufliche Hörmittelberater Hörgeräte anpassen dürf-
ten. Daraus ergaben sich Spannungen zu dem sich herausbildenden Berufsstand
der Hörgeräte-Akustiker, weil die nebenberuflichen Berater des DSB für sich in

Abb. V.47.a. und b. Das Wendt-Haus und die Wendt-Villa heute. In der Villa (unten) wurden von 1952 bis 1954 Hörgeräte hergestellt. Das Wendthaus ist die Vorderseite der alten Fabrik an der Hudtwalcker-straße

Abb. V.48. Eine Rechnung der Firma Wendt an einen Schwerhörigen von 1955. Der Teilzahlungsaufschlag betrug 1 %, die Ohrmulde und die Batterien waren bei der Erstausstattung im Preis inbegriffen. Der Kunde bezahlte bar und bekam deshalb 3 % Skonto (Bild rechts)

WENDTON
WERNER WENDT K.G.

Spezialfabrik für Schwerhörigen-Geräte
Fabrikation von elektro-med. und elektro-akustischen Geräten
Eigene Laboratorien und Prüffelder sowie eigene Institute für Audiometrie
Hauptverwaltung: HAMBURG 39, LEINPFAD 109

Wendton Werner Wendt K. G., Hamburg 39, Postfach

Herrn
Nicolaus Kruse

Bollingstedt üb. Schleswig

Fernsprecher: Hamburg 47 35 53 / 54
Telegrammadresse: Wendton Hamburg
Postscheckkonto: Hamburg 865 84
Bankkonto:
Commerz- u. Disconto-Bank A.-G., Hamburg,
Depositenkasse Winterhude, Kto. 1417

Datum: 29.9.1955 Ma.
Auftrag Nr. 107668 v. 6.9 1955
Bezirk Izo.

Ihre Konto-Nr. ist: 31303
Wir bitten, diese Nr. bei Zahlungen und
im Schriftwechsel anzugeben.

Rechnung Nr. 31928

Anzahl	Bezeichnung	DM	Dpf.
1	Wendton-Hörgerät Type: WT 621 S Nr. 0613	405.	--
1	ind. Ohrmulde		
	Heizbatterien		
	Anodenbatterie		
	Verpackung und Transportversicherung		
	Gesamtbetrag	405.	--
	geleistete Baranzahlung		
	Nachnahme		
	./. 3 % Skonto	12.	15
	Restkaufsumme	392.	85
	1% Teilzahlungsaufschlag auf DM für Monate		
	Restforderung	392.	85
	zu zahlen in Raten à DM		
	Raten à DM		
	erste Rate am 1955 fällig		
	Der Betrag ist bei Lieferung fällig.		

INSTITUTE:

HAMBURG 36
Junglernstieg 7
Tel. 34 33 88

BERLIN W 15
Kurfürstendamm 34
Tel. 91 17 24

BERLIN-FRIEDENAU
Hauptstraße 88
Tel. 83 86 48

BIELEFELD
An der Krücke 22
Tel. 27 27

BREMEN
Contrescarpe 56
Tel. 2 94 06

DORTMUND
Brückstraße 56
Tel. 3 30 17

DÜSSELDORF
Königsallee 58
Tel. 2 80 84

ESSEN
Kibbelstraße 37
Tel. 2 77 33

FRANKFURT/M
Schäfergasse 52
Tel. 9 60 24

HANNOVER
Höltystraße 14 I.
Tel. 8 24 07

KIEL
Andreas Gaykstr. 19/21
Tel. 4 33 03

KÖLN
Christophstraße 30
Tel. 22 32 89

MANNHEIM-NECKARAU
Rosenstraße 89
Tel. 4 81 38

MÜNCHEN 2
Landwehrstraße 6
Tel. 5 14 55

NÜRNBERG
Königstraße 32/34
Tel. 2 63 11

STUTTGART
Am Marienplatz 3
Tel. 7 57 68

5.5. 33. 3.5

Erfüllungsort und Gerichtsstand ist Hamburg

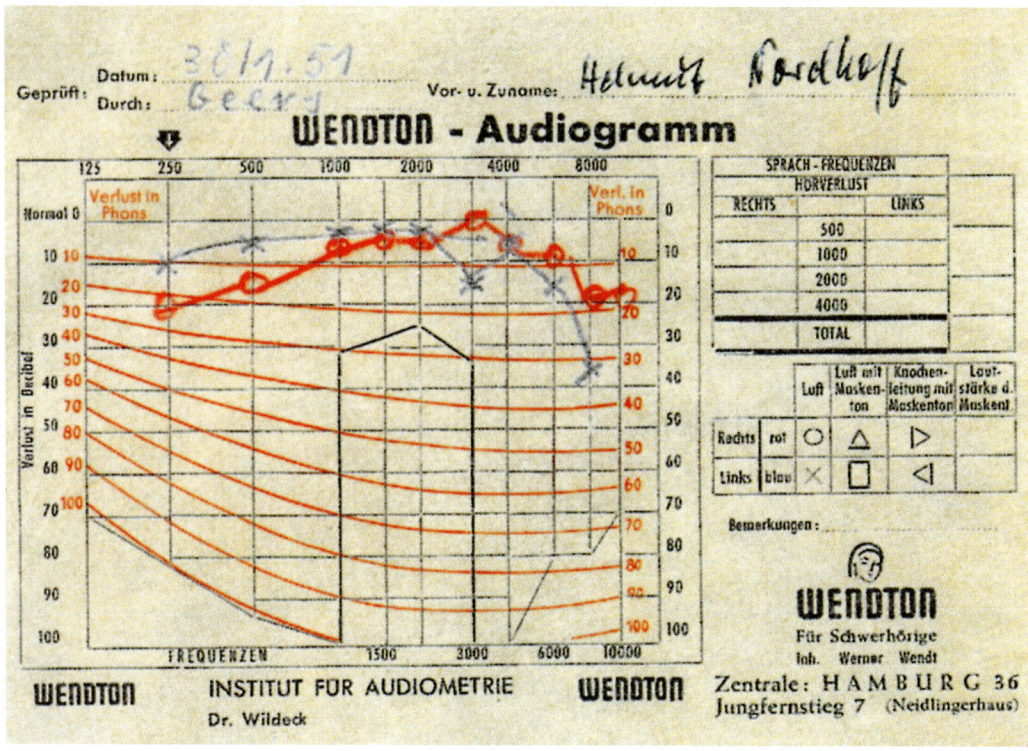

Abb. V.49. Ein Wendton-Audiogramm von 1951

Anspruch nahmen, keine kommerziellen Ziele zu verfolgen und mithin am besten dafür geeignet zu sein, die Interessen der Schwerhörigen zu vertreten.

Der Anstoß, die Forderungen nach hauptberuflichen und stationären Hörmittelberatern in die Tat umzusetzen, kam durch eine kleine Gruppe von Reisenden, die für *Werner Wendt* arbeiteten und mit dessen mangelndem Interesse an der Gründung eines neuen Berufsstandes unzufrieden waren. Wendt fühlte sich vor allem als Unternehmer und Hersteller von Hörgeräten und sah daher für sich keine sinnvollen Mitwirkungsmöglichkeiten an den Bestrebungen seiner Mitarbeiter, aus ihrer Tätigkeit einen Berufsstand zu formen. Er war eigentlich gelernter Bäcker und Konditor und wegen einer Mehlstaub-Allergie auf der Suche nach einer anderen unternehmerischen Tätigkeit gewesen. Fasziniert von dem Hörgerät, das seine Schwiegermutter Ida Galster 1934 zu ihrer vollen Zufriedenheit benutzte, kam er auf die Idee, in diesen Markt einzusteigen. Im gleichen Jahr begann er als Handelsvertreter und stationärer Händler für die *Deutsche Akustik GmbH* und die *Bausophon-Gesellschaft* und erwarb umfangreiche Erfahrungen auf diesem Gebiet. Während des Krieges hat er sein Geschäft in

Hamburg-Altona in der Amselstraße 3 (neben der Schiller-Oper) nur mit Hilfe seiner Frau Edelgard weiter betreiben können, weil er zur Wehrmacht eingezogen wurde.

Nach dem Krieg ließ er sich an der Alster am feinen Hamburger Jungfernstieg 7 zunächst als Hörmittel-Händler und Vertriebspartner von Maico, Acousticon und Amplivox nieder. Ab 1952 begann er, am nicht weniger feinen Leinpfad 109 im Stadtteil Winterhude, direkt am Oberlauf der Alster, in einer repräsentativen Villa eigene Hörgeräte zu entwickeln und herzustellen. Die Villa ist noch erhalten und wird heute von seinem Sohn bewohnt. Etwa drei Jahre später wurde es in dem Haus zu eng und Wendt bezog 1955 einen modernen Neubau

Abb. V.50. »Sprechtage«-
Anzeige (ca. 1953)

gleich um die Ecke in der Hudtwalckerstraße 2-8, wo er die Serienfertigung seiner eigenen Produkte organisierte. Er wollte mit der Eigenfertigung den Traditionsnamen »Wendton« wieder aufleben lassen, denn schon die Geräte der Deutschen Akustik hatte er unter diesem Namen verkauft. Das Fabrik- und Verwaltungsgebäude an der Hudtwalckerstraße ist noch heute als Ärztehaus erhalten und trägt den offiziellen Namen »Wendthaus«.

Ein merkwürdiger Zufall sei am Rande noch erwähnt: So wie die Wendt-Villa und das Wendthaus der Ausgangspunkt des Berufsstandes der Hörgeräte-Akustiker und eines Teiles der deutschen Hörgeräte-Industrie sind, so ist das alte Pfarrhaus, gleich gegenüber der Wendt-Villa an der alten Eppendorfer Kirche, der Ausgangspunkt der Gehörlosenschulen in Deutschland. Hier begann nämlich 1769 Samuel Heinicke, wie berichtet, gehörlose Kinder zu unterrichten. Ob Werner Wendt davon gewusst hat?

Wendt vertrieb seine Geräte über die eigenen Filialen, die er nach und nach aufbaute, aber auch durch Reisende in der gesamten Bundesrepublik. Die ersten Vertretungen werden gegen Zahlung einer Kaution an *Theodor und Käthe Geers und Karl Köttgen* vergeben. Zur Grundausstattung der frischgebackenen »Hörmittelhändler« gehören: 1 *Peters-Audiometer*, 10 Hörgeräte, Batterien, Hörer, Schnüre, Bunsenbrenner, Wachs, Gips, Audiogramm-Karten und natürlich Auftragsbücher.

Das neue Geschäft beginnt vielversprechend. Mit den neuen fünf Vertretungen konnte Wendt jetzt auf 12 Betriebsstätten in Deutschland verweisen. Ein Hörgerät kostete zwischen 700 und 800 DM, wobei zunächst einmal eine Anzahlung von 500 DM zu leisten war, zuzüglich einer Ohrmulde für 12 bis 25 DM, je nach Ausführung. Wegen der Kapitalschwäche in den Anfangsjahren bestellte Werner Wendt seine Geräte erst dann in den USA, wenn er selbst die Aufträge von seinen Kunden vorliegen hatte. Die mussten dann 6 bis 8 Wochen warten, bis die Geräte aus den USA eintrafen. Eine nennenswerte Lagerhaltung gab es zunächst nicht.

Die langen Lieferzeiten, die relativ hohen Importpreise, die harten Verkaufsbedingungen der amerikanischen Firmen, die grundsätzlich nur gegen Vorkasse lieferten, und insbesondere die Tatsache, dass es mangels Devisen keine Importlizenzen mehr gab, führten zu der Konsequenz, sie ab 1952 selber herzustellen, wobei es sich zunächst nur um eine Montage von vorgefertigten Teilen handeln konnte. Die Geräte wurden unter dem Markennamen »Wendton« verkauft.

Wendt betrieb neben dem Verkauf in seinen 11 bis 14 Fachinstituten auch immer noch das »fliegende« Geschäft in Gaststätten. In 12 Großstädten leitete er die Sprechtage persönlich, in den Kleinstädten übernahmen das seine Mitarbeiter. Eine Anzeige vom 9. November 1953 ist erhalten, in der Wendts Hannove-

Spione stahlen ein Weltpatent!

Wenige Stunden bevor eine neue Erfindung der weltbekannten Spezialhörgeräte-Fabrik Wendton in Hamburg, Hudtwalckerstraße 2, in die Produktion gehen sollte, raubten unbekannte Werkspione sämtliche Konstruktionspläne, technische Zeichnungen und die patentierten Spezialteile!

Juniorchef Wendt

Tatort Hudtwalckerstraße 2

Erfinder Böckmann

„Es war eine gezielte Aktion", erklärte Juniorchef Wendt der „Morgenpost". Die Täter wußten ganz genau, was sie wollten. Sie haben unsere ganze Null-Serie gestohlen: Ein winzigkleines Hörgerät mit patentierten Teilen. Wir sind aufgeschmissen und können nicht produzieren. So etwas ist in unserer Branche noch nie passiert. Wer als möglicher Täter und Interessent in Frage kommt? Als Interessent mancher — aber als Täter? Das weiß ich beim besten Willen nicht."

Als gestern morgen um 7.15 Uhr der Konstrukteur und Technische Leiter Gerd Böckmann (31) als erster die Produktionsräume betrat, sah er die aufgebrochenen Schränke und herausgerissenen Schubläden und ein wildes Durcheinander von Plänen und Zeichnungen.

Die Einbrecher waren durch ein Fenster an der Rückseite des Fabrikationsgebäudes eingestiegen.

Entsetzt stellte Böckmann fest, daß die Täter den für 9 Uhr angesetzten Produktionsbeginn des kleinsten Hörgerätes der Welt zunichte gemacht hatten. Der Lohn jahrelanger Arbeit war gestohlen!

Niedergeschlagen saß Böckmann an seinem Schreibtisch, an dem er nächtelang gegrübelt und einen Entwurf nach dem anderen geschaffen hatte, ehe ihm der große Wurf gelang: Eine unverlierbare Batterie, die gleichzeitig als Ein- und Ausschalter dient — ein winziger Kondensator, ein hauchdünner Widerstand und ein linsengroßer Transistor.

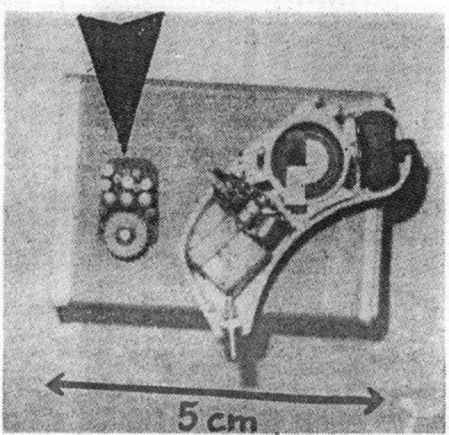

5 cm

Das Weltpatent für dieses Hörgerät wurde gestohlen

Damit hatte er die Voraussetzung für das sensationell kleine Hörgerät geschaffen.

Kürzlich hatten sich bereits zwei Auslandsinteressenten bei Wendton gemeldet. In Hamburger Hotels waren die ersten Gespräche geführt worden.

Die wichtigste Verkaufsdomäne war bisher der Inlandsmarkt. Mit dem neuen Gerät hoffte die Firma, auch im Ausland gute Verkaufsaussichten zu haben. Dort, wo bisher die Japaner führend sind.   Fi-/Bau-

1,5 Promille bleiben

Es gibt keinen hinreichenden Grund, von den allgemeinen Grenzwerten der Fahruntüchtigkeit bei 1,5 Promille für Autofahrer und 1,3 Promille für Motorradfahrer abzugehen! Aktenzeichen: IV/496/63)

Diese überaus wichtige Entscheidung hat gestern der Vierte Strafsenat des Bundesgerichtshofs in Karlsruhe gefällt. Hamburgs Richter werden mit ihren Urteilen, in denen sie bei 1,2 Promille Alkohol absolute Fahruntüchtigkeit annehmen, also nicht durchkommen!

Abb. V.51. Hamburger Morgenpost vom 14. März 1964

raner Institut »zwischen 10 und 14 Uhr zu Vorführungen im Braunschweiger Central-Hotel« einlud. Angeboten wurden die neuen »Wensistor«- und »Wenta«-Geräte. Das waren Halb-Transistorgeräte der Marke Wendton, von denen es zusammen immerhin 19 verschiedene Typen gab. Mit diesen Methoden stand Wendt allerdings nicht alleine da. Namhafte Unternehmen wie Philips, Siemens und Blaupunkt veranstalteten in diesen Jahren ebenfalls ihre »Sprechtage«.

Einen schweren Rückschlag erlitt die Firma Wendton 1964, als die Pläne, mit einem Miniatur-Hinter-dem-Ohr-Gerät auch die ausländischen Märkte zu erobern, durch einen schier unglaublichen Sabotage-Akt vereitelt wurden. In der Nacht vom 13. auf den 14. März 1964 stiegen Diebe in der Wendton-Fabrik ein und brachen mit roher Gewalt die Schränke auf, in denen die Konstruktionszeichnungen und Patente für das neue Gerät und mehrere Prototypen sowie die Nullserie aufbewahrt wurden. Die Arbeit von mehreren Jahren wurde in einer Nacht zerstört. In den nächsten Tagen sollte die Produktion beginnen! Die Täter waren nicht an Wertgegenständen und Büromaschinen interessiert, sondern sehr gezielt an dem neuen Gerät, mit dem man den asiatischen Markt hatte erobern wollen. Und sie wussten genau, wo sie suchen mussten und wann die Nullserie fertig war. Die Diebe wie die Hintermänner dieser Aktion konnten nie ermittelt werden.

Der Grund für den allmählichen Niedergang der Firma Wendton lag nicht nur in der Kapital- und Innovationskraft großer Hersteller, die bald auf den Markt drängten und Wendton überflügelten, sondern auch in der Weigerung von Werner Wendt, sich eindeutig entweder für seine Fabrikanten- oder eine Händlerrolle zu entscheiden. Er wollte beides und verlor am Ende alles. Sein Sohn *Horst Werner Wendt*, der von 1954 bis 1966 aktiv an der Geschäftsführung des Unternehmens beteiligt gewesen ist und lange vergeblich versucht hatte, seinen Vater von dieser Doppelrolle abzubringen, verließ schließlich entmutigt das Unternehmen. Die Firma Wendt konnte sich noch bis 1971 halten, dann zwang eine schwere Krankheit Werner Wendt zur Aufgabe, und die Firma, in der zuletzt 65 Mitarbeiter beschäftigt waren, wurde durch Vermittlung der Firma Siemens von *Ewald Axt* übernommen und als reines Filialunternehmen auf der Einzelhandelsstufe unter dem Namen »Axt-Wendton – Haus für Hörgeräte« weitergeführt und vergrößert. Zu Wendts bleibendem Verdienst gehört die Tatsache, dass er der Erste war, der den technologischen Quantensprung von der Kohle- zur Röhrenverstärkertechnik in Deutschland bewirkt hat. Er selbst bezeichnete sich deshalb gerne als »Brückenbauer« zwischen zwei Zeitaltern der Hörgeräte-Technik. Wendt gehörte darüber hinaus zu den wenigen Unternehmern der Gründerzeit nach dem Zweiten Weltkrieg, die – ähnlich wie Bruno Ollmann, Erik Westermann, Christian Tøpholm, Bill Austin und Paul Bommer – die Entwicklung ihrer Produkte und der Hörgeräte-Technik im Allgemeinen aus der genauen und persönlichen Kenntnis der Bedürfnisse der Schwerhörigen heraus direkt beeinflusst haben.

Neue Wege

Unter den Wendton-Vertretern Karl Köttgen und Theodor Geers machte sich wegen dessen mangelndem Interesse am Aufbau eines Berufsstandes und der einseitigen Bevorzugung der eigenen Marke – was bei den Ärzten auf Kritik stieß – große Unzufriedenheit breit. So beschloss man, sich von Wendt zu trennen und auf eigene Faust weiterzumachen. Das war zunächst gar nicht einfach, weil die Verträge mit Wendt eine Konkurrenzklausel enthielten, die eine Tätigkeit für andere Unternehmen der Branche ausschloss. Mit Hilfe der Gerichte kam man am Ende aber doch noch von Wendt los und jeder konnte sein eigenes Unternehmen gründen.

Vielleicht weil man sich gut verstand, vielleicht auch, weil es den Jungunternehmern ohne eine Sicherheit bietende Gemeinsamkeit etwas bange war, ging man nicht auseinander, ohne einen zukünftigen Erfahrungsaustausch und ge-

Abb. V.52. Von Karl Köttgen (1907 bis 1972), einem der Pioniere der Branche, stammt auch die Definition des »Hörgeschmacks«

Abb. V.53. Theodor Geers schuf aus der einstigen Lizenz der Firma Wendt ein »Hörakustiker-Imperium«

genseitige Hilfe zu verabreden. Darüber hinaus wollte man die Grundlagen für eine berufliche Weiterqualifizierung schaffen, die dazu geeignet war, sich in fachlicher und ethischer Hinsicht sehr deutlich von den Haustürverkäufern zu unterscheiden. Auf einem Treffen in Düsseldorf am 26. August 1951, an dem auch *Friedrich Eschweiler*, *Walter Krefft* und *Bernhard Prange* teilnahmen, beschloss man darum, sich zu einer Interessen- und Einkaufsgemeinschaft in Form einer GmbH zusammenzutun. Jeder wollte selbständig bleiben, aber gleichzeitig Gesellschafter dieser GmbH sein. Die GmbH sollte über eine 2%-ige Provision finanziert werden, die die Industrie für alle mit den Gesellschaftern getätigten Geschäfte an die GmbH abführen musste.

Das Konzept traf vor allem bei der Industrie auf wenig Gegenliebe, die in den Einkaufsgemeinschaften kartellähnliche Zusammenschlüsse sah. Aber auch einige Ärzte waren wenig begeistert, weil die Gemeinschaft in ihren Augen den Eindruck erweckte, als ginge es hier vorrangig um die Sicherung kommerzieller Interessen. In diesem Lichte wollte man aber keinesfalls stehen, denn gerade der einseitig kommerziellen Ausrichtung der Geschäftspolitik von Werner Wendt wegen hatte man sich dort losgesagt und eigene Geschäfte gegründet. Man kam deshalb schnell zu der Überzeugung, dass ein eingetragener Verein mit ideellen Zielsetzungen besser geeignet sei, die eigenen Anliegen nach außen hin zu vertreten.

So notiert die Historie für den 21. Juli 1952 die Gründung des ersten Fachverbandes für Hörmittelhändler in Deutschland, den »Deutschen Hörmittel-Ring e.V.« (DHR), dessen erster Vorsitzender Karl Köttgen wurde. Die stellvertretenden Vorsitzenden waren Eberhard Behnke, Theodor Geers, Walter Krefft und Arndt W. Osterroth. Unter den ersten 25 Mitgliedern des DHR befanden sich weitere Händler, die sich schnell mit gutem Erfolg etablieren konnten und bald eine wichtige Rolle beim Aufbau des Berufsstandes der Hörgeräte-Akustiker spielen sollten: Gerhard Kersten, Kurt Iffland, Karl Müller und Ewald Axt. Andere betätigten sich nicht oder nicht nur als Hörmittelhändler, wollten die Ziele des DHR aber dennoch durch ihre Mitgliedschaft unterstützen. Dazu gehörten der Otoplastik-Hersteller Wolfgang Dreve, der Hörmittelgroßhändler Martin Wittig, der Hersteller Arndt Wilhelm Osterroth (Aditone), der Jurist Dr. Tam-Wolf von Flemming (1909 bis 1973) und sogar ein leibhaftiger Graf namens zu Solm-Baruth.

Der »Deutsche Hörmittel-Ring« ist gewissermaßen die »Urmutter« aller späteren berufsständischen Organisationen der Branche in Deutschland und der 21. Juli 1952 deren Geburtsstunde. Besondere Verdienste kommen vor allem dem ersten Vorsitzenden des DHR, Karl Köttgen (1907 bis 1972), zu. Durch seine Initiativen und engagierte Mitarbeit kamen nicht nur der DHR, sondern auch der internationale Verband »*Interaudio*« (1956 bis 1967) und das sogenannte »*Marburger Abkommen*« von 1960 zustande, das die Zusammenarbeit zwischen Ärzten und Hörgeräte-Akustikern auf freiwilliger Basis regelte. Köttgen, der

eigentlich Jurist werden wollte, aber wegen des Krieges und einer Zwangs-
verpflichtung zur Marine sein Studium abbrechen musste, machte sich schon
früh »Grundgedanken zur Anpassung einer geeigneten Hörhilfe im Rahmen des
Tätigkeitsbereiches eines Hörmittel-Fachgeschäftes« *(vgl. Konzept Karl Köttgen
von 1952).* Gemeinsam mit einigen Kollegen, der Industrie und den Ärzten bemühte er sich, insbesondere den Gedanken der individuellen Anpassung und
selektiven Verstärkung als Qualitätsmerkmal von »Hörhilfsgeräten« in der noch
jungen Branche zu etablieren. Schwerhörigkeit sei in den meisten Fällen eben
keine schlichte »Unterhörigkeit«, sondern eine »Fehlhörigkeit«. Außerdem
müsse jeder Hörverlust, ja sogar jedes Hörhilfsgerät, individuell betrachtet
werden. Darum sei eine gründliche Schulung der Hörmittelberater und eine
intensive Nachbetreuung der Patienten erforderlich. Unter Nachbetreuung sei
nicht nur der »laufende Kunden- und Reparaturdienst« zu verstehen, den das
Reisegewerbe nicht bieten könne, sondern vor allem das Hörtraining, mit dessen Hilfe das Sprachverständnis, die Konzentrationsfähigkeit, das Erinnerungs-
vermögen für Klangbilder und die Fähigkeit, Störgeräusche zu überhören, entscheidend verbessert werden könnte. Die zuverlässige Nachbetreuung sei für
den Schwerhörigen auch in psychologischer Hinsicht von großer Bedeutung.
Sie leiste einen wesentlichen Beitrag zur Rehabilitation und Integration und
stärke das oft angegriffene Selbstvertrauen und Selbstbewusstsein des Hörbehinderten. Er kam damit zu dem Schluss, dass »die schnelle Entwicklung der
Hörhilfsgeräte in den letzten Jahren den Fachhandel vor technische Aufgaben
gestellt habe, welche aus mehrfachen Gründen von den Ärzten oder Verkäu-
fern der Industrie nicht übernommen werden können. Damit hatte Karl Köttgen den Grundgedanken der später erfolgreichen Arbeitsteilung zwischen Ärzten (Diagnose, Verordnung, Erfolgskontrolle), Hörgeräte-Akustikern (Auswahl,
Anpassung und Nachsorge) und Industriefirmen (Entwicklung, Herstellung
und Vertrieb) entworfen. Auch den Universitätskliniken, die immer schon aus
alter Tradition Hörhilfen an ihren Patienten ausprobiert hatten, wies er eine Rolle
zu, die sich Jahrzehnte später durchsetzen sollte. Sie seien prädestiniert für die
Forschung auf diesem Gebiet, auf keinen Fall aber für die Anpassung und Nachsorge.

Der Deutsche Hörmittelring

In Verfolg dieser Zielsetzungen arbeitete Karl Köttgen Ausbildungsunterlagen
für den »Fachakustiker für Hörhilfsgeräte« aus, die zum Ausgangspunkt für das
Ausbildungswesen der Hörgeräte-Akustiker werden sollten. 1956 organisierte
er die erste Fachtagung für Hörmittel in Köln, die den Anstoß für alle späteren
»Internationalen Hörgeräte-Akustiker-Kongresse« gab. Nebenbei entwickelte
Köttgen den »Audio-Selector«, mit dem selektrometrisch fünf verschiedene
Hörgeräte in direkter Aufeinanderfolge ausprobiert und verglichen werden

können. Die Notwendigkeit der feinen Unterscheidung zwischen objektiven und subjektiven Auswahlkriterien wird dabei bereits berücksichtigt und die Reintonaudiometrie per Luftleitung in einem schallarmen Raum empfohlen. Die Messung der Knochenleitung und die Diagnose soll aber dem Arzt vorbehalten bleiben. Auch die aufkommende Sprach- und Geräuschaudiometrie wird bereits ausführlich in die Überlegungen mit einbezogen und entsprechende Forderungen an die Herstellerfirmen (Atlas, Maico, Peters, Ollmann) gestellt *(vgl. Denkschrift von Karl Köttgen von 1952).*

Der DHR setzte manche der »Grundgedanken« Köttgens bald in die Tat um, indem er einige Mindestanforderungen an beitrittswillige Kandidaten stellte. Wer Mitglied werden wollte, musste über eine Anpasskabine, einen Verkaufsraum und ein Büro verfügen. Des weiteren musste ein Audiometer vorhanden sein und eine gewisse Auswahl an unterschiedlichen Hörgeräten verschiedener Hersteller. Letzteres war zu dieser Zeit allerdings noch ein Problem, weil viele Hersteller die neuen Hörgeräte-Fachgeschäfte als Konkurrenz zu ihrem Direkt-Vertriebssystem mit angestellten Reisenden betrachteten. Das hat dann dazu geführt, dass sich die Mitglieder des DHR gewissermaßen »inkognito« in anderen Regionen die Hörgeräte zum vollen Endverbraucherpreis besorgen mussten, um sie für vergleichen-

Abb. V.54. Ingenieur Wilhelm Aumann (1911 bis 1996)

Abb. V.55. Werner Kind (1916 bis 1995)

Abb. V.56. Werner Kinds erstes Geschäft in Hannover (gegründet 1952). Diese Aufnahme stammt von 1961

de Anpassungen zur Verfügung zu haben. *(Vgl. Manuskript Werner Köttgens von 1989 zur »Geschichte der Entwicklung des Berufsstandes der Hörgeräte-Akustiker«).*

Die Bemühungen um eine qualifizierte Anpassung wurden durchaus bemerkt und anerkannt. Eine ganze Reihe von positiven Stellungnahmen seitens der Ärzteschaft ist aus dieser Zeit erhalten geblieben. 1954 schreibt *Prof. Dr. W. Moritz* von der Städtischen HNO-Klinik Hannover in der Zeitschrift »Medizin heute«:

»Es ist zu begrüßen, dass sich unter der Bezeichung ›Deutscher Hörmittel-Ring‹ ein Fachhandel gebildet hat, der es sich zur Aufgabe macht, nach fachärztlicher Voruntersuchung die sachgemäße Anpassung eines Hörhilfsgerätes durchzuführen und seinem Träger die technische Einweisung, laufende Beratung und Wartungsdienste zu garantieren.«
Dr. med. F. Fiebig äußert sich als Betroffener und Mitglied des »Bundesgesundheitsrates« über den Hörmittel-Ring: »Als Schwerhöriger verfolge ich die Entwicklung auf dem deutschen Hörgerätemarkt mit ganz besonderem Interesse. Ich begrüße daher, dass die Mitglieder des Hörmittel-Ringes ortsansässige Hörgeräte-Fachgeschäfte eröffnen. Es ist erwiesen, dass eine wochenlange intensive Nachbetreuung durch erfahrene Fachleute unumgänglich ist.«

Abb. V.57. Das erste Fachgeschäft der Firma Bonsel 1958 in Frankfurt

Ein anderer Arzt bestätigte, dass die Anpassung eines Hörgerätes eine »Kunst« sei, die nur vom »Fachakustiker« ausgeübt werden könne. Dagegen sei der Handel mit Hörgeräten durch andere Gewerbetreibende gänzlich abzulehnen: »Man stelle sich nur vor, ein Radiotechniker wolle eine Brille anfertigen!« *(Vgl. Theodor Geers, »Das Schwerhörigen-Brevier« des DHR von 1954).*

So fortschrittlich die selbst auferlegten »Spielregeln« der DHR auch waren, in einem Punkt war die Politik des DHR aber noch nicht weitsichtig genug. Man konnte der Versuchung nämlich nicht widerstehen, eine Konkurrenz-Klausel in die DHR-Satzung aufzunehmen. Danach durfte in jeder Stadt nur ein einziger Hörmittelhändler Mitglied werden, um den Betreffenden eine Alleinstellung zu sichern. In einer freien Wirtschaft gibt es aber keine territorialen Besitzstände, und so führte diese Klausel zwangsläufig zu einer Konkurrenz auf verbandlicher Ebene. Ohne Frage war die Mitgliedschaft im DHR ein »Gütesiegel«, aber wenn die Vergabe dieses Siegels zu restriktiv gehandhabt wurde, dann konnte die Konsequenz nur ein zweiter Verband mit einem eigenen »Gütesiegel« sein.

So kam es, dass der junge Elektrotechnik-Ingenieur *Wilhelm Aumann* (1911 bis 1996) aus Düsseldorf 1957 einen »Verband Deutscher Hörmittel-Händler e.V.«

Abb. V.58. Und das erste Geers-eigene Institut 1952 in der Burgtor-Passage in Dortmund

(VDH) ins Leben rief, dessen erster Vorsitzender er auch war. Aumann war nach der Kriegsgefangenschaft zunächst arbeitslos gewesen und hatte sich in der Not als Bauhilfsarbeiter durchgeschlagen. Weil er diese Zeit möglichst sinnvoll nutzen wollte, machte er so ganz nebenbei seinen Gesellenbrief als Maurer. Auf diese Weise wurde er schon einmal mit den Grundgedanken des Handwerks bekannt gemacht. Mit Hörgeräten kam er in Berührung, als er 1950 kurze Zeit für die Firma Siemens tätig war. Bereits 1951 gründete er in Düsseldorf sein erstes Fachgeschäft als Hörmittelhändler.

Unter den ersten Mitstreitern des neuen Verbandes befand sich auch *Werner Kind* (1916 bis 1995), der bereits ab 1948 durch seine Schwester Elisabeth Kind-Kröger, die in der Schweiz den Europa-Vertrieb für Maico-Hörgeräte aufgebaut hatte und in Deutschland an der Firma Willco beteiligt war, mit der Branche in Berührung kam. Seit 1951 war er als Generalvertreter für *Contraphon-Gehörschutzprodukte* in Deutschland tätig und eröffnete 1952 sein erstes Fachgeschäft für Hörgeräte in Hannover, aus dem sich später unter seinem Sohn Martin Kind der größte deutsche Filialist mit 180 Betrieben entwickeln sollte.

Eine weitere Initiative von Karl Köttgen zielte ebenfalls auf eine alles übergreifende Organisation ab, wenn auch auf anderer Ebene. Im Anschluss an die erste Fachtagung für Hörmittel 1956 in Köln hatte er einen gemeinsamen Verband für die engagierten Fachleute in Europa ins Leben gerufen, der aber von Anfang an wenig Aussichten hatte, sich auf Dauer etablieren zu können. Eine »Internationale Gesellschaft für Hörakustik«, auch *Interaudio (International Association of Hearing Aid Audiologists)* genannt, war noch nicht das Thema und die Notwendigkeit dieser Jahre. Der Verband, der außer von Hörmittelberatern wie Köttgen auch von Herstellern und Grossisten aus der ganzen Welt gegründet worden ist, nämlich von *Leland Watson* (USA), *Alfons Lapperre* (Belgien), *Paul Bommer* (Schweiz), *Dr. Enrico Buchwald* (Italien) und *Peter Werth* (England), war in seinen Zielsetzungen zu unbestimmt und global. Die Aufgabe der Gesellschaft war es, den »internationalen Meinungsaustausch aller interessierten Kreise« und »freundliche Beziehungen mit wissenschaftlichen, technischen und sozialen Organisationen« zu pflegen. Ob Einzelpersonen oder Verbände, jeder sollte Mitglied werden können. Der Verband löste sich 1967 wieder auf, hinterließ der Nachwelt aber einen neuen Begriff, der dieses Wissensgebiet und diese Branche mit nur vier Silben treffend umschreibt, den Begriff »Hörakustik« *(vgl. Gründungsdokument der Interaudio von 1956/57).*

Augenoptiker und Akustiker

Neben den Gründungen des *DHR* (1952) und des *VDH* (1957) formierten sich am Niederrhein (1954) und in Schleswig-Holstein (1955) spezielle Fachgruppen von Augenoptikern, die sich mit der Anpassung von Hörgeräten beschäftigten. Die Augenoptiker waren mit den Hörgeräten durch die Hersteller und deren Reisende in Berührung gekommen, die auf dem Lande Stützpunkte für ihre »*Sprechtage*« und Vertriebspartner gesucht hatten. Hörgeräte waren für die Augenoptiker Nebenartikel, so wie die Brillen einst Nebenartikel der Uhrmacher waren. Die Optik war in den Verkauf von Hörgeräten verstärkt einbezogen, nachdem eine Gewerbeordnungsnovelle von 1959 Hörgeräte als elektromedizinische Geräte eingestuft und den ambulanten Handel damit untersagt hatte. Damit war ein Vertriebsweg versperrt worden, den die Augenoptiker jetzt vermehrt ersetzen konnten. Durch die Einführung der Hörbrillen ab 1952 war die Mitarbeit der Augenoptiker sogar unverzichtbar geworden, weil der optische und brillenmechanische Teil der Anpassung in deren Kompetenz fiel. Das galt besonders im Hinblick auf die *CROS-* und *BiCROS*-Konfigurationen. Da hat es für den einen oder anderen Augenoptiker nur allzu nahe gelegen, sich auf akustischem Gebiet fortzubilden und gleich die komplette Anpassung der Hörbrillen zu übernehmen. Berufsrechtliche Regelungen zur Ausübung des Hörgeräte-Akustiker-Handwerks gab es ja noch nicht. Die Tätigkeit der Augenoptiker auf dem Gebiet der Akustik wurde aus der Sicht der »einspartigen« Hörmittel-Fachhändler,

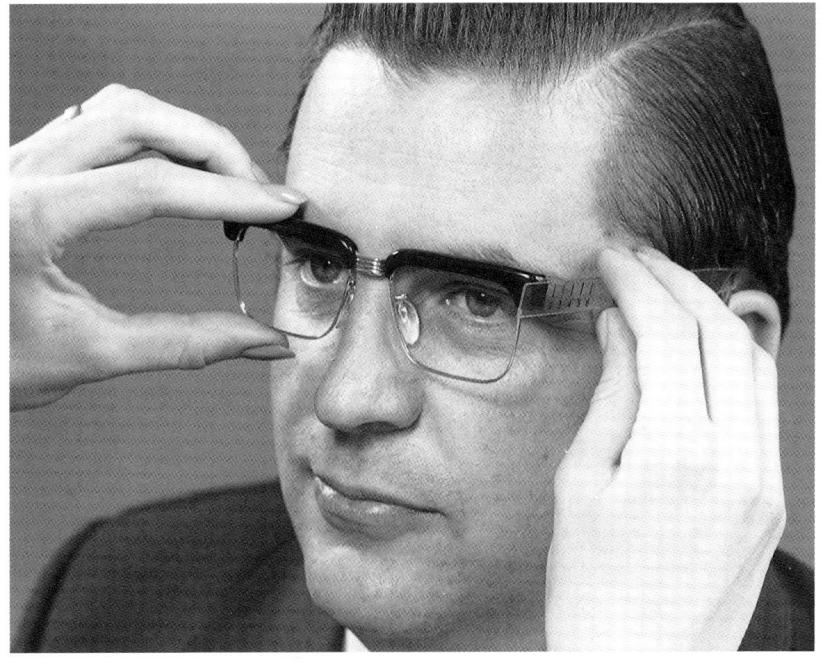

die ebenfalls Hörbrillen anpassten, mangels berufsrechtlicher Voraussetzungen aber ihrerseits nicht etwa Brillengläser anpassen konnten, mit gemischten Gefühlen hingenommen. Mit anderen Worten: Die Augenoptiker waren als bereits etabliertes Handwerk eine Gefahr für die Akustiker, die Akustiker aber nicht für die Augenoptiker. Die Situation war widersprüchlich und konfliktträchtig und konnte so nicht bleiben. Auf der einen Seite waren die Hörmittelhändler fest davon überzeugt, dass die Anpassung von Hörgeräten nur hauptberuflich und mit entsprechender Qualifikation zuverlässig durchgeführt werden könne. Auf der anderen Seite waren die Augenoptiker schließlich keine »Hausierer«, sondern stationär arbeitende Fachleute mit einer guten Ausbildung, einer langen Tradition und einem entsprechenden Berufsethos. Sie repräsentierten genau das, was die Hörmittelhändler gerne sein wollten: ein solides und staatlich anerkanntes »*Gesundheitshandwerk*«. Augenoptiker und Akustiker bildeten gewissermaßen eine natürliche Nachbarschaft, weil sich beide mit den Gesichtssinnen beschäftigten, die einen mit dem Sehen und die anderen mit dem Hören. Beide verstanden sich als Assistenten und sogar Partner des Arztes, die einen für die Ophthalmologen, die anderen für die Otologen. Insofern waren die Augenoptiker nicht mit anderen Fachhändlern außerhalb des Gesundheitsbereiches vergleichbar, und schon gar nicht mit dem Reisegewerbe. Die Idealvorstellung der ersten Hörmittelberater war ohne Frage der einspartige Fachbetrieb, der sich erst über die Spezialisierung und besondere Ausbildung nachhaltig qualifizierte. Aber da gab es ein grundsätzliches Problem, das man nur mit Hilfe eines verbündeten Berufes lösen konnte. Das war die Erkenntnis, dass

die einspartigen Hörmittelberater sich selbst auf längere Sicht nur in den Großstädten niederlassen konnten. Als Spezialisten, und dazu noch in einem sehr
kleinen Markt, konnten sie nur in den großen Städten soviele Kunden finden,
dass sich ein Geschäft wirtschaftlich tragen würde. Man ging damals davon aus,
dass auf 200 000 Einwohner nur ein Fachgeschäft kommen könne. Was war aber
mit den übrigen Regionen? Sollten die Schwerhörigen dort keine Versorgungs-
möglichkeiten vorfinden? Ein Augenoptiker in einer Kleinstadt war nicht darauf angewiesen, eine Mindestmenge an Hörgeräten pro Monat abzusetzen. Das
Brillengeschäft war als Basis seiner Existenz stark genug. Auf dem Lande war
die Mehrspartigkeit eines Gewerbes also durchaus sinnvoll. Und noch ein Kal-
kül sorgte dafür, dass Augenoptiker und Hörmittelberater nicht zu Feinden
wurden: Den unqualifizierten Reisegewerben wurde gemeinsam der Boden
entzogen. Ja, vielleicht konnten die Augenoptiker mit ihren berufsständischen
Erfahrungen den Akustikern sogar bei dem Aufbau eines eigenen Berufsstandes mit staatlicher Anerkennung helfen.

Es war zunächst also ein logischer Schritt, dass es zu einer vorsichtigen Annä-
herung zwischen Augenoptikern und Hörmittelberatern kam. DHR, VDH und
die »*Fachgruppe Hörhilfen*« der Augenoptiker-Landesinnung Niederrhein bildeten deshalb 1958 eine Arbeitsgemeinschaft und organisierten in Bonn an der
Universitätsklinik unter Leitung von Professor *Bernhard Langenbeck* die erste Hör-
geräte-Fachtagung in Deutschland. Soweit, so gut. Als dann aber Bestrebungen
aufkamen, die beiden Fachverbände der Hörmittelberater und die Hörgeräte-
Fachgruppen der Augenoptiker in Nordrhein-Westfalen und Schleswig-Holstein
zu einem Zentralverband zusammenzuschließen, traten die Interessengegensätze voll zutage und es konnte keine Einigkeit über den zukünftigen Weg erzielt werden. Viele der Hörmittelhändler waren nicht bereit, ihren Grundgedanken der generellen »Einspartigkeit« der Hörmittelberatung aufzugeben und den
Augenoptikern einen Teil des Geschäftes zu überlassen. Ein gemeinsamer Verband kam für sie auf keinen Fall in Frage. Die Augenoptiker indessen betrachteten die Situation aus der Warte eines bereits vorhandenen, bewährten und
relativ mächtigen Berufsstandes, der viel eher prädestiniert sei, die Zukunft der
Hörmittelversorgung zu gestalten als die noch sehr kleine Gruppe der Hörmittelhändler, die obendrein noch in zwei Verbände gespalten war. Es gab zu dieser
Zeit zwar nur etwa 150 von 3 000 Augenoptikern, die Hörgeräte führten, aber
die waren berufsständisch bereits gut organisiert und gegenüber den noch
wenigen Hörmittelhändlern in der Überzahl.

Die Union der Hörgeräte-Akustiker

Eile war geboten, denn auf dem »Gründungs-Treffen« der »Augenoptiker-Akustiker« am 3. Juli 1960 in der Photofachschule in Kiel berichteten *Dr. Werner Pistor, Erwin Brink* und *Kurt Iffland* den Anwesenden von vertraulichen Informationen der Industrie, dass die beiden Verbände der Hörmittelhändler die Hersteller unter Druck setzen wollten, keine Augenoptiker mehr zu beliefern. Es sei sehr zu empfehlen, sich schnellstens zusammenzuschließen, da die Industrie ein Interesse an einer möglichst breiten Vertriebsbasis habe und nicht allein auf die Hörmittelhändler setzen wollte. Unter der Federführung von Dr. Werner Pistor aus Eutin und Erwin Brink aus Wuppertal formierten sich die Augenoptiker deswegen am selben Tag zu einer »*Union der Hörmittel-Anpasser*«. Bei dem nächsten Treffen am 11.9.1960 in Würzburg wollten einige der Anwesenden den Namen »*Hörmittel-Anpasser*« zugunsten von »*Hörmittel-Händler*« ändern. Und auch die Bezeichnung »Union« gefiel nicht jedem, da sie angeblich an die Brauerei »Dortmunder Union« erinnere. Schließlich einigte man sich auf »*Union der Hörgeräte-Akustiker*« (UHA), um damit die gehobene fachliche Qualifikation dieses Berufes deutlich zu machen. Vorbilder waren Berufsbezeichnungen wie

Abb. V.60. Erwin Brink
(1908 bis 1988)

»Elektroakustiker«, »Raumakustiker« und »Bioakustiker«. (Notizen von Dr. Pistor vom 3.7.1960 und Erinnerungen vom 16.1.1987, Sitzungsprotokoll der »Fachgruppe Hörhilfen« der Landesinnung der Augenoptiker Schleswig-Holstein vom 18.8.1960).

Ohne die Verdienste der Gründungsmitglieder der UHA schmälern zu wollen, ist es aber doch verwunderlich, dass es so lange brauchte, auf den naheliegenden Begriff »Akustiker« zu kommen. Der Physiker *Hermann J. Reiff* (1873 bis 1956) von der Fachhochschule Esslingen, ein Tüftler und Bastler, der sich auch ausführlich mit der Technik und der Anwendung von Hörgeräten beschäftigt hatte, schlug den Namen »Akustiker« schon 1927 als Berufsbezeichnung für den Hörgeräte-Fachmann vor. Er hatte auch sehr weit vorausgeblickt, als er die Aufgaben des Akustikers beschrieb:

»Dem Akustiker erwachsen beim Anpassen und Verkaufen der Hörapparate dieselben Verpflichtungen, wie dem Optiker beim Augengläsergeschäft. Er muss Aufbau und Wirkungsweise der verschiedenen Hörapparate kennen und in der

Abb. V.61. Branchengründer unter sich: Herbert Bonsel (links) und Dr. Werner Pistor (rechts) auf dem UHA-Kongress in Garmisch-Partenkirchen (1984). Im Hintergrund links übrigens Harald Bonsel, der sonnige Knabe

Abb. V.62. Bild von 1978 (v.l.) Dr. Volker Geers, Peter Axt, Werner Köttgen, Wilhelm Aumann, Herbert Bonsel, Ewald Axt, Kurt Iffland

Lage sein, sich über den Grad der Schwerhörigkeit der beiden Ohren des Kunden zu unterrichten.« Diese Einsicht klingt überraschend aktuell und ist doch schon 72 Jahre alt! Reiff hatte nicht nur den Beruf des Hörgeräte-Akustikers weit vorausgeahnt, sondern auch erkannt, dass sich Hörgeräte gut mit der Optik kombinieren ließen. (*Vgl. Zeitungsartikel von H. J. Reiff, abgedruckt in: Aubrey Miller, Wer taub were der nemme..., S.40 ff.*).

Es entsprach von Anfang an Werner Pistors »Politik der offenen Tür«, den neuen Verband für die Hörmittelhändler offenzuhalten. Die hätten dabei aber – nach ihrer Meinung – den Kern ihrer kaufmännischen Identität verloren. Die Augenoptiker hingegen fanden »Hörmittelhändler« etwas zu kommerziell und waren mit der mehr wissenschaftlich klingenden Neuschöpfung »Hörgeräte-Akustiker« ganz zufrieden.

Damit war ein Richtungsstreit darüber entbrannt, ob ein noch zu schaffendes gemeinsames Berufsbild eher ein kaufmännisches, gesundheitshandwerkliches oder fachwissenschaftliches sein sollte. Innerhalb der UHA war das Handwerk nicht von Anfang an die einzige Lösung, die diskutiert wurde. Im Gespräch waren auch ein Akustiker-Diplom, das nach entsprechenden Schulungen durch Mediziner und Hersteller verliehen werden sollte. Die kaufmännische Richtung stand aber nicht zur Diskussion. Die Mitglieder des DHR, die meistens aus kaufmännischen Bereichen kamen, waren zwar mit der alten Berufsbezeichnung »*Hörmittelhändler*« auch nicht mehr voll zufrieden, favorisierten aber als neue Bezeichnung den »Medizinisch-Technischen Kaufmann«. *(Persönliche Erinnerungen von Kurt Iffland. Danach soll Erwin Brink der erste gewesen sein, der die Idee zur Gründung der UHA gehabt hat).*

Dem ersten Vorstand der UHA gehörte dann auch *Erwin Brink* (1908 bis 1988) an, ein verbandspolitisch sehr aktiver Augenoptiker aus Wuppertal, der seit 1954 die »*Fachgruppe Hörhilfen*« in Nordrhein-Westfalen geleitet hatte und wegen seiner großen Verdienste um gleich zwei Berufsstände 1974 mit dem Bundesverdienstkreuz am Band ausgezeichnet worden ist. Im Vorstand war auch *Kurt Iffland*, der ab 1953 in Stuttgart bei *Klaus Hüber* als Büroleiter der *Bernaphon* Vertriebsgesellschaft (ab 1954 *Micro-Technic*) tätig gewesen war und 1956 sein erstes Fachgeschäft in Stuttgart eröffnet hatte. Iffland nutzte seine ausgezeichneten Kontakte zu zwei führenden Ordinarien der HNO-Heilkunde, den Professoren *Horst Ludwig Wullstein* in Würzburg und *Fritz Zöllner* in Freiburg, dazu, die ersten medizinischen Schulungen für die Akustiker zu organisieren. Er wurde später, von 1982 bis 1992, Bundesinnungs-Obermeister der Hörgeräte-Akustiker.Iffland erhielt 1976 das Bundesverdienstkreuz.

Zunächst hatte Dr. Werner Pistor den Geschäftsführer des Zentralverbandes der Augenoptiker, *Fritz Müller*, mit der Geschäftsführung der UHA beauftragen wollen. Um ein zu deutliches Übergewicht der Augenoptiker in der UHA aber zu vermeiden, entschied er sich für zwei »neutrale« Personen, und zwar *Dr. Friedrich Schönwandt* und Assessor *Helmut J. Helle*, von denen später noch die Rede sein wird.

Hier wird es Zeit, die Vorsitzenden der Union Revue passieren zu lassen: Dr. Werner Pistor (1950 bis 1985), *Günther Kern* (1985 bis 1991), *Herbert Bonsel* (1991 bis 1997), seit 1997 *Dr. Bernd Hähle*. Seit 1967 ist *Sigrid Weissgerber,* ehedem Mitarbeiterin von Dr. Pistor, prägend als Geschäftsführerin der UHA tätig und u.a. organisatorisch für die Planung und Durchführung der Internationalen Kongresse verantwortlich.

Ein großes Hin und Her

DHR und VDH drohten in die Defensive zu geraten und hoben deshalb 1960 unmittelbar nach der UHA-Gründung in aller Eile einen »*Zentralverband Deutscher Hörmittelfachinstitute*« *(ZVDH)* aus der Taufe. Vorsitzender des Zentralverbandes wurde Wilhelm Aumann, sein Stellvertreter Theodor Geers (1916 bis 1989). *(Anm.: Theodor Geers gründete 1976 die »Geers-Stiftung« und erhielt 1985 das Bundesverdienstkreuz).* Die Mitglieder des ZVDH hatten die Hoffnung, mit einem einzigen Verband und einem hauptamtlichen Geschäftsführer mehr »Schlagkraft« bei der Durchsetzung der eigenen Ziele erreichen zu können. Die Hoffnungen erfüllten sich aber nicht und dem ZVDH war kein langes Leben beschieden. Nur zwei Monate nach der Gründung kam es zu massiven Vorwürfen mehrerer Mitglieder gegen den Vorstand und den Geschäftsführer wegen »Untätigkeit«. Sie hätten wertvolle Zeit verstreichen lassen und es versäumt, in Bonn zu »antichambrieren«, um für die Errichtung eines neuen einspartigen Berufsbildes, in klarer Abgrenzung zu den Augenoptikern, zu werben. Einige Mitglieder verlangten den Rücktritt des Vorsitzenden Wilhelm Aumann und die kommissarische Übernahme des Amtes durch Theodor Geers. Andernfalls werde man aus dem ZVDH austreten. Es wurde daraufhin auch tatsächlich ein neuer Vorstand unter Theodor Geers gewählt, aber das gefiel wiederum einigen anderen Mitgliedern aus ganz persönlichen Gründen nicht. Eigentlich sollten DHR und VDH zu diesem Zeitpunkt schon endgültig aufgelöst und in den ZVDH überführt sein. Unter einem Vorsitzenden Geers war das für einige Mitglieder von DHR und VDH aber nicht akzeptabel. Sie gründeten deshalb 1961 einen neuen – und damit vierten – Verband, den *»Fachverband Deutscher Hörmittel-Institute e.V.« (FVDH)* unter Vorsitz von Werner Kind. Die Idee eines Zentralverbandes wurde daraufhin wieder aufgegeben und der ZVDH aufgelöst. Diejenigen, die dem FVDH nicht beitreten wollten, blieben größtenteils in ihren alten Verbänden, dem DHR unter Vorsitz von Karl Köttgen und dem VDH unter Vorsitz von Wilhelm Aumann. Daneben gab es weiterhin die UHA unter Vorsitz von Werner Pistor. Die Abkürzung FVDH wurde 1963 nochmals in *»Fachverband Deutscher Hörgeräte-Akustiker e.V.« (FDH)* umbenannt.

Hier die Vorsitzenden des FDH seit 1961: *Werner Kind* (1961 bis 1967), *Theodor Geers* (1967 bis 1976), *Dr. Volker Geers* (1976 bis 1989), *Klaus Klingbeil* (1989 bis 1992) und seit 1992 *Martin Kind*.

Die Jahre 1960 und 1961 waren ziemlich turbulent und nicht jeder blickte mehr durch. Da passierte es zum Beispiel, dass der Syndikus des »Fachverbandes Deutscher Hörmittel-Institute« versehentlich einen Brief unterschrieb, auf dem es neben seiner Signatur hieß »Fachverband Deutscher Hörmittel-*Industrie*«. Und bei der UHA in Mainz ging die Postkarte eines Schwerhörigen ein, die adressiert war: »An die Wissenschaftliche Vereinigung der Ohrenoptiker«. Das wiederum veranlasste die »Zeitschrift für Hörgeräte-Akustik« zu der Bemerkung: »Die Post ließ bei dieser Anschrift nicht die Augen hängen und drückte beide Ohren zu!«

Das erinnert an die Meldung einer Schweizer Zeitung, die Aubrey Miller 1976 gefunden hatte. Dort wurde einem Bürgermeister zu seinem 85. Geburtstag bescheinigt: »Obwohl sein Gehör nicht mehr das beste ist, liest er die Zeitung noch täglich ohne Brille.«

Die Situation, dass sich eine derart kleine Gruppe von Spezialisten auf vier verschiedene Verbände verteilte, war auf Dauer nicht sinnvoll, weil auf diese Weise politisch nichts zu bewegen war. Die Zeit drängte, weil sich schon eine fünfte Vereinigung in Berlin zu konstituieren begann, die »*Fachgruppe für Audiometrie*«, in der sich einige Augenoptiker zusammengetan hatten. Es bestand die akute Gefahr, dass sich die Berufsgruppe der Hörmittelberater völlig zersplitterte. Deshalb entschlossen sich die restlichen Mitglieder von DHR und VDH 1961, mit der UHA zusammen eine »*Arbeitsgemeinschaft der Deutschen Hörmittel-Fachverbände*« zu bilden, um dieser Tendenz entgegenzuwirken. Die große persönliche Ausstrahlung von Dr. Werner Pistor, seine Kompetenz in allen standespolitischen und verbandsorganisatorischen Fragen, seine Fairness und ehrliche Fürsorge den »Nur-Akustikern« gegenüber (»Politik der offenen Türen«) und schließlich die von ihm und der UHA präferierte gesundheitshandwerkliche Ausrichtung des Berufsstandes verfehlte ihre Wirkung auf DHR und VDH nicht. Dazu kam, dass Pistor in sehr weitsichtiger Weise darauf geachtet hatte, die UHA nicht als Anhängsel eines Augenoptiker-Verbandes zu betrachten, sondern streng von diesen trennte. Er wusste, dass er die »Ohrenakustiker«, wie er sie damals auch zu nennen pflegte, nur so langfristig in einem Gesamtverband vereinen konnte. Ein weiterer Vorteil der UHA war, dass sie gute Kontakte zu führenden Audiologen hatte und bereits intensiv dabei war, ein Ausbildungswesen auf die Beine zu stellen. Nachdem die UHA den Mitgliedern der beiden kleinen Verbände auch noch zusicherte, dass deren berufsethische »Eckpunkte« in der UHA-Satzung verankert werden würden, dauerte es nur noch ein Jahr, bis die Mitglieder von DHR und VDH geschlossen in die UHA eintraten und die beiden alten Verbände auflösten. Damit war die verbandspolitische Situation erheblich übersichtlicher und die Arbeit für alle Beteiligten effektiver geworden, denn es gab nur noch zwei Verbände, die UHA und den FDH.

Nach einer Schätzung des FDH-Vorstandes von 1962 repräsentierten die beiden alten Restverbände DHR und VDH nur noch 8 % des Marktes (in verkauften Hörgeräten) und die UHA 22 %, so dass alle drei zusammen auf 30 % kamen. Der FDH repräsentierte dagegen 70 % des Marktes, allerdings mit nur 65 Mitgliedern. Die UHA hatte zu diesem Zeitpunkt dagegen schon etwa 200 Mitglieder. Eigentlich wäre zu erwarten gewesen, dass sich der kleinere der beiden Verbände dem Größeren anschließt. Aber wer war der Kleinere, wer der Größere? Die Tatsache, dass die Mitglieder des FDH fast ausnahmslos einspartige Betriebe mit den bevorzugten großstädtischen Standorten waren, führte beim FDH zu dem Bewusstsein, die wirklichen »Profis« mit der größeren Marktbedeutung und Verantwortung zu sein. Der FDH machte 1962 in einem internen Papier noch einmal unmissverständlich deutlich, dass man Hörgeräte »nicht nebenbei« verkaufen könne und die Augenoptiker – wenn überhaupt – als Fachleute zweiter Ordnung anzusehen seien. Man sah zwar wie die UHA die dringende Notwendigkeit, ein staatlich anerkanntes Berufsbild zu schaffen. Aber das Modell, das man vorschlug, war mit den Vorstellungen der UHA unvereinbar. Grundlage war die Kaufmannsgehilfen-Prüfung zum Einzelhandelskaufmann, der eine dreijährige Schulung unter Obhut von Industrie und Medizin folgen sollte. Danach war eine Prüfung als »Medizinisch-Technischer Kaufmann« vor der Industrie- und Handelskammer vorgesehen. Diese kaufmännische Ausrichtung, so glaubte man in der UHA, würde automatisch die kommerziellen Aspekte der Hörberatung zu sehr in den Vordergrund treten lassen. Das aber würde das gerade mühselig erworbene Vertrauen der Ärzte und Kostenträger in die Akustiker wieder zunichte machen. Viele Mitglieder von DHR und VDH sahen das ebenso. Karl Köttgen hatte immer Wert darauf gelegt, »einen sauberen Berufsstand zu schaffen und sich einer rein kommerziellen Tätigkeit zu enthalten« *(vgl. Brief Köttgen an die Mitglieder des DHR vom 2.4.1963).* So war die Situation ziemlich kurios: Beide Lager verdächtigten sich gegenseitig, hinsichtlich der Seriosität der beratenden Tätigkeit nicht zuverlässig genug zu sein.

Die Tatsache, dass die meisten UHA-Mitglieder zugleich auch Mitglieder der *Handwerks*kammern waren, die Mitglieder des FDH aber den *Handels*kammern angehörten, schaffte nach damaliger Meinung einen unüberbrückbaren Gegensatz. In dem FDH-Papier hieß es damals sinngemäß:

»Es ist nicht angängig, den Beruf des Hörmittelberaters als einen handwerklichen anzusehen, da seine Tätigkeit nichts Handwerkliches beinhaltet. Einzig die Reparatur von Hörgeräten ist eine handwerkliche Tätigkeit, die aber ist eine Angelegenheit der Elektrotechniker.« *(Vgl. FDH-Manuskript von ca. 1962, der Verfasser war wahrscheinlich Theodor Geers).*

Die »Akustemiker«

Auch wenn es in dem Papier nicht wörtlich zum Ausdruck kam, so war die Abneigung dem Handwerk gegenüber auch durch die alte Rivalität zwischen dem Handwerk und dem Kaufmannsstand bestimmt, die ihre Wurzeln in der Antike und im späten Mittelalter hatte, wie in der »Kleinen Handwerksgeschichte« des Kapitel VI. noch gezeigt werden wird. Die Kaufleute gehörten immer dem gehobenen und die Handwerker dem unteren Mittelstand an. Die Tradition, die Kopfarbeit höher als die Handarbeit zu bewerten, hat sich bis heute erhalten. Daran hat auch die Akademiker-Arbeitslosigkeit nicht viel ändern können. Die Unwilligkeit der Hörmittelhändler, sich mit dem Handwerk anzufreunden, war deswegen wohl auch eine Sache des sozialen Prestiges. Das Handwerk wurde (und wird) im Bewusstsein der Öffentlichkeit immer noch mit den groben Handarbeiten der Bauhandwerke in Verbindung gebracht. So wurden die Hörgeräte-Akustiker zum Beispiel im Bundesgesetzblatt von 1968 wie Parkettleger und Wasserinstallateure eingestuft. Dass es daneben immer schon die Kunsthandwerker und die Gesundheitshandwerker gab, die Feinmechaniker und Elektrotechniker, wurde oft übersehen. In den folgenden Jahrzehnten ist nicht von ungefähr immer wieder diskutiert worden, das Handwerk der Hörgeräte-Akustiker wegen den unbestreitbar hohen fachlichen Anforderungen und den Schnittstellen mit verschiedenen wissenschaftlichen Disziplinen zu »akademisieren«. Die nicht ganz ernst gemeinte Bezeichnung »Akustemiker«, die der Autor dieses Buches 1994 in einem Fachartikel an Stelle von »Akustiker« verwendet hatte, sollte die Ambivalenz dieses Berufes vor Augen führen.

Die Bedenken der FDH-Mitglieder gegen das Handwerk wurden durch andere Überlegungen überlagert, die schließlich die Oberhand gewannen. Das Handwerk war der einzige probate Weg, eine berufsständische Organisation zu schaffen, die auf dem Prinzip der Selbstverwaltung beruhte und der bildungspolitischen Vormundschaft durch den Staat weitgehend entzogen war. Das musste zwar immer wieder gegen den Primat der Politik und die Regulierungsambitionen des Staates verteidigt werden, aber die Grundlagen hatten sich über Jahrzehnte als relativ stabil erwiesen. Was nutzte eine akademische Ausbildung zum Hörgeräte-Akustiker, wenn der staatliche Bildungsbetrieb Tausende von Diplomierten produziert hätte, die davon nicht hätten existieren können? In den USA stöhnte man gerade über eine »Akademiker-Schwemme« von 8 000 Absolventen, die von den Universitäten produziert worden war und nun auf den Arbeitsmarkt drängte *(Skafte, 5o years of Hearing Instruments, S. 43)*. Nein, so schlecht war das Handwerksmodell bei näherer Betrachtung nicht. Und im Vergleich zur kaufmännischen Ausbildung, die mit dem Kaufmannsgehilfenbrief endet, war die Besonderheit des Handwerks, dem Gesellenbrief noch eine Stufe draufsetzen zu können, den Meisterbrief und Großen Befähigungsnachweis, nicht ohne Reiz.

Das Nebeneinander von UHA und FDH wurde trotz aller Gegensätze aber nicht als Feindschaft angesehen, sondern als »gesunder und fruchtbarer Wettbewerb«, so Theodor Geers in einem Grundsatz-Referat 1970. Man hatte erkannt, dass die Ideen und Aktivitäten des einen Verbandes den jeweils anderen durchaus positiv stimulieren konnten. Zur Politik des FDH gehörte aber weiterhin die qualitative Abgrenzung gegenüber den mehrspartigen Betrieben der Augenoptikerzunft. Die Bezeichnung »Fachinstitut« sollte mehr erfordern als »nur die Eintragung in die Handwerksrolle«, die für die Beurteilung der Qualität von Anpassung und Beratung «kein echtes Kriterium« sein könne. Mit dieser Bemerkung spielte Theodor Geers auf einen Umstand an, der den FDH-Mitgliedern ein Dorn im Auge war. Es ging darum, dass die zukünftigen »Nur-Akustiker« die volle mehrjährige »Ochsentour« ihrer speziellen Berufsausbildung zu durchlaufen hatten und sich damit zweifellos für ihre Tätigkeit qualifizierten. Die Augenoptiker waren aufgrund ihres Status als Vollhandwerker aber berechtigt, sich ohne Lehre und Gesellenbrief direkt zur Meisterprüfung im Hörgeräte-Akustiker-Handwerk anzumelden. Damit war der Eindruck entstanden, als wäre die Qualifizierung zum Akustiker nur ein Anhängsel der Augenoptiker-

Ausbildung und erfordere keine umfassende Spezialausbildung. Dieser Eindruck verstärkte sich noch dadurch, dass einige Augenoptiker glaubten, man könne die Zulassung zum Akustiker über die Ausnahmebewilligung des § 8 der *Handwerksordnung (HwO)* auch problemlos nebenbei erwerben, ohne sich einer Meisterprüfung zu stellen. Diese Augenoptiker waren der Meinung, dass allein schon die jahrelange Praxis der Anpassung von Hörgeräten im Sinne des Besitzstandsschutzes für die Anwendung des § 8 ausreichen würde. Dieser Auffassung wurde 1970 durch die zuständigen Aufsichtsbehörden widersprochen, die nachdrücklich betonten, dass das Ablegen einer Meisterprüfung ein »*Regelerfordernis*« sei, von dem nur in Fällen »unbilliger Härte« abzusehen sei. Aber selbst dann, wenn die Meisterprüfung erlassen wurde, war für die Ausnahmebewilligung der Nachweis der fachlichen Qualifikation durch eine Prüfung vor der *Handwerkskammer* zu erbringen. *(Anm.: Die Eintragung in die Handwerksrolle konnte im Rahmen der Übergangsvorschriften der Handwerksnovelle auch von Amts wegen nach § 119 der HwO erfolgen).*

Auch die »*Nebenbetriebsregelung*« der § 2 und 3 der HwO wurde herangezogen, um Hörgeräte nebenbei anpassen zu können. Das kollidierte aber mit dem »Erfordernis der fachlichen Verbundenheit« zwischen Haupt- und Nebenbetrieb, das die faktische Umgehung der HwO und die einseitige Bevorzugung bereits bestehender Betriebe gegenüber den – hinsichtlich ihrer Befähigung noch nachweispflichtigen – Neugründungen verhindern sollte. In Auftrag gegebene Rechtsgutachten und mehrere Gerichtsentscheidungen stellten fest, dass sich aus dem Berufsbildvergleich von Augenoptiker- und Hörgeräte-Akustiker-handwerk zwar eine »Branchenverträglichkeit«, aber keine »fachliche Verbundenheit« herleiten lasse.

Das Abkommen von Marburg

So kurz das Gastspiel des ZVDH auf der Bühne des Berufsstandes auch war, zwei besondere Leistungen sollten jahrzehntelang Bestand haben. Die eine war die Zusage der Industrie, die Hörmittelhändler als unabhängige Partner anzuerkennen und weder zu boykottieren, noch sich auf Lieferverträge mit einem einzigen Hersteller unter Ausschluss der Konkurrenz festzulegen. Der Anstoß dazu kam durch den Siemens-Direktor *Dr. Max Waldhausen,* der sich inkognito in dem ersten Geers-Institut in Dortmund darüber informieren wollte, wo diese Firma trotz Industrie-Boykott die Hörgeräte herbekam. Er spielte den Schwerhörigen, ließ sich ein paar Geräte vorführen und stellte dabei allerlei harmlose Fragen. Dabei fand er schnell heraus, dass die Geräte, und zwar auch solche von Siemens, als Re-Importe aus anderen europäischen Ländern kamen. Dagegen war man mehr oder weniger machtlos. Bei diesem Gespräch in Dortmund konnte sich Waldhausen aber auch davon überzeugen, dass die Arbeit eines stationären Fachmannes bei weitem qualifizierter war als die eines »fliegenden« Händlers.

Dabei wurde ihm klar, dass hier und nicht in anderen Vertriebsformen die Zukunft der Hörgeräteversorgung lag. Die Firma Siemens gab daraufhin nach formellen Verhandlungen mit dem Vorstand des ZVDH alle Widerstände gegen die Hörmittelhändler auf und bewirkte damit als größter Hersteller in Deutschland, dass andere diesem Beispiel folgten.

Das »*Marburger Abkommen*« von 1960 war der zweite wichtige »Nachlass« des ZVDH. Es regelte mit seinen »Richtlinien« die künftige Zusammenarbeit zwischen HNO-Ärzten und Hörgeräte-Akustikern und bewirkte damit zugleich deren Aufwertung, weil sie mit dem Abkommen als Partner der Ärzte akzeptiert wurden. Das unterstrich die Notwendigkeit und das fachliche Niveau ihrer Tätigkeit, was vor allem im Hinblick auf die spätere staatliche Anerkennung von größter Wichtigkeit war. Obwohl die Kernpunkte der Richtlinien so formuliert waren, dass sie den Hörgeräte-Akustikern deutliche Grenzen setzten (Negativliste), war es dennoch ein großer Erfolg, denn sie haben bis heute im Wesentlichen ihre Gültigkeit behalten.

Die wichtigsten Punkte waren:
❍ Kein Erstverkauf eines Hörgerätes ohne Ohrenfachärztliche Verordnung
❍ Keine Kaufverpflichtungen für den Patienten, wenn Hörgeräte bereits vor dem Arztbesuch ausgetestet wurden
❍ Keine Folgeversorgung, ohne dem Patienten zu raten, den Arzt zu konsultieren
❍ Keine Kostenübernahme durch soziale Kostenträger ohne Bescheinigung des Arztes
❍ Keine weitere Zuständigkeit des Hörgeräte-Akustikers bei »zweifelhaften Hörverbesserungen« und Übernahme der »Apparateanpassung« durch eine Fachklinik oder ein »fachärztliches audiologisches Zentrum«
❍ Keine Honorarzahlungen an die Ärzte (die über die Krankenversicherung honoriert werden)

Unterzeichnet wurde das Abkommen für die Hörgeräte-Akustiker von den Vorständen des ZVDH und für die »*Deutsche Gesellschaft der Hals-Nasen-Ohrenärzte*« von *Prof. Dr. Julius Berendes.*
Die arbeitsteilige Zusammenarbeit mit den Ärzten wurde von den Hörmittelhändlern nicht nur begrüßt, sie wurde einmal sogar zum Gegenstand der Werbung gemacht. 1957 textete Bernhard Prange aus Hannover für eine Zeitungsanzeige: »Sei nicht bange, geh' erst zum Arzt und dann zu Prange!«

Das Abkommen wurde 1969 den neuen Verhältnissen angepasst, verbessert und erweitert. Die wichtigsten Änderungen waren:

❍ Der Arzt stellt dem Hörgeräte-Akustiker die audiometrischen Daten des Patienten zur Verfügung und gibt eine Empfehlung über die »zweckmäßigste Versorgungsrichtung« ab.
❍ Der Hörgeräte-Akustiker bleibt in schwierigen Fällen selbst dann an der Versorgung beteiligt, wenn der Patient an eine HNO-Klinik verwiesen werden muss.

In dem Anhang zu den Richtlinien von 1969 wurde im einzelnen festgehalten, wer im Procedere der gesamten Anpassung für was zuständig sein sollte.

Im Kern war jede Seite für jeweils drei Dinge verantwortlich, der Arzt für
❍ Diagnose
❍ Verordnung
❍ Kontrolle

und der Hörgeräte-Akustiker für
❍ Auswahl
❍ Anpassung
❍ Nachbetreuung

Diesmal unterzeichneten auf Seiten der Hörgeräte-Akustiker nicht mehr die Vertreter eines Verbandes, sondern der Bundesinnungs-Obermeister und der Geschäftsführer der »Bundesinnung der Hörgeräte-Akustiker«, Dr. Werner Pistor und Assessor *Helmut J. Helle* (1929 bis 1983), und auf Seiten der Ärzte sowohl der Vertreter der Klinik-Ärzte, *Prof. Dr. Horst Ludwig Wullstein* für die »*Deutsche Gesellschaft der Hals-Nasen-Ohrenärzte*«, als auch der Vertreter der niedergelassenen HNO-Ärzte, *Dr. Irmfried F. W. Hüsken* für den »*Berufsverband der deutschen Hals-Nasen-Ohrenärzte e.V.*«

Infolge der Vertretung der Hörgeräte-Akustiker durch die Bundesinnung, eine Körperschaft des Öffentlichen Rechtes, und der Ärzte durch gleich zwei Verbände sowie schließlich durch die Berücksichtigung der Empfehlungen der »*Arbeitsgemeinschaft Deutscher Audiologen*« (*ADA*) bekam das »Marburger Abkommen« in der neuen Form von 1969 noch mehr Gewicht und Bestand.

Zwei Männer, die schon genannt wurden, waren für die weitere Entwicklung der Hörgeräte-Akustik von herausragender Bedeutung: Dr. Werner Pistor und Professor Dr. Horst Ludwig Wullstein.

Der »Löwe von Eutin«

Dr. phil. nat. Werner Pistor (1905 bis 1989) wird oft als »Vater der Hörgeräte-Akustik« bezeichnet. Sein Lebensweg ist bemerkenswert. Wie schon sein Vater, *Professor Herrmann Pistor*, der Gründer der Jenaer Fachhochschule und »Vater der Augenoptik«, so leistete auch der Sohn Beachtliches auf dem Gebiet der Optik. 1924 legte er das Abitur und die Gesellenprüfung für das Augenoptiker-Handwerk gleichzeitig ab. »Um Zeit zu sparen«, wie er später erläuterte. Während er schon Physik studierte, machte er – wohl wieder aus Zeitersparnis – 1925 nebenbei die Abschlussprüfung zum Diplom-Optiker in Jena. 1930 promovierte er im Bereich Physik über den »Empfang ultrakurzer elektrischer Wellen mittels Elektronenschwingungen«. Danach war er bis 1933 als wissenschaftlicher

Abb. V.63. Dr. Werner Pistor (1905 bis 1989)

Mitarbeiter bei *Siemens & Halske* in Berlin, im Anschluss daran bis 1945 Entwicklungsleiter bei Zeiss-Ikon in Dresden. 1947 gründete er in Eutin ein Fachgeschäft für Augenoptik und Foto, 1949 wurde er Obermeister der Augenoptiker-Innung von Schleswig-Holstein, Vorstand im Hauptinnungsverband der Augenoptiker in Düsseldorf und gründete im selben Jahr die »*Wissenschaftliche Vereinigung der Augenoptiker*« in Bad Godesberg. 1951 erweiterte er sein Geschäft in Eutin um den Bereich Hörgeräte, wurde wenig später Mitbegründer des »*Zentralverbandes der Augenoptiker*« und erhält 1960 den »*Deutschen Preis für Optometrie*«.

Schon aus diesen Daten wird deutlich, dass Dr. Pistor wie kein anderer prädestiniert war, nun auch in dieser Branche gestalt- und maßgebend tätig zu werden. Er war die treibende Kraft, den Berufsstand aus der Ebene der privatrechtlichen Organisationsformen herauszuheben und auf eine gesetzliche und öffentlich-rechtliche Basis zu stellen. Er hat maßgeblich das Berufsbild des Hörgeräte-Akustikers geprägt und die Grundsatzentscheidungen zugunsten des Handwerks, des Prinzips der Selbstverwaltung und des dualen Ausbildungswesens herbeigeführt. Seine Führungsqualitäten – von einem Journalisten einmal, nicht ohne gehörigen Respekt, als »Demokratur« beschrieben – sind für die Aufbaujahre des Berufsstandes legendär. Er war 1962 Initiator der »*Zeitschrift für Hörgeräte-Akustik*«, 1963 der »*Fachschule für Hörgeräte-Akustik*« in Würzburg, 1967 des europäischen Fachverbandes »*Assoçiation Européenne des Audioprothésistes*« in Brüssel *(A.E.A.)*, dessen Präsident er 1977 wurde, 1970 des »*Deutschen Komitees für Audiophonologie*« in Freiburg und 1972 des »*Ausbildungszentrums für Hörgeräte-Akustik*« in Lübeck, der späteren »*Akademie für Hörgeräte-Akustik*«. 1966 wird der »Löwe von Eutin« der erste Bundesinnungs-Obermeister der Hörgeräte-Akustiker, 1967 wird er Vorsitzender der Kommission »Gesetzgebung und Berufsregelung« innerhalb des »*Bureau International Européenne d'Audiophonologie*« *(BIAP)*, 1971 erhielt er das Bundesverdienstkreuz 1. Klasse und die »*Witzleben-Medaille*« des Deutschen Schwerhörigen-Bundes, 1975 die *Silbermedaille der Stadt Paris* und die *Alexander-Graham-Bell-Medaille* der »*Fördergemeinschaft Gutes Hören*« *(FGH)*. 1978 wurde er von dem Bundestagspräsidenten und späteren Bundespräsidenten *Karl Carstens* (1914 bis 1992) in seinem Geschäft in Eutin besucht. *(Anm.: Das BIAP wurde 1964 in Brüssel gegründet. Seine wesentlichen Anliegen sind der Erfahrungsaustausch mit den Nachbar-Disziplinen der Audiophonologie und die Archivierung sämtlicher wissenschaftlicher Publikationen auf diesen Gebieten).*

1982 gab er sein Amt als Bundesinnungs-Obermeister der Hörgeräte-Akustiker an Kurt Iffland ab und wurde in Anerkennung seiner großen Lebensleistung zum »Ehrenobermeister« gewählt. 1983 bekommt er das »Große Verdienstkreuz« aus der Hand von Wirtschaftsminister *Dr. Otto Graf Lambsdorff* und die Goldene Ehrennadel der UHA. Die Silbermedaille der Stadt Paris wurde ihm von dem damaligen Bürgermeister und späteren französischen Staatspräsidenten *Jacques Chirac* verliehen. 1985 erhielt er zu seinem 80. Geburtstag die persönlichen Glückwünsche des Bundespräsidenten *Richard von Weizsäcker*.

Die ungewöhnliche Lebensleistung von Dr. Werner Pistor und seine unbestreitbar starke Persönlichkeit verführten ihn aber keineswegs dazu, sich von der Basis zu entfernen. Viele junge Akustiker kannte er persönlich, stand ihnen mit Rat und Tat bei ihrer Ausbildung zur Seite und begrüßte sie auf den Kongressen mit derselben Aufmerksamkeit und Höflichkeit wie die Honoratioren der Branche und die hochrangigen Gesprächspartner der Industrie. Kam ein Vertreter einer Hörgeräte-Firma in sein Institut in Eutin, so ließ er es sich nicht nehmen, ihn persönlich die steile, krumme und knirschende Stiege des mittelalterlichen Hauses am Eutiner Marktpklatz hinauf zu bitten, wo er sein Büro hatte. Dort nahm er dann hinter seinem alten Schreibtisch Platz und dozierte erst einmal eine Stunde lang über die Her- und Zukunft des Berufsstandes im allgemeinen und über seine eigenen Intentionen im besonderen, während Dackel »Mufti« zu seinen Füßen vor sich hindöste. Mit der einen Hand hielt er den Knauf seines Gehstockes fest im Griff und mit der anderen kritzelte er Organigramme auf ein Blatt Papier, um die Zusammenhänge in »seiner Zunft« zu erläutern. War die Stimmung gut, gab er noch einen selbstverfassten Vers im Stile von Wilhelm Busch zum besten oder empfahl einen der Kriminalromane, in denen der Nachtmensch Pistor zu später Stunde zu schmökern pflegte. War sie sehr gut, dann verlieh er den »Seehund« der »Fachgruppe Hörhilfen« der Landesinnung der Augenoptiker von Schleswig-Holstein. In Anspielung auf den Augenoptiker-Beruf verschrieb er sich manchmal und machte aus dem »Seehund« einen »Sehhund«. Unterschrieben war das Zertifikat dann mit »Werner Pistor, Landes-Se(e)hunds-Oberboss«.

Wenn der Vertreter geduldig zugehört und die Einhaltung der Branchenordnung gelobt, und Dackel »Mufti« den Weg aus dem Büro freigegeben hatte, konnte er sich bei einem Mitarbeiter den begehrten Auftrag abholen. Das war dann mindestens einer vom Kaliber »Fünf plus Eins«, was zu deutsch hieß: fünf Geräte bezahlen, eines als Naturalrabatt *(persönliche Erinnerungen des Autors)*.

Der große Mentor

Prof. Dr. med. Horst L. Wullstein (1906 bis 1987) kann als wissenschaftlicher Mentor der Hörgeräte-Akustik angesehen werden, weil er ganz entscheidend dazu beigetragen hat, dem Berufsstand der Hörgeräte-Akustiker eine fachwissenschaftliche Richtung zu geben. Wullstein wurde in Essen geboren und sollte Bergbau-Ingenieur werden. Der Vater ließ ihn sogar als Hüttenarbeiter und Landwirtschaftshelfer arbeiten, bevor der Sohn sich mit seinem Wunsch durchsetzen konnte, Medizin zu studieren. Nach Studien in München, Freiburg, Wien, Düsseldorf, Hamburg und Dijon und einer Assistenzzeit in London, führte seine Laufbahn ihn als Facharzt nach Bonn, Jena, Berlin und München. Während des Krieges wurde er Oberarzt in Straßburg, danach Chefarzt in Siegen. Seinen großen Ruf begründete er 1949 durch die »*Fenestration*«, eine neue Operationsmethode bei Otosklerose, und 1952 durch die mikrochirurgische »*Gehörver-besernde Operation*« bei chronischer Mittelohrentzündung und die Entwicklung dafür geeigneter Transplantate. Trotz der großen Erfolge und der weltweiten Anerkennung, die er damit erringen konnte, hatte er die Größe, seine operativen Methoden nicht als Allheilmittel anzusehen. Von Anfang an plädierte er dafür, die Risiken und Chancen der *operativen* und *apparativen* Rehabilitation gegeneinander abzuwägen. Obwohl die Hörgeräte in jener Zeit im Vergleich zu heute noch recht primitive Apparate waren, sah er die großen Möglichkeiten dieser Technologie weit voraus und setzte sich nachhaltig für deren Entwicklung ein. Darüber hinaus erkannte er zu einer Zeit, da fast alle HNO-Kliniken in Deutschland selber Hörgeräte-Banken unterhielten und Geräte mit zunehmend wissenschaftlichem Anspruch anpassten, die Notwendigkeit, einen speziellen Beruf für die fachgerechte Anpassung von Hörgeräten zu schaffen. Er gab damit ein Stück medizinischer Kompetenz an einen neuen Assistenzberuf ab und förderte ihn maßgeblich. Die wissenschaftlichen Schulungen und Lehrgänge für die angehenden Hörgeräte-Akustiker fanden zwischen 1960 und 1968 unter seiner Leitung in Würzburg statt. Seinem Beispiel folgten bald viele an-

Abb. V.64. Prof. Dr. Horst L. Wullstein (1906 bis 1987)

dere Ordinarien seiner Profession. Er bemühte sich sogar persönlich, in Würzburg ein Gelände für die Errichtung einer speziellen Ausbildungsstätte für Hörgeräte-Akustiker zu finden. Schließlich half er dem jungen Berufsstand auch,
ein Berufsbild zu entwickeln und dessen Notwendigkeit gegenüber dem Gesetzgeber zu begründen. Prof. Wullstein wurde wegen seiner äußerst engagierten Tätigkeit für die Hörgeräte-Akustik 1976 von der »Fördergemeinschaft Gutes
Hören« mit der Alexander-Graham-Bell-Medaille ausgezeichnet.

Ein gemeinsames Dach

Trotz des Wettbewerbsverhältnisses zwischen UHA und FDH war allen Beteiligten klar, dass eine staatliche Anerkennung des Akustiker-Berufes nicht gegeneinander, sondern nur miteinander zu erreichen war. Die Besprechungen,
die in Bonn auf allerhöchster Ebene mit den Bundesministerien für Wirtschaft,
Gesundheit und Arbeit zu führen waren, bedurften einer respektablen und in
berufsständischen Fragen erfahrenen Persönlichkeit. Es war also keine Frage,
dass die UHA mit dem Diplom-Augenoptiker und Doktor der Naturwissenschaften, Werner Pistor, die geeignete Persönlichkeit vorweisen konnte und
schon alleine deshalb die Federführung bei den Gesprächen in Bonn übernahm.
Weiteres Gewicht erhielten die Gespräche durch den bekannten handwerksrechtlichen Berater und »Botschafter«, den früheren Geschäftsführer der Handwerkskammer Kassel und Wirtschafts- und Politikwissenschaftler *Dr. rer. pol.*

*Abb. V. 65. Dr. rer. pol. Friedrich Schönwandt
(1901 bis 1973)*

Abb. V.66. Assessor Helmut J. Helle (1929 bis 1983) bestimmte als Geschäftsführer der Union wie der Bundesinnung der Hörgeräte-Akustiker (seit deren Gründung) viele Jahre das Verbands-Geschehen des Berufsstandes und arbeitete das erste Berufsbild aus

Friedrich Schönwandt (1901 bis 1973) aus Frankfurt, den die UHA für die Mitarbeit am gemeinsamen neuen Haus des Berufsstandes gewinnen konnte und der ab 1972 ausschließlich für die Hörgeräte-Akustik tätig wurde.

Die Einordnung der Tätigkeit der Hörgeräte-Akustiker war zunächst nicht so einfach. Das Bundesgesundheitsministerium sah sich bald als nicht mehr zuständig an, weil der neue Beruf nicht als Heilberuf eingestuft werden konnte. Im Ressort »Handwerk« des Bundeswirtschaftsministeriums sah man in dem Beruf wiederum keine ausreichenden handwerklichen Merkmale gegeben. Nach Beratungen mit dem Präsidenten des »*Zentralverbandes des Deutschen Handwerks*« (ZDH) *Dr. Joseph Wild* (1901 bis 1993), der Ausarbeitung eines umfangreichen Berufsbildes durch Assessor Helmut J. Helle und durch die befürwortenden Gutachten der HNO-Professoren Wullstein und Zöllner konnten die Bedenken des Ministeriums schließlich ausgeräumt werden.

Die monatelangen Gespräche mit den Vertretern des Bundeswirtschaftsministeriums, der Bundestagsauschüsse, mit betroffenen Verbänden und verschiedenen Bundestagsabgeordneten und nicht zuletzt der unermüdliche Einsatz von Dr. Schönwandt wurden schließlich von Erfolg gekrönt. Das Grunderfordernis des »öffentlichen Interesses« in Bezug auf die Schaffung eines Vollhandwerks und Vollberufs »Hörgeräte-Akustiker« wurde als erfüllt angesehen und der neue Beruf unter der laufenden Nummer 90 in der Gruppe 7 (»Gewerbe für Gesundheits- und Körperpflege«) in die »*Positivliste*« der Vollhandwerke der *Handwerks-*

ordnung (Anlage A), aufgenommen. Nach 18 Sitzungen des *Mittelstandsausschusses* des Deutschen Bundestages hatte das »Gesetz zur Änderung der Handwerksordnung« den letzten Schliff erhalten und konnte dem Plenum am 23. Juni 1965 zur Abstimmung vorgelegt werden. Bis auf drei Enthaltungen stimmte der Deutsche Bundestag dem Gesetz einmütig zu.

Die nächsten beiden Schritte, die so schnell wie möglich erfolgen mussten, waren die Schaffung einer berufsständischen Interessenvertretung auf öffentlich-rechtlicher Basis und einer mit »Brief und Siegel« handwerklich qualifizierten Mitgliedschaft. Weil der neue Berufsstand außerordentlich klein war, kam die Gründung von Landesinnungen, wie es sie in anderen Handwerken gab, nicht in Frage. Man setzte deswegen auf eine Lösung, die einmalig im Handwerk ist, die Schaffung einer Bundesinnung ohne weitere regionale Aufgliederungen. Das hatte es noch nie zuvor gegeben und war deshalb nicht so ohne weiteres realisierbar. Der gemeinsamen handwerksrechtlichen Kompetenz der Herren Schönwandt und Helle und eines weiteren Juristen, *Dr. York-Friedrich von Bremen-Kühne,* war es zu verdanken, dass diese völlig neue Konstruktion von den Aufsichtsbehörden am Ende genehmigt wurde. Am 15. März 1966 wurde in Frankfurt am Main die *»Bundesinnung der Hörgeräte-Akustiker« (BIHA),* mit Sitz in Mainz, als Körperschaft des Öffentlichen Rechtes (KdÖR) konstituiert. Erster Bundesinnungs-Obermeister wurde Dr. Werner Pistor, seine Stellvertreter waren Kurt Iffland und Erwin Brink. Als weitere Vorstandsmitglieder wurden gewählt: *Karl Köttgen, Wilhelm Aumann, Walter Haug, Günter Kern, Gustav Müller* und *Erwin Pöthig.* Durch die Erweiterung des Vorstandes 1967 um Werner Kind und Ewald Axt (1911 bis 1981) wurde offiziell das alte »Kriegsbeil« zwischen UHA und FDH begraben. Bei der Definition des Berufes der Hörgeräte-Akustiker hatten sich die Handwerker gegen die Kaufleute durchgesetzt und zugleich ein gemeinsames Dach geschaffen, unter dem nun alle ihren Platz fanden. Aber zumindest in räumlicher Hinsicht dominierten dabei die Augenoptiker-Akustiker, denn die neue Bundesinnung und die UHA befanden sich in Mainz in demselben Gebäude wie die WVAO, die Wissenschaftliche Vereinigung für Augenoptik und Optometrie. *(Anm.: Die vollständige Liste der BIHA-Gründungsmitglieder ist in der Zeitschrift »Hörakustik«, Heft 11/96, S. 86, abgedruckt).*

Zu den Aufgaben der Bundesinnung gehört es, die gemeinsamen fachlichen und gewerblichen Interessen ihrer Mitglieder zu fördern, Maßnahmen zur Erhöhung der Wirtschaftlichkeit der Betriebe zu ergreifen (wobei die Grundsätze des Wettbewerbsrechtes genau zu beachten sind), die Lehrlingsausbildung zu regeln und zu überwachen, die Gesellenprüfungen abzunehmen, allen Bundes- und Landesbehörden, Gerichten und anderen öffentlich-rechtlichen Körperschaften gegenüber Amtshilfe zu leisten. Die Bundesinnung ist zugleich eine Repräsentativkörperschaft, das heißt, dass die einzelnen Mitglieder über die von ihnen gewählten Delegierten der Vertreterversammlung, dem Parlament und obersten Organ der Bundesinnung, an der Willensbildung teilnehmen können.

*Abb. V. 67. Marianne
Frickel ist die erste
Obermeisterin der
Bundesinnung*

Sie haben das aktive und passive Wahlrecht, sie können also wählen und gewählt werden. Die Vertreterversammlung wählt den Bundesinnungs-Obermeister, den Vorstand und die Mitglieder der Ausschüsse. Damit fügte sich die
Bundesinnung, wie alle anderen Selbstverwaltungsorgane der Handwerke auch,
organisch in die freiheitlich-demokratische Gesellschaftsordnung der Bundesrepublik Deutschland ein und erfüllte den Willen der Väter des Grundgesetzes. Gerade für Körperschaften des öffentlichen Rechts gilt das »Gebot demokratischer korporativer Willensbildung«, wonach auch die Selbstverwaltungs-
träger Teil der verfassten Staatlichkeit sind. Sie üben Staatsgewalt keinesfalls
privat oder gruppenbündisch aus, sondern gemäß Art. 20 des Grundgesetzes
nach demokratisch rechtsstaatlichen Prinzipien. Die Innungsmitglieder sind
somit »Teilvolk« des Gesamtvolkes und wie dieses Träger demokratischer Rechte
(vgl. Tettinger, Kammerrecht, S. 96 ff.).

Der Zentralverband des Deutschen Handwerks (ZDH) hatte das in einer Denkschrift von 1972 so formuliert:

»Handwerkspolitik ist keinesfalls bloße Interessenpolitik, sondern sie ist Teil jener Kräfte, die sich dem Aufbau und der Erhaltung der freiheitlichen Grundordnung, der sozialen Marktwirtschaft und der Weiterentwicklung von Wirtschaft und Gesellschaft verschrieben haben.« *(Blume, ZDH-Manuskript von 1999, S. 77).*

Die Bundesinnung der Hörgeräte-Akustiker hatte seit ihrer Gründung persönlichkeitsstarke Innungs-Obermeister: *Dr. Werner Pistor*, bestätigt durch die Handwerkskammer 1969 (1967 bis 1981), *Kurt Iffland* (1981 bis 1992), *Klaus Klingbeil* (1992 bis 1998). Seit 1998, im deutschen Handwerk generell immer noch eine Seltenheit, führt erstmals eine Dame die Bundesinnung: *Marianne Frickel*.

Schulbänke

Noch gab es keine Meister der Hörgeräte-Akustik. Aber ohne die konnte es bekanntlich keine Lehrlinge und Gesellen und keine Zukunft für ein Handwerk geben. Man musste nicht bei »Null« anfangen, denn es hatte schon seit 1954 erste fachlich weiterbildende Hörmittel-Tagungen des DHR, des VDH und der Augenoptiker-Fachgruppen für Hörhilfen gegeben. Ab 1960 begann dann eine ganze Serie von UHA-Tagungen mit Vorträgen und Schulungen und qualifizierenden Fachkursen unter der Leitung beziehungsweise Schirmherrschaft namhafter Wissenschaftler wie der Professoren *Fritz Zöllner* (Freiburg), *Julius Berendes* (Marburg), *Bernhard Langenbeck* (Bonn), *Paul Hennebert* (Brüssel), *Rudolf Link* (Hamburg), *Karlheinz Hahlbrock* (Koblenz), *Hans Eberhart Zangemeister* (Hamburg), *Georg Birnmeyer* (Heilbronn), *Walter Kley* (Würzburg), *Hans-Georg Schmitt* (Essen), *Malte Erik Wigand* (Erlangen), *Peter Plath* (Recklinghausen), *Ernst Lehnhardt* (Hannover).

Auch die Industrie war mit ihren Reparaturkursen und Technischen Ausbildungen stets dabei. Unvergessen bleiben die Dozenten der Siemens-Reiniger-Werke *Dr. Paul Dax, Dipl.-Phys. Clemens Starke, Dr. phil. Werner Güttner.* Dr. Güttner war auch Autor des Standardwerkes über »Hörgeräte-Technik«. Nicht weniger beliebt waren *Dr. Walter Grandjot* (1908 bis 1984) von den Atlas-Werken, *Rudolf Fischer* (1915 bis 1997) von der Firma Hansaton, der Unternehmer *Bruno Ollmann* (1902 bis 1964) aus Essen und der Toningenieur *Walter Fries* (geb.1921) aus Krefeld, der Technischer Leiter bei den Firmen Aditone und Danavox war. Sein legendäres überdimensionales Hörgeräte-Modell, an dem die ersten Absolventen der Fachkurse die Fehlersuche geübt haben, und das dabei manchen Akustiker zur Verzweiflung gebracht hatte, steht heute im Museum der »Akademie für Hörgeräte-Akustik«. In den folgenden Jahren haben sich um die Fortbildung der Akustiker auch *Dr.-Ing. Roland Helle* (Siemens), *Alfred Axmann* (Philips), *Dipl.-Ing. Rainer Maas* (Bosch) und *Dr. Gerd Herbst* (Micro-Technic) besonders verdient gemacht.

Abb. V.68. Prof. Dr. Harald Feldmann, Münster

Die berufsinternen Fachkurse, die mit dem Titel »*Geprüfter Hörgeräte-Akustiker*« abgeschlossen werden konnten, fanden von 1962 bis 1963 in Erlangen und Freiburg statt, danach bis 1971 fast immer in Würzburg. Letztere gingen als »*Würzburger Kurse*« in die Geschichte dieser Branche ein und bildeten die Grundlage für die spätere Akademie in Lübeck. Insgesamt hatten sich 440 Akustiker in 22 Lehrgängen zu je 20 Teilnehmern an den Kursen beteiligt.

Die Akustiker und die Wissenschaft

Die Liste namhafter Wissenschaftler aus Medizin und Physik, die sich an der Ausbildung der Hörgeräte-Spezialisten beteiligten, legte schon damals den Schluss nahe, dass es sich bei diesem Beruf zukünftig nicht mehr um »Händler« und – im traditionellen Sinne – auch nicht um ein Handwerk handeln konnte, sondern dass eine fachwissenschaftliche Disziplin im Entstehen war. Nicht umsonst bezeichnet sich die UHA auch als »*Fachwissenschaftliche Vereinigung*«. Es sind zu viele renommierte Wissenschaftler, die im Laufe der folgenden Jahre bei Fachveranstaltungen und Hörgeräte-Akustiker-Kongressen über audiologische Themen sprachen, als dass sie hier alle aufgezählt werden könnten. Aber wenigstens diejenigen, die sich über viel Jahre hinweg mit ihrer Forschung und Lehre, durch ihre Vorträge, Veröffentlichungen und beratenden Tätigkeiten für die apparative Rehabilitation von Hörstörungen eingesetzt und dabei den Hörgeräte-Akustikern stets hilfreich zur Seite gestanden haben, sollten hier – so weit nicht schon zuvor geschehen – genannt werden. Es sind dies allein aus dem deutschsprachigen Raum die Ordinarien, Dozenten und Forscher *Hans-Georg Boenninghaus* (Heidelberg), *Wolfhart Niemeyer* (Marburg), *Odo von Arentsschild* (Berlin), *Harald Feldmann* (Münster), *Franz-Josef Haberich* (Marburg), *Jürgen Kießling* (Gießen), *Hugo Fastl* (München), *Hasso von Wedel* (Köln), *Armin Löwe* (Heidelberg), *Wolfgang Döring* (Aachen), *Jens Blauert* (Bochum), *Birger Kollmeier* (Oldenburg), *Friedrich Keller* (Freiburg), *Karl-Heinz Hahlbrock* (Freiburg), *Klaus Seifert* (Neumünster), *Harald Leitner* (Hamburg), *Werner Hohn* (Erlangen), *Günter Esser* (Düsseldorf), *Thomas Lenarz* (Hannover), *Ludwig Moser* (Würzburg), *Günter Stange* (Karlsruhe), *Peter Biesalski* (Mainz), *Hellmut von Specht* (Magdeburg), *Karin Schorn* (München), *Karl Brinkmann* (Braunschweig), *Malte Erik Wigand* (Erlangen), *Renate Türk* (Wien), *Eberhard Zwicker* (München), *Manfred Spreng* (Erlangen), *Georg Alich* (Köln), *Franz Landwehr* (Lübeck), *Werner Richtberg* (Frankfurt), *Jürgen Hellbrück* (Eichstätt), *Hans-Joachim Opitz* (Bonn), *Ivar Veit* (Esslingen), *Manfried Hoke* (Münster), *Horst-Günther Diestel* (Braunschweig), *Gustav Merbeck* (Koblenz), *Kurt Jatho* (Lübeck), *Kunigunde Welzl-Müller* (Innsbruck), *Hans von Stackelberg* (Marburg) u.v.m.

Auch vom *Berufsverband der deutschen Hals-Nasen-Ohren-Ärzte e.V.* haben die Hörgeräte-Akustiker überwiegend Förderung und Unterstützung ihrer Qualifikation erfahren. Die Vorsitzenden des Verbandes seit 1950: *Dr. Fritz Reuter* (1950 bis 1961), *Dr. Hermann Mehring* (1961 bis 1968), *Dr. Irmfried F. W. Hüsken* (1968 bis 1974), *Dr. Gustav Merbeck* (1974 bis 1988) und seit 1988 *Prof. Dr. Klaus Seifert.*

Der Aspekt, dass es sich bei der Akustik um eine Wissenschaft handelt, wurde oft in den politischen Diskussionen der 80er und 90er Jahre vergessen, bei denen es einigen Gesundheitspolitikern, Vertretern der Krankenkassen und sogenannten »kritischen« Wirtschafts-Journalisten darum ging, das Hörgerät lediglich als einfache Handelsware zu betrachten, die im vermeintlichen Verbraucherinteresse auch zu Billigstpreisen ohne qualifizierte Anpassung überall (Versandhandel, Internet, Kaufhaus etc.) erhältlich sein müsste. 1966 hatte zum Beispiel die Verbraucher-Zeitschrift »*DM*« geplant, einen Warentest mit Hörgeräten durchzuführen, bei dem es darum ging, unter Laborbedingungen, ohne Patienten (!) und aufgrund rein technischer Vergleiche herauszufinden, welche Geräte mehr oder weniger »empfehlenswert« seien. Nachdem sich die eifrigen Warentester ein paar Tage mit dem Thema beschäftigt hatten, ging ihnen ein Licht

Abb. V.69. Veröffentlichung des Berufsbildes im Bundesgesetzblatt vom 15.9.1965 (Bild rechts)

1225

Bundesgesetzblatt

Teil I — Z 1997 A

1965	Ausgegeben zu Bonn am 15. September 1965	Nr. 50

Tag	Inhalt	Seite
24. 8. 65	**Gesetz über die Sicherstellung von Leistungen auf dem Gebiet der Wasserwirtschaft für Zwecke der Verteidigung (Wassersicherstellungsgesetz)** .... *Sammlung des Bundesrechts, Bundesgesetzbl. III 753-4; ändert Bundesgesetzbl. III 453-11*	1225
9. 9. 65	**Gesetz über bauliche Maßnahmen zum Schutz der Zivilbevölkerung (Schutzbaugesetz)** ...... *Sammlung des Bundesrechts, Bundesgesetzbl. III 215-7; ändert Bundesgesetzbl. III 215-1*	1232
9. 9. 65	**Gesetz über den Selbstschutz der Zivilbevölkerung (Selbstschutzgesetz)** .... *Sammlung des Bundesrechts, Bundesgesetzbl. III 215-8; ändert Bundesgesetzbl. III 2032-1, 215-1 und 811-1*	1240
9. 9. 65	**Gesetz zur Änderung der Handwerksordnung** .... *Ändert Bundesgesetzbl. III 701-2, 7110-1, 7110-2, 8250-1*	1254
7. 9. 65	Erste Verordnung zur Änderung der Verordnung über Anforderungen, insbesondere technischer Art, an Anlagen zur Lagerung, Abfüllung und Beförderung brennbarer Flüssigkeiten zu Lande	1271

83 Bäcker
84 Konditoren
85 Fleischer
86 Müller
87 Brauer und Mälzer
88 Weinküfer

VI Gruppe der Gewerbe für Gesundheits- und Körperpflege sowie der chemischen und Reinigungsgewerbe

89 Augenoptiker
90 Hörgeräteakustiker
91 Bandagisten
92 Orthopädiemechaniker
93 Chirurgiemechaniker
94 Zahntechniker
95 Friseure
96 Färber und Chemischreiniger

120 Metallblasinstrumenten- und Schlagzeugmacher
121 Holzblasinstrumentenmacher
122 Zupfinstrumentenmacher
123 Vergolder
124 Schilder- und Lichtreklamehersteller
125 Vulkaniseure

96. Die bisherige Anlage B wird Anlage C.

97. Hinter Anlage A wird folgende neue Anlage B eingefügt:

„Anlage B

zu dem Gesetz zur Ordnung des Handwerks (Handwerksordnung)

Verzeichnis der Gewerbe, die handwerksähnlich betrieben werden können (§ 16 a Abs. 2)

I Gruppe der Bau- und Ausbaugewerbe

Nr.
1 Gerüstbauer (Aufstellen und Vermieten von

auf, dass die Qualität eines Hörgerätes nicht losgelöst von der Indikations-stellung, dem subjektiven Empfinden des spezifischen Patienten und schon gar nicht ohne individuelle Anpassung (und ohne Otoplastik!) zu beurteilen sei. Schließlich gab man das Projekt auf und kam nie wieder darauf zurück. Wie sagte doch immer einer der profiliertesten deutschen Audiologen, *Dr. rer. nat. Harald Leitner* (1944 bis 1997) von der Universitätsklinik Hamburg-Eppendorf: »Hörgeräte soll man anpassen, nicht *verpassen!*«

Das werden wohl auch die Diebe bemerkt haben, die in der Nacht zum 20. Februar 1970 in ein Bürohaus in der Hamburger Innenstadt eingebrochen sind und aus den Safes der Firma Raab Karcher – neben hohen Geldbeträgen – auch zwei Hörgeräte gestohlen hatten. Die Geräte-Nummern waren registriert, und so konnten die Diebe wohl weder aus fachlichen noch aus praktischen Gründen jemals etwas Sinnvolles damit anfangen. Immerhin zeigte dieser Vorfall, dass Hörgeräte im Bewusstsein weitester Bevölkerungskreise mittlerweile als Wert-gegenstände eingestuft wurden und sich offensichtlich höchster Wertschätzung erfreuten *(Hörakustik 3/70, S. 28).*

Abb. V.70. Vertreter von UHA und FDH diskutieren 1964 das zukünftige Berufsbild. Von links nach rechts: Werner Köttgen, Günther Kern, Herbert Bonsel, Wilhelm Aumann, Max Hugo Alker, Ewald Axt, Kurt Iffland, Helmut J. Helle

Das Berufsbild des Hörgeräte-Akustikers

Zwei sehr wichtige Stationen seiner Entwicklung hatte der junge Berufsstand bereits hinter sich: 1965 die Anerkennung als Gesundheitshandwerk und 1966 die Gründung der Bundesinnung der Hörgeräte-Akustiker. Was noch fehlte, vor allem um das Ausbildungswesen gestalten zu können, war ein eindeutig definiertes und gesetzlich abgesichertes *Berufsbild*. Ein entsprechender Entwurf war schon im Sommer 1965 von der UHA ausgearbeitet und den zuständigen Gremien zur Entscheidung vorgelegt worden. Die diesbezüglichen Anhörungs- und Gesetzgebungsverfahren brauchten naturgemäß mehrere Monate, so dass eine entsprechende Verordnung erst am 5. 8. 1968 vom *Bundeswirtschaftsministerium* erlassen werden konnte.

Dort wurden die Inhalte der Tätigkeit des Hörgeräte-Akustikers und die von ihm geforderten Fertigkeiten und Kenntnisse detailliert aufgelistet.

Abb. V.71. Die ersten Meisterprüfungs-Kandidaten von 1969. Von links nach rechts: Erwin Pöthig, Max Hugo Alker, Kurt Iffland, Max-Jürgen Dohrn (als Beobachter), Günther Kern, Aubrey Miller, Herbert Bonsel (links unten) und Peter Axt (rechts unten)

*Abb. V.72. »Meister-Vater«
Ewald Axt*

Seine wichtigsten Aufgaben waren:

○ Anpassung, Wartung, Prüfung und Reparatur von Hörgeräten aller Bauarten
○ Beurteilung der akustischen Kenndaten des Ohres
○ Auswahl und Einstellung der geeigneten Hörgeräte
○ Abnahme von Ohrabdrücken, Herstellung und Reparatur von Ohrstücken
○ Akustische Abstimmung und Abdichtung von Ohrstücken
○ Prüfung der und Versorgung mit den für Hörgeräte benötigten Batterien.

Seine wichtigsten Kenntnisse bezogen sich auf die Fachgebiete:

○ Anatomie, Pathologie und Physiologie des Ohres
○ Audiologische Akustik, Technische Akustik, Elektroakustik
○ Elektrotechnik und Elektronik
○ Gesetzesgrundlagen und technische Normen.

Diese Inhalte wurden 1975 und 1997 in neuen Verordnungen den aktuellen berufspolitisch und technologisch bedingten Erfordernissen angepasst und erweitert. Das Berufsbild von 1975 umfasste 25 einzelne Tätigkeiten, das von 1997 schon 23 Tätigkeitsgruppen, die 176 Arbeitsvorgänge beschreiben.

Meisterliches

Vom 9. bis 11. Juni 1969 fanden in Köln unter der Aufsicht von Dr. Friedrich Schönwandt und der *Handwerkskammer Köln* im Raum 127 der Gewerbeförderungsanstalt die ersten Meisterprüfungen des neuen Handwerks statt. Eigentlich hätten dem ersten Prüfungsausschuss auch »gestandene« Meister angehören müssen. Aber das war natürlich nicht möglich, und so musste ein bisschen improvisiert werden. In gewissem Sinne waren ja Karl Köttgen und Wilhelm Aumann schon »Meister« ihres Faches, so dass man auf diese Weise der Form Genüge tat und die fachliche Kompetenz des Prüfungsausschusses selbst gegeben war. Als Gäste und kritische Beobachter waren auch der Leiter der Rechtsabteilung des ZDH, Dr. Max-Jürgen Dohrn, und Ewald Axt aus Hamburg anwesend. Letzterer soll durch seine Anwesenheit so stimulierend gewirkt haben, dass man ihm den Titel »Meister-Vater« verlieh. Nach drei Tagen war es dann soweit. Alle sieben »Erstlinge« bekamen den Meisterbrief: *Max Hugo Alker, Peter Axt, Herbert Bonsel, Kurt Iffland, Günther Kern, Aubrey Miller und Erwin Pöthig.*

Schon drei Monate später, im September 1969, wurden zwei neue Meisterprüfungsausschüsse in Mainz und Springe bei Hannover gebildet, vor denen weitere 58 Akustiker erfolgreich ihre Prüfung ablegten. Geprüft wurden sie von den ersten sieben Meistern. Es entsprach der Eigengesetzlichkeit dieser Gründerzeit, dass Wilhelm Aumann, der die ersten 7 Meisterprüfungen abgenommen hatte, sich nun selber der Prüfung stellte. Dem anderen ersten Prüfer von Köln, Karl Köttgen, war es wegen einer langen schweren Krankheit aber nicht mehr vergönnt, selber den »richtigen« Meisterbrief zu erwerben. Den bekam dafür sein Sohn Werner, der zuvor Einzelhandelskaufmann bei dem Hörgeräte-Hersteller Danavox in Krefeld und Kopenhagen gelernt und 1965 in Würzburg an der berufsinternen Fachschule die Prüfung zum Hörgeräte-Akustiker bestanden hatte, noch im selben Jahr in Mainz. *Werner Köttgen* trat in die Fußstapfen seines Vaters und engagierte sich in den folgenden Jahrzehnten an vorderster Stelle für den Berufsstand und die UHA.

Schwarz auf Weiß

Der neuen Branche fehlte noch ein Forum für Nachrichten, Mitteilungen und fachwissenschaftliche Diskussionen. Die Augenoptiker hatten längst ihre Fach-

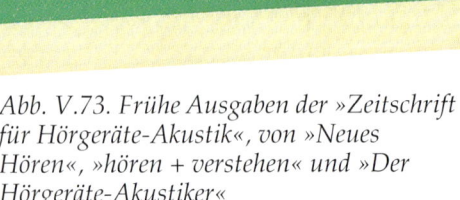

Abb. V.73. Frühe Ausgaben der »Zeitschrift für Hörgeräte-Akustik«, von »Neues Hören«, »hören + verstehen« und »Der Hörgeräte-Akustiker«

publikationen, aber sie garantierten auch eine größere Leserschaft und damit Wirtschaftlichkeit. Die UHA war schon kurz nach ihrer Gründung bemüht, einen Verleger zu finden, der bereit war, eine kleines Fachblatt für Hörgeräte-Akustiker herauszugeben. Die einfachste Lösung wäre es gewesen, wenn ein Verlag, der bereits eine Zeitschrift für die Augenoptiker herausbrachte, eine kleine Schwester für die Akustiker dranhängen oder parallel laufen lassen würde. Es wurden Gespräche mit der Süddeutschen Augenoptiker-Zeitung (SOZ) und

eues hören

Nov. 1984

SCHRIFT FÜR **Hörgeräte-Akustik**

Die ARD macht's möglich –

Lesen Sie jetzt die Tagesschau

Am 1. Juni dieses Jahres war es endlich soweit:

Nach einigen Jahren der Vorbereitung begann die ARD mit der täglichen Live-Untertitelung einer Fernseh-Nachrichtensendung. Allabendlich wird die Hauptausgabe der ARD-Tagesschau um 20 Uhr von der ARD/ZDF-Videotext-Redaktion in Berlin mit Untertiteln versehen.

Nutzer dieses neuen Service-Angebotes werden vor allem Hörbehinderte sein. Vom Gehörlosen bis zum durch Alter oder Erkrankung Hörgeschädigten wird ihre Zahl in der Bundesrepublik Deutschland auf etwa zehn Millionen geschätzt.

Die Interessenverbände und Organisationen der Hörbehinderten hatten seit langem eine ständige Untertitelung der »Tagesschau« gewünscht. Auch in unserer

Zeitschrift war das »Fernsehen mit Untertiteln« Gegenstand zahlreicher Beiträge und Zuschriften.

Die ARD ist das erste (und einzige) Fernsehsystem in Europa, das den Service der Live-Untertitelung einer aktuellen Nachrichtensendung in seinem Programm bietet. Training und Tests dafür begannen bereits im Frühjahr 1980, also noch vor dem Start des bun-

NOVEMBER 1962 HEFT **6**

anderen Fachverlagen geführt, doch alles verlief ergebnislos im Sande. Niemand sah eine Möglichkeit, ein Periodikum speziell für die Akustiker herauszugeben.

Das Blatt wendete sich, als Dr. Pistor 1961 zusammen mit Dr. Werner Güttner von der Firma Siemens und Kurt Iffland anlässlich einer Verbandstagung der Augenoptiker eines Abends mit dem Verlagsleiter des Heidelberger Energie-Verlages, *Hans-Jürgen von Killisch-Horn* (1920 bis 1992), zufällig ins Gespräch kam.

Herbert Bonsel

Gruppen- systematik zur Abgabe von Hörgeräten

Aktualisierte zweite Auflage

 Fachbücher

Christiane Kiese-Himmel

Hörgestörte Kinder und ihr Spracherwerb

Eine empirische Analyse

D H A

Buchreihe Audiologisc Akustik

Moderne Verfahren der Sprach- audiometrie

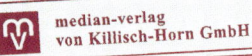 median-verlag von Killisch-Horn GmbH

Band 1

Günther Habermann

Stimme und Mensch

Beobachtungen und Betrachtungen

Max-Jürgen Dohrn

geräte-
stiker

Anleitung für die
ständige Ausübung
des Handwerks

M. Gross

**Aktuelle
phoniatrisch-
pädaudiologische
Aspekte 1998/99**

Band 6

...senschaftliche

...astik

...le Otoplastik zur
...sorgung und als
...Gehörschutz im Lärm

...kademie für
...örgeräte-Akustik Lübeck

Einführung
in die
Hörgeräte-
Akustik

H A

Hearing Instrument Technology –
a professional approach

V. Die Moderne

*Abb. V.74. Im Laufe
der Jahre entstan-
den in Heidelberg
zahlreiche
Fachzeitschriften
und Bücher für
Audiologie und
Hörgeräte-Akustik*

Der Energie-Verlag hatte schon eine Reihe kleinerer berufsständischer Fach-Publikationen herausgegeben und von Killisch-Horn war der Meinung, dass die Sparte Hörgeräte-Akustik gut dazu passen und ausbaufähig sein müsste. Für die fachliche Beratung stellten sich Dr. Güttner als freiberuflicher Redakteur und Dr. Pistor als Herausgeber zur Verfügung.

In diesen Jahren wurden Ideen noch schnell in die Tat umgesetzt. Nur wenige Monate später, im Januar 1962, erscheint das erste Heft der *»Zeitschrift für Hörgeräte-Akustik«*, künftig von Eingeweihten kurz und liebevoll *»Hörku«* genannt. Sie war als Audiologisches Fachblatt konzipiert und enthielt zunächst nur einen Einhefter mit Branchen-Nachrichten. 1966 wird *»Der Hörgeräte-Akustiker«* aus der Taufe gehoben, eine Zeitschrift, die zum offiziellen Organ der Bundesinnung wird. Die freiberuflichen Redakteure – »Schriftleiter« sagte man damals – des »Hörast« (brancheninterne Kurzfassung) sind *Assessor Helmut J. Helle*, Geschäftsführer der Bundesinnung, und der gelernte Journalist *Gerhard Hillig*, Geschäftsführer der Firma *Micro-Technic*. Gerhard Hillig hatte auch – zunächst für seine Firma, dann im Energie-Verlag erscheinend – die Idee für die Kundenzeitschrift *»Neues Hören«*, die seit 1964 in respektabler Auflage von den Akustikern an ihre Klientel verteilt wird.

Damit hatte die Branche in Deutschland bereits zwei Zeitschriften und einen ähnlich professionellen Auftritt wie die Kollegen aus den USA, die seit 1947 die Zeitschrift *»Hearing Aid«* hatten. Die war allerdings wesentlich kommerzieller und händlerorientierter ausgerichtet als die beiden deutschen Periodika. Sie wurde 1951 in *»Hearing Dealer«* umgetauft und 1973 in *»Hearing Instruments«*. Daneben gab es, ebenfalls seit 1947, das *»National Hearing Aid Journal«* (ab 1973 *»Hearing Aid Journal«* und ab 1983 *»Hearing Journal«*), das etwas industrieorientierter war. Ab 1952 kommt der *»Audecibel«* dazu, der sich sowohl an Händler als auch an Audiologen wendet.

1968 erfüllte sich der Verlagskaufmann Hans-Jürgen von Killisch-Horn, aus einer alten Berliner Verleger-Familie stammend, einen lange gehegten Wunsch, nämlich, sich als selbständiger Verleger zu betätigen. Die Zeit war günstig, denn der *Energie-Verlag*, der zu einer sehr gewinnorientierten, erfolgreichen Werbeagentur gehörte, hatte beschlossen, sich von den Sparten Optik und Akustik zu trennen. Von Killisch-Horn übernahm daraufhin die Verlagsrechte der beiden Bereiche und gründete in Heidelberg den Median-Verlag. Neben der Fortführung der »Zeitschrift für Hörgeräte-Akustik« und des »Der Hörgeräte-Akustiker« gehörte es zu den vornehmsten Aufgaben des neuen Verlages, eine Ausbildungsmappe für den Akustiker-Nachwuchs herauszubringen. Die berühmte *»Grüne Mappe«* war ein fachwissenschaftliches Kompendium in Form eines aktualisierbaren Hefters, zu der Akustiker mit besonderen Fachkenntnissen sowie namhafte Wissenschaftler beigetragen haben. 1972 kam die *»Rote Mappe«* hinzu, die das benötigte Basiswissen in einem Fortsetzungswerk zusammenfasste und, für den Berufsnachwuchs konzipiert, gewissermaßen das geistige Fundament für die »Grüne Mappe« bildete. Weitere Verlagsleistungen waren seit 1969 das »*Audio-Telegramm*«, ein im Auftrag der Fördergemeinschaft Gutes Hören (FGH) entwickeltes Nachrichtenblatt für HNO-Ärzte, ab 1972 (bis 1996) die Herausgabe der Zeitschrift »*Optometrie*« (Organ der Wissenschaftlichen Vereinigung für Augenoptik und Optometrie – WVAO). Der Median-Verlag kreierte 1979 aus einem Vereinsblatt den »*DSB-Report*«, Zeitschrift des Deutschen Schwerhörigenbundes, der bis 1993 in Heidelberg erschien, ehe der DSB die Herausgabe in eigener Regie übernahm. Seit 1999 erscheint beim Median-Verlag im Rahmen des vom *Julius Groos-Verlag,* einem traditionsreichen Heidelberger Verlag, der schon 1804 gegründet worden ist, erworbenen Sektors »Sonderpädagogik« (mit diversen Fachbüchern) die Fachzeitschrift »*Hörgeschädigtenpädagogik*«, Organ des Berufsverbandes Deutscher Hörgeschädigtenpädagogen (BDH). Außerdem verlegt der Median-Verlag Fachbücher der Branche (»Gelbe Reihe«, Fachwissenschaftliche Reihe der Akademie für Hörgeräte-Akustik etc.) und bietet im Vertrieb relevante Titel zum Themenkreis aus anderen Verlagen an.

Unter Hans-Jürgen von Killisch-Horn, der 1982 in den USA mit der Medaille des »*International Hearing Aid Seminar*« (IHAS) ausgezeichnet worden ist, und seinem Chefredakteur *Gerhard Sobotta* (1907 bis 1989), ein erfahrener Journalist, Germanist und Historiker, der ihm vom Energie-Verlag gefolgt war, entwickelt sich der Median-Verlag zum publizistischen Flaggschiff der Branche. Sobotta war zuvor beim Ullstein-Verlag, bei »Brockhaus« und einigen führenden Tageszeitungen tätig gewesen. Tatkräftig unterstützt wurde Sobotta von dem Jungredakteur und Verlagskaufmann *Kurt Osterwald,* der seit 1963 ebenfalls beim Energie-Verlag tätig gewesen, dann 1971 zum Median-Verlag gewechselt war und beim Median-Verlag als Chefredakteur Sobottas Nachfolger wurde. Nach dem Tode von Killisch-Horns 1992 wurde Kurt Osterwald, weiterhin Leiter der Redaktion, geschäftsführender Gesellschafter der Median-Verlag GmbH.
1987 wurde »Der Hörgeräte-Akustiker«, bis dahin noch im DIN A 5-Format und im redaktionellen Teil schwarz-weiß, zur äußerst repräsentativen »*Hörakustik*« im amerikanischen Magazin-Format (sehr ähnlich DIN A 4) und durchgehend vierfarbig auf Kunstdruck-Papier produziert. Der Umfang, einst bescheidene 36 Seiten, erreicht heute bis zum Fünffachen. Die Zeitschrift gilt gegenwärtig weltweit als die profilierteste Fachzeitschrift in der Branche, weil sie immer wieder über den Horizont des nur Berufsständischen und Fachlichen hinaus zu blicken bereit ist. Interviews und audiologische Fachartikel wechseln mit humorvollen Reiseberichten, Buchbesprechungen, aktuellen Nachrichten und kulturellen Beiträgen ab. Wie weit gespannt der kulturelle Bogen ist, ohne dabei jemals den Bezug zum Kernthema Akustik zu verlieren, zeigen auch die Film-, Opern- und Theaterrezensionen, die Serien zu Personalpolitik und Betriebs-Psychologie, die Interviews mit prominenten Künstlern und Politikern und die Serien zu den Themen Design oder Filmmusik. Selbst Pop-Stars wie Gianna Nannini, Sting oder die Rolling Stones waren schon Objekte des Interesses der

«Hörakustik«-Redaktion. Und Anerkennungsschreiben aus dem Zentralverband des Deutschen Handwerks (ZDH) wie von Handwerkskammern beweisen, dass die Zeitschrift auch außerhalb der Branche hohe Achtung genießt.

Aus der »Zeitschrift für Hörgeräte-Akustik« wurde ab 1980 die wissenschaftlich orientierte »*Audiologische Akustik*«, für die fast alle namhaften Wissenschaftler aus den Fachbereichen Audiologie, Physikalische Akustik und Psychoakustik geschrieben haben. Seit 1998 heißt die teilweise zweisprachige Publikation »*Zeitschrift für Audiologie*«. Sie wird von *Christina Osterwald*, einer »gelernten« Tageszeitungs-Redakteurin, betreut. Ihr steht ein wissenschaftliches Herausgeber-Gremium zur Seite. Aber nicht jedes Projekt war erfolgreich. Eine geplante französische Ausgabe der »Zeitschrift für Hörgeräte-Akustik«, die »*Revue de l'Audition*«, wurde nur einmal (1963) herausgegeben und danach wegen mangelnder Wirtschaftlichkeit wieder aufgegeben.

Die Akademie für Hörgeräte-Akustik

Nach so vielen Fortschritten fehlte nur noch ein eigenes Ausbildungszentrum, das eine bundesoffene Berufsschule und zentrale Fachschule möglichst unter einem Dach vereinen sollte. Bereits 1966 hatte Dr. Werner Pistor öffentlich ein eigenes Gebäude als identitätsstiftendes Zentrum des ganzen Berufsstandes gefordert. Das war vielleicht auch eine Reaktion auf Bestrebungen von *Kurt Erich Döll* von der Firma Siemens, der schon ein Jahr zuvor angeregt hatte, gemeinsam mit den anderen Firmen der »*Fachabteilung Hörgeräte und Audiometer*« im Zentralverband der Deutschen Elektroindustrie (ZVEI) eine Industrie-Akademie zu stiften, an der die Akustiker ausgebildet werden sollten. Damit hätte die Industrie aber die Inhalte bestimmt und die Akustiker wären von ihrem Ziel abgekommen, ein berufsständisches Zentrum zu schaffen, wie es die Augenoptiker bereits hatten.

Eigentlich war Würzburg als Standort naheliegend, weil die Fachschule hier seit 1963 ihre Kurse veranstaltete. *(Anm.: Die Fachschule für »Gehör-Akustiker« wurde am 10.11.1963 im Gesandtenbau der Residenz eröffnet. Siehe Meldung der Main-Post vom 8.1.63).* Doch die Stadtverwaltung von Würzburg erwies sich als zu schwerfällig. Trotz der persönlichen Bemühungen von Professor Wullstein und der Handwerkskammer Würzburg waren die Angebote der Stadt für ein passendes Gelände oder Gebäude völlig unbefriedigend. Man wollte die Akustiker zusammen mit 70 anderen Berufen in einer staatlichen Gewerbeschule unterbringen. Auch die Kontakte mit den Gewerbeförderungsanstalten in Hamburg, Düsseldorf und Hannover brachten nichts. Es lief immer darauf hinaus, dass die Akustiker Räume innerhalb bestehender Gewerbeschulen mieten sollten. Nach monatelangen und erfolglosen Gesprächen war Dr. Pistor im November 1967 in einem absoluten Stimmungstief. Aber wie so oft kommt das Gute unverhofft. Als er am Schluss einer Sitzung der Handwerkskammer Lübeck, der er als Vorsitzender der Augenoptiker-Landesinnung beigewohnt hatte, noch mit dem Hauptgeschäftsführer der Handwerkskammer Lübeck, *Dr. Wilhelm Schröder* (1913 bis 1991), und einigen anderen Herren in der schönen Berufsbildungsstätte der Handwerkskammer Lübeck auf dem Priwall bei Travemünde beisammen saß, bemerkten die anderen seine trübe Stimmung. Auf die Frage, was denn mit ihm los sei, erzählte er von den Schwierigkeiten, die es bei der Schaffung einer Ausbildungsstätte gebe. Da platzte es aus dem Regierungsdirektor des schleswig-holsteinischen Wirtschaftsministeriums heraus: »Da hätten Sie uns ja mal fragen können!«

Schon kurze Zeit später arrangierte Dr. Schröder ein gemeinsames Gespräch mit dem Ersten Bürgermeister der Hansestadt Lübeck, *Max Wartemann* (1905 bis 1993 – *Wartemann war parteilos und regierte von 1959 bis1970)* und dem Ministerialrat für Handwerksfragen im schleswig-holsteinischen Wirtschaftsminsterium, *Fritz Schlüter* (1917 bis 1993). Die Gespräche waren außerordentlich fruchtbar. Man kam zu dem Schluss, dass das neue Fachhochschulgelände im Stadtteil St. Jürgen, wo man mehrere Hochschulen, Fachhochschulen und Berufsschulen ansiedeln wollte, ein idealer Standort für ein Ausbildungszentrum der Hörgeräte-Akustiker sein müsste. Und weil die Stadt Lübeck die Ansiedlung langfristig auch als eine besondere Profilierungsmöglichkeit für ihre eigene Stadt ansah, stellte man sogar noch Fördermittel und ein passendes Gelände in Aussicht. Der Bauplatz war etwa 4 800 qm groß und lag in direkter Nachbarschaft der bereits fertiggestellten Ingenieurschule, deren Studentenwohnheim und Mensa zur Mitbenutzung gleich mit angeboten wurde. Aber es kam noch besser: Auf der anderen Seite des Geländes war eine Medizinische Akademie mit einer HNO-Abteilung im Entstehen. Welch eine vorzügliche Ergänzung! Und dazu noch die Nähe der Universitäts-HNO-Kliniken in Kiel und Hamburg! Ganz abgesehen von dem reizvollen Lokalkolorit der altehrwürdigen Hansestadt, aus der *Thomas Mann, Willy Brandt* und *Julius Leber* hervorgegangen sind. Lübeck war mit 240 000 Einwohnern auch nicht gerade eine Kleinstadt, in der man abends nichts anfangen konnte. Und dann die Nähe zur Ostsee! Im Hinblick auf die zukünftige Unterbringung der Berufsschüler aus dem ganzen Bundesgebiet in einem Internat war das wirklich nicht zu verachten.

Alles fügte sich mit einem Male in geradezu schicksalhafter Weise. Schon im Juni 1968 stimmte die Delegiertenversammlung der Bundesinnung, die Trägerin des Projektes sein sollte, den Plänen zu. Kurz zuvor hatten sich die Industriefirmen der »Fachabteilung Hörgeräte und Audiometer« und die beiden Fachverbände bereiterklärt, die Errichtung eines Ausbildungszentrums finanziell zu unterstützen. Dazu war schon einen Tag später in Travemünde eine *»Gesellschaft zur Förderung der Fachschule für Hörgeräte-Akustik«* ins Leben gerufen worden. Gesellschafter waren die Bundesinnung, die Fachabteilung des ZVEI, die

Abb. V.75. Schleswig-Holsteins Minister-präsident Gerhard Stoltenberg weihte das Ausbildungszentrum ein

UHA und der FDH. Durch ein Umlageverfahren sollte in Zukunft jedes in Deutschland verkaufte Hörgerät zugunsten des neuen Ausbildungszentrums mit zwei »*Schulmark*« belastet werden. Davon bezahlte der Akustiker eine Mark, die jeweilige Industriefirma ebenfalls eine Mark. Das Inkasso besorgten die Industriefirmen im Rahmen der normalen Fakturierung an die Akustiker.

Dr. Pistor war nun so von Leidenschaft für sein Lübecker Projekt erfasst, dass er einen kleinen »Trick« anwendete, um auf einer Sitzung der Gesellschafter des Schulfördervereins im Mainzer Hilton-Hotel sein Projekt als das einzig mögliche darzustellen. Das war notwendig, weil es noch Widerstände gegen Lübeck gab. Ausgerechnet Lübeck! Das lag in der obersten Ecke Deutschlands, direkt am Zonenrand, und das Umland gehörte vor 100 Jahren noch zu Dänemark! *(Anm.: Schleswig-Holstein gehörte seit 1460 zu Dänemark, war von 1815 bis 1848 Mitglied im Deutschen Bund, danach wurde es von Dänemark erobert und 1864 von den Preußen für Deutschland zurückerobert).*

Dr. Pistor stellte die Stadt Lübeck auf der Sitzung an Hand von allen möglichen Statistiken (die bekanntlich sehr geduldig sind) und einigen Landkarten, auf der die Autobahnen, Flughäfen, Eisenbahnlinien und Wanderungsbewegungen deutscher Bevölkerungsgruppen dargestellt waren, so geschickt und schwungvoll vor, dass die Gesellschafter des Schulfördervereins zu ihrer Überraschung feststellten: Lübeck liegt mitten im Zentrum von Deutschland!

Ehe womöglich noch statistische oder geografische Diskussionen aufkommen konnten, ließ Dr. Pistor sofort die fertigen Baupläne ausbreiten und lenkte die Diskussion unverzüglich auf bauliche Details. Damit ging es nicht mehr um das »Ob«, sondern nur noch um das »Wie«. Es herrschte bald große Begeisterung und Einigkeit. Auch die Delegiertenversammlung der Bundesinnung stimmte dem Plan zu. Dr. Pistors großer Traum von einem Ausbildungszentrum für Hörgeräte-Akustiker hatte sich mit einem Male erfüllt. Stimmungsmäßig wieder ganz oben auf, verabschiedete er die Gäste mit einem kernigen: »Wohlan, nun ans Werk!« (*Anm.: Solche verbalen Finale waren damals durchaus üblich. Theodor Geers ließ seine Ansprachen an Kollegen und Schwerhörige immer mit einem markigen »Glück Auf zum Besseren Hören!« enden*).

Von jetzt an ging alles ungewöhnlich schnell. Schon am 1. Juli 1970 konnte Dr. Pistor in Anwesenheit von Max Wartemann, seit einigen Tagen »Altbürgemeister« der Stadt, auf dem Grundstück an der Bessemer-Straße zum symbolischen »Spatenstich« ansetzen. Dazu bestieg er höchst persönlich den Fahrersitz einer großen Planierraupe und schaltete ziemlich fachmännisch (hatte er das schon öfters gemacht?) ein paar Mal an den langen Hebeln hin und her. Das Ungetüm bockte ein wenig und bewegte dann tatsächlich einen Haufen frischer holsteinischer Erde vorwärts. Die geladenen Gäste, Dr. Wilhelm Schröder vom Wirtschaftsministerium, Professor *Kurt Jatho* von der Medizinischen Akademie, Kurt Erich Döll vom Fachverband der Hörgeräte-Industrie (ZVEI), Paul Bommer, Inhaber der Firma Rexton AG und Vorsitzender des Schweizer Fachverbandes »Akustika«, *Heinz Koppetsch*, Vizepräsident des Landesarbeitsamtes und Vertreter der Bundesanstalt für Arbeit, *Reinhard Schaefer,* der Baudirektor der Hansestadt, und *Kuno Dannien* sowie *Uli Fendrich,* die Architekten, spendeten lebhaften Beifall. Dann ging es im Konvoi zur Handwerkskammer Lübeck, wo sich weitere 80 Gäste zu einer Feierstunde mit Büfett versammelt hatten.

In den folgenden Monaten wurden von täglich bis zu 65 Bauhandwerkern in 208 000 Tagewerken 3 000 Kubikmeter Erde bewegt und 300 000 Ziegelsteine verbraucht und dabei eine Fläche von 2 300 qm umbaut. Es entstanden ein Hörsaal mit 100 Sitzplätzen, ein Schulgebäude mit acht Theorie- und Praxisräumen sowie vier Unterrichtsräumen für die Landesberufsschule, ein Internat mit 39 Betten, eine Küche mit Kantine, ein Verwaltungstrakt mit vier Räumen und eine Heimleiterwohnung mit einem Dozenten-Appartement.

Abb. V.76. Die Akademie für Hörgeräte-Akustik heute – weltweit singulär

Am 11. 10. 1972 wurde das Ausbildungszentrum nach nur etwas mehr als zwei-jähriger Bauzeit eingeweiht. Aber wie das so bei feierlichen Einweihungen ist, irgendetwas wird immer nicht rechtzeitig fertig, und so mussten alle Gäste im Hörsaal auf eilig herbeigeschafften Sitzkissen Platz nehmen, statt auf dem vor-gesehenen Gestühl. Der prominenteste Gast bei der Einweihung war der Mini-sterpräsident des Landes Schleswig-Holstein, *Dr. Gerhard Stoltenberg*, der zuvor Bundesforschungsminister gewesen war und später noch Bundesfinanz- und Verteidigungsminister werden sollte.

Er hob den »bedeutenden Beitrag der Hörgeräte-Akustiker in dem wichtigen Bereich der gesundheitlichen Versorgung unserer Bevölkerung« hervor und war tief beeindruckt von deren Arbeit und Ausbildung: »Dieses neue Handwerk ver-langt über die rein handwerklichen Fähigkeiten hinaus ein umfassendes Wis-sen in mehreren wissenschaftlichen und technischen Disziplinen.«

Das Ausbildungszentrum hatte 4,1 Millionen Mark gekostet, von denen der Be-rufsstand etwa 1/4 selbst aufbringen musste, der Rest über öffentliche För-dermittel besorgt wurde. Die Eigenmittel wurden durch ein Darlehen der hand-werksnahen Iduna-Versicherung und die Gelder des Schulfördervereins aufge-bracht. Zum ersten Direktor wurde der allseits anerkannte Fachmann (und pri-vat leidenschaftliche Zauberer) *Dr. phil. nat. Walter Grandjot* (1908 bis 1984) ein-stimmig berufen, der 37 Jahre lang bei den Krupp-Atlas Werken in Bremen unter anderem für die Entwicklung der Audiometer zuständig gewesen war. Nach dem Studium der Mathematik, Physik und Psychologie hatte er sich seit den 20er Jahren mit Akustik und Audiologie beschäftigt und war bei Krupp-Atlas auch an der Entwicklung der ersten deutschen Hörgeräte nach dem Krieg be-teiligt. Geschäftsführer des Zentrums wurde der Oberingenieur *Christian Lau* (1907 bis 1976), der zuvor bei der Handwerkskammer in Lübeck tätig gewesen war und sich danach bei der Bauplanung des Ausbildungszentrums große Ver-dienste erworben hatte. Er war Träger des Bundesverdienstkreuzes 1. Klasse. Rektor der integrierten Bundesoffenen Landesberufsschule wurde der Studien-rat *Wolfgang Gaedtke.* Die »Gute Seele« unter den ersten Dozenten war *Hans-Diet-rich Bienert* (ehedem Mitarbeiter im Institut von Dr. Pistor), der bis 1984 Hun-derte von jungen Akustikern auch mit Rat und Tat zur Seite stand. Unverges-sen ist seine erste Messanlage, die von den Schülern ehrfürchtig als »Altar« be-zeichnet wurde, weil niemand außer Bienert dieses Heiligtum berühren durfte.

Beaufsichtigt wurde das Ausbildungszentrum von einem sechsköpfigen Kura-torium, das aus je drei Vertretern der Bundesinnung und der Industrie bestand. Die ersten Kuratoren waren 1972: Dr. Werner Pistor (BIHA), Kurt Iffland (BIHA), Ewald Axt (BIHA), *Albin Baer* (ZVEI/Philips), *Harald Scheller* (ZVEI/Viennatone) und Walter Fries (ZVEI/Danavox). Die ersten Mitglieder des wichtigen Haus-haltsausschusses waren: Dr. Werner Pistor, Ewald Axt, Albin Baer, Harald Scheller und Dr. Walter Grandjot als Vertreter des Lehrkörpers. Ab 1979 kam ein *Akademierat* dazu, der für die fachliche Beratung der »*Akademie für Hörgeräte-Akustik*«, wie es jetzt hieß, zuständig war. Die ersten Akademie-Räte waren *Karl Müller* (FDH), *Klaus Klingbeil* (FDH), *Peter Axt* (UHA), *Herbert Bonsel* (UHA) und *Hans-Joachim Weiß* (ZVEI/Siemens). Das Kuratorium wurde 1983 wegen der gewachsenen Bedeutung der Akademie um sechs Gastmitglieder als Vertreter der Kammern, Landesbehörden und Wissenschaft erweitert. Die Stamm-Kuratoriumsmitglieder waren zu dieser Zeit: *Günther Kern* (UHA), *Werner Köttgen* (UHA), *Dr. Volker Geers* (FDH), *Martin Kind* (FDH), *Kurt Erich Döll* (ZVEI/Siemens), *Ingo Döscher* (ZVEI/Philips) und *Walter Kronbügel* (ZVEI/Oticon). Mitglieder des Haushaltsausschusses waren 1983: *Karl Müller* (BIHA), *Peter Axt* (UHA), *Wilhelm Harms* (FDH), *Walter Kronbügel* (ZVEI/Oticon) und *Alwin Scheller* (ZVEI/Viennatone).

In den folgenden Jahren wurde der Akademie ein Erweiterungsbau nach dem anderen angegliedert. Heute umfasst die Akademie auf einem Areal von 12 700 qm 1 Hörsaal, 20 Unterrichtsräume, wovon 15 mit Messkabinen ausgestattet und 3 als Otoplastiklabor eingerichtet sind, 3 Internatsgebäude mit 228 Betten, wodurch die Investitionssumme seit 1972 auf 20 Millionen Mark gestiegen ist. 25 hauptberufliche Mitarbeiter sind in der Akademie beschäftigt, 9 Dozenten, 70 Gastdozenten und 34 Lehrer der Landesberufsschule. 2 000 Auszubildende, Meisterprüflinge und Besucher aus dem In- und Ausland beherbergt die Akademie jedes Jahr, und 5 500 Akustiker haben hier ihre Gesellen- oder Meisterausbildung absolviert. Und noch immer fließen die Gelder aus der gemeinsamen Finanzierungsgesellschaft, die ab 1979 in »*Verein zur Förderung der Akademie* für Hörgeräte-Akustik« (*Akademie-Förderverein*) umbenannt wurde, und noch immer gibt es Erweiterungsbedarf.

Verwirrung in Bonn

Es war klar, dass es mit dem neuen Berufsstand der Hörgeräte-Akustiker keinen Platz mehr für ambulante Hörgeräte-Händler geben konnte. Oder vielleicht doch? Offenbar nicht, denn es wurde plötzlich in Frage gestellt, ob es für ein Verbot des ambulanten Handels mit Hörgeräten überhaupt eine Rechtsgrundlage gab! Die gültige Gewerbeordnung untersagte zwar das »Reisegewerbe« mit elektromedizinischen Geräten (GewO, § 56 Abs. 1 Nr. 1 f), aber die Frage, ob ein Hörgerät darunter falle, war durchaus strittig. Ja, die Auseinandersetzungen um diese Frage nahmen zum Teil groteske Züge an. 1966 stellte sich das Gewerberechts-Referat des *Bundeswirtschaftsministeriums* auf den Standpunkt, dass Hörgeräte nicht unter das *Hausierverbot der GewO* fielen. Man berief sich auf entsprechende Regelungen der Länderministerien, obwohl eine Gesetzesvorlage im Deutschen Bundestag zur Änderung der GewO vom 3. Dezember 1959, in dem Hörgeräte ausdrücklich benannt und als elektro-medizinische Geräte eingestuft worden waren, einstimmig angenommen und damit ein Bundesgesetz geworden war. Auch die mehrfachen Interventionen der Vertreter des Berufsstandes und des rührigen Bundestagsabgeordneten *Stefan Dittrich* konnten das Bundeswirtschaftsministerium nicht umstimmen. Die Ministerialen beriefen sich darauf, dass in den Durchführungsbestimmungen des Gesetzes vom 1. Oktober 1966 die Hörgeräte wieder herausgenommen worden waren. Mysteriös blieb dabei, wer den eindeutigen Willen des Gesetzgebers und auf wessen Betreiben hin auf diese Weise verändert, ja missachtet hatte. Die Bundesgesundheitsministerin *Dr. Elisabeth Schwartzhaupt* (CDU, Ministerin von 1961 bis 1966) schloss sich der Argumentation des Wirtschaftsministeriums jedenfalls kritiklos an und führte in einem Schreiben an Stefan Dittrich sogar belehrend aus, dass Hörgeräte »keinesfalls einen physiologischen Einfluss auf das bestehende Leiden der Schwerhörigkeit ausüben und nur als Lautverstärker ohne therapeutischen Effekt« anzusehen seien.

Mit anderen Worten: Jeder Bürger konnte nach Auffassung der Bundesregierung mit einem einfachen *Reisegewerbeschein* Hörgeräte ohne jede fachliche Qualifikation verkaufen. Und das, obwohl der Beruf des Hörgeräte-Akustikers bereits seit dem 23. Juni 1965 als ein *Vollhandwerk* anerkannt war und auf der Grundlage der Handwerksordnung ausgeübt wurde! *(Vgl. »Der Hörgeräte-Akustiker«, Heft 4/1967, S. 2 ff.).*

Aber diese *Handwerksordnung* rieb sich – und reibt sich noch heute – an der Gewerbeordnung. In dem § 55 der GeWO gibt es das bekannte Schlupfloch, wonach Gesellen ihr Handwerk auch dann selbständig ausüben können, wenn sie über keinen Meisterbrief verfügen. Sie müssen dann allerdings eine »*Reisegewerbekarte*« beantragen, immer auf Reisen sein und dürfen sich nicht als Handwerker niederlassen.

Erst ein Jahr später, als die *Große Koalition* an die Regierung kam und *Käte Strobel* (SPD, Ministerin von 1966 bis 1972) für das Gesundheitsressort zuständig wurde, wendete sich das Blatt. Die neue Ministerin entschied 1967 unzweideutig, dass Hörgeräte elektromedizinische Geräte seien und stellte noch einmal klar, dass die Gewerbeordnungsnovelle von 1959 Hörgeräte »aus Gründen des allgemeinen Gesundheitsschutzes« ausdrücklich erwähnt hatte. Damit war eine Klarstellung erfolgt, die seit sieben Jahren mehr als überfällig gewesen war.

So war zwar erreicht worden, dass der Hausierverkauf verboten war, der fachlich nichtqualifizierte ambulante und stationäre Handel lief aber unter Berufung auf die allgemeine Gewerbefreiheit noch eine ganze Weile weiter. Teils geschah das illegal mangels Kontrollen und Klägern, teils auch legal entsprechend der *Übergangsregelung nach § 119* der Handwerksordnung. Das betraf alle diejenigen, die vor dem 16. 9. 1965, als die Eintragung des Berufes des Hörgeräte-Akustikers in die sogenannte »*Positivliste A*« des »Gesetzes zur Ordnung des

Handwerks« (Handwerksordnung) Gesetzeskraft erlangte, Hörgeräte-Fachgeschäfte betrieben hatten. Dadurch wurde diesen Personen, dem Grundsatz des
»*Besitzstandsschutzes*« gemäß, die Fortführung ihrer beruflichen Existenz ermöglicht.

Wer zum Beispiel einen Kunden auf eine ausdrückliche Bestellung hin besuch-
te und ihm ein Hörgerät verkaufte, fiel nicht unter das Hausierverbot. Auch
einige nicht qualifizierte stationäre Händler wie Bandagisten, Uhrmacher, Medizinische Kaufhäuser, Radiohändler, Elektrohändler, Sanitätshäuser, Rasierer-
zentralen, Photohändler, Einrichtungshäuser und Versandhändler konnten sich
noch eine ganze Weile als Hörmittelhändler halten. Sogar ein Zahnarzt in Stuttgart hat Hörgeräte verkauft.

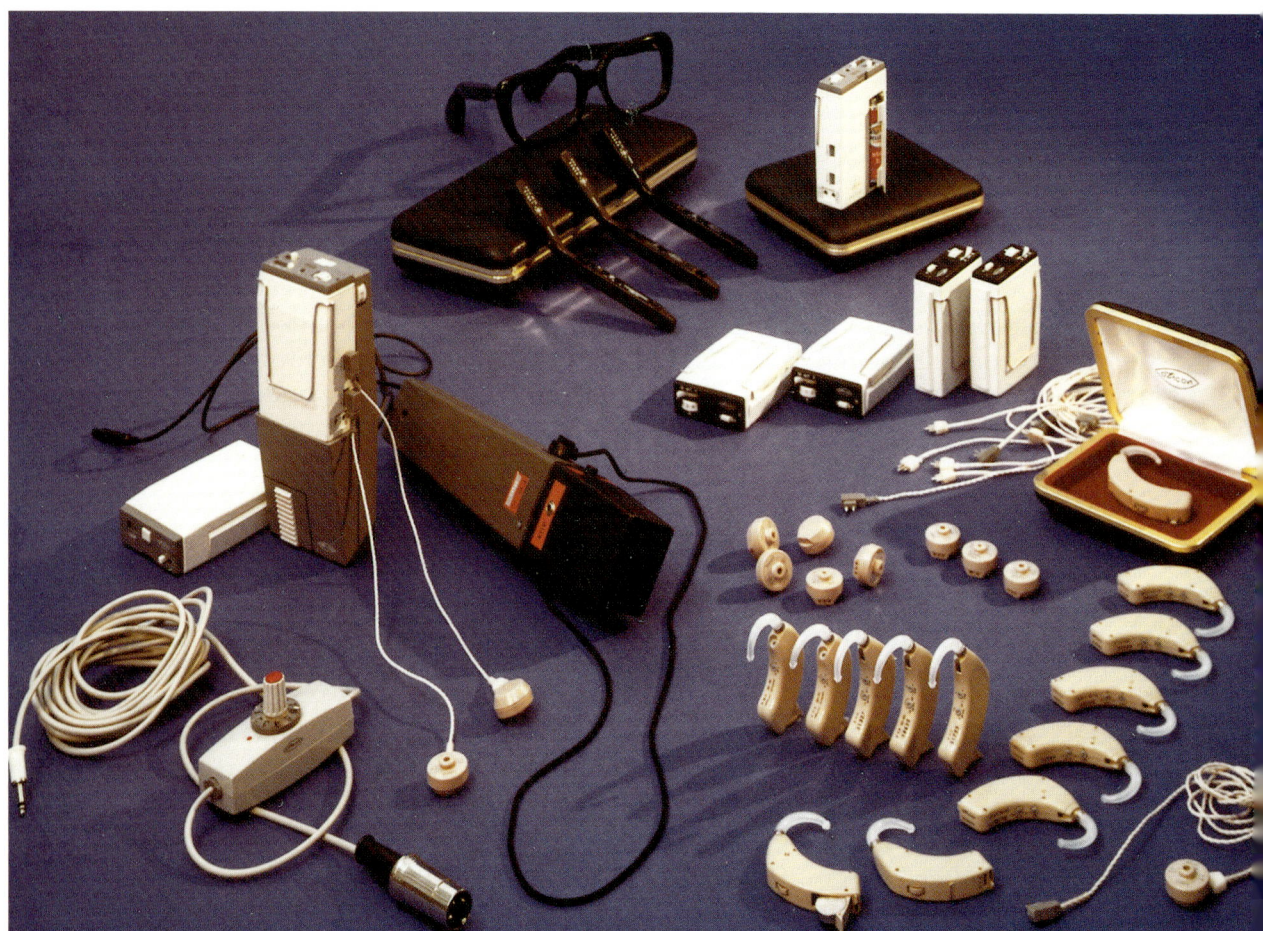

*Abb. V.77. Der Musterkoffer eines Industrie-Repräsentaten etwa 1975. Außer Hinter-Ohr-
Geräten, Taschengeräten und Hörbrillen sieht man auch einen FM-Sender und Empfänger, sowie
einen regelbaren Audio-Adapter. Im-Ohr-Geräte sind noch nicht im Sortiment enthalten*

Der Industrieverband

Die Industriefirmen in Deutschland hatten angesichts der Verbandsgründungen und des Wachstums auf Seiten der Hörmittelhändler die Notwendigkeit gesehen, sich ebenfalls zusammenzuschließen und mit einer Stimme zu sprechen. Anfang der 60er Jahre war zum Beispiel die wichtigste Frage, ob man den Vertrieb von Hörgeräten weiter in eigener Regie fortführen oder den Hörmittelhändlern, den Augenoptikern oder sogar beiden überlassen sollte. Das Gewicht, das die Industrie im Konzert der widerstreitenden Interessen des Hörgeräte-Marktes haben konnte, war naturgemäß noch gering, weil es nur wenige Firmen gab und die brachten es zusammen nur auf etwa 50 000 Hörgeräte. Man hielt es daher für ratsam, sich unter ein größeres Dach zu begeben. Für die Firma Siemens, deren Historie mit dem Zentralverband der Elektrotechnischen Industrie e.V. (ZVEI) seit dessen Gründung 1918 verbunden war, kam nur dieser Verband in Frage, weil nur mit ihm ein entsprechender Auftritt gewährleistet sein konnte. Die anderen Firmen sahen das ebenso und man gründete deshalb 1956 eine »*Fachabteilung Hörgeräte und Audiometer*« im *Fachverband 18* (von 25) für »*Elektromedizin und Strahlentechnische Geräte*« des ZVEI, dem die Firmen Siemens, Philips, Atlas-Werke, Bosch, Hansaton, Aditone, Ollmann, Wendton, Phonak, Willco und Viennatone angehörten. Die Vorsitzenden waren *Ingwert Ingwertsen* von Philips (1958 bis 1959), *Otto Hassler* von Willco (1959 bis 1960), *Dr. Walter Grandjot* von den Atlas-Werken (1960 bis 1961), *Wilhelm Schimmelpfennig* von Philips (1962 bis 1968), *Kurt-Erich Döll* von Siemens (1969 bis 1983), *Ingo Döscher* von Philips (1983 bis 1992), *Helmut Lebisch* von Siemens (1993 bis 1996) und seit 1997 *Gerhard Hillig* (ehemals Micro-Technic). Zweck der Fachabteilung war nicht nur der fachliche Austausch und die Meinungsbildung der Mitglieder im Hinblick auf gemeinsame Probleme, sondern auch die Interessenvertretung gegenüber den Hörgeräte-Akustikern und die Entsendung von Delegierten in Institutionen, die gemeinsam mit den Hörgeräte-Akustikern unterhalten wurden. Eine Interessenvertretung gegenüber den Krankenkassen und Ärzten war nicht vorgesehen, da die Industrie sich nur als Lieferant der Hörgeräte-Akustiker verstand und direkte Gespräche mit Ärzten und Kostenträgern weder erwünscht noch sinnvoll waren. Schließlich kam noch die statistische Erfassung der Gesamt-Verkaufszahlen und Umsätze in Deutschland als Aufgabengebiet des ZVEI hinzu, die es jedem einzelnen Hersteller ermöglichte, seinen eigenen Marktanteil auszurechnen und die eigenen Preise mit den Durchschnittspreisen am Markt zu vergleichen.

Die Mitglieder der Fachabteilung trafen sich jedes Quartal in Frankfurt im Hauptsitz des ZVEI und während der »Regierungszeit« von Dipl.-Ing. Ingo Döscher auch in Hamburg bei Philips. Der Vorsitz wechselte zwischen Siemens und Philips, weil nur diese beiden Firmen organisatorisch und kapazitativ in der Lage waren, die ehrenamtliche Arbeit des Vorsitzes zu übernehmen. Ein strategischer Vorteil lag lediglich darin, dass man besser informiert war als die kleinen Firmen. 1987 schlossen sich die Mitglieder der Fachabteilung aus formalen Gründen zur *»Vereinigung der Hörgeräte-Industrie« (VHI)* zusammen, um als ein Gesellschafter in der Fördergemeinschaft Gutes Hören (FGH) auftreten zu können. Andernfalls hätte jede einzelne Herstellerfirma als Gesellschafter auftreten müssen. Die Fachabteilung heißt seit 1997 nur noch *»Fachabteilung für Hörgeräte«*, da die Audiometer-Hersteller zu einer anderen Fachabteilung gewechselt sind.

Die Industrie behielt nach dem freiwilligen Verzicht von 1960 auf direkte Vertriebsaktivitäten weiterhin ihre Reisenden. Gleichwohl änderte sich ihre Tätigkeit erheblich. Es ging der Industrie nur noch darum, die Akustiker im Hinblick auf das eigene Produktprogramm zu beraten und zu beliefern. Jede Firma hatte zwischen fünf und 30 Außendienstmitarbeiter und die Großen unterhielten sogar regionale Verkaufsbüros. Die Industrie fügte sich in ihre neue Aufgabe, weil die intensiven Bemühungen der Akustiker, sich fachlich zu qualifizieren, augenscheinlich erfolgreich waren und ein konkurrierendes Nebeneinander weder Sinn gemacht hätte, noch berufsrechtlich zulässig war. Man teilte sich die anstehenden Aufgaben und kooperierte im Interesse aller. Die kontinuierliche Betreuung der Hörgeräte-Akustiker durch die Reisenden führte in vielen Fällen zu vertrauensvollen und manchmal sogar freundschaftlichen Beziehungen.

Die Besuche der Außendienst-Mitarbeiter der Industrie konnten auch schon mal dazu führen, dass der Akustiker von seiner Arbeit abgelenkt wurde. In Frankfurt soll es sich in den 60er Jahren zugetragen haben, dass sich ein Akustiker und ein Industrie-Repräsentant so sehr in ein fachliches Gespräch vertieft hatten, dass die Zeit wie im Fluge verging und es höchste Zeit war, das Gespräch zu einem Ende zu bringen. Also verabschiedete der Akustiker den Repräsentanten, schaltete die Beleuchtungen aus, schloss den Laden ab und ging nach Hause.
Als er am nächsten Morgen wieder sein Geschäft betrat und die Anpasskabine öffnete, um sie für den ersten Kunden bereit zu machen und gut durchzulüften, saß da ... der Patient vom Vortage! Den hatte er über das interessante Industriegespräch vollkommen vergessen! Der alte Mann, der sehr bescheiden und geduldig war, beklagte sich nicht einmal. Er sah sich allerdings in seinem Vorurteil voll bestätigt, dass eine Hörprüfung doch eine ziemlich langweilige und ermüdende Angelegenheit ist.

Die Zusammenarbeit zwischen Industrie und Hörgeräte-Akustikern war zeitweilig spannungsfrei und harmonisch. Dazu trugen auch die diversen Fortbildungsveranstaltungen bei, die einige Hersteller in ihren Hauptquartieren veranstalteten. Vor allem die drei dänischen Firmen zeichneten sich durch eine ausgeprägte Gastfreundschaft aus. Sie luden in den 70er Jahren, als es die Gewinne noch zuließen, ganze Gruppen von Akustikern aus aller Welt nach Kopenhagen, der »Haupstadt der europäischen Hörgeräte-Industrie«, ein. Wenn dann

Abb. V. 78. Ein festliches Dinner 1979 im Kloster St. Gertrud in Kopenhagen. Der Apéritif wurde in der Bibliothek eingenommen. Auf dem unteren Bild von links nach rechts: Werner Grawe, Werner Hermanns, Reinhard Töpler

abends nach all den Fabrik-Besichtigungen und Vorträgen, zum Beispiel im stilvollen Forschungszentrum Eriksholm, die festlichen Dinner bei »Peder Oxe« oder im ehemaligen »Kloster St. Gertrud« auf dem Programm standen, dann wurden Freundschaften besiegelt und Geschäfte angebahnt. Das beliebteste Restaurant bei den deutschen Akustikern war das ehemalige Kloster »St. Gertrud« mit seinen vielen Mauern, Erkern, Treppen, Nischen und Gewölben. Nach

dem Apéritif in der alten Bibliothek ging es über Wendeltreppen in den Speisesaal. Dort gab es ein glanzvolles Candlelight-Dinner, bei dem auf riesigen Zinntellern gutes dänisches Entrecôte mit Sauce Béarnaise, Broccoli und Pommes Gratin serviert wurde. Dazu gab es einen guten (in Dänemark viel zu teuren!) Beaujolais. Der Abend endete stets im Kellergewölbe mit Kaffee und Petits Fours. Und wenn dann anschließend ganze Konvois von überladenen Taxis zur Diskothek »Tordenskjøld« rasten, ging es bei Gästen und Gastgebern hoch her und das Tuborg floss in Strömen. Mancher konnte dann am frühen Morgen gerade noch schnell im »Hotel Admiral« am Nyhavn unter die Dusche springen, bis es wieder weiter ging mit den AGC-Regelkennlinien, mit POGO, Berger, Libby-Hörnern und Insertion Gain.

Aber es gab auch schlechte Erfahrungen mit dem Seminar-Tourismus. Einer der dänischen Herstellerfirmen ist es passiert, dass sie drei Tage lang eine Gruppe von branchenfremden Gästen bewirtet hat, ohne es zu merken. Das kam daher, dass der Geschäftsführer einer ihrer ausländischen Niederlassungen seinem Fußballclub während einer feucht-fröhlichen Siegesfeier leichtfertigerweise eine Reise nach Kopenhagen versprochen hatte. Um sein Versprechen zu erfüllen, musste er seine Sportkameraden als Akustiker ausgeben. Das konnte nur funktionieren, indem er ihnen vor der Reise ein paar audiologische Fachbegriffe und intelligente Fragen einpaukte, die sie während des Seminars stellen konnten. Das ging auch tatsächlich gut und die Gastgeber waren mit ihren Gästen zufrieden. Jahre später kam die Geschichte dann doch heraus und der Geschäftsführer musste seinen Hut nehmen.

Das Verhältnis zwischen Industrie und Akustikern war mit anderen Worten zeitweilig recht freundschaftlich. Die von einigen Gesundheitspolitikern und Kartellwächtern unterstellten Absprachen der Herstellerfirmen mit der Bundesinnung der Hörgeräte-Akustiker hinsichtlich der Preisgestaltung blieben aber reine Phantasie und konnten noch nicht einmal im Ansatz belegt werden. Auch Absprachen zwischen den Firmen hat es nicht gegeben. Es war im Gegenteil so, dass der Wettbewerb zwischen den einzelnen Firmen immer stärker war als die Gemeinsamkeiten. Diese Konkurrenz wurde durch die fehlenden Möglichkeiten einer quantitativen Ausweitung des Marktes und der Erschließung anderer Vertriebswege ausgelöst. Hörgeräte waren und sind kein Konsumarti-

Abb. V.79 a und b. Die Fachausstellungen auf den Internationalen Hörgeräte-Akustiker-Kongressen der UHA waren immer gut besucht. Manchmal herrschte sogar drangvolle Enge an den Ständen und die Hörgeräte-Akustiker konnten keine freien Gesprächspartner der Firmen finden.
Bild oben: Hamburg 1995. Bild unten: Der Stand der Firma Starkey 1994 in Wiesbaden

kel und ihr Absatz konnte nicht beliebig mit den klassischen Marketinginstrumenten der Gebrauchsgüter-Industrie gefördert werden. Sie waren niemals Gegenstand der normalen Konsumwünsche der Verbraucher, und ihr Erwerb wurde erst in Betracht gezogen, wenn eine Schwerhörigkeit nicht mehr zu verbergen war. Wollte ein Hersteller mehr verkaufen, dann gab es in der Regel nur den Weg des Verdrängungswettbewerbs. Zwar hat sich der Markt mengenmäßig im Laufe der Jahrzehnte erweitern können, aber das hatte Jahrzehnte gedauert und erforderte enorme Anstrengungen auf dem Gebiet der Forschung und Entwicklung, damit das Hörgerät – wenn es denn schon nicht per se begehrenswert war – wenigstens über den Nutzen besser abzusetzen war. Der Mehrverkauf wurde mit anderen Worten immer durch die dafür erforderlichen Mehraufwendungen aufgewogen, so dass die Stückgewinne der Industriebetriebe oft stagnierten oder sogar zurückgingen. Erst wer den eigenen Marktanteil erhöhen konnte, war unter günstigen Bedingungen in der Lage, auch höhere Gewinnsummen zu erzielen.

Zu alledem kam noch das systembedingte Hindernis dazu, dass eine aggressivere Herstellerwerbung – von der Unmöglichkeit der Finanzierung einmal abgesehen – den Rahmenvertrag zwischen Akustikern und Kassen indirekt berührt und am Ende allen geschadet hätte. Der Hörgerätemarkt war kein freier,

Abb. V.81. Ein bewährtes Widex-Team: Erik Westermann (links) und sein Partner und Konstrukteur Christian Tøpholm (1918 bis 1988)

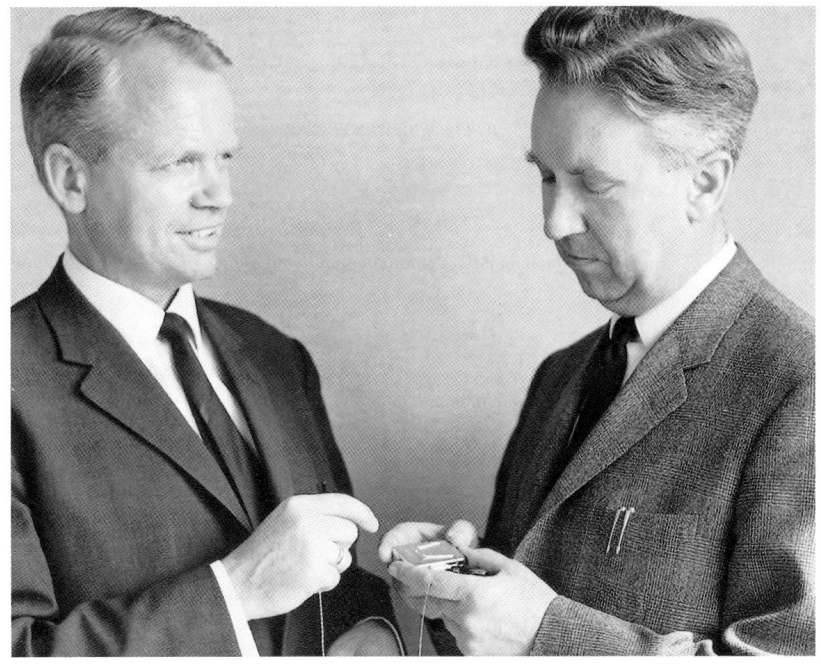

Abb.V. 82. Hugh S. Knowles (1905 bis 1983) hat einen sehr großen Anteil an der ständigen Verbesserung von Hörgeräten gehabt. Seine Mikrophone und Hörer sind für jeden Hersteller unverzichtbare Bauteile. Er baute auch den KEMAR, einen künstlichen menschlichen Oberkörper für akustische Forschungszwecke

sondern ein regulierter Markt, der in wesentlichen Teilen auf gesetzlichen Grundlagen und Verträgen beruhte, deren Beachtung und Erfüllung im öffentlichen Interesse und unter öffentlicher Aufsicht lag. Das galt zwar vordergründig betrachtet mehr für die Akustiker als für die Industrie, die befand sich aber mit den Akustikern in einer Art Verantwortungsgemeinschaft. Anders gesagt: Man saß in einem Boot.

Dass es der Branche trotz der system-, produkt- und verbraucherbedingten Hemmnisse gegen eine Marktausweitung dennoch gelungen ist, mit sehr viel Mühe und Geduld eine größere Marktpenetration zu erreichen, lag einmal an den enormen technologischen Fortschritten, die für die Schwerhörigen wirkli-

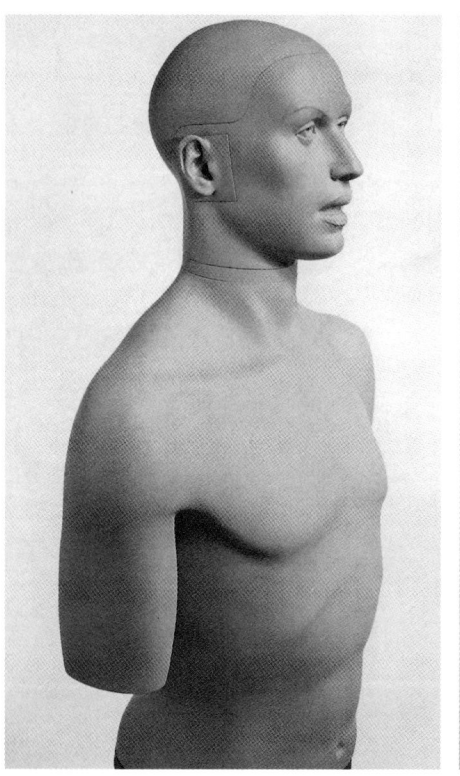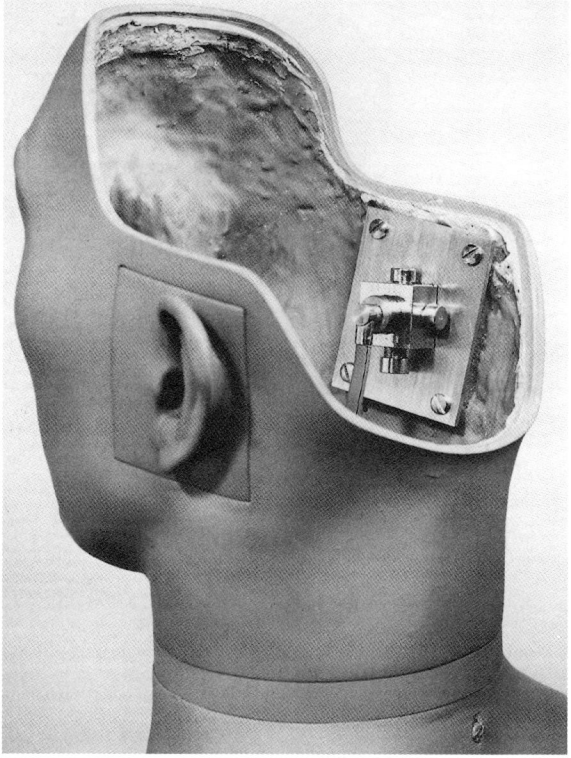

Abb. V. 83. Der künstliche Oberkörper KEMAR (Knowles Eletronics Manekin for Acoustical Research) von 1971 diente akustischen Messungen, die der durchschnittlichen realen Situation (»in situ«) entsprechen sollten. Im geöffneten Kopf sieht man den Zwislocki-Kuppler, der das durchschnittliche Volumen und die Resonanzeigenschaften des menschlichen Gehörganges nachbildete. Mit dieser Versuchsanordnung war es möglich, die Wiedergabeeigenschaften eines Hörgerätes unter simulierten Tragebedingungen (mit Schlauch und Otoplastik) zu messen (»insertion gain«)

Abb. V.84. Gespräche am Rande eines Treffens der A.E.A. 1978 in Zürich:
Simon Ohms, Helmut J. Helle, Hans-Jürgen von Killisch-Horn, Herbert Bonsel

chen Nutzen bedeuteten, zum anderen an der Gemeinschaftswerbung der Fördergemeinschaft Gutes Hören, die über Jahrzehnte hinweg durch eine vielbe-
achtete Kontinuität und Seriosität gekennzeichnet war. Und schließlich waren
es hunderttausende von individuellen Beratungsgesprächen, Hörtests, Anpassungen und Nachsorgen vor Ort in jedem einzelnen Akustiker-Institut, die dazu
geführt haben, dass sich das Ansehen der Hörhilfe und seine Anwendung im
allgemeinen Bewusstsein seit den Tagen der Hörrohre sowie rauschenden und
knackenden Batteriegeräte so verbessert hat. Es war der stete Tropfen, der den
Stein gehöhlt hat.

Die Leistungen der Hörgeräte-Industrie und ihr Anteil an der Rehabilitation von
Schwerhörigkeit können nicht gewürdigt werden, ohne an die europäischen Ingenieure und Konstrukteure der Aufbaujahre nach dem Krieg zu erinnern. Viele technische Details, die heute selbstverständlich sind, haben sie erdacht: *Bru-*
no Ollmann (Elac, Ollmann), *Berend de Boer* (Philips), *Hans Bergenstoff* und *Wal-*

ter Fries (Danavox), *Dr. Werner Güttner, Clemens Starke* (Siemens), *Johannes Witt-kowski* (Willco), *Alfred Blatter, Beda Diethelm* (Phonak), *Heinz Rüegg* und *Serge Meyer* (Rexton), *Ole Berland* (Oticon), *Albert Eggert* (Bosch), *Hans Herbert Türk* (Interton) oder *Christian Tøpholm* (Widex).

Obwohl Hugh S. Knowles (1905 bis 1983) nicht direkt in der Hörgeräte-Industrie tätig war, sondern als deren Lieferant, kommt ihm eine ganz besondere Bedeutung für die Entwicklung der modernen Hörgeräte-Technologie zu. 1946 gründete er die Firma *Industrial Research Products Inc.*, die elektroakustische Systeme herstellte, und 1954 die Firma *Knowles Electronics Inc.*, die sich auf die Miniaturisierung von Schallwandlern spezialisierte und gerade für die Hörgeräte-Industrie unermesslich viel geleistet hat. Er baute 1974 unter anderem den künstlichen Oberkörper *KEMAR*, der von M. D. Burkhard und R. M. Sachs als »Head and Torso Simulator« entwickelt wurde und als Standard für simulierte In-situ-Messungen diente. Er löste den Kunstkopf »Oskar« ab. Knowles war auch an der Erstellung verschiedener *IEC*- und *ISO*-Normen beteiligt. Er erwarb 50 Patente, darunter für den telefonischen Anrufbeantworter (1954). Knowles war mehrfach Gastredner bei den internationalen UHA-Kongressen und hat dort viele Freunde gewonnen. 1978 bekam er als erster Amerikaner die *Alexander-Graham-Bell-Medaille* der Fördergemeinschaft verliehen und wurde 1982 Ehrendoktor der Northwestern University of Chicago.

Die europäischen Hersteller formierten sich relativ spät zu einem Verband. Erste Überlegungen dazu stellte schon Kurt Erich Döll 1981 an, sie wurden aber erst 1983 in die Tat umgesetzt. In dem Verband mit dem Namen »European Hearing Aid Manufacturers Association« (EHAMA) taten sich zunächst die Firmen Oticon, Danavox, Widex, Siemens, Philips, Viennatone und Bosch zusammen. Der erste Präsident war Bent Simonsen von Oticon. 1986 wurde der Verband in EHIMA umbenannt, bedingt durch die Verwendung des Begriffs »Hearing Instruments« statt »Hearing Aids«. Später wurde der Kreis um die Firmen Bernafon, A&M, Resound, Interton und Starkey auf 12 Hersteller erweitert. In den einzelnen Ländern bildeten sich eigene kleine Verbände wie der GAIN in Holland, die ANIFA in Italien und die SNITEM in Frankreich. Während in der EHIMA im Prinzip die europäischen Firmenmütter zusammengeschlossen waren, handelte es sich bei den Mitgliedern der nationalen Herstellerverbände um freie Importeure und die nationalen Niederlassungen größerer Firmen.

Die europäischen Hörgeräte-Akustiker hatten sich schon 1967 in der »*Assoçiation Européenne des Audioprothésistes*« (A.E.A.) zusammengetan, die den Verband »Interaudio« ablöste (siehe Seite 276). Die A.E.A. wurde der Dachverband für die Akustiker-Verbände in Frankreich *(UNSAF)*, Italien und Spanien *(ANA)*, Holland *(NVAB)*, Belgien *(CEUPA)*, Schweiz *(AKUSTIKA)* und Deutschland *(UHA)*. Ihr erster Präsident war der Belgier *Roger Raulin*, der 1976 von Dr. Werner Pistor abgelöst wurde.

Eine ganz normale Ehe:
Industrie und Hörgeräte-Akustiker

Wenn die Zusammenarbeit von Industrie und Hörgeräte-Akustik im Prinzip auch immer recht gut gewesen ist, so darf daraus nicht der Schluss gezogen werden, dass es niemals Spannungen gegeben hätte. Die ergaben sich zwangsläufig aus der unterschiedlichen Perspektive, aus der man den Markt betrachtete. Die Industrie sah sich im Vergleich zu anderen Märkten und hätte gern deren Möglichkeiten der Marktausweitung gehabt. Besonders diejenigen Firmen, die Teil eines Konzernverbundes oder eine Abteilung eines großen Unternehmens waren, sahen sich internen Quervergleichen und »Rennlisten« ausgesetzt. Die Tatsache, dass es sich beim Hörgeräte-Markt um einen Sonderfall handelte, war den übergeordneten Unternehmensführungen und Controllern nur schwer zu vermitteln.

Wer in Deutschland Hörgeräte verkaufen wollte, sah sich mit einer Reihe von Hindernissen konfrontiert, von den Bauartprüfungen bei der *Physikalisch-Technischen-Bundesanstalt* (*PTB*) in Braunschweig über die Aufnahme in die Vertragspreislisten der Kassenverbände bis zu den Beschränkungen hinsichtlich der Vertriebswege und der Endverbraucherwerbung. Schnelle Verkaufserfolge waren auch deshalb fast unmöglich, weil Großabnehmer kaum vorhanden waren und die große Zahl der kleinen Akustiker-Betriebe mit ihren relativ festen Lieferantenbeziehungen nur schwer als neue Kunden zu gewinnen waren. Das war nur mit sehr viel Geduld und einem hohen Aufwand an Außendienst-Personal und Händlerwerbung möglich. Der Verkauf eines Hörgerätes war nicht nur im Verhältnis des Akustikers zu seinem Kunden eine Vertrauenssache, das galt genauso für das Verhältnis von Hersteller und Hörgeräte-Akustiker. War das Vertrauen des Akustikers gewonnen, dann konnte der Außendienstmitarbeiter mit Aufträgen von 5 bis 10 Hörgeräten pro Monat rechnen. Angesichts der hohen Reisekosten und niedrigen Besuchszahl pro Arbeitstag war das freilich nicht viel. Mehr war bei einem einzelnen Hörgeräte-Akustiker nicht möglich, weil der seinen Monatsbedarf von 20 bis 30 Stück auf verschiedene Lieferanten verteilen musste. Die Lagerhaltung verschiedener Fabrikate und Modelle zum Zwecke einer möglichst großen Auswahl bei der Anpassung war ein Bestandteil seines Berufsbildes und seiner Dienstleistung – Typenvielfalt durch Geräte-Bank. Andererseits konnte der Akustiker nur interessante Einkaufspreise erzielen, wenn er seinen Bedarf auf möglichst wenige Lieferanten konzentrierte. Diese Gratwanderung führte letztlich dazu, dass jeder Akustiker nur vier bis sechs gute Lieferantenbeziehungen unterhalten konnte. Das reichte gerade aus, um eine entsprechende Vielfalt von Modellen zur Ausprobe vorrätig zu haben. Je nach dem Bestellverhalten des Hörgeräte-Akustikers und dem Sortiment eines Herstellers hatte der Akustiker ständig zwischen 60 und 200 Geräte im Hause, weit mehr, als er monatlich anpassen konnte. Wer in dieser Situation als Lieferant dazukommen wollte, musste einen langen Atem haben oder versuchen, einen Mitbewerber mit härteren Methoden aus dem Geschäft zu drängen. Dazu gehörte, den Wettbewerb über den »Reinverkauf« von Sonderangeboten und ganzen »Paketen« in Form von Sonder- und Naturalrabatten zu blockieren. Dieser zeitlich begrenzten und kurzsichtigen Verkaufstaktik war immer nur ein kurzfristiger Erfolg beschieden, denn man blockierte nicht nur den Wettbewerber, sondern auch den eigenen Verkauf in den Folgemonaten. Ein großer Teil der Akustiker hat von diesen Angeboten jedoch keinen Gebrauch gemacht, weil sie damit ihre Lagerhaltung aufblähten und die fachlich erforderliche Produktvielfalt einschränkten. In den späteren Jahren wurden diese Praktiken durch die Einführung von *Nettopreisen* abgeschafft.

Kuchen und Konfetti

Was über den Preis nicht funktionieren wollte, probierten einige Hersteller mit anderen Marketinginstrumenten, die aber nicht selten gegen geschriebene und ungeschriebene Gesetze des Marktes verstießen. Das war zum Beispiel 1983 der Fall, als die Firma *Starkey,* die zwei Jahre zuvor über den Erwerb der Hambur-

Abb. V.85. »What's the problem?« Naturbursche Michael Jones von Starkey 1983 mit Ehefrau Cathy beim Büffet auf einer Betriebsfeier in Hamburg

Abb. V.86. Die Firma Oticon organisierte ihre Show etwas bescheidener und kam glatt damit durch. Sie stellte auf dem Kongress 1981 in Nürnberg auf ihrem Stand einen Spielautomaten auf. Friedolin Gaschler aus Elmshorn schien aber wenig interessiert zu sein. Die Pfeile standen übrigens für die erstmalig farbigen Trimmer in einem Hörgerät

ger Firma *Willco* auf den deutschen Markt gekommen war, auf ein schnelles Wachstum setzte. Der junge, dynamische und in Bezug auf die Spielregeln des deutschen Hörgeräte-Marktes noch völlig unbedarfte Manager *Michael Jones* aus Minneapolis hatte den Einfall, auf dem UHA-Kongress 1983 in Travemünde eine Spielbank auf dem Starkey-Willco-Stand aufzubauen und die Mitarbeiter in die Uniform von Croupiers zu stecken. Daneben konnte man Billard und Poker spielen. Das sollte »funny« sein und die Hörgeräte-Akustiker an den Stand locken. Das Vorbild waren die amerikanischen Kongresse, die sich auch als »trade shows« verstanden und mit viel Kuchen und Konfetti verbunden waren. Die Croupiers-Jacken und schwarzen Zylinder, die Chips und Spielkarten, Billardtische und Queues waren schon besorgt. Es fehlte nur noch die fünffache Standfläche! Dass man die nicht bekommen konnte, ging in Jones' Kopf nicht hinein. »What's the problem? We pay for it!« Kaum sickerten diese Pläne bei der UHA durch, brach ein Sturm der Entrüstung los. Dr. Pistor drohte Jones, wenn er den Unsinn nicht abstelle, werde die Firma Starkey-Willco sofort vom Kongress ausgeschlossen. Völlig verunsichert vom deutschen Ordnungsdenken, gab Jones

Abb. V.87. Zwei typische Custom-Made-Im-Ohr-Geräte aus den 80er Jahren. Das kleinere ist ein Gehörgangsgerät, das größere ein Concha-Gerät

das »Faîtes votre jeux!« schließlich auf und beschied sich schmollend mit einem recht dürftigen Empfang bei belegten Brötchen außerhalb des Kongressgeländes.

In der Folgezeit hat es ähnliche Konfliktsituationen immer wieder gegeben. Für die Hersteller waren die Kongresse Verkaufsmessen, für die UHA fachwissenschaftliche Veranstaltungen. Was immer die Industrie an eigenen Abend-Programmen plante, es kollidierte stets mit den UHA-Angeboten. Das war weniger den Inhalten nach der Fall, als vielmehr ein zeitliches Problem. Im Prinzip standen nur zwei Abende für Veranstaltungen zur Verfügung, die waren aber immer schon restlos mit den internen Mitgliederversammlungen, Delegiertentreffen, Verbandstagungen und dem traditionellen UHA-Gesellschaftsabend ausgebucht.

Auch das Nebeneinander von Ausstellung und Vorträgen war nie ganz optimal, weil das eine dem anderen das Publikum entzog. Wegen der hohen Kosten des Kongresses, der einen im Interesse der Besucher und aus Kostengründen engen Zeitrahmen erforderte, konnte jedoch nie eine alle Seiten voll befriedigende Lösung gefunden werden. Die Verlängerung um einen Tag (Samstag) für die Industrieausstellung war jedoch ein tragbarer Kompromiss.

Ein weiterer Grund für das natürliche Spannungsverhältnis zwischen Industrie und Akustikern liegt bis heute in den gesetzlichen und vertraglichen Rahmenbedingungen des Hörgerätemarktes, die im Wesentlichen nicht dem direkten Einfluss der Industrie unterliegen. Diese werden durch die staatliche Gesundheitspolitik und die Verhandlungen zwischen der Bundesinnung und den Kassenverbänden festgelegt. Die Industrie ist dabei nur Zaungast, obwohl die Verhandlungsergebnisse auch sie betreffen. So wie die HNO-Ärzte die Akustiker zwar als Partner, zugleich aber auch als Assistenten betrachten, so sehen die Akustiker die Industriefirmen als Partner und zugleich als Lieferanten an. Im Beziehungsgeflecht der Marktteilnehmer ist die Industrie den Hörgeräte-Akustikern zugeordnet, operiert aber nicht völlig unabhängig. Das bedeutet für die Industrie einen »gefilterten« Marktzutritt, der nur gelegentlich durch die sporadische Endverbraucherwerbung großer Hersteller durchbrochen wird.

Handwerk oder Industrie: Der Kampf um eine neue Philosophie

1983 geriet die Firma *Starkey-Willco* gleich ein zweites Mal in Konflikt mit den deutschen Hörgeräte-Akustikern. Starkey hatte Willco ja weniger der vorhandenen Hinter-Ohr-Geräte-Fertigung und des damit betriebenen Exportgeschäftes wegen erworben, sondern vielmehr, um in Deutschland eine materielle Basis für die Fertigung von individullen Im-Ohr-Geräten zu gewinnen. In der kleinen Fabrik in Hamburg waren immerhin 60 Mitarbeiter beschäftigt, die sich mit der Hörgeräte-Produktion auskannten. Ein weiterer Grund, Willco zu kaufen, war für Starkey der sofortige Zugang zur Fachabteilung des ZVEI.

Starkey hatte nämlich die Befürchtung, wegen der neuen Technologie und der neuartigen Vertriebskonzeption, die von den deutschen Herstellern als Bedrohung angesehen wurde, vom Industrieverband abgeblockt und auf diese Weise von wichtigen Informationen über den Markt ausgeschlossen zu werden.

Diese neue »*Custom made*«-Philosophie beruhte darauf, dass der amerikanische »Dealer« bei der Ausprobe nicht mehr auf diverse Lagergeräte zurückgreifen musste, sondern für den Probanden ein Im-Ohr-Gerät maßanfertigen ließ. Dazu musste er das Audiogramm und die Ohrabdrücke an den Hersteller einschikken. Damit waren der Händler und sein Kunde auf einen Hersteller festgelegt und eine Ausprobe mit verschiedenen Fabrikaten fand nicht mehr statt. Es war klar, dass dieses System nicht nur eine Gefahr für die etablierten Hersteller in Deutschland bedeutete, sondern auch das handwerklich orientierte Berufsbild des Hörgeräte-Akustikers in Frage stellte. Das Argument der Custom-Made-Befürworter war, dass sich die »*vergleichende Anpassung*«, wie sie das Berufsbild des Akustikers zwingend vorsah, bei dem neuen System erübrigte. Ein Vergleich war – so die Argumentation der »Neuerer« – ja nur mit dem »alten« System notwendig, weil man sich nur dort schrittweise an den individuellen Bedarf des Probanden annähern müsse. Aus einer Reihe von seriell gefertigten und genormten Geräten müsse zunächst eine grobe Vorauswahl getroffen und dann durch Ausprobieren mehrerer geeigneter Fabrikate und Varianten eine möglichst gute Kompensation des individuellen Hörverlustes erreicht werden. Bei der *Custom-Made-Fertigung* werde das starre Schema vorgefertigter Serienprodukte aber völlig aufgehoben und durch eine patientenindividuelle Maßanfertigung abgelöst. Die Vielzahl der einzelnen elektronischen Bauelemente und otoplastischen Modifikationsmöglichkeiten erlaube eine unendliche Vielfalt an Konfiguratio-

---

DIGITEL-FERNBEDIENUNGSGERÄTE

Rexton-Auftrags-Nr. _____

REXTON

Absender / Lieferanschrift

Rechnungsanschrift

Name des Probanden / bzw. interne Bearb.-Nummer: _____

Bei Rückfragen bitte anrufen: Herrn / Frau: _____

Telefon-Nummer: Vorwahl: _____   Nummer: _____

Hiermit bestellen wir: ☐ rechte Seite   ☐ linke Seite

Conchagerät „DIGITEL N" (312er Batterie, breitbandig)

☐ Standard (inkl. PC, GC, TC)
    Fernbed. Funktionen: Laut/Leise/Bass Cut

☐ High Cut (inkl. PC, GC, TC)
    Fernbed. Funktionen: Laut/Leise/Bass Cut/High Cut

☐ Telespule (inkl. PC, GC, TC)
    Fernbed. Funktionen: Laut/Leise/Bass Cut/Telespule

Gewünschte Verstärkung / Ausgangsschalldruck (Spitzenwerte):

☐ 35 / 110   ☐ 45 / 117

☐ 55 / 125   ☐ 55 / 125 (PP-Verstärker, 13er Batterie)

Hiermit bestellen wir: ☐ rechte Seite   ☐ linke Seite

Conchagerät „DIGITEL H" (312er Batterie, hochtonig)

☐ Standard (inkl. PC, GC, TC)
    Fernbed. Funktionen: Laut/Leise/Bass Cut

☐ High Cut (inkl. PC, GC, TC)
    Fernbed. Funktionen: Laut/Leise/Bass Cut/High Cut

☐ Telespule (inkl. PC, GC, TC)
    Fernbed. Funktionen: Laut/Leise/Bass Cut/Telespule

Gewünschte Verstärkung / Ausgangsschalldruck / Spitzenwerte

☐ 35 / 110   ☐ 45 / 117

Optionen:

☐ Semi-Concha-Ausführung ohne Helix-Teil
☐ Belüftung als Acrylkanal
☐ Belüftung mit Schlauch
☐ 1,0 mm Belüftung

☐ 1,5 mm Belüftung
☐ 2,0 mm Belüftung
☐ 2,5 mm Belüftung
☐ IROS
☐ Telefonspule

☐ extra An/Aus-Schalter
☐ Nageleinschnitte
☐ Windschutz für Mikrofon
☐ Weichbeschichtung
☐ Verglasung

☐ Vergoldung
☐ Schale transparent
☐ Cerumensieb (Siemens-System)
☐ Cerumenklappe (Philips-System)
☐ Glockenbohrung

Wir melden uns, wenn angekreuzte Versionen nicht realisierbar sind!

Abb. V.88. Typisches patientenbezogenes Bestellformular für Im-Ohr-Geräte mit Fernbedienung (1987)

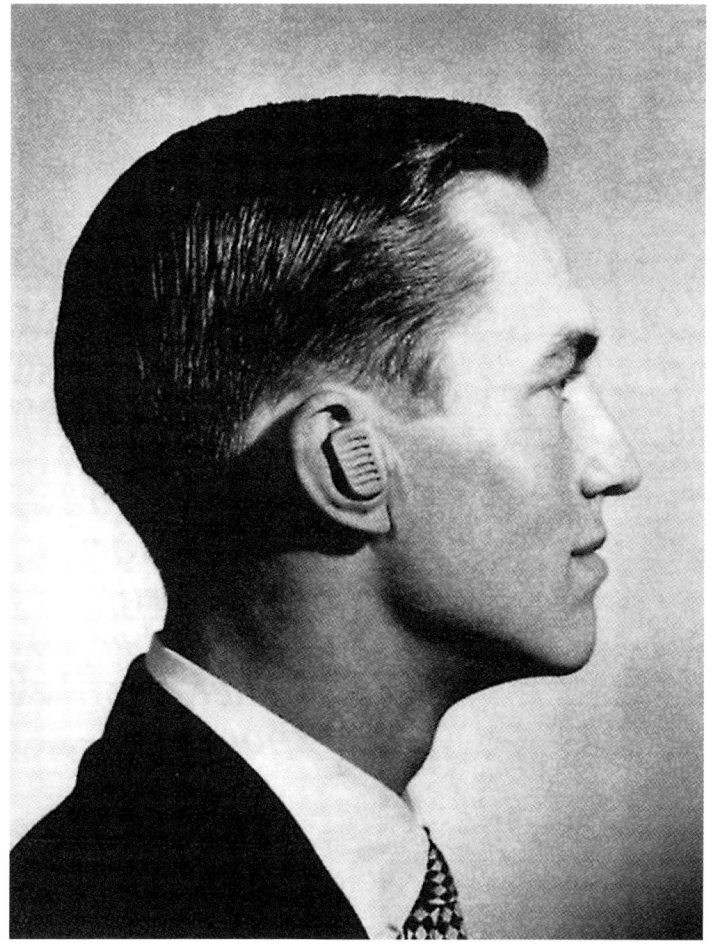

Abb. V.89. Das erste Modul-Im-Ohr-Gerät (Danavox »Aurette«) von 1957 war noch mehr auf als in dem Ohr und wurde deshalb auch als »At-the-Ear«-Gerät (ATE) bezeichnet

nen und damit eine absolute Individualisierung der Produkteigenschaften, so dass der Patient auf Anhieb, und mit nur einem Gerät, die optimale Versorgung erhalte.

Diese Argumentation bekam noch mehr Gewicht durch die prinzipiellen Vorteile, die mit den Im-Ohr-Geräten verbunden waren, wie die natürliche Schallaufnahme in der Ohrmuschel, das bessere Richtungshören und Sprachverstehen im Störgeräusch, der geringere Verstärkungsbedarf durch die Position des Hörers im Ohr, die erhöhte Bewegungsfreiheit bei Arbeit und Sport und die einfachere Trageweise und Handhabung. Als man die Im-Ohr-Geräte dann auch noch als Gehörgangsgeräte bauen konnte, kam noch ein ganz wichtiger Vorteil hinzu: die Kosmetik. Plötzlich war es nicht mehr ausreichend, mit einem Hörgerät besser hören zu können, man sollte es auch nicht mehr sehen können. Die Gehörgangsgeräte waren ausnahmsweise keine amerikanische Erfindung. Sie wurden 1979 in Italien von der Firma *Coselgi* entwickelt. Das erste Modell nannte sich »New Ear« und war auch als Kit lieferbar.

Es ist verständlich, dass diese neue Bauart eine ungeheure Herausforderung für die Hörgeräte-Industrie darstellte, die außer einigen sehr schlecht verkäuflichen Concha-Modul-Geräten wie das I 11 V (1978) von Oticon oder die »Siretta« (1966) von Siemens nichts anzubieten hatte. Dabei waren auch die amerikanischen Firmen immer Hersteller von Serienprodukten gewesen. Die Custom-Made-Philosophie war nicht ihre Erfindung, sondern eine der Hörgeräte-Akustiker und der Otoplastik-Labore. Abgesehen von einigen frühen Patenten, die nie realisiert wurden, wie das des Königsberger Erfinders *Wilhelm Gramsch* von 1923 oder dasjenige von *Douglas Rowland* aus Oklahoma von 1953, war der Hörgeräte-Händler und Tüftler *Leslie P. Leale* aus Kalifornien der erste, der 1957 ein Custom-Made-Im-Ohr-Gerät auch tatsächlich herstellte. Er fertigte einige weitere »Ear-Master« und baute darauf 1959 die Earmaster Inc. auf, die er 1968 an Goldentone verkaufte. Der »Ear-Master« war schon ein richtiges Hohlschalen-Gerät, das heißt, alle Bauteile und die Batterie verschwanden in der – noch mühselig und nachträglich ausgehöhlten – Otoplastik. Dagegen waren viele andere Im-Ohr-Geräte, die danach auf den Markt kamen, serielle Produkte, die auf eine massive Otoplastik aufgesteckt wurden und relativ weit aus dem Ohr heraus ragten. Sie wurden deshalb nicht als »In-the-Ear«-(ITE)-, sondern als »At-the-Ear«-(ATE)-Geräte bezeichnet und waren faktisch Concha-Modul-Geräte.

Erst der Inhaber der Starkey Laboratories in Minneapolis, *Willam F. (»Bill«) Austin*, war derjenige, der Leales Idee 1973 wieder aufgriff und fest entschlossen war, ein großes Geschäft daraus zu machen. Die *Starkey Labs.* waren 1963 von einem Mann namens *Harold Starkey* gegründet worden, der aus der Dentaltechnik kam und seit 1942 für verschiedene Otoplastik-Laboratorien gearbeitet hatte. 1970 kaufte Bill Austin, der von 1961 bis 1967 als Hörgeräte-Händler tätig war und danach eine kleine Hörgeräte-Reparatur-Firma mit einem neuartigen Service-Konzept gegründet hatte, die Starkey Labs., um sein Geschäft zu erweitern. Der tägliche Umgang mit Elektronik-Bauteilen auf der einen Seite und Otoplastiken auf der anderen brachte ihn auf den Gedanken, beides miteinander zu verbinden. Dabei wusste er, dass es noch einer zusätzlichen Idee bedurfte, um erfolgreich zu sein. Bei seinem Reparatur-Service war es die »Festpreis-Reparatur«, die es zuvor in den USA nicht gegeben hatte, und bei den Custom-Made-Geräten war es das *»Money-Back-System«,* das eine Rückerstattung des Kaufpreises bei Nicht-Gefallen garantierte, obwohl das individuell angefertigte Gerät dann nicht mehr verkäuflich war. (In Wirklichkeit wurde es in seine Bestandteile zerlegt und die brauchbaren Teil wurden wiederverwendet!). Auch das Money-Back-System wollte Michael Jones in Deutschland einführen. Doch das System wurde in Deutschland als »Wild-West-Methode« angesehen und auch deshalb gab es Widerstände gegen die amerikanischen Neulinge.

Abb. V.90. Das Oticon I 11 V Concha-Modul-Gerät von 1978

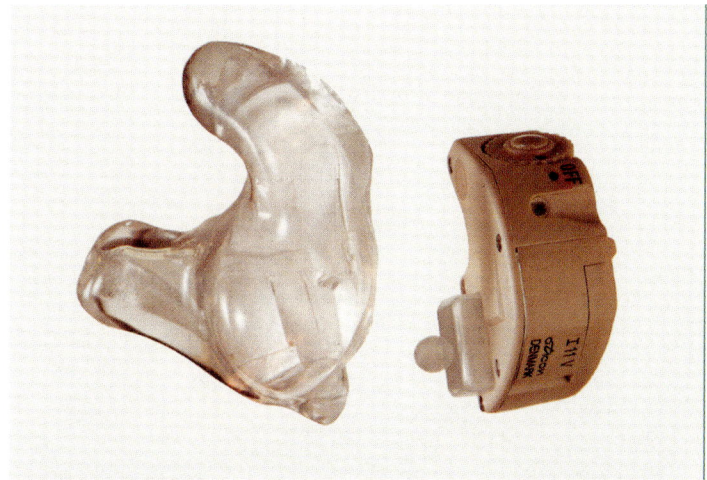

Abb. V.91. Zu jedem Modul-Im-Ohr-Gerät gehörte ein Anpass-Set, wie hier für das Oticon I 11 V

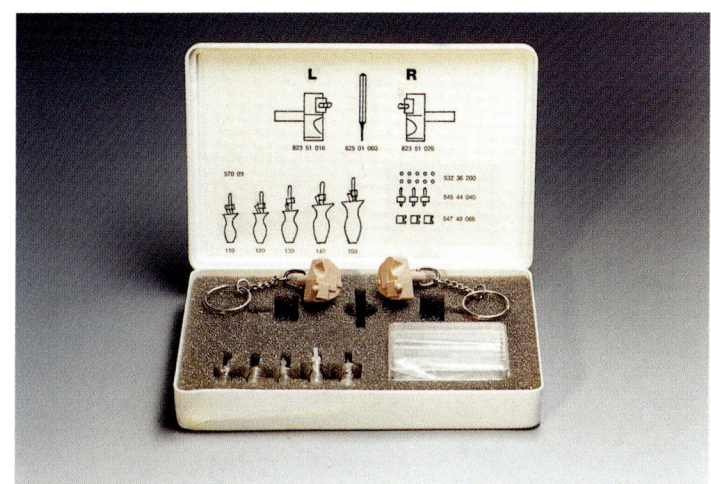

Abb. V.92. Das modulare Im-Ohr-Gerät »Fonett« (1983) von Widex war Anfang der 80er Jahre ein großer Renner, jedoch nur in Deutschland. Die anderen Märkte präferierten das Custom-Made-Prinzip

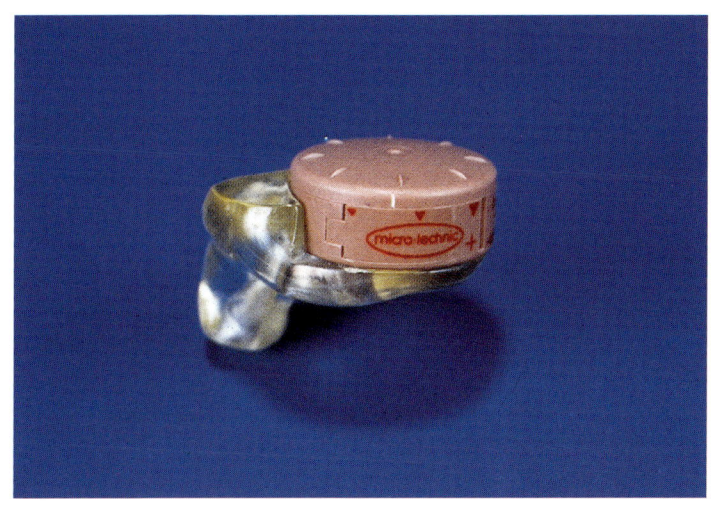

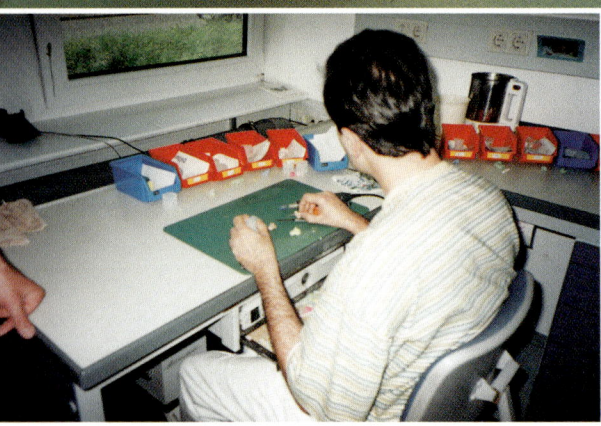

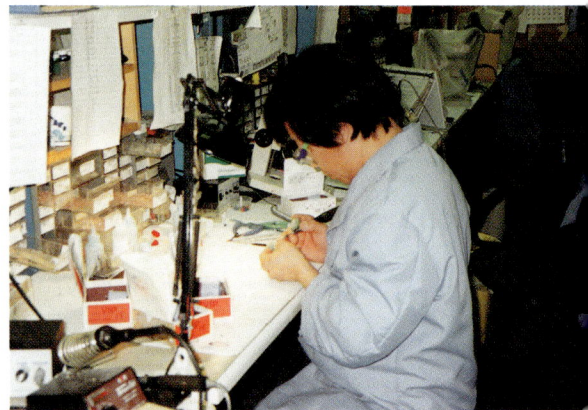

Abb. V.93. Die moderne Custom-Made-Fertigung hat trotz großer Arbeitsteiligkeit deutliche Merkmale einer handwerklichen Tätigkeit

UHA und Bundesinnung sahen die Gefahr, dass andere Hersteller dieses System ebenfalls übernehmen würden. Erste Anzeichen gab es schon bei Siemens, wo seit kurzem *Peter Daetz* als Nachfolger von Kurt Erich Döll die Leitung der Hörgeräte-Abteilung übernommen hatte. Daetz, der für einen Konzernmanager ungewöhnlich risikofreudig war, hatte das Custom-Made-System in den USA kennengelernt und erstaunt festgestellt, wie ungeheuer erfolgreich es innerhalb weniger Jahre geworden war. Der Anteil der Im-Ohr-Geräte war dort in dem kurzen Zeitraum von 1973 bis 1980 von 2,3 % auf 33,8 % gestiegen. Starkey war auf diesem Gebiet zwar führend in den USA, aber in Deutschland sah sich Siemens herausgefordert, schneller, besser und größer zu sein. Das war schon ein ziemlich mutiger Schritt, denn er brach mit einer langen Siemens-Tradition, weil die Custom-Made-Fertigung zur Hälfte eine handwerkliche und nicht nur eine industrielle Leistung war. Auch in diesem Punkt mussten sich zwangsläufig Reibungen mit den Hörgeräte-Akustikern ergeben. Es gab zwar schon seit einigen

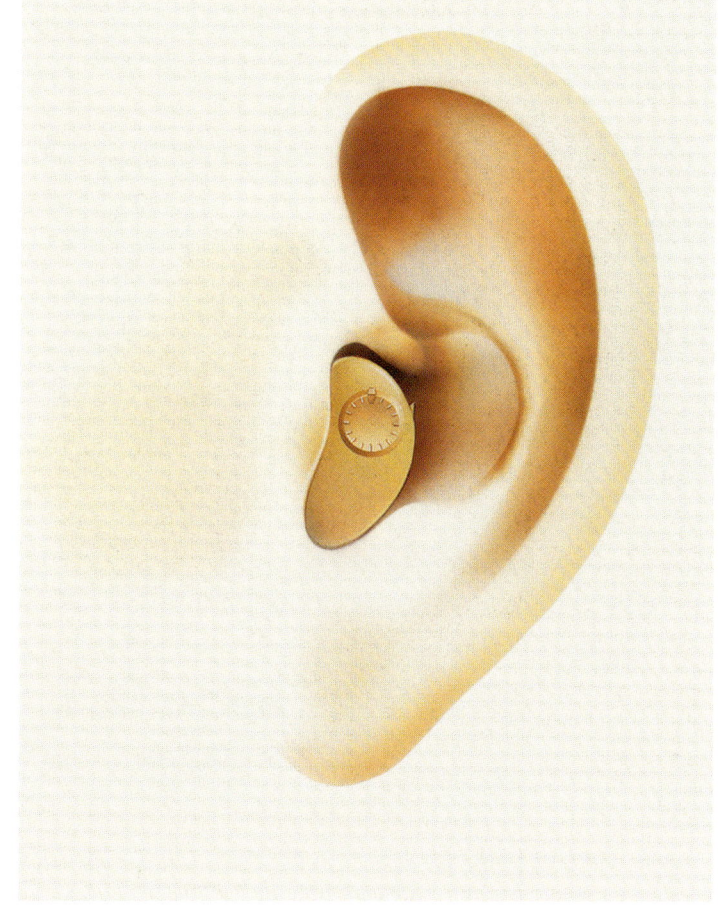

Abb. V.94. Die Vorteile eines Im-Ohr-Gerätes waren im wesentlichen die natürliche Position der Schallaufnahme im Ohr und seine diskrete Trageweise. Aber nicht immer fügte sich die Oberfläche eines Gerätes so harmonisch in die Ohrmuschel ein, wie hier bei einem nie realisierten Design-Entwurf des Autors von 1987

Jahren die kleine Firma *H & M Audioservice* in München, die ab 1977 Custom-Made-Geräte anbot, sie aber ziemlich umständlich in den USA und England herstellen ließ und insofern als Exot angesehen wurde, der keine wirkliche Gefahr darstellte. Aber wenn die Firmen Starkey und Siemens damit in großem Stile anfangen würden, war das etwas anderes. *(Anm.: Die Firma H & M Audio-Ser-*

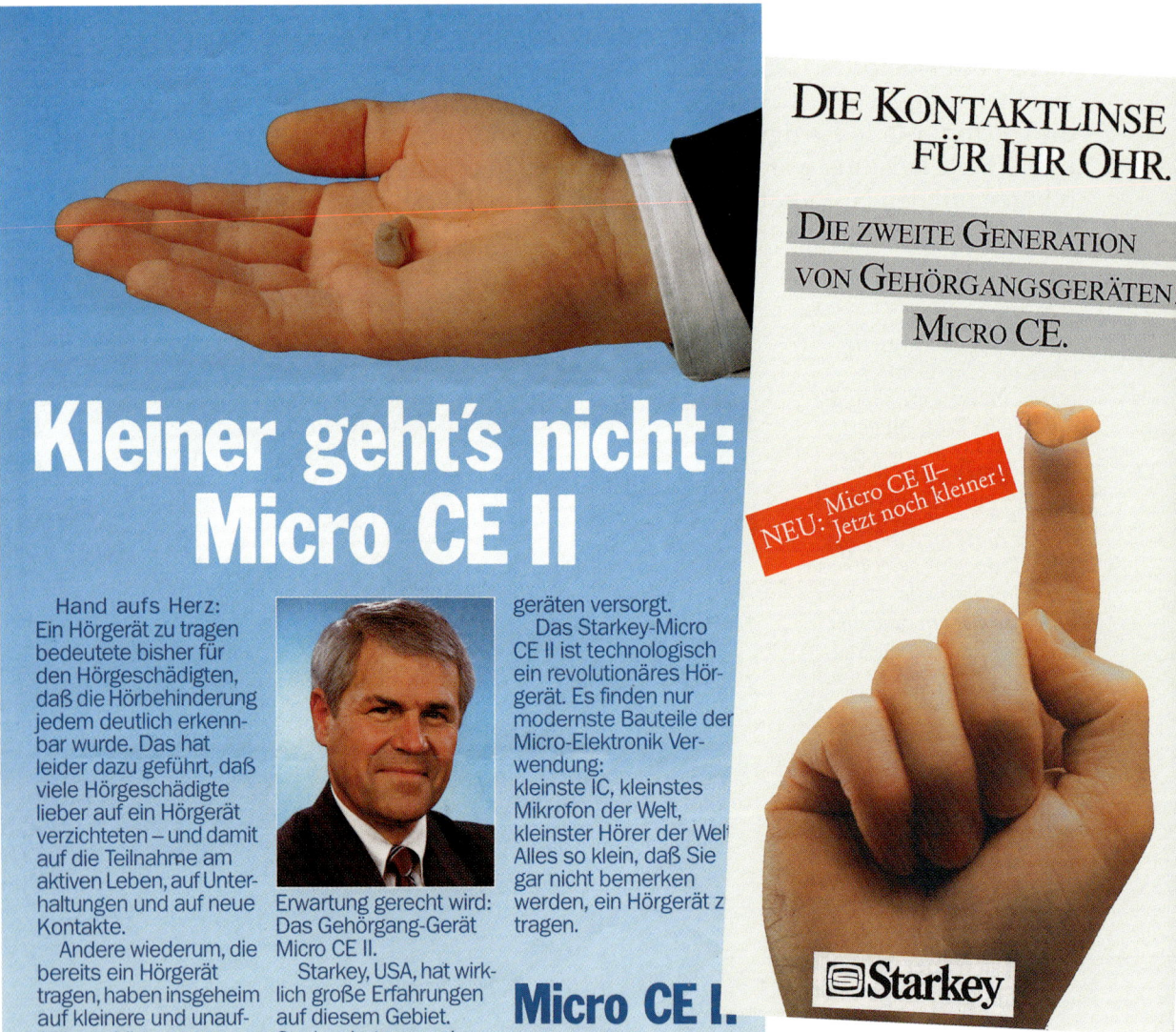

Abb. V.95. Werbung für das Micro CE 1984. Mit der angeblichen »Unsichtbarkeit« wurde damals schon Werbung gemacht und die Metapher »Die Kontaktlinse für Ihr Ohr« geprägt

Abb. V.96. Die »Bastelkiste« zum MicroCE. In diesem Set war alles enthalten, was der Hörgeräte-Akustiker benötigte, um Semi-Module selber herzustellen

vice wurde 1977 von dem Hörgeräte-Akustiker Horst-Peter Hühne in München gegründet und zog 1980 nach Herford).

Eile war geboten, wenn man die Entwicklung noch aufhalten wollte. Schon sickerten Gerüchte durch, dass auch die große amerikanische Firma Beltone in Deutschland eine CIO-Fertigung aufziehen wollte. Im September 1983 arrangierten UHA und Bundesinnung ein Treffen mit Starkey in Frankfurt. Zu aller Überraschung kam es aber nicht zu den erwarteten heftigen Auseinandersetzungen. *Michael Jones* und der Audiologe *Larry Hagen* gaben sich amerikanisch locker und versprachen spontan, das Custom-Made-Prinzip so zu verändern,

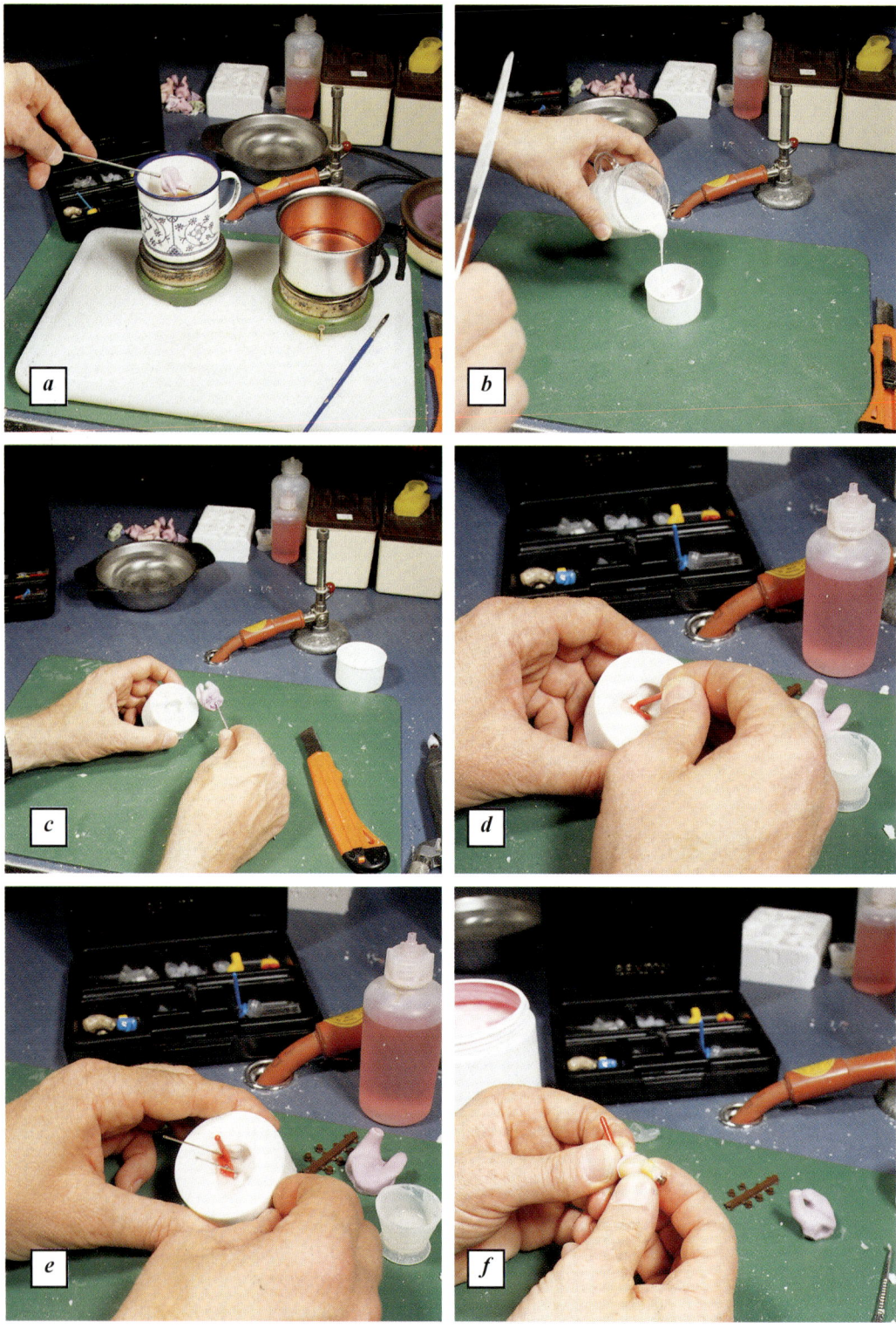

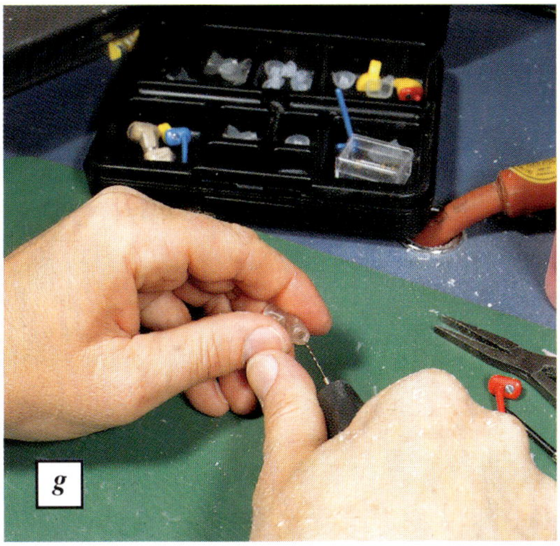

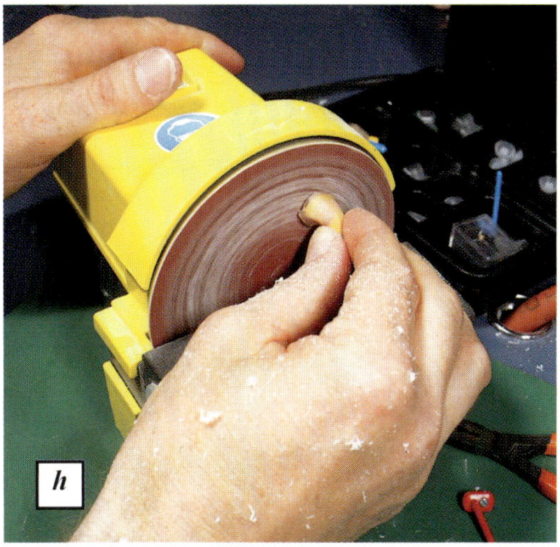

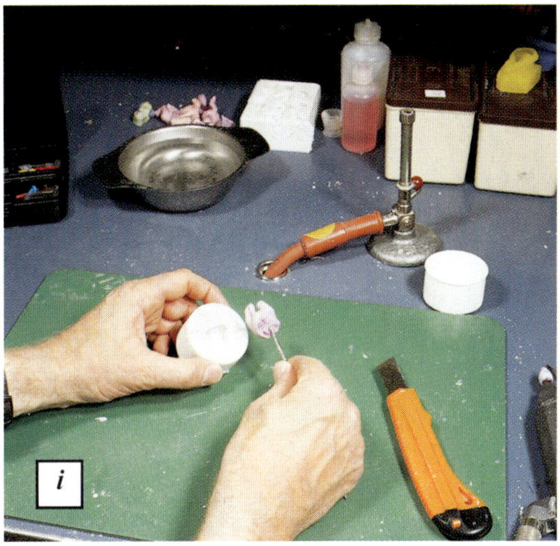

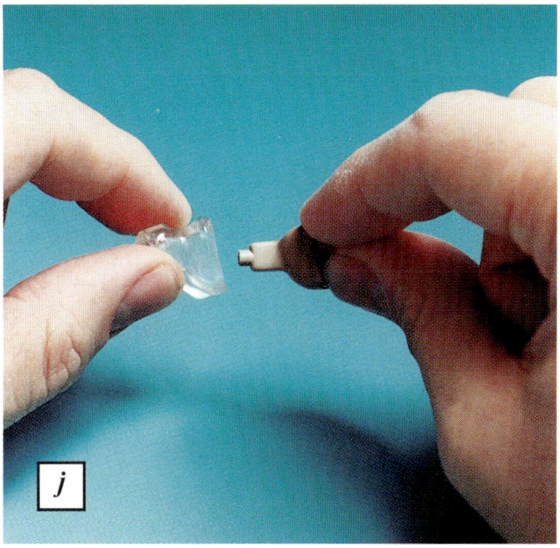

*Abb. V.97 a bis k Einige Arbeiten im Rahmen der
Otoplastik-Herstellung (hier bei einem Modul-Im-Ohr-
Gerät Ende der 80er Jahre):
(a) Wachsen eines beschnittenen Ohrabdrucks,
(b) Herstellung einer Negativform durch Ausgießen des
Raumes zwischen Abdruck und Formtopf,
(c) Herausnahme des Abdrucks aus der Negativform,
(d) Einpassprobe mit einem Dummy in der Negativform,
(e) Genaue Positionierung des Dummy vor dem Ausgießen des Raumes zwischen Dummy und Negativform,
(f) Kontrolle des Rohlings durch Probe-Einpassen des
Dummies,
(g) Anlegen einer Zusatz-Bohrung an dem Rohling,
(h) Plan-Schleifen des Rohlings an der Oberkante,
(i) Polieren des Rohlings,
(j) die fertige Hohlschale (Überschale) kann mit dem
Modul zusammengesteckt werden,
(k) die Überschale passt genau und wird zusätzlich
fixiert*

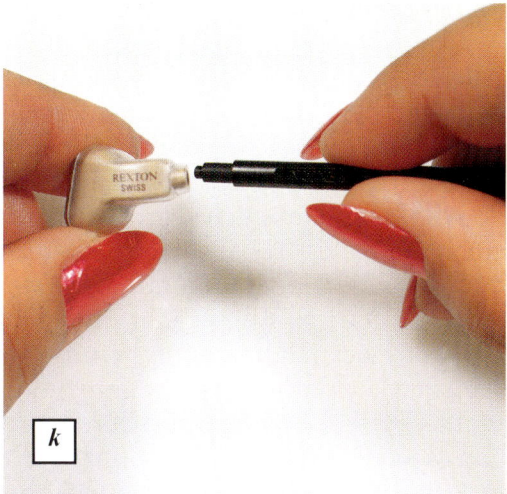

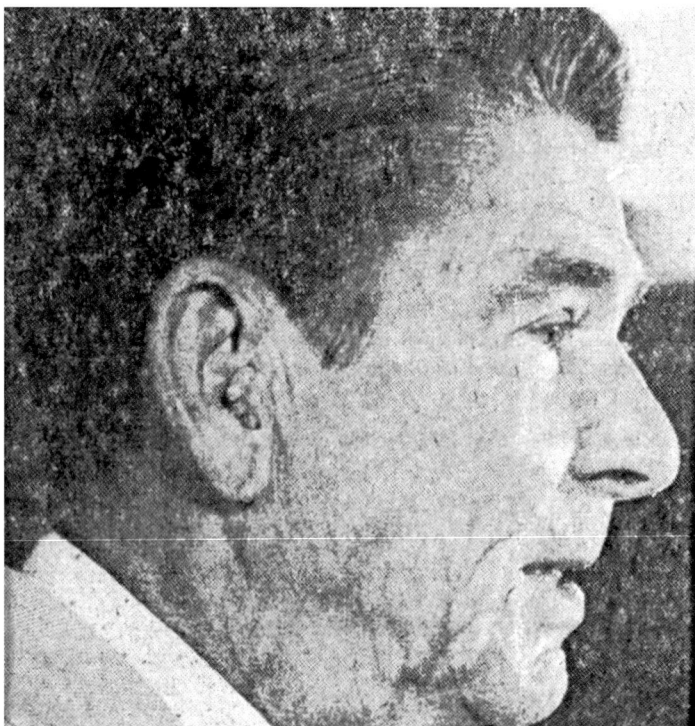

*Abb. V.98. Ex-US-Präsi-
dent Ronald Reagan
bekannte sich zu seiner
Schwerhörigkeit und trägt
Im-Ohr-Geräte
(Zeitungsausschnitt in
starker Vergrößerung)*

dass alle zufrieden wären. Daraus entstand die Formel »Das Handwerkliche dem Handwerk, das Industrielle der Industrie«. Wie konnte das hinsichtlich Im-Ohr-Geräten aussehen? *(Anm.: Beltone kam 1984 tatsächlich mit viel Aufwand und in Zusammenarbeit mit der Firma Reichel in Regensburg auf den Markt, gab 1987 aber wieder auf. Das war bereits der zweite Versuch, denn Beltone war – wie zuvor beschrieben – schon Anfang der 50er Jahre mit einem Direktvertriebssystem auf dem deutschen Markt. 1999 startete Beltone über den Aufkauf der Hörgeräte-Abteilung der Firma Philips ein drittes Mal in Europa und Deutschland).*

Auch da wurde schnell ein Beschluss gefasst. Larry Hagen hatte den Vorschlag gemacht, dem Hörgeräte-Akustiker ein Set von Komponenten und Modulen zu liefern, mit dem er sich dann selber ein Custom-Made-Gerät (CIO) bauen können. Dann sollte, wegen der Austauschbarkeit der Module, auch eine vergleichende Anpassung möglich sein. Das Produkt, das daraufhin entstand, war das erste in der Kategorie der »Semi-Module« und bekam den Namen »Micro CE«. In der Werbung hieß das Gerät »Die Kontaktlinse für Ihr Ohr«. Das Gerät hatte ein »Snap-In-System« (was nicht mit »Einschnapp-System« zu übersetzen war!), verkaufte sich relativ gut und wurde bald von anderen Herstellern nachgeahmt. Weil Starkey natürlich nicht ganz von der Custom-Made-Philosophie ablassen wollte, musste auch da eine »berufsverträgliche« Lösung gefunden werden. Die gab es bald in Form der *Bestell-Matrix*, die es dem Akustiker ermöglichte, selber festzulegen, welche Verstärker, Mikrophone, Hörer, Batterien und Steller miteinander beim Hersteller kombiniert werden sollten. Die Sache hatte allerdings einen Haken. Das »Money-Back-System« galt nicht für selbst konfigurierte Custom-Made-Geräte. Starkey wollte nur die volle Gewähr leisten, wenn die Komponenten im Werk nach Audiogramm festgelegt worden sind. Für Starkey hatte sich das Entgegenkommen auch insofern gelohnt, als mit der Semi-Modul-Technik die Notwendigkeit intensiver Schulungen vor Ort oder in Hamburg verbunden war. Auf diese Weise war diese Firma über Nacht in das Zentrum des Interesses gerückt und konnte sich als kompetenter Partner der Hörgeräte-Akustiker darstellen. Die Semi-Modul-Technik, die ein Ergebnis des Interessen-ausgleichs von Hörgeräte-Akustikern und Industrie gewesen ist, wurde 1985 von Starkey ergänzt durch die Vollmodul-Technik der »Insertina«-Baureihe. Die prinzipiellen Vorteile der Modultechnik, die Servicefreundlichkeit, die leichte Otoplastik-Reinigung und die Möglichkeit der vergleichenden Anpassung wurden dadurch noch weiter verstärkt.

In Amerika, wo 1982 schon 43 % aller Geräte Im-Ohr-Geräte waren, konnte sie nicht Fuß fassen. Auch in Deutschland konnte sie trotz aller Vorteile das Custom-Made-Prinzip nicht verdrängen. Zwar waren Semi-Module wie das »*131*« von Danavox oder das »*M 33*« von Philips und Vollmodule wie das »Fonett« von Micro-Technic große Verkaufserfolge, aber der Gesamtanteil der *Modulgeräte (MIO)* an allen Im-Ohr-Geräten kam nie über 40 % hinaus und nahm im Laufe der Jahre wieder kontinuierlich ab. Der Siegeszug der Im-Ohr-Geräte insgesamt blieb davon allerdings unberührt. 1980 betrug ihr Anteil in Deutschland noch 0 % und 1982 erst 0,3 %. 1983 stieg er durch die Versorgung von US-Präsident Ronald Reagan erstmals spürbar auf 2,5 % an und erreichte 1987 – für damalige Verhältnisse – sensationelle 17 %. Sensationell war das insofern, als es Anfang der 80er Jahre viele ältere Hörgeräte-Akustiker gab, die den Im-Ohr-Geräten nicht nur aus berufspolitischen Gründen sehr reserviert gegenüberstanden, sondern auch aus einer konservativen Grundhaltung heraus. Zu dem »ordentlichen« Handwerk des Akustikers gehörte nun einmal der Umgang mit Schlauchzange, Puster, Stethoclip, Bohrer und Uhrmacherschraubenzieher. Die meisten Im-Ohr-Geräte boten dafür aber keine Ansatzpunkte und wurden deshalb vielerorts als »Spielzeug« abgelehnt. Das andere Hemmnis waren die Krankenkassen, die Im-Ohr-Geräte wegen der geringeren Lebensdauer, die eine Folge der intensiveren Beanspruchung durch die Trageweise im Ohr (Feuchtigkeit, Wärme, Schweiß, Säure) war, nicht bezahlen wollten.

Auch waren nicht alle deutschen Fachleute sofort von dieser Technik begeistert. Auf dem Kongress 1983 in Travemünde wurde ein ganzer Vormittag nur diesem Thema gewidmet und es wurde in verschiedenen Vorträgen und Diskussionen vor dieser Technik gewarnt. Es war die Rede von »kastrophalen Schwierigkeiten« und mangelnder Seriosität derjenigen Hörgeräte-Akustiker, die sich damit beschäftigten. Das führte zu heißen Diskussionen. *Larry Hagen*, der in Minneapolis Audiologie studiert und an der dortigen HNO-Klinik gearbeitet hatte, vertrat die »klinische« Richtung in dem Streit um die »*vergleichende*« und die »*verordnete*« *Anpassung,* der zehn Jahre zuvor auch in den USA mit großer Heftigkeit ausgetragen worden ist. Die Befürworter der »*prescriptive fitting method*« waren der Meinung, dass die Klinik, die das Gehör mit ihrer aufwendigen Audiometrie genau evaluiert hatte, zwangsläufig auch die »objektiv« erforderlichen akustischen Kenndaten eines zu verschreibenden Gerätes (die sich ja aus der Audiometrie und der Diagnose ergaben) festlegen und verordnen müsse. Je differenzierter die Diagnostik würde, desto differenzierter würden auch die Anforderungen an die Hörgeräte-Technik. Das führe konsequent zu der individuellen Konfiguration der elektronischen Bauteile und damit der Maßanfertigung eines Hörgerätes. Die Kollektion seriell gefertigter Geräte stellte nach dieser Auffassung ein zu grobes Raster dar, das den individuellen Anforderungen der einzelnen Hörverluste nur approximativ gerecht werden könne. Die vorherige Festlegung der technischen Kenndaten eines Hörgerätes durch den Arzt ist in Deutschland auch als »Indikationsmodell« bezeichnet worden.

Die Befürworter der »*selective fitting method*« betonten dagegen die »subjektiven« Aspekte der vergleichenden Anpassung, weil das, was in der Theorie notwendig sei, in der Praxis noch lange nicht zum besten Ergebnis führen müsse. Die Theorie liefere zwar einen Bezugsrahmen für die Anpassung, der aber nur durch die Arbeit am Patienten und dessen subjektive Aussagen und aktive Mitarbeit sinnvoll ausgefüllt werden könne. Die Fülle der individuellen Schwerhörigkeiten ließe sich nicht dergestalt schematisieren und »kodifizieren«, dass daraus individuelle technische Spezifikationen abzuleiten wären. Damit wurde auch auf standardisierte und automatisierte Auswertungsprogramme, wie das von *Lawrence* (*»Larry«*) *Hagen* entwickelte »*DigiPad*«-System, angespielt, mit dem angelernte Kräfte für jedes Audiogramm die passende Technik konfigurieren konnten.

Dieser Richtungsstreit war eine Folge des Konkurrenzverhältnisses zwischen den amerikanischen Audiologen, die sich zunehmend auch mit der Anpassung und dem Verkauf von Hörgeräten befassen wollten, und den etablierten »hearing aid specialists«. Die waren zwar einerseits über die zunehmende Zahl an Verordnungen aus den Kliniken erfreut, sofern die nicht selber Hörgeräte abgaben, sahen sich aber andererseits in der Rolle von »order fillers« (Bestell-Abwicklern) gedrängt. Die »specialists« haben daraufhin freiwillig eine »Qualifizierungs-offensive« gestartet, die es ihnen ermöglichte, neben den anpassenden Audiologen zu bestehen. Allerdings haben die Audiologen in den USA langfristig die »specialists« überflügelt. Das lag auch daran, dass viele der älteren »dealer«, die sich nicht mehr weiterbilden wollten, aufgegeben haben, und der Nachwuchs von vornherein den akademischen Weg geht.

Trotz der Strittigkeit der Im-Ohr-Geräte stieg ihr Anteil in den 90er Jahren von 0 % bis auf 36 %, in den USA, dem klassischen Custom-Made-Markt, sogar auf 85 % *(vgl. Der Hörgeräte-Akustiker 12/83).*

Wer soll das bezahlen?

In den Nachkriegsjahren war das Verhalten der Krankenkassen in Bezug auf die Kostenerstattungen sehr unterschiedlich. Nach dem Krieg gab es zunächst keine Zuschüsse. Erst im Laufe der Jahre übernahmen die Kassen freiwillig, ohne Abstimmung untereinander und in unterschiedlicher Höhe, einen Teil der Kosten. Das geschah zunächst gegen Vorlage der Rechnung, später nur nach vorheriger Einreichung eines Kostenvoranschlages. Eine *Ohrenfachärztliche Verordnung* war immer erforderlich, es sei denn, der Patient bezahlte alles privat und

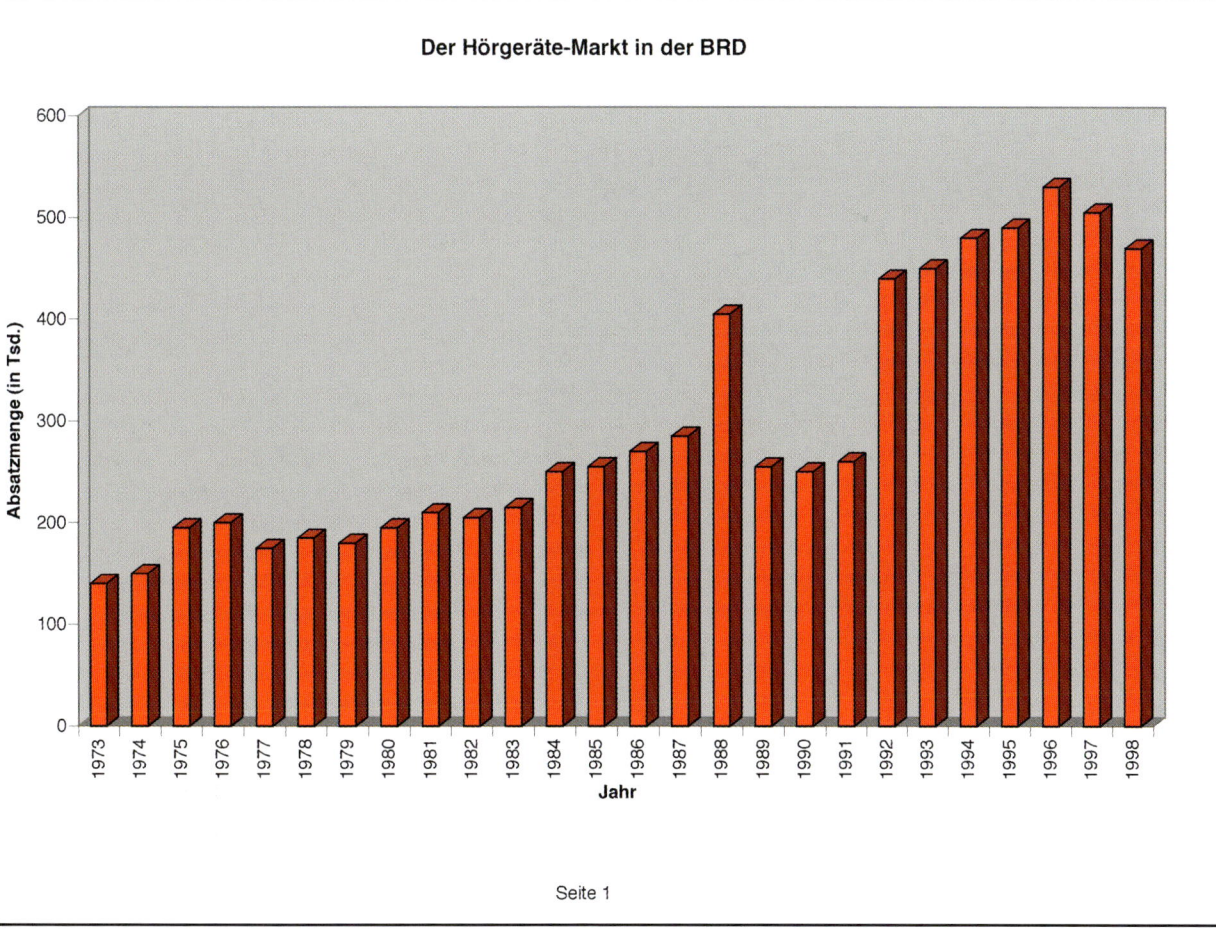

Abb. V.99. Die Grafik zeigt deutlich den Zusammenhang zwischen Markt-Entwicklung und politischen Einflüssen. 1975 das Reha-Gesetz, 1979 und 1981 die Kostendämpfungsgesetze, 1988 die Ankündigung der Gesundheitsreform, 1992 die Wiedervereinigung Deutschlands und ab 1997 politische Diskussionen (Versandhandel etc.) und negative Berichterstattungen über die Branche in den Medien

erklärte dem Hörgeräte-Akustiker schriftlich, keinen Arzt aufsuchen zu wollen. Erstattet wurden anfangs feste *Höchstbeträge* zwischen 40 und 80 DM, unabhängig vom tatsächlichen Kaufpreis der Hörhilfe, und später prozentuale Anteile zwischen 60 und 80 % vom Kaufpreis. Einen Rechtsanspruch auf Kostenerstattung gab es nicht. Mit dem *Bundessozialhilfe-Gesetz (BSHG)* von 1968 wurde zum ersten Mal eine volle Kostenerstattung möglich, und zwar bei einkommensschwachen Personen, denen das Sozialamt den Eigenanteil auf einen Antrag hin abnehmen konnte.

Das *Rehabilitationsangleichungs-Gesetz (ReHaG)* von 1974 ging noch einen Schritt weiter und bestimmte, dass die *gesetzlichen Krankenkassen (GKV)*, also die *Orts-, Betriebs-, Innungs-, Landwirtschaftlichen Krankenkassen, die Bundesknappschaft und die Ersatzkassen für Arbeiter- und Angestellte*, die vollen Kosten für ein Hör-

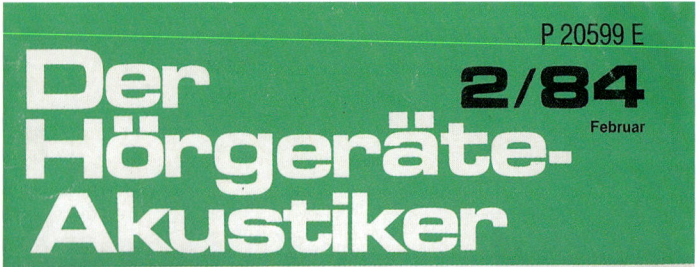

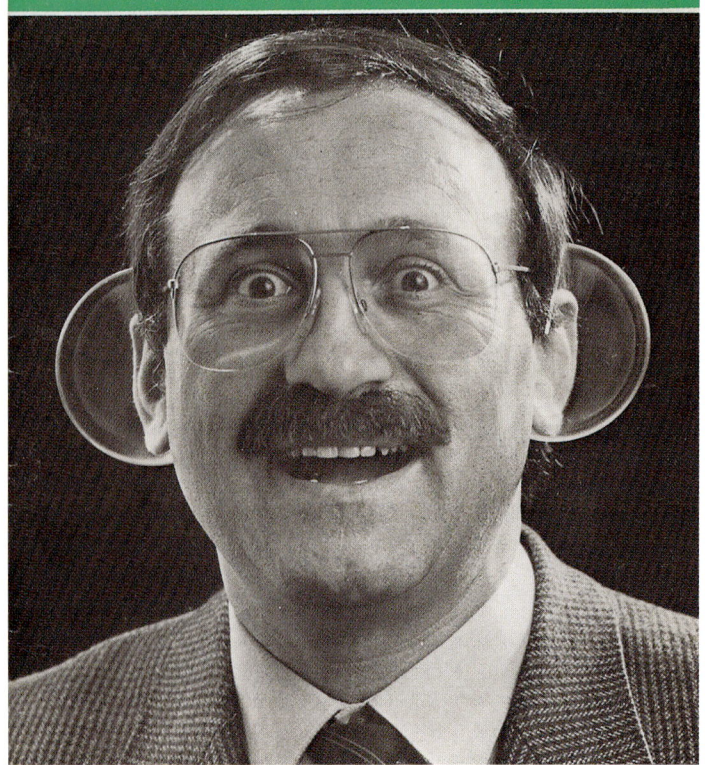

Abb. V.100. Eine Kuriosität fiel auch dem Koblenzer Hörgeräte-Akustiker Theo Hilgert 1984 ein. Er setzte sich zwei Plastikschalen hinters Ohr und wollte sich damit über die Sparmaßnahmen der Kostenträger lustig machen

Abb. V.101. Preisliste eines Herstellers zum 1.10.1989. Sie wurde in drei Klassen aufgeteilt: Grundversorgung (»Economy«), Normalversorgung (»Medium«) und Optimalversorgung (»High-Class«). Die Hersteller-Bruttopreise lagen zum Teil deutlich über den Vertragspreisen. Ob eine Zuzahlung notwendig wurde oder nicht, war die Entscheidung des Hörgeräte-Akustikers. Die Übersicht zeigt auch die Zuordnung der Geräte zu den Gruppen und Listennummern der Vertragspreisliste, sowie die erforderlichen PTB-Nummern (E = vorläufig erteilte Nummer), einige technische Kerndaten und die Funktionselemente der Benennungsliste sowie den Bruttopreis (Endverbraucherpreis) (Bild rechts)

Klasse	Typ	Gruppe	Listen-Nr.	PTB-Nr.	DIN V_max (dB)	DIN L_max (dB)	Spitzenwerte V_max (dB)	Spitzenwerte L_max (dB)	fu/fo	Funktionselemente	unverb. Preis-Empf.
ECONOMY NEU	**Astro PP-PC** PC, TC, M-T-O	4	24096	E 781	63	129	68	133	170/4300 Hz	102/120/130/134/141/150-2	1.225,–
NEU	**Astro PP-O/PC** AGCo-PC-Kombination, TC, M-T-O	6	26022	E 780	63	129	68	133	170/4300 Hz	102/111/120/130/134/141/150-2	1.275,–
	Mini Master CE DM 3 M-T-O, PC, TC-Low, Richtmikrofon	3	23022	283	42	115	53	122	210/5300 Hz	102/121/131/134/140/141/150-3/160/161	1.250,–
	Mini Master CE S3 M-T-O, PC, TC-Low, GC	4	24061	449	53	119	59	124	320/4800 Hz	102/121/131/134/141/150-4/160/161	1.275,–
	Mini Master CE 3 M-T-O, AGCo, TC-Low	5	25015	451	43	115	56	122	180/4500 Hz	111/112/121/131/134/141/150-3/160/161	1.275,–
	Nova Master PP M-T-O, Soft-AGCo, TC-Low	8	28058	E 651	60	126	68	132	370/5100 Hz	102/110/112/120/130/131/134/141/150-4/160/161	1.275,–
	Nova Master PP M M-T-O, Soft-AGCo, PC, TC-Low	8	28059	E 652	50	126	58	132	370/5100 Hz	102/110/112/120/130/131/134/141/150-4/160/161	1.275,–
MEDIUM (Zuzahlung)	**Duett-pp** M-T-O, PC, TC	4	24092	E 738	52	124	63	128	270/4500 Hz	102/121/130/131/134/141/150-3	1.325,–
	Duett-AGC M-T-O, AGCo, TC	5	25029	E 735	40	114	46	122	300/5000 Hz	111/112/121/131/134/141/150-3	1.350,–
	Duett-AGC-D M-T-O, AGCo, TC, Richtmikrofon	5	25031	E 736	37	116	48	123	560/5000 Hz	111/112/121/131/134/140/141/150-3	1.350,–
	Duett-AGC-H M-T-O, AGCo, TC	5	25130	E 737	33	114	54	124	900/6800 Hz	111/112/121/122/131/134/141/150-3	1.350,–
NEU	**Duett OHM** PC, O-H-M Schalter (Störschall-Unterdrücker)	4	folgt	folgt	51	116	61	128	300/4500 Hz	100/121/131/134/141/150-2/151	1.325,–
NEU	**Piccolo PPM-HC** PC, TC-Low, TC-High, M-T-O	4	24098	E 791	42	126	53	132	220/6200 Hz	102/120/121/130/132/133/134/141/150-4/151/160/161	1.450,–
	Program PP 4 M-MT-T, Audio, AGCi, PC, GC, TC-Low	8	28081	E 537	61	128	70	134	260/6000 Hz	102/110/112/120/130/131/133/134/141/150-5/160/161	1.450,–
HIGH-CLASS (Zuzahlung)	**Piccolo PP-I-GC** M-T-O, Audio, AGCi, PC, GC, TC-L	8	28083	E 726	49	122	63	132	380/6500 Hz	102/110/112/120/130/131/133/134/141/150-5/160/161	1.550,–
	Piccolo PP-I-HC M-T-O, Audio, AGCi, PC, TC-L, TC-H	8	28085	E 727	45	118	56	127	220/6200 Hz	102/110/112/120/121/130/131/133/134/141/150-5/160/161	1.550,–
	Piccolo PP-O-GC M-T-O, Audio, AGCo, PC, GC, TC-L	8	28084	E 728	49	122	63	132	380/6500 Hz	102/111/112/120/130/131/133/134/141/150-5/160/161	1.550,–
	Piccolo PP-O-HC M-T-O, Audio, AGCo, PC, TC-L, TC-H	8	28086	E 729	45	118	56	127	220/6200 Hz	102/111/112/121/130/131/133/134/141/150-5/160/161	1.550,–
NEU	**Piccolo PP-ASP** PC, TC-Low, GC, ASP, M-T-O	8	28092	E 790	49	121	61	128	540/6700 Hz	102/110/120/130/131/132-2/133/134/141/150-5/151/160/161	1.650,–
	Program PP 6 M-MT-T, Audio, AGCi, AGCo, PC, GC, HC-Low, TC-High	8	28080	452	66	128	74	134	240/6000 Hz	102/110/111/112/120/121/130/131/133/134/141/150-7/160/161	1.650,–
	Program PP DM M-MT-T, Audio, AGCi, AGCo, PC, GC, TC-Low, TC-High, Richtmikrofon	8	28082	E 453	58	128	71	134	240/6500 Hz	102/110/111/112/120/121/130/131/133/134/140/141/150-7/160/161	1.675,–

gerät nach ärztlicher Verordnung übernehmen mussten. Diese Leistungsverpflichtung musste sich allerdings im Rahmen der »Notwendigkeit, Zweckmäßigkeit und Wirtschaftlichkeit« (§ 182 b RVO, § 12 und 70 SGB) bewegen. Hörhilfen wurden jetzt als *»Sachleistung«* (Naturalleistung) gewährt, das heißt, dass es weder einen Zuschuss gab, noch der Patient den Betrag vorher zu verauslagen hatte, sondern die Kasse die volle Leistung direkt an den Lieferberechtigten bezahlte und der Versicherte die »Sache« (Medizin, Dienstleistung, Hilfsmittel etc.) an Stelle eines Geldbetrages zur Verfügung gestellt bekam *(Sachleistungsprinzip).* Zu der Sachleistung gehörten auch die Kosten für Instandsetzungen, Ersatzbeschaffungen sowie für die Einweisungen in den Gebrauch. Auf der Grundlage des Reha-Gesetzes wurden von 1975 bis 1978 Bundesrahmenverträge zwischen der Bundesinnung der Hörgeräte-Akustiker und den Kassenverbänden der GKV ausgehandelt und damit die erste verlässliche Grundlage für die Zusammenarbeit zwischen Hörgeräte-Akustikern und Kostenträgern geschaffen. Die Erwartungen der Kassen, mit den *Rahmenverträgen* zugleich große Rabatte von bis zu 30 % aushandeln zu können, erfüllten sich nicht. Die Hörgeräte-Akustiker, die sich jetzt der geballten Nachfragemacht der »Sachleister« gegenüber sahen, haben dem Verhandlungsdruck standgehalten und plausibel machen können, dass ihre personalintensive und aufwendige Anpass-, Beratungs- und Nachbetreuungsarbeit keine Rationalisierungsreserven ermöglichte. Der durchschnittliche Arbeitsaufwand des Akustikers pro Anpassung wurde auf 15 Stunden geschätzt, wobei man auf amerikanische Untersuchungen aus dem Jahre 1970 verweisen konnte, die sogar 17,5 Stunden auswiesen. Auch seien mit der zentralen Bündelung des Einkaufs nicht notwendig eine Erhöhung der Einkaufsmenge und administrative Erleichterungen verbunden. Damit wurde auf das *Wettbewerbsrecht (UWG)* angespielt, wonach Zusammenschlüsse, deren einziger Zweck die Erzielung von Konditionsverbesserungen ohne Gegenleistungen ist, rechtlich angreifbar sind. Das Ergebnis war, dass sich die Vertragspreise für die einzelnen Hörgeräte mit relativ moderaten Abschlägen an den unverbindlichen Preisempfehlungen der Industrie orientierten. Die Abschläge betrugen 6 % für Geräte unterhalb von 1 000 DM (unverbindliche Brutto-Preisempfehlung) und 10 % bei Geräten, die teurer als 1 000 DM waren. Sie wurden in einer ziemlich umfangreichen *»Gelben Liste«,* die 450 verschiedene Hörgeräte in 18 Gruppen aufführte, festgeschrieben. In den Folgejahren wurde so verfahren, dass nur noch neue Modelle nach dieser Formel in die »Gelbe Liste« aufgenommen wurden, die Preise für ältere Modelle aber, je nach Verhandlungsergebnis, linear erhöht worden sind. Das System wurde von den Kostenträgern auf Dauer nicht als nützlich angesehen, weil die Industrie die Möglichkeit hatte, ohne Verhandlungen die Preise für Neugeräte zum eigenen Vorteil und zu Lasten der Kostenträger festzuschreiben, und nebenbei die Abschläge, die die Hörgeräte-Akustiker hinzunehmen hatten, mehr als zu kompensieren.

Nicht alle waren damals von dem Reha-Gesetz begeistert gewesen, weil sie befürchteten, dass damit Mengenausweitungen verbunden sein könnten, für die früher oder später ein hoher Preis zu zahlen sein würde. Tatsächlich schnellte der Absatz für Hörgeräte im folgenden Jahr um 25 % in die Höhe. Offenbar war der Eigenanteil für viele Schwerhörige eine Hürde gewesen, die nun entfiel. Erstmals wurde 1975 und 1976 in Deutschland die »magische Grenze« von 200 000 Hörgeräten fast erreicht, aber danach, als mit einem *Kostendämpfungsgesetz* (*KVG*) 1976 und zwei *Kostendämpfungs-Ergänzungsgesetzen* (*KVEG*) 1979 und 1981 gegengesteuert wurde, fiel der Absatz wieder deutlich zurück. Es dauerte dann vier Jahre, um wieder auf den Stand von 1976 zu kommen und die »magische Grenze« endgültig zu überschreiten (1981). Aber schon kurz darauf, 1982 und 1983, ging der Markt aufgrund eines neuerlichen Kostendämpfungsgesetzes wieder leicht zurück. Ähnliche Störungen des Marktwachstums gab es immer dann, wenn die Politik meinte, in die natürliche und kontinuierliche Entwicklung eines Marktes eingreifen zu müssen. Weitere Beispiele dafür sind 1988 der »*Blüm-Boom*« (auch »*Blüm-Bauch*«) aufgrund der Ankündigung des Gesundheitsreformgesetzes von 1989 und die nachfolgenden drei »Katastrophenjahre«, da der Markt plötzlich um bis zu 37 % einbrach und Senkungen der Vertragspreise zwischen 20 und 30 % hinzunehmen waren.

Große Politik

Die Vorentwürfe zum *Gesundheitsreform-Gesetz* von 1989 hatten sich zum Ziel gesetzt, der Kostenexplosion im Gesundheitswesen ein Ende zu setzen und insgesamt 14,5 Milliarden Mark innerhalb von drei Jahren einzusparen.

Die Notwendigkeit der Kostenreduktion im Gesundheitswesen wurde auch von den Hörgeräte-Akustikern anerkannt. Es bestand grundsätzlich die Bereitschaft, einen Teil beizutragen. Was jedoch für Irritationen sorgte, war die Höhe und der kurze Zeitrahmen der geplanten Einsparungen, der von vielen Akustikern als existenzgefährdend angesehen wurde. Dazu kam das Gefühl, einer großen monopolistischen Nachfragemacht gegenüberzustehen, der man nur wenig entgegensetzen konnte. Das Unbehagen verstärkte sich noch, als mehrere Verlautbarungen des Bundesministeriums für Arbeit und Sozialordnung, aber auch die Gutachten der *Enquete-Kommission* zur »Strukturreform der gesetzlichen Krankenversicherung« und des *Sachverständigenrates* für die »*Konzertierte Aktion im Gesundheitswesen*«, sachliche und fachliche Mängel erkennen ließen, die zu unangemessenen und unpraktikablen Forderungen hätten führen können.

Bei den Hörgeräten wollte man 170 Millionen DM in demselben Zeitraum einsparen, was faktisch einen Kahlschlag von 30 % des Umsatzvolumens der Branche bedeutet hätte. Diskutiert wurde unter anderem auch ein einheitlicher »*Festzuschuss*« von 800 DM für Hörgeräte, also 350 DM weniger, als das einfachste Gerät inklusive Anpassung bis dahin kostete. Dabei sollte das Sachleistungsprinzip unangetastet bleiben. Mit anderen Worten: Die Leistungserbringer sollten erheblich weniger Geld für dieselbe Leistung erhalten. Die Bonner Pläne lösten nicht nur bei den Hörgeräte-Akustikern, sondern auch beim Deutschen Schwerhörigenbund (DSB), beim Bundesverband der HNO-Ärzte und führenden Audiologen Proteste aus. Der Betrag sei willkürlich gewählt und entbehre jeder realistischen Grundlage. Zur Erinnerung: Die *Vertragspreise* bewegten sich von 1975 bis 1987 zwischen 500 und 1 200 DM, 1988 zwischen 1 150 und 1 350 DM, sanken ab 1989 wieder auf 800 bis 1 100 DM und 1997 auf 695 bis 995 DM.

Weil Bonn die weitreichenden Kostensenkungspläne mit Fakten untermauern wollte, wurde bei den Leistungserbringern nach »Wirtschaftlichkeitsreserven« gefahndet, die es auszuschöpfen galt. Schon ab 1980 hatte das *Bundesministerium für Arbeit und Sozialordnung* begonnen, dazu Expertisen einzuholen. Der Hintergrund war der starke Anstieg der Ausgaben der GKV seit der Einführung des Reha-Gesetzes, der zum Beispiel bei den Heil- und Hilfsmitteln, zu denen auch die Hörgeräte gehörten, 33 % ausmachte. Dennoch war der Bereich Heil- und Hilfsmittel in Bezug auf die gesamten Ausgaben der GKV verschwindend klein. Er stieg von 1974 bis 1980 von 4,3 % auf nur 5,7 % an. Obwohl insbesondere der Anteil der Hörgeräte an den Heil- und Hilfsmitteln in diesem Zeitraum recht unbedeutend und sogar rückläufig war (von 7,2 % auf 5,0 %), geriet diese Sparte ins Visier der Gesundheitsplaner. Stein des Anstoßes war deshalb nicht die im Rahmen liegende *relative* Entwicklung bei den Ausgaben der GKV für Hörgeräte, sondern die *absolute*. Danach stiegen die Ausgaben, trotz mehr oder weniger stagnierenden Stückzahlen, auf Grund der Preisentwicklung bei Hörgeräten von 185 Mio. auf 246 Mio. DM an. Das entsprach einem jährlichen Zuwachs von 6 % und dem allgemeinen Anstieg im Gesundheitswesen. Wenn man die starken Preis-Nachlässe in Folge des Reha-Gesetzes, die real 8 bis 13,3 % betrugen, dagegen rechnete, blieben nur noch Preissteigerungen von jährlich knapp 4 % übrig. *(Vgl. Geck/Petry, Marktstrukturen und Preisbildung bei Hörhilfen im System der gesetzlichen Krankenversicherung, Tübingen 1981).*

Die Studie von *Hinrich-Matthias Geck* und *Günther Petry*, die 1981 vom Institut für angewandte Wirtschaftsforschung Tübingen im Auftrage des Bundesministers für Arbeit und Sozialordnung in Auftrag gegeben wurde, kam zu Empfehlungen, die die zukünftige Entwicklung stark beinflusst hatte. Trotz der »kartellrechtlichen und ordnungspolitischen Bedenken« und den Zweifeln an der Angemessenheit der Preisgestaltung für Hörgeräte plädierte man aber doch »grundsätzlich für die Beibehaltung des Verordnungsweges«. Angeregt wurden jedoch Höchstpreise, um die »Kostenvorteile einzelner Akustiker abzuschöpfen«. Dazu wurde angeraten, »Überversorgungen« zu identifizieren, aus der Leistungspflicht herauszunehmen und in Abgrenzung dazu »Regelversorgungen« zu definieren. Selbstbeteiligungen sollten möglichst vermieden werden. Um den Wettbewerb zwischen den Hörgeräte-Akustikern zu beschleunigen, stellte man die »Meisterpräsenzpflicht« in den Filialbetrieben in Frage, wenngleich deren Abschaffung nicht direkt empfohlen wurde.

Eine zweite Studie von Petry aus dem Jahr 1985 versuchte dann, die »*Regel-versorgung*« als Mittel gegen weitere Kostensteigerungen auszuweisen und kam zu der Auffassung, dass die »Gelbe Liste« dafür »in gewisser Weise« eine brauchbare Basis darstelle, weil mit ihr die »ausreichenden, zweckmäßigen und wirtschaftlichen« Versorgungen bereits beschrieben worden seien. Es wurde aber konzediert, dass eine »einfache Regel zur Versorgung nicht gegeben werden kann, weil die Arten der Schwerhörigkeiten zu vielfältig sind«. Vor allem ein Einheits-Kassengerät sei grundsätzlich nicht möglich. Dennoch, so meinten die Autoren, solle man ein derartiges Unterfangen nicht »von vorneherein als aussichtslos betrachten«. Man könne zum Beispiel Im-Ohr-Geräte von der Regelversorgung ausgrenzen, weil sie »überausreichend« seien. Die Gefahr bestünde überdies, dass mit den Im-Ohr-Geräten neue Patientengruppen erschlossen werden und somit Mengenausweitungen induziert werden könnten.
(Anm.: Im-Ohr-Geräte wurden zu dieser Zeit nach Verordnung durch den Arzt meistens widerspruchslos von den Kassen bezahlt. Wurden sie auf Wunsch des Patienten angepasst, so musste dieser die Differenz zu einem vergleichbaren Hinter-Ohr-Gerät dazubezahlen. Im Durchschnitt lag der Preis für Im-Ohr-Geräte um 300 DM höher als der für Hinter-Ohr-Geräte).

Die Schwierigkeit war, ein Kriterium für eine »ausreichende« Versorgung zu finden. Nach der Auffassung des Landessozialgerichtes Niedersachsen war das die jeweils »technisch bestmögliche«, andere sahen darin eher eine einfache »*Grundversorgung*«, die unterhalb des Bestmöglichen anzusiedeln sei. Gewisse Bedenken gegen die »*Regelversorgung*« gab es in der Studie auch insofern, als damit das »*Sachleistungsprinzip*« ausgehöhlt und das *Zuschussprinzip* eingeführt werden würde. Aber diese Tür wurde vorsorglich offen gehalten, weil man in einer Selbstbeteiligung des Patienten auch Vorteile sah, wie den pfleglicheren Umgang mit den Geräten, die Anregung eines preisdämpfenden Nachfrageverhaltens seitens der Versicherten, den Rückgang des Anteils an »*Schubladengeräten*« und nicht zuletzt die Kostensenkungen bei den Kassen. In Frage gestellt wurde auch der »*Komplexpreis*« für Hörgeräte, also die Vermengung von Geräte- und Dienstleistungspreis zu einem einheitlichen Abgabepreis. Man glaubte, durch eine Aufspaltung in zwei Teilmärkte einen Preiswettbewerb bei den Geräten auslösen zu können, indem die Kassen gegenüber den Herstellern direkt als Käufer auftreten sollten. Der Dienstleistungspreis sollte aber aus Gründen der Qualitätssicherung weiter einheitlich gestaltet werden.

So wurden im Vorfeld des Gesundheitsreformgesetzes in der Zeit von 1987 bis 1989 heiße Diskussionen geführt und immer neue Modelle und Begriffe eingeführt. Am Ende war nicht mehr jedem klar, wer was meinte, wenn von »Grundversorgung«, »Sozialversorgung«, »Regelversorgung«, »Normalversorgung«, »Optimalversorgung« und »Überversorgung« oder von »Höchstpreis«, »Höchstbetrag«, »Festpreis«, »Festbetrag«, »Festzuschuss«, »Prozentualer Zuschuss«, »Splitting-Preis« und »Komplexpreis« die Rede war.

ISSN 0301-4835

1 D 20976 E

Abb. V.102. Die Saekel-Studie 1989

Die
Krankenversicherung

Herausgegeben vom Bundesverband der Innungskrankenkassen

Ziel der
Kostendämpfung
erreicht?

1-2
Januar-Februar 1989
41. Jahrgang

Erich Schmidt Verlag
Berlin · Bielefeld · München

Schwerpunktheft zum Gesundheits-Reformgesetz

Neuregelungen im Leistungs- und Vertragsrecht

Strukturelle Änderung in der Arzneimittelversorgung

Festbetragskonzept für Hilfsmittel

Weiterentwicklung des Organisationsrechts

Wege zur Gesundheit

Die Petry-Studien waren in der Sache noch relativ ausgewogen gewesen. Das änderte sich, als deren Auftraggeber aus dem Bundesministerium für Arbeit und Sozialordnung selbst zur Feder griffen. In einem Artikel, den Regierungsdirektor und Diplom-Volkswirt *Rüdiger Saekel* in der Zeitschrift »Die Krankenversicherung« 1989 veröffentlicht hatte, wurden den Hörgeräte-Akustikern «besonders enge Beziehungen« zu Ärzten, Herstellern und Schwerhörigen-Verbänden im Sinne einer »Kartellierung« nachgesagt, obwohl gerade zwischen diesen Gruppen objektive Interessengegensätze bestanden haben, die immer wieder zu Spannungen geführt hatten.

Der Industrie wurde vorgeworfen, bewusst für eine »hohe Marktintransparenz« zu sorgen, was eine »generelle Überhöhung« der Vertragspreise zur Folge hätte. Der Artikel griff zwei Empfehlungen der Petry-Studie auf, nämlich das Splitting der Abgabepreise in Hardware- und Softwarepreise, die beide als »weit überzogen« anzusehen seien, und den Direkteinkauf der Krankenkassen bei den Herstellern. Weit darüber hinausgehend forderte Saekel auch noch die »deutliche Senkung der überhöhten Preise« für Hörgeräte und Reparaturen, wobei die Notwendigkeit von Selbstbeteiligungen der Versicherten klar verneint wurde. In Erwägung gezogen wurde auch die Befragung der Patienten über die tatsächliche Dauer der Anpassungen beim Hörgeräte-Akustiker. Es wurde auf holländische Studien verwiesen, wonach Anpassung und Nachbetreuung nur etwa drei Stunden in Anspruch nehmen würden. In England sei das sogar in 1,5 Stunden zu haben. Damit wurde den Hörgeräte-Akustikern die Absicht unterstellt, die öffentlichen Kostenträger mit überhöhten Angaben über den Zeitaufwand bei der Anpassung bewusst irreführen zu wollen. Darüber, dass die amerikanischen Akustiker, die ohne öffentliche Kostenträger sehr gewinnorientiert (und daher mit Sicherheit sehr zeitökonomisch) arbeiten, dennoch mehr als 17 Stunden für eine Anpassung inklusive der Nachbetreuung benötigen, berichtete der Autor ebensowenig wie über das Faktum, dass die Zeitangaben aus England und Holland keine mehrjährigen kostenlosen Nachbetreuungszeiten beinhalteten.

Der Autor hatte also einige Vorbilder zum Vergleich herangezogen, die sich als völlig ungeeignet erwiesen. So wurde zum Beispiel die doppelte Versorgungsquote in Dänemark gelobt, wo Hörgeräte seit 1951 kostenlos abgegeben werden. Außerdem sei die Versorgung dort »weit besser als in der Bundesrepublik«. Begründet wurde das damit, dass der Patient dort ein Hörtraining erhalte. Gesagt wurde nicht, dass der Hörgeräte-Akustiker in Deutschland vertraglich zu einer kostenlosen fünfjährigen Nachbetreuung verpflichtet ist, die in den meisten Fällen ohne viel Aufhebens auch Hörtraining beinhaltet. Gesagt wurde auch nicht, dass es in Dänemark nur zwölf Kliniken gibt, die Hörgeräte anpassen, und ebenso wenige Servicestellen. Die Patienten müssen also weite Wege in Kauf nehmen, wenn sie die Nachsorge in Anspruch nehmen möchten. In Deutschland ist eine fünfjährige *Nachbetreuung* ebenfalls im Abgabepreis enthalten, aber jederzeit und am Wohnort verfügbar. Dass man in Dänemark bis zu sechs Monate auf eine Versorgung warten musste und die Preise sich dennoch auf demselben Niveau befanden wie in Deutschland, wurde verschwiegen. Und schließlich wurde kein Wort darüber verloren, dass das dänische Staatsbudget für Hörgeräte manchmal schon im März aufgebraucht war!

Als zweites Positivbeispiel wurde der staatliche National Health Service (NHS) in England angeführt, von dem Hörgeräte kostenlos an Kliniken abgegeben wurden. Das Beispiel war noch viel weniger geeignet, weil die englischen «*Volksgeräte*«, Taschengeräte der staatlichen Firma Medresco, von primitivster Bauart waren. Auch der Hinweis, dass es in England dieselben namhaften europäischen Hersteller gibt wie in Deutschland, war nicht stichhaltig, weil es sich dabei um bil-

lige Sonder-Importe handelte, die nur für den englischen Markt in großen Son-
derserien hergestellt wurden. Diese Hinter-Ohr-Geräte wurden ab 1973 ebenfalls kostenlos vom Staat abgegeben. Die traditionsreiche und vielfältige englische Hörgeräte-Industrie und die freien Hörgeräte-Institute wurde durch den
staatlichen Interventionismus weitgehend zerstört. Die ebenfalls lobend erwähnte Wiederverwendung von Hörgeräten in England (zum Beispiel von Verstorbenen) wird in der restlichen Welt wegen der hygienischen Probleme und der
psychologisch bedingten Unzumutbarkeit abgelehnt. Experten schätzten noch
1991, dass die Hörgeräte-Versorgung in England um etwa 15 Jahre hinter dem
Welt-Standard zurückliegt. In dem Artikel fehlte schließlich jeder Hinweis darauf, dass das medizinische Personal in England wesentlich weniger verdient
als in Deutschland, wie im übrigen auch die Beamten in der Gesundheitsbürokratie. Die Versorgungssituation war in Dänemark und England also keineswegs
vorbildlich. Ganz im Gegenteil, in beiden Ländern führte die staatlich gelenkte
Hörmittelversorgung schließlich zur Etablierung eines erfolgreichen Privat-
marktes und einer Zwei-Klassen-Medizin. *(Zum NHS-System s. a. Lanig, »Groß-
britanniens Gesundheitsdienst – krank, aber billig«, in Hörakustik 3/88; Werth, »Betrachtungen zur Hörgeräte-Versorgung in England«, in »Der Hörgeräte-Akustiker« 9/
1971, und Werth, »Großer Umschwung in England«, Hörakustik 11/91).*

Die Überlegungen des Autors gipfelten schließlich in der Ankündigung, dass die
Abgabe von Hörgeräten über die Ärzte getestet werden sollte. Verbündete für die
Pläne des Ministeriums gab es auch bei den Kassen, allen voran den Leiter des
Referats «Nichtärztliche Heil- und Hilfsberufe« beim verhandlungsführenden
Bundesverband der Betriebskrankenkassen, Betriebswirt *Wolfgang Scheele.* Auch
er hatte aufgrund der »stark überhöhten Preise« und der gleichzeitig »sehr geringen Produktivität« in der Hörmittelversorgung »Rationalisierungspotentiale« aus-
gemacht, die bedauerlicherweise von der »Konzertierten Aktion« aus Akustikern
und Herstellern, die sich auf eine »Strategie der Minderleistung, des Qualitäts-
abbaus und der Abschottung« eingeschworen hätten, konterkariert würden. Auch
Scheele liebäugelte mit dem holländischen Vorbild, der Lockerung der *Meisterpräsenzpflicht* und der Abgabe von Hörhilfen über die Ärzte, wobei angeblich 20
Hörgerätemodelle (statt der 450 der »Gelben Liste«) ausreichen würden, den Bedarf zu 100 % abzudecken. Die Akustiker sollten durch das »hervorragend geeignete Mittel« bundesweiter Ausschreibungen zu mehr Wettbewerb veranlasst
werden. Wie das in der täglichen Versorgungs-Praxis aussehen sollte, blieb unklar, aber er vertraute auf die »Mobilität wettbewerbswilliger und leistungsbereiter
Gesundheitshandwerker«. Um dem Modell zum Erfolg zu verhelfen, sollten
Verbraucherorganisationen und Medien Druck machen. *(Vgl. Scheele, »Auswirkungen der Festbetragsregelung im Hörhilfenbereich«, in Die Betriebskrankenkasse 1/90).*

Das sah alles sehr nach ideologisch motivierten Angriffen und drohendem staat-
lichem Dirigismus aus, und es war nicht weiter verwunderlich, dass sich die
Fronten verhärteten. 1990 wurde sogar das *Bundeskartellamt* auf die Bundes-

innung und den Verband der Hörgeräte-Industrie angesetzt, die beide im Verdacht standen, in gegenseitiger Absprache unzulässige »*Mondpreisempfehlungen*« an ihre Mitglieder gegeben zu haben. Doch die Bußgelder in Höhe von 1 Million DM wurden nicht verhängt, weil die Durchsuchungen bei der Bundesinnung in Mainz und bei einzelnen Herstellern keine ausreichenden Beweise erbrachten. *(Siehe Handelsblatt v. 29. 1. 90, S. 4).* Bei alledem mussten die Kassenverbände aufpassen, dass sie nicht von Klägern zu Angeklagten wurden, denn auch sie unterlagen dem *Kartellrecht* nach § 38 GWB.

Besonders enttäuscht waren die Akustiker, dass diese Angriffe auf ihre Existenz aus dem traditionell mittelstandsorientierten politischen Lager kamen. Es entstand der Eindruck, dass sich hinter diesen Aktionen nicht nur gesundheitspolitische Motive verbargen, sondern auch Mittelstands- und Handwerksfeindliche. Wie aus dem Kapitel über die Geschichte des Handwerks leicht zu ersehen ist, war das nicht ganz abwegig, denn das Handwerk war immer wieder Objekt staatlicher Deregulierungsbestrebungen gewesen. Aber nicht alle Politiker des damaligen Regierungslagers verfolgten diese Ziele. Bundesgesundheitsminister Norbert Blüms Parteifreund, der schleswig-holsteinische Ministerpräsident *Dr. Gerhard Stoltenberg*, hatte bereits 1974, anlässlich seines zweiten Besuches im damaligen Ausbildungszentrum für Hörgeräte-Akustik in Lübeck, gewarnt:

»Die Forderung, das gesamte Gesundheitswesen in staatliche Regie zu übertragen, ist der fragwürdige Versuch, unter dem Deckmantel der Forderung nach mehr Effizienz einen wichtigen Teil unserer Gesellschaft zu sozialisieren. Was sozialistische Gesundheitssysteme in Wirklichkeit für den Patienten in Bezug auf die Qualität der gesundheitlichen Versorgung bedeuten, kann man in den Ländern des Ostblocks besichtigen.«

Dr. Stoltenberg hatte dies in Bezug auf den jungen Berufsstand der Hörgeräte-Akustiker gesagt, der »einen bedeutsamen Beitrag in diesem wichtigen Bereich der gesundheitlichen Versorgung unserer Bevölkerung leistet« (»*Der Hörgeräte-Akustiker*«, 5/74).

Grauzonen

Ursache für die Markt-Einbrüche von 1989 bis 1993 waren die ständigen öffentlichen Diskussionen, die von Bonn initiiert wurden und viele negative Berichterstattungen in den Medien über das angeblich zu hohe Preisniveau für Hörgeräte zur Folge hatten. Dazu kam ein preisbrecherischer und medienwirksamer Vorstoß der *AOK Hamburg*, die den Oldenburger Akustiker *Werner Wempe* dazu überredet hatte, einen Sondervertrag mit sehr niedrigen zuzahlungsfreien Festbeträgen (26 bis 30 % unter den gültigen Vertragspreisen) zu unterschreiben und

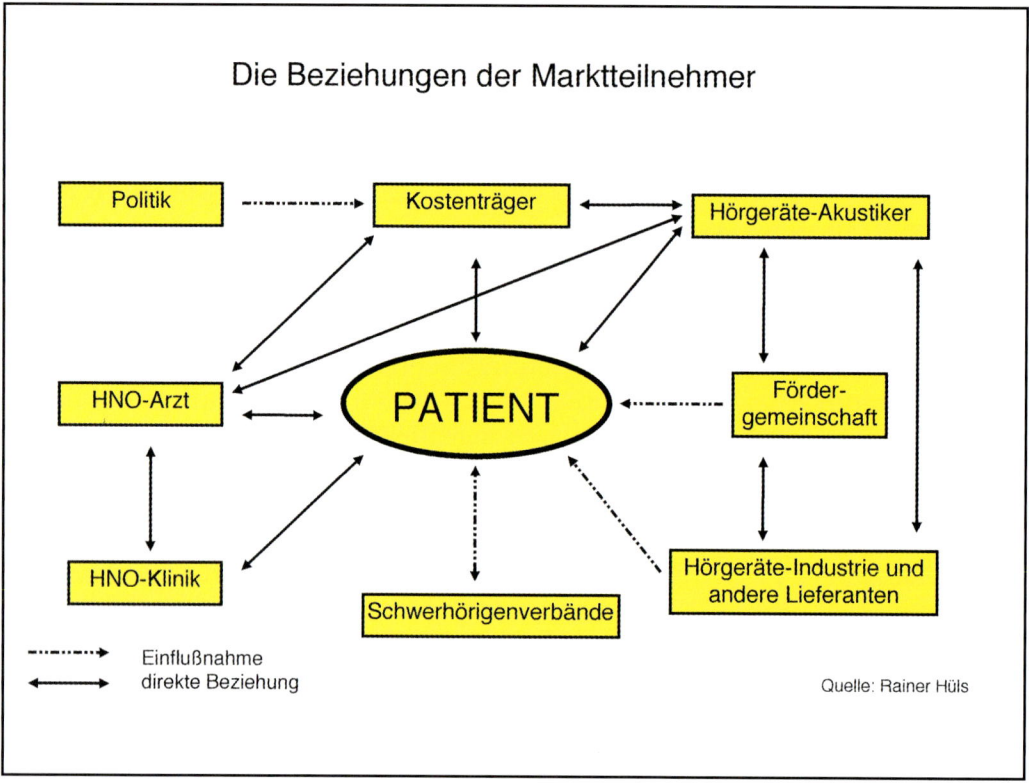

Abb. V.103. Die Beziehungen der Marktteilnehmer untereinander sind in Jahrzehnten gewachsen und bewährt. Sie sind vor allem in einem Gleichgewicht, das niemanden benachteiligt und niemandem ungerechtfertigt Vorteile verschafft. In diesem Geflecht der Beziehungen sind auch Kontrollfunktionen enthalten, so zum Beispiel der Arzt gegenüber dem Akustiker, der wiederum von den Kostenträgern kontrolliert wird

am Pferdemarkt in St. Pauli ein Geschäft zu eröffnen. Dieses Geschäft mit dem Namen »*Medina*« wurde den Versicherten der AOK direkt empfohlen, obwohl das »*Empfehlungsrecht*« der Krankenkassen nach dem Sozialgesetzbuch (§ 134 und 127), auf das man sich berief, nicht in Kraft getreten war. Als »Bonbon« für die Bevorzugung der Firma Medina erhielt der Versicherte einen Bonus in Höhe von 50 DM in bar. Auch das war rechtlich äußerst fragwürdig und führte zu Protesten von verschiedenen Bundestagsabgeordneten beim Bundesgesundheitsminister *(vgl. Schreiben von Gerhard Scheu, MdB, an Dr. Norbert Blüm vom 17. 10. 1989).*

Mit diesem »Modellversuch« wollte die AOK den Nachweis erbringen, dass das »*Fielmann-Prinzip*« (ein Optiker-Filialist, der seinen Mitbewerbern mit preisbrecherischen Aktionen das Leben schwer machte) auch auf Hörgeräte anwendbar sei. Ausgedacht hatten sich dies die Wirtschaftswissenschaftler *Dr. Joachim Müller* und der bereits erwähnte Rüdiger Saekel, beide Regierungsdirektoren im Bundesministerium für Arbeit und Sozialordnung, die aus dem *Sozialgesetzbuch (§ 63)* ein »*Wettbewerbslenkungsrecht*« der öffentlich-rechtlichen Krankenkassen herausgelesen hatten. Ihr Chef, Bundesminister Dr. Norbert Blüm, stellte sich vor seine Mitarbeiter und machte sich öffentlich für den Versuch stark, indem er die Firma Medina mehrfach lobend in Talk-Shows erwähnte und Vergleiche zu der Firma Fielmann herstellte. Letztere hatte pikanterweise zur selben Zeit sein großer Politiker-Kollege, der beliebte ehemalige Bundeswirtschafts- und Finanzminister *Prof. Dr. Karl Schiller* (1911 bis 1994), der dort mit zwei Hörgeräten versorgt worden war, unseriöser Praktiken bezichtigt. Schiller wechselte daraufhin zu einem Hörgeräte-Akustiker in Jesteburg in der Nordheide, mit dem er fortan sehr zufrieden war. Schlimmer noch als der Hinweis auf Fielmann, war der Vergleich von Hörgeräten und Walkmen, den Minister Blüm öffentlich angestellt hatte. Blüm verkündete in völliger Unkenntnis technischer und audiologischer Zusammenhänge, das eine wie das andere sei billige elektronische Massenware. Diese Äußerungen führten zu weiteren heftigen Protesten von Audiologen, Akustikern, Medizinern und Schwerhörigen, die den Minister aber nicht zum Einlenken veranlassten.

Die Firma Medina glaubte damals, mit so mächtigen Verbündeten anderen Anbietern auf die Schnelle Marktanteile abjagen zu können und setzte sich zum Ziel, innerhalb von drei Jahren ein in Norddeutschland flächendeckendes Filialnetz auf die Beine zu stellen. Doch schon beim fünften Geschäft (in Leverkusen als Nachbar von Werner Köttgen!) kam die Expansion zum Stillstand. Das System rechnete sich nicht und drei Jahre später ging Medina in Konkurs. Hilfe aus Bonn kam nicht. Als das Modell scheiterte, ließ man Werner Wempe im Regen stehen.

Ein anderer Versuch, das bestehende System der Hörgeräte-Versorgung ins Wanken zu bringen, startete ebenfalls 1989 in Hamburg. Die dubiose Firma *Quatratec Medizintechnik*, die von einem gewissen *Hasso von Wedel* (nicht verwandt mit dem gleichnamigen Kölner Audiologen!) gegründet wurde und von dessen Privatwohnung im Stadtteil Hummelsbüttel aus operierte, ging noch einen Schritt weiter, indem sie ganz auf den Hörgeräte-Akustiker verzichten und die Ärzte direkt beliefern wollte. Von Wedel schrieb Ärzte im ganzen Bundesgebiet an und offerierte ein Einheits-Im-Ohr-Hörgerät namens »*Intos*«, das »völlig neuartig« sei und »83 % aller Schwerhörigkeiten versorgen« könne. Dabei gebe es »keine Anpassung durch den Handwerker«, denn »...es ist Ihr Patient!« Zudem versprach von Wedel, dass technische Kenntnisse und Fertigkeiten seitens des Arztes »nicht notwendig« seien. Sein Angebot sei eine »risikolose und erfolgreiche Versorgungs-Alternative gegenüber der oft unbefriedigenden Anpassung durch den Handwerker.« *(Werbeschreiben der Fa. Quatratec an die Ärzte vom 10. 4. 1989).*

Es blieb immer im Dunkeln, wie und durch wen der branchenfremde von Wedel auf dieses Betätigungsfeld gekommen war und ob er ebenfalls von dem
Bonner Ministerium für Arbeit und Sozialordnung als Versuchsobjekt benutzt
wurde. Wie auch immer, die Firma nahm ihren Betrieb niemals auf und verschwand wieder vom Markt. Die rechtlichen Grundlagen des Unternehmens
waren unzureichend, weil von Wedel keinen Meisterbrief und das »Intos« keine *PTB-Bauartprüfung* besaß. Die Ärzte wiederum hatten berufsethische Bedenken und befürchteten außerdem berufs- und steuerrechtliche Schwierigkeiten.

Als langlebiger erwies sich die Firma *Sanomed Medizintechnik GmbH,* die ebenfalls 1989 gegründet worden ist. Auch ihr Inhaber, der junge Akustiker *Andreas
Coburger* aus Hamburg, überging wie von Wedel das bewährte »*Marburger Abkommen*« und animierte niedergelassene HNO-Ärzte dazu, ihre Praxis gegen eine
Vergütung von durchschnittlich 250 DM pro Patient als eine Art »Agentur« zur
Lieferung von Hörgeräten zu benutzen. Die Ärzte schickten dazu nur die Audiogramme und die Ohrabdrücke der Patienten an die Versandhandelsfirma ein,
die dafür Custom-Made-Im-Ohr-Geräte herstellte und per Post auslieferte. Die
Bauteile wurden von der Firma *Omikron* in Hamburg geliefert, die eine Vertretung der amerikanischen Firma *Telex* war. Sie war zu dem Zeitpunkt eine fast
bedeutunsglos gewordene Außenseiter-Firma geworden, die auch kein Mitglied in der Fachabteilung des ZVEI war, in der Zusammenarbeit mit Sanomed
aber eine Chance sah, wieder auf die Beine zu kommen. Es wurde viel darüber
spekuliert, ob die Firmen Quatratec, Medina und Sanomed direkt von Bonn und
dem Bundesverband der Betriebskrankenkassen gefördert wurden. Bewiesen
werden konnte das nicht, bis auf die Tatsache, dass es zumindest direkte Kontakte von dort zu der Firma Omikron gegeben hat.

Das Versandhandelssystem über die Arztpraxen verstieß nicht nur gegen das
»Marburger Abkommen«, sondern auch gegen die Rahmenverträge zwischen
Akustikern und Kassen, die *Heil- und Hilfsmittelrichtlinien,* die Muster-Berufsordnung der Ärzte und die Handwerksordnung. Es war außerdem im Hinblick
auf die Gewerbeordnung, das Kartellrecht und das Umsatzsteuergesetz umstritten. Die *Meisterpräsenzpflicht* nach § 1 Abs. 1 in Verbindung mit § 7 der Handwerksordnung wird missachtet (obwohl es sich bei der Hörgeräte-Akustik um
ein sogenanntes »Gefahrenhandwerk« handelt!), ebenso das Gebot der *Zulassung* der Betriebsstätte nach § 7 HwO und die empfohlenen *Mindestanforderungen* an die Ausstattung derselben nach § 126 Abs. 1 und 2 des SGB V. Es fehlen
für die Tätigkeit der Ärzte als »Anpasser« von Hörhilfen die notwendigen *vertraglichen Voraussetzungen* gemäß § 127 Abs. 1 des SGB V. Vermutlich werden Verträge auch gar nicht erst angestrebt, weil sie zwangsläufig gegen bestehende Gesetze verstoßen würden, was den Kassen als Körperschaften des Öffentlichen
Rechts ausdrücklich untersagt ist (§ 30 SGB IV, § 29 Abs. 1 und 3 SGB IV). Nach
§ 22 und § 30 Abs. 1 und 4 der Muster-Berufsordnung der Ärzte (MuBO) ist es
den Ärzten untersagt, *Entgelte für die Zuweisung* von Patienten an Dritte bezie-

hungsweise *Vergütungen für die Verordnung* von bestimmten Hilfsmitteln anzunehmen, oder Patienten an bestimmte Lieferanten zu verweisen, selbst wenn
das unentgeltlich geschieht. Die *Bereitstellung von On-Line-PCs* durch die Firma
Sanomed, mit denen die Bestellungen der Ärzte erleichtert werden sollen, ver-
stößt gegen § 30 Abs. 4 MuBO. Gegen den § 56 Abs. 1 GewO wird verstoßen,
weil Mitarbeiter der Versandhandels-Firma auch ohne ausdrückliche Anforderung eines Patienten »ambulant« in der Arztpraxis tätig werden *(Reisegewerbe-*
verbot). Kartellrechtlich gesehen ist die unternehmerische Betätigung des Arztes in Zusammenarbeit mit Sanomed nach § 1 und § 26 Abs. 2 des »Gesetzes
gegen Wettbewerbsbeschränkungen« (GWB) als *markt-* und *wettbewerbsbeein-*
flussend und damit als gesetzeswidrig einzustufen. Darüber hinaus widerspricht
diese Betätigung dem *Trennungsprinzip* des SGB V, wonach der Wettbewerb nur
innerhalb einer Gruppe von Leistungserbringern stattfinden darf und nicht
systemwidrig gegeneinander. *(Vgl. hierzu: Schulte-Westenberg, Wettbewerbsrecht-*
liche Aspekte bei der Abgabe von Hilfsmitteln durch Ärzte, in: Wettbewerb in Recht
und Praxis 12/98).

Nicht ganz damit zu vergleichen, aber doch in gewisser Weise ähnlich, war ein
anderer Fall aus den Jahren 1971 und 1973. Auch damals hatte es Versuche gegeben, Hörgeräte ohne fachgerechte Anpassung zu verkaufen. Anbieter war das
große Versandhandelshaus *Neckermann*, das sich auf den Standpunkt stellte:
»Hörgeräte sind im Fachhandel zu teuer. Unser preiswertes Angebot erspart den
Schwerhörigen Kosten.« Schon nach kurzer Zeit merkte Neckermann, dass eine
Versorgung mit Hörgeräten ohne fachliche Beratung zwangsläufig zu Reklamationen führt und gab den Vertrieb von Hörgeräten wieder auf.

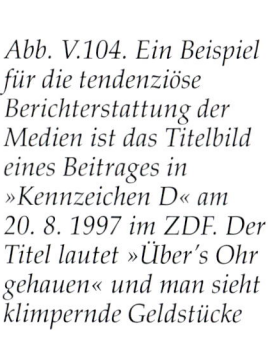

Abb. V.104. Ein Beispiel
für die tendenziöse
Berichterstattung der
Medien ist das Titelbild
eines Beitrages in
»Kennzeichen D« am
20. 8. 1997 im ZDF. Der
Titel lautet »Über's Ohr
gehauen« und man sieht
klimpernde Geldstücke

Sanomed arbeitete wie Medina aber mit der politischen Rückendeckung der Gesundheitspolitiker und einiger Kassen. Wie schmal der Grat war, auf dem man sich rechtlich dabei bewegte, zeigen die unterschiedlichen Rechtsauffassungen und Urteile der verschiedenen Oberlandesgerichte in Deutschland. Während einige die Zulässigkeit des Versandhandelssystems bestätigten, haben sie andere wiederum, wie im Falle der Firma *Auric GmbH*, verneint. Drei Verfahren vor dem Bundesgerichtshof sind zur Zeit des Entstehens dieses Buches noch anhängig *(siehe z. B. die Entscheidung des OLG Hamm, Az.: 4 U 169/98)*.

Für die Patienten hat das Versandhandels-System gravierende Nachteile, die von den Kassen aus Kostengründen aber in Kauf genommen werden. Am schwersten wiegt die Tatsache, dass eine »vergleichende Anpassung«, die auch die subjektiven Aspekte der Versorgung berücksichtigt und dabei auf die große Vielfalt der Angebote des freien Marktes zurückgreift, vollkommen entfällt und der Patient von vorneherein auf einen Hersteller festgelegt wird, weil der Arzt über die Vergütungsregelung an diesen gebunden ist. Noch 1995 hatte die »*Arbeitsgemeinschaft Deutscher Audiologen und Neuro-Otologen*« (ADANO) bekräftigt, dass die »*vergleichende Anpassung*« unverzichtbarer Bestandteil jeder Hörgeräte-Versorgung ist. Die nach dem Vergleich und der anschließenden *Auswahl* eines bestimmten Gerätes erforderliche »*Feinanpassung*« im subjektiv-individuellen Dialog zwischen Kunde und Hörgeräte-Akustiker unterbleibt beim Versandhandelsmodell ebenfalls. Dort wird das Gerät im Werk am *künstlichen Ohr* voreingestellt und in dieser Form über den Arzt an den Hörgeschädigten ausgeliefert.

Die ausschließliche Bindung an *einen* Hersteller ist ein System, das es in den 50-er Jahren in Amerika (z. B. Western Electric) und Deutschland (z. B. Wendt) schon einmal in ähnlicher Form gegeben hat und das aus berufsethischen und audiologischen Gründen abgeschafft worden ist. Eine weitere Beschränkung, die der Patient bei dem Versandhandels-System hinnehmen muss, ist die Tatsache, dass er nicht an seinem Wohnort jederzeit von einem handwerklich und technisch ausgebildeten Fachmann betreut wird, was gerade in der Eingewöhnungszeit besonders wichtig ist. Eventuelle nachträgliche Modifikationen der Otoplastiken und Geräteeinstellungen sind bei dem Versandhandels-System nur möglich, wenn das Gerät aus der Hand gegeben und an den Hersteller eingeschickt wird. Das ist ein völlig unbefriedigendes Verfahren, weil nachträgliche Modifikationen und Nacheinstellungen (»*gleitende Anpassung*«) in mehreren Schritten vorgenommen werden und die Mitarbeit des Patienten erfordern.

Auch der technische Service kann nur von einem Fachmann sichergestellt werden, der in der Regel die ganze Woche ohne Wartezeiten ansprechbar ist und

Abb. V.105. Die »Gelbe Liste« (Bild rechts)

Bundesverband der Ortskrankenkassen
Bundesverband der Betriebskrankenkassen
Bundesverband der Innungskrankenkassen
Bundesverband der landwirtschaftlichen Krankenkassen

Vertragspreisliste

gültig vom **1. 1. 1986** bis **31. 3. 1987**

Anlage 2

zum Vertrag über die Abgabe von Hörhilfen u. Zubehör
vom 1. 4. 1978

für den Bereich der Arbeitsgemeinschaft
der Bayerischen Krankenkassenverbände

Hinter dem Ohr (HdO)Geräte

Taschengeräte

Knochenleitungshörbügel

Zwei-Kanal-Taschengeräte

Otoplastiken

Batterien

Akku-Zellen

Reparaturen und Ersatzteile

Ladegeräte

Für die Berechnung der ab 1. 1. 1986 gültigen Vertragspreise gilt als Stichtag das Datum
der Kostenzusageerklärung der Krankenkassen,
also bei allen Kostenzusageerklärungen, die nach dem 31. 12. 1985 erfolgen.

eventuelle Reklamationen sofort erledigen kann. Das ist bei dem Sanomed-System, bei dem nur eine hierfür nicht ausgebildete Sprechstundenhilfe und eventuell – nach entsprechend langer Wartezeit – ein ebenfalls hörakustisch nicht fachkundiger Mediziner zur Verfügung stehen, nicht möglich. Das *Service-Problem* verstärkt sich noch bei Reisen, vor allem ins Ausland. Jeder Akustiker kann dem Patienten vor seiner Abreise die entsprechenden Servicestellen seiner Lieferanten bekanntgeben. Das Versandhandels-System ist aber auf Deutschland beschränkt und lässt den Patienten im Ausland meistens ohne Hilfe. Es fehlt dabei im Übrigen auch jede andere Beratungs-, Verkaufs- und Servicetätigkeit im Zusammenhang mit den vielfältigen Möglichkeiten, die *Assistive Hörsysteme* (TV-Sets, Text-Decoder, Spezialtelefone) und *Zubehör* (Alarmsysteme, Audio-Input-Systeme etc.) heute bieten.

Völlig regelwidrig und nicht hinnehmbar ist vor allem, dass die notwendige Hörerfolgskontrolle von demjenigen erbracht wird, der die Hörhilfe abgegeben hat. Die Erfolgskontrolle, die mit der Zusammenarbeit von Akustiker und Arzt beabsichtigt war, wird hier außer Kraft gesetzt. Der Arzt stellt sich selber ein Zeugnis aus.

Das Versandhandels-System macht sich die Tatsache zunutze, dass der Schwerhörige in der Regel erst beim Arzt auf die Versorgungsbedürftigkeit seines Hörproblems aufmerksam gemacht wird und, in Unkenntnis über den regulären Versorgungsweg, der Auslieferung eines Hörgerätes durch den Arzt vorschnell zustimmt. Dabei wird die Autorität, die der Mediziner gerade gegenüber älteren Menschen besitzt, ins Spiel gebracht. Der Patient, der erstmalig versorgt wird, kann aber nicht beurteilen, ob die beim Arzt erfolgte Anpassung objektiv erfolgreich war oder nicht. Er hört in jedem Falle mehr als vorher. Hätte er mehrere Geräte miteinander vergleichen können, wären unter Umständen ganz andere Geräte besser gewesen und bevorzugt worden. Korrekturversorgungen, wie sie dann oftmals beim Hörgeräte-Akustiker vorgenommen werden, machen die Versorgung unter dem Strich dann erheblich teurer, als es notwendig gewesen wäre. Eine Faustformel besagt: 1 Mark Ersparnis bei der Versorgung verursacht 5 Mark Folgekosten.

Hilfreich sind diesem System auch die Desinformationen, die von einigen Massenmedien (z.B. Der »*Spiegel*« und das TV-Magazin »*Panorama*«) im vermeintlichen Verbraucherinteresse unkritisch übernommen und verbreitet werden. Ein Beispiel ist der angeblich *generelle* »Null-Tarif«, den es bei den Sanomed-Ärzten geben soll. In Wirklichkeit wird auch dort eine Zuzahlung verlangt, wenn eine bessere Qualität gewünscht wird. Aber das fällt bei der Berichterstattung unter den Tisch, genauso wie die Tatsache, dass jeder Akustiker ebenfalls eine große Auswahl an zuzahlungsfreien Hörgeräten zur Auswahl hat. (Und vor allem: Er hat sie vorrätig und kann sie dem Patienten zeigen, erklären und ihn mitbestimmen lassen.) In diesen Polemiken wurde auch verschwiegen, dass der Versandhandel mit Hörhilfen, über einen längeren Zeitraum hinweg betrachtet, für die Kassen teurer wird als der normale Vertriebsweg. Das liegt daran, dass die Nachsorge des Arztes über dessen Gebührenordnung abgerechnet werden kann, der Akustiker die Nachsorge aber fünf Jahre kostenlos durchführt. Eine Richtigstellung der Bundesinnung in Bezug auf einen schlecht recherchierten und nachweislich in verschiedenen Punkten falschen und irreführenden »Spiegel«-Artikel wurde von dem Magazin nicht veröffentlicht. *(s. Schreiben der Bundesinnung an den »Spiegel« vom 25. 8. 1998).*

Die Turbulenzen und Schwierigkeiten im Jahr der Gesundheits-Reform bestätigten diejenigen, die schon längere Zeit für eine Privatisierung, oder wenigstens eine Teil-Privatisierung, des Marktes plädiert hatten. Das Beispiel USA hatte gezeigt, dass ein Privatmarkt durchaus funktionierte und dazu noch eine gute Versorgungsquote bewirkte. Zwar würde man damit die relative Sicherheit, die der große »*Kassenmarkt*« gewährte, gefährden, aber gleichzeitig wären neue Freiheiten gewonnen.

Jede staatliche Regulierung bedeutet Aufwand, der von irgendwem bezahlt werden muss. Was auf der einen Seite gespart wird, wird auf der anderen wieder mehr ausgegeben. Niemand hat die Zeit gezählt, die für die vielen Verhandlungen zwischen den Vertragspartnern aufgewendet wird. In *Holland*, das gerne als Vorbild der Gesundheitspolitiker zitiert wird, verbringt ein Akustiker bis zu 50 Arbeitstage pro Jahr in Verhandlungen mit den Krankenkassen und Behörden! *(Berechnung von Wil Sprengers in »Hörakustik« 11/98, S. 52).*

Ein anderes Beispiel waren die umfangreichen »*Vertragspreis- und Benennungslisten*«, die unzählige Arbeitsstunden in den Industriefirmen und in der Bundesinnung gekostet hatten. Die »*Gruppensystematik*«, die 1979 eingeführt wurde und die technischen Details jedes einzelnen Gerätes in einer Matrix »benennen« und dadurch für mehr *Preis-Leistungs-Transparenz* sorgen sollte, machte zwar Sinn, verursachte aber einen hohen bürokratischen Aufwand. Es zeigte sich auch, dass viele herstellerspezifische »Features« nicht in die Matrix passten oder zumindest schwer einzuordnen waren. Die Vertragspreislisten wurden schließlich wieder gestrafft, zunächst von 18 auf 9 (ab 1988), dann auf nur noch 3 Gruppen in dem »*Hilfsmittelverzeichnis*« (ab 1995), das die komplizierte Matrix zugunsten einer knappen Gerätebeschreibung ablöste. *(Vgl. Bonsel, »Gruppensystematik zur Abgabe von Hörgeräten«, Hilfsmittelverzeichnis 1995).*

Die Kritiker der Regulierung des Gesundheitsmarktes verwiesen auch darauf, dass die Kostensteigerungen eine direkte Folge der steigenden Lebenserwartung der Bevölkerung, des medizinischen und technologischen Fortschritts und der steigenden Personalkosten wären und – selbst nach Ausschöpfung noch vorhandener Rationalisierungsreserven – tendenziell steigen müssten. Die Bemühungen der Politik, diese Reserven aufzuspüren und auszuschöpfen, würden ihrerseits wieder hohe Kosten verursachen, die die Einsparungen zum großen Teil wieder zunichte machen würden. Oft würden diese Kosten einfach haushaltstechnisch umgeschichtet und dem Blickfeld der Öffentlichkeit und der Entscheidungsträger entzogen, so dass der Eindruck einer erfolgreichen Arbeit entstünde.

60 000 Seiten Papier

Es war nur ein schwacher Trost für die deutschen Akustiker gewesen, dass es in den USA ähnliche politische Auseinandersetzungen gab. Die beiden schweren »Abstürze« des Marktes in den Jahren 1973 bis 1977 und 1993/1994 sowie die wiederholten Stagnationsphasen waren politisch verursacht und haben viele Hörgeräte-Spezialisten die Existenz gekostet. Es gibt dort zwar keine öffentlich-rechtlichen Krankenkassen, dafür aber private Verbraucherschutz-Organisatio-

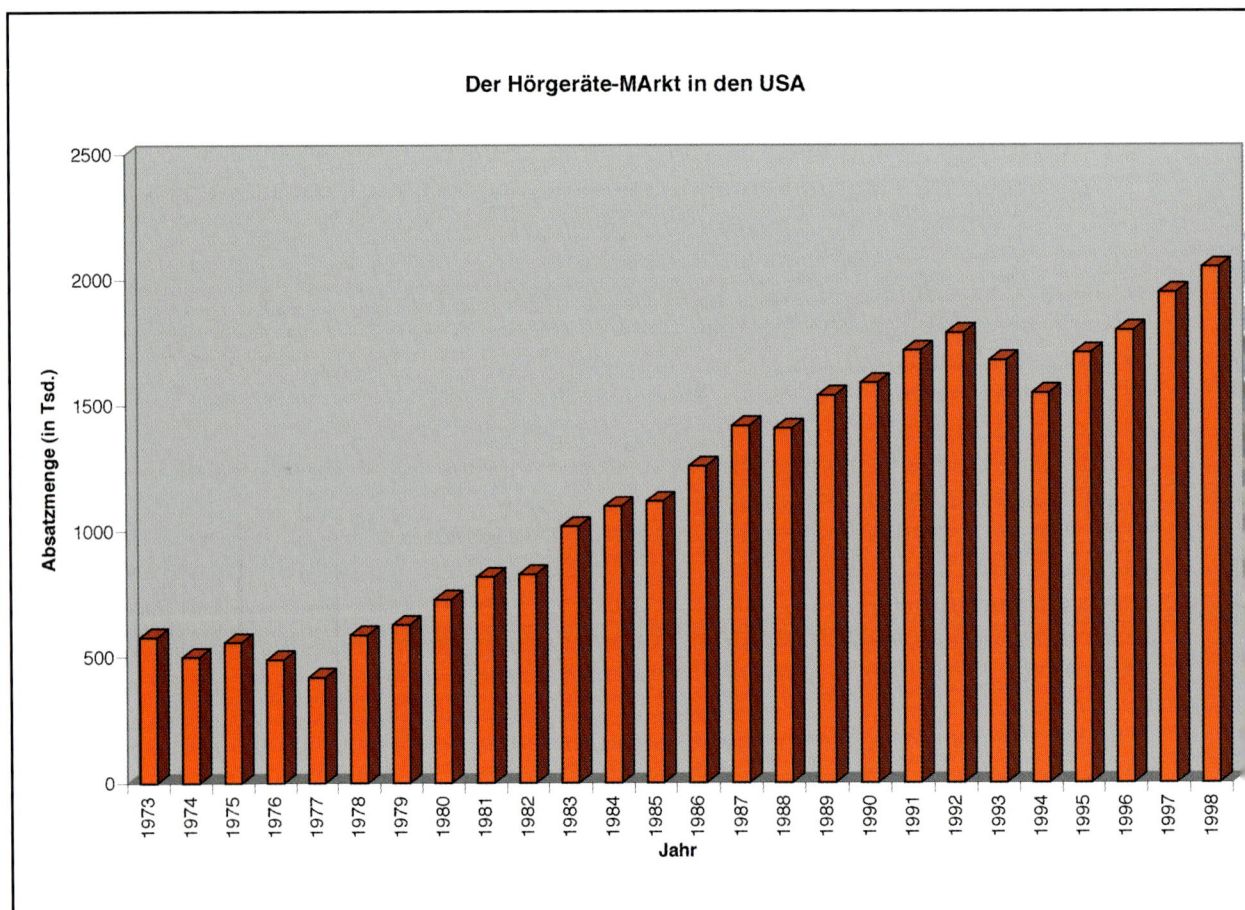

Abb. V.106. Statistik des US-Marktes (Status 1998)

nen und Bundes-Gesundheitsbehörden. Die Bundesbehörden *FTC, FDA* und *HEW* traten ab 1960 verstärkt auf den Plan, weil in diesem Jahr die staatlichen Versorgungsprogramme *Medicaid* (für Sozialhilfe-Empfänger) und *Medicare* (für Rentner) ins Leben gerufen wurden. Dass sich diese Institutionen mit Hörgeräten und deren Verkauf beschäftigten, ging aber auch auf Versäumnisse der frühen »Dealer« zurück, die Empfehlungen von Fachleuten, die 1947 diskutiert wurden, nicht genügend beherzigt hatten. Sie lauteten: »*Regulate or be regulated*«. Das hieß »Gebt euch freiwillig Regeln, oder man wird sie euch geben!« Die »*Federal Trade Commission*« *(FTC)* griff erstmals 1950 in den Hörgeräte-Markt ein, indem sie den Herstellern untersagte, ihre Händler ausschließlich an sich zu binden. Das war durchaus noch sinnvoll, genauso wie das Verbot des Haustürverkaufs oder die Empfehlungen für Qualitätssicherungsnormen für die Hörgeräte-Industrie und Zertifizierungen für Händler in den 60er Jahren. 1970 verfügte sie allerdings, dass Hörgeräte – ähnlich wie bei der Zigarettenwerbung – nur mit einer eindeutigen Verbraucherwarnung beworben werden durften. Die Werbung musste deutlich darauf hinweisen, dass der Werbetreibende ein Geschäftsmann sei und jede Kontaktaufnahme des Verbrauchers dazu benutzen würde, ihm etwas verkaufen zu wollen. Auf der Verpackung des Gerätes musste darum der Hinweis stehen: »Viele Personen, die an Schwerhörigkeit leiden, haben keinen Nutzen von einem Hörgerät.« Zur Bekräftigung dieser Auffassung wurde dem Käufer eines Hörgerätes ein 30-Tage-Rückgaberecht eingeräumt. Beide Verfügungen erwiesen sich als unhaltbar und wurden 1978 von der FTC wieder rückgängig gemacht. 1985 beschloss die Behörde, keine weiteren Regulierungen für Hörgeräte mehr einzuführen, weil eigene Marktstudien ergeben hatten, dass 70 % der Händler ihren Kunden ausreichende Erprobungszeiten und 93 % ausreichende Garantiezeiten gewährt hatten. Am stärksten wog aber, dass 96 % der Kunden angaben, mit ihrem Gerät zufrieden zu sein.

Die Ergebnisse der Studie der FTC konnten so interpretiert werden, dass deren Arbeit sehr erfolgreich war. Das mochte durchaus berechtigt sein. Die Frage war aber, ob das Verhältnis von Aufwand und Ertrag vertretbar war. Die FTC hatte dafür nämlich 10 Jahre gebraucht, 200 Expertisen eingeholt und 60 000 Seiten Papier produziert! Wieviel das alles gekostet hatte, darüber schwieg die FTC sich lieber aus. Es war auch keineswegs so, dass es keine Organisationen auf privatrechtlicher Basis gegeben hat, die dem Markt gewisse Regeln auferlegt hätten. Erste Anstrengungen in dieser Richtung reichten bis in das Jahr 1944 zurück. Die Firma *Beltone* hatte 1948 erste Lehrgänge für ihre Händler organisiert und sogar eine Art *»duales« Ausbildungssystem* angedacht (»study plus apprenticeship«). Die »*International Hearing Association*« *(IHAA)* hatte 1949 Lehrgänge für Händler veranstaltet, ohne die man nicht ihr Mitglied werden durfte. Organisationen wie die »*American Speech and Hearing Association*« *(ASHA)* und die »*National Hearing Aid Society*« *(NHAS)* hatten sich freiwillig »*Codes of Ethics*« auferlegt. Auch in technischer Hinsicht tat sich einiges, denn auch Standards und Normen waren ein Beitrag zur Glaubwürdigkeit der Produkte und ihres

Nutzens. Sie machten ihre Leistungsmerkmale prüfbar und messbar. Die »*American Standards Association*« *(ASA)* hatte schon 1953 spezielle Standards für Hörgeräte festgelegt, die »*International Electronical Commission*« *(IEC)* 1960, die »*Hearing Aid Industry Conference*« *(HAIC)* 1961, die »*International Organization for Standardization*« *(ISO)* 1964 und das »*American National Standards Institute*« *(ANSI)* 1976. Selbst die »*National Association of Earmold Laboratories*« *(NAEL)*, in der sich 1962 die Otoplastik-Labore zusammengeschlossen hatten, einigten sich freiwillig für ihren Bereich auf bestimmte Standards. Der Markt war zwar frei, aber alles andere als chaotisch.

Saure Zitronen

Ab 1976 wurde die »*Food and Drug Administration*« *(FDA)* von Präsident *Gerald Ford* ermächtigt, Regeln für die Medizinisch-Technische Industrie zu erlassen. Die zielten zwar nicht speziell auf Hörgeräte ab, ordneten sie aber dort mit ein und unterstellten sie der Abteilung »*Health Education and Welfare*« *(HEW)*, wo es wiederum ein spezielles Referat für »*Hearing Health Care*« gab. Die wichtigste und zugleich sinnvollste Anordnung der HEW war, dass alle Hörgeräte eine FDA-Zulassung haben mussten, bevor sie verkauft werden durften. Auf Akzeptanz stieß auch die Anordnung, dass Hörgeräte nur nach vorheriger (typenmäßig aber unspezifischer) ärztlicher Verordnung angepasst werden durften. Die Hersteller wurden überdies verpflichtet, die Patienten darauf hinzuweisen, dass Hörgeräte Hörschäden zwar auszugleichen, nicht aber ein natürliches Hörvermögen wiederherzustellen vermögen. Schließlich war auch der Hinweis sinnvoll, dass nur der täglich mehrstündige Gebrauch des Gerätes zu dem gewünschten Erfolg führen würde.

Das war aber nur die eine Seite der FDA. Die andere zeigte sich ab 1992, als sie plötzlich der Meinung war, die Hörgeräte-Industrie würde in ihrer Werbung Versprechungen machen, die niemals einzuhalten seien. Anstoß war ein Report des Seniorenverbandes »*American Association of Retired Persons*« *(AARP)*, der die Hörgeräteversorgung aufs Korn genommen hatte und zu schlechten Beurteilungen gekommen war. Die FDA veranstaltete daraufhin eine Serie von »Hearings«, die mit großer Aufmerksamkeit in der Öffentlichkeit verfolgt wurden. Die Presse, die nicht an der Normalität, sondern an spektakulären negativen Einzelfällen interessiert war, bauschte einige Beschwerden übermäßig auf und ließ so den Eindruck entstehen, dass Industrie und Händler schamlose Profiteure seien und den Rentnern das Geld aus der Tasche zögen. Diese monatelange schlechte Presse hatte ihre Wirkung. Der Umsatz fiel von 1992 auf 1994 um 13 %.

War die Kampagne gesteuert, weil das amerikanische »Reha-Gesetz«, der »*Disability Act*« von 1990, und die Empfehlungen des »*Public Health Service*« von 1992, die Hör-Vorsorgeuntersuchungen für alle Menschen ab 65 Jahre um mindestens

60 % zu steigern, zu gute Wirkung gezeigt hatten? Wie sich die Verhältnisse doch gleichen!

Die FDA arbeitete in den Jahren ab 1993 weiter an neuen Regulierungen, die man »*Lemon Laws*« nannte, weil sie Industrie und Handel wie Zitronen ausquetschen sollten. Die Preise waren angeblich wieder zu hoch. Dabei zeigte sich die grundlegende Schwäche staatlicher Institutionen, die wirtschaftliche Aktivitäten und Märkte überwachen und regeln wollen, nämlich die mangelnde Fachkompetenz und Effizienz. Auch nach sechs Jahren Regulierungsarbeit gibt es keine endgültigen Ergebnisse und Beschlüsse seitens der FDA. Und das Wenige, das vorliegt, ist kaum für irgendeine Seite von Nutzen. Die meisten Fachleute in den USA sind der Meinung, dass die alten, noch gültigen FDA-Regeln von 1977 immer noch besser sind, als alles das, was man bisher aus der Behörde vernommen hat. Der Unmut der Wirtschaft ist verständlich. Man kann nicht jahrelang »Zitronengesetze« ankündigen und nichts passiert, außer einer wirtschafts- und arbeitsplatzfeindlichen permanenten Verunsicherung des Marktes. Das Einzige, was der Erwähnung wert ist, war die eindeutige Stellungnahme der FDA gegen die Versandhandelspraktiken der Firma *Crystal Ear*, die in den USA Hörgeräte per »Mail Order« vertreibt. Die blieb allerdings weitgehend folgenlos.

Naders Raiders und Graue Panther

In den 70er Jahren wurden die amerikanischen Hersteller und Händler gleich doppelt in die Zange genommen. Außer FTC und FDA hatten auch noch die Verbraucherverbände zum Angriff auf den Hörgerätemarkt geblasen. Die Kampagnen des selbsternannten Anwalts der Verbraucher, *Ralph Nader,* hatten teilweise schon hysterische Züge und erinnerten an die Zeit der Investigationen des fanatischen Kommunistenverfolgers *Joseph McCarthy* (1909 bis 1957). Nader war entschlossen, den alten kaufmännischen Grundsatz »caveat emptor« (»Der Käufer muß aufpassen«) in das Gegenteil zu verkehren. Damit war gemeint, dass in jedem Falle der Hersteller Schuld sein sollte, was immer der Konsument mit seinem Produkt auch anstellen mochte. Wer also ein Hörgerät verschluckte, weil es wie ein Bonbon aussah, und davon Magenbeschwerden bekam, konnte auf ein beträchtliches Schmerzengeld hoffen. Selbst die höchsten Politiker konnten sich dem »consumerism movement« nicht entziehen und mussten mitspielen. So machte Präsident *Richard Nixon* die kämpferische Verbraucheranwältin *Elizabeth Knauer* zu seiner persönlichen Referentin für den Verbraucherschutz und zur Leiterin der »*Consumer Product Safety Commission*« (CPSC). Er bewilligte ihr auch beträchtliche Mittel zur Errichtung regionaler Verbraucherschutzbüros. Nader und Knauer schickten 1971 Hunderte von Testpersonen mit angeblichen Hörproblemen über einen Zeitraum von 16 Monaten in Hörgerätefachgeschäfte und ließen sie nach Unregelmäßigkeiten und Fehlanpassungen fahnden. Die Agenten Naders, die bald den Spitznamen »*Naders Raiders*« (»Naders Gangster«) bekamen, wurden tatkräftig von den »*Grauen Panthern*« unterstützt, eine auf allen möglichen Gebieten aktive Vereinigung von Senioren. Der Test wurde von 46 regionalen Verbraucherschutzbüros in 36 Staaten durchgeführt. Weil die Mittel aus Washington für Nader & Co. auf Dauer nur reichlich flossen, wenn möglichst viele Verfehlungen aufgespürt werden konnten, mussten die Testpersonen erfolgreich sein. Die 300-seitige Studie, die dabei herauskam, trug den Titel »Das Ohr, die Geldmaschine«. Darin wurden den Herstellern und Händlern rüde Verkaufsmethoden und Preistreiberei unterstellt. Die Zahl der Beschwerden, die bei der monatelangen und teuren Aktion ermittelt werden konnte, war indessen verschwindend gering im Verhältnis zu der Zahl der insgesamt angepassten Hörgeräte, nämlich 722 von 325 066 = 0,2 %. Es kamen deshalb Zweifel an der Seriosität der Studie auf. Ihr ursprünglicher Initiator, *Joseph Wiedenmeyer* von der »*Retired Professional Action Group*«, der sich wegen mancher

Abb. V.107. Die amerikanische Journalistin Marjorie Scafte, »Hearing Instruments«, unterhielt auch zur Fachpresse in Deutschland gute Kontakte – hier 1978 beim US-Kongress in San Diego

Bedenken vorzeitig aus dem Projekt zurückgezogen hatte, sagte gegenüber »Associated Press« in einem Interview: »Ich glaube, dass dieser Report, absichtlich oder nicht, keinen anderen Effekt haben wird, als die Schwerhörigen zu verwirren.« Und *Marjorie Skafte,* Herausgeberin der Zeitschrift »Hearing Instruments«, wies nach, dass die Studie an mehreren Stellen »fehlerhaft und irreführend« war. Eine parallele Studie der halbstaatlichen *»National Consumer Opinion Research Organization«* aus demselben Jahr (1971) war zu dem Ergebnis gekommen, dass 90 % der Benutzer eines Hörgerätes »sehr zufrieden«, 5 % »zufrieden« und nur die letzten 5 % »unzufrieden« mit der erzielten Hörverbesserung waren.

Nicht alle amerikanischen Politiker ließen sich vom »Consumerism« beeinflussen.
Der Gouverneur von Kalifornien, *Ronald Reagan,* schrieb zu einem Zeitpunkt, als er noch nicht wusste, dass er eines Tages Präsident der Vereinigten Staaten von Amerika sein und ein Hörgerät tragen würde, an die *»Hearing Aid Association of California« (HAAC):*
»Eine kleine, aber lautstarke Minderheit hat Zweifel, Misstrauen und Unsicherheit in die Köpfe der Verbraucher und der Geschäftsleute gesät. Das Rückgrat unserer Gesellschaft besteht aber aus Millionen kleiner und freier Geschäftsleute. Wir müssen diesen Menschen, die etwas wagen und investieren, das sichere Gefühl geben, dass unser freies Unternehmertum weiter blühen und gedeihen wird. Wenn wir das nicht tun, wird es Amerika sein, dass zu blühen und gedeihen aufhört.«

Badenixen und Film-Reputation

Die Erfahrungen mit den verschiedensten Regulierungsbemühungen, Verbraucherschutzkampagnen und tendenziösen Berichterstattungen in den Massenmedien haben dazu geführt, dass Hörgeräte-Industrie und Hörgeräte-Akustiker zu der Auffassung gelangten, man müsse die Öffentlichkeit von sich aus mit Informationen versorgen. Besonders geeignet erschienen Aktionen, die sich einer prominenten Persönlichkeit als »eyecatcher« bedienen konnten. In den USA hatte die *»Better Hearing Foundation«* (BHF) 1950 in Zusammenarbeit mit einigen Tageszeitungen eine öffentliche Befragung durchgeführt, deren Ergebnis war, dass 15 % der Amerikaner schwerhörig waren, aber zu 90 % kein Hörgerät trugen.
Die »Better Hearing Foundation« war ein Jahr zuvor gegründet worden und nahm Händler und Hersteller gleichermaßen als Mitglieder auf. Der Beitrag betrug 25 Dollar pro Jahr (mit Stimmberechtigung) oder 12 Dollar 50 Cents (ohne Stimmberechtigung). Vorsitzender war der Chef von Beltone, *David Barnow,* und sein Stellvertreter der rührige New Yorker Händler *Alfred Dunlavy* (1908 bis

*Abb. V.108. bis V.112.
V.l. Prominente US-
Hörgeräteträger von
Johnny Ray...über Bob
Hope...oder James
Steward...bis Frank
Sinatra...und Johnny Cash*

*Abb. V.113. Als Serienheld
in »Bonanza« ein Dauer-
brenner: Hörgeräteträger
Lorne Greene*

What's that you say?

AP photos

President Clinton strains to hear supporters at a rally in November 1996. A longtime hearing problem prompted his doctors to fit him yesterday with nearly invisible hearing aids. Otherwise, his exam shows he's in excellent health.

A fit prez is fitted for hearing aids

By Sandra Sobieraj
Associated Press

WASHINGTON — Midlife is catching up with Bill Clinton: Doctors fitted the Baby Boom president with hearing aids yesterday.

But there was good news, too, in his six-hour annual physical exam. The doctors pronounced the 51-year-old Clinton in excellent health. He has lost 20 pounds and brought his cholesterol down since last year.

Doctors also removed a small cyst from his chest. They said it appeared to be a common-type benign cyst, although it will be tested.

The slimmed-down Clinton flashed reporters a thumbs-up upon returning to the White House and said he felt good.

He carries 196 pounds on his 6-foot-2 frame — down 30 pounds from 1991, when he emerged as a presidential contender. White House press secretary Mike McCurry credited Clinton's attention to diet and exercise after knee surgery in March.

His total cholesterol count, which has dropped steadily over the last three

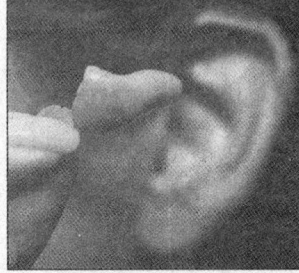

The president will use in-the-canal hearing aids like this one.

years, stands at 179. Generally, total cholesterol below 200 is viewed as desirable. Clinton's eyesight, aided by reading glasses, was unchanged from his last full physical in May 1996.

On the treadmill, the sometimes-jogging president went for 13 minutes and reached a top speed of 5 mph on an 18-percent grade.

Clinton has complained for years

about hearing loss, listing it as a problem in his annual physicals since his days as Arkansas governor.

He found it had worsened this year and reported having trouble hearing people in crowded receptions, McCurry said. Indeed, he often can't make out what hecklers occasionally shout at him while he is making speeches, the press secretary said.

For what doctors called a high-frequency hearing loss in both ears, Clinton was fitted for the type of hearing aid that can be easily placed fully inside his hearing canal, hardly noticeable to others.

He will "pop it in" only when he needs it, said Dr. James Suen. "He's just seeing that he cannot understand as much as he needs to understand as far as hearing words."

The president's personal physician, Dr. E. Connie Mariano, oversaw the detailed exam by 10 specialists.

As for the repaired tendon in his right knee, doctors said Clinton had regained a full range of motion, although he does complain of stiffness when temperatures change.

1988), der auch als Erfinder der *CROS-, BiCROS-, UniCROS-* und *BiFROS*-Anpassungen in die Branchengeschichte einging. *(Die Patente erhielt er 1970 bis 1974).* 1950 verlieh die Foundation erstmals den »Hearing Achievement Award« an den Politiker *Bernard M. Baruch,* weil er sich öffentlich zu seinem Hörgerät bekannt hatte. Eigentlich hätte ihn der Film-und TV-Star *Bob Hope* (1904 bis 1997) bekommen müssen, der sich in einer TV-Show ebenfalls zu seinem Hörapparat bekannt hatte und weitaus populärer als der Politiker war. Weil Hope aber hauptsächlich den Hersteller Paravox lobte, statt den Nutzen einer Hörgeräteversorgung im allgemeinen, kam er nicht in Frage. Im selben Jahr erhielt der Oberbürgermeister von Tokyo, *Yukio Ozaki,* eine kostenlose Versorgung, weil er in Washington 3 000 Kirschbäume zum Zeichen der Versöhnung zwischen Amerikanern und Japanern gepflanzt hatte. Eine weitere Aktivität, die es schon seit 1928 gab und die ab 1950 unter die Fittiche der »Better Hearing Foundation« genommen wurde, war die Veranstaltung »Nationaler Hörwochen«. 1951 schaffte es die Foundation, die Gattin des 1945 verstorbenen amerikanischen Präsidenten *Franklin D. Roosevelt,* die sozialpolitisch sehr engagierte *Eleanor Roosevelt,* für die Ankündigung der »*National Hearing Week*« zu gewinnen, die auf 500 Radiostationen ausgestrahlt wurde. Mrs. Roosevelt, die selbst eine Hörbrille trug, setzte sich besonders für Kinderversorgungen ein. Trotz dieser ersten Erfolge wurden die Aktivitäten der Foundation bald sehr eingeschränkt, weil zu wenige Hersteller und Händler das Programm finanziell unterstützten und Meinungsverschiedenheiten über die Inhalte nicht ausgeräumt werden konnten.

Eine große Publicity bekam auch der gemeinsame Kongress von *IHAA* und *SHAA* 1954 in Chicago. Die kesse *Vivian Mathis*, die am Rande des Kongresses den Wettbewerb der »Schwerhörigen Badeschönheiten« gewonnen und sich zum Entzücken der anwesenden Fotoreporter, die durch eine Glasscheibe des Swimming-Pools zusehen durften, entkleidet hatte, führte im knappen Badedress unter Wasser einige (offenbar wasserdichte) Hörgeräte vor.

Die »*Miss Hearing Aid*«-Idee wurde 1959 von der *HAIC* wieder aufgegriffen. Erste Gewinnerin war die bildschöne *Marilyn Brett*, die trotz ihrer Hörbehinderung ihr Studium mit »magna cum laude« abgeschlossen hatte. Sie konnte weitaus mehr als die Badenixe von 1954 und wurde darum von der HAIC auf eine vierwöchige Tournee durch 14 Städte geschickt, wo sie in 33 Radio- und Fernsehsendungen auftrat, um über ihre Schwerhörigkeit und den Nutzen ihres Hörgerätes zu plaudern.

Abb. V.114. Die Zeitungen in den USA berichteten 1996 ausführlich über Bill Clintons Hörprobleme (Bild links)

1964 konnte die HAIC nochmals die Aufmerksamkeit der Presse auf sich ziehen, als sie auf der *New Yorker Weltausstellung 1964* einen Ausstellungsstand errichtete, der ein Modell des Schallleitungsapparates des menschlichen Ohres darstellte. Das Modell kam auf eine Höhe von 400 Fuß (120 Meter!) und enthielt in seinem Inneren eine Ausstellung über Hörgeräte-Design, akustische Demonstrationen und Hörtest-Anlagen. Pro Tag kamen 20 000 Besucher in den Stand, der durch eine großzügige Spende über 40 000 Dollar der Batterie-Firma Mallory möglich geworden war.

1973 gründete die HAIC das »*Better Hearing Institute*« *(BHI),* eine industriefinanzierte Stiftung, die ihren Hauptsitz in Washington hatte. Das BHI richtete eine »Hotline« für Hörgeräte-Benutzer ein, veröffentlichte Erstbenutzer-Handbücher und produzierte Radio- und TV-Spots. Dabei ging man gleich in die Vollen und engagierte einen richtigen Superstar, den Sänger *Johnny Ray,* der 1956 mit den Hits »Yes, tonight, Josephine« und »Just walking in the Rain« Riesenerfolge hatte. Er stand monatelang an der Spitze der Charts und hat selbst Elvis Presley verdrängt. Ein Jahr später kamen der Gouverneur von Alabama, *George C. Wallace,* und der TV-Star *Norm Crosby* als Zugpferde des »*Better Hearing Month*« dazu, an dem auch die landesweiten TV-Sender CBS und NBC teilnahmen. Und wieder ein Jahr später feierte das BHI den nächsten großen Erfolg, als es die Goldmedaille des »*International Film and TV Festival*« für die beste Testimonial-Produktion erhielt. 1977 gelang es dem BHI, den Super-Filmstar *Henry Fonda,* der schwerhörig geworden war, für den TV-Film »You should hear what you are missing« zu engagieren. Seine ebenfalls in der Filmbranche berühmte Tochter *Jane Fonda,* mittlerweile für die Thematik sensibilisiert, setzte sich 1979 bei der »*Oscar*«-Verleihung für die Gehörlosen ein, indem sie ihre Dankrede in der Gebärdensprache hielt. Für den BHI-Film »Silence is Lonely« konnte man die Box-Weltmeister im Halbschwergewicht, *Red Skins* und *Tony Zale,* gewinnen. Das BHI hatte sich bei der Idee, Boxer zu engagieren, von dem alten Film »Hear No Evil« (USA, 1954) inspirieren lassen, in dem *Tony Curtis* einen schwerhörigen Boxer gespielt hatte. Curtis wurde in dem Film mit einem Maico H-1 audiometriert und trug am Ende ein Hörgerät. Das war aber nicht der einzige Einsatz von Hörgeräten in Filmen. 1964 hat *Gert Fröbe* in dem James-Bond-Film »Goldfinger« eines benutzt, das er allerdings genervt abschaltete, wenn es ihm zu laut wurde. Eine ähnliche Szene wurde auch weltbekannt, als in Billy Wilders turbulenter Verwechslungskomödie »*Manche mögen's heiß*« (USA, 1958) der »Kleine Bonaparte« und Vorsitzende der »Freunde der Italienischen Oper« seinen Widersacher, den Mafia-Boss »Gamaschen-Colombo« aus einer eilig hereingefahrenen Sahnetorte heraus umlegen ließ, und dabei sein Hörgerät demonstrativ abschaltete. Andere, hierzulande weniger bekannte Stars mit Engagement für »Better Hearing« waren *Keenan Wynn, Art Carney, Florence Henderson, Buddy Ebsen* und *Lou Ferrigo.*

Nachdem sich US-Präsident *Ronald Reagan* 1983 mit seinem Concha-Gerät und 1986 mit seinem Gehörgangsgerät »geoutet« und damit der Hörgeräte-Industrie

Abb. V.115. Motive der ersten »Besser hören«-Kampagne (1967/69)

einen ungeheuren Boom beschert hatte, griff das BHI 1986 noch einmal zu dem probaten Mittel der Testimonials und engagierte die Stars *Lorne Greene* (»Bonanza«), *Burt Reynolds, Bob Hope* und *Bill Cosby.* Nicht zu bekommen waren *James Stewart, Frank Sinatra* und *Johnny Cash,* aber auch sie trugen Hörgeräte, und jeder wusste das. Die BHI-Aktionen animierten die Industrie, es auch einmal im Alleingang zu versuchen. Vor allem die Firma Starkey war hier sehr aktiv. In deren Hauptquartier in Eden Prairie in Minnesota wurden VIPs wie *Gene Autrey, Ernest Borgnine, Joan Collins, Anthony Quinn, Roy Rodgers, Engelbert Humperdinck* und *Karl Malden* mit Hörhilfen versorgt. Starkey-Inhaber *Bill Austin,* der als Händler angefangen hatte und es sich nicht nehmen ließ, auch als »Big Boss« jeden Freitag persönlich Hörgeräte anzupassen, betreute sie alle persönlich. Allerdings war damit in den meisten Fällen kein »Outing« verbunden.

1995 ging das Foto von *Heather Whitestone* um die Welt, die zur »*Miss America*« gewählt wurde. Ohne Beteiligung und Wissen des BHI oder der Industrie hatte

Abb. V.116. Motive der »Spitzohr«-Kampagne 1969/73

sie sich zwei Hörgeräte anpassen lassen und trug sie bei der Preisverleihung mit größter Selbstverständlichkeit. Das war ein »Outing«, wie es natürlicher und schöner nicht hätte sein können. Präsident *Bill Clinton*, der 1998 ein Gehörgangs-gerät bekommen hatte, verschwieg es zwar nicht, war aber zu weiteren Äußerungen nicht bereit. Die Presse hat es aber immerhin als Sensation gebracht.

Besser hören soll das Land

1966 kommen auch in Deutschland Industrie und Hörgeräte-Akustiker zu der Auffassung, dass es ohne gemeinsam finanzierte Werbung und Öffentlichkeitsarbeit nicht möglich sein wird, eine breitere Öffentlichkeit zu erreichen. Der Hintergrund dieser Überlegungen war zum einen die Tatsache, dass jede Industrie-

Abb. V.117. Motive der »Symbolkreis«-Kampagne 1974/79

firma für sich genommen zu klein war, um Endverbraucherwerbung und Öffentlichkeitsarbeit finanzieren zu können, zum anderen die Rechtsauffassung des *Bundesgesundheitsministeriums*, dass das *Werbeverbot* für Arzneimittel nach dem »Heilmittel-Werbegesetz«, das eine Spezifizierung des »Gesetzes gegen den unlauteren Wettbewerb« (UWG) darstellte, auch auf Hörgeräte anzuwenden sei. Um hier von vorneherein mögliche Rechtsstreitigkeiten zu vermeiden, aber auch, weil das Berufsethos der Hörgeräte-Akustiker jede marktschreierischen Aktivitäten kategorisch ausschloss, gab es einen breiten Konsens darüber, dass Werbung nur einen »sachlich informativen« und aufklärerischen Charakter haben könne. Verboten war nämlich nur die »unsachliche« und »irreführende« Werbung, nicht aber die sachliche Information. Außerdem sollte auf keinen Fall mit den gesetzlichen Kassenleistungen Werbung gemacht werden, also auf Kosten Dritter. Diese Einschränkungen sind auch Bestandteil der *Bundesrahmenverträge* geworden, die die Bundesinnung der Hörgeräte-Akustiker in den Jahren 1975

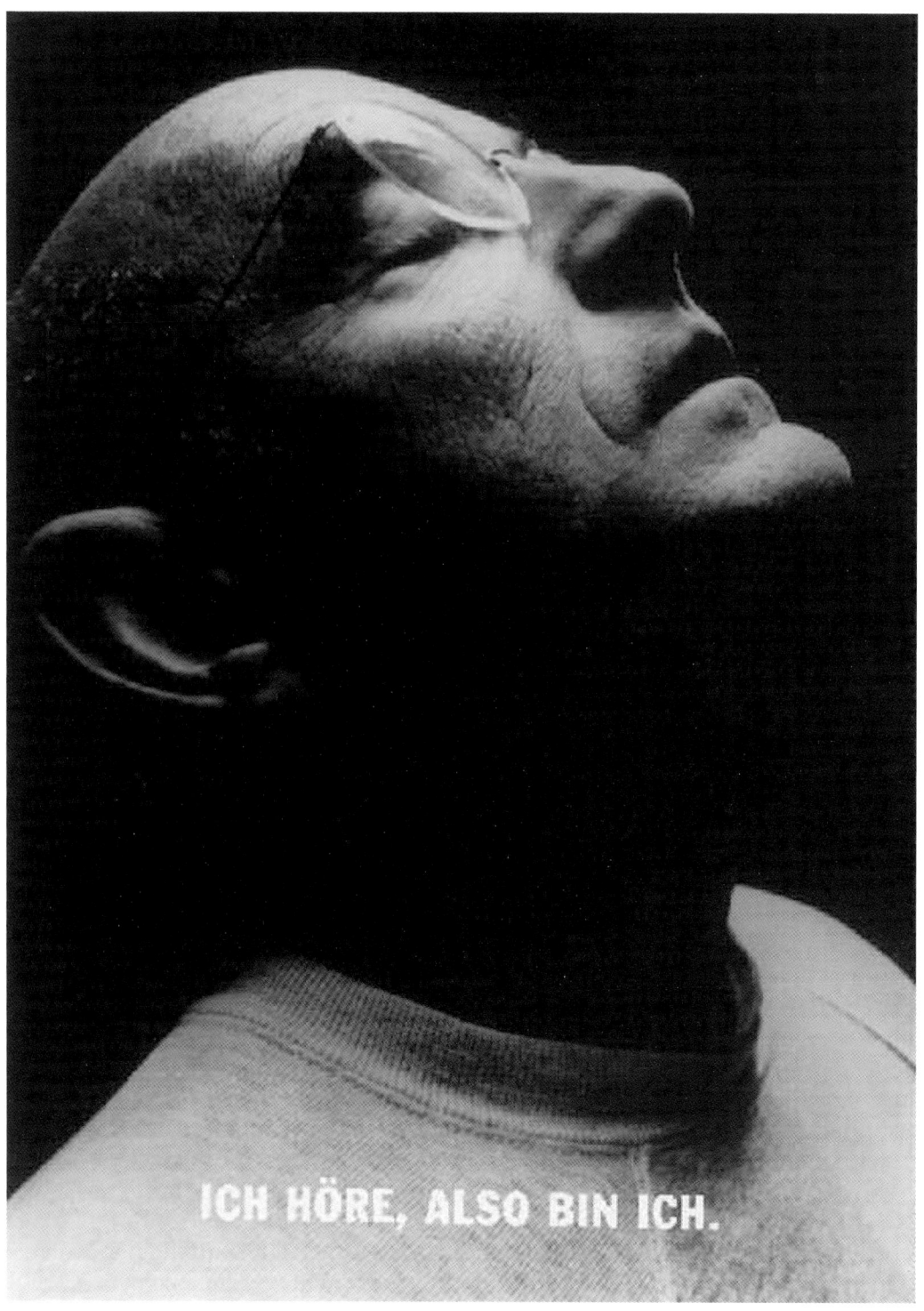

Abb. V.118. »Ich höre, also bin ich!« (FGH-Anzeige von 1989)

Abb. V.119. Comics der
»Hör mal«-Aktion 1989

bis 1978 mit den verschiedenen Kassenverbänden abgeschlossen hatte. Diese Verträge legten im Wesentlichen die Lieferberechtigungen und Lieferbedingungen für Hörgeräte und einige Selbstbeschränkungen und Verpflichtungen der Akustiker gegenüber den Kassen und den Versicherten fest.

Auf der Basis dieser Überlegungen wurde am 29. November 1966 von UHA, FDH und ZVEI die *»Fördergemeinschaft Gutes Hören e.V.« (FGH)* gegründet, wobei UHA und FDH wegen der Gewichtung des Beitragsaufkommens jeweils eine Stimme in der Gesellschafterversammlung bekamen und die Industrie zwei. Damit war eine Parität zwischen Akustikern und Industrie und faktisch ein Einigungszwang bei allen strittigen Grundsatzfragen gegeben. Der erste Geschäftsführer der FGH war *Dr. Gunther Böhm,* der 1978 von *Inge Steinl* abgelöst wurde. Der *»Werbeausschuss«,* der über konkrete Werbeaktivitäten entschied, war mit vier Mitgliedern genauso paritätisch besetzt wie die Gesellschafterversammlung

*Abb. V.120. Ein Motiv mit ungeahnter politischer Voraussagekraft: »Taube Ohren machen blind«
(FGH 1989)*

der FGH. Für die Werbung wurde eine Werbeagentur engagiert und für die Öffentlichkeitsarbeit eine PR-Agentur. Die Industrie übernahm – wie wenig später beim »*Schulförderverein*« – das Inkasso der Beiträge. Das bedeutete, dass von den Herstellern pro fakturiertem Hörgerät ein Aufschlag von 5 Mark erhoben wurde, die Industrie nochmals 5 Mark drauflegte und dann die Gesamtsumme an die FGH abführte. Der Sitz der Fördergemeinschaft wurde bewusst in die Nähe der Firma Siemens in Erlangen gelegt, weil die Firma unter der Leitung von »Papa« Kurt Erich Döll einen Teil ihrer organisatorischen und werbefachlichen Kompetenzen der FGH zur Verfügung stellen sollte. Dabei spielte auch eine Rolle, dass Döll ab 1968 Vorsitzender der ZVEI-Fachabteilung war und Siemens einen der FGH-Gesellschafter stellte. Eine Beeinflussung der FGH durch Siemens ist daraus aber nicht entstanden. Im Gegenteil, diese Ehrenämter waren mit einem großen Aufwand verbunden und erforderten ein hohes Maß an Zeit- und ökonomischer Investition.

In den folgenden Jahrzehnten leistete die FGH eine umfangreiche und mehrfach prämiierte Werbung und Öffentlichkeitsarbeit. Unterstützt wurde sie in den Anfangsjahren von *Jürgen Slesina* von der Werbeagentur *Slesina-Bates* (ab 1979 Agentur *SIMA*) mit dem auch in progressiven Filmer-Kreisen reussierten »Vordenker« *Alfred Edel*, und der PR-Agentur *Günter Kaufmann*, die 1978 von der Firma ipr in Hamburg unter der Leitung von *Thomas Glaue* abgelöst wurde. *(Anm.: ab 1985 war für die Werbung die Agentur Stöhr-Kreutz in Düsseldorf zuständig, von 1994 bis 1996 die Agentur Jung von Matt, von 1997 bis 1998 Leonhardt & Kern in Stuttgart)*. Slesina und Kaufmann hatten bereits Erfahrungen mit dem »*Kuratorium Gutes Sehen der Deutschen Augenoptik*« gesammelt und waren für die neue Aufgabe prädestiniert. Ihre ersten Ideen basierten auf einer professionellen Studie, die *Prof. Dr. Reinhold Bergler*, ein Psychologe und Sozialforscher aus Nürnberg, für die Fördergemeinschaft 1966 angefertigt hatte. Sie befasste sich hauptsächlich mit der Motivations-Psychologie für Schwerhörige und lieferte gewissermaßen den Ausgangspunkt für alle weiteren Aktivitäten der FGH, insbesondere in den Jahren 1967 bis 1969 die Kampagne »*Besser hören – dabei sein*« mit dem ersten Symbol der FGH, das die Reintegration der Schwerhörigen in den Kreis der Gesellschaft ausdrücken sollte. Dazu wurden Anzeigen in den großen Illustrierten geschaltet.

1969 wurde das Konzept dahingehend geändert, dass man weniger die allgemeinen, als vielmehr die individuellen Aspekte der Schwerhörigkeit in den Vordergrund rückte, um eine direktere Ansprache der Betroffenen zu erreichen. Das Ergebnis waren die sogenannten »Konflikt-Kampagnen« mit dem »Spitzohr«, dem »Kurzohr«, dem »Knickohr« und dem »Plüschohr«. Der Aufmerksamkeitswert der TV-Kampagne von 1971 bis 1973 war enorm groß, besonders, weil sie sehr zielgruppenorientiert war.

Abb. V.121. Der damalige Bundespräsident Walter Scheel unterzieht sich zur Eröffnung der Aktion »Besser Hören« einem Screening-Test bei Prof. Dr. Karl-Heinz Hahlbrock (1977)

Abb. V.122. Der Leiter des »ZDF-Gesundheitsmagazin«, Dr. Hans Mohl, 1978 in Vorbereitung einer »hörspezifischen« Sendung mit FGH-Beteiligung im Gespräch mit Vertretern der Branche. Von links nach rechts: Helmut J. Helle, Dr. Werner Pistor und, ganz rechts, Kurt-Erich Döll

Das Buch vom Hören
Herausgegeben
von Robert Kuhn
und Bernd Kreutz

Herder

Abb. V.123. »Das Buch vom Hören«, 1991 von Bernd Kreutz und Robert Kuhn bei Herder herausgegeben und eine fachbibliophile Kostbarkeit

Es kamen aber Zweifel auf, ob man die Schwerhörigen mit der Dramatisierung ihrer Konflikte und Gefährdungen nicht eher verunsicherte als ermutigte. Viele sahen in der Kampagne auch eine versteckte Diskriminierung der Schwerhörigkeit. Man änderte die Kampagne daraufhin 1973 in der Form, dass nicht mehr das Problem, sondern dessen Lösung im Vordergrund stand. Daraus entstand die »*Symbolkreis*-Kampagne« von 1974, die bis 1979 als kombinierte TV- und Printmedien-Kampagne erfolgreich durchgeführt wurde.

1979 wurde ein völlig neues Werbekonzept und ein neues Symbol (»*Das 2. Gehör*«) entwickelt. Der alte Mechanismus von Problemaufbau und Problemlösung wurde abgeschafft und durch eine sehr seriöse und dezente Aufklärungskampagne ersetzt, die im Prinzip bis heute beibehalten wurde.

Zu erwähnen ist auch die Serie von Aktionen unter dem Titel »*Besser Hören*« (ab 1970), die in Zusammenarbeit mit der »*Sektion Hören*« des »*Deutschen Grünen Kreuzes*« *(DGK)*, das es schon seit 1950 gab, durchgeführt wurde. Der größte Erfolg war gleich die erste Aktion 1970. Als Ergebnis von 13 Pressekonferenzen,

Abb. V.124. FGH-Aktivitäten: Publizistikpreisträger Karst veröffentlicht zum Thema Hören und die Fördergemeinschaft dokumentiert Hörgeräte-Akustik zeitgemäß auf Video (1995/1998)

31 Rundfunk- und Fernsehbeiträgen und einer Gesamtauflage aller berichterstattenden Tageszeitungen und Zeitschriften in Höhe von 63 Million Exemplaren wurden bis zu 300 Millionen »Kontakte« erzielt! Es ging jetzt mit viel Elan weiter. 1978 fand eine große bundesweite Meinungsumfrage des »*Instituts für Demoskopie Allensbach*« zum Thema Hörgeräte unter Leitung von *Prof. Dr. Elisabeth Noelle-Neumann* statt. Die Umfrage wies nach, »*...dass Schwerhörige mit Hörgerät in der Öffentlichkeit eine größere Akzeptanz genießen als ohne*«. Das war wirklich ein großer Erfolg, die bisherigen Anstrengungen waren also nicht umsonst gewesen! 1985 wurde vom *Ifo-Institut* München in Zusammenarbeit mit dem DGK eine repräsentative Studie bei 2 000 Personen durchgeführt, die soziographische und epidemiologische Daten lieferte, mit denen im Prinzip noch bis heute gearbeitet wird. Es kam zum Beispiel dabei heraus, dass zu dieser Zeit 11 Millionen Menschen in Deutschland schwerhörig waren. *(Anm.: Das »Deutsche Grüne Kreuz« ist ein gemeinnütziger Verein, dessen Aufgabe es ist, »Maßnahmen zur Gesundheitsvorsorge und Gesundheitsaufklärung zu entwickeln, sowie Schädigungen des Menschen auf allen Gebieten des Lebens und seines täglichen Bedarfs abzuwenden und zu mildern.«)*

Während der kritischen Zeit der heraufziehenden Gesundheitsreform wurden von der FGH einige »*Parlamentarische Abende*« in Bonn und wissenschaftliche Symposien in verschiedenen Städten veranstaltet. Die Anzeigenaktionen, die 1984 von *Bernd Kreutz* von der neuen Agentur *Troost, Campbell & Ewald* (Kreutz gründete wenig später die Firma *Stöhr-Kreutz*) gestaltet wurden, hatten eine überdurchschnittlich gute Resonanz bei Fachleuten und Laien gefunden. Das lag an dem »redaktionellen« Layout, der konsequenten Schwarz-Weiß-Gestaltung und dem überaus seriösen und aufklärerischen Auftritt. Die Anzeigen wurden insgesamt zehnmal mit dem »*Pegasus*« der Zeitschrift »*Das Beste aus Readers Digest*« prämiiert, eine absolut ungewöhnliche Ehrung in der Werbebranche. 1986 wurde das »*Henri Nannen*«-Motiv (»Ich trage ein Hörgerät«) mit der Silbermedaille des »*Art Directors Club*« (*ADC*) ausgezeichnet. Der Herausgeber des »*Stern*«, *Henri Nannen*, war der ideale Sympathieträger, weil er zum Beispiel in der Talkshow von NDR 3 eine Viertelstunde lang freimütig über sein Hörgerät gesprochen und dessen Vorzüge gepriesen hatte. Die schönste und edelste Anzeige aus dieser Serie erinnerte an ein berühmtes Wort des Philosophen *René Descartes* (1596 bis 1650): »Ich höre, also bin ich.«

1989 wird die bunte und lockere »Hör mal«-Aktion mit dem »*Goldenen Pegasus*«-*Preis* ausgezeichnet. Die Comic-Figur mit den großen Ohren, offenbar ein »Pan-Otier«, war nicht zu übersehen und erreichte eine hohe Aufmerksamkeit.

Die FGH-Anzeige mit *Erich Honecker*, dem Staatsratsvorsitzenden der DDR, der seine Hand hinter das Ohr hält (»Taube Ohren machen blind«), erregte 1989, dem Jahr, in dem noch die Mauer fallen sollte, in Deutschland viel Aufsehen. Selbst das SED-Zentralorgan »*Neues Deutschland*« spielte darauf an.

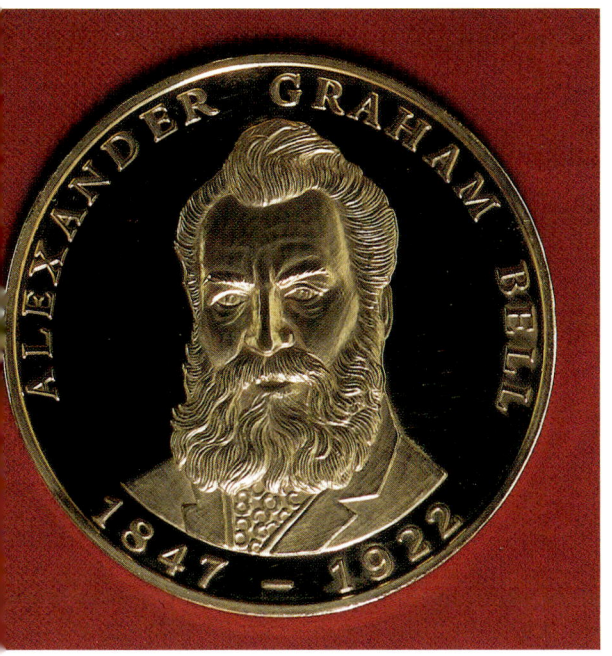

Abb. V. 125. Die höchste Auszeichnung der FGH – die Alexander-Graham-Bell-Medaille

Viele der Aktionen »Besser Hören« waren mit dem Auftritt von Prominenten verbunden, so 1972 mit Bundesarbeitsminister *Walter Arendt* (in Vertretung von *Willy Brandt,* der aus Termingründen kurzfristig absagen musste), 1977 mit Bundespräsident *Walter Scheel* und 1978 mit Bundespostminister *Kurt Gscheidle* und der ehemaligen Bundesgesundheitsministerin *Dr. Katharina Focke.* 1982 war die Aktion mit einer Fernseh-Gala verbunden, die in Marburg aufgezeichnet und von *Dr. Antje-Katrin Kühnemann* (»Die Sprechstunde«) moderiert wurde. Es traten bei dieser Show die Unterhaltungs-Stars *Chris Roberts, Margot Werner, Severine, Jürgen Marcus* und die Gruppe *Dschingis Khan* auf. Die Aktion wurde wieder von *Dr. Hans von Stackelberg* vom *Deutschen Grünen Kreuz* geleitet. Gleich zweimal wurde die Sendung »*Die Sprechstunde*«, die auf allen dritten TV-Programmen zu sehen war, komplett dem Thema »Besser Hören« gewidmet. Mehrfach wurde das Thema Schwerhörigkeit im »*ARD-Ratgeber Gesundheit*« behandelt. 1982 wurde in der Sendung ein Film der Fördergemeinschaft mit dem Titel »*Besser hören, besser verstehen*« ausgestrahlt.

Zu erwähnen sind auch die »*Hör-Gut-Scheine*« im Rahmen der »*Beratungswoche für Gutes Hören*« (1977), die »*Hör-Gut-Platte*« von 1978 und »*Das Buch vom Hören*« (1991 von Bernd Kreutz initiiert), das viele Beiträge von Prominenten enthielt (z. B. *John Cage, Ernst Jandl, Frank Kafka, Karlheinz Stockhausen, Alfred E. Tomatis,* aber auch Originalbeiträge beispielsweise von *Jurek Becker, Joachim-Ernst*

389

Behrendt, Walter Dirks, Walter Jens, Golo Mann, Neil Postman, Klaus Seifert). 1995 brachte die FGH einen Videofilm unter dem Titel »*Beethovens Elfte*« heraus, der auch als Multivisions-Show auf dem 40. Internationalen Hörgeräte-Akustiker-Kongress 1995 in Hamburg zu sehen war. Die Hör-CD »*Das Ohr*« von 1998, die der Kölner Hörforscher und Leiter des Projektes »*Schule des Hörens*«, *Karl Karst*, in siebenjähriger Vorbereitungszeit und Zusammenarbeit mit dem Hessischen Rundfunk produziert hatte und die von dem bekannten Sprecher *Christian Brückner* moderiert wurde, war ebenfalls ein Höhepunkt der Arbeit der FGH. Dazu kamen die diversen Ausstellungen auf Handwerks- und Gewerbetagen, die Malwettbewerbe für Kinder, die Werbe- und PR-Seminare für Akustiker und die jährlichen »*Publizistik-Preise*«, die seit 1989 für besondere journalistische Arbeiten zum Thema »Hören« vergeben wurden.

Der große Coup

Besondere Aufmerksamkeit wurde der Fördergemeinschaft auch durch die Verleihungen der »Alexander-Graham-Bell-Medaille« zuteil. Mit dieser Medaille wurden in unregelmäßigen Abständen Persönlichkeiten ausgezeichnet, die sich im Sinne der Ziele der Fördergemeinschaft verdient gemacht hatten. Es war klar, dass hier zunächst die großen Pioniere der Branche geehrt wurden, nämlich 1975 *Dr.Werner Pistor*, 1976 *Prof. Dr. Horst Ludwig Wullstein*, 1978 *Hugh S. Knowles*, 1980 *Prof. Dr. med. Karl-Heinz Hahlbrock* und 1982 *Kurt Erich Döll*. Aber ohne die Verdienste dieser Männer schmälern zu wollen, war PR-Spezialist Thomas Glaue der Meinung, dass die bisherigen Verleihungen eine zu geringe Außenwirkung hatten. Die Aufmerksamkeit des großen Publikums könne man nur mit den ganz bekannten Namen des öffentlichen Lebens gewinnen. So wagte man 1988 im Hinblick auf die nationale und internationale Presse schließlich einen großen »Coup«. Wie war das doch mit dem amerikanischen Präsidenten *Ronald Reagan* gewesen? Hatte er nicht zweimal, 1983 und 1986, öffentlich erklärt, ein Hörgerät zu tragen und sehr zufrieden damit zu sein? Aber wie verleiht man einem Präsidenten der USA eine Medaille, noch dazu eine von einer vergleichsweise doch sehr kleinen und bescheidenen deutschen Institution?

Abb. V.126. Königin Silvia von Schweden und die Delegation der Fördergemeinschaft Gutes Hören. Von links nach rechts: Thomas Glaue, Inge Steinl, Königin Silvia von Schweden, Gerhard Hillig, Herbert Bonsel, Klaus Klingbeil

Wenigstens versuchen wollte man es! Aber so einfach bekommt man keinen Termin im Weißen Haus. Zunächst musste man einen artigen Brief an den Präsidenten schreiben und plausibel begründen können, warum gerade er diese Medaille verdient hatte. Dann musste an den guten Zweck appelliert werden, den der Präsident mit der Entgegennahme der Auszeichnung erfüllen würde. Die Medaille war nämlich mit einem Scheck über 10 000 DM verbunden, die der Präsident nach eigenem Gutdünken an eine gemeinnützige Einrichtung weitergeben konnte. Nach einigen Wochen kam tatsächlich ein Brief vom Weißen Haus, in dem der Fördergemeinschaft mitgeteilt wurde, dass man noch mehr Informationen wünsche, vor allem darüber, wer bei der Überreichung von Medaille und Scheck dabei sein wolle. Die Frage nach den Personen, die den Präsidenten treffen wollten, war eine reine Vorsichtsmaßnahme und Routine. Sie hatte den Grund, dass der oberste Repräsentant der Vereinigten Staaten von Amerika auf keinen Fall Vorbestrafte oder hochrangige ehemalige Vertreter des nationalsozialistischen Regimes empfangen wollte und durfte. Das wäre am nächsten Tag durch die Presse gegangen und hätte seinem Ruf geschadet. Das Weiße Haus prüfte deshalb sorgfältig die Lebensgeschichte von Thomas Glaue, Peter Daetz, Dr. Volker Geers und Kurt Iffland. Doch die Herren haben die Prüfung mit Nonchalance bestanden und konnten im Herbst 1988, mit guter Laune, Medaille und Scheck im Gepäck, nach Washington reisen. Ein bisschen aufgeregt waren natürlich alle, bis auf Thomas Glaue, der als gefragter PR-Mann schon mit den Präsidenten John F. Kennedy und Jimmy Carter zu einem kurzen »Small Talk« zusammengetroffen war.

Am 28. September 1988 war es dann soweit! Nach mehreren Sicherheits-Checks und einer längeren Wanderschaft (in Begleitung von Reagans Leib-Ohrenarzt *Dr. John House*) durch etliche Vorzimmer des Weißen Hauses, stand die Delegation plötzlich vor dem berühmten »*Oval Office*« des Präsidenten. Jeder dachte, dass sie nun eine Weile zu warten hätten und dass dann eine Sekretärin da herauskommen, die Tür weit aufhalten und mit freundlichem Ton sagen würde: »Der Herr Präsident lässt bitten!« Statt dessen ging hinter ihnen die Tür vom Roosevelt-Zimmer auf, das gegenüber vom Oval Office gelegen ist. Vor ihnen stand – ohne Sekretärin und ohne Leibwächter – der 40. Präsident der Vereinigten Staaten von Amerika: Ronald Wilson Reagan. Der »große Kommunikator« wirkte frisch und aufgeräumt und plauderte ziemlich locker drauf los, machte einige witzige Bemerkungen und alle mussten lachen.

Abb. V.127. Das Thema Hören und Hörgerät kam, auch dank Unermüdlichkeit der FGH, zunehmend in Mode...
(Tafeln auf den folgenden Seiten 393 bis 399)

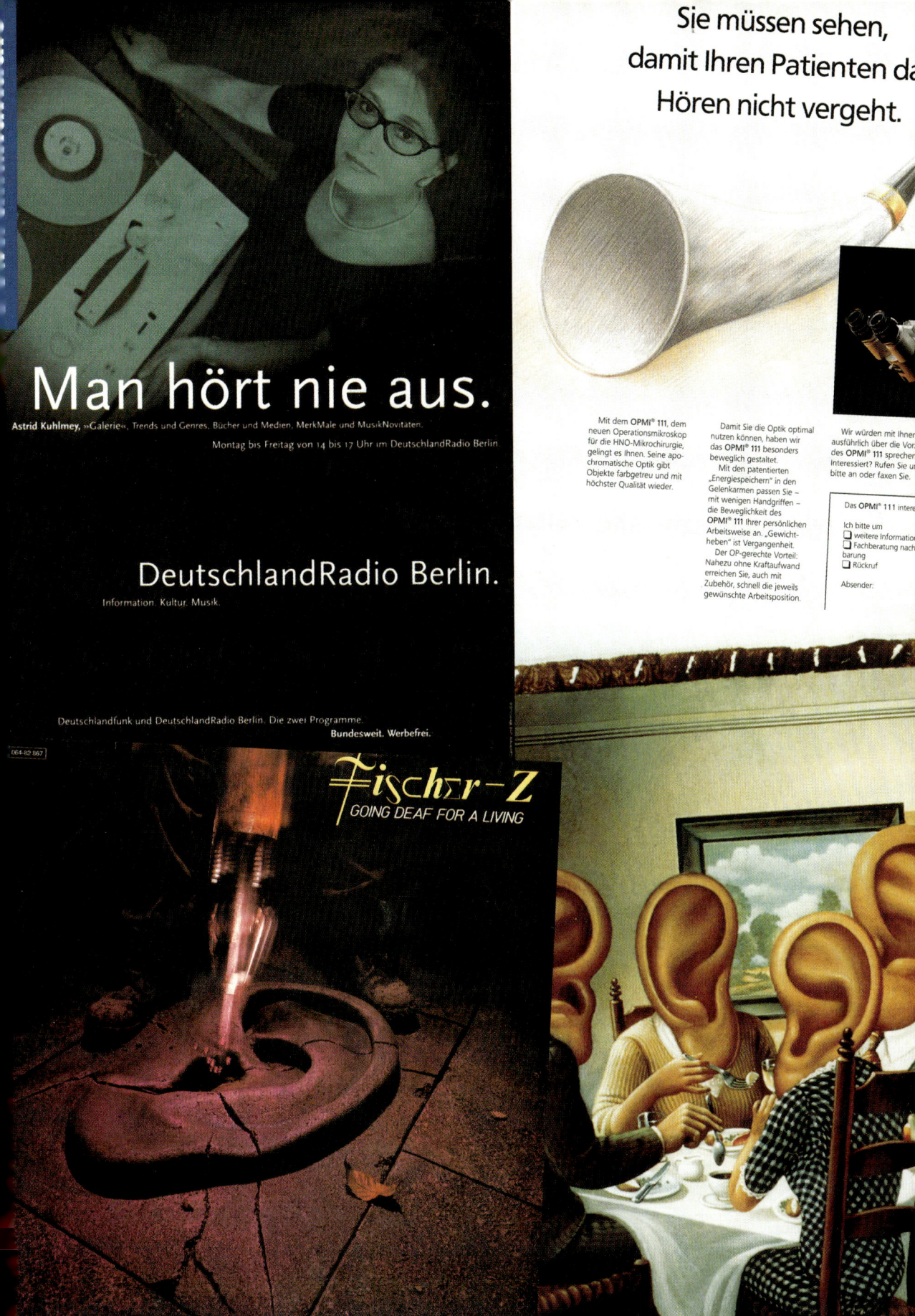

IEGEL
special
Nr. 12/1995 DM 8,–
Das neue deutsche Monatsmagazin
Musik
Lust
fürs
Ohr
Unter den Themen:
Placido Domingo im special-Gespräch;
Hits und Evergreens – Die Anatomie des Ohrwurms;
Wolf Biermann über Text und Rhythmus;
Rock-Stars und die Große Heiserkeit; Das Duell der Beatles-Erben;
Macht Musik dumm?
Wer höre will, fühlen.
SPIEGEL special widmet sich Monat für Monat einem ganz speziellen Thema.
Die neueste Ausgabe, „Musik – Lust fürs Ohr", erscheint am Dienstag, 28. November, für 8 Mark.

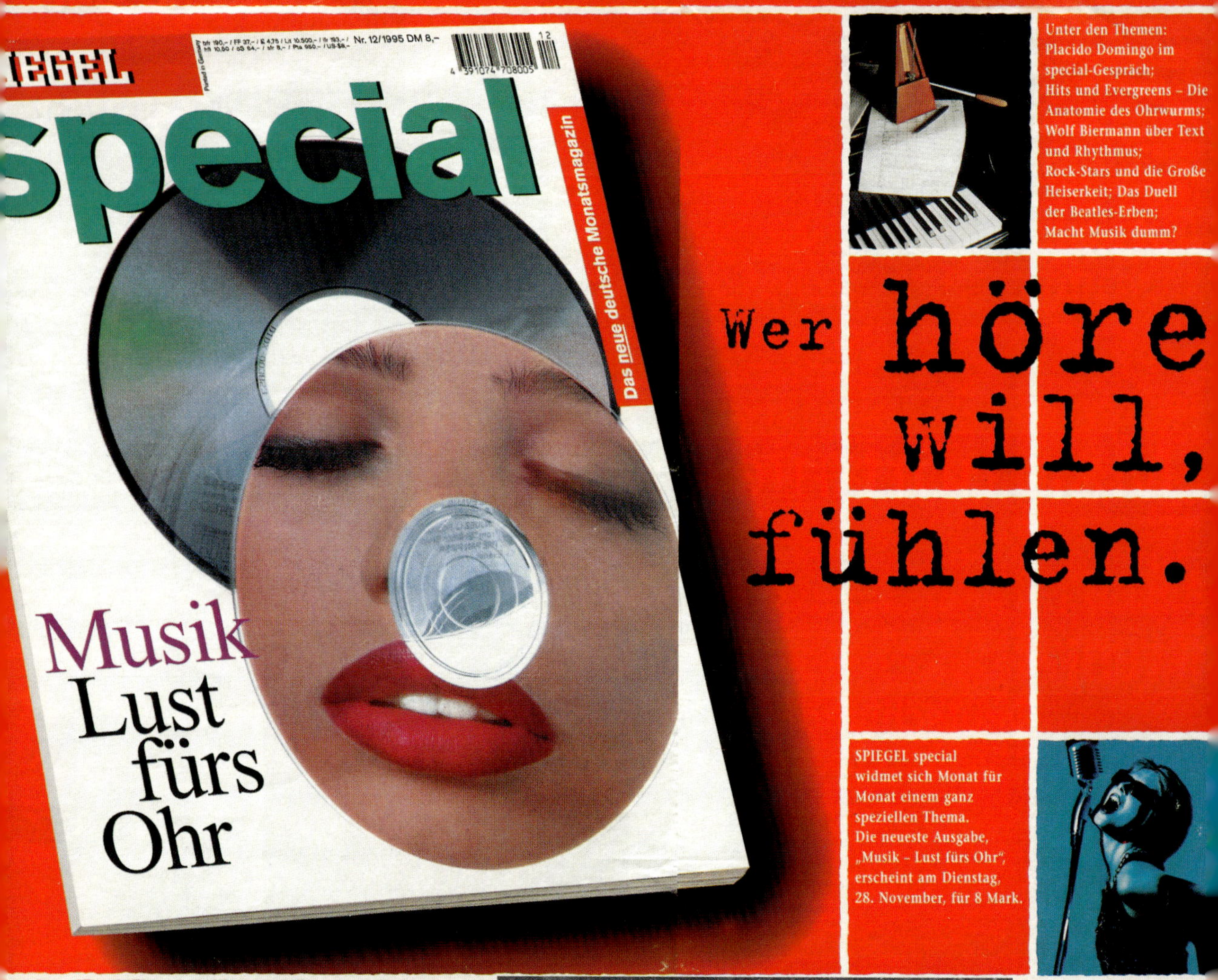

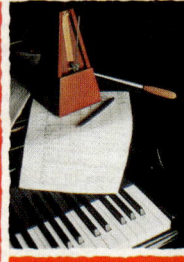

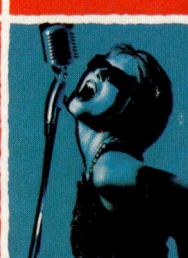

eies sender kombin
transmitter
lioprogramm oktober 97
89.1 mhz ant
101.4 mhz ka
rissy d.
martin h.
antje w.
tting für die neue Lokalradiofrequenz

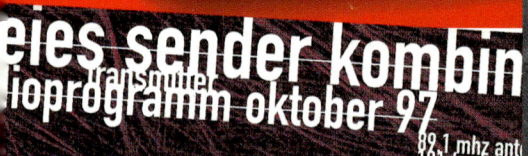

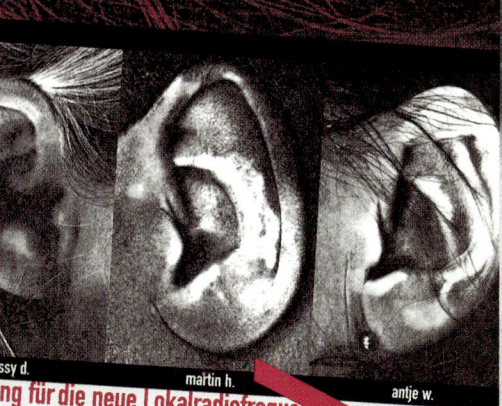

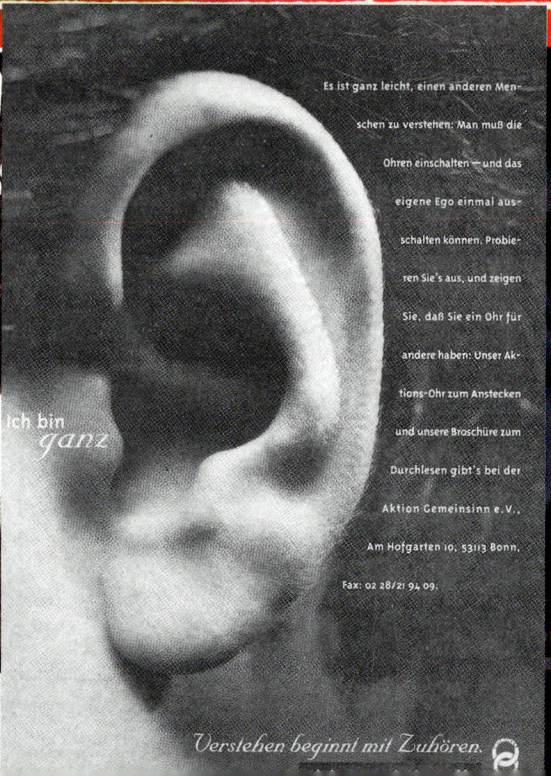

Es ist ganz leicht, einen anderen Menschen zu verstehen: Man muß die Ohren einschalten – und das eigene Ego einmal ausschalten können. Probieren Sie's aus, und zeigen Sie, daß Sie ein Ohr für andere haben: Unser Aktions-Ohr zum Anstecken und unsere Broschüre zum Durchlesen gibt's bei der Aktion Gemeinsinn e.V., Am Hofgarten 10, 53113 Bonn, Fax: 02 28/21 94 09.
Ich bin
ganz
Verstehen beginnt mit Zuhören.

tline 0221-2801

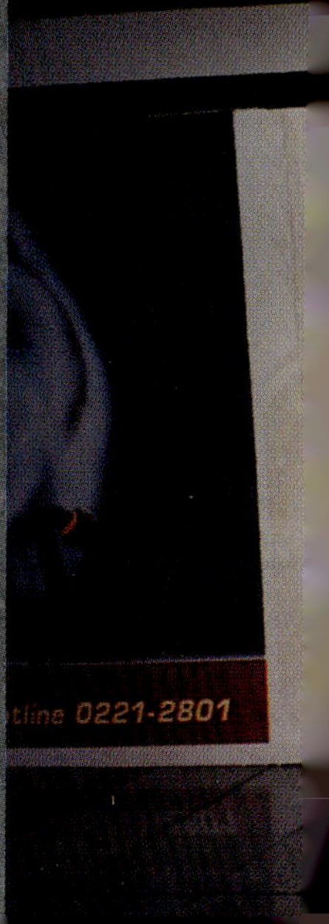

SPIEGEL special Nr. 12/95, „Musik – Lust fürs Ohr", untersucht die Macht der Töne: den kommerziellen Gebrauch der Musik ebenso wie den künstlerischen.

Einige der Themen:
Placido Domingo im special-Gespräch
Hits und Evergreens – Die Anatomie des Ohrwurms
Wolf Biermann über Text und Rhythmus
Rockstars und die große Heiserkeit
MTV gegen Viva: Cokes contra Raab
Der Spagat des Friedrich Gulda
Macht Musik dumm?

Erscheinungsdatum: 28. November 1995
Anzeigenschluß: 23. Oktober 1995

In Vorbereitung:
SPIEGEL special im Dezember

Musik
Lust fürs Ohr

Januar:
ıeim – Die Welt der Agenten
:heinungsdatum: 27. Dezember 1995
eigenschluß: 20. November 1995

ebruar:
– Land der Extreme
heinungsdatum: 30. Januar 1996
igenschluß: 14. Dezember 1995

SPIEGEL special erscheint monatlich,
Auflage 200 000 Exemplare, Heftumfang ca. 150 Seiten.

Weitere Informationen hält die Anzeigenabteilung bereit.

SPIEGEL special
SPIEGEL-Verlag, Anzeigenabteilung
Postfach 11 04 13, 20404 Hamburg
Fax (0 40) 30 07-27 16
Telefon (0 40) 30 07-24 81, Iris Burmeister
(Themeninformation, Anzeigenpreise)
Telefon (0 40) 30 07-24 68, Sabine Hansen-Wester
(Termine, Druckunterlagen)

SPIEGEL special

ß
cial
m Thema.

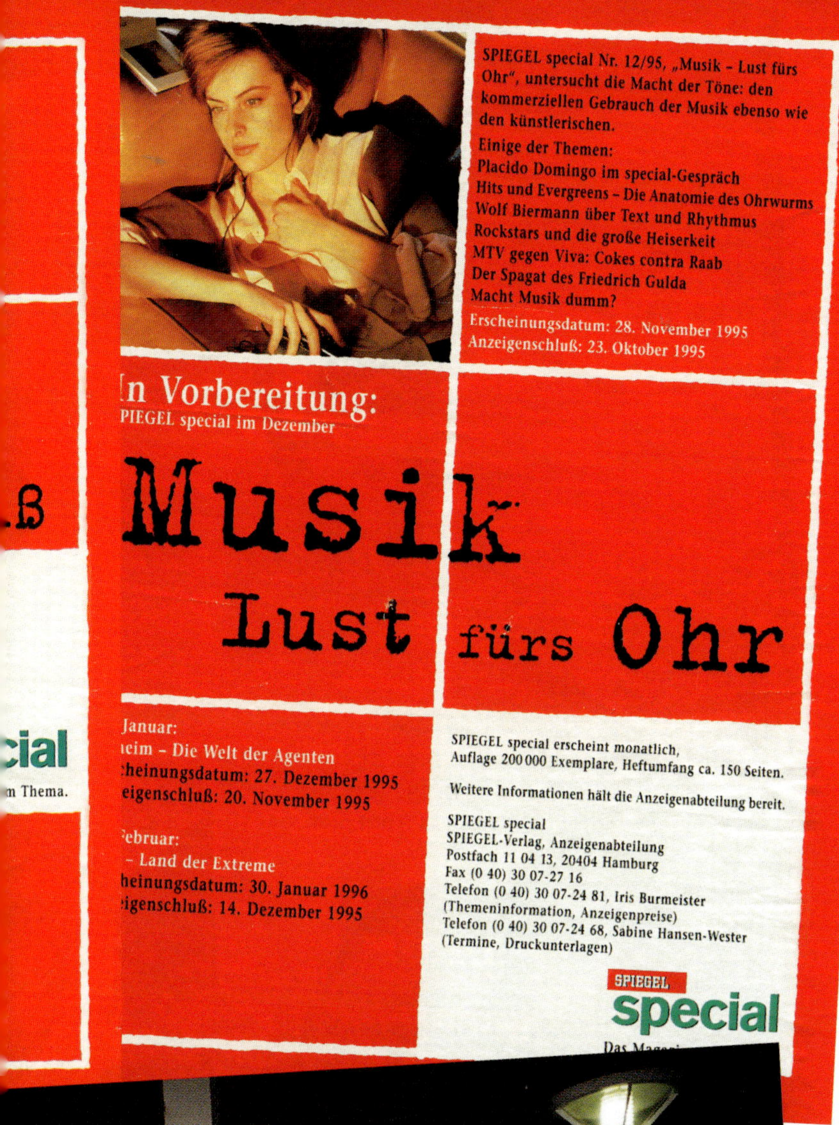

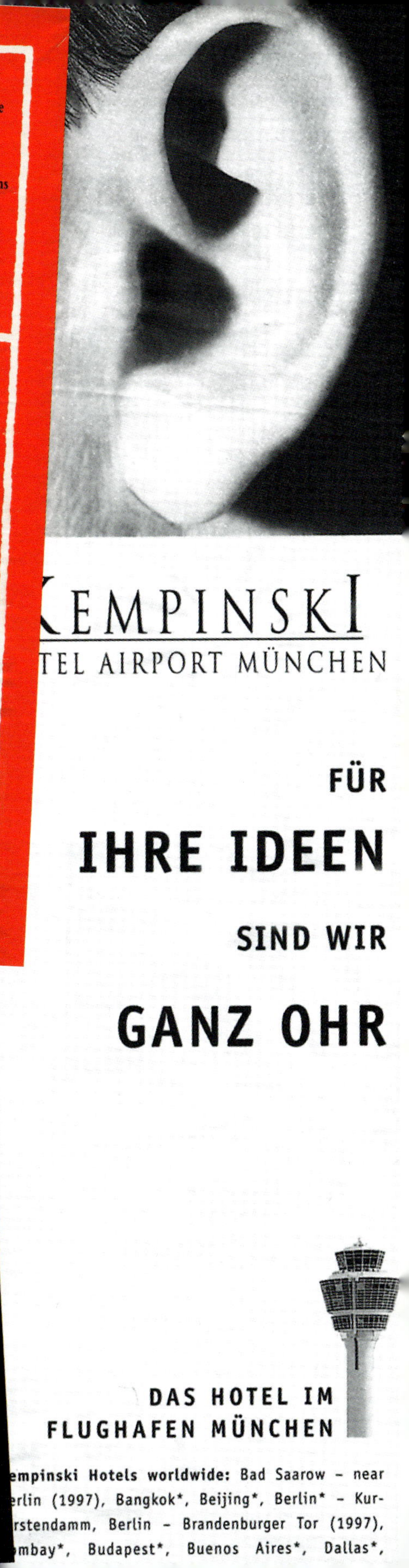

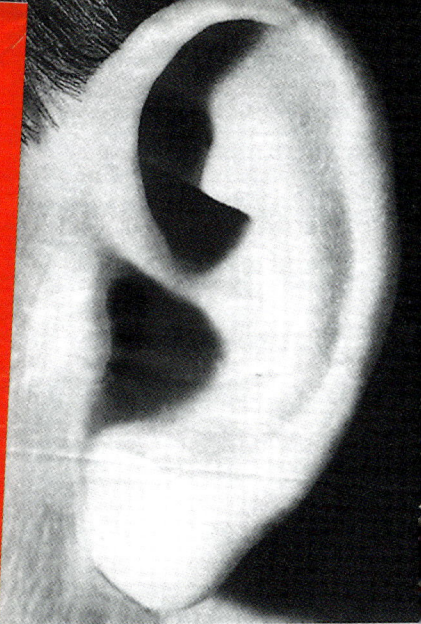

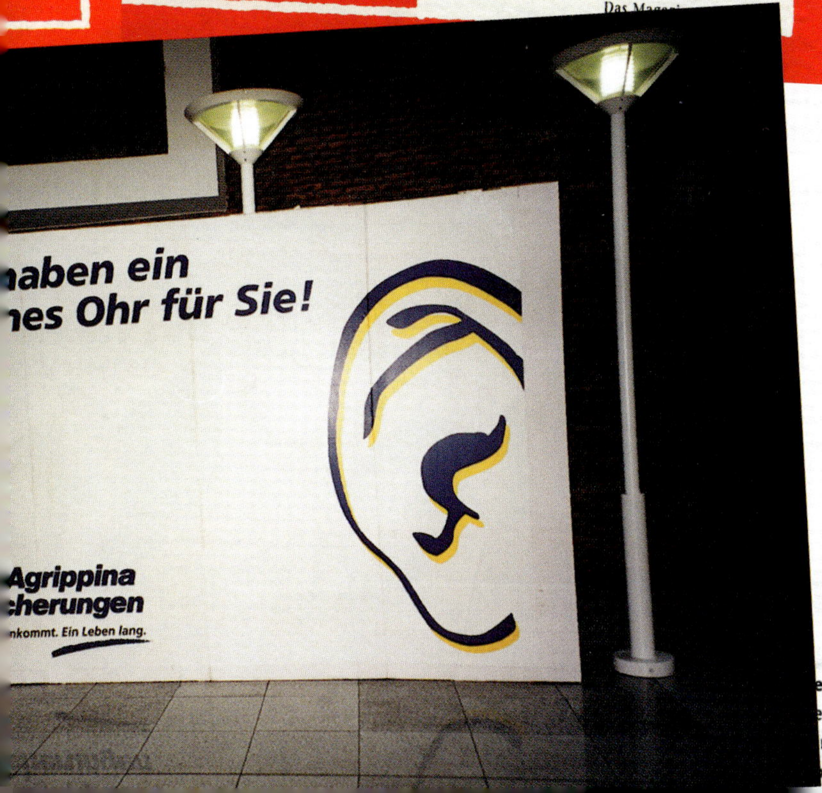

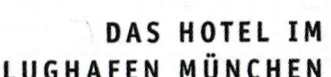

FENSTER KAUFT MAN AM BESTEN MIT DEN OHREN.

Wer unter Bau-, Flug- oder Verkehrslärm leidet, braucht ein besonders starkes Beruhigungsmittel: Weru-Fenster mit spezieller Schallschutzverglasung bringen jeden Ruhestörer zum Schweigen. Weil nur Fenster, die gut schließen, viel

Schall schlucken, werden sie zudem mit kräftigen Beschlägen geliefert und in reiner Maßarbeit gefertigt. Das klingt gut, ist gut und gibt's bei 1.350 Weru-Fachbetrieben komplett mit Einbau. Wählen Sie Weru 01 30 / 82 65 22.

weru
FENSTER + TÜREN

DeutschlandRadio

DeutschlandRad
Information. Kultur. Musik.

Willkommen
Barbara Rüger, »TonArt«. Blues, Soul, Jazz, Swing, Count

im Ohrg

Täglich, 2.05 bis 4.50 Uhr im DeutschlandRadio Berlin.

Deutschlandfunk und DeutschlandRadio Berlin. Die zwei Programm
Bunde

Der Club von N-Joy Radio

JOIN N-JOY
Club UnLimiteD

joy

Die Welt mit eigenen Ohren sehen.

Hören Erleben RADIO 5

WDR

WDR 5 RADIO

Hören Erleben R

Michael Köhler

Das Ohrenbuch

Eichborn.

Abb. V.128. Ohren-Obsession des britischen Kronprinzen? – ebenfalls ein Buch eines FGH-Publizistikpreisträgers

Dann überreichte man die Verleihungsurkunde, auf der zu lesen war:

»Zu Ehren und zum Gedächtnis von Alexander Graham Bell und seine großen Verdienste um die Rehabilitation Hörbehinderter hat die Fördergemeinschaft Gutes Hören die Alexander-Graham-Bell-Medaille gestiftet. Sie verleiht diese Medaille hiermit an Ronald Reagan, Präsident der Vereinigten Staaten von Amerika, in Anerkennung seiner Verdienste, die Interessen für besseres Hören weltweit zu fördern, für seinen Beitrag, das Bewusstsein der Öffentlichkeit für die heute zur Verfügung stehenden Möglichkeiten besserer Versorgung zu wecken und für sein persönliches positives Beispiel, mit dem er eine weltweite Botschaft der Hoffnung und Ermutigung an Millionen Menschen mit Hörproblemen und deren Familien übermittelte.«

Überreicht wurden die Medaille und der Scheck von Dr. Volker Geers, und die Grußadresse sprach Peter Daetz. Unterschrieben war die Urkunde von Dr. Volker Geers (FDH), Günther Kern (UHA), Ingo Döscher (ZVEI) und Max Schwaiger (ZVEI). Den Scheck in Höhe von 10 000 DM reichte der Präsident dankend an die Hoover-Foundation weiter, die nach dem sozialpolitisch und karitativ engagierten US-Präsidenten *Herbert Clark Hoover* (1874 bis 1964) benannt ist und verschiedene soziale Projekte in den USA unterstützt.

Was einmal klappt, geht auch ein zweites Mal. Die FGH hatte Mut gefasst und den nächsten Preisträger »ausgeguckt«, eine Preisträgerin: Königin *Silvia von Schweden*, eine gebürtige Deutsche aus Heidelberg, die die Gebärdensprache erlernt hatte, um sich mit schwerhörigen Kindern unterhalten zu können. Außerdem hatte sie sich in Schweden sehr für die Schwerhörigen-Schulen eingesetzt. Und wieder war damit ein großer Empfang verbunden, dieses Mal im Audienzsaal des Königlichen Schlosses zu Stockholm. Dabei waren diesmal Thomas Glaue, Inge Steinl, Gerhard Hillig, Herbert Bonsel und Klaus Klingbeil.

(Aber irgendwann hat jede Erfolgsserie auch einmal ihr Ende. Als man Nelson Mandela, dem Präsidenten der Republik Südafrika, der sein Hörgerät stets ohne Scheu in der Öffentlichkeit gezeigt hatte, 1996 für Wert befunden hatte, die Medaille überreicht zu bekommen und darum einen Termin in Johannesburg vereinbaren wollte, kam im Auftrage des Präsidenten nicht etwa dessen Einladung, sondern nur ein höflich dankender Brief. Man möge Medaille und Scheck doch bitte in der südafrikanischen Botschaft in Bonn abgeben! Mandela bekam daraufhin den Preis nicht!)

Und gar nicht erst in die engere Wahl kam der *Prince of Wales,* weil er sich – zumindest was seine Ohren betrifft – als recht humorlos erwiesen hatte. Beim Besuch der nordenglischen Stadt Sunderland im Jahre 1986 fiel dem britischen Kronprinzen ein überdimensionales Paar Ohren aus Holz auf, dass der Labour-Politiker Geoff Dodd bei einem Künstler in Auftrag gegeben und auf dem Dach seines Hauses aufgestellt hatte. Prinz Charles sah darin eine gemeine Anspie-

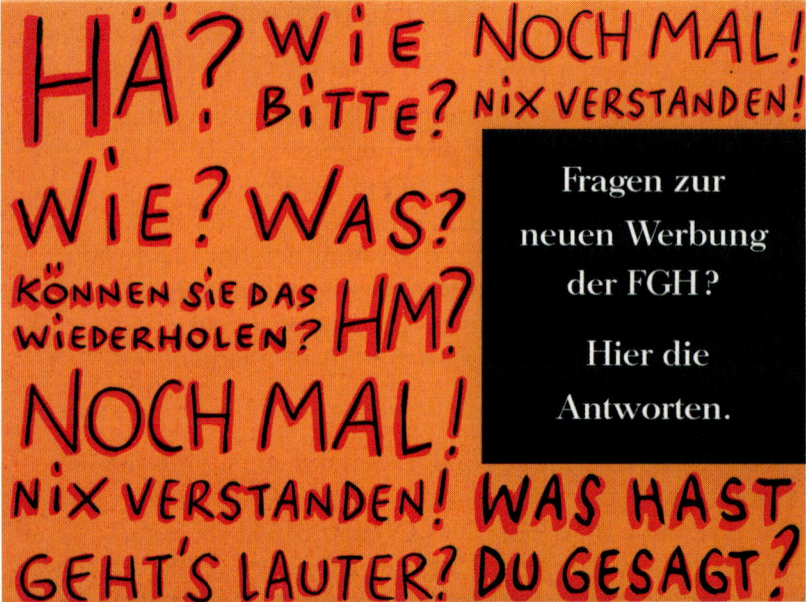

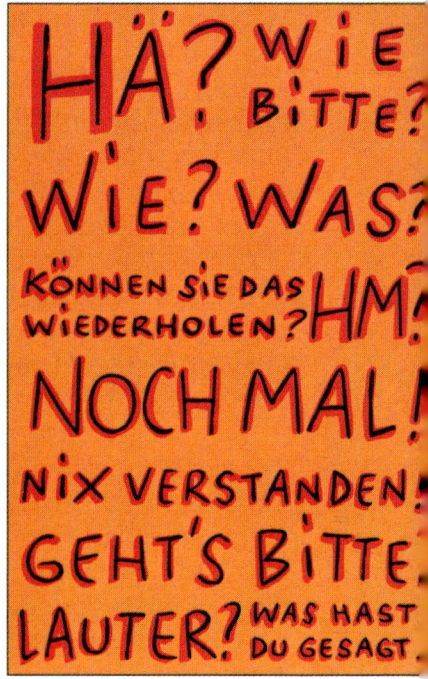

Abb. V.129. Die flotten
Sprüche, die sich die
Hamburger Agentur Jung
von Matt ausgedacht hatte,
kamen nicht überall an
(1994)

lung auf seine großen Ohren und bestand darauf, dass das Kunstwerk unverzüglich zu entfernen sei. Nachdem Dodd sich standhaft geweigert hatte, wurde er von der örtlichen Polizei festgenommen und für zwei Stunden in Beugehaft genommen. Es soll nichts genützt haben, denn die Ohren blieben stehen und Charles sowie Lady Diana verließen brüskiert die Stadt.

Abb. V.130. Vertreter der Branche geben auf einer FGH-Pressekonferenz 1996 in Nürnberg Auskunft zu allen Fragen der Hörgeräte-Versorgung. Von links nach rechts: Herbert Bonsel, Gerhard Hillig, Klaus Klingbeil, Prof. Dr. Klaus Seifert, Dr. Harald Seidler, Thomas Glaue

Abb. V.131. Prof. Dr. Klaus Seifert vom Berufsverband Deutscher Hals-Nasen-Ohren-Ärzte e.V. steht dem NDR Rede und Antwort. Hält er da etwa die Hand hinter das Ohr?

Ich hab's ihm geflüstert... er braucht ein Hörgerät.

Unser Max hat's faustdick hinter den Ohren. Und 6 Millimeter dünn.

Max konnte schreien, daß einem Hören und Sehen verging. Nur mit dem Sprechenlernen hatte er seine Probleme. Vom Hörensagen wußte ich, daß die Sprachentwicklung mit der Ausbildung des Gehörs zu tun hat. Und wer nicht hört, lernt auch nicht sprechen. Sowohl seine Sprach- wie auch seine Gesamtentwicklung hinken jetzt nicht mehr hinterher. Mein Kleiner hat nämlich Winzlinge

hinter den Ohren: Hörhilfen. Die jüngsten Entwicklungen in der Hörgerätetechnik machen den kleinen Mann im Ohr so kinder- und bedienungsfreundlich wie nie. Das bestätigt Ihnen jeder Hörakustiker mit dem „Besser Hören"-Zeichen. Er sagt Ihnen auch, daß Sie und Ihr Kind einen kostenlosen Hörtest machen sollten. Je früher, desto besser. Später können Defizite nicht mehr ausgeglichen werden. Aber für Max hört sich das alles überhaupt nicht schlimm an.

Hörgeräte machen Sinn

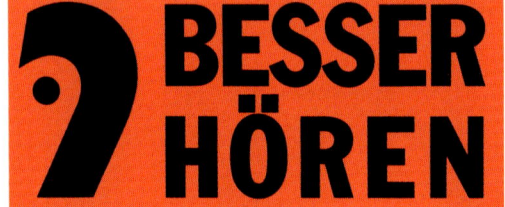

Abb. V.132. Der neue Anzeigen-Stil 1997

Abb. V.133. Das FGH-Logo in aktueller Form (1997)

Hörgerät? Ihr spinnt wohl!

Nicht zu ermitteln und zu zählen sind alle diejenigen Aktionen, Anzeigen, Sendungen und Berichterstattungen, die nicht direkt von der FGH organisiert und finanziert wurden, die aber durch FGH-Aktionen inspiriert worden sind. Und noch weniger zu ermessen sind die vielen Werbeideen, die in visueller oder verbaler Form das Thema »Hören« aufgegriffen haben, ohne dass sich deren Schöpfer der Tatsache bewusst waren, dass sie unbewusst von den FGH-Kampagnen beeinflusst worden sind. Manchmal war das nur ganz vordergründig der Fall, wie bei der Verwendung des Ohrmuschel-Motivs für das »Berliner Musikfestival 1981«, das »Deutsche Jazzfestival 1990«, die »Internationale Musik-Messe Frankfurt« (1993), dem »West-Port Jazz Festival Hamburg 1996« oder der Aktion des

NDR 2 »Unerhört gut« von 1994. Die Zeiss-Werke benutzten 1995 als »eye-catcher« ein Hörrohr (»Damit Ihnen das Hören nicht vergeht«) und der Mobilfunknetz-Anbieter D-2 offerierte sein Produkt als »Hörgerät«. »Ganz Ohr« war 1996 auch die Hotelkette Kempinski, BILD kündigte 1993 an, ein »Open Ohr« für seine Leser zu haben, das »Hamburger Abendblatt« behauptete 1997 »Wir hören auch die leisen Töne«, der SPIEGEL druckte ein »Spezial«-Heft zum Thema »Lust fürs Ohr« und behauptete im Untertitel »Wer hören will, muss fühlen« (1997). Die »Internationale Funkausstellung Berlin« (1993) setzte das »Hören« dem Sehen und Erleben gleich, ebenso die Aktion des WDR »Hören-Erleben-Radio 5« (1998). Deutschlandfunk und Deutschland Radio ließen sich 1996

Abb. V.134. Der Stand der Fördergemeinschaft auf dem »Internationalen Hörgeräte-Akustiker-Kongress« 1997 in Hannover

gleich drei Parolen einfallen: »Wer hört, liest besser«, »Man hört nie aus« und »Willkommen im Ohrgarten«. Die Firma Pioneer war sogar der Meinung, dass das Ohr höheren Lustgewinn verspreche und textete frivol »Have an Eargasm«.

»Wir hören Ihnen zu«, versprachen 1998 die Sparkassen und die Agrippina versicherte »Wir haben ein offenes Ohr für Sie« (1998). 1996 pries die Werbegemeinschaft der Gips-Hersteller ihre Erzeugnisse mit dem Slogan »Unsere Wände sind ganz schön schwerhörig« an. Manchmal wurden FGH-Aktionen auch einfach kopiert, wie die Aktion »Verstehen beginnt mit Zuhören« der »Aktion Gemeinsinn« von 1995. Natürlich war manches nur eine reine Wortspielerei, wie der Slogan der Kinowerbung für das Getränk »Sprite«, der 1998 empfahl »Hör auf Deinen Durst!«, oder die Brinkmann-Werbung von 1997, die ihre Preise so niedrig fand, dass sie behauptete: »Da legt man die Ohren an!«. Der Fensterhersteller WERU behauptete 1996 gar, »Fenster kauft man mit den Ohren«.

Der Ideenwettbewerb »EarSinn« des Hessischen Rundfunks von 1996 (»Ohren auf und durch!«) forderte Jugendliche auf, ihre Umwelt akustisch zu erforschen und überflüssigen Lärm aufzuspüren. Das Hören ist in unserer Gesellschaft »in« geworden. Die sogenannten »Hörbücher«, die von den Verlagen als neuer Markt entdeckt worden sind, haben in Deutschland 1998 immerhin einen Umsatz von 50 Millionen DM erreicht. Und 1998 erscheint beim »Verlag für Audiovisuelle Medien« in Osnabrück ein Magazin für alle, die gern Literatur hören, unter dem Titel »Hörwelt«. Selbst das, was eigentlich originär visueller Natur ist, wie der Film, wird in den Bereich des Hörens transponiert. 1999 führte die Theatergruppe »Quer-Quartett« in Hamburg ihre »Hörfilme« auf.

Es konnte nicht ausbleiben, dass bei so viel öffentlicher Aufmerksamkeit für das Thema Hören auch Geschmacklosigkeiten vorgekommen sind. 1980 brachte die Rockgruppe »Fischer Z« eine LP mit dem Titel »Going deaf for a living« (Ertauben, um zu leben) heraus und bildete auf dem Cover einen Presslufthammer ab, der gerade ein Ohr zerstört (*die Verpackung versprach in diesem Falle nicht mehr, als der Inhalt gehalten hat!*). 1986 war die ganze Hörgeräte-Branche über eine Werbung der Firma *Schaulandt* in Hamburg empört, die mit der frechen Headline »Hörgerät? Ihr spinnt wohl!« auf sich aufmerksam machen wollte. Junge Leute sollten dazu animiert werden, Walkmen zu kaufen. Schaulandt wollte dabei die Walkmen deutlich positiv von den Hörgeräten absetzen, die man als Accessoire für »Gruftis« (so nannten die Jugendlichen alle über 30-Jährigen) ansah. Dass sie dabei nur ihre eigene Desinformiertheit, ihre unreflektierten Vorurteile und ihre mangelnde Sensibilität offenbarten, ging den jungen Kreativen nicht auf. Das ist selbst 1998 noch einmal vorgekommen, als die TV-Werbung der Firma *Mercedes-Benz* das alte Vorurteil aufgriff, dass Hörgeräte pfeifen, lästig sind und sowieso nur von alten Leuten getragen werden. Alle Proteste halfen nichts, der große Konzern bestand darauf, dass es humorvoll und gut gemeint war. Dass man vielleicht einfach nur der Dummheit der Werbeagentur *Springer & Jacoby*

(und der eigenen) aufgesessen war, mochte man nicht zugeben. Mercedes setzte trotz eindringlicher Bitten die Werbung nicht ab. Ziemlich geschmacklos
waren auch 1996 die Plakate der Rockband »Butthole Surfers«, die ein Bleistift
zeigten, der gerade ein Ohr durchbohrt. Und die Hamburger Diskothek «Grün-
span« fand es 1999 »echt geil«, eine Serie von »Specials« als »Hörsturz« zu bezeichnen. Das gipfelte dann in der Behauptung »Dein Ohr wird jubeln, hörst
du unsere Infusion...«.

Um diesen negativen Auswüchsen und ähnlich unerfreulichen kontraproduk-
tiven Aktivitäten entgegenzuwirken, stiftete der Deutsche Schwerhörigenbund
(DSB) seit 1989 das »*Blechohr des Jahres*«. Eigentlich war das nur ein spontaner
und nicht ganz ernstgemeinter Vorschlag des gerade gewählten DSB-Vorsitzen-
den *Dr. Claus Harmsen* vor den laufenden Kameras der »Tagesschau«, mit dem
er den Unmut der Schwerhörigen über die Gesundheitsreform des damaligen
Gesundheitsministers *Dr. Norbert Blüm* zum Ausdruck bringen wollte. Außer
an Blüm wurde der Blechorden 1991 an den Talkmaster *Thomas Gottschalk* verliehen, weil er in seinen Shows zu schnell sprach und dabei sein Gesicht von
der Kamera abwandte, so dass Schwerhörige ihn weder verstehen noch von den
Lippen ablesen konnten. Gottschalk soll daraufhin Besserung gelobt und sein
Verhalten in den folgenden Sendungen (»Wetten, dass...«) korrigiert haben. 1995
ging der Orden an den Blüm-Nachfolger, Bundesgesundheitsminister *Horst
Seehofer*.

Vielleicht nicht gerade geschmacklos, aber doch sehr umstritten war 1994 die An-
zeigen-Aktion der Hamburger »Star-Agentur« *Jung von Matt*, die mit bunten und
ziemlich frechen Sprüchen wie »Hääh? Wie bitte? Was?« und »Muss man Ihnen
denn alles dreimal sagen?« zu Hörtests animieren wollte. Man beabsichtigte, die
potentiellen Kunden damit aufzurütteln und zu aktivieren. Aber das Aufrütteln
geriet mehr zu einem Anrempeln, das viele Schwerhörige in die Defensive brachte,
sie als ungeschickt und dumm hinstellte. Das Hörgerät ist aber kein Konsumartikel und die Botschaften, die es transportieren sollte, bedurften einer gehörigen
Portion Sensibilität. Wie bei den genannten Negativ-Beispielen von Schaulandt,
Mercedes & Co., zeigte sich auch hier, dass sich Kreativität verselbständigen, zum
Selbstzweck werden kann und dabei den Bezug zum Rezipienten verliert. Jung
von Matt, dem nach zwei Jahren der FGH-Etat wieder entzogen wurde, sah sich
mit seinen Vorschlägen aber nur im Trend, denn die Ruppigkeiten der Ellbogen-
gesellschaft zeigen sich zunehmend auch in den Medien wie in der Werbung und
machen vor Minderheiten und sogar Behinderten nicht mehr Halt.

Nach dieser Episode wurde der Stil wieder etwas distinguierter und knüpfte
an bewährte Vorlagen an. Man reduzierte die Farben auf schwarz und rot-orange,
ohne allerdings wieder ganz auf schwarz-weiß zurückzugehen. Das Logo »Besser Hören« wurde ebenfalls auf schwarz-orange umgestellt. Verantwortlich war
bis 1998 die Stuttgarter Agentur *Leonhardt & Kern*.

Die Fördergemeinschaft hat in 30 Jahren etwa 150 Millionen DM für ihre Aktionen ausgeben können und dabei, wie alle Fachleute bestätigen, eine Werbung betrieben bzw. eine Öffentlichkeitsarbeit geleistet, die sich sehen lassen kann und ein Vielfaches wert gewesen ist. Denn sie hat dabei ein exzellentes Preis-/Leistungsverhältnis realisiert. 150 Millionen DM gibt ein großes Unternehmen nämlich für eine einzige große, aber kurze Kampagne aus. Besonders die mehrjährige Anzeigenkampagne von *Bernd Kreutz* hat mit minimalen Mitteln einen Aufmerksamkeitswert erreicht, von dem andere Werbetreibende nur träumen können.

In den 90er Jahren wurde die Arbeit der Fördergemeinschaft zunehmend in Frage gestellt, weil zuviele Akustiker (bis zu 30 %) ausgetreten waren und der Rest nicht bereit war, für die anderen, die aus der FGH durchaus weiter ihren Nutzen zogen, mitzubezahlen. Unzufrieden war vor allem auch die Industrie, weil

Abb. V.135. Peter Daetz, rechts, begrüßte die Bundesministerin für Jugend, Familie und Gesundheit, Prof. Dr. Rita Süßmuth

Abb. V.136. Impressionen vom »Festival des Hörens« 1990 in Erlangen

sie weiterhin zu 100 % die FGH unterstützte. Das Prinzip der Gemeinschaftswerbung funktioniert nur nach dem Motto: »Entweder alle oder keiner!« Die
Gemeinschaftswerbung, die immer auf einen neutralen und über den Partikular-
interessen stehenden Auftritt Wert gelegt und somit alle Anbieter generös in ihre
Botschaften mit einbezogen hatte, konnte gerade deshalb in dieser Form nicht
mehr weitergeführt werden. Das galt ganz besonders im Hinblick auf diejenigen Anbieter, die gegen die Regeln des Marktes verstießen und den Berufsstand
der Hörgeräte-Akustiker bewusst schädigen wollten, wie die Versandhandels-
und Internet-Anbieter. Jede allgemeine Aufklärungsarbeit kam auch ihnen zu-
gute. Der Kemptener Unternehmensberater *Rainer Schmidt* von der Firma Audio
Consulting arbeitete deshalb 1999 für die FGH ein Konzept aus, das Beitrags-
zahlung und Nutzen miteinander verknüpfen sollte. Das heißt, dass die generelle Aufklärungsarbeit der FGH, die allen in gleicher Weise nutzte, zugunsten
einer Alleinstellungs-Strategie der Mitglieder ersetzt wurde. Leider kam auch

sein Konzept aus hier nicht nachvollziehbaren Gründen nicht zum Tragen – quo vadis FGH?

Hörenswertes in Erlangen

Die ganz »Großen« in einer Branche gehen auch schon mal eigene Wege, und so gab es 1990 in der Stadt Erlangen ein *»Festival des Hörens«* der Superlative. Die grundsätzliche Idee dazu hatte der Chef der Siemens Audiologischen Technik GmbH, *Peter Daetz,* ein zuweilen sehr emotionaler Mann mit großen Visionen und ausgeprägtem Ehrgeiz. Die Firma Siemens sollte während seiner Amtszeit Weltmarktführer werden und große Zeichen setzen. Dafür war ihm aber das gemeinsame Boot der Fördergemeinschaft, das er durchaus zu schätzen wusste, zu klein. Er wollte ein Medienereignis auf die Beine stellen, das es in dieser Branche noch nie zuvor gegeben hatte und das trotz des altruistischen Auftritts eben doch ein Siemens-Ereignis sein sollte. Wenn dabei nicht nur die Augen der Welt, sondern auch die des Siemens-Vorstandes in München auf die kleine Hörgeräte-Abteilung in Erlangen fallen würden, umso besser. Ursprünglich waren für das Festival 600 000 DM budgetiert. Aber wie immer bei großen Projekten, wurde auch hier alles viel teurer als geplant. Und so musste der Etat zunächst auf 1 Million DM, und schließlich auf 1,8 Millionen aufgestockt werden. Thomas Glaue von der Pressestelle der Fördergemeinschaft, der das Konzept anfangs ausgearbeitet hatte, zog sich nach einigen Monaten aus dem Projekt zurück, weil es wegen der zu hohen Ansprüche von Daetz kostenmäßig völlig aus dem Ruder lief, aber auch, weil die Inhalte immer mehr von den Kulturdezernenten der Stadt Erlangen bestimmt wurden, die das Festival mit einer halben Million DM bezuschusst hatte. Dazu kamen noch die Erwartungen und Wünsche, die sich aus der Mitarbeit des *Bayerischen Rundfunks* und Fernsehens und der *Friedrich-Alexander-Universität Erlangen-Nürnberg* ergeben hatten. Am Ende war das Festival ein erbauliches kulturelles Ereignis, das aber den Bezug zu Hörgeräten ziemlich verloren hatte und der Firma Siemens, die ebenfalls eine halbe Million DM ausgegeben hatte, keinen erkennbar großen Mehr-Nutzen brachte *(die Differenz in Höhe von 800 000 DM wurde von anderen Sponsoren aufgebracht).* Aber immerhin, es kamen 60 000 Besucher aus der Stadt Erlangen, 2 Millionen Zuschauer zählte das Fernsehen, 90 Journalisten und rund 800 Akustiker aus dem In- und Ausland waren angereist, um den Vorträgen von *Prof. Dr. Rita Süßmuth*, Schirmherrin der Veranstaltung und damalige Bundesfamilienministerin, *Prof. Dr. Klaus Seifert*, 1. Vorsitzender des Deutschen Berufsverbandes der HNO-Ärzte, *Dr. Claus Harmsen*, Vorsitzender des Deutschen Schwerhörigen-Bundes, *Dr. John House*, »Leib-Ohrenarzt« des amerikanischen Präsidenten Ronald Reagan, und einigen anderen bekannten Fachleuten zu lauschen. Als Moderatorin konnte man die charmante und allseits beliebte TV-Gesundheitsjournalistin und Ärztin *Dr. Antje-Katrin Kühnemann* gewinnen. Die insgesamt 60 Veranstaltungen waren zum Teil gut besucht, befriedigten aber nicht alle. Das aus Sibirien (von weiter her ging es nicht!) angereiste Sinfonieorchester strapazierte die Zuhörer nicht nur akustisch, sondern auch musikalisch mit avantgardistischen und expressionistischen Werken von Molossow, Honegger, Lachenmann, Skriabin, Ives, Strawinsky, Hummel, Varèse, Delás und Cage. Kurzum, der große Wurf war das teure Spektakel nicht und Ähnliches wurde nicht mehr geplant.

Dschingis Khan und andere große Leute

Unzählige prominente Persönlichkeiten hatten sich im Laufe der Jahrzehnte zu den verschiedensten Anlässen und in den unterschiedlichsten Formen für Hörhilfen oder die Hörgeräte-Akustik eingesetzt und sind zumindest in der Öffentlichkeit damit in Berührung gekommen: US-Präsidenten-Gattin *Eleanor Roosevelt,* der französische Staatspräsident *Jacques Chirac*, der baden-württembergische Ministerpräsident *Lothar Späth*, der niedersächsische Ministerpräsident *Ernst Albrecht*, der nordrhein-westfälische Ministerpräsident *Heinz Kühn*, der Komiker *Gunther Philipp*, die Präsidentin des Europaparlamentes *Simone Veil*, die Frau des Kuomintang-Führers und taiwanesischen Staatschefs Madame *Chiang Kai-shek*, Bundeswirtschaftsminister *Jürgen Möllemann*, die Bundespräsidenten *Richard von Weizsäcker*, *Karl Carstens* und *Walter Scheel*, der Hamburger Erste Bürgermeister *Henning Voscherau*, Bundespostminister *Kurt Gscheidle*, Bundesforschungsminister *Heinz Riesenhuber*, der Nürnberger Oberstaatsanwalt und TV-Quizmaster *Hans Sachs*, die Bundeskanzler *Willy Brandt* und *Helmut Schmidt*, Bundeswirtschaftsminister *Karl Schiller*, Tagesschau-Sprecherin *Dagmar Berghoff*, der Herausgeber des »Stern« *Henri Nannen*, der TV-Journalist *Peter von Zahn*, die Bundestagspräsidentin *Rita Süßmuth*, die Meinungsforscherin *Elisabeth Noelle-Neumann*, Bundesfamilienministerin *Katharina Focke,* Quiz-Master *Robert Lembke*, der niedersächsische Ministerpräsident *Alfred Kubel*, Bundesarbeitsminister *Walter Arendt, Königin Margarethe* und Prinz *Henrik von Dänemark*, der TV-Journalist *Hermann Rockmann*, Bundesfinanzminister *Theo Waigel*, Tagesschau-Sprecher *Werner Veigel*, Showmaster *Thomas Gottschalk*, US-Präsident *George Bush*, der Schauspieler *Gert Fröbe*, Königin *Silvia von Schweden,* US-Präsident *Ronald Reagan,* der Schauspieler *Günther Schramm*, die Schauspielerin *Nadja Tiller*, Bundesfamilienministerin *Käthe Strobel,* der britische Film-Star, Schriftsteller, Intendant und Komiker *Sir Peter Ustinov,* der Hollywood-Star *Anthony Quinn*, US-Präsident *Woodrow Wilson*, die Olympiasiegerin von Montreal 1976 im 100-Meter-Lauf *Annegret Richter*, die Schlagersänger *Chris Roberts* und *Jürgen Marcus*, die Ex-Primaballerina und Chansonette *Margot Werner*, die Sängerin *Severine*, die Pop-Gruppe *Dschingis Khan*, US-Präsidenten-Gattin *Barbara Bush*, der Herzog von York *Prinz Andrew,* der Berliner Regierende Bürgermeister *Eberhard Diepgen,* der ehemalige Bundesaußenminister *Hans-Dietrich Genscher* und der TV-Gesundheits-Moderator *Hans Mohl*.

Lang ist auch die Liste der Prominenten, die ein Hörgerät benutzen oder benutzt haben: der habsburgische *Prinz Louis Ferdinand von Preußen*, der südafrikanische Präsident *Nelson Mandela,* Showmaster *Rudi Carell*, der letzte sowjetische Außenminister und georgische Staatspräsident *Eduard Schewardnadse*, die US-Präsidenten *Ronald Reagan* und *Bill Clinton,* die Hollywood-Stars *James Stewart, Henry Fonda* und *Joan Collins,* der Violon-Solist *Sir Yehudi Menuhin*, der Opernsänger *Aage Haugland*, der Dirigent *Sir Thomas Beecham*, die Schauspielerin *Brigitte Mira*, die Philosophen *Ernst Jünger* und *Karl Popper*, der Dirigent *Wilhelm Furtwängler*, der Erfinder *Thomas A. Edison*, Bundesminister *Karl Schiller*, der Verleger des »Stern« *John Jahr*, der Komponist *Ernst Krenek*, der russische Schriftsteller *Lew Kopelew*, der Herausgeber des »Stern« Henri Nannen, die Rundfunkjournalisten und Mitbegründer des NWDR *Axel Eggebrecht* und Peter von Zahn, der Filmkomiker *Hans Moser*, die Schauspieler *O. W. Fischer* und *Karlheinz Böhm*, König *Gustav V. von Schweden*, Premierminister *Winston Churchill*, der Erfinder *Manfred von Ardenne*, der Shakespeare-Darsteller und Filmstar *Sir Laurence Olivier*, der britische Schauspieler *Cyril Cusack*, die Schriftstellerin *Barbara Cartland*, der Schauspieler *Günther Pfitzmann*, der chinesische Staatschef *Deng Xiao Peng*, der Bundeskanzler *Helmut Schmidt,* der Sänger und Filmstar Frank Sinatra, der Überlebenstrainer *Rüdiger Nehberg*, der Rennfahrer *Huschke von Hanstein*, der Schriftsteller *Michel Leloux*, der Box-Weltmeister aller Klassen von 1930 *Max Schmeling*, der Schauspieler *Bernhard Wicki*, der Versandhausgründer und Mäzen *Werner Otto*, die Schriftsteller *Stefan Heym* und *Stanislaw Lem*, Königin *Alexandra von England*, der Slapstick-Star *Gene Autrey*, die US-Schauspieler *Ernest Borgnine* und *Karl Malden, Prinz Bernhard der Niederlande, Mutter Theresa, Papst Johannes Paul II.,* der Schauspieler *Rolf Boysen*, der sowjetische Staats- und Parteichef *Leonid Breschnew*, US-Präsidenten-Gattin *Rosalynn Carter*, TV-Star *Bill Cosby,* der Unterwasserforscher *Jacques Cousteau*, die Theaterschauspielerin und Intendantin *Ida Ehre, Königin Fabiola von Belgien*, der Schriftsteller, Theaterautor und Varieté-Künstler *Dario Fo*, der französische Schauspieler *Daniel Gelin*, der Schriftsteller *Knut Hamsun*, US-Show-Star *Bob Hope, Königin Juliana der Niederlande*, Königin *Margarete II. von Dänemark*, der englische Filmstar *John Mills*, TV-Serien-Star *Leslie Nielsen*, der Verleger *Heinz Piper*, der TV-Journalist *Hermann Schreiber*, die Sängerin und Schauspielerin *Barbara Streisand*, Country-Sänger Johnny Cash, Bundespostminister *Richard Stücklen*, Kinderbuch-Autorin *Astrid Lindgren, König Juan Carlos von Spanien*, NATO-Generalsekretär *Joseph Luns*, die Schriftstellerin *Hannah Merker*, die Vibraphonistin *Evelyn Glennie*,

Abb. V.137. Der bekannte Fernseh-Journalist Prof. Dr. Peter von Zahn war 1986 bereit, sich öffentlich zu seinem Hörgerät zu bekennen und schloss einen Werbevertrag mit einem Hersteller ab (Bild rechts)

Insertina von Starkey:
Direkt im Ohr und fast nicht
mehr zu sehen.

Dazu einfach und bequem in
der Handhabung. Optimal
anpaßbar auf den individuellen
Hörverlust durch 2 Regler.
Abnehmbares und leicht zu
reinigendes Maß-Ohrstück.
Einfacher und kleiner geht's
nicht.

„Wer mitreden will, muß zuhören können"

„Meine tägliche journalistische Arbeit, in der ich mich häufig auf mehrere Gesprächspartner gleichzeitig konzentrieren muß, wird mir sehr erleichtert durch die binaurale Versorgung mit der Starkey-Insertina.

Das ausgereifte technologische Konzept, die Kleinheit und Kompaktheit der Insertina haben mich überzeugt. – Die Zukunft hat schon begonnen."

Peter von Zahn

Fernseh-Journalist,
Starkey-Hörgeräte-Träger

Abb. V.138. Auch der großartige Schauspieler und Filmkomiker Hans Moser (1880 bis 1964), der eigentlich Jean Juliet hieß, trug Hörgeräte – hier nimmt er 1964 seine neue Hörbrille in Empfang

General *Adolf von Kielmannsegg*, der deutsche Botschafter in Moskau *Alexander von Horvath*, der Sänger *Engelbert Humperdinck*, der »Gänsevater« und Tierforscher *Konrad Lorenz*, der Generalkonsul und Mäzen *Hermann Schnabel* und der Volksschauspieler *Henry Vahl*, die Schauspielerin *Gudrun Tielemann*, der VW-Vorstand *Dr. Martin Westhofen*, der 1999 verstorbene Börsen-Guru *André Kostolany* und der Physik-Nobelpreisträger *Hans Albrecht Bethe* – diese Aufzählung ist weit davon entfernt, Anspruch auf auch nur relative Vollständigkeit zu erheben.

Abb. V.139. Das 30 Kilogramm schwere Hörgerät von Claus-Peter Reichel in Regensburg (Bild rechts oben) wurde in das Guinness-Buch der Rekorde eingetragen (1998)

Abb. V.140. Auch die Werbeaktion eines Handelsvertreters der Firma Danavox in Indien dürfte – zumindest in Europa – Beachtung gefunden haben (Bild rechts unten)

Es konnte nicht ausbleiben, dass sich unter den bekannten Zeitgenossen, die ein Hörgerät trugen, auch ein richtiger Bösewicht befand. 1958 ging ein Bild durch die deutsche Presse, das die »Bestie von Steyr« mit einem Hörgerät im Gerichtssaal zeigte. Es handelte sich um den mehrfachen Frauenmörder *Alfred Engelen,* der immer »Pech mit den Frauen« gehabt und daraus einen unbändigen Hass auf sie entwickelt hatte. Dass er ein Hörgerät trug, war das Werk des Staatsanwaltes. Weil Engelen vorgab, auf einem Ohr taub zu sein, ließ das Gericht ihm ein Taschen-Hörgerät kommen. Das muss dem Angeklagten nicht behagt haben, denn auf dem Bild in der Zeitung schaut er ziemlich grimmig drein. Aber immerhin: Er hat alles gestanden *(Frankfurter Rundschau v.6. 3. 1958).*

Zurück zur Propagierung des »öffentlichen Hörgewissens«: Kleinere Firmen mussten mit bescheideneren Mitteln auf sich aufmerksam machen. Recht witzig war der Einfall von *Claus-Peter Reichel* aus Regensburg, der 1998 ein riesiges Hörgeräte-Modell bauen ließ, das sogar funktionierte. Das Gerät war 30 Kilogramm schwer, 1,50 Meter hoch und konnte wie ein Rucksack umgeschnallt und durch die Stadt getragen werden. Das Gerät ist als »Größtes Hörgerät der Welt« in das Guiness-Buch der Rekorde eingetragen worden.

Eine andere ungewöhnliche Idee hatte 1998 ein Handelsvertreter der Firma Danavox in Indien. Er fuhr mit einem 2-Takt-Dreirad-Vehikel durch die Stadt Aparna und verkündete stolz über ein Megaphon, dass die Firma Danavox nach ISO 9001 zertifiziert worden ist. Ob das den Indern imponiert hat, ist nicht bekannt.

Helmut Schmidt und das Tüddelütt

Der prominenteste (bekannte) Benutzer eines Hörgerätes in Deutschland ist der frühere Bundeskanzler Helmut Schmidt. Die Lebensleistung dieses Mannes ist keinesfalls auf die Jahre 1974 bis 1982 beschränkt, in denen er die Geschicke der Bundesrepublik Deutschland gelenkt hat. Im Krieg hatte er es bis zum Oberleutnant (1938 bis 1945) gebracht, danach in Hamburg Volkswirtschaft und Staatswissenschaften studiert und sich mit dem Diplom in der Tasche in der Behörde für Wirtschaft und Verkehr bis zum Dezernenten hochgearbeitet. 1953 schaffte er als Direktkandidat der SPD auf Anhieb den Sprung in den Deutschen Bundestag und wurde mit diesen politischen Erfahrungen Innensenator der Freien und Hansestadt Hamburg von 1961 bis 1965. 1962, während der Hamburger Flutkatastrophe, bewährte er sich als Krisenmanager, indem er noch in der Sturmnacht – gegen alle Gesetze und Kompetenzen – das Kommando über einige Bundeswehreinheiten übernahm und sie zu Rettungsaktionen einsetzte. 1967 ging er in den Bundestag zurück und wurde Vorsitzender der SPD-Bundestagsfraktion sowie, ab 1968, stellvertretender Bundesvorsitzender der SPD. Von 1969 bis 1972 war er Bundesverteidigungsminister und danach bis 1974

Abb. V.141. Helmut Schmidt mit seiner Frau »Loki« im Januar 1999 bei einer Veranstaltung in Hamburg. Schmidt trägt auf diesem Bild zwei HdO-Geräte und scheint bestens zu hören, denn er schüttet sich vor Lachen über einen Kohl-Witz des Hamburger Bürgermeisters Ortwin Runde

Bundesfinanzminister, davon einige Monate Wirtschafts- und Finanzminister in Personalunion. Nach seiner Abwahl als Bundeskanzler durch das »Konstruktive Mißtrauensvotum« von 1982 wurde er Herausgeber der Wochenzeitung »DIE ZEIT« und ein weltweit gefragter Berater und Vortragsredner. Er erhielt sechsmal die Ehrendoktorwürde und veröffentlichte in 16 Jahren insgesamt 33 Bücher zu politischen Themen, von denen viele Bestseller wurden.

Es war seit den 80er Jahren bekannt, dass Schmidt schwerhörig war. Auf einigen Pressephotos war nämlich zu sehen, wie er die Hand hinters Ohr hielt. Der Autor dieses Buches (im Folgenden RH genannt), zu jener Zeit im Marketing der Hörgeräte-Industrie tätig, war der Ansicht, dass Testimonials mit Prominenten eine gute Verkaufshilfe sein könnten, sei es im Rahmen der Gemeinschaftswerbung, sei es für einen einzelnen Hersteller. Die erste Erfahrung auf diesem Gebiet machte RH mit dem TV-Journalisten Peter von Zahn, der zusammen mit Axel Eggebrecht den deutschen Hörfunk nach dem Krieg wieder aufgebaut und durch viele Reportagen im Deutschen Fernsehen zu großer Popularität gelangt war. Von Zahn hatte neben vielen anderen Auszeichnungen 1984 die »Goldene Kamera« erhalten. Weil es RH gelungen war, von Zahn 1985 für eine Hörgeräte-Versorgung und einen Werbevertrag zu gewinnen, fühlte er sich ermutigt, an Helmut Schmidt ein ähnliches Angebot zu richten. Aber das war wohl etwas blauäugig. So einfach ging das nämlich nicht! Es kam nach drei Wochen ein Brief von Schmidts Referenten in Bonn, der eine höfliche Absage enthielt. Der Herr Bundeskanzler a. D. höre noch sehr gut. Hatte der Referent seinen Chef wirklich gefragt, oder hatte er den Brief einfach selber beantwortet? Die Auskunft stimmte jedenfalls nicht, denn Schmidt hatte im Krieg an der Flak gestanden und ein Knalltrauma erlitten. Aber das Problem war dasselbe wie in Millionen anderen Fällen: Der Betroffene wollte es nicht wahrhaben. Es ging ja noch, die Anderen mußten nur etwas lauter und deutlicher sprechen.

Doch gut Ding will Weile haben und manchmal müssen erst noch weitere Erfahrungen und Referenzen gesammelt werden, bevor man in einer wichtigen Sache weiterkommt. Die Gelegenheit dazu ergab sich 1987, als RH durch Vermittlung eines Hörgeräte-Akustikers in Kontakt mit dem ehemaligen Bundeswirtschafts- und Finanzminister *Prof. Dr. Karl Schiller* (1911 bis 1994) kam, der neben Ludwig Erhardt der profilierteste und beliebteste deutsche Wirtschaftsminister war und auch im Ausland ein hohes Ansehen genoss. Es hatte vieler Gespräche bedurft, die sich über ein Jahr hinzogen, bis Schiller – mit zwei fernbedienbaren Im-Ohr-Geräten neu versorgt – schließlich 1988 einem Werbevertrag zustimmte. Er war bereit, in einer Anzeigenserie, ähnlich der mit Henri Nannen, zu bekennen: »Ich trage ein Hörgerät.« Leider kam es nicht dazu, weil Schiller gegenüber der Werbeagentur angeblich Forderungen nachgeschoben hatte, die man dort für nicht akzeptabel hielt. Das Scheitern der Aktion war sehr schade, weil dieses Testimonial dasjenige von Henri Nannen in seiner öffentlichen Wirkung sicher noch übertroffen hätte. *(Anm.: Der wahre Grund soll darin gelegen haben, dass Schiller es seiner Person und Bedeutung als nicht angemessen empfunden hat, in dem weiteren Verfahren nur noch eine Werbe-Agentur als Ansprechpartner zu haben, mit der außerdem die »Chemie« nicht gestimmt haben soll. Er wollte offenbar auf einer anderen Ebene betreut werden).*

Obwohl der Werbevertrag mit Schiller letztlich nicht zustande gekommen war, hatte RH aber doch ein wichtiges Etappenziel erreicht. Die Referenz des Hamburger Volkswirtschaftsprofessors Karl Schiller musste bei dem Hamburger Diplom-Volkswirt Helmut Schmidt nämlich Gold wert sein. Dazu kam noch eine weitere Referenz, nämlich eine umfangreiche Stadtentwicklungsstudie von RH für die Stadt Hamburg, die Schmidt, der gerne Architekt und Stadtplaner in Hamburg geworden wäre, 1992 »mit Interesse« gelesen und wohlwollend kommentiert hatte. Danach passierte wieder fünf Jahre lang nichts, denn es ergab sich immer noch kein plausibler Anlass, Schmidt in Sachen Hörgeräte zu kontaktieren und ein Gespräch vorzuschlagen.

*Abb. V.142. Ex-Wirtschafts-
und Finanzminister
Prof. Dr. Karl Schiller
(1911 bis 1994): zwar
Hörgeräteträger aber kein
Bekenner*

Das änderte sich, als Schmidt 1997 einer Tageszeitung ein Interview gab und freimütig über seinen Herzschrittmacher sprach, seine Hörgeräte aber verschwieg. Da war sie wieder, die alte Scham und Diskretion, wenn es um die Schwerhörigkeit ging! Warum war die Tatsache, dass Schmidt keine Schilddrüse mehr hatte, schon den vierten Herzschrittmacher in der Brust trug und ein künstliches Hüftgelenk haben müsste, von ihm selbst zum Gegenstand öffentlicher Erörterungen gemacht worden, die Hörgeräte, die er trug, aber nicht?

Das war der Anlass für ein Gespräch und der Punkt, über den man mit ihm reden konnte und musste! Vielleicht könnte er schwerhörigen Menschen Mut machen, wenn er sich zu seiner Schwerhörigkeit und seinen Hörgeräten so bekennen würde, wie es zuvor Ronald Reagan getan hatte. Also schickte ihm RH einen freundlichen Brief, legte das kleine Buch »Schon gehört?« dazu, verwies auf das Interview, die Herzschrittmacher und die nicht erwähnten Hörgeräte, die Referenzen von Zahns und Schillers, und empfahl sich als Gesprächspartner für besseres Hören. Und es klappte. RH wurde zu einem Gespräch eingeladen.

Die Sicherheitsvorkehrungen bei einem ehemaligen Bundeskanzler sind zwar nicht so groß wie bei einem US-Präsidenten, aber auch dort kann man nicht einfach so hingehen und wird dann hereingelassen. Das Gespräch sollte in Schmidts Hamburger Büro (er hatte immer noch ein Bonner Büro mit Referent und Sekretariat) im Verlagsgebäude der »ZEIT« stattfinden. Dort kommt man ohne Begleitung nur bis zum 3. Stockwerk, wo man sich bei einem Pförtner anmelden muss, der dann Schmidts Sekretärin anruft und sich den Termin bestätigen lässt. Die freundliche Sekretärin kommt dann herunter in den 3. Stock und fährt mit dem Gast in einem separaten Fahrstuhl (für den man einen Schlüssel braucht) in den 6. Stock, wo der »Chef« sein Büro hat. Ohne weitere Umstände wird man dann zu Schmidt hereingeführt, der auf Pünktlichkeit sehr viel Wert legt und – im Gegensatz zu kleineren Geistern – einen Gast niemals vor der Tür warten lässt. Das Büro ist überraschend klein und spartanisch. Schreibtisch, Regale und Sitzecke könnten von Ikea sein. Keine Pflanzen, keine Gardinen, keine Teppiche, dafür das berühmte Schmidt-Portrait von Loriot an der Wand. Hier arbeitet kein Genussmensch. Das ist das Büro eines nüchternen Pflichtmenschen mit dem Hang zu preußischen Tugenden.

Schmidt wirkte klein, gebeugt und älter als bei seinen Auftritten im Fernsehen. Man setzte sich an den kleinen weißen Besprechungstisch und Schmidt zündete sich erst einmal eine seiner geliebten Mentholzigaretten an. Schmidt war zuvorkommend und höflich und holte RH persönlich einen Kaffee. Er erzählte von seinem Vater, dem Krieg, dem Knalltrauma, seiner Arbeitsbelastung (»Ich arbeite noch 80 Stunden in der Woche!«) und vom Umgang mit seinen bisherigen Hörgeräten. Es zeigte sich, dass Schmidt, wie leider viele andere Hörgeräteträger, die nötige Geduld zur Eingewöhnung nie aufgebracht hatte. Während er seine Herzschrittmacher ständig tragen musste, sah er die Hörgeräte als etwas an, auf das man nur bei Bedarf zurückzugreifen brauchte. Wenn er allein im Büro arbeitete, trug er keine. Beim Telefonieren und den Besprechungen im Büro mussten die Anderen lauter sprechen. Dass man sich durch akustische Unterforderung des Hörens auch entwöhnen und das Leiden verschlimmern konnte, das verdrängte er. Dass man sich an die Geräte und ihren Klang erst gewöhnen und mit ihnen zusammenarbeiten musste, schien ihm nicht notwendig. Die Dinger hatten zu funktionieren, und wenn sie es nicht taten, dann gab es Spezialisten, die dafür zu sorgen hatten.

RH wurde jedenfalls mit einem Male klar, wie schwer die Arbeit des Akustikers manchmal sein muss! Während Schmidt eine Mentholzigarette nach der anderen ansteckte und dann auch noch die berühmte Schnupftabaksdose hervorholte, hatte RH plötzlich das Gefühl, dass es sinnlos sei, Schmidt auf die Auswirkungen des Nikotins auf das Innenohr hinzuweisen. Konnte man einen Mann belehren, der 79 Jahre alt war und sein Leben lang nur Anweisungen gegeben hatte, der von Berufs wegen vieles besser wusste und besser wissen musste, der sein Leben aber auch seinem Bewusstsein gemäß durchaus sinnerfüllt gelebt hat? Vielleicht war er bereit, die körperlichen Beeinträchtigungen hinzunehmen, weil es Wichtigeres für ihn gab. Andererseits war er unzufrieden und wollte besser hören. Die beiden Im-Ohr-Geräte trug er zu selten, als dass er sich hätte daran gewöhnen können. Wenn er sie einsetzte, dann gleich bei langen Konferenzen und Theateraufführungen, was bei ihm spätestens nach zwei Stunden Kopfschmerzen verursachte. Und dann das Hinter-Ohr-Gerät! Das hatte er nicht von seinem Akustiker bekommen, sondern von einem HNO-Arzt ohne Anpassung! (»Probieren Sie das Ding mal aus. Aber meistens nützt das auch nichts!«). Es war ein sehr einfaches und altes Gerät ohne AGC und ohne eingestellte PC. Schmidt klagte darüber, dass ihm damit vieles zu laut sei. Kein Wunder!

Schmidt bat RH, ihm ein anderes HdO-Gerät zu besorgen, das über eine möglichst gute Störschallunterdrückung verfügte. Er wollte seine Im-Ohr-Geräte weiterhin für das Theater und den Konzertsaal einsetzen und das Hinter-dem-Ohr-Gerät für die Gespräche im Büro und am Telefon, wo es nicht so sehr auf die Unauffälligkeit ankam. Dafür war er auch bereit, das »Tüddelütt« am Ohr, wie er in schönstem Hamburger Platt die Otoplastik und den Schallschlauch nannte, in Kauf zu nehmen. Es war wenigstens ein kleiner Fortschritt, wenn er ein modernes Hinter-Ohr-Gerät für den Alltag bekam und es auch benutzte. Zwei Geräte als Binaural-Versorgung lehnte er leider ab.

Zusammen mit der amerikanischen Audiologin *Janet Morency* kamen zwei weitere Termine mit Schmidt zustande, bei denen ihm ein modernes HdO-Gerät angepasst und mit einem Computer-Anpasssystem programmiert wurde. Die Otoplastik war gut und saß auf Anhieb. Dann machte Schmidt mit dem Gerät einen ungewöhnlichen Qualitätstest: Er ließ eine große Papierschere auf seinen Schreibtisch fallen, um zu sehen, ob die AGC des Gerätes schnell genug reagierte. Es gab einen fürchterlichen Knall, aber Schmidt zuckte nicht mit der Wimper. Die AGC hatte perfekt funktioniert und Schmidt war zufrieden. Zum Schluss fragte Janet Morency noch, wie ihm denn das Design des Gerätes gefiele. Ach, das sei doch bei einem Mann ganz unwichtig, sagte er abwehrend. Daraufhin bemerkte Janet ziemlich keck: »Aber ich bitte Sie! So ein gut und sexy aussehender Mann wie Sie kann doch ruhig ein bisschen auf sein Äußeres achten!« Im Original – man sprach Englisch – klang das noch viel kesser, weil sie den Bundeskanzler a. D. einen »sexy guy« nannte. Schmidt stutzte für eine Sekunde und wusste nicht recht, wie er darauf reagieren sollte. RH stockte der Atem und er glaubte, dass jetzt beide rausfliegen würden und die ganze Anpassung verpatzt sei! Stattdessen lachte Schmidt und wehrte fast verlegen ab: »Junge Frau, Sie sprechen hier zu einem Mann von 79 Jahren!« Darauf konterte Janet schlagfertig: »Na und? Da fängt das Leben doch erst an!« Alle mussten lachen und man verabschiedete sich in guter Laune. Es konnte nicht alles erreicht werden, was eigentlich beabsichtigt war. Schmidt war nach wie vor nicht bereit, sich aktiv in der Öffentlichkeit, zum Beispiel im Rahmen der Fördergemeinschaft, für das Thema Hörgerät einzusetzen.

Es bleibt noch nachzutragen, dass Schmidts ständiger Arbeitsstress und sein großer Nikotin- und Koffeingenuss eines Tages doch ihren Tribut forderten. Anfang 1999 erlitt er einen Hörsturz und musste stationär behandelt werden.

Gerade aus dem Krankenhaus entlassen, wurde er von einem Journalisten gefragt, was er denn nun als Erstes tun werde. Schmidt steckte sich genüsslich eine Mentholzigarette an und antwortete: »Arbeiten natürlich! Was denn sonst?«

Die Hörgeräte-Versorgung in der DDR

In der Wendezeit zwischen von 1989 bis 1990 erhielten viele der westdeutschen Akustiker zum ersten Male genauere Kenntnisse über die Hörgeräte-Versorgung der DDR. Die orientierte sich sehr eng an dem skandinavischen System, das darin bestand, dass Hörgeräte in den Audiologisch-Phoniatrischen Zentren der großen Kliniken kostenlos abgegeben und repariert wurden. In der DDR gab es etwa 15 solcher Zentren (»Leiteinrichtungen«), in denen sich Physiker, Mediziner, Audiometristen, Otoplastiker, Pädagogen und Techniker gemeinsam um die Schwerhörigen und die Hörgeräte bemühten. Die Versorgung war in zwei Qualitätsstufen unterteilt. Kinder, lärmschwerhörige Berufstätige, Angehörige kommunikationsintensiver Dienstleistungsberufe und schwierige Sonderfälle wurden in der Regel mit den teuren Importgeräten (Hinter-dem-Ohr-Geräte, Hörbrillen, Knochenleitungsbrillen, Taschengeräte) aus Ungarn, Dänemark, Österreich und Westdeutschland in den »Leiteinrichtungen« (z. B. Bezirkskrankenhäuser und Medizinische Hochschulen) versorgt. Ältere und nicht berufstätige Personen wurden bis 1985 mit den Taschengeräten aus den staatseigenen Funkwerken Kölleda (Audiphon H 30, H 40 und H 50), und danach mit den Hinter-Ohr-Geräten aus eigener Produktion (Audiphon H 6, H 10 und H 11) in den Kliniken auf der nachgeordneten Kreisebene versorgt. Im-Ohr-Geräte wurden nicht angepasst, weil die Zahntechniker, die für die Otoplastik-Herstellung zuständig waren, für die relativ aufwendige Hohlschalenherstellung weder das Material noch das Wissen hatten. Die Versorgungsquote war mit 51,4 % sehr hoch, allerdings war der Kreis der Versorgungsbedürftigen mit 2,2 % der Bevölkerung sehr niedrig angesetzt. In Westdeutschland ging man von einer Versorgungsbedürftigkeit von 10 % und einer Versorgungsquote von maximal 25 % aus. Anders als in Westdeutschland konnte man ein Hörgerät nicht privat erwerben. Es war immer Eigentum der staatlichen Sozialversicherung und blieb es auch in dem Sinne, dass es nach dem Gebrauch zurückgegeben werden muss-

Abb. V.143. Das Audiphon
H 10 H 11 aus dem
Funkwerk Kölleda 1990

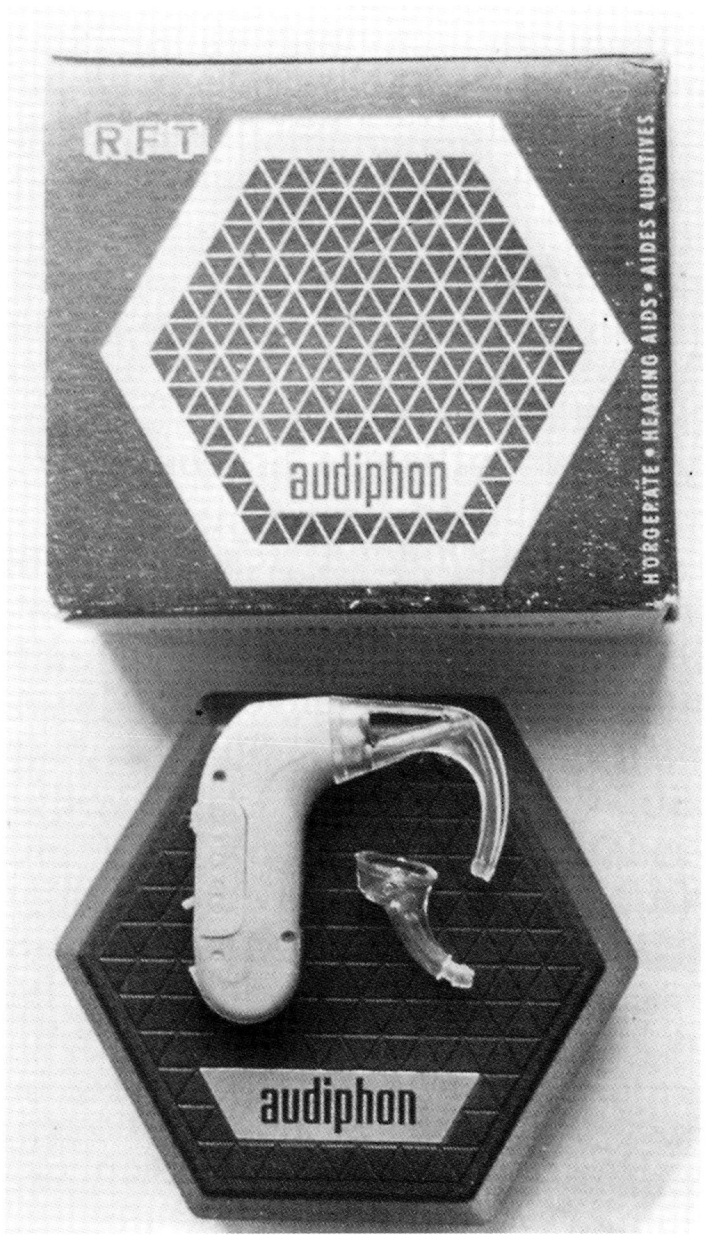

te und dann entweder wiederverwendet oder »ausgeschlachtet« wurde. Sehr umständlich war das System, wonach defekte Geräte gesammelt und an den zentralen Reparaturdienst eingeschickt werden mussten. Es konnte bis zu einem Jahr dauern, bis es wieder zurückkam, ohne dass der Schwerhörige erwarten konnte, dass er »sein« Gerät wiederbekam. Die langen Reparaturzeiten waren auch eine Folge des begrenzten Ersatzteile-Einkaufs. Es wurden nur einmal im

Jahr im Westen Teile beschafft, die oft schon nach wenigen Wochen ausgingen. Die westlichen Hersteller richteten deshalb Konsignationsläger ein, um die Reparaturzeiten zu senken. Das hieß, dass die Ware erst nach ihrer tatsächlichen Entnahme aus dem Lager bezahlt zu werden brauchte. *(Vgl. Fleischmann, Interview in »Hörakustik« 6/90, und Hähle, Hörgeräte-Versorgung in der DDR, »Hörakustik« 6/90).*

Nach der deutschen Einigung am 3. Oktober 1990 war für die meisten der Audiologen und Audiometristen der ehemaligen DDR klar, dass eine Hörgeräte-Versorgung in der bisherigen zentralistischen Form zu schwerfällig war. Schon vor der Wende hatte es deshalb Kontakte von führenden Audiologen zur Bundesinnung der Hörgeräte-Akustiker in Mainz gegeben, um sich über den Berufsstand der Hörgeräte-Akustiker und vor allem dessen Ausbildungswesen zu informieren. Ziel war, auch in Ostdeutschland eine flächendeckende Versorgung durch viele kleine selbständige Handwerksbetriebe sicherzustellen. Aber nicht alle Fachleute in der DDR waren für eine Übernahme des westdeutschen Sytems und einige wollten die bestehenden Zentren am Leben erhalten. Sie fanden Unterstützung bei Rüdiger Saekel und Dr. Joachim Müller vom Bundesministerium für Arbeit und Sozialordnung, sowie von Wolfgang Scheele vom Bundesverband der Betriebskrankenkassen, die sich schon im Rahmen der Gesundheitsreform-Bestrebungen und dem Versandhandelssystem als Systemveränderer hervorgetan hatten. Sie wollten die Umbruch-Situation in der ehemaligen DDR nutzen, um ein »Gegenmodell« zum westdeutschen Versorgungssystem zu installieren. Aber wie immer, wenn der Staat etwas organisieren will, dauert alles viel zu lange und erstickt an der eigenen Bürokratie. Gegen die Triebkräfte des freien Unternehmertums, das sich in Ostdeutschland jahrzehntelang nicht entfalten konnte, hatten die staatlich gelenkten »Gegenmodelle« keine Chance.
Scharenweise beantragten die Audiologen, Audiometristen und Hörgerätetechniker der ehemaligen DDR Ausnahmebewilligungen oder absolvierten Aufbaukurse an der Akademie in Lübeck. Innerhalb kürzester Zeit entstanden in Ostdeutschland 300 Fachbetriebe, wovon viele von Westdeutschen finanziert worden sind. Viele andere Fachleute der ehemaligen DDR wagten aber eine eigene und neue Existenz als selbständiger Unternehmer und konnten sich schnell und sicher etablieren.

Neue Welten

Nach den Transistoren wurden in der Hörgeräte-Technik schrittweise Verbesserungen eingeführt, die alle darauf abzielten, die Geräte noch leistungsfähiger und kleiner zu machen und sie noch rationeller produzieren zu können. Die wichtigste Neuerung war die *»gedruckte Schaltung«*, die auf eine Erfindung des Franzosen *C. Parolini* von 1926 zurückgeht. Sie wurde erstmals 1936 in England von *Peter Eisler* getestet und 1940 von *Cledo Brunetti* und *Roger W. Curtis* für Granaten-Zünder, also für militärische Zwecke, eingesetzt.

Die gedruckte Schaltung übertrug die bisherige dreidimensionale, material- und personalbeanspruchende Verkabelungsanordnung auf ein zweidimensionales »Layout«. Dazu wurde eine Isolierstoffplatte einseitig mit Kupfer beschichtet, die Leiterbahnen des Layouts wurden mit säurefestem Lack im Siebdruckverfahren auf das Kupfer gedruckt und danach das unbedruckte Kupfer weggeätzt. Übrig blieben die gewünschten Leiterbahnen. In die unbedruckten Stellen wurden anschließend noch die Löcher für die Bauteile gestanzt. Die Verlötung der diskreten Bauteile mit den Leiterbahnen wurde ab 1949 erheblich vereinfacht, nachdem *S. F. Danko* die *Tauchlötung* erfunden hatte. Dadurch konnte man auf die Lötung per Hand verzichten und sie maschinell durchführen.

Ähnlich wie beim Transistor hatte die Hörgeräte-Industrie sofort den Nutzen der neuen Technologie erkannt und erstmals 1948 ein Hörgerät (»Solo-Pak 99«) auf der Basis gedruckter Schaltungen hergestellt.

Abb. V.144. Die Hörgeräte-Fertigung war vor der Einführung gedruckter und integrierter Schaltungen sehr personalintensiv und kostspielig. Auf dem Bild ist eine Hörgeräte-Fertigung Mitte der 50er Jahre zu sehen

Abb. V.145. Leiterplatte eines Hinter-dem-Ohr-Gerätes von 1967, noch ganz mit diskreten Bauteilen bestückt und von Hand verlötet

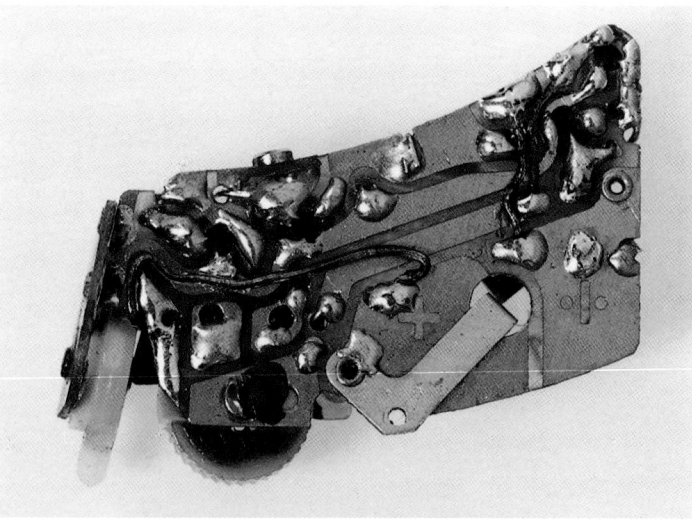

Mehrere fertigungstechnische Verbesserungen in den folgenden Jahren entwikkelten die ersten gedruckten Schaltungen zur ausgefeilten *Dickfilm-Technik* weiter, die es erlaubte, wesentlich mehr aktive und passive elektronische Komponenten auf kleinstem Raum zu platzieren, als das bisher mit diskreten Bauteilen möglich war. Dadurch konnte man die Hörgeräte nicht nur kleiner und leichter, sondern auch funktionell wesentlich komplexer und leistungsfähiger machen. Ganz nebenbei konnte auch Personal eingespart und die Geräte preiswerter hergestellt werden. Es ging bei dieser neuen Technologie mit anderen Worten darum, die bislang noch manuelle Bestückung der Trägerplatte mit den einzelnen elektrischen Komponenten abzuschaffen, deren Verdrahtung und Lötung zu automatisieren, diskrete Komponenten einzusparen und die Zahl der möglichen Bruchstellen zu verringen. Das gelang dadurch, dass die Trägerplatte nicht mehr länger nur als reine Montageplatte für die diversen Bauteile benutzt, sondern selbst zur elektronischen Komponente gemacht wurde, dem die schaltbild-analogen Leiter- und Widerstandsbahnen sowie Isolatorzonen aufgedruckt werden konnten. Dazu setzte man Keramikplatten ein, auf der Widerstandsflüssig-keiten und Silber-Leitpasten mit dem Siebdruckverfahren aufgebracht wurden. Ein weiterer Vorteil der neuen Technologie war die höhere Lebensdauer und die größere Reparaturfreundlichkeit, die eine Folge der rationellen Fertigung der Schaltkreise in komplexen Baugruppen war. Zum Teil wurden kleine Dick-

Abb. V.146. Automatische Bestückung (SMD-Technik) von Hörgeräte-Platinen 1983

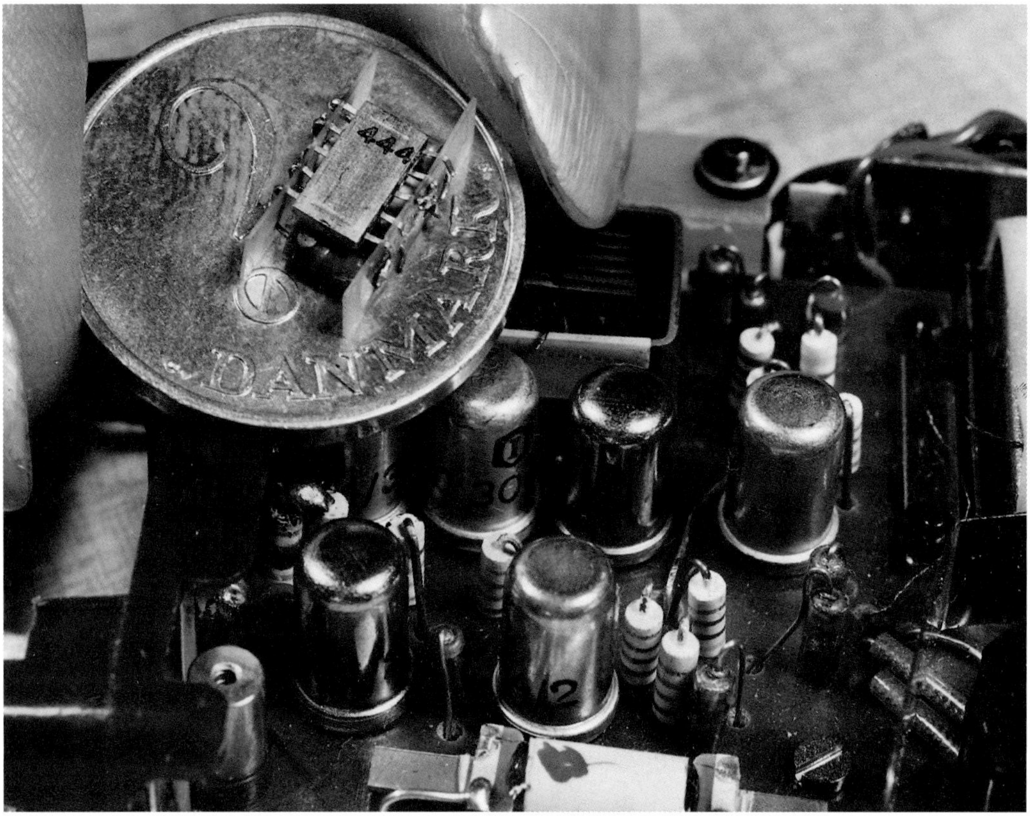

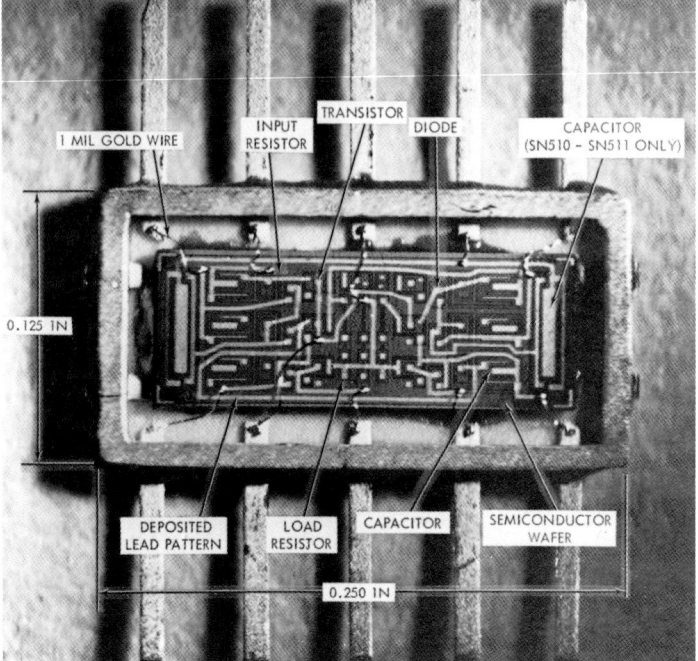

Abb. V.147. Größenvergleich zwischen einem Teil einer Platine, die mit Transistoren bestückt ist, und einem IC (auf der Münze), der dieselbe Leistung repräsentiert. Daneben sieht man den IC in geöffnetem Zustand. Man erkennt deutlich, dass die Transistoren, Widerstände und Kondensatoren keine separaten Bauteile im herkömmlichen Sinn mehr sind, sondern Bestandteile des Trägermaterials

film-Plättchen in mehreren Etagen übereinander geschichtet, die dann zum Schutz vor Korrosion und anderen Beschädigungen mit Epoxidharz zu einem Block vergossen wurden (*Mikromodule*). Im Reparaturfalle brauchte man nur noch die kompletten Module auszutauschen. Auch in der Produktion waren die Module vorteilhaft, weil sie die Differenzierung in eine mehr oder weniger breite Produktpalette vereinfachten.

1947, sieben Jahre nachdem die Dickfilm-Technik im Prinzip erfunden war, kam die *Dünnfilm-Technik* hinzu, die ebenfalls zunächst für militärische Zwecke Anwendung fand. Hier wurden die Leiterbahnen nicht mehr aufgedruckt, sondern aufgedampft, was noch feinere Strukturen zuließ. Die Dünnfilm-Technik und die Planartechnik bei der Halbleiterherstellung (siehe das Kapitel über die Transistoren ab Seite 204) wurden 1959 von *Jack S. Kilby* zu den »*Integrierten Schaltkreisen*« (IC) weiterentwickelt, die alle Komponenten einer Schaltung *in einem einzigen* Halbleiterkörper (*IC-Chip*) vereinigten und dabei die herkömmlichen solitären Transistoren, Dioden und Widerstände, und in Grenzen auch die Kondensatoren, funktionell ersetzen konnten. Das Prinzip war so platzsparend, dass die Leistungsfähigkeit der elektronischen Geräte in wenigen Jahren exponentiell gesteigert werden konnte. Ein großer Vorteil waren auch die geringen Kosten. Während ein einzelner Transistor 1960 noch 10 Dollar kostete, schlug ein funktionell gleichwertiges Halbleiterelement auf dem Chip nur noch mit einem Pfennig zu Buche. Dadurch waren technologisch völlig neue Welten eröffnet worden.

Die Integrierten Schaltkreise ließen sich gut mit der *Mehrschicht-Dickfilm-Technologie* verbinden. Sie wurden auf dem Keramik-Substrat des Dickfilms aufgebracht und ihre feinen goldenen Anschlussdrähtchen mit den vorgesehenen Kontaktstellen auf der Schaltung per *Ultraschall-Bonding* verbunden, also nicht mehr gelötet *(»Chip-and-Wire«-Technik)*. Größere Kondensatoren und Widerstände, die sich nicht integrieren ließen, kamen mittlerweile auch als »*Chips*« auf den Markt. Sie hatten keine »Beinchen« (Anschlussdrähte) mehr und konnten ab 1979 direkt und maschinell auf die Platine gelötet werden *(»SMD = Surface*

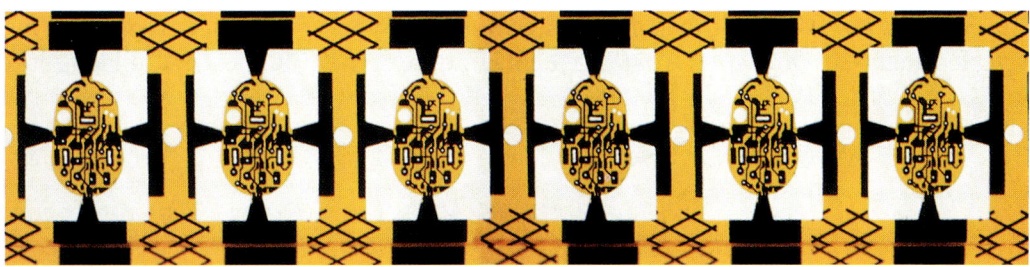

Abb. V.148. Ein Streifen mit sechs Dünnfilm-Platinen für das Modul-Im-Ohr-Gerät «Insertina»

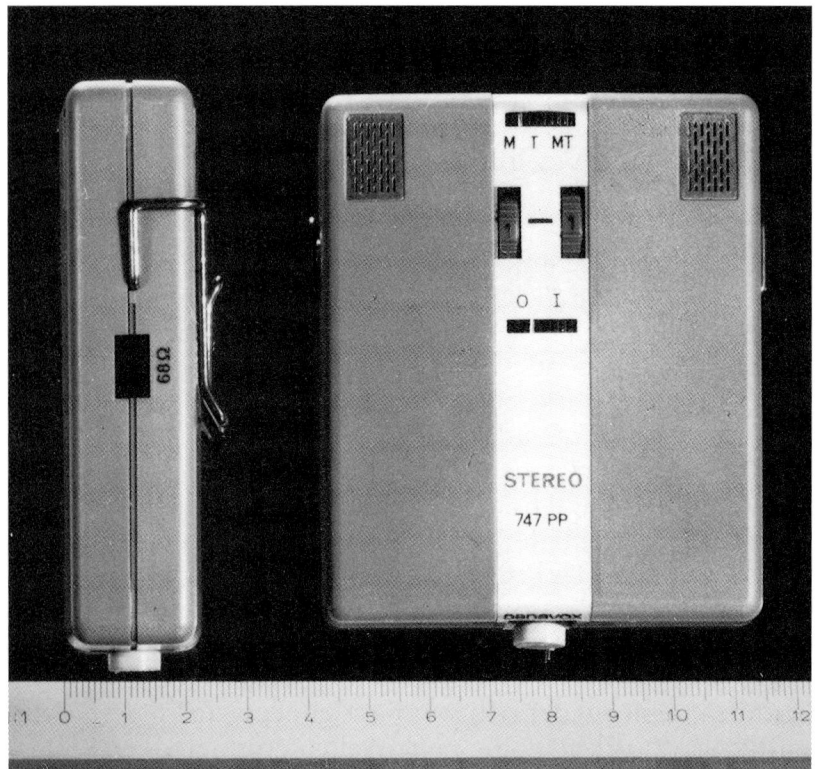

Abb. V.149. Das »747 PP« von Danavox war das einzige Vollstereo-Hörgerät, das je hergestellt worden ist. Es war ein Taschengerät mit zwei Mikrophonen, zwei Verstärkern und zwei Hörern

Mounted Device-Technik«). Weil sie quaderförmig waren, konnten sie platzsparend platziert werden. Durch die automatische Bestückung *(»Pick-and-Place«),* die von Computern nach den gespeicherten Layouts gesteuert wurde *(CAD/ CAM-Verfahren),* konnte eine sehr hohe Präzision erreicht werden. *(Anm.: CAD = Computer Aided Design, CAM = Computerized Automatic Manufacturing).*

Verstärker, die gleichzeitig mit integrierten und diskreten elektronischen Elementen bestückt waren, wurden *Hybrid-Verstärker* genannt. Die anderen Komponenten des Hörgerätes wie Potentiometer, Batteriekontakte, Telefonspulen und Wandler wurden nach wie vor montiert. Durch die Technik der Integrierten Schaltkreise konnte die Zahl der Lötstellen um 50 % reduziert werden. Das sparte Platz, Gewicht und Ausfälle. Das erste mit einem IC bestückte Hörgerät

Abb. V.150. Das »XP« von Philips war das erste wirklich peritympanale Hörgerät. Es saß so tief im Gehörgang, dass es nur mit einem speziellen Fadengriff wieder herausgenommen werden konnte

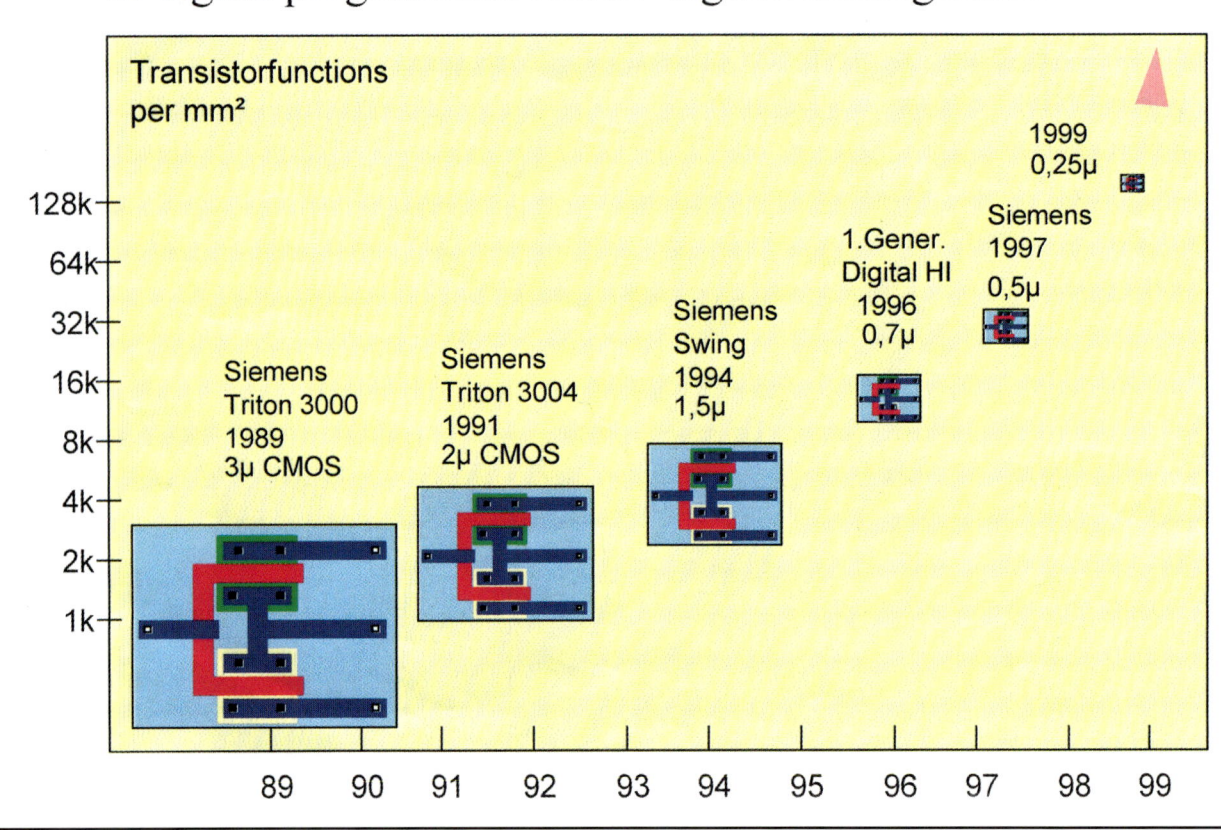

Einsatz der CMOS Halbleitertechnologie
in digital programmierbaren / digitalen Hörgeräten

Transistorfunctions per mm²

Abb. V.151. Die Integrierten Schaltkreise wurden ständig kleiner und leistungsfähiger. Ein Chip bewältigt heute mehrere hunderttausend Transistorfunktionen. (CMOS = Complementary Metal Oxide Semiconductor)

war das »Arcadia« von Zenith, das 1964 vorgestellt wurde. Es enthielt nur drei Transistoren und drei Widerstände und wurde wegen seiner geringen Größe auch als »*Mikrolith*« bezeichnet. Der erste in einem Hörgerät verwendete monolithische IC (1981 das Danavox V 115 AGC-O) enthielt bereits 90 Bauteile und war nur noch halb so groß. Das Danavox «Danalogic« von 1997 vereinigt in einem Mikro-Chip bereits 570 000 Transistorfunktionen.

Zunächst war die Hörgeräte-Industrie noch auf den Kauf weitgehend fertig »konfektionierter« Chips mit definierten Eigenschaften, sogenannten »*Semi-Custom-Integrated-Circuits*«, angewiesen, die erst herstellerspezifisch aufgearbeitet und bestückt werden mussten, um die gewünschten Verstärkereigenschaften zu erreichen (*Hybrid-IC*). Ziel war aber, Chips zu haben, die den Anforderungen von speziellen Hörgeräten genügten und möglichst komplett in einem Fertigungsgang hergestellt und versiegelt werden konnten (*monolithisch Integrierte Schaltkreise*). Wegen der kleinen Stückzahlen, die in der Hörgeräte-Industrie nur gefertigt werden können, sind die monolithischen »*Custom-Integrated-Circuits*« sehr teuer und ein Grund dafür, warum Hörgeräte mit anderen Massenprodukten der elektrotechnischen Industrie nicht vergleichbar sind.

Die einzelnen Industriefirmen entwickelten jeweils ihr eigenes Fertigungs-Know-How. Einige setzten auf die *Dickfilm-Technik*, weil das Substrat beidseitig bedruckt und außerdem genau der Gehäuseform des Hörgerätes angepasst werden konnte. Dazu kam die Möglichkeit, das Substrat als stabile Montageplatte für *diskrete Bauteile* zu nutzen (*Superintegrationstechnik*). Die Dünnfilm-Technik wurde von anderen Herstellern vorgezogen, weil darauf einige Bauteile ohne Gehäuse und somit noch platzsparender integriert werden können. Bis zu 80 % aller Komponenten, die für einen kompletten Hörgeräte-Verstärker benötigt werden, können so auf einem einzigen Film untergebracht werden. Das Löten wurde bei allen diesen Verfahren weitgehend durch Kleben und Bonden ersetzt.

Abb. V.152. Zwei moderne integrierte Schaltkreise übereinander geschichtet (1992)

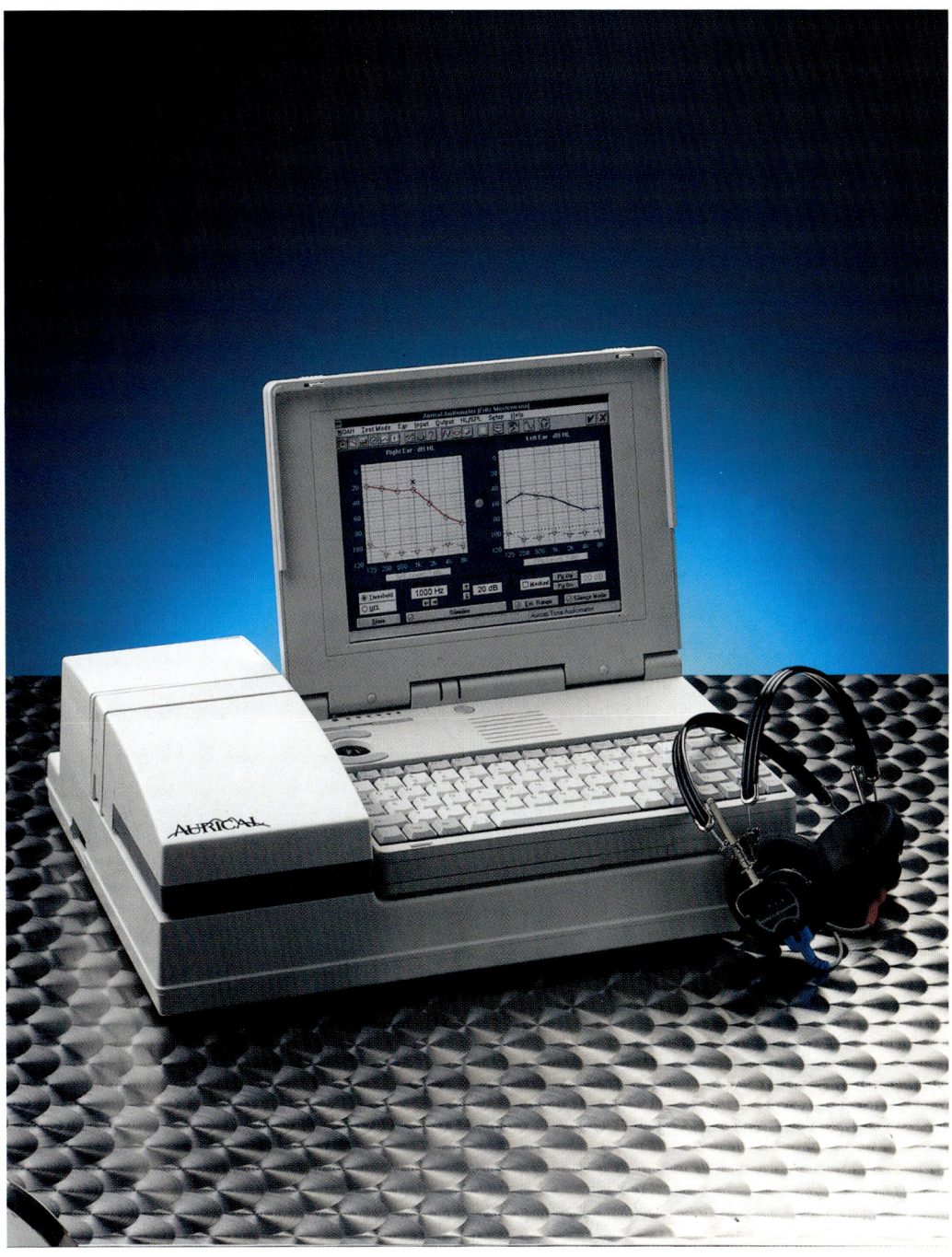

Abb. V.153. Programmierbarkeit hieß zunächst einmal, die Parameter von Hand einzustellen. Das Selectra PP- 6 von 1983 war mit sechs Stellern der »Mercedes« der frühen 80er Jahre. Auf dem Bild sieht man den kompletten Hybrid-Verstärker-Block mit den farbigen Trimmern (Bild links)

Abb. V.154. Das vollintegrierte computergestützte Audiometrie-, Anpass- und Mess-system »Aurical« von 1995 (Bild oben)

Abb. V.155. Ultraschall-Fernbedienung »Digitel« von 1988. In der geöffneten Klappe sieht man drei Batterien des Typs 675 (Rexton)

Abb. V.156. Die FM-Fernbedienung »Quattro« (1988) konnte vier Hörprogramme speichern und die Hörgeräte per Funk entsprechend steuern. Sie war in den späten 80er Jahren ein Verkaufsknüller (Widex)

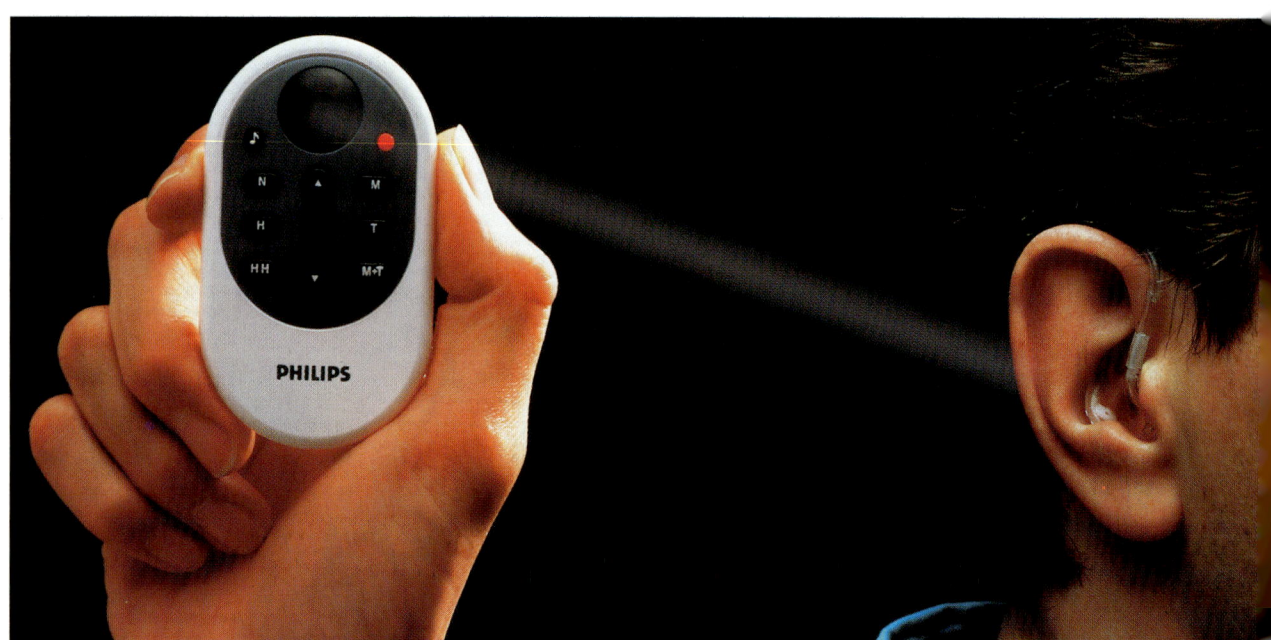

Abb. V.157. Die Infrarot-Fernbedienung von Philips nannte sich »Faro« (1990) und nutzte vorhandene Technologien aus der Unterhaltungselektronik

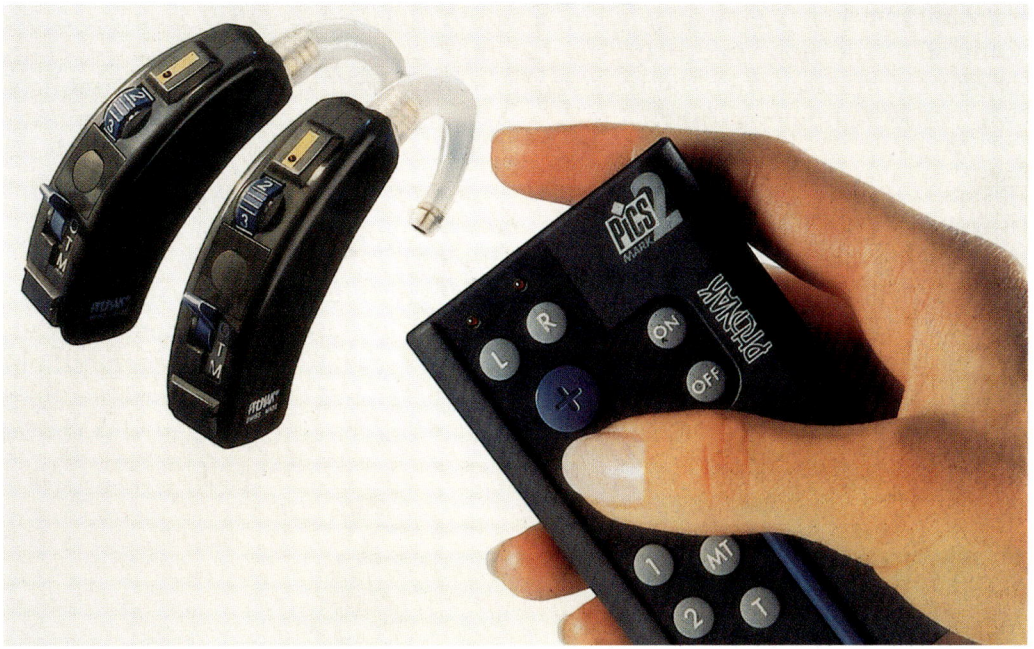

Abb. V.158. Die induktive Stereo-Fernbedienung »Pics« (1992) speicherte die Einstelldaten erstmals nicht im Fernbedienteil, sondern direkt in den Hörgeräten. Dadurch waren die Hörgeräte auch ohne Fernbedienung nutzbar. Die programmierte anwenderindividuelle »Stereo-Balance« wurde in jedem Falle gewahrt. Mit zwei Geräten plus Fernbedienung war auch eine akustische Zoom-Funktion möglich (»Audio Zoom«) (Phonak)

Abb. V.159. Fernbedienung für ein Im-Ohr-Gerät mit zwei Mikrophonen für ein besonders gutes Richtungshören (Phonak)

Spezialitäten jener Zeit waren auch die »*Butterfly-Technik*« (1979, Siemens Auriculina 270), die eine Leiterplatte aus Gründen der Platzersparnis in zwei Hälften teilte und zusammenklappte, was im Reparaturfalle eine gute Zugänglichkeit zu den Bauteilen ermöglichte. Man nannte das auch »*Sandwich-Technik*«.

Infolge immer kleinerer Schallwandler und Batterien, aber vor allem nach Einführung der ICs und deren ständiger Verbesserung setzte in der Hörgeräte-Industrie ein wahres Feuerwerk an Innovationen ein. So wie das 19. Jahrhundert die »Goldene Zeit« der mechano-akustischen Hörhilfen war, so war die zweite Hälfte des 20. Jahrhunderts die goldene Zeit der elektro-akustischen. Die Vielfalt der Bauformen, die damals mit handwerklichen und mechanischen Mitteln erreicht wurde, wandelte sich jetzt zu einer Vielfalt auf der elektronischen Ebene. Die Bauformen wurden dabei allerdings deutlich reduziert, weil die Minia-

Abb. V.160. Die moderne IC-Technik gestattet nicht nur die Herstellung von Hörgeräten für Schwerhörige. Auch ganz andere Anwendungen sind möglich, wie hier für eine Infrarot-Hörhilfe zum besseren Empfang des Fernsehtons (Sennheiser)

turisierung ein neues Ziel definiert hatte: die Unsichtbarkeit. Es gab bald nur noch *Taschen-* und *Kopfgeräte* (Brillen, Spangen, Hinter-Ohr- und Im-Ohr-Geräte) und wenige Jahre später nur noch Hinter-Ohr- und Im-Ohr-Geräte. Natürlich waren alle diese Geräte noch nicht wirklich »unsichtbar«. Dieses Ziel wurde frühestens 1978 mit den ersten italienischen Gehörgangsgeräten der Firma Colsegi annähernd erreicht. Aber verglichen mit den Tisch-, Koffer- und Körpergeräten aus den Zeiten der Telefonie- und Röhrenverstärker-Ära hatte man doch erhebliche Fortschritte in dieser Richtung gemacht. Erst 1993 gelang die fast völlige Unsichtbarkeit mit dem peritympanalen Gehörgangsgerät »XP« von Philips, das sehr tief in den Gehörgang eingesetzt und nur mit einem speziellen Fadengriff aus Nylon wieder herausgenommen werden konnte (Seite 431).

Weit beeindruckender als die kosmetischen Verbesserungen der Hörgeräte waren aber jene, die sich auf ihr »Innenleben«, ihre Qualitätskontrolle und die Differenzierung ihrer Bauarten seit der Einführung von Transistoren, gedruckten Schaltungen, Hybriden und Integrierten Schaltkreisen bezogen. Wichtige Stationen auf diesem Weg waren

1952 *Transistor-Taschengerät* (Sonotone 1010, Hybrid)
1954 *Messungen am Ohrsimulator (2 ccm) nach Lybarger*
1954 *Transistor-Hörbrille* (Otarion »Listener«)
1955 *Hinter-Ohr-Gerät mit externem Hörer* (Audiotone »Unseen Ear« u. a.)
1955 *Auf-dem-Ohr-Gerät* (Dahlberg »Miracle Ear«)
1956 *Automatic Gain Control (AGC)* (Audium T-11-A)*
1957 *Im-Ohr-Gerät* (Danavox «Aurette»)
1957 *Cochlea-Implantat (CI)*
1959 *Hinter-Ohr-Gerät mit eingebautem Hörer* (Siemens «Auriculette 326»)
1961 *frontale Schallaufnahme* (Siemens «Auriculina 341»)
1962 *Push-Pull-Gerät* mit Gegentakt-Endstufe (Oticon 360 PP)
1964 *Integrierter Schaltkreis* (Zenith »Arcadia«)
1966 *Elektret-Mikrophon* (Willco »Monarch«)
1969 *Elektret-Richtmikrophon-Hörgerät* (Willco »Discriminator«)
1969 *Compression (Doppeldioden-PC)* (Mini-Master Compression)
1970 *Messungen mit dem Ohrsimulator nach Zwislocki*
1974 *KEMAR* (Knowles Electronics)
1974 *Stereo-Kompakt-Gerät* (Danavox 747 PP)
1975 *Messungen mit dem Ohrsimulator nach Keller* (Konischer Kuppler)
1976 *Elektronisches Etymotik-Filter* (Widex A-8),
1976 *Audio-Eingang* (Danavox 775 PP)
1976 *PP-AGCi-Gerät* (Siemens 24 PP-AGC-I)
1979 *umschaltbares (direktional-omnidirektional) Mikrofon* (Oticon E 24 V)

(Anm.: Eine AGC-Schaltung wurde erstmals 1936 in einem Hörgerät realisiert, und zwar in einem Tischgerät von Multitone)

1979 *Hirnstamm-Implantat (ABI)* (3M)
1981 *Semi-Custom-ICs* (Danavox V 115 AGC-O)
1983 *Manuell programmierbares Hörgerät* (Rexton »Selectra PP-6«)
1983 *Mittelohr-Implantat* (klinische Studie in Japan)
1984 *In-situ-Messanlage* (Rastronics CCI-10)
1984 *Transkutan knochenverankertes Hörgerät* (Xomed »Audiant«)
1985 *Im-Ohr-Gerät mit automatischer ASP* (Siemens »Insita ASP«)
1986 *Ultraschall-Fernbedienung* (Siemens »Telos«)
1986 *Kosmetik-Im-Ohr-Gerät* (Sonar «Life«)
1987 *Digitalprogrammierbares Hörgerät* (»Audiotone 2000«)
1987 *Volldigitales Taschenhörgerät* (Nicolet »Phoenix«)
1987 *Computergestütztes Anpass- und Audiometrie-System* (Nicolet »Aurora«)
1987 *2-Kanal-Gerät mit Störschallunterdrückung* (Siemens »Auriculina PP«)

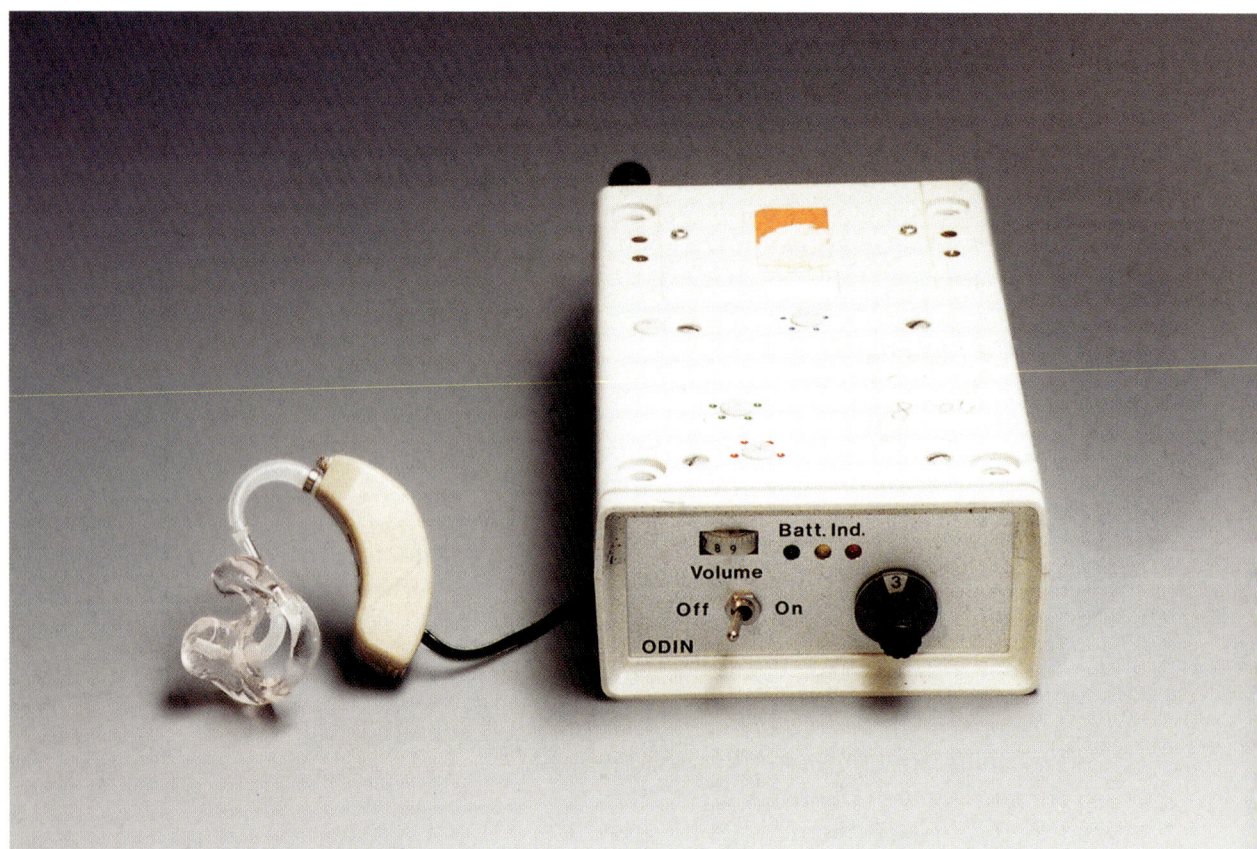

Abb. V.161. Das »Odin« war eine digitale Versuchsanordnung zur Entwicklung einer gemeinsamen Digitaltechnik der drei dänischen Hersteller Oticon, Danavox und Widex. 1991 wurde das Projekt aufgegeben und jeder Hersteller entwickelte sein eigenes System

1988 *Perkutan knochenverankertes Hörgerät (BAHA)* (Nobelpharma »HC 200«)

1988 *FM-Fernbedienung* (»Quattro Select«)

1988 *Digital programmierbares Hörgerät* (Widex »Quattro« u.a.)

1988 *Digitale Programmiereinheit* (Bernafon/Maico »Phox«)

1989 *Herstellerunabhängige digitale Programmmiereinheit (PMC)*

1990 *Infrarot-Fernbedienung* (Philips »Faro«)

1991 *Vollautomatisches nichtlineares 2-Kanal-Hörgerät* (Oticon »MultiFocus«)

1991 *3-Kanal-Gerät* (Siemens »Triton 3000«)

1992 *Stereo-Fernbedienung* (Phonak »Pics«)

1991 *K-Amp-Verstärker* (Rexton/Sonar)

1993 *Duales Compressions-System (DCS)* (Sonar)

1993 *Digitale Rückkopplungsunterdrückung (DFS)* (Danavox »Genius«)

1993 *Multi-Mikrofon-Technologie* (Phonak »Piconet«)

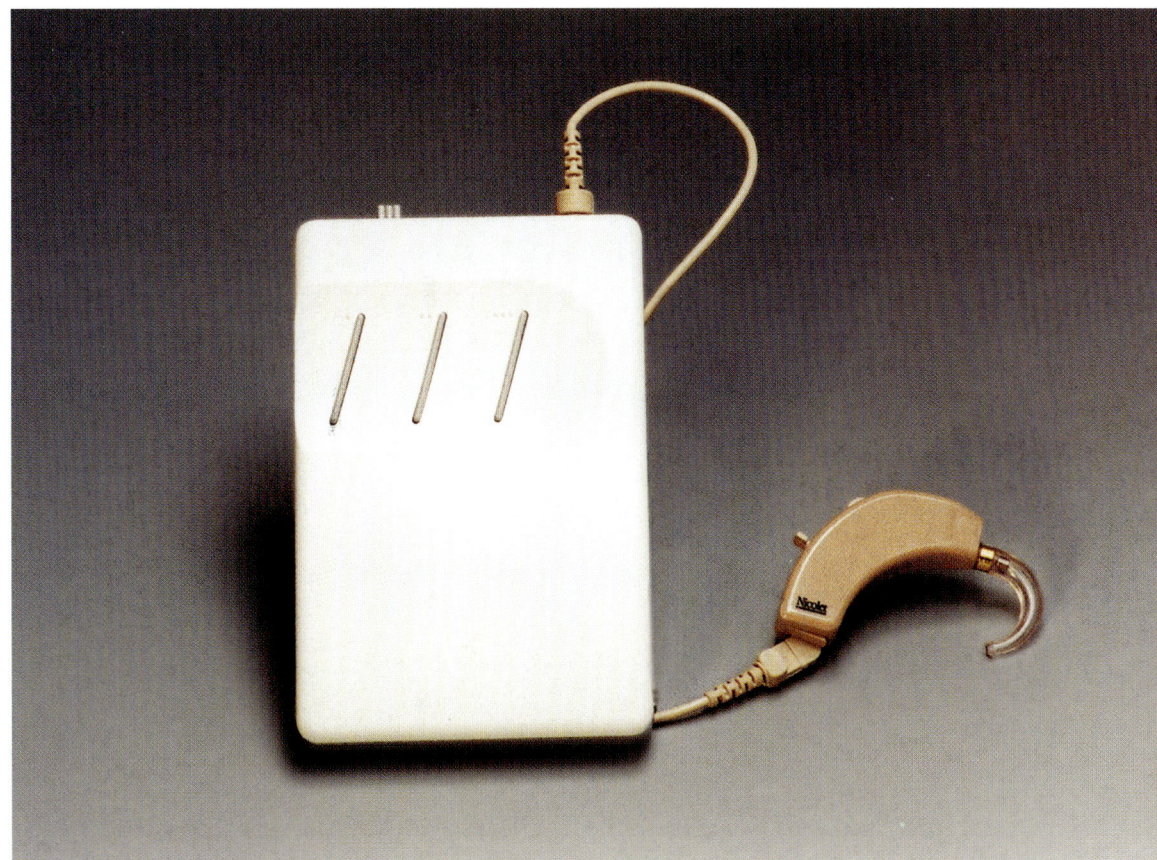

Abb. V.162. Das »Phoenix« von Nicolet (1987) war das erste volldigitale Hörgerät. Es benötigte noch eine relativ große und separate Verstärker-Einheit, die noch nicht in das Hinter-dem-Ohr-Gerät integriert werden konnte

Abb. V.163. Das zwei- bzw. sieben-kanalige Hinter-Ohr-Gerät »DigiFocus« von Oticon (1996) kam nur wenige Wochen nach dem drei-kanaligen »Senso« von Widex auf den Markt. Beide Geräte gaben den Schwerhörigen beeindruckende neue Hörerlebnisse und dem Hörgeräte-Markt einen kräftigen Auftrieb

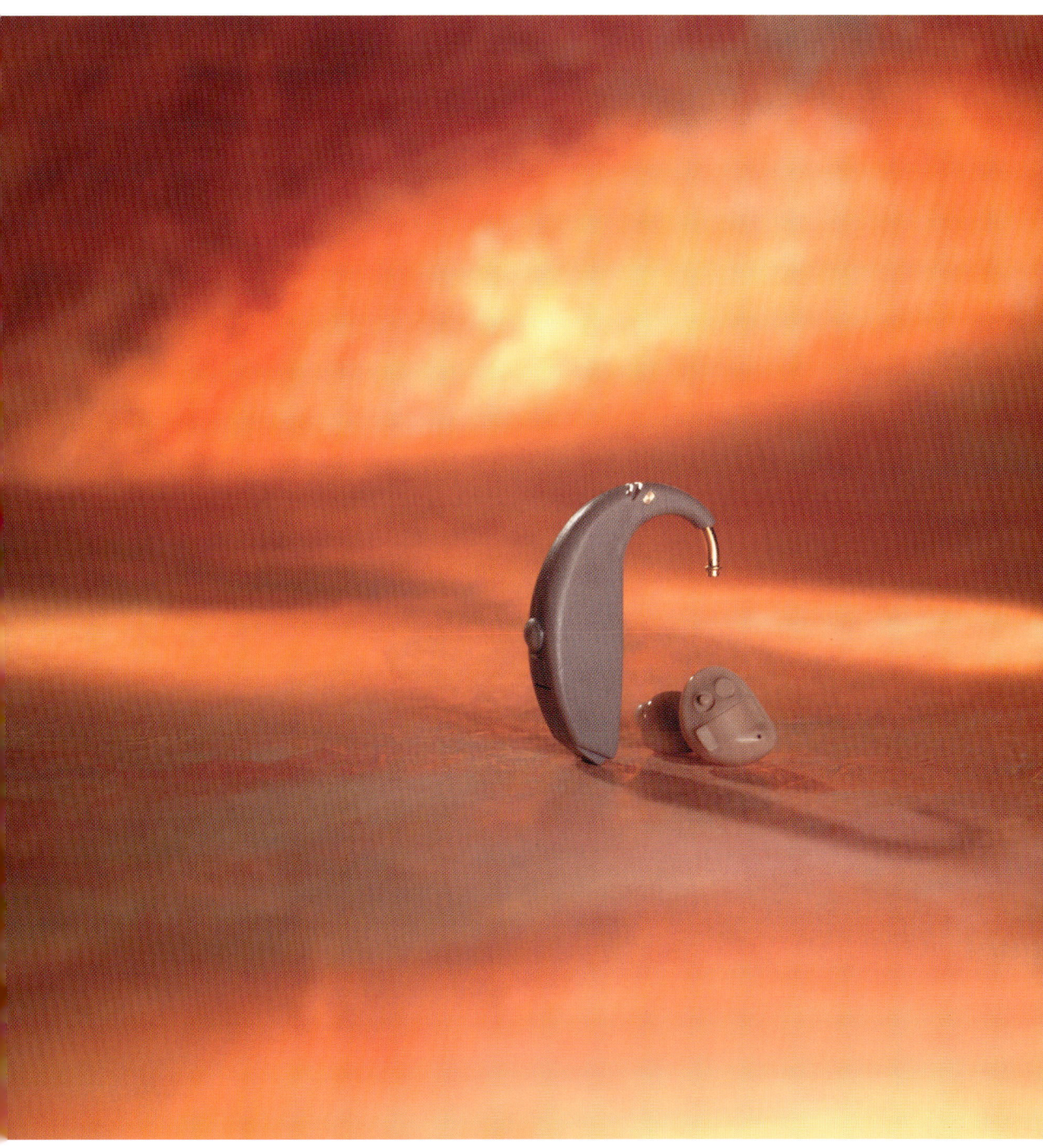

Abb. V.164. Der digitale Chip AL-313 des »Danalogic« (1998) beinhaltet 570 000 Transistoren und bewältigt 313 Millionen Befehle pro Sekunde. Ein Chip dieser Leistungsklasse ist mit einem Hörgeräte-Verstärker aus der Zeit der Röhren und Transistoren nicht mehr zu vergleichen. Er ist Verstärker, Rechner, Fest- und Arbeitsspeicher gleichzeitig, vergleichbar einem Personal Computer

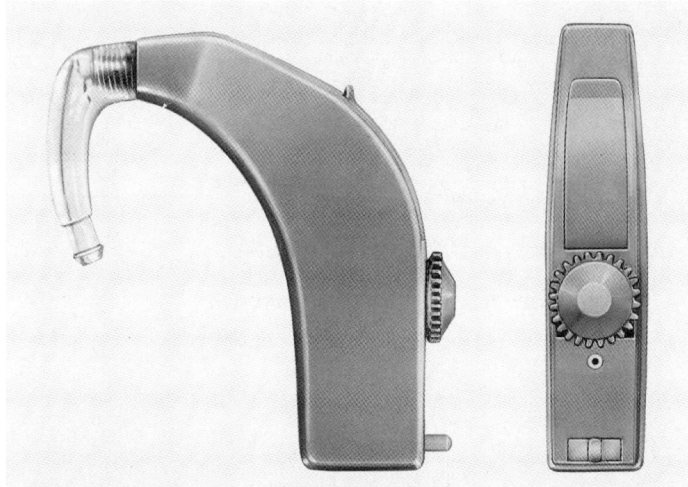

Abb. V.165. Die ersten Hinter-dem-Ohr-Geräte waren noch sehr klobig und wurden grundsätzlich in der »Prothesenfarbe« beige ausgeliefert. Die beiden Bilder zeigen Geräte aus den späten 50er Jahren, bei denen der Hörer bereits im Gehäuse integriert worden ist und der Schall über ein Winkelstück, einen Schallschlauch und eine Olive oder Otoplastik in den Gehörgang geleitet wurde.

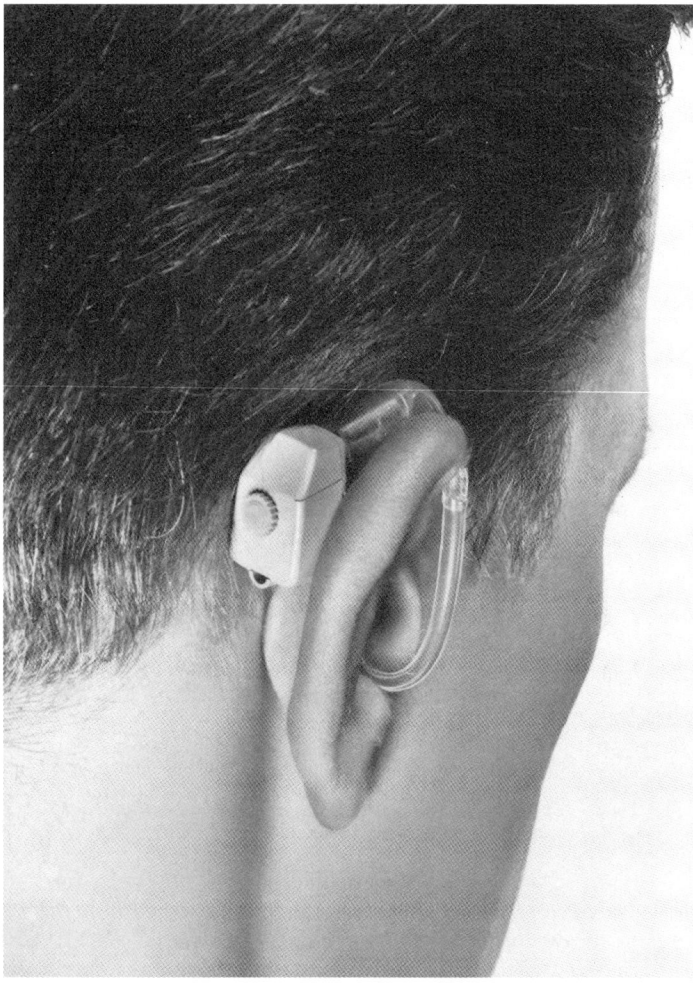

Die ersten Hinter-dem-Ohr-Geräte (ab 1955) hatten den Hörer noch außerhalb des Gehäuses (Bild unten)

1993 *Standardisierte Programmierung von Hörgeräten* (Himsa »Noah«)
1993 *Completely-in-the-Canal-Gerät (CIC)* (Philips XP)
1993 *Lautheitsskalierung* (Westra »Würzburger Hörfeld«)
1995 *Volldigitales 3-Kanal-Hinter-Ohr-Gerät* (Widex »Senso«)
1996 *Volldigitales Im-Ohr-Gerät* (Widex »Senso«)
1995 *PC-gestütztes Audiometrie-, Anpass- und Messsystem* (Madsen «Aurical«)
1998 *14-Kanal-Digitalgerät* (Danavox »Danalogic«)
1999 *Mittelohr-Implantat (MEI)* (Implex TICA)

Vor allem die *Digitaltechnik* hat die Welt der apparativen Rehabilitation von Hörstörungen revolutioniert. Ausgehend von den ersten Mikroprozessoren (1971) und Speicher-Chips (1973) mit zunächst »nur« 10 0000 Transistoren und wenige Jahre später mit schon 100 000 Transistoren (1979) war es Ende der 70er Jahre im Prinzip möglich geworden, analoge Signale zu digitalisieren. 1979 beschlossen die drei dänischen Hersteller Oticon, Danavox und Widex, mit dem Projekt »Odin« gemeinsam eine digitale Verstärkertechnik zu entwickeln, 1980 erhielt

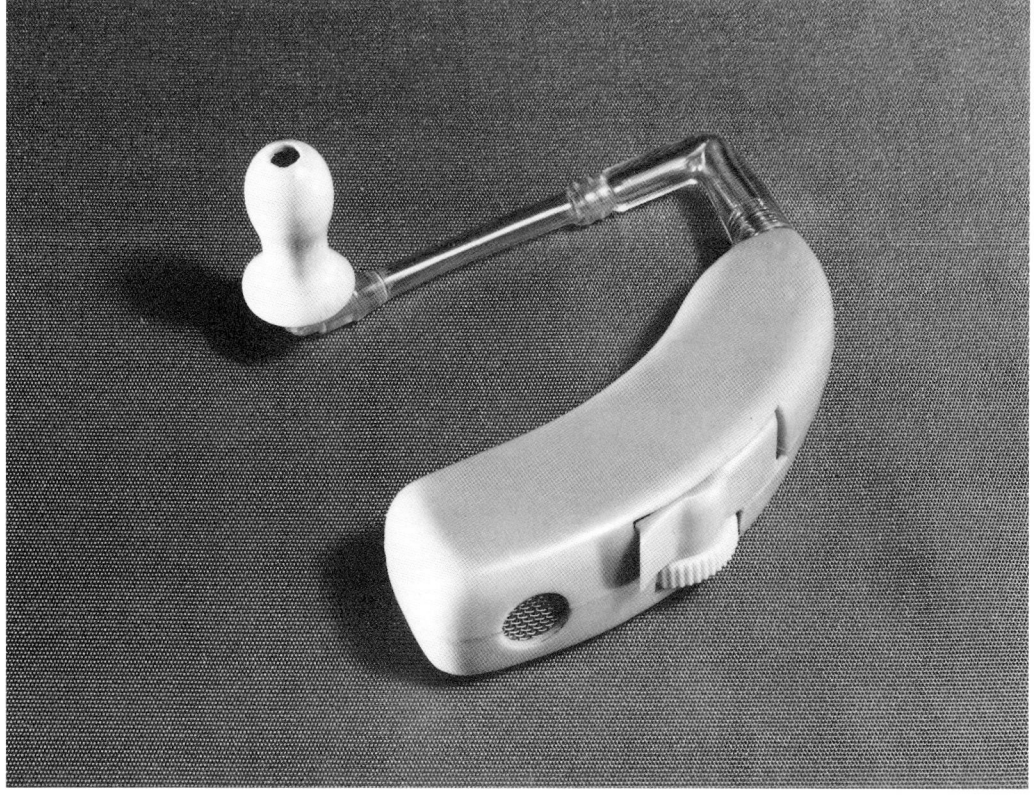

Abb.166. Die »Auriculette 326« von Siemens (1959) war das erste Hinter-Ohr-Gerät in Europa mit eingebautem Hörer. Die Schallaufnahme befand sich noch auf dem Rücken

Abb. V.167. Das »Danasound« war das erste Hörgerät, das von den Mitgliedern verschiedener Design-Preis-Jurys überhaupt zur Kenntnis genommen wurde. Es erhielt Auszeichungen in Japan, USA, Holland, Deutschland...

Ludwig Moser aus Würzburg das US-Patent für das digitale Hörgerät, 1982 baute *Harry Levitt* ein (noch ziemlich voluminöses) digitales Master-Hearing-Aid und 1983 entwickelte Audiotone ein »halb-digitales« Taschengerät, das aber erst 1987 als programmierbares Hinter-Ohr-Gerät »Audiotone 2000« auf den Markt kam. 1987 stellte die Firma Nicolet nach dreijähriger intensiver Forschungsarbeit in Zusammenarbeit mit der University of Wisconsin das erste volldigitale Hörgerät der Welt vor, das »Phoenix«. Das Gerät war aber viel zu groß und wurde kein Erfolg.

Ab 1987 wird die Digitaltechnik von verschiedenen Herstellern für unterschiedliche Programmiertechniken eingesetzt. Die Vorteile lagen in dem großen Anpassbereich, der Präzision und guten Reproduzierbarkeit der Einstellwerte, der Speicherung und Abrufbarkeit von patientenindividuellen Hörprogrammen, dem schnellen Vergleich zwischen verschiedenen Einstellungen und dem Einsatz der Mehrkanaltechnik. Ab 1993 wurde die Digitaltechnik auch zur Unterdrückung von Rückkopplungen eingesetzt und ab 1995 zur vollständigen Digitalisierung der Signale auf der Verstärkerstufe. Im Oktober 1995 wurde das erste »volldigitale« Hinter-Ohr-Gerät »Senso« (Widex) vorgestellt, dicht gefolgt von dem »DigiFocus« von Oticon Anfang 1996. Schon wenige Wochen später kam das »Senso« als Im-Ohr-Gerät auf den Markt, das im selben Jahr dem Vernehmen nach sogar dem amerikanischen Präsidenten Bill Clinton angepasst

Abb. V.168. ...und in Frankreich überreichte der stellvertretende französische Industrieminister Christian Pierret (rechts) den Design-Preis an den Danavox-Präsidenten Jesper Mailind (links) 1997 in Paris

wurde. 1998 erfolgte der endgültige Durchbruch zur Digitaltechnik, denn gleich mehrere Hersteller stellten auf dem Internationalen Hörakustiker-Kongress in Köln volldigitale Geräte vor.

Der Unterschied zwischen einem *analogen* und einem *digitalen* Gerät war mindestens so groß wie der zwischen einer alten Vinylschallplatte und einer CD.

Die Digitaltechnik leistete aber noch viel mehr. Sie ermöglichte erstmals »intelligente« Signalverarbeitungsstrategien, die dem natürlichen Hören schon sehr nahe kamen. Die winzigen Prozessoren und Speicherchips waren so leistungsfähig geworden, dass die aufgenommenen Signale auf mehreren Kanälen entsprechend der individuellen Programmierung des Hörgerätes verarbeitet werden konnten. Es gab bald Geräte, die mit bis zu 64 Frequenzbändern und 14 Kanälen gleichzeitig arbeiteten. Das bedeutete, dass ein derartiges Hörgerät in der Lage war, natürliche Schallereignisse in breitbandiger High-Fidelity-Qualität bei gleichzeitig größter Dynamikbreite zu übertragen, Rückkopplungen durch rechtzeitiges Aussenden gegenphasiger Signale schon im Ansatz zu vermeiden, Umweltgeräusche gezielt in den Frequenzbereichen zu unterdrücken, wo sie auftraten, Dynamik-Kompressionen frequenzspezifisch zu aktivieren, in Verbindung mit einer Zwei-Mikrophon-Technologie direktionales Hören digital zu steuern und Spannungsabfälle der Batterien durch akustische Signale zu melden.

Das Wort vom »Computer im Ohr« war Wirklichkeit geworden. Das galt auch insofern, als es jetzt sogar möglich wurde, den digitalen Hörgeräte-Chip wie bei einem richtigen PC zu löschen und mit völlig neuer Software zu laden (»*Open Digital Platform*«). Der Chip, der das leistete, konnte über eine halbe Million Transistorfunktionen und über 300 Millionen »operations per second« (*mops*) bewältigen. Entwickelt wurde er von *John Melanson* von der kleinen High-Tech-Schmiede *Audiologic Hearing Systems* in Colorado. Er stand nur den Firmen Danavox und Resound zur Verfügung, weil sie das Projekt finanziert hatten.

Die größeren technologischen Möglichkeiten bei der Herstellung, Ausstattung und Funktionsweise der Hörhilfen korrespondierten mit einer ständigen Verbesserung der Evaluations- und Anpassverfahren. Bis in die 60er Jahre hinein gab es auf der Händlerebene einfache *Selektive Verfahren* der Auswahl und Anpassung von Hörhilfen, zum Beispiel nach der »*Spiegel-Methode*« (Watson/ Knudsen), der »*Half-Gain Rule*« (Lybarger) oder – noch einfacher – durch das Prinzip von Versuch und Irrtum, deren Umfang und Durchführung aber sehr von der Lagerhaltung und Verfügbarkeit verschiedener Fabrikate und Modelle abhängig waren. Mit der Professionalisierung der Hörakustiker kamen ergänzend *komparative Verfahren (Carhart)* hinzu, wobei es nicht nur auf den Vergleich von mindestens drei Geräten und die subjektiven Aussagen des Patienten ankam, sondern auch auf den Vergleich der Audiogramme in versorgtem und unversorgtem Zustand und den *Diskriminationsgewinn* im Sprachaudiogramm. In den 60er bis 70er Jahren kamen die *präskriptiven Verfahren* (POGO, NAL, Berger, Keller) hinzu, die erstmals den Interpretationsbedarf der tonaudiometrischen Messdaten im Hinblick auf die Vorauswahl und die Einstelldaten der Hörhilfen gewissen Regeln unterwarf, die Ergebnis teils theoretischer Überlegungen, teils empirischer Untersuchungen waren. Die Anpassung war nicht mehr länger allein eine Angelegenheit der persönlichen Erfahrungen des Akustikers und der subjektiven Aussagen der Patienten, sondern sie war in Grenzen berechenbar und nachprüfbar geworden.

In den 80er und besonders den 90er Jahren ermöglichten die Fortschritte der klinischen Forschung und der Elektronik die weitere Objektivierung der Anpassung, die zugleich die reale Tragesituation *(In-situ- und In-vivo-Messungen)* und das *Lautheitsempfinden* der Patienten berücksichtigte. Diese Verfahren schließen die selektiven, komparativen und präskriptiven Elemente der Anpassung nicht aus, haben ihre Bedeutung aber deutlich verringert und sie zum Teil integriert, weil es technisch möglich geworden ist, computergestützt und in direkter Zusammenarbeit mit dem Patienten eine *(psychometrische)* Lautheitsskalierung über das anzupassende Gerät vorzunehmen, es elektroakustisch maßzuschneidern und auf das individuelle Lautheitsempfindung des Patienten entsprechend zu programmieren *(Scal-Adapt-Verfahren).*

Die historischen Schritte auf diesem Wege waren:

1940 *Selektive »Spiegel-Methode« nach Watson und Knudsen*
1944 *Selektive »Half-Gain-Rule« nach Lybarger*
1946 *Komparative Methode nach Carhart*
1973 *Präskriptive »Isophonen-Differenzmaß-Methode« nach Keller*
1976 *Präskriptive »Frequenz-Korrektur-Methode« nach Berger*
1982 *Theorie des »Most Comfortabel Level (MCL)« nach Skinner*
1985 *Präskriptive »Hörfeld-Messung« nach Heller*
1983 *Präskriptive »POGO-Methode« nach Lyregaard und McCandless*
1986 *Präskriptive »NAL-Methode« nach Byren und Dillon*
1995 *Adaptive »Scal-Adapt«-Methode nach Kießling*

Auf der klinisch-diagnostischen Seite sind in dieser Zeit ebenfalls große Fortschritte erreicht worden, die die Anpassung von Hörhilfen zum Teil zwar nur marginal betreffen, hier aber wegen ihrer historischen Bedeutung im Gesamtzusammenhang der Ohrenheilkunde kurz datiert und aufgelistet werden sollen. An der Aufstellung ist zu sehen, dass die *subjektiven* audiometrischen Methoden, die allein auf den Aussagen der Patienten beruhten, im Laufe der Zeit durch *objektive* Verfahren (Reiz-Reaktionsmessungen) und *psychometrische* Messungen (Lautheitsskalierung) ergänzt worden sind.

1937 *Recruitment-Test nach Fowler*
1939 *Elektrische Reaktionsaudiometrie nach Davis*
1946 *Mittelohr-Impedanzmessung nach Metz*
1947 *Automatische Audiometrie nach Békésy*
1948 *Intensitätsunterschieds-Test nach Lüscher und Zwislocki*
1949 *Geräuschaudiometrie nach Langenbeck*
1957 *Schwellenschwundtest nach Carhart*
1957 *Freiburger Sprachtest nach Hahlbrock*
1957 *Sondenmikrophon-Messungen nach Ewertsen*
1958 *Readaptionstest (Zeitauflösungsvermögen) nach Kietz*
1959 *Intensitätsunterschieds-Test (SISI) nach Jerger*
1964 *Mainzer Babybett nach Biesalski*
1967 *Marburger Satzverständnistest nach Niemeyer*
1967 *Hirnstamm-Audiometrie (BERA) nach Sohmer und Feinmesser*
1971 *Tinnitus-Diagnostik nach Feldmann*
1974 *Mainzer Kindersprachtest nach Biesalski*
1976 *Göttinger Kindersprachverständnistest nach Chilla*
1978 *Frequenzunterschieds-Test nach Zwicker und Schorn*
1978 *Messung otoakustischer Emissionen (OAE) nach Kemp*
1978 *Rauschimpuls-Audiometrie nach Leitner*
1970 *Impedanzaudiometrie (Tympanometrie) nach Jerger*
1981 *Heidelberger CVC-Audiometrie nach Billich*
1982 *Schwedischer Satztext nach Hagermann*
1987 *In-situ-Audiometrie nach Kießling*
1991 *Das »Oldenburger Inventar« nach Holube und Kollmeier*
1992 *Göttinger Satztest nach Wesselkamp*
1993 *Direkte Lautheitsskalierung mit Hörgerät (Scal Adapt) nach Kießling*
1993 *Das »Göteborg Profil« nach Ringdahl*
1995 *APHAB-Bewertungs-Verfahren nach Cox*
1995 *Das »Oldenburger Inventar« als Erfolgskontrolle n. Kinkel und Holube*
1997 *Klangbild-Skalierung nach Geers und Haubold (A-Life 9000)*
1998 *Oldenburger Satztest nach Wagener.*

Camouflage

Mit der zunehmenden Miniaturisierung der Hörgeräte entstand eine »ideologische« Polarisierunug des Hörgeräte-Marktes, die sich um die Frage drehte: Soll man ein Hörgerät sehen oder nicht? Die Hörgeschädigten-Pädagogen vertraten die Auffassung, dass es dem gegenseitigen Verständnis dient, wenn die Sichtbarkeit des Gerätes (*Konkretion*) dem normalhörenden Gesprächspartner signalisiert, dass er laut und deutlich sprechen muss. Im Gegensatz dazu hatte

Abb. V.169. Der Phantasie seitens der Otoplastik-Labors waren keine Grenzen gesetzt. Auf dem Bild sieht man eine fast harmonische Einheit von Gerät, Schallschlauch und Otoplastik, wie sie 1994 von der Firma Eggert angeboten wurde

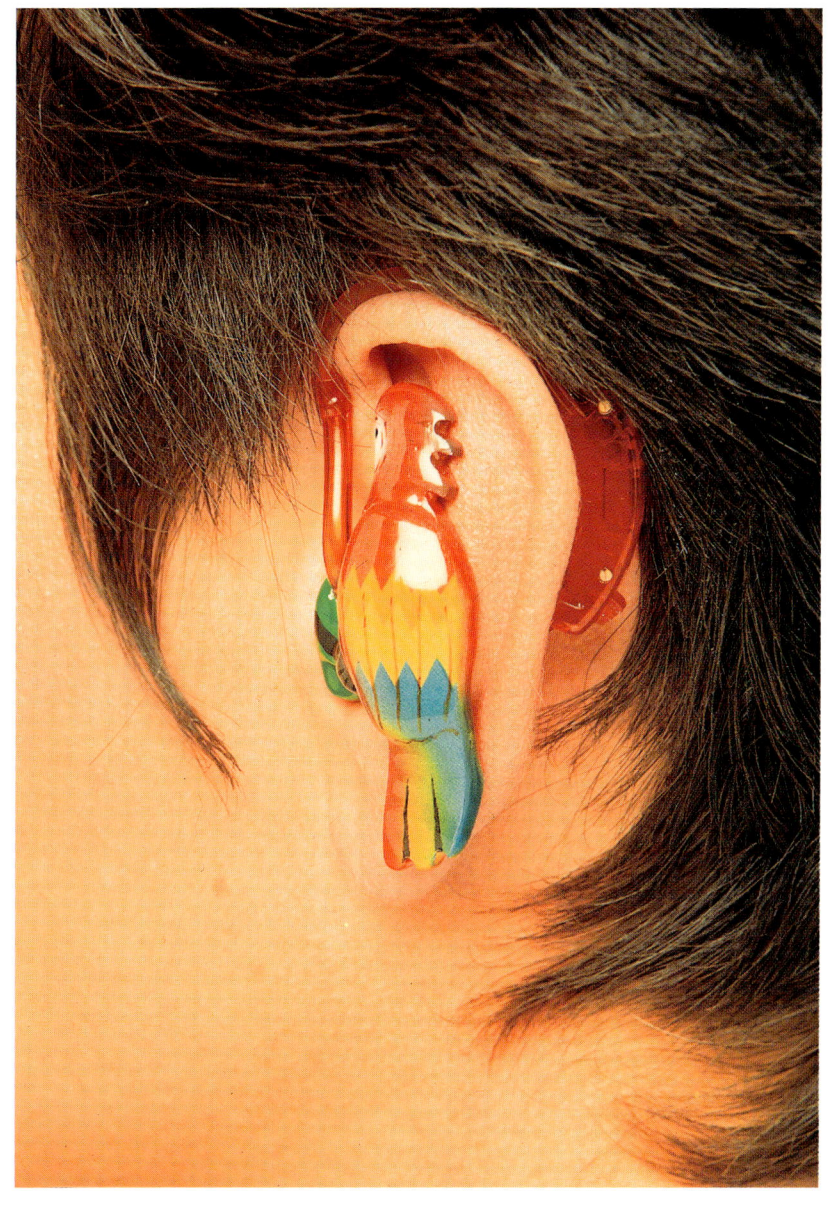

ein Großteil der Schwerhörigen das Bedürfnis, die Geräte aus Gründen der Eitelkeit und Scham zu verstecken (*Diskretion*). Bevor die fast unsichtbaren peritympanalen Gehörgangsgeräte (CIC = »Completely-in-the-Canal«) 1993 auf den Markt kamen, waren das Ziel der »Unsichtbarkeit« und die nur zu häufig abgegebenen Versprechungen der Hörgeräte-Hersteller in dieser Richtung aber nicht realistisch. Sowohl die Hinter-Ohr-Geräte, als auch die normalen Im-Ohr-Geräte waren nämlich deutlich sichtbar, ja die meisten sahen sehr prothesen-

Abb. V.170. Das Schmuck-Hörgerät »Saturn« (1988) der Firma Sonar war einer der vielen Versuche, Hörgeräte in ganz anderer Bauform anzubieten und sie als solche unkenntlich zu machen

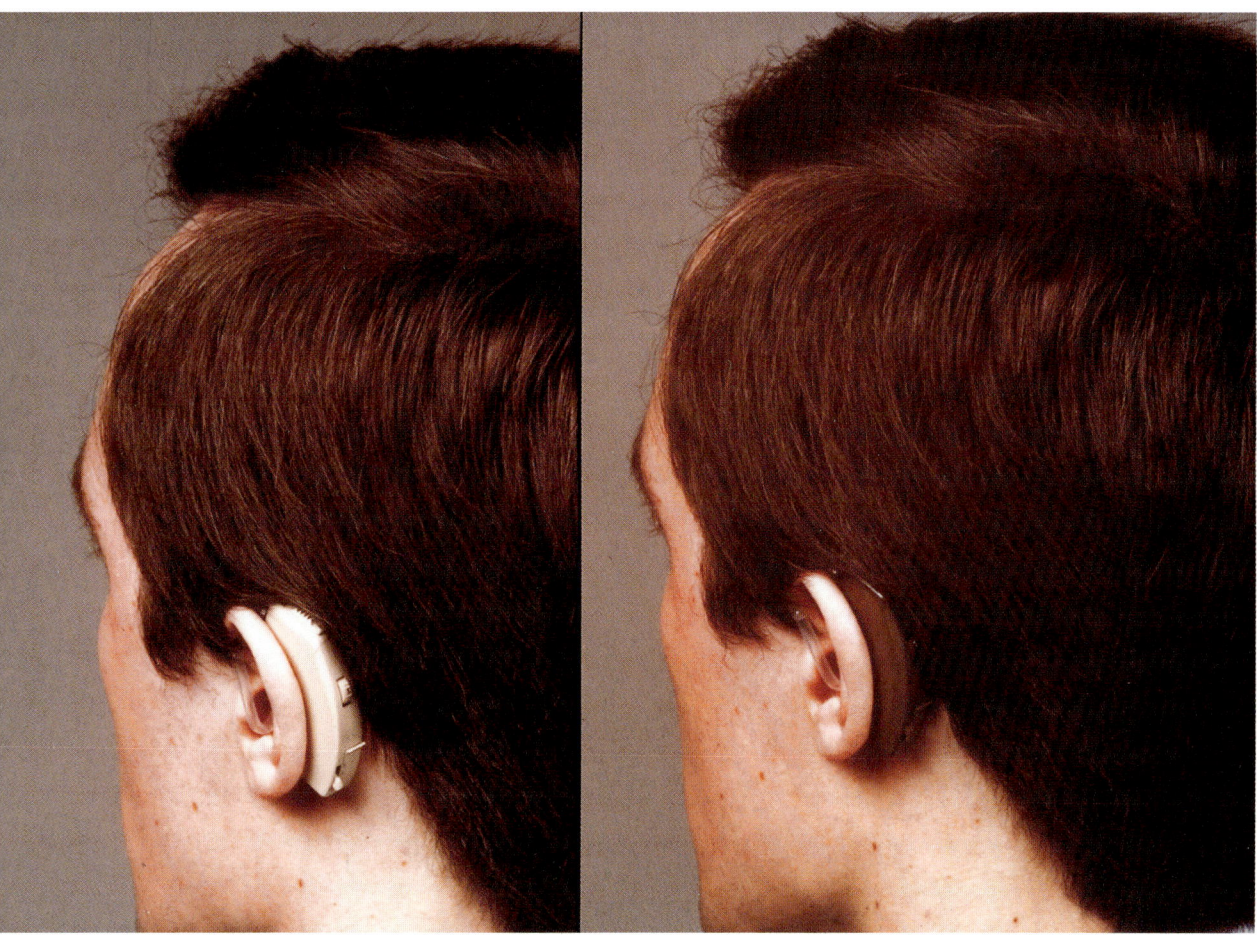

Abb. V.171. In den 70er Jahren gab es Versuche, die Geräte über ein braunes Gehäuse der Haarfarbe anzugleichen. Hier am Beispiel des E 24 V von Oticon (1979), das ein umschaltbares Mikrophon besaß (Direktional-Omnidirektional)

mäßig aus. Der Akustiker *Paul Rybarsch* aus Witten nannte sie deshalb »Hundeknochen« und trat für flottere Formen und Farben ein. Aus diesem Grunde, aber auch vor dem Hintergrund hörpädagogischer Überlegungen, gingen die Bestrebungen von einigen Industriefirmen und Akustikern dahin, die Hörgeräte attraktiver zu gestalten. Das Argument war: »Wenn schon sichtbar, dann auch richtig!« Damit war die Hoffnung verbunden, dass daraus ein neues Selbstbewusstsein der Schwerhörigen entstehen und die Akzeptanz der Hörgeräte in den Augen der Öffentlichkeit verbessert werden könnte. Einen mutigen Vorstoß in dieser Richtung unternahm 1985 die Firma Siemens, als sie ein ungewöhnlich großes und auffälliges Hinter-Ohr-Gerät mit dem futuristischen Namen »*Stratos*« herausbrachte. Das Gerät war außerdem noch sehr ergonomisch gestaltet, weil es einen besonders großen und griffigen Lautstärkesteller besaß.

Noch mutiger war das Hinter-Ohr-Modell »*Deamo*« von *Bruckhoff & Partner* 1997. Das Gerät hatte einen flexiblen Mittelteil und konnte sich so dem individuellen Ohr anschmiegen. Dass sich das Bemühen um ein besseres Design lohnen kann, zeigte sich auch 1997 am Beispiel des »Danasound« (Seite 446), das fünf internationale Preise für originelle Industrieform (Japan, Frankreich, Holland, USA, Deutschland) gewonnen hat. Das hatte es bei einem Hörgerät noch niemals zuvor gegeben.

Natürlich gab es auch weiterhin die Versuche, Hörgeräte zu »camouflieren« (vertuschen). Die »technischste Lösung« war, ein Hörgerät so klein zu bauen, dass es komplett im Gehörgang verschwand. Das erste Gerät dieser *peritympanalen* Bauart war das »XP« von Philips 1993 (Seite 431). Mit dieser Technik kam man aber auch an die Grenzen der Machbarkeit, denn das Ohrenschmalz (Cerumen) konnte nun einmal nicht abgeschafft werden und blockierte zu leicht den Schallaustritt des kleinen Gerätes. Nicht unerheblich waren auch die Bedienprobleme für ältere Menschen. Akustisch war die Lösung wegen der unmittelbaren Nähe des Hörers zum Trommelfell allerdings ideal.

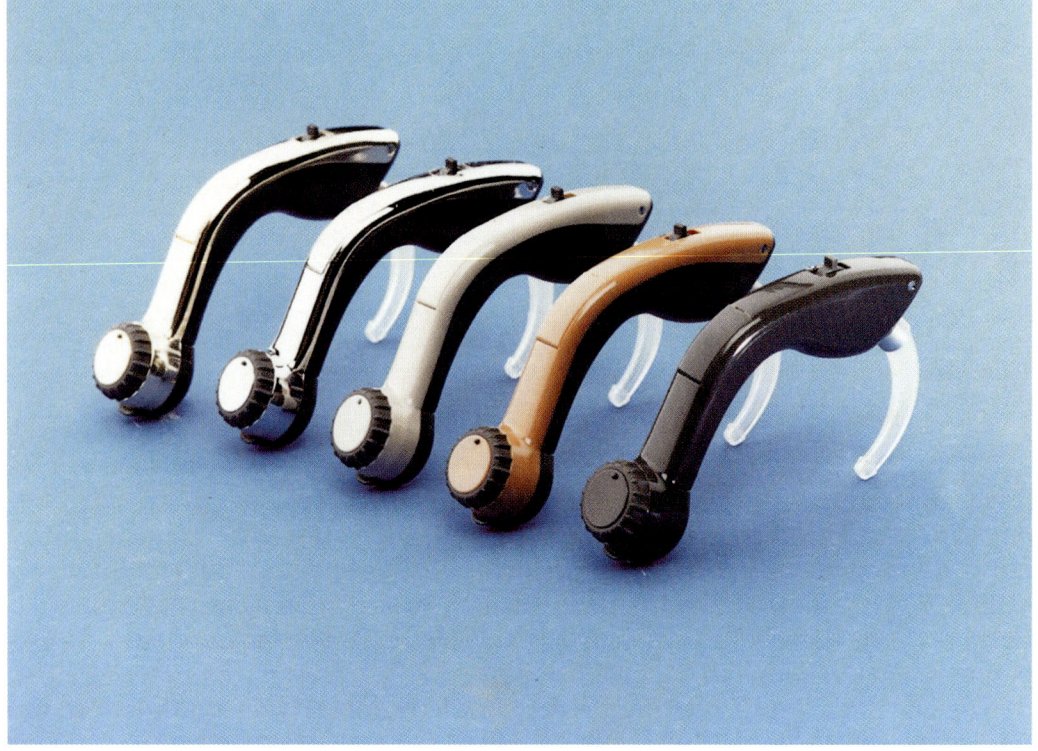

Abb. V.172. Das »Stratos« von Siemens (1986) war ein mutiger designerischer Entwurf für ein HdO-Gerät, der vom Verbraucher zunächst etwas zögernd angenommen wurde, sich dann aber eine ganze Weile auf dem Markt halten konnte

Abb. V.173. Die »Kosmetik-Geräte« stellten die extremste Form der Camouflage dar, die es je in der Branche gegeben hat. Man musste schon sehr genau hinsehen, um im Ohr des Kunden ein »Sonar Life«-Hörgerät zu entdecken, weil es perfekt der Haut und der Form der Ohrmuschel angepasst war (1986). Das Gerät war das erste in Europa, das den K-Amp-Verstärker benutzte (1992). Statt eines Ein-Aus-Schalters hatte es Sensoren, die als goldene Kontaktpunkte erkennbar sind. Auf dem Bild darunter sieht man das geöffnete Gerät

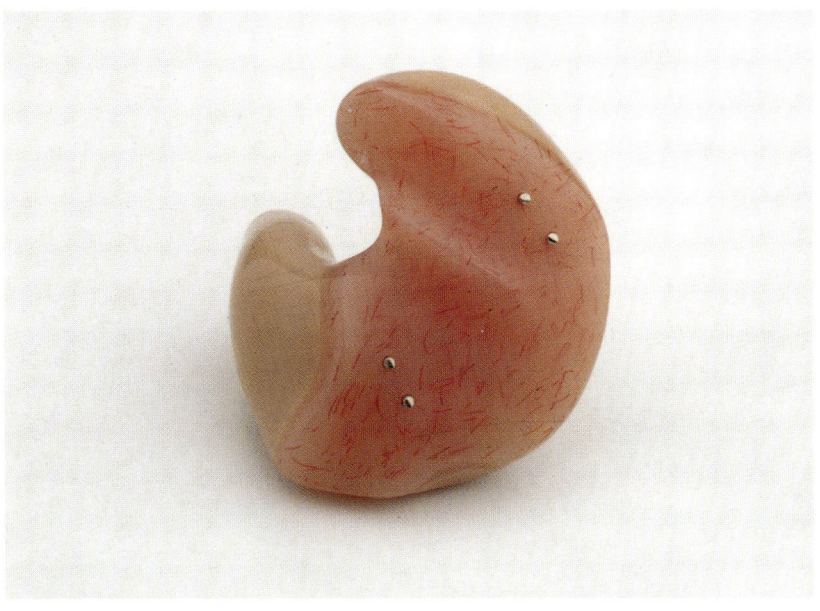

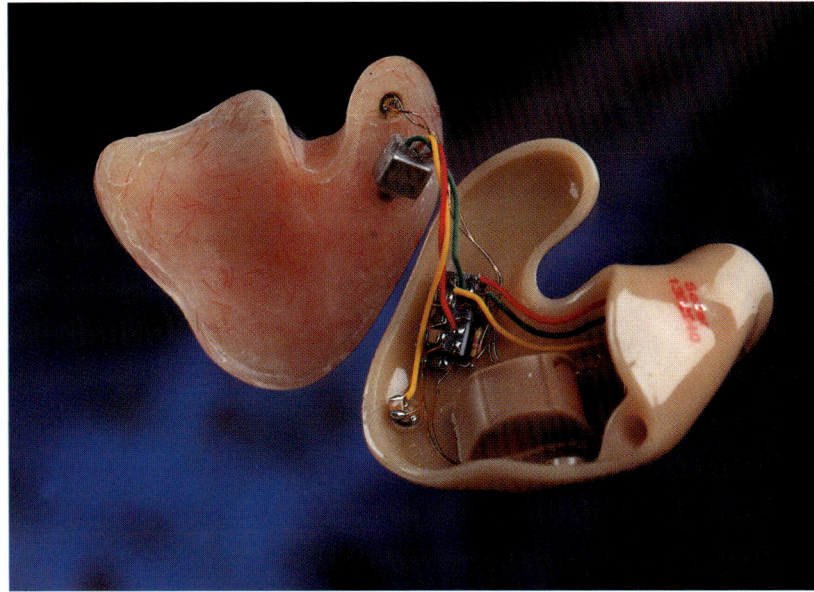

Sehr beliebt waren auch Schmuck-Aufsätze auf den Otoplastiken von Im-Ohr- und Hinter-dem-Ohr-Geräten. Auch die Verzierung mit bunten Figuren war in den 90er Jahren sehr beliebt. Der konsequenteste Versuch, Hörgeräte optisch zu vertuschen, waren die sogenannten »Kosmetik-Geräte«, die eine Idee des Aku- stikers *Rainer Trunt* waren und von seiner Firma Sonar ab 1986 angeboten wur- den. Diese Geräte waren individuell hergestellte Im-Ohr-Geräte, die keine fe-

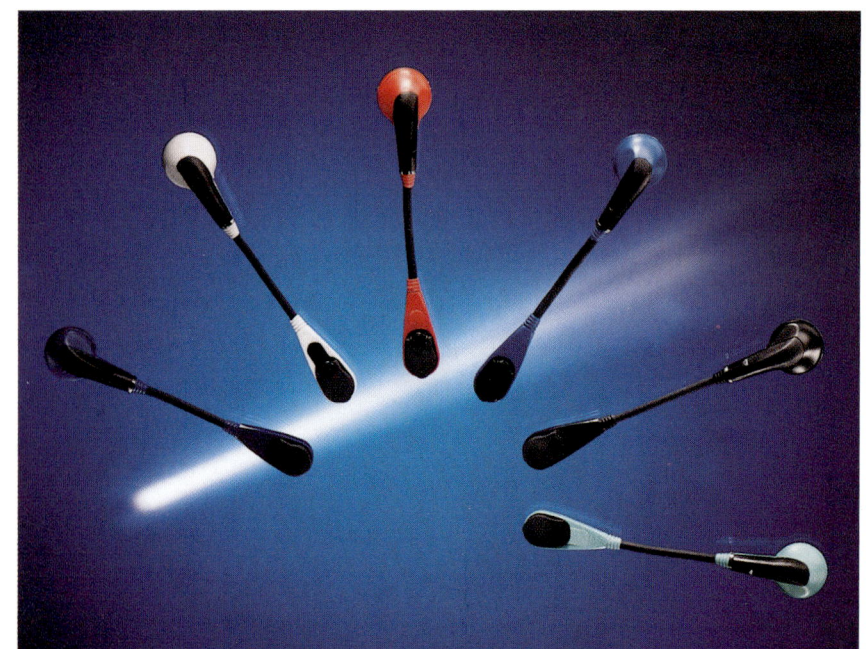

Abb. V.174. Das »Deamo« kam 1997 in verschiedenen Farben auf den Markt...

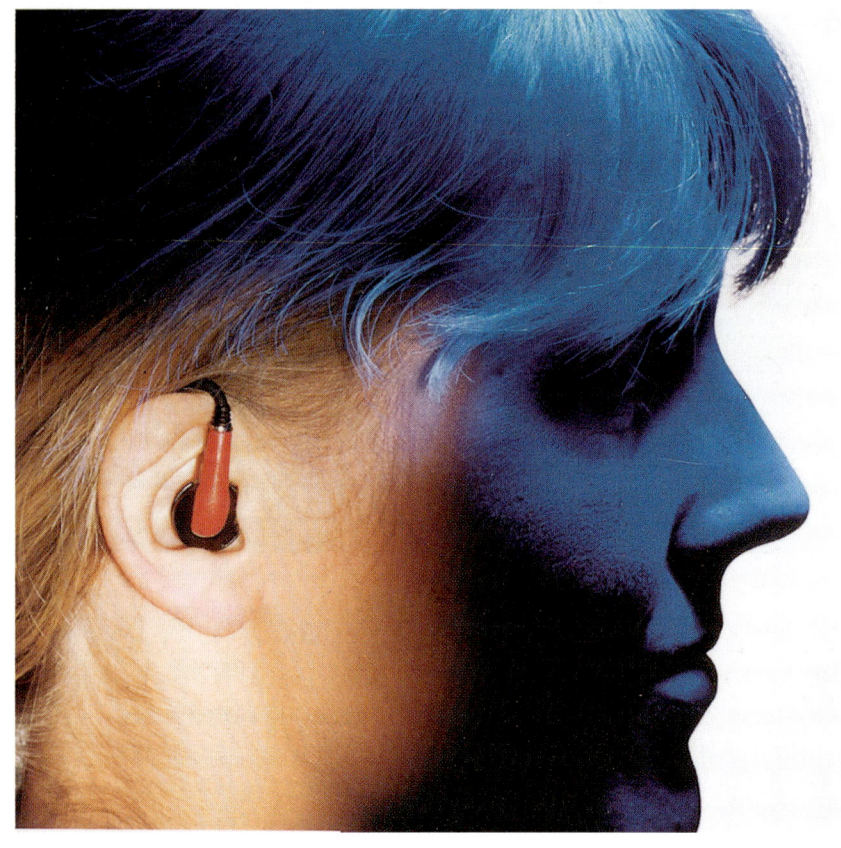

...Es ist eigentlich ein »wiederauferstandenes« Auf-dem-Ohr-Gerät (ATE), weil der Hörer ohne Schallschlauch direkt im Ohr placiert wird. Am unteren Ende sieht man die Batteriekammer. Der Steg in der Mitte ist flexibel und wird der individuellen Ohrmuschelform durch Biegen angepasst

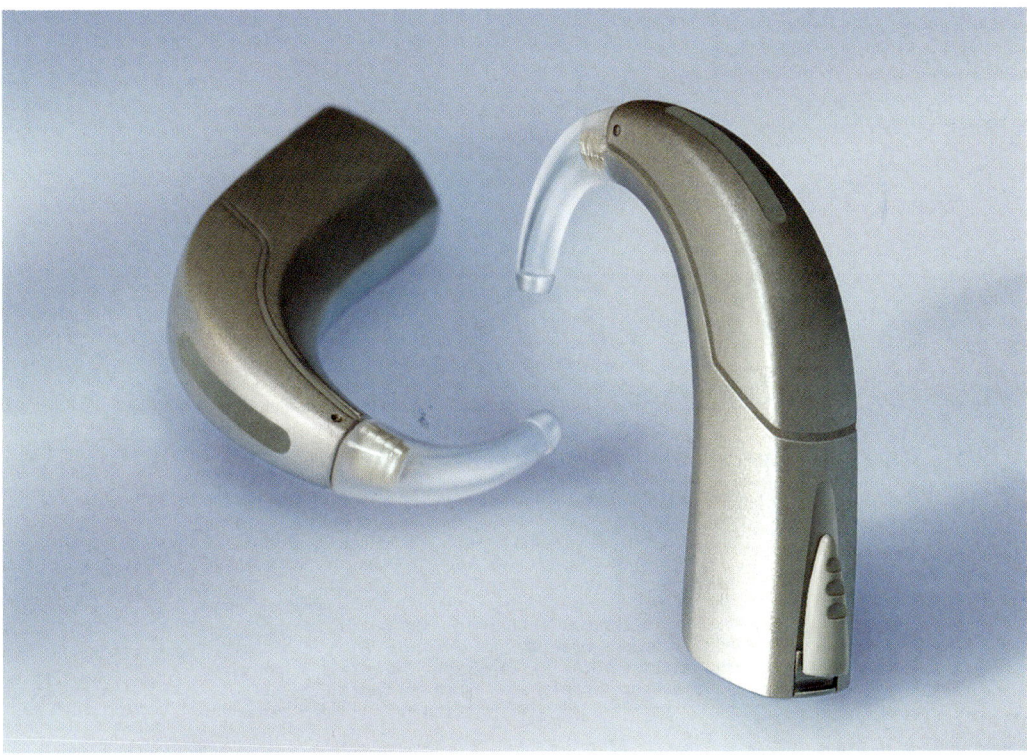

Abb. V.175. 1999 wagte Phonak mit seinem »Claro« ein sehr futuristisches Design. Das Hinter-Ohr-Gerät macht keinen Versuch mehr, unsichtbar zu sein

sten Konturen mehr hatten und sich durch extrem flache Übergänge zur Concha in deren Form einschmiegten. Optisch wurde dann noch nachgeholfen, indem die Farbe des Gerätes perfekt der individuellen Farbe der Haut angeglichen wurde, wobei sogar die feinsten Äderchen der menschlichen Haut durch rote Textilfasern simuliert wurden. Das Gerät sah dann fast wie lebendes Gewebe aus. Konsequenterweise wurde auf alle Schalter, Batterieklappen und Beschriftungen auf der Oberseite des Gerätes verzichtet.

Der «dernier Cri« ist die »*Auriculostomie*«, die es schon einmal für einige Zeit in den USA gegeben hatte. Der HNO-Chirurg *Charles W. Strzalkowski* hatte 1954 in Milwaukee Versuche angestellt, im unteren Bereich der Concha eine Öffnung anzulegen, durch die das Kabel eines Im-Ohr-Hörers geführt wurde, das dann hinter der Pinna mitsamt Verstärker versteckt werden konnte. Heute würde man das als »Piercing« bezeichnen. Mit dieser camouflierenden Technik wird seit Ende der 90er Jahre in Deutschland wieder experimentiert.

Schließlich gab es auch verschiedene Hersteller, die ihre Hinter-dem-Ohr-Geräte mit auswechselbaren und einfärbbaren Gehäuseschalen in Verbindung mit

argus Seit 1887

Ausschnitt aus:

Hamburger Morgenpost, Hamburg

vom ......17. Aug. 1957.....

Das Radio im Gehirn

Die Mauer des ewigen Schweigens ist gebrochen / Hoffnung für Gehörlose

Ein völlig zerstörtes Gehörorgan kann auch von dem besten Arzt nicht wieder zum Leben erweckt werden. Dr. Djourno war sich darüber klar, daß er ganz neue Wege beschreiten mußte, wenn er den Gehörlosen wirklich helfen wollte. Also mußte er direkt bis zum Hörzentrum des Gehirns vordringen.

Nach seinen Feststellungen war es einwandfrei möglich, ein mikrophonähnliches Aufnahmegerät mit dem Hörzentrum des Gehirns zu verbinden.

So konstruierte er eine Induktionsspule für das Gehirn und eine zweite, die von der Schläfe aus die aufgenommenen Schallwellen mittels eines Niederfrequenzgenerators in elektrische Impulse umwandelt und an das Gehirn weitergibt.

Hirnoperation gelungen

Während die erste Induktionsspule wie bei einem Kopfhörer an die Schläfe gepreßt wurde, lag die Schwierigkeit bei dem „Empfänger" darin, daß er nur operativ an das Hörzentrum des Gehirns herangebracht werden konnte.

Aber schon bald fand Dr. Djourno einen gehörlosen Pa-

Hunderttausende von Menschen in aller Welt haben das schwere Schicksal der Gehörlosen zu tragen. An vielen Dingen, die den Wert des Lebens ausmachen, können sie nicht teilhaben, denn um sie herrscht ewiges Schweigen. Um ihnen zu helfen, hat der französische Arzt Dr. André Djourno in jahrelanger Arbeit ein Gerät entwickelt, das ihnen die Aufnahme bestimmter Geräusche wieder ermöglicht und sie sogar das menschliche Wort in einfacher Form verstehen läßt. Dr. Djournos Erfindung wird viele Menschen um eine Hoffnung reicher machen.

Die Induktionsspule im Gehirn gleicht einem winzigen Radioempfänger, mit dem Unterschied, daß sie keine hörbaren Geräusche wiedergibt, sondern nur winzige Stromstöße, die das Gehirn aufnehmen kann. Jeder Gehörlose ist imstande, diese Impulse nach längerer Übung mit eigener Gedankenkraft sinnvoll zu entziffern.

tienten, einen Pariser Geschäftsmann, der diesen Eingriff zu Versuchszwecken auf sich nahm.
Die Operation war ein voller Erfolg, und schon nach einigen Monaten konnte der Patient die ersten von einer Krankenschwester langsam ins Mikrophon gesprochenen Worte entziffern. Die ver-

schiedenen Stromstöße der einzelnen Worte prägten sich dem Gehörlosen allmählich ein, wie das Morsesystem.

Den zugehörigen Niederfrequenzgenerator verkleinert der Arzt so, daß jeder Gehörlose ihn bequem und unauffällig in der Tasche tragen kann.

Die Produktion der „Radios für Gehörlose" soll vielleicht noch in diesem Jahr in Paris aufgenommen werden.

Langsam spricht die Krankenschwester ins Telephon..

Abb. V.176. Pressebericht über die erste Implantation einer Hörprothese 1957 in Paris durch André Djourno

passenden *Brillenadaptern* anboten. Dadurch ließ sich aus einem Hinter-Ohr-Gerät leicht eine ansprechende Hörbrille machen.

Implantate

Die Miniaturisierung der elektronischen Bauteile rückte bei der apparativen Versorgung von hochgradigen Schwerhörigkeiten und Resthörigkeiten auch Lösungen in den Bereich des Möglichen, die es bislang nicht gegeben hatte.

Die Luftleitungs- und Knochenleitungshörhilfen kamen stets an ihre Grenze, wenn das Innenohr zu stark geschädigt und der Hörverlust zu groß war. Es war deshalb immer schon ein Traum der Mediziner gewesen, den Hörnerven eines fast tauben Menschen direkt zu stimulieren und ihm dadurch Hörempfindungen, und im günstigsten Falle sogar wieder das Verstehen von Sprache, zu ermöglichen. Alessandro Volta hatte das im Prinzip schon 1800 versucht, indem er sein Ohr mit Salzlösung füllte und eine Elektrode mit einem schwachen elektrischen Strom hineinhielt. Er soll dabei sogar etwas gehört haben. Der Versuch wurde 1962 von *John B. Doyle* in Los Angeles wiederholt. Außer einem einzelnen Ton war aber nichts zu hören.
1957 implantierten die Pariser Ohrenärzte *Charles Eyries* und *André Djourno* nach einer Serie mit Tierversuchen das erste *Cochlea-Implantat* (CI) bei einem Menschen. Der Patient hörte zunächst nur ein Zirpen, Knarren und Trällern, konnte aber nach einigen Wochen Training einige Worte verstehen. 1960 unternahmen *William F. House* und *Jack Urban* in Los Angeles Studien mit einem einkanaligen, transkutanen und extracochleären System, dem bald Versuche in mehr als 20 anderen Kliniken in allen Teilen der Welt folgten. In den Jahren 1969 bis 1984 fing auch die Industrie an (3M, Storz, Bioear, Ineraid, Cochlear, Symbion, Medtronic), sich für die Hörimplantologie zu interessieren und förderte die Entwicklung dieser Systeme in Zusammenarbeit mit William F. House. Die Zahl der Elektroden wurde dabei zum Zwecke einer besseren Frequenzauflösung bis auf 15 erhöht. *Prof. Ernst Lehnhardt* implantierte 1984 in Hannover erstmalig ein System *intracochleär*, das der Australier *Graeme M. Clark* entwickelt hatte und das mit 22 Elektroden arbeitete. 1988 implantierte er extracochleär Ein-Elektroden-Systeme bei Kindern, und später auch mit 22 Elektroden. Die CI-Technologie ist seither immer weiter verbessert worden.

Das erste *Hirnstamm-Implantat* (ABI) mit einer Elektrode wurde 1979 von William F. House implantiert, das erste mit 22 Elektroden von *Roland Laszig* und *Nikolaos Marangos* in Freiburg. Hirnstamm-Implantate komme erst dann in Betracht, wenn auch die Haarzellen der Innenohrschnecke und der Hörnerv im inneren Gehörgang nicht mehr durch Elektrostimulation ansprechbar sind, zum Beispiel bei Neurofibromatose. Das Hirnstamm-Implantat bedient sich derselben Technik wie das Cochlea-Implantat, hat aber eine andere Anordnung von durch-

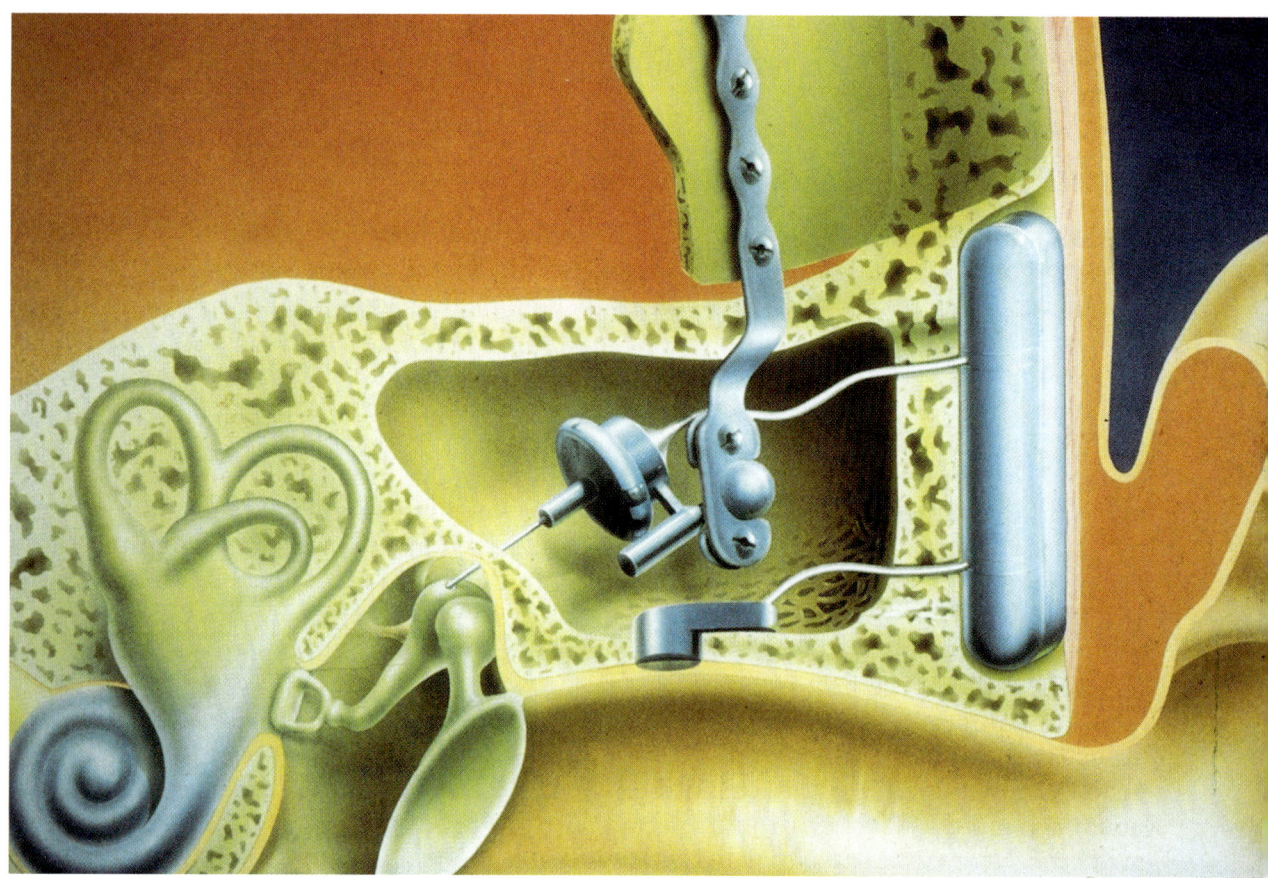

Abb. V.177. Das Tica-System von Implex ist das erste lieferbare Mittelohr-Implantat (1999). Im Gehörgang sieht man subkutan das Mikrophon, in einem Knochenbett hinter dem Ohr die Energieversorgung mit dem Verstärker, und in einer künstlich erweiterten Höhle im Felsenbein den Vibrator, der seine Schwingungen über eine winzige Nadel auf den Amboss des Mittelohres überträgt. Das Gerät wird über eine FM-Fernbedienung gesteuert

schnittlich acht Elektroden, die auf der Oberfläche des verlängerten Rückenmarks (Medulla) befestigt werden und dort den statoakustischen Hirnnerven (VIII.) stimulieren.

Über die Möglichkeiten der Stimulation des Mittelohres durch *Mittelohr-Implantate (MEI)* wurde schon in den 40er Jahren geforscht. *R. A. Rudberg* hatte 1946 mit einem Implantat experimentiert, das über einen vibrierenden Stab das Promontorium zu Schwingungen anregte. Der schon erwähnte John B. Doyle forschte 1962 auf diesem Gebiet ebenso wie 1970 *Jack E. Vernon* aus Portland. 1971 erhielt *Robert C. Wingrove* ein Patent auf ein Mittelohr-Implantat, das von der Firma Medtronic erworben, aber vermutlich nicht produziert wurde. Die Versuche von *J. Suzuki* in Japan ab 1987 brachten diese Technologie wieder erneut in die Diskussion und inspirierten 1989 Professor *Hans-Peter Zenner* von der Universitäts-Klinik Tübingen und den Ingenieur *Hans Leysieffer*, der schon durch *Prof. Eberhard Zwicker* von der TU München mit der Audiologie in Berührung gekommen war, zur Entwicklung des *Tica-Systems*. 1998 wurde es auf dem Internationalen Hörgeräte-Akustiker-Kongress der UHA in Köln vorgestellt. Bedient wird das Tica-System über eine Funk-Fernbedienung mit gespeicherten Hörprogrammen. Der implantierte Akkumulator wird extern und induktiv mit einem Kopfhörer-Set wieder aufgeladen. Der Patient muss bei dem Mittelohr-Implantat allerdings einen kleinen chirurgischen Eingriff, der auch in Lokalanästhesie möglich ist, und einen hohen Preis in Kauf nehmen.

Mittelohr-Implantate können in Erwägung gezogen werden, wenn es sich um leichte bis mittlere Innenohrschwerhörigkeiten handelt, die auch mit gängigen Luftleitungs-Hörgeräten versorgt werden könnten. Die Vorteile gegenüber den normalen Hörhilfen sind akustischer und kosmetischer Natur. Akustisch, weil das Mikrophon in unmittelbarer Nähe zum Trommelfell sitzt und der Schallleitungsapparat direkt im Mittelohr stimuliert wird, kosmetisch, weil das Im-

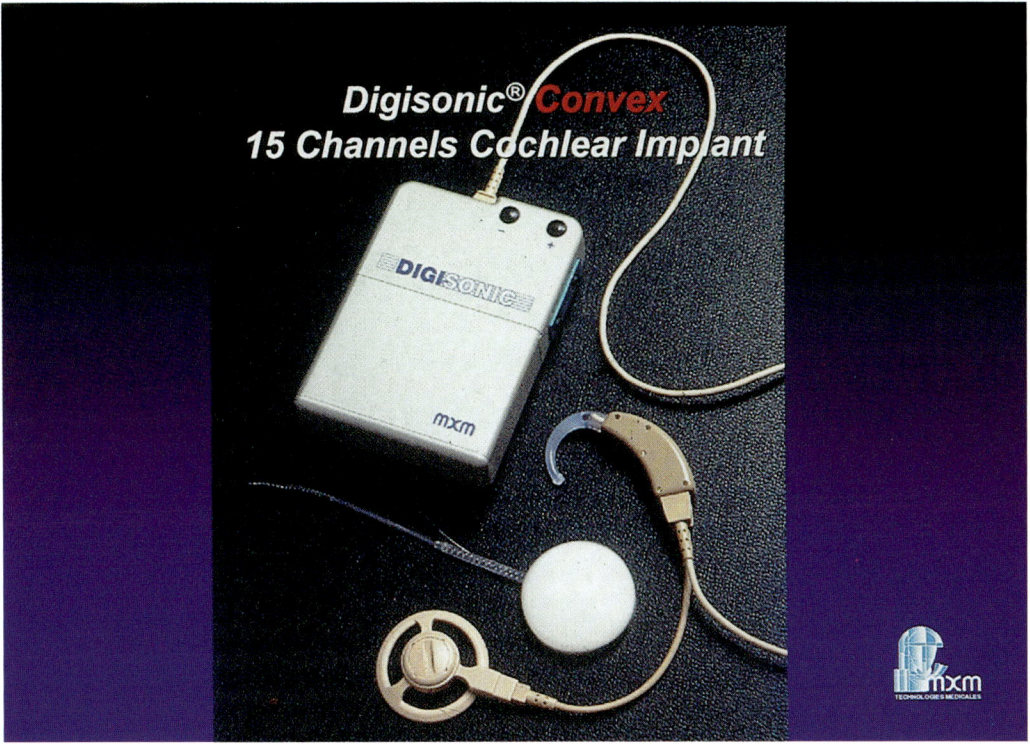

Abb. V.178. *Das Cochlea-Implantat besteht aus den externen Teilen Prozessor, Mikrofon, Senderspule und Verbindungskabel sowie dem zu implantierenden Empfängerteil mit Elektronenkette als internem Teil*

The BAHA

1) Skull bone,

2) skin and subcutaneous tissue,

3) implanted titanium fixture,

and 4) titanium abutment.

Abb. V.179. Das perkutane System der Knochenver-ankerung arbeitet nach dem System des akustischen »By-Pass«. Die Vibra-tionen des im Mastoiden eingesetzten Titan-Implantates werden zur Cochlea weitergeleitet und lösen dort Hörempfind-ungen aus. Diese Form der Versorgung wird bei defektem Schallleitungs-apparat, aber intaktem Innenohr, angewandt

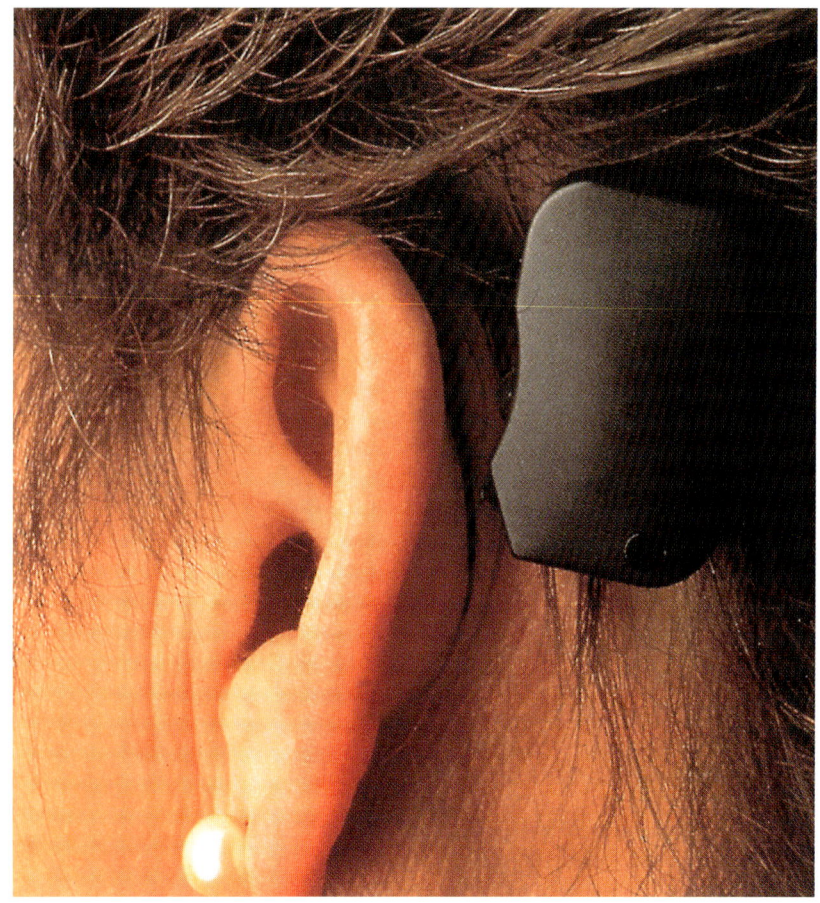

plantat vollkommen unsichtbar ist. Für die *teilimplantierbaren* Mittelohr-Implantate der Firma Symphonix (»*Soundbridge*«), die erstmalig 1996 von Professor *Ugo Fisch* in Zürich implantiert wurden, gilt das kosmetische Argument nur bedingt, weil der Prozessor außerhalb des Kopfes hinter dem Ohr fixiert wird und nur bei vollem Haar verdeckt werden kann. Das »Soundbridge« ist ab 1999 auch mit 3-kanaligem und volldigitalem Prozessor verfügbar.

Erste Versuche mit *knochenverankerten Hörhilfen* wurden schon 1961 von dem Arzt *Henry K. Puharich* und dem Dentisten *Joseph L. Lawrence* unternommen, die den Vibrator in einem falschen Zahn untergebracht hatten. Das Mikrophon sollte am Handgelenk und der Verstärker in der Tasche getragen werden. Das System wurde patentiert, kam wegen technischer Schwierigkeiten aber nie auf den Markt. 1969 kamen sie auf die Idee, den Schädelknochen transdermial zu stimulieren, was dem heutigen BAHA-System entsprechen würde. Auch das System funktionierte nicht. 1971 wurde die »Zahn-Idee« von dem Dentisten *Earl Collard* und dem Ingenieur *Fred Allen* wieder aufgegriffen, anscheinend aber nicht realisiert, obwohl sich ein Hersteller (Radio Electronics) bereiterklärt hatte, in das Projekt zu investieren. Ideen waren eben manchmal schnell entworfen, aber schwer in die Tat umgesetzt. Ihre Realisierung scheiterte oft an der Ungläubigkeit der Investoren, aber wohl noch häufiger an den noch nicht vorhandenen technischen Möglichkeiten. So war es auch 1939, als ein Amerikaner ein Patent auf das »*Dentiphone*« bekam. Er hatte sich ebenfalls vorgestellt, einen falschen Zahn als Vibrator zu benutzen. Gleichzeitig sollten aber auch Verstärker und Mikrophon im Mund untergebracht werden. Das »Patent« machte seinem Namen nur wenig Ehre, denn der Benutzer dieser Hörhilfe hätte den ganzen Tag den Mund weit offen halten müssen, um den Schall aufzunehmen! *(Vgl. Berger, S. 129).*

Knochenverankerte Hörhilfen können zum Einsatz kommen, wenn der Schallleitungsapparat des Patienten nicht angelegt, defekt oder dauerhaft blockiert ist, also bei Indikationen von der Gehörgangsatresie bis zur chronischen Otitis. Auch chronische Allergien im Gehörgangsbereich, die das Tragen von Otoplastiken unmöglich machen, können ein Grund für eine Versorgung mit einem knochenverankerten Hörgerät sein. Es funktioniert nach dem Prinzip des »akustischen By-Pass«, der den Schallleitungsweg umgeht und über die Vibrationen des Schädelknochens die Haarzellen des Innenohres stimuliert.
Implantiert wird lediglich der Vibrator, der die Knochenmasse des Mastoiden in Schwingungen versetzt. Das eigentliche Hörgerät mit Schallaufnahme, Verstärker, Wandler und Batterie bleibt extern. Bei dem *transkutanen* Xomed-System von *John Hough,* das erstmals 1984 in den USA appliziert wurde, bleibt die Haut geschlossen und der Vibrator wird magnetisch angesprochen. Das *perkutane* BAHA-System der Firma Nobelpharma (ab 1997 Nobel Biocare), das erstmals 1987 zum Einsatz kam und sich am Markt dauerhaft durchsetzen konnte, arbeitet dagegen mit einer festen Konnektierung zwischen externem Gerät und implantierter Titan-Fixtur. Es beruhte auf dem Konzept der *Osseointegration* nach

Per-Ingvar Brånemark von 1965, das zunächst nur im Dentalbereich (intraorale Implantologie) Anwendung fand, und ab 1979 auch im Bereich der craniofazialen Rehabiliationen, also in der Gesichtschirurgie und der Epithetik (extraorale Implantologie), was auch künstliche Ohr-Epithesen einschloss. 1977 begannen auch Experimente von *Anders Tjellström* am Sahlgrens Hospital in Göteborg, das Brånemark-System für die Fixtur von Knochenschall-Erregern auf dem Mastoiden zu verwenden.

Bis 1988, dem Jahr der offiziellen Einführung der BAHA-Technologie, waren 750 Patienten mit zufriedenstellenden Ergebnissen implantiert worden. Entgegen allen damaligen Befürchtungen sind Infektionen an der offen bleibenden Durchtrittsstelle vom Gerät zur Fixtur ausgeblieben. Mittlerweile sind etwa 11 000 Menschen weltweit auf diese Weise versorgt worden.

Ausblicke

Die Wirtschafts-, Bildungs- und Gesundheitspolitik sind drei Bereiche, die auf die Hörgeräte-Branche einwirken und dabei oft miteinander in Widerspruch geraten.
So werden von der Wirtschaft einerseits die verschiedensten *Zertifizierungen* und *Qualitätsprüfungen* zum Schutze des Verbrauchers gefordert, andererseits aber die traditionsreichste und fundierteste aller Qualifizierungen, der Meisterbrief, immer wieder in Frage gestellt. Die Bildungspolitiker unternehmen große Anstrengungen, damit Jugendliche eine solide berufliche Qualifikation erwerben, weil sie nur so in der Arbeitswelt bestehen und ein ausreichendes Einkommen erzielen können. Haben diese jungen Menschen dann jahrelang in den Betrieben gelernt und an den Hochschulen studiert und in ihren Berufseinstieg nicht selten auch in erheblichem Umfang finanziell investiert, wird ihnen genau das von den Wettbewerbshütern der Wirtschaftsministerien und den Wettbewerbslenkern der Gesundheitsbürokratie zum Vorwurf gemacht. Was die Bildungspolitiker als krönenden Abschluss einer beruflichen Qualifizierung preisen, wird von den Wirtschaftspolitikern als »*Marktzutrittsbeschränkung*« abqualifiziert. Dabei haben sie übersehen, dass die Missachtung des Handwerks, das auch immer eine Rekrutierungsreserve für den industriellen Facharbeiterbedarf gewesen ist, schon einmal gegen Ende des 19. Jahrhunderts zu einem deutlichen Qualitätsverlust des »*Made in Germany*« und einem Wettbewerbsnachteil der deutschen Wirtschaft geführt hat. Nur durch die Aufwertung des Handwerks und seine Bestandssicherung konnte dieser Prozess wieder rückgängig gemacht werden. Eine zu weit gehende Deregulierung der Märkte nützt dem Verbraucher nichts. Der Preis ist nicht alles in unserer Gesellschaft und das Billigste ist am Ende immer das Teuerste. Noch nicht einmal das Generalargument, dass über die Ausschöpfung der Wirtschaftlichkeitsreserven mehr Produktivität und damit auch mehr Wohlstand geschaffen wird, kann noch länger uneingeschränkt

gelten. In den Aufbaujahren der Nachkriegszeit war das Hauptanliegen unserer Wirtschaft die *Produktivitätssteigerung*, die allein die ungesättigten Märkte befriedigen und zugleich Vollbeschäftigung schaffen konnte. Heute vernichtet die steigende Arbeitsproduktivität, die eine Folge immer besserer Fertigungstechnologien ist, Arbeitsplätze und sättigt zugleich die Märkte. Das zentrale Problem unserer Gesellschaft wird in der Zukunft nicht mehr die Produktivität sein, sondern die Arbeitslosigkeit. Quantitatives Wachstum hat nach dem Krieg eine sinnvolle Funktion gehabt. Unter der Bedingung weitgehend gesättigter Märkte und geringer Wachstumsraten wird nur noch das qualitative Wachstum unseren Wohlstand erhalten können, und dazu sind qualifizierte Arbeitskräfte und eine Ausweitung der Dienstleistungsberufe auf hohem Niveau unabdingbar. Damit sind also keinesfalls Billig-Jobs gemeint, von denen ein Berufstätiger drei bis fünf gleichzeitig ausüben muss, um überleben zu können. Das Modell, mit dem einige Politiker für den Bereich der Gesundheitshandwerke offenbar liebäugeln, sieht ein wesentlich »rationelleres« zahlenmäßiges Verhältnis von Meistern und Gehilfen vor, als das heute der Fall ist. Im Versandhandelsmodell würde ein Meister genügen, der bis zu 100 angelernte Kräfte – statt nur wenige Lehrlinge und Gesellen – beaufsichtigen könnte. Die bisherige kleinunternehmerische Struktur im Bereich der Hörgeräte-Akustik arbeitet dagegen mit einem Verhältnis von 1:5, wobei die fünf Mitarbeiter eine fundierte und umfassende Ausbildung erhalten, was auch im Sinne einer höheren Arbeitszufriedenheit, einer stärkeren Persönlichkeitsentwicklung und eines sinnerfüllteren Lebensentwurfes wirkt. Die Krankenkassen geben heute viel Geld aus, um arbeitsplatzbedingte psychosomatische Erkrankungen zu kurieren. Die Politiker, die im Bereich der Gesundheitsversorgung auf eine Abwertung des Faktors Arbeit setzen – und nichts anderes sind die Bestrebungen, mehr an Wirtschaftlichkeitsreserven erschließen zu wollen, als tatsächlich noch vorhanden sind – produzieren an anderer Stelle neue Probleme und damit *Sozialkosten*, die sie in ihrer Bilanz nicht mit ausweisen.

Ein anderer Widerspruch entsteht dort, wo die Gesundheitspolitiker durch ihre Strategie der verstärkten Ausschöpfung vermeintlicher Wirtschaftslichkeitsreserven bei den Leistungserbringern deren Konzentration fördern, obwohl sie auf der anderen Seite einen vielfältigen Preis- und Leistungswettbewerb wünschen, der nur mit kleinen und dezentralen Strukturen erreicht werden kann. Gerade die *Dezentralisierung* der Versorgung bewirkt aber die »*Flächendeckung*«, die im Gesundheitsbereich immer wieder als unverzichtbar erkannt wird. Auch Monopolisten können ihre Leistungen natürlich flächendeckend anbieten, aber sie repräsentieren gleichzeitig eine Angebotsmacht, die seitens der Kostenträger nicht erwünscht sein kann. Monopolisten können am Ende aber auch über das Maß der Flächendeckung entscheiden. Haben sie erst einmal eine große Alleinstellung erreicht, werden sie von sich aus weitere Rationalisierungsreserven mobilisieren, die Zahl der Filialen wieder reduzieren und den Verbrauchern die weiten Anfahrtswege zu den Versorgungszentren zumuten, so, wie das im Lebensmitteleinzelhandel schon längst der Fall ist. Was auf der einen Seite am Preis gespart wird, wird auf der anderen Seite in Form von Zeit und Benzingeld wieder ausgegeben.

Bedenklich ist auch, dass die Verbraucherkampagnen und deren einseitige Bevorzugung der Preisinteressen eine ruinöse Schnäppchenjäger-Mentalität hervorgebracht haben, die das Konsumverhalten der jungen Leute in einer Weise verändert haben, die auch das Bewusstsein für Fairness unterminieren.
Ein typisches Verhalten ist zum Beispiel, sich in einem Fachgeschäft für Unterhaltungselektronik ausführlich über die Qualität der einzelnen Geräte informieren zu lassen und dann das ausgewählte Gerät in einem Supermarkt ohne Beratung und Fachpersonal aus dem Regal zu nehmen, weil es dort naturgemäß billiger sein kann. Das gilt nicht als unanständig, sondern als »clever«. Übertragen auf den Hörgeräte-Akustiker wird das problematisch.

Es ist weder fair noch fachlich ratsam, sich bei dem Einen ein Gerät vorauswählen und die passende Otoplastik herstellen zu lassen, und mit diesen Informationen bei dem Anderen um einen besseren Geräte-Preis zu feilschen. Der sogenannte »Komplexpreis« für Hörgeräte ist fachlich gerechtfertigt, weil Anpassung und Nachsorge ein hohes Maß an Kontinuität und persönlich vertrauensvoller Betreuung erfordern. Auch hierbei zeigt sich wieder, dass ein Hörgerät kein Konsumartikel ist.

Es gibt auch einen Widerspruch zwischen den Verbraucher- und Arbeitnehmerinteressen respektive den Käufer- und Verkäuferinteressen. Führt der allgemeine Produktivitätszuwachs in einer Gesellschaft zu hoher Arbeitslosigkeit, dann hat das ein sinkendes Lohnniveau und schließlich eine sinkende Nachfrage zur Folge. Da ein Großteil der Verbraucher gleichzeitig auch als Anbieter der Ware Arbeit auftritt und für sich selbst ein möglichst hohes Einkommen erzielen möchte, kann das Verbraucherinteresse nicht auf reine Preisinteressen reduziert werden. Gerade das aber wird von den Verbraucherverbänden und Verbrauchermagazinen den Medien suggeriert. Wer kein Schnäppchen macht, ist dumm. Alles und jedes ist noch billiger zu haben. Andere als Preisbotschaften können in der Kürze der Zeit, die den elektronischen Medien pro Thema noch zur Verfügung steht, nicht mehr vermittelt werden. Wenn sie überhaupt vermittelt werden können, denn die Beurteilung von Qualität verlangt Fachkenntnisse, die nicht vorhanden sind. Natürlich hat der Preis eine unverzichtbare und wichtige Funktion im Wettbewerb. Wenn er aber zum einzigen Kriterium des Wettbewerbs wird, führt das zu Konzentration und Arbeitslosigkeit und unter bestimmten Umständen auch zur *Deflation*.

Die arbeitsplatzschaffende und sozialpolitisch stabilisierende Funktion eines neu entstehenden Berufsstandes darf nicht unterschätzt werden und sollte Bestandteil jeder makro-ökonomischen Betrachtungsweise sein. Am Beispiel der Hörgeräte-Akustiker kann man sehen, wie sich im Laufe der Jahre um einen neuen Berufsstand herum und seine Kernkompetenzen gewerbliche »Satelliten« bilden, deren gesamtwirtschaftlicher und insbesondere arbeitsmarkt- und sozialpolitischer Nutzen noch niemals explizit Gegenstand wissenschaftlicher Untersuchungen und offizieller statistischer Erhebungen gewesen ist. Das ist dringend notwendig und könnte ein »ganzheitlicher« Lösungsansatz für die große ökonomische Strukturkrise der reifen Volkswirtschaften in West-Europa sein, der viel aussichtsreicher ist als alle teildisziplinären und isolierten Anstrengungen, die bislang in dieser Richtung unternommen worden sind. Die beiden Graphiken der Abbildungen V.180. und V.181 zeigen, wie sich aus den industriellen und handwerklichen Anfängen der Hörgeräte-Versorgung heraus ein ganzer Komplex von speziellen Produktionszweigen und Dienstleistungen entwickelt hat. Auf dieser Ebene liegt die Zukunft des Arbeitsmarktes und nicht im Schielen auf die globalisierungs- und rationalisierungsabhängige Großindustrie. Anders gesagt: Wer einen beruflichen Kern wie den der Hörgeräte-Akustik gefährdet, gefährdet mehr als nur diesen selbst und mehr, als auf den ersten Blick erkennbar sein mag. Es gibt allerdings Politiker, denen aus ideologi-

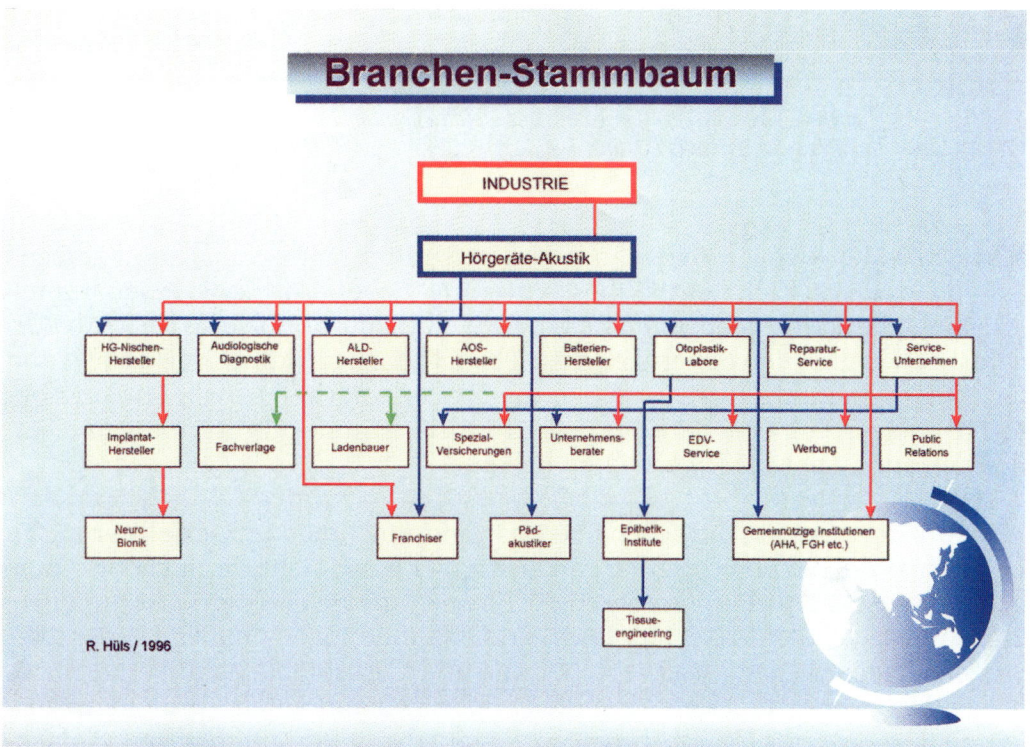

Abb. V.180. Der »Branchen-Stammbaum« zeigt, wie sich aus einem beruflichen Kern ein ganzer Wirtschaftszweig entwickeln kann (n. R. H.)

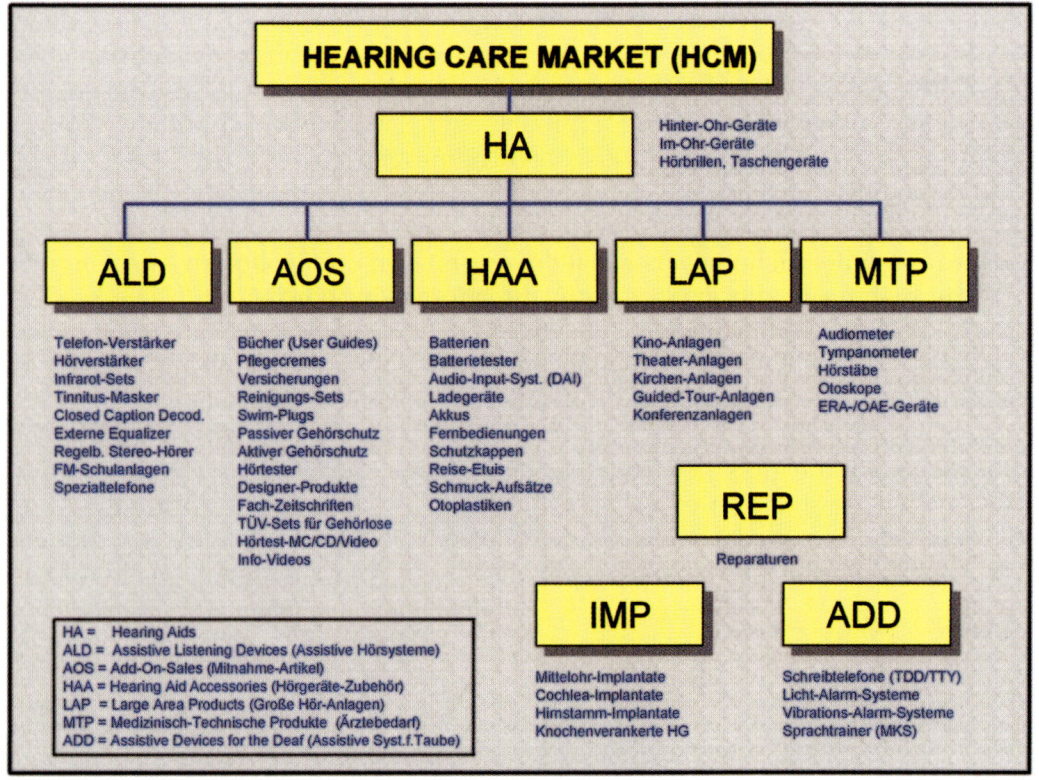

Abb. V.181. »Hearing Care Market« beweist, dass sich aus einem Produkt wie dem Hörgerät eine Vielfalt ähnlicher Produkte entwickeln kann

schen Gründen wenig an einer ausgeprägten mittelständischen Kultur gelegen ist und die das Ziel der Vollbeschäftigung lieber im Sinne einer breiten Arbeitnehmerkultur realisieren möchten, weil es nur dort starke Kollektiv-Organisationen gibt, von denen sie selbst leben. Derartigen kollektivistischen und zentralistischen Strukturen müssen verantwortungsbewusste Politiker aber ablehnend gegenüberstehen, da sie sich historisch immer als ineffektiv und tendenziell antidemokratisch erwiesen haben.

Auch auf der wissenschaftlichen Ebene ist eine zunehmende Spezialisierung zu verzeichnen, deren Berechtigung gänzlich außer Frage steht. Es gibt heute – ausgehend von der Otorhinolaryngologie, Physik und Psychologie – Audiologen, Phoniater, Psychoakustiker, Otologen und Neurootologen. Im Bereich der relevanten nichtärztlichen Medizinfachberufe und Gesundheitshandwerke gibt es neben den Hörgeräte-Akustikern die Otoplastik-Laboranten, Audiometristen, Ohrepithetiker, Sprachheiltherapeuten, Logopäden, Audiophonologen, Pädagogische Audiologen und Pädakustiker. *(Anm.: Die Logopäden behandeln freiberuflich Stimm-, Sprach- und Sprechstörungen. Zu ihrer Zulassung bedarf es, nach Abitur*

und sozialpädagogischem Praktikum bzw. Mittlerer Reife und einer dreijährigen Be-
rufsausbildung im therapeutischen oder pflegerischen Bereich einer dreijährigen Aus-
bildung an speziellen Ausbildungsstätten und eines Staatsexamens. Die ersten Ausbil-
dungsstätten entstanden ab 1962 und ein entsprechendes Berufsbild gibt es seit 1975).

Sozialpolitisch bedenklich ist auch die allgemeine Abwertung des Faktors Arbeit und die gleichzeitige Aufwertung des Kapitals in den westlichen Industrie-
ländern. *Betriebsbezogen* äußert sich das durch die Vorrangigkeit der »Share-
holder«-Interessen (Aktionäre) gegenüber den »Stakeholder«-Interessen (Grün-
der-Eigentümer und Mitarbeiter). *Gesamtwirtschaftsbezogen* äußert sich das durch
hohe Arbeitslosigkeit und den mittlerweile nicht mehr zu übersehenden direkten Zusammenhang zwischen Massenentlassungen und Aktienkursen. Damit
wird in aller Deutlichkeit vorgeführt, dass nicht mehr die Arbeit zu interessan-
ten Einkommen führt, sondern der Kapitalbesitz. Die Interessen, Meinungen,
Launen, kurzfristigen Gewinnerwartungen und spekulativen Ambitionen bran-
chen- und betriebsfremder Fondsmanager und Aktionäre sind wichtiger geworden als die Unternehmensidentität, die langfristigen Investitionserfordernisse
und die Motivation sowie Identifikation des »Humankapitals«, ja in vielen Fällen sogar wichtiger als die Kundenwünsche. Darin liegt der Keim zu einer höchst
bedenklichen Sinn- und Legitimationskrise der modernen Industriegesellschaf-
ten, die nicht zuletzt auch deren Innovativität gefährden kann. Der Mittelstand
kennt diese Abhängigkeiten nicht, oder noch nicht in dem Maße. Er wirkt stabi-
lisierend auf die Wirtschaft und die gesamte Gesellschaft. Fondsmanager tragen langfristig wirksame Unternehmensentscheidungen meistens nicht mit. Die
gibt es nur noch im Mittelstand mit einer starken Eigenkapitalbasis, mit gewachsenen Strukturen und Identifikationen, mit Fachinteressen, Fachkenntnissen und
Fachvisionen.

Der Preisverfall und der Rationalisierungsdruck auf vielen Massen-Märkten,
und nicht zuletzt die Entlassungen, die damit einhergehen, sind nicht vom Mittelstand verursacht worden. Im Gegenteil, der Mittelstand ist der Fels in der
Brandung unseres Wirtschaftslebens und dazu noch ein zuverlässiger Garant
der Demokratie und der sozialen Marktwirtschaft, denn er schafft Inlands-Ar-
beitsplätze und zahlt Inlands-Steuern. Die Globalisierung und ihre Folgen für
unsere Wirtschaft werden ausschließlich von der Großindustrie »importiert«,
die wegen ihrer ständig steigenden Produktivität ihre Waren exportieren muss.
Auf den Exportmärkten treffen »Global players« aber auf Anbieter, die noch
billiger sein können als sie selbst, was zu neuen Rationalisierungen und nochmals erhöhter Produktivität führt, die sich wiederum neue Absatzmärkte suchen muss. Es ist einigermaßen erstaunlich, dass es Wirtschaftspolitiker gibt,
die diesen Striptease unserer Ressourcen und Leistungen auch auf den mittelständischen Bereich ausdehnen wollen, wobei die Staatsbürokratie sich selbst
keinerlei Wettbewerb auszusetzen bereit ist. Der Status und das Einkommen der
Staatsbediensteten sind per Gesetz geregelt und dauerhaft gesichert, und das

auch bei Krankheit, bei vorzeitigem Ausscheiden aus dem Amt, und im Ruhestand gleich 13 mal. In der Praxis sind diese Beamtenprivilegien längst auf die Angestellten, die länger als 15 Jahre beschäftigt sind, ausgedehnt worden. Wann hat aber je der niedrige Lohn eines Staatsbediensteten in Portugal einen Einfluss auf die Gehälter der Beamten in Deutschland gehabt? Wann kommt das Dienstleistungsangebot des Staates auf den Prüfstand der Prozessanalysen? Die jährlichen Berichte des Bundesrechnungshofes und der Landesrechnungshöfe zeigen Wirtschaftlichkeitsreserven des Staates in Höhe von bis zu 60 Milliarden DM auf. Der regulierungswütige Staat muss mit gutem Beispiel vorangehen, um glaubwürdig zu sein.

Im Bereich des Gesundheitswesens können auf mittelständischer Basis noch sehr viele Arbeitsplätze entstehen. Das *Max-Planck-Institut für Gesellschaftsforschung* hat 1999 in einem Gutachten für die Bundesregierung festgestellt, dass der Anteil der sozialen Dienste an der Gesamtbeschäftigung bei 16 % liegt, wovon wiederum 50 % dem Gesundheitswesen zuzurechnen sind. Das Beschäftigungswachstum im Gesundheitssektor betrug in den letzten Jahren 63,2 %, während in den »harten« Wirtschaftsbereichen (Industrie, Handel) die Beschäftigung stagnierte oder zurückging. Bezogen auf die Zahl der im Dienstleistungssektor Beschäftigten pro 1 000 Einwohner ergeben sich in Deutschland im Vergleich zu den USA folgende Beschäftigungsdefizite: 1,7 Millionen in den distributiven Diensten (z. B. Handel), 2,1 Millionen bei den wirtschaftsbezogenen Diensten (z. B. Kreditwesen, Beratung), 1,9 Millionen bei den freizeitbezogenen Diensten (z. B. Gastronomie, Kultur), 1,3 Millionen im Ausbildungswesen und 1,1 Millionen im Gesundheitswesen. *(Vgl.: Streeck/Heinze, Auszug aus dem Gutachten des Max-Planck-Instituts für Gesellschaftsforschung, in: »Der Spiegel« 19/99, S. 38 f.).*

Das Max-Planck-Institut kommt zu dem Schluss: »Es ergeben sich daraus 6 Millionen Beschäftigungsmöglichkeiten, die aufgrund des verspäteten deutschen Überganges zur Diensleistungsgesellschaft noch ungenutzt sind. Die Gründe dafür sind vor allem institutioneller Art. Im Gesundheitswesen, das in Deutschland sehr staatsnah organisiert ist, wird die Nachfrage nach diesen Dienstleistungen politisch begrenzt, da sie über die öffentlichen Haushalte ausgeübt wird. Damit werden Angebot und Nachfrage zum gesamtwirtschaftlichen Nachteil ausgebremst. Beschäftigungszuwächse, wie sie in einer reichen Gesellschaft gerade im Gesundheitssektor eigentlich zu erwarten wären, hängen davon ab, in welchem Maße wir bereit sind, Angebot und Nachfrage in diesem Bereich zu mobilisieren.« Auch das Gelsenkirchener »*Institut für Arbeit und Technik*« kommt zu dem Schluss, dass das Gesundheitswesen die »Zukunftsbranche Nummer eins« werden wird, vorausgesetzt, dieses Wachstum wird nicht politisch ausgebremst, weil nicht alle uneingeschränkt daran teilhaben können.

Es gibt also durchaus Chancen, die Kräfte des Marktes, z. B. durch Förderung von Existenzgründungen im mittelständischen Bereich, besser zu entfalten und der in Deutschland stagnierenden Hörgeräte-Branche neue Impulse zu geben. Der Hörgeräte-Markt, seine Produkte und Dienstleistungen sind andererseits keine beliebigen Konsumartikel und können nicht unbegrenzt den Gesetzmäßigkeiten freier Märkte unterliegen. Dies ist schon aus Gründen der besonderen Verantwortung den Schwerhörigen gegenüber nicht möglich. Wenn man den Markt für Hörgeräte in den Spannungsfeldern zwischen *Deregulierung* (völlige Gewerbefreiheit), *Regulierung* (strenge Marktzutrittsbeschränkungen durch Berufsqualifizierungen, technische Normen und Qualitätsmanagement), *vollkommenem Wettbewerb* und einem *Oligopol* von wenigen Anbietern positionieren sollte, so scheint das Optimum in einer mäßigen Regulierung bei gleichzeitig mäßiger Konzentration zu liegen. Das heißt, der Markt für Hörgeräte müsste koordinatenzentral im 4. Quadranten der folgenden Graphik (Abb. 182) stehen. Für andere Produktarten, wie geringwertige und gefahrlose Konsum- und Verbrauchsgüter, können aber völlig andere Positionierungen, zum Beispiel im 3. Quadranten, wünschenswert sein.

Mit diesen Überlegungen wird keinesfalls verkannt, dass es in bestimmten Bereichen, auch in denen des Handwerks, Überregulierungen gibt, die sich sowohl verbraucher- als auch arbeitsplatzfeindlich auswirken können. Wenn bestimmte Handwerke einerseits auftragsmäßig überlastet sind und die Nachfrage nicht

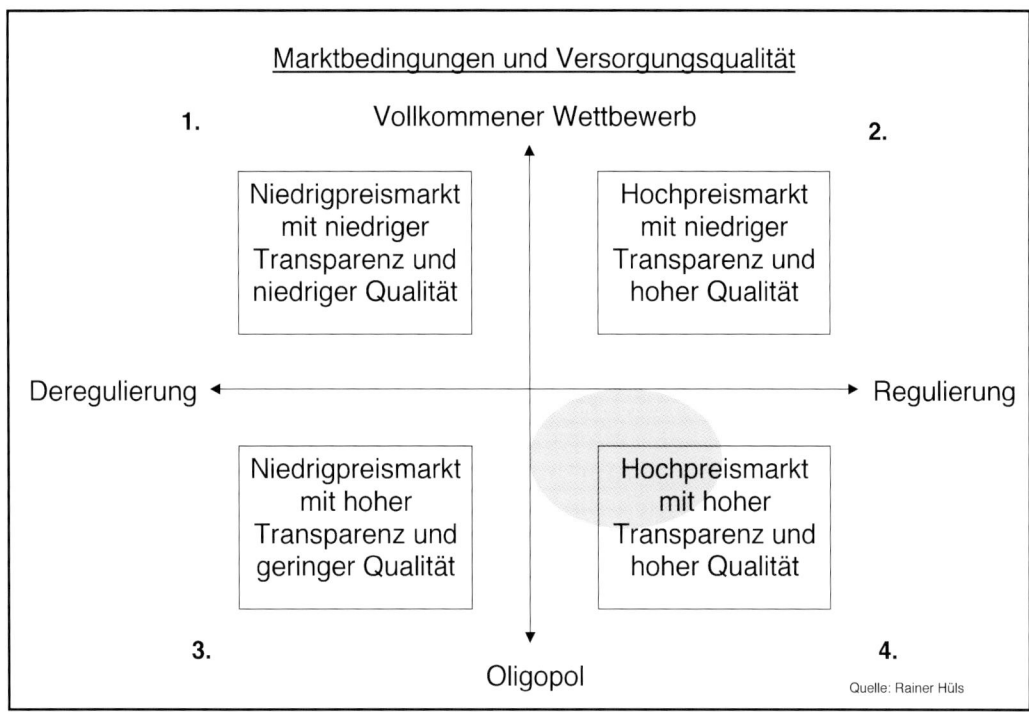

Abb. V.182. Marktbedingungen und Versorgungsqualität (n. R. H.)

mehr befriedigen können, anderseits aber rechtlich rigoros gegen Handwerker ohne Meisterbrief wegen »Schwarzarbeit« vorgehen, dann schadet das den Verbrauchern, die für kleinere Aufträge keine Handwerker bekommen, und verhindert zugleich Arbeitsplätze im Bereich handwerklicher Nischenangebote. Nach Schätzungen des »Bundes Unabhängiger Handwerker« (BUH) könnten sofort 300 000 Handwerker ohne Meisterbrief, die jetzt noch den Markt mit ihren Dienstleistungen versorgen, durch Betriebsschließungen, und in völliger Übereinstimmung mit dem Handwerksrecht, in die Arbeitslosigkeit geschickt werden. Das ist sozialpolitisch aber nicht verantwortbar und wirtschaftspoltisch schädlich. Was jedoch die Hörgeräte-Akustiker betrifft, ist die Situation anders. Es handelt sich hierbei um ein Voll-, Gefahren- und Gesundheitshandwerk mit medizinisch-fachwissenschaftlichem Charakter, das mit den Handwerken im konventionellen Sinn wenig gemein hat. Verbraucherschutz ist in diesem Bereich aber nicht nur als Preisinteresse zu definieren, sondern vorrangig als Qualitätsinteresse. Aber auch dieser Markt ist noch lange nicht gesättigt und bietet beträchtliche Wachstums- und Beschäftgungschancen, die es zu nutzen gilt.

Technologien der Zukunft

Zwei epochale wissenschaftliche Leistungen des Jahres 1999 könnten diese Branche nachhaltig verändern. Die eine ist die Entwicklung eines »*Atom-Lasers*«, die *Prof. Theodor Hänsch* und seinem Team im *Max-Planck-Institut* für Quantenoptik in Garching bei München gelungen ist. Dabei geht es darum, anstelle des Lichts einen tausendmal feineren kontinuierlichen Strahl von Rubidiumgas-Atomen in einer »magnetischen Flasche« zu bündeln und damit zum Beispiel etwa hundertmal kleinere Chipstrukturen, als sie bis heute möglich sind, zu fertigen. Die Genauigkeit des neuen Lasers erreicht den millionsten Teil eines Millimeters. Ergänzt wird diese Technologie durch die weitere Miniaturisierung der Batterien. Es wird bald möglich sein, kleinste wiederaufladbare *Zink-Batterien* mit 15-facher Energiedichte herzustellen und *Mini-Lithium-Batterien* mit einer Dikke von 0,5 mm und einem Gewicht von 0,7 Gramm. Das würde bedeuten, dass Hörgeräte und Implantate noch viel kleiner und leistungsfähiger werden können als sie es heute bereits sind. Das »unsichtbare Hörsystem« wäre dann Wirklichkeit geworden. Damit kann allerdings die Möglichkeit verbunden sein, Hörsysteme dem Handwerk zu entziehen und ausschließlich in die Hände der *Mikro-Chirurgie* zu legen. Auch dieser Aspekt würde auf die Notwendigkeit hinweisen, dass sich die Hörgeräte-Akustiker mit audiologischen Zusatzausbildungen weiter qualifizieren und enger mit der Medizin zusammenarbeiten müssen.

Die andere bahnbrechende wissenschaftliche Leistung ist die Entdeckung der für das Hören zuständigen Ionenkanäle in den Sinneszellen der Cochlea und die Lokalisierung eines Ensembles von etwa 40 »*Hör-Genen*« durch *Prof. Tho-*

mas Jentsch am *Zentrum für molekulare Neurobiologie (ZMNB)* der Universität Hamburg in Zusammenarbeit mit dem *Pasteur-Institut* in Paris. Diese Entdeckung könnte in zehn bis 20 Jahren die gentechnische und medikamentöse Reparatur von angeborener und altersbedingter Taubheit beziehungsweise Schwerhörigkeit ermöglichen. Damit würde der apparativen Versorgung der Boden entzogen und das »Hephata!« (»Öffne Dich!«) der biblischen Heilung der Taubheit Realität werden und die Rehabilitation der Schwerhörigkeit wieder dort enden, wo sie einmal angefangen hatte, bei den Medizinern. *(Vgl. Holt et al., Ion Channel Defects in Hereditary Hearing Loss, Neuron, Vol. 22, 1999).*

Abb. V.183. Das »Tissue-Engineering« ermöglicht die Nachzüchtung von Körperteilen aus körpereigenen Zellen. Hier ist die Nachzüchtung einer Ohrmuschel zu sehen

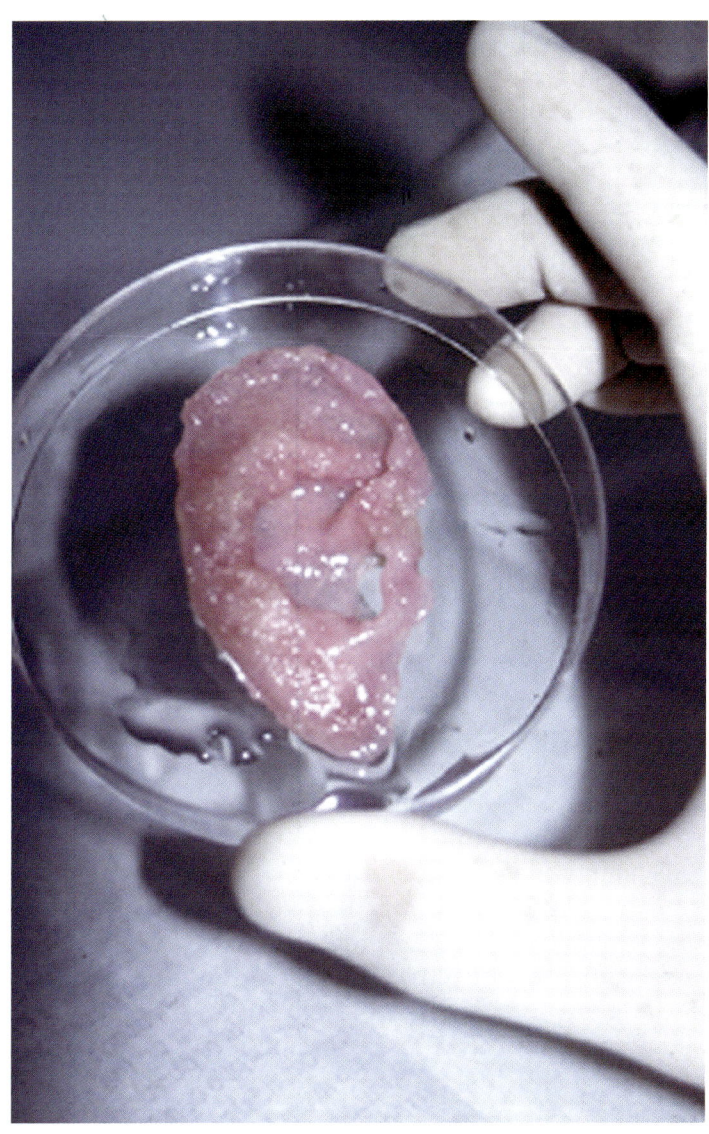

Neue Technologien werden dazukommen, die etwas mit dem Hören zu tun haben, aber kaum in die Zuständigkeit des Hörgeräte-Akustikers fallen werden. Ein Beispiel ist der »*Sensor-Handschuh*«, der an der Technischen Universität in Berlin entwickelt wird. Der elektronische Handschuh wird es ermöglichen, dass die Gebärdensprache durch Umwandlung der Handbewegungen in elektro-akustische Signale direkt hörbar gemacht wird *(vgl. DSB-Report 1/99).*

Ein völlig neues Gebiet wird das »*Tissue Engineering*« sein, bei dem es darum geht, nicht oder nicht mehr vorhandene knorpelige Körperteile wie etwa die Ohrmuschel oder Teile des Mittelohres als lebendes Gewebe in vitro neu zu züchten und dem Patienten anzusetzen. Dazu werden humane Knorpelzellen aus der Nasenscheidewand des Patienten entnommen, die dann auf der Basis eines vorgeformten dreidimensionalen Gerüstes aus biokompatiblen Kopolymeren und Fibrin zu jeder gewünschten Form heranwachsen können *(vgl. Hörakustik 4/98).*
Noch vielversprechender ist die *Stammzellentherapie*, die die Fähigkeit embryonaler Stammzellen, sich zu organspezifischen Zellen auszudifferenzieren, zur Nachzüchtung ganzer Organe aus körpereigenen Geweben einsetzt. Theoretisch wäre es möglich, mit diesem »*therapeutischen Klonen*« das zerstörte Innenohr eines Menschen durch eine neue »Kopie« zu ersetzen.

Der Vertrieb von Hörgeräten wird sich in verschiedene Kanäle verteilen.Die stärkste Sparte wird der Hörgeräte-Akustiker bleiben, der seine Qualifizierung und sein Dienstleistungsangebot aber ständig erweitern und verbessern muss, um diese Position halten zu können. Im Bereich des Kassen- und des aufkommenden Selbstversorgermarktes werden sich Anbieter etablieren, die ihre Technologien so maßschneidern werden, dass sie nicht dem Handwerksrecht unterliegen. Das Versandhandelsmodell wird sich insofern behaupten können, gerät aber seinerseits unter Preisdruck von Internet-Anbietern, die noch billiger sein können, weil sie auch noch den Arzt einsparen. Das mag von Verbraucherlobbyisten begrüßt werden. Aber auch beim Vertrieb *via Internet* zeigt sich, wie fragwürdig es ist, wenn Verbraucherinteressen auf bloße Preisinteressen verkürzt werden. Das On-Line-Shopping wird von den Medien völlig ungerechtfertigt hochgelobt und überbewertet. Zugleich versucht man diejenigen, die bei einem Einkaufsbummel die Ware noch anfassen, prüfen und um ihren Preis feilschen wollen, als Technikverweigerer hinzustellen. Dabei wird vollkommen verschwiegen, dass der Einkauf via Personal Computer das Jahrtausende alte und – im Sinne des Verbrauchers – bewährte System »Erst die Ware, dann das Geld« umgedreht wird. Unternehmen, die ihre Waren per Internet anbieten, verlangen zuerst die Bezahlung per Kreditkarte oder Einzugsermächtigung. Sie schalten damit für sich selbst alle Risiken aus und zementieren so das »Caveat emptor« (Der Käufer muß aufpassen) zu gnadenloser Härte. Das Geld des Kunden ist in jedem Fall erst einmal weg. Ob, wann und in welchem Zustand die

Ware bei ihm ankommt, ist ungewiss. Die Rückgabe erfordert dagegen erhebliche Umstände. Es braucht eine neue Verpackung, den Weg zur Post und – im Falle von Auslandsfirmen – womöglich noch Zollformalitäten. Das Geld nach einer Reklamation zurückzubekommen, wird in der Regel schwer sein. Für den Verbraucher wird das Billige am Ende teurer. Für die Anbieter hat es sich aber in jedem Falle gelohnt: Neben dem risikolosen Sofort-Inkasso ohne Außenstände hat er auch noch die Spanne für den Einzelhandel eingespart.

Daneben wird es im Gefolge der Implantat-Technologien eine neue klinische Kompetenz im Bereich apparativer Rehabilitationen geben, die schon historisch überlebt schien. Ein Teil der Hardware muss implantiert werden und daher den Vertriebsweg über die Klinik gehen.

Es ist auch zu erwarten, dass sich die Implantat-Technologie zu einer Neurochip-Technologie weiterentwickeln wird. So wie man bei einer Retinitis pigmentosa, bei der die Netzhaut des Auges keine Lichtreize mehr wahrnimmt, einen win-

Abb. V.184. Tendenzen der Marktentwicklung: Historisch geht die Entwicklung vom Kassenmarkt über zum Zuzahlungsmarkt und schließlich zum Privatmarkt. Der Markt für Selbstversorgungen (»Passe-Partout-Geräte«) bleibt zweifelhaft (n. R.H.)

zigen Chip unter die Netzhaut setzen kann, der mit dem Sehnerven verbunden ist, so wird man den Hörnerven direkt mit einem impulsgebenden Chip verbinden.

Ein ehrgeiziges Projekt ist auch die »*Fachhochschule für Hörgeräte-Akustik*«, die schon 1977 (auf Initiative des meist vorausdenkenden Werner Pistor) einmal kurz auflebte, seitdem aber ruhte. Das Projekt folgt dem Gedanken, dass es die Hörgeräte-Akustik angesichts ihres fachwissenschaftlichen Charakters Meistern möglich machen müsse, durch ein angefügtes Studium eine Graduierung zum »*Staatlich geprüften Hörgeräte-Akustiker*« zu erwerben.

Insgesamt steht zu erwarten, dass sich der Markt für Hörgeräte stärker polarisieren wird, als das bisher der Fall war. Dabei gibt es auch hier Spannungsfelder, die sich als Koordinatenkreuz (Abb. V.184.) darstellen lassen. Wenn man die Betrachtungen in den 70er Jahren beginnt, in denen der »Kassenmarkt« in Deutschland seinen Ursprung hatte, so gibt es eine starke Tendenz der »Emanzipation« gegenüber den öffentlichen Kostenträgern und eine Hinwendung zu einem starken Privatmarkt. Daneben wird sich ein Billigmarkt etablieren (»Swatch-Markt«), ohne dass dieser Markt der Endpunkt der Entwicklung in dem Sinne sein wird, dass die anderen Märkte dadurch abgelöst würden. Der Zeitpfeil reicht deshalb nur bis in den 3. Quadranten hinein. Auch die ersten beiden Quadranten bleiben bestehen, aber sie werden ihre Alleinstellung verlieren. Der Markt wird also nicht unbedingt anders, aber er wird vielfältiger. Der »Swatch-Markt« könnte durch Passe-Partout-Gehörgangsgeräte (»Stock Canal Aids«) Auftrieb bekommen, die es in den USA schon so lange gibt, wie es Im-Ohr-Geräte gibt. Das sind Geräte für einfachste und durchschnittlichste Hörverluste und mit einer ebenso durchschnittlichen Standard-Otoplastik, die passt oder auch nicht. Selbst das intelligenteste dieser Produkte, das teilmodularisierte »*RAC*«, das sich 1985 der ehemalige Starkey-Technik-Chef *Barry Voroba* einfallen und von Bausch & Lomb herstellen ließ, schaffte den Durchbruch nicht. Der Pfiff an dem RAC war die flexible Otoplastik, die sich jedem Gehörgang anpasste. Auch der Versuch von Starkey Deutschland, 1997 mit dem »Audio-Chip« ein »Einsteigergerät« als »Appetizer« für Zauderer auf den Markt zu bringen, war nicht erfolgreich. Die einzige Ausnahme ist das Produkt »Crystal Ear«, das in den USA ab Mitte der 90er Jahre über den Versandhandel relativ gut abgesetzt werden konnte.

1999 startete die amerikanische Firma Songbird Medical aus New Jersey mit Hilfe des Johnson + Johnson-Konzerns einen weiteren Versuch, ein »Sofort-Gerät« auf den Markt zu bringen. Das Modell »Songbird« geht noch einen Schritt weiter als das »Crystal Ear«: Ist die Batterie leer, muss das ganze Gerät weggeworfen werden. Das Gerät soll zwischen 20 und 100 Dollar kosten.

VI. Kleine Handwerksgeschichte für Hörgeräte-Akustiker

Das Handwerk war schon immer in einer besonderen Position innerhalb des Wirtschaftslebens, denn es verbindet Elemente des kapitalistischen Unternehmertums mit denen der abhängigen Lohnarbeiterschaft. Das Handwerk ist deshalb eine der wichtigsten Säulen des Mittelstandes. Der Handwerker unterscheidet sich von den beiden Antipoden, dem Kapitalisten und dem lohnabhängigen Arbeiter auch dadurch, dass er eine spezielle Fachausbildung benötigt, um seinen Beruf ausüben zu können, und dass er seinen Betrieb in der Regel innerhalb der Familie vererbt und so das Handwerk traditionsbewusst in seinem Fortbestand sichert.

Das Handwerk war im Interesse der sozialen Stabilität einer Gesellschaft schon immer notwendig, ganz abgesehen von seiner Versorgungsfunktion in Bezug auf wichtige Dienstleistungen. Es hat sich deshalb zeitweilig eine relativ starke Position im sozialen und politischen Gefüge der Gesellschaft erobern können und gerade damit immer wieder politische Bestrebungen hervorgerufen, es in seinen Funktionen und Kompetenzen zu beschneiden oder politisch zu kontrollieren und zu instrumentalisieren.

Das Handwerk ist deshalb von besonderem Interesse und soll in einem historischen Rückblick an dieser Stelle gewürdigt werden.

Von den Handwerkern im Altertum und anderen »Banausen«

Schon früh kam der arbeitende Mensch, der über besondere Fähigkeiten verfügte, auf den Gedanken, sich mit anderen zusammenzutun und sich selbst und seine Kollegen vor wirtschaftlichen Risiken zu schützen. Wo die Demokratie noch unbekannt war, wie im alten Ägypten, suchte er zunächst als Einzelner bei höheren Mächten Schutz. Zum Beispiel bei dem Schöpfergott *Ptah*. Und wenn es den Berufsstand der Hörgeräte-Akustiker schon gegeben hätte, wäre Ptah der Richtige für diese Zunft gewesen. Er war nämlich zugleich der Gott der Heiler und Handwerker, und ganz besonders interessierten ihn die Ohren. Er war »der, der hört« und die ihm geweihten Stelen waren mit den Idiogrammen der Ohr-

Abb. VI.1. Stele aus dem altägyptischen Memphis, dem Gott Ptah gewidmet (aus Käthe »Unternehmen Besser Hören«)

muschel verziert. Die Opfergaben, die er bevorzugte, waren künstliche Ohren aus vielerlei Material *(Nack, Ägypten, S. 93)*. Sein Hohepriester *Ptah-hotep* (»Er gefällt dem Ptah«) war den Ohren ebenso zugetan. Er philosophierte 2 700 v. Chr. über das Hören und formulierte den bekannten Satz »Wo das Hören gut ist, ist auch das Reden gut« *(Nack, Ägypten, S. 187)*. Das ist eine Erkenntnis, wenn sie auch hörpädagogisch und nicht nur philosophisch gemeint war, die die Audiologen und Phoniater unserer Tage bestätigen können, denn ohne gutes Hören gibt es keine gelungene Sprachentwicklung.

In den frühen Demokratien, wie in Griechenland, schlossen sich die Handwerker zu »*cyklen*« (Athen) zusammen, um ihre Interessen in der »*Polis*« besser vertreten zu können. Das hatten sie auch nötig, denn sie standen nicht in hohem Ansehen, weil sie meistens arm waren und ihren Lebensunterhalt mit körperlicher Arbeit verdienen mussten, oder, sofern sie über ein größeres »*ergasterion*« (Werkstatt) verfügten, andere dazu zwangen. Wer in Athen etwas auf sich hielt, hatte Geld und Muße zur Philosophie. *Sokrates* Urteil über die Zünfte war nicht eben schmeichelhaft:
»Die sogenannten Handwerke sind verrufen und genießen mit Recht keine Achtung. Sie zerrütten den Abeitern ihre Körper, weil sie dieselben zum Sitzen und Stubenluftschlucken nötigen.«
Weil sie immer nur an den Gelderwerb dächten, hätten sie auch keine Zeit, sich am politischen Leben zu beteiligen und seien darum nicht als richtige Bürger zu betrachten. Sokrates: »Solche Menschen taugen nicht für den geselligen Umgang und nicht als Kämpfer für das Vaterland.« *(Xenophon, Ökonomicus 4,2-3)*.

Aristoteles Meinung über die Handwerker war auch nicht besser: »Der vollkommene Staat wird keinen dieser Banausen zum Bürger machen!«
Dabei war die Wortwahl des Aristoteles durchaus korrekt, denn das altgriechische Wort für den Handwerker war kurz und bündig »Banause«! *(Aristoteles, Politik 1377b-1378b)*.

Zu großer Blüte und Ansehen gelangte das Handwerk in den alten Kulturen des Vorderen Orients, wobei »Handwerk« nicht nur körperliche Arbeiten meinte, sondern auch geistige. Der Begriff »Handwerker« war bei den späten Babyloniern gleichbedeutend mit Meister, Gelehrter und Künstler. *Enki*, der Gott der Weisheit, war zugleich der Schutzpatron der Handwerker. Die Handwerke und deren Werkzeuge waren Schöpfungen der Götter *Enlil, Kulla* und *Chotor-Chusor*.

Wenn die Handwerker auch nicht unbedingt freie Unternehmer wie in heutiger Zeit waren, sondern sich meistens in starker Abhängigkeit von den auftraggebenden Monarchen, Beamten und Priestern befanden, so gehörten sie wegen ihrer zunehmend hoch geschätzten Fertigkeiten zumindest nicht auf Dauer den niedersten Ständen an. Während König *Hammurabi* (1728 bis 1686 v. Chr.) die Handwerker in seinem »Kodex« nur den Sklaven überordnete, rangierten sie einige Generationen später schon als »Fünfter Stand« vor den Bauern und in spätbabylonischer Zeit (6. bis 5. Jhdt. v. Chr.) avancierten sie zur städtischen Oberschicht. *(Vgl. Vardimann, Die Nomaden, S. 327 ff., und Hrouda, Der alte Orient, S. 212 ff.).*

Auch bei den *Juden im Altertum* stand das Handwerk in hohem Ansehen. Von den Babyloniern hatten sie die Vorstellung übernommen, dass das Handwerk göttlichen Ursprungs sei. Gott *Jahwe* unterwies die Berufenen höchstselbst in den verschiedenen Handwerken *(Jes. 45, 9 ff.)*, von denen die Bibel 25 nennt. Es wurde sogar erwartet, dass ein Rabbiner und Schriftgelehrter zunächst einmal ein ordentliches Handwerk erlernte. Die bekanntesten Beispiele waren *Jesus*, der Zimmermann, und *Paulus*, der Zeltmacher. Das Handwerk wurde an die Kinder weiter vererbt und oft übten es ganze Sippen aus.
Die »Handwerksgeschlechter« waren Innungen und Zünfte mit besonderen familiären Bindungen. Der Zunftmeister wurde »Vater« genannt, das einzelne Mitglied »Sohn« (Neh. 3). Vor allem in *Jerusalem*, der »Stadt der Gewerbe«, blühte das Handwerk in vielerlei Form. *(Vgl. Rienecker, Lexikon zur Bibel, Ben-Sasson, Geschichte des Jüdischen Volkes, S. 288).*

Nicht gut angesehen waren allerdings bestimmte Kunsthandwerke, die gegen das jüdische Bilderverbot verstießen. Jesaja wetterte heftig gegen die »Götzenschnitzer«, die in Jerusalem Götterstatuen für die fremden Heidenvölker herstellten. Weil das aber wenig nützte und sie schließlich auch für den Tempel der Juden wunderbare Verzierungen herzustellen wussten, gab er schließlich nach und kam zu der Einsicht: »Handwerker sind auch Menschen!« (Jes. 44,11).

Die frühen Christen übernahmen die handwerklichen Traditionen der Juden und schätzten vor allen Dingen die sozialen Bindungen, die daraus entstanden. Weil das Christentum den Wert der Familie und ihrer Funktion als lebenslange stabile Versorgungsgemeinschaft immer betonte, hat der deutsche Soziologe *Max Weber* (1864 bis 1920) das Christentum auch als »Handwerkerreligion« bezeichnet *(Drehsen et al., Wörterbuch des Christentums, S. 455).*

Das Handwerk in Rom: Faber und Famulus

In Rom schlossen sich die Handwerker zu 150 Kollegien (*collegia*), Innungen (*sodalitas*) und Korporationen (*corpus*) zusammen. An die Spitzen dieser Verbände wählten sie je einen Vorsitzenden (*magister*), der sich für die politischen, sozialen und ökonomischen Belange seiner Klientel gegenüber dem Staat einsetzte, aber auch für gemeinsame Feste und identitätsstiftende feierliche Zeremonien sorgte *(Martin, Das alte Rom, S. 86, 190, 220, 250 ff.).* Wie in allen anderen Kulturen, war auch in Rom das Handwerk (*artificium*) eine Folge der Urbanisierung. Nomadische Gesellschaften kannten keine Handwerke. Nur die Stadt förderte wegen der Kleinräumigkeit der Lebensverhältnisse die Spezialisierung auf viele verschiedene gewerbliche Tätigkeiten. Je nachdem, wie grob oder kunstvoll das jeweilige Handwerk war, hieß der Handwerker »*faber*«, »*opifex*« oder »*artifex*« und sein Produkt »*labor*« oder »*opus*«. Der Meister war der »*artificio praeest*«, der Geselle der »*famulus*« oder »*socius*« und der Lehrling der »*discipulus*«. Die römischen Handwerker (z. B. Bäcker, Weber, Färber, Schmiede, Tischler, Töpfer, Schneider, Steinmetze) hatten meistens eine kleine Werkstatt (*officina*), die mit einem Laden (*taberna*) verbunden war. Man produzierte nach Auftrag (*mandatum*) oder auf Vorrat (*pantopolium*) und verkaufte seine Erzeugnisse direkt an den Konsumenten, mit Ausnahme der Produkte für den Fernhandel, die von Zwischenhändlern (*mercatores*) aufgekauft wurden.

Auf dem Land waren die Verhältnisse anders. Dort betrieb man wegen der Entfernung zu den Marktplätzen und Städten notgedrungen eine weitgehend autarke Subsistenzwirtschaft. Das heißt, man musste fast alles selber herstellen können. Aber auch hier gab es handwerkliche Tätigkeiten, wenn auch in ganz anderer Weise, nämlich als lohnabhängige Beschäftigung von besitzlosen Handarbeitern (*mercennarii*) in den großen Manufakturen (*fabricae*).

Im Zuge des Massenbedarfes an einfachen Konsumgütern, der eine Folge des Wachstums der Städte, der allgemeinen Proletarisierung der Bevölkerung und der wachsenden Militarisierung der Kaiserzeit war, sahen viele Großgrundbesitzer die Chance, ihre nicht besonders profitable und zudem saisonabhängige agrarische Produktionsweise auf eine Industrielle umzustellen. Sie hatten Flächen, Kapital und oft auch die Rohstoffe, um zum Beispiel riesige Töpfereien zu errichten. Die Arbeitskräfte wurden aus der Sklaverei und aus verarmten Bauern, Arbeitern und Handwerkern rekrutiert. Zu Wohlstand und politischen Rechten konnten die Handwerker auf dem Lande nicht kommen. Aber auch in den Städten war das Handwerk in dem Maße bedroht, wie es der gesamte Mittelstand war. Julius Caesar und Hadrian versuchten vergeblich, der Auszehrung des Mittelstandes und der Proletarisierung der Bevölkerung entgegenzuwirken, indem sie verschiedene mittelstandsfördernde Gesetze erließen.

Kaiser *Aurelian* (214 bis 275 n. Chr.) versuchte, den Niedergang der Stadtkultur in der Spätantike unter anderem durch umfangreiche Staatsaufträge an die Handwerker und die Verpflichtung zur Mitgliedschaft in den Kollegien aufzuhalten. Aber alles war vergeblich. Der Niedergang war eine unausweichliche Folge der Lehnsdienste und Kriegslasten auf den Schultern der Bauern, die zur Aufgabe gezwungen wurden und sich entweder als Landarbeiter verdingten oder in den Städten vom Staat mit »Brot und Spielen« versorgen ließen. Mit der Proletarisierung Roms, aber auch mit der Abschaffung der Sklaverei und der Vergabe von *Kolonaten* (Pachtland) an die Freigelassenen, die aufs Land zogen, verloren die Städte, und mit ihnen das Handwerk, bis ins hohe Mittelalter hinein zunehmend an Bedeutung.

Der Niedergang des Handwerks im Mittelalter

Der Mittelstand wurde vollends durch das von *Karl dem Großen* (747 bis 814) eingeführte Lehenssystem zerstört. Weil die auferlegten Lehnsdienste für die kleinen Bauern unerträglich waren, begaben sie sich notgedrungen als unfreie Bauern und Leibeigene in die Abhängigkeit der großen Lehnsherren. Man kehrte deshalb bis zum 11. Jahrhundert zur ländlichen Selbstversorgungswirtschaft zurück, wobei die Reste des handwerklichen Wissens, das die Germanen bei den Römern erlernt und für die nachfolgenden Generationen bewahrt hatten, sehr nützlich waren. *(Nack, Germanien, S. 81; Hamer, Das mittelständische Unternehmen, S. 27 ff.).*

Die Vernichtung des Handwerks von der Spätantike bis zum Mittelalter kann unter anderem auch auf die Christianisierung und die Dogmatisierung des Glaubens durch den autoritären Klerus in jener Zeit zurückgeführt werden, denn ein freier Mittelstand war schon immer auch ein Schutzraum für das Freidenkertum. Wer wirtschaftlich unabhängig ist, will es auch im Denken und seiner persönlichen Lebensgestaltung sein. Vielleicht irrte *Max Weber*, wenn er meinte, das Christentum sei eine »Handwerkerreligion«. Er hatte dabei offensichtlich einige Übereinstimmungen existentieller Art im Auge, wie die Bodenständigkeit und die Wertschätzung der Kleinfamilie. Das Handwerk war trotz seines Konservativismus und seines prinzipiellen Bekenntnisses zum Christentum unbequem, weil es sich weder den totalitären Ansprüchen des Staates noch der Kirche unterwerfen wollte.

Ein Relikt aus dieser Zeit sind die *Freimaurerlogen*, deren Geheimniskrämerei eine notwendige Überlebensstrategie gegenüber der Inquisition gewesen ist. Obgleich die »*Meister der Bauhütten*« heute nur noch esoterische Ziele verfolgen und sich anderen Gesellschaftsschichten geöffnet haben, waren sie ursprünglich Steinmetze und Architekten. Die intensive Beschäftigung mit dem Bau von Sakralbauten einerseits und der dogmatische Anspruch der Kirche andererseits, allein deren tiefste Symbolik zu verstehen, hatte wahrscheinlich zu einer Spiritualisierung der Tätigkeit und des Selbstverständnisses dieses Handwerks geführt.

Es verwundert daher nicht, dass alle totalitären Systeme der folgenden Jahrhunderte das Freimaurertum auf das Schärfste bekämpft haben, einschließlich der katholischen Kirche. Umgekehrt ist es nicht verwunderlich, dass 50 von 56 Autoren der Unabhängigkeitserklärung und der Verfassung der Vereinigten Staaten von Amerika Freimaurer waren und noch heute die Freimauer-Symbole die Dollarnoten der USA zieren.

So ging aus einem Handwerk eine weltweite freidenkerische Bewegung hervor, zu der *George Washington, Friedrich der Große, Montesquieu, Mirabeau, Simon Bo-*

livar, die Freiherren von Gagern, vom Stein und von Steuben, Gneisenau, Blücher, Garibaldi, Lafayette, Aristide Briand, Gustav Stresemann, Matthias Claudius, Chamisso, Goethe, Lessing, Wieland, Tucholsky, Scharnhorst, Carl von Ossietzky, Fichte, Herder, Vater und Sohn Mozart, Benjamin Franklin und in unserer Zeit *Karlheinz Böhm, Louis Armstrong, Charlie Chaplin und Harry Truman* gehören bzw. gehörten, um nur einige zu nennen *(vgl. Endres, Das Geheimnis des Freimaurers, S. 31 ff., Schulte/Sand, Geschlossene Gesellschaft mit offenem Herzen).*

Urbanisierung und Handwerk

Das Handwerk entwickelte sich im späten Mittelalter langsam wieder aufs Neue, nämlich dort, wo sich städtische Zentren herausbilden konnten. Das war zunächst ein sehr langsamer Prozess, der seine Ursache in dem mittelalterlichen Feudalsystem hatte, das nur drei freie Stände kannte, den Hochadel, den Klerus und die Ritter. Wer nicht als Leibeigener auf dem Lande arbeiten oder auf ewig als heimatloser Marketender in der Welt umherziehen wollte, hatte nur die Möglichkeit, in eine der sich neu bildenden »freien« Städte zu ziehen. Das waren kleine Areale, die an verkehrstechnisch und strategisch günstigen Plätzen gelegen waren und den grundbesitzenden Rittern und Klerikern von reisenden Händlern abgekauft worden sind, um auf eigenem Boden als freie Menschen Stützpunkte und Lagerorte errichten zu können. Damit verbunden war das Recht, den neuen Lebensraum einzugrenzen und durch Verteidigungsanlagen zu sichern. Inmitten dieser Stadtmauern fühlte man sich sicher vor den Übergriffen einer teilweise räuberischen Ritterschaft. »Stadtluft macht frei« hieß es damals. Bald erstritt man auch das Recht, Markttage abzuhalten und Recht zu sprechen.

Die Welle der Stadtgründungen, die um 1300 ihren Höhepunkt erreicht und die Zahl der Städte im Deutschen Reich von 30 auf 3 000 verhundertfacht hatte, wurde durch den Adel gefördert.
Er hatte mit dem neuen Stadtbürgertum ausgehandelt, dass er im Gegenzuge Abgaben für die Markttage erheben durfte. Treibende Kraft für diese Entwicklung war der in dieser Beziehung weitsichtige Großherzog von Sachsen und Bayern, *Heinrich der Löwe* (1129 bis 1195). Zusätzlich beflügelten neue landwirtschaftliche Methoden wie die »Dreifelder-Wirtschaft«, aber auch die Gründung der »*Hanse*« und der allgemeine wirtschaftliche Aufschwung im Europa des 11. und 12. Jahrhunderts die Initiativen der Städtegründer. Europa konnte nach der verheerenden Hungersnot des 10. Jahrhunderts, da die Menschen selbst vor Kannibalismus nicht zurückschreckten, um zu überleben, aufatmen. Die Bauern erzeugten jetzt, außer im Herbst Weizen und Roggen, auch im Frühling Gerste und Hafer, sie bauten neue Gemüsesorten an, sie verwendeten die Egge aus Eisen und neue Geschirre für Ochsen und Pferde, sie erweiterten die Anbauflächen durch Rodungen und spezialisierten sich auf bestimmte Erzeugnisse.

Sie verdoppeln die Erträge innerhalb von 100 Jahren und auch die Bevölkerung in Europa kann sich in dieser Zeit verdoppeln. Die Landbevölkerung kann die Stadtbevölkerung mit ernähren und sich nun umgekehrt manche Waren aus der Stadt leisten. Die Stadt wurde zum Anziehungspunkt für Krämer und Künstler, Bettler und Bauern. Und sie lockte entlaufene Leibeigene an, die sich dort als Handwerker niederließen. Blieben sie ein Jahr lang hinter den sicheren Stadtmauern, so waren sie für immer frei. *(Zimmerling, Die Hanse, S.55 ff.).*

Mit den *Rittern* und *Kaufleuten* konnten sich die Handwerker freilich nicht vergleichen. Während die Ritter aufgrund ihres Grundbesitzes vermögend waren und die Kaufleute schon Einiges erworben hatten, waren die Handwerker noch besitzlos. Für ihre Produktionsweise brauchten sie weder Boden noch Kapital. Ein Raum zum Arbeiten und ein paar Werkzeuge genügten. Sie wurden deshalb von den Rittern und Kaufleuten, die das Patriziat bildeten und als »ratsfähige Bürger« allein über die Geschicke der Stadt entschieden, als Stand niederen Ranges angesehen. Die Stellung der Menschen innerhalb der Stadt hing von Herkunft, Rechtsstand, Vermögen und Beruf ab, und die Handwerker hatten hier zunächst einen schweren Stand. Obwohl sie nicht mehr in Leibeigenschaft lebten, galten sie als »unfreier Stand«.
Die Patrizier waren noch nicht einmal gezwungen, einen Handwerker für seine Leistungen zu bezahlen, denn der hatte kein Recht, seine Forderungen einzuklagen. Versuchte er es trotzdem, konnte er dafür verprügelt werden. Tiefer als die Handwerker war nur noch der Stand der »unehrlichen Leute«, bestehend aus Tagelöhnern, Knechten, Gauklern, Bettlern, fahrendem Volk, Henkern und Leichenbestattern angesiedelt. *(Krüger et al., Geschichte des Abendlandes, S.98 ff.).*

Bis zum 15. Jhdt. kamen die Handwerker langsam zu bescheidenem Wohlstand und bildeten eine relativ stabile Mittelschicht in den Städten. Sie schlossen sich zu »*Zünften*« zusammen und folgten damit dem Vorbild der Kaufleute, die sich zu »*Gilden*« und »*Hansen*« zusammengetan hatten. Auch konnte nicht mehr jeder ein Handwerker werden. Wer Lehrling werden wollte, musste von »ehrlicher Geburt« und nicht etwa das Kind eines Scharfrichters, Schinders (Abdeckers) oder Schaustellers sein. Der Lehrling wurde in der Familie des Meisters aufgenommen und musste 265 Tage im Jahr von morgens vier Uhr bis abends spät um sieben Uhr arbeiten. Nach drei bis vier Jahren Lehrzeit wurde er vom Meister »losgesprochen« und dabei allerlei derben Scherzen seitens der älteren Gesellen ausgesetzt – im Druckgewerbe kennt man bei traditionsbewussten Betrieben noch heute das »Gautschen«, wobei der angehende Geselle u. a. kräftig in einen Wassertrog getaucht wird.

Nach den »*Wanderjahren*« und dem »*Meisterstück*« konnte er in einer Stadt das Bürgerrecht erwerben und sich als Meister niederlassen. Die Mitgliedschaft in einer »Zunft« war dabei Pflicht. Sie ordnete das Leben innerhalb des Handwerks und schrieb dem Meister vor, welche Waren er herstellen und welchen Preis er dafür nehmen durfte. Damit sollte die gleichbleibende Qualität der handwerklichen Produkte bei garantierten und fairen Preisen sichergestellt, das Vertrauen der Kunden erworben und der gute Ruf der Stadt erhalten werden. Um jedem Handwerker sein Einkommen zu sichern, achteten die *»Äldermänner«* (*Zunftmeister*) streng darauf, dass niemand dem anderen »ins Handwerk pfuschte«. Wer sich nicht daran hielt, dem wurde »das Handwerk gelegt«. Dieser Aufsicht durch die Zunftmeister kam eine umso größere Bedeutung zu, je größer die Arbeitsteiligkeit innerhalb der Handwerksberufe wurde.

Diese eigene Gerichtsbarkeit war zum Teil recht handgreiflich. Wer gegen das handwerkliche Berufsethos verstieß, wurde für den Rest des Lebens stigmatisiert. Wenn ein Geselle gelogen, gestohlen oder betrogen hatte, so riss ihm der Meister zur Strafe den Gesellenring vom Ohr. Dabei wurde das Ohrläppchen aufgerissen und es blieb ein deutlich sichtbarer, großer Schlitz zurück. So war jeder gewarnt, mit diesem Übeltäter jemals Geschäfte zu machen. Er galt fortan als »Schlitzohr«.

Auch für den Zusammenhalt der Handwerker und die Ausrichtung von Geselligkeiten waren die Zünfte zuständig. Weil es fast keine Freizeit und keinen Urlaub für Lehrlinge und Gesellen gab, organisierte man Trachtenfeste, Zunft-Umzüge, Turnierspiele und gemeinsame Wallfahrten.

Dem technischen Fortschritt gegenüber war das Handwerk nicht immer positiv, zum Teil sogar feindlich eingestellt, weil man durch die Mechanisierung der Produktion die Beschädigung der Handwerkstätigkeit und eine Auflösung der Zünfte befürchtete. Andererseits sah man durchaus den Vorteil mancher technischer Erfindungen für die eigene Tätigkeit und wusste sie zu nutzen, wie zum Beispiel die Wasserkraft beim Walken, Gerben, Färben, Sägen, Schmieden und Schleifen oder die Windkraft beim Malen von Getreide. *(Krüger et al., Geschichte des Abendlandes, S. 98, und Pleticha, Weltgeschichte, Bd. 6, S. 232).*

Die wandernden Handwerker, die nicht an eine Stadt gebunden, sondern ständig »auf der Walz« waren, aber auch die Bergleute und Lohn-Facharbeiter, schlossen sich zu »Genossenschaften« zusammen, die vom Geiste der Bruderschaft getragen wurden. Dass die Wandergesellen Bruderschaften bildeten, hatte seinen Grund auch in der Ablehnung der Kirche gegenüber den Freizügigkeiten des nomadischen Lebens. Wo die gottgefällige *stabilitas loci* (Ortsbeständigkeit) aus beruflichen Gründen nicht möglich war, wurde eine *stabilitas congregatione* (Beständigkeit in der Glaubensgemeinschaft) umso mehr gefordert. *(s. Die Grossen, BdII/2, S. 720).*

Das Handwerk in Absolutismus und Aufklärung

Die Handwerker wurden sich bald ihres größeren politischen Gewichtes bewusst. Dadurch kamen sie zwangsläufig in Konflikt mit den Privilegien der Patrizier. Sie verweigerten dem Patriziat die ständig steigenden Torzölle und verlangten, in die Stadträte aufgenommen zu werden. Als die sich weigerten, bewaffneten sich die Handwerker und setzten ihre Forderungen mit Gewalt durch. Der blutige Weberaufstand von 1369 in Köln, der zunächst mit der Hinrichtung der Zunftmeister und um 1400 mit dem Sieg der Handwerker endete, hat Geschichte gemacht und wurde zum Fanal für ähnliche Aufstände in Ulm, Braunschweig, Lübeck und Lüneburg. *(Birk et al., Geschichte und Geschehen, S. 46 ff.).*

Die Selbstverwaltungsorgane in Handel und Gewerbe wurden zunächst vom *Absolutismus* und dessen *Merkantilismus* des 17. und 18. Jhdts. toleriert und zum Teil sogar gefördert, weil die Herrscher der Territorialstaaten vor dem Hintergrund ihrer expansiven Wirtschaftspolitik großen Wert auf die Entfaltung von Handel und Gewerbe legten. Sie waren deshalb auf die Beratung durch Wirtschaftsbehörden angewiesen, die dazu das zuverlässige statistische Material und die unbedingte Loyalität der einzelnen Wirtschaftszweige benötigten. Wenngleich die absolutistischen Herrscher Handel und Handwerk förderten, war das Verhältnis von Staat und Handwerk im Besonderen nicht frei von Spannungen, weil die Handwerker zwar relativ sicher in ihrer Existenz waren, sich aber widerspruchslos dem Dirigismus und der rigorosen Steuerpolitik des Monarchen zu fügen hatten. So standen sie der Förderung der zunftunabhängigen Manufakturen durch die merkantilistische Wirtschaftpolitik machtlos gegenüber. Man befürchtete, dass die billige Lohnarbeit das Handwerk zerstören könnte.

Im Zuge der *Aufklärung* des 18. Jahrhunderts und des politischen Liberalismus des 19. Jahrhunderts kam es zu ideologischen Spannungen zwischen den Regierenden und dem Handel, dem Handwerk, den freien Berufen und den Gewerben. Die Forderungen des Liberalismus nach strikter Trennung von Staat und Gesellschaft und die daraus resultierenden Deregulierungsbestrebungen widersprachen dem Kammerwesen in Handel, Handwerk und manchen freien Berufen. Man war zwar einerseits froh, dass der Dirigismus des Absolutismus brüchig geworden war, eine allgemeine Gewerbefreiheit ohne feste berufsständische Regeln und Verpflichtungen wollte man allerdings auch nicht.

Handwerk und Demokratie

Daraus den Schluss zu ziehen, das Handwerk habe den Demokratiebewegungen des 19. Jahrhunderts und der »*Deutschen Revolution*« nicht aufgeschlossen gegenüber gestanden, wäre jedoch falsch. Ganz im Gegenteil, in der Geburtsstunde der deutschen Demokratie, dem »*Hambacher Fest*« von 1832 auf der Kästenburg bei Hambach an der Weinstraße, standen Handwerker in der vordersten Reihe mit den Studenten, Kaufleuten und Intellektuellen, um für politische Rechte, ein einiges Deutschland, ja sogar für ein geeintes Europa zu demonstrieren *(Pleticha, Weltgeschichte, Bd. 10. S. 43).* Und 1848 schlossen sich revolutionär gesinnte Arbeiter und Handwerker in Berlin zusammen und demonstrierten für Pressefreiheit, Bürgerrechte und die Einberufung eines Parlamentes. Bei den Straßenkämpfen wurden 200 von ihnen (die »*Märzgefallenen*«) von den Soldaten des preußischen Königs *Friedrich Wilhelm IV.* niedergeschossen. Obwohl der König einigen Forderungen der Arbeiter und Handwerker nachgab, blieben die

Abb. VI.2. Aufbruch zur Demokratie – das »Hambacher Fest« 1832
mit Beteiligung des Handwerks

Ergebnisse der Berliner Revolution unbefriedigend, weil das monarchistisch gesinnte Bürgertum nicht zu einem Bündnis mit den Arbeitern und Handwerkern bereit war. Die alte Rivalität zwischen Gilden und Zünften, wie sie seit dem Mittelalter bestand, lebte in den Köpfen des gewerblichen Mittelstandes weiter und konnte selbst um der Demokratie Willen nicht aufgegeben werden. Das Bürgertum forderte die Demokratie, meinte aber in Wirklichkeit das Standesprivileg der Oligarchie unter dem Patronat einer konstitutionellen Monarchie. Der »*bourgeois*« (Bürger) hatte über den »*citoyen*« (Staatsbürger) gesiegt, um eine feine Unterscheidung aus der Zeit der Französischen Revolution zu gebrauchen.

Als es 1848 zur Wahl der ersten deutschen Nationalversammlung in der Frankfurter Paulskirche kam, wurde vom Bürgertum ein Keil zwischen Arbeiter und Handwerker getrieben, indem das mit der Organisation der *Nationalversammlung* beauftragte 500-köpfige »*Vorparlament*«, das nicht vom Volk gewählt, sondern von den Staaten des *Deutschen Bundes* beauftragt worden war, Arbeiter von den Wahlen ausschloss. Handwerker durften zwar wählen, hatten aber kaum Chancen, selber gewählt zu werden angesichts der erdrückenden Übermacht, Bildung und Beredsamkeit der Wettbewerber aus den Reihen der geistigen und freien Berufe. Die Nationalversammlung, die zu Recht als »Honoratiorenparlament« bezeichnet wurde, bestand aus 830 Abgeordneten, wovon 115 höhere Beamte, 110 Richter und Staatsanwälte, 94 Professoren, 106 Lehrer, Geistliche und Ärzte, 49 Unternehmer und Kaufleute und 95 Vertreter von Wirtschaftsverbänden waren, aber nur vier (!) Handwerker. *(Vgl. Chronik der Deutschen, 1848).*

Das Handwerk galt in den Augen der »geistigen« Berufe nicht viel. Die *Romantik* und der Idealismus hatten in Deutschland ihre Spuren hinterlassen. Man dichtete, träumte, philosophierte, komponierte und politisierte, aber man arbeitete nicht mit den Händen. Die körperliche Arbeit war verpönt. Sie war ein Ausdruck der Besitzlosigkeit und der niederen Herkunft. *Hölderlin* verstieg sich schließlich zu der Bemerkung: »Handwerker siehst du, aber keine Menschen.«

Da war man selbst in Afrika schon fortschrittlicher! Im Königreich *Benin* im heutigen Nigeria stand das Handwerk im 19. Jhdt. in hohem Ansehen. Es gab verschiedene Handwerke, die sich in Zünften organisierten und strenge Hierarchien vom Lehrling bis zum Meister kannten. Erst die Zerstörung Benins durch die Engländer 1897 vernichtete das hochentwickelte Handwerk, das kulturgeschichtlich als »*Benin-Kunst*« bezeichnet wird. *(Pleticha, Weltgeschichte, Bd. 10, S. 184).*

Die Emanzipationsbewegung des Handwerks

Die weitere Entwicklung des Handwerks in Deutschland blieb nicht ohne Schwierigkeiten. Das *Preußische Gewerbesteueredikt* von 1810, das gegen den massiven Widerstand der Handwerker beschlossen worden war, machte die Ausübung eines Handwerks nur noch von dem Erwerb eines Gewerbescheines abhängig. Damit herrschte eine allgemeine *Gewerbefreiheit* auch in den klassischen Handwerken, und deren alte Zunftordnungen waren weitgehend sinnlos geworden. Die Allgemeine *Gewerbeordnung* von 1845 erkannte zwar die noch bestehenden Innungen an, jedoch war die Zwangsmitgliedschaft aufgehoben worden und die Aufgaben der Innung beschränkten sich auf integrative und gruppensoziale Aufgaben, aber auch auf die Überwachung der Ausbildung von Lehrlingen und die Beratung von Behörden. *(Tettinger, Kammerrecht, S. 50 ff.).*

1848 forderten die Handwerker von König *Friedrich Wilhelm IV.* die Errichtung von Zwangsinnungen mit öffentlich-rechtlichem Charakter, die Einführung des Befähigungsnachweises, die Beschränkung der Lehrlingszahlen und die gesetzliche Vertretung durch die Innungen. Der König gab den Forderungen immerhin insoweit nach, als man die Ausbildung von Lehrlingen von einem Befähigungsnachweis des ausbildenden Handwerkers abhängig machte, der nur durch eine Prüfung vor der Kammer zu erlangen war. Die Mitgliedschaft in der Innung war jedoch freiwillig. Sie blieb eine private Vereinigung. Die ersten deut-

*Abb. VI.3. Wahl der ersten deutschen Nationalversammlung 1848
in der Paulskirche Frankfurt/M.*

schen *Handwerkskammern* entstanden ab 1849 in Bremen, Lübeck und Hamburg. 1861 kamen weitere in Dresden, Leipzig, Chemnitz, Plauen und Zittau hinzu.

Gleichzeitig mit der Gründung des *Norddeutschen Bundes* 1866, in dem sich 22 norddeutsche Staaten unter der Führung Preußens zusammengeschlossen hatten, wurde auch der *Deutsche Handwerkerbund* gegründet. Man sah die Chance, die Rechte des Handwerks in der noch zu schaffenden norddeutschen Reichsverfassung neu zu verankern. Als eine Delegation von Handwerkspolitikern *Otto von Bismarck* (1815 bis 1898) eine entsprechende Petition zu überreichen gedachte, wollte der gewiefte Machtpolitiker nur eines wissen: »Wer steht hinter Ihnen? Wieviele Anhänger haben Sie?« Als die Delegierten etwas in Verlegenheit gerieten und keine überzeugenden Antworten parat hatten, gab er ihnen den wohlmeinenden Rat: »Kommen Sie wieder, meine Herren, wenn Sie eine starke Organisation geworden sind!« (*»Horizonte«-Festschrift zum 125-jährigen Jubiläum der Handwerkskammer Hamburg, 1998, S. 19 ff.*).

Doch die Handwerker ließen sich auch durch den autoritären Gutsherren Bismarck nicht entmutigen. Anlässlich der Neufassung der preußischen Gewerbeordnung von 1869 durch den Norddeutschen Bund konnten sie die Pflichtmitgliedschaft in der Innung durchsetzen, die allerdings weiterhin eine private Vereinigung blieb. Die Reichsregierung wollte das alte Zunftwesen nicht wieder neu beleben.

Diese Politik war nicht weitsichtig und zeigte schon bald Nachteile für die deutsche Wirtschaft, die sich in einem harten Wettbewerb mit den englischen und französischen Nachbarn befand. Als ein deutscher Emigrant 1879 aus Amerika an seine Verwandten schrieb, dass der zwei Jahre zuvor aus Wettbewerbsgründen vom Deutschen Reich offiziell eingeführte Herkunftsnachweis »*Made in Germany*« in der Neuen Welt nicht etwa einen guten, sondern einen sehr schlechten Ruf hätte, schrillten die Alarmglocken bis nach Berlin. Die »*Briefe aus Philadelphia*« wurden in der Presse veröffentlicht und gelangten bis auf den Schreibtisch des Deutschen Kaisers.

Ohne Handwerk keine Qualität

Was war schief gelaufen? Mit der weitgehenden Gewerbefreiheit und dem Bedeutungsverlust der Innungen war die Ausbildung im Handwerk schlechter geworden, aus dem die Industriebetriebe aber ihre Facharbeiter und Werkmeister rekrutieren mussten, weil es eine industrielle *Facharbeiterausbildung* noch nicht gab. Es kam deshalb 1881 zu einer Novelle der Gewerbeordnung, die den Innungen die Aufsicht über das Lehrlings- und Gesellenwesen übertrug und das alte Recht der Beitreibung der Innungsbeiträge und der Verhängung von

Ordnungsstrafen zurückgab. Es folgte 1884 ein Zusatzgesetz, das die Befugnis zum Ausbilden von Lehrlingen nur noch Innungsmitgliedern gestattete.

Am 2. Juni 1897 beschloss der Reichstag mit den Stimmen des Zentrums und der Konservativen gegen die Stimmen der Sozialdemokraten und der Freisinnigen eine weitere Novelle zur Gewerbeordnung, die von dem Wortführer der »Handwerkerfraktion«, dem Bensberger Tischlermeister *Jakob Euler* zunächst gestaltet und vertreten wurde. Diese Novelle gilt als erste deutsche »*Handwerksordnung*« und wurde seinerzeit – je nach politischem Standort mit positivem oder negativem Unterton – auch als »*Handwerkerschutzgesetz*« bezeichnet. Die Bestimmungen der neuen Handwerksordnung zur Bildung freier und obligatorischer *Innungen, Innungsausschüsse, Innungsverbände* und *Handwerkskammern* legten den Grundstein für das deutsche Handwerk in seiner heutigen Form. Der Staat delegierte mit dem Gesetz einige hoheitlichen Aufgaben an die Innungen und machte unter anderem die Gesellenausschüsse zur Pflicht. Die Handwerkskammern wurden nach dem Vorbild der Handelskammern ausgerichtet und ihre Funktionen gegenüber den Innungen klar abgegrenzt.

Das neue Gesetz blieb erwartungsgemäß umstritten. Den Verfechtern der völligen Gewerbefreiheit aus dem ordoliberalen Lager ging es viel zu weit. Sie nannten die Bestrebungen des Handwerks spöttisch eine »zünftlerische Schutzzaunpolitik«. Die Liberalen waren aber nicht grundsätzlich handwerksfeindlich eingestellt.

Im Gegenteil, die »*Deutsche Handwerker- und Gewerbepartei*« wurde von liberal gesinnten Kräften gegründet, die bereits Mitglieder im 1873 in Leipzig entstandenen »*Zentralverband selbständiger Handwerker und Fabrikanten*« waren. Die Nationalliberalen waren allerdings politisch gespalten und stimmten im Reichstag teils für die Handwerksordnung, teils dagegen.
(Zur Handwerksgeschichte ab 1897 vgl.: Herbert Blume »Ein Handwerk – Eine Stimme. 100 Jahre Handwerkspolitik«. Eine Festschrift des Zentralverbandes des Deutschen Handwerks von 1999).

Weitere Fortschritte ab 1900

Weitere wichtige Stationen der Entwicklung waren 1900 der Zusammenschluss aller 63 Handwerkskammern und 8 Gewerbekammern im »*Deutschen Handwerks- und Gewerbekammertag*«, der auf das Vorbild der »*Konferenz der Delegierten Deutscher Handels- und Gewerbekammern*« von 1874 zurückging. 1905 kam die Vollversammlung dieses Gremiums zu der Überzeugung, dass der »*Große Befähigungsnachweis*« noch nicht durchsetzbar war, und man beschloss deshalb, zunächst den »Kleinen« anzustreben. 1908 verfügte Kaiser Wilhelm II. den »*Klei-*

nen Befähigungsnachweis«, der für die Befugnis zur Anleitung von Lehrlingen den *Meisterbrief* zwingend vorschrieb. Allerdings enthielt die Verfügung den völlig unbefriedigenden Zusatz, dass zur Lehrlingsausbildung *jeder* Meisterbrief *jedes beliebigen* Handwerkes genügen sollte. Das war aber wenigstens insofern ein Fortschritt, als bis dahin auch die Gesellenprüfung ohne einen Meisterbrief oder alternativ eine fünfjährige selbständige Praxis beziehungsweise eine entsprechend lange Tätigkeit als Werkmeister in einer Fabrik, beides ohne Lehre und Gesellenprüfung, für die Anleitung von Lehrlingen ausreichte. Weil die Gewerbeordnungsnovelle aber eine fünfjährige Karenzzeit für die sogenannten »Härtefälle« vorsah, kam es zu einer Flut von Anträgen auf *»Ausnahmebewilligungen«* in Form von *Ausbildungs-Berechtigungsscheinen.*

Der Gesetzgeber machte zugleich unmissverständlich deutlich, dass eine darüber hinausgehende Einführung eines »großen« oder »allgemeinen« Befähigungsnachweises, der auch die *Ausübung* eines Handwerks zwingend mit der Ablegung einer Meisterprüfung verbinden sollte, nicht in Frage käme.
Der *Meisterbrief* sei dafür »nicht erforderlich oder auch nur vertretbar«, da »der Schutz der Allgemeinheit vor geringwertigen gewerblichen Erzeugnissen und Leistungen nach den bewährten Grundsätzen der Gewerbefreiheit Sache der Konsumenten, aber nicht des Staates ist.« Dieser Auffassung setzte der Gesetzgeber noch eins drauf, indem er eine gesetzliche Abgrenzung der Berufe gegeneinander für »überflüssig« erklärte, da es bei der Ausbildung der Lehrlinge »nicht auf eine fachliche Ausbildung« ankomme, sondern lediglich auf eine »allgemeine handwerkliche Erziehung«.

Das Handwerk entwickelte sich dennoch zielstrebig weiter, was sich 1906 mit der Einführung von *Kranken- und Sterbekassen* und 1914 mit der Gründung von Mittelstandsversicherungen dokumentierte. Mit dem verlorenen Krieg und dem Zusammenbruch des Kaiserreiches 1918 musste das Handwerk seine Kräfte jedoch neu bündeln, und so kam es 1919 zur Gründung des *»Reichsverbandes des Deutschen Handwerks«*. Die Aufgabe des Reichsverbandes sollte es sein, das Handwerk auf die neuen Bedingungen und Herausforderungen der Nachkriegszeit und der noch jungen Demokratie und Wirtschaftsverfassung der Weimarer Republik vorzubereiten. Vor allem aber galt es, die neue Gefahr der Sozialisierung und Kommunalisierung des Handwerks energisch abzuwehren.

Die große Krise

Die wirtschaftliche Situation nach dem Ersten Weltkrieg brachte das deutsche Handwerk in seine schwerste Krise seit dem Mittelalter. Die Arbeitslosigkeit, die hohen *Reparationszahlungen* an die Siegermächte und die Inflation, die 1923 mit 320 Trillionen Mark umlaufenden Geldes ihren Höhepunkt erreichte, die ständig wechselnden Reichsregierungen und der mangelnde Rückhalt der »ungeliebten Republik« im Volk sowie schließlich die zunehmend mittelstandsfeindliche und interventionistische Wirtschaftspolitik des Reiches zu Gunsten des Großkapitals brachten das Handwerk in allergrößte Bedrängnis.

Dazu kam noch, dass die Geldentwertung den Selbstverwaltungsorganisationen des Handwerks den Boden unter den Füßen wegzog, weil ordnungsgemäße Haushalte nicht mehr aufgestellt und die Beiträge nicht mehr so schnell eingezogen werden konnten, wie sie erhöht werden mussten. In Leipzig wies der Haushaltsplan der Handwerkskammer 1921 noch 800 000 Mark aus, 1922 musste er auf 2,2 Millionen Mark und 1923 auf schon 103 Millionen Mark aufgestockt werden, um dann in wenigen Wochen in einem Chaos von täglich zu verändernden Milliarden- und Billionenbeträgen zu versinken. Für einen Arbeiter musste der Handwerksmeister 1923 einen Tageslohn von 3 Billionen Mark bezahlen. Die Einführung der Rentenmark und der *Dawes-Plan (Anm.: Benannt nach dem Amerikaner Charles Gates Dawes (1865 bis 1951), der 1925 den Friedensnobelpreis erhielt.)*, der Deutschland mit Krediten versorgte und die Reparationszahlungen reduzierte, führten ab 1924 bis zum *»Schwarzen Freitag«* 1929 (dem berüchtigten New Yorker Börsen-Crash) wenigstens vorübergehend zu einem deutlichen Aufschwung der deutschen Wirtschaft *(»Goldene Zwanziger Jahre«).*

Doch dann kam die große Weltwirtschaftskrise von 1929, die zum Abzug ausländischen Kapitals aus Deutschland führte und erneute Arbeitslosigkeit und Inflation bedeutete. Wieder wurde das Handwerk schwer getroffen. Zwischen 1929 und 1932 gingen die Umsätze im Handwerk um 50 % und die Einkommen vor Steuern um 75 % zurück. Einziger Lichtblick: 1929 wird eine *»Handwerksnovelle«* beschlossen, die den Kammern die Führung von amtlichen »Handwerksrollen« übertrug und damit die Grundlage für Zwangsinnungen schuf und eine klare Abgrenzung zu den *»Handelsregistern«* ermöglichte. Bis dahin wurden Handwerksbetriebe ab 1 000 Reichsmark Gewerbekapital als Industriebetrieb eingestuft, somit von den kleinen Handwerksbetrieben separiert und aus der Solidargemeinschaft der Handwerker »herausbefördert«.

Der Erfolg von 1929 ging jedoch in den Wirren der Weltwirtschaftskrise unter. Als auch ein »Letzter Notruf an die Reichsregierung« im Jahre 1931 ungehört verhallte, brachen auch im Handwerk die Widerstände gegen das geschickte und gezielte Werben der Nationalsozialisten um den handwerklichen Mittelstand zusammen.

Die Nationalsozialisten waren im Kern nicht handwerksfeindlich eingestellt, aber sie wollten das Handwerk straff organisieren und für ihre Zwecke instrumentalisieren. Bereits drei Wochen nach seiner Ernennung zum Reichskanzler empfing *Adolf Hitler* Vertreter des Handwerks und machte klar, was er in Zukunft von ihnen erwartete, nämlich die vorbehaltlose Unterstützung der NSDAP, die Gleichschaltung der Innungen, die Auflösung des Reichsverbandes mit allen untergeordneten handwerklichen Selbstverwaltungsorganen und ihre Eingliederung in den »*Kampfbund*« des gewerblichen Mittelstandes, den Beitritt jedes einzelnen Handwerkers in die »*Deutsche Arbeitsfront*«, die Anerkennung eines von der NSDAP benannten »*Reichshandwerksführers*« und die Fachaufsicht durch den Reichswirtschaftsminister.

Um die Widerstände gegen das zentralistische Führerprinzip zu brechen, erfüllt Hitler dem Handwerk 1935 seinen sehnlichsten Wunsch, nämlich die gesetzliche Einführung des »Großen Befähigungsnachweises«, demzufolge »der selbständige Betrieb eines Handwerks als stehendes Gewerbe nur den in der Handwerksrolle eingetragenen natürlichen und juristischen Personen gestattet ist«. Voraussetzung dafür – wie für die Ausbildung von Lehrlingen – ist der Meisterbrief. Dazu verspricht Hitler dem Handwerk den »Schutz von Volk und Staat«, eine »breite Streuung öffentlicher Aufträge auf das Handwerk«, die Berücksichtigung bei der Zuteilung von Wirtschaftsgütern aus aufgelösten Großunternehmen und die Schaffung einer Pflicht-*Altersversorgung* für das Handwerk.

Mit dem »*Großen Befähigungsnachweis*« hatten die Nazis auch ein Instrument in der Hand, Juden von den Handwerksberufen auszuschließen. Meister durften nur Arier werden. Die freien und die *Zwangsinnungen* wurden aufgelöst und durch 15 000 *Pflichtinnungen* und 750 »*Kreishandwerkerschaften*« ersetzt. An die Stelle der Handwerkskammern traten ab 1942 die »*Gauwirtschaftskammern*«, ein Zusammenschluss aller Kammern der Industrie, des Handels und des Handwerks. Das demokratische Wahlprinzip wurde durch das autoritäre Berufungsprinzip ersetzt. Oberster Dienstherr aller Handwerker war der Reichswirtschaftsminister. Während des Krieges konnten sie zu Arbeitseinsätzen und Planerfüllungen zum Zwecke der »optimalen kriegswirtschaftlichen Nutzung« herangezogen werden.

Der Wiederaufbau

Nach dem Krieg gab es zunächst, bedingt durch die Aufteilung Deutschlands in verschiedene Zonen und die Aufsicht durch die jeweiligen Besatzungsmächte, unterschiedliche regionale Verordnungen zum Handwerksrecht. In der britischen und der französischen Zone durfte sich das Handwerk wieder weitgehend nach den bewährten Vorbildern der Vorkriegszeit organisieren und selbst verwalten. In der Besatzungszone der Amerikaner, die den deutschen Handwerksorganisationen völlig verständnislos gegenüberstanden und sie misstrauisch als eine Art Kartell betrachteten, wurde ohne Anhörung der Betroffenen per Dekret die völlige Gewerbefreiheit eingeführt. Das löste zwar einen Sturm der Entrüstung in Teilen der Bevölkerung und bei den Politikern und Behörden aus, aber die amerikanische Haltung blieb davon unbeeindruckt. Im Gegenteil, die US-Militärbehörde versuchte 1949, die Franzosen und Engländer zu überreden, in ihren Zonen ebenfalls die Gewerbefreiheit einzuführen. Damit wollten sie die Gründung des »*Zentralverbandes des Deutschen Handwerks*« behindern, dessen politisches Ziel die Wiederherstellung der alten Handwerksordnung in ganz Deutschland war. 1950 versuchen die Amerikaner noch einmal, und zwar jetzt über die mittlerweile amtierende »*Alliierte Hohe Kommission*«, in ganz Westdeutschland die Gewerbefreiheit einzuführen. Diesmal protestierten nicht nur die Handwerker und die Öffentlichkeit, sondern auch die Wirtschaftsverbände, die Gewerkschaften, alle demokratischen Parteien des ersten Deutschen Bundestages, Bundeskanzler *Dr. Konrad Adenauer* (1876 bis 1967) und sein Wirtschaftsminister *Prof. Ludwig Erhard* (1897 bis 1977), außerdem auch die »*Internationale Gewerbe-Union*«, die den Mittelstand in 14 europäischen Ländern repräsentierte. Die *Hohe Kommission* widersetzte sich daraufhin der Einführung der Gewerbefreiheit in ganz Westdeutschland, wenn auch die Amerikaner für ihre Zonen zunächst nicht nachgaben. Weil das Handwerksrecht unter das Vorbehaltsrecht des Besatzungsstatuts fiel, dauerte es noch bis 1953, bis die letzten Bedenken der Amerikaner ausgeräumt waren und das »*Gesetz zur Neuordnung des Deutschen Handwerks*« (Handwerksordnung) in Kraft treten konnte.

An dem Gesetzeswerk hatte der *Wirtschaftsausschuss des Bundestages* seit 1950 unter Vorsitz von *Richard Stücklen* in insgesamt 53 langen Sitzungen gearbeitet. Die neue Handwerksordnung war praktisch eine Zusammenfassung, Fortschreibung und Verbesserung der Vorgängergesetze und -verordnungen von 1897, 1929, 1934 und 1935. Wichtigste Ergebnisse waren die Bestätigung des »*Großen Befähigungsnachweises*«, die eindeutige Definition und Auflistung von 93 Handwerksberufen in der sogenannten »*Anlage A*«, die Wiedereinführung des *Selbstverwaltungsprinzips* für alle handwerklichen Organisationen und die Mitbestimmung der Gesellen in den Handwerkskammern. Im selben Jahr trat auch das »*Gesetz über die Kaufmannseigenschaft von Handwerkern*« in Kaft, das einem Handwerker erlaubte, eine Firma zu führen und zu veräußern, Prokura zu erteilen und eine oHG oder KG zu gründen.

In der sowjetischen Besatzungszone wurden 1946 die noch bestehenden Innungen in unselbständige »Berufsgruppen« umgewandelt und direkt dem Staat unterstellt. Alle noch bestehenden freiwilligen Handwerksorganisationen und -vereine wurden aufgelöst und das Handwerk in das System der staatlichen *Zentralverwaltungswirtschaft* integriert. Der Handwerker wird zur Mitarbeit am »Aufbau des Sozialismus« und zur »Planerfüllung« verpflichtet. Der Beitritt in die handwerklichen Produktionsgenossenschaften und die »Ausführung von Handwerksarbeiten auf der Grundlage des Kollektivs«, das heißt in Gemeinschaftswerkstätten, wurde erwartet.

In der Bundesrepublik werden dem Handwerk nach und nach weitere Zugeständnisse gemacht. Dazu gehören das »*Gesetz zur Bekämpfung der Schwarzarbeit*« von 1957 und das »*Gesetz zur Regelung der Alterssicherung für das Handwerk*« von 1961. Ein besonderer Erfolg war 1961 die Bestätigung des Bundesverfassungsgerichtes, dass die Handwerksordnung in ihrem Kern, dem »Großen Befähigungsnachweis«, mit dem *Grundgesetz* vereinbar ist. Er sei »zweckmäßig, unentbehrlich und zumutbar«, um die »Leistungsfähigkeit des Handwerks und die Sicherung des Nachwuchses für die gesamte gewerbliche Wirtschaft« sicherzustellen. Ähnlich hatte sich schon der prominenteste Befürworter der Handwerksordnung, Bundeswirtschaftsminister Prof. Dr. Ludwig Erhard im Jahre 1953 geäußert:

»Ich habe mich zu der Handwerksordnung bewusst bekannt, weil ich der Überzeugung bin, dass hierdurch die handwerkliche Leistung und Qualitätsarbeit gefördert und ein Beitrag zur Erhaltung des Handwerkerstandes als politischer und wirtschaftlicher Stabilitätsfaktor geleistet wird.«

Und 1955 fügt er hinzu (leicht gekürzt):

»Ich bin für den Befähigungsnachweis eingetreten, damit nicht die ganze deutsche Wirtschaft schwersten Schaden erleidet, der sich auch auf unsere internationalen wirtschaftlichen Beziehungen auswirken würde.«

Das Handwerk entwickelte sich durch vielfältige Aktivitäten und Neuerungen weiter: ab 1954 die Gründung von *Bürgschaftsgemeinschaften*, in den 60er bis 90er Jahren die Gründung von *Handwerks-Akademien* in integrativer und fakultativer Form, neue Abschlüsse wie der »*Betriebswirt des Handwerks*« oder der »*Technische Betriebswirt des Handwerks*« und in einigen Kammern die Einführung der kaufmännischen Buchführung anstelle der kameralistischen Haushaltsführung.

Weitere Neuerungen im Handwerksrecht waren 1964 die *EWG-Bestimmungen* zur Niederlassungsfreiheit in Europa und 1965 ein *Änderungsgesetz zur Handwerksordnung*. Mit diesem Gesetz sollten die bislang starren Grenzen zwischen den einzelnen Handwerken durchlässiger werden. Es war jetzt möglich, einen handwerklichen Betrieb auf verwandte Handwerke ohne zusätzliche Meisterprüfungen auszudehnen. Damit sollte das Handwerk zukünftig als »lebender Organismus« interpretiert werden und flexibler auf strukturelle Veränderungen und technische Fortschritte in der Wirtschaft reagieren können. Außerdem führte das Gesetz eine »*Anlage B*« zur Handwerksordnung ein, in der 40 »*handwerksähnliche Gewerbe*« definiert wurden. Diese Gewerbe wurden gegenüber der Handwerkskammer anzeigepflichtig, erforderten aber keinen besonderen Befähigungsnachweis. Auch die Liste der »*Vollhandwerke*« (»*Anlage A*«) wird bereinigt und ergänzt. Unter den nunmehr 125 Berufen wird auch der »*Hörgeräte-Akustiker*« aufgeführt, der soeben als Vollhandwerker anerkannt worden ist.

Das Handwerk in Gefahr

Die folgenden Jahre sind gekennzeichnet von den massiven Versuchen der Gewerkschaften, sich als Arbeitnehmervertretung im Handwerk zu etablieren und damit die eigene Machtbasis in der Gesellschaft beträchtlich zu verbreitern. Die *IG Metall* versuchte, den *Zentralverband des Deutschen Handwerks (ZDH)* und den *Deutschen Handwerkskammertag (DHKT)* durch einen jahrelangen Rechtsstreit zu zermürben, bei dem es der Gewerkschaft um die Schwächung der handwerkspolitischen Einflussmöglichkeiten auf Staat, Wirtschaft und Gesellschaft und die handwerklichen Organisationsstrukturen ging. Der Hebel zu diesen Plänen war die angezweifelte Rechtmäßigkeit der Mitgliedschaft der Handwerkskammern in ZDH und DHKT. Erst nach 15-jährigem Rechtsstreit durch alle Instanzen entschied das *Bundesverwaltungsgericht* 1986 endgültig für das Handwerk und seine Organisationsstrukturen.

Doch die Gewerkschaften gaben sich noch nicht geschlagen. Die Dachorganisation der Einzelgewerkschaften, der *Deutsche Gewerkschaftsbund* (*DGB*), sah sich sogar in der Zuständigkeit, dem *Deutschen Bundestag* und den Bundesministerien 1972 eigene Gesetzentwürfe zur Novellierung der Handwerksordnung vorzulegen. Das war ein einmaliger Vorgang, dass ein privatrechtlicher Berufsverband sich anschickte, Gesetzesinitiativen in das Parlament einzubringen, und dazu noch solche, die andere privatrechtliche Berufsverbände betrafen. Die Initiative blieb aber ohne Resonanz.

Eine andere Attacke kam nicht von den Gewerkschaften, sondern von der sozialliberalen Regierung. Das duale Ausbildungssystem, das den Kernpunkt der handwerklichen Selbstverwaltung darstellte, wurde 1973 plötzlich vom *Bundesbildungsministerium* in Frage gestellt. Dieses bewährte System, das heute in aller Welt als vorbildlich gilt und viele Nachahmer gefunden hat, sollte mit einem neuen »Berufsbildungsgesetz« unter die verstärkte Kontrolle des Staates gestellt werden. Nicht nur das Handwerk, sondern auch die übrige Wirtschaft und die unionsgeführten Bundesländer waren gegen dieses Gesetz.
Es konnte zwar 1976 vom Bundestag mit der Mehrheit von SPD und FDP verabschiedet werden, wurde aber vom Bundesrat, wo CDU und CSU die Mehrheit hatten, abgewiesen. Eine von der Bundesregierung nachgeschobene «kleine Lösung», das »Ausbildungsplatzförderungsgesetz«, das unter anderem eine Ausbildungsplatzabgabe vorsah, wurde schließlich von Bundespräsident *Walter Scheel* in Kraft gesetzt, nachdem es wie der Vorgänger im Bundesrat auf Ablehnung stieß. Das Gesetz wurde aber 1980 vom *Bundesverfassungsgericht* wegen der fehlenden Zustimmung des Bundesrates wieder annulliert.

Eine mehr als nur symbolische Stärkung erreichte das deutsche Handwerk durch die Aufnahme des ZDH als gleichwertigen Partner im Kreise der Wirtschaftsverbände *BDA, BDI* und *DIHT,* weil der ZDH damit in bestimmten Abständen als Sprecher der gesamten gewerblichen Wirtschaft in Deutschland auftritt und seine Bedeutung für die gesamte Öffentlichkeit deutlich wird.

Auf europäischer Ebene wurde 1975 die bereits 1959 gegründete *»Europäische Union des Handwerks«* (UACEE) ergänzt duch die *»Europäische Union des Handwerks und der Klein- und Mittelbetriebe«* (UEAPME). Damit wurde dem Faktum Rechnung getragen, dass 90 % aller Unternehmen in Europa Klein- und Mittelbetriebe sind, eine entsprechend gewichtige Vertretung in Brüssel aber noch fehlte. Die Präsenz des europäischen Handwerks in den »Lobbies« von EG-Kommission und *Europaparlament* zeigte 1983 einen ersten öffentlichkeitswirksamen Effekt, indem dieses Jahr zum *»Europäischen Jahr der kleinen und mittleren Betriebe«* erklärt wurde. 1990 eröffnet der ZDH ein Büro in Brüssel, um unabhängig von den europäischen Organisationen einen »direkten Draht« zu Kommission und Parlament zu haben.

Trotz aller Erfolge sah sich das Handwerk immer wieder neuen Angriffen der Politiker ausgesetzt. 1988 kam eine sogenannte *»Deregulierungskommission«* des *Bundeswirtschaftsministeriums* zu dem Schluss, dass die Handwerksordnung und der Große Befähigungsnachweis überholt seien und abgeschafft gehörten. Der unverzüglich einsetzende Proteststurm des ZDH führte in Bonn zu einer Kehrtwendung um 180 Grad, und Bundeskanzler *Dr. Helmut Kohl* interpretierte die Tätigkeit der Kommission in einer Presseerklärung zu aller Erstaunen völlig neu: »Die Aufgabe der Kommission ist es, die Regelungen, die sich bewährt haben, wie zum Beispiel die im Handwerk, in ihrem Bestand zu sichern.«

Der nächste Generalangriff der Bonner Staatsbürokratie auf das Handwerk erfolgte 1996 von der *»Monopolkommission«*, ein Gutachtergremium der Bundesregierung, bestehend aus Wissenschaftlern und Wirtschaftsfachleuten, die auf der Grundlage des »Gesetzes gegen Wettbewerbsbeschränkungen« (GWB) eine Deregulierung des Handwerks und eine Abschaffung des Großen Befähigungsnachweises forderten, um es der gewerblichen Wirtschaft zu ermöglichen, die bestehenden Märkte effektiver zu erschließen. Dieser Vorstoß stand in eklatantem Widerspruch zu den Empfehlungen der *EU-Kommission,* den Befähigungsnachweis nach deutschem Vorbild in ganz Europa einzuführen.

Neue Impulse

1994 trat eine neue *Novelle zur Handwerksordnung* in Kraft, deren Ziel es war, die Durchlässigkeit der Gewerke im Verhältnis zueinander nochmals zu erhöhen und dadurch jedem Handwerker »wirtschaftliche Ergänzungen« zu ermöglichen. Mit der *»Leistung aus einer Hand«* sollte das Handwerk in den Augen der Verbraucher attraktiver werden. Gleichzeitig wird der Katalog der »handwerksähnlichen« Tätigkeiten (»Anlage B«), die der Aufsicht und Betreuung der Handwerkskammern unterliegen, von 10 auf 50 erhöht. Schließlich wird auch der Große Befähigungsnachweis nachhaltiger im Handwerksrecht verankert.

Die Neugestaltung der »Anlage A« durch eine weitere Novelle dauerte aber noch bis 1998. In ihr wurden die Vollhandwerke neu definiert und von 127 auf 94 reduziert. Die »handwerksähnlichen« Berufe wurden auf 57 erweitert.

Das Handwerk blühte mit neuen Ideen wieder auf. Aber auch der Rückgriff auf alte Traditionen wurde wieder hoch geschätzt. Die alte *Hanse* wurde wiederbelebt, und zwar 1992 in Hamburg in Form der *»Norddeutschen Handwerks-Hanse«*, und 1994 wurde das *»Hanse-Parlament«* ins Leben gerufen, in dem 15 Organisationen aus neun nordeuropäischen Ländern vertreten sind. *(Vgl. Horizonte, S. 19ff.).*

Das Handwerk in der DDR

In der *Deutschen Demokratischen Republik (DDR)* war im Rahmen des *»demokratischen Zentralismus«* kein Raum für die klassischen regionalen *Selbstverwaltungsorganisationen* des Handwerks und die selbständige Tätigkeit des einzelnen Handwerkers. Zwar gab es ab 1949 einige Beteuerungen und Bekenntnisse seitens der Volkskammer und der Regierung, wie wichtig das Handwerk für die DDR sei und dass man dessen Existenz sichern wolle. Das 1950 erlassene *»Gesetz zur Förderung des Handwerks«* ist aber eine glatte Irreführung der Öffentlichkeit, denn tatsächlich wird die rechtliche Bedeutung des Großen Befähigungsnachweises geschmälert, ein Handelszuschlag (bei parallelen Handelsgeschäften) und eine *Handwerkssteuer* eingeführt, die selbst noch bei Verlusten des Betriebs zu zahlen ist, eine 70-prozentige Besteuerung von Privateinnahmen aus Bodenbesitz erhoben, die Vererbung des Betriebes deutlich erschwert und der Beitritt zu den halbstaatlichen und handwerklichen *Produktionsgenossenschaften (PGH)* verlangt. Obwohl viele Handwerker in den 50er und 60er Jahren in den Westen flüchteten, lässt die Regierung nicht von ihrem Fernziel der Verstaatlichung aller selbständigen Betriebe und der PGHs ab. 1972 werden 8 000 private Betriebe und PGHs durch Rechtsverordnungen zu *»Volkseigenen Betrieben« (VEB)* umgewandelt. Diese Maßnahmen laufen ebenfalls unter der Nomenklatur »Förderung des Handwerks«. Die PGHs werden jetzt definiert als »sozialistische Genossenschaften, die sich durch freiwilligen Zusammenschluss von Handwerkern bilden«. Und weiter heißt es: »Zur Lösung der ihnen gestellten Aufgaben haben die PGH das sozialistische Staatsbewusstsein ihrer Mitglieder aktiv zu fördern.«

In Folge dieser Politik schrumpfte die Zahl der selbständigen Handwerksbetriebe bis 1977 um 70 % (von 308 000 auf 89 000) und die Zahl der Beschäftigten um 60 % (von 1,1 Mio. auf 415 000) Um die Öffentlichkeit angesichts der dramatisch verschlechterten handwerklichen Versorgungslage zu beruhigen (und zu täuschen), stellte der »*Planerfüllungsbericht*« von 1977 mit einer geradezu einmaligen Chuzpe fest: »Die Zahl der privaten Betriebe nahm zu.«

Der Leistungsstand des Handwerks in der DDR war auf ein so niedriges Niveau abgesunken, dass das Politbüro gezwungen war, seinen Kurs zu ändern. Durch neue Betriebsgenehmigungen und Rekrutierung von Lehrlingen sollte das Handwerk wieder verstärkt werden. Der Staatsratsvorsitzende *Erich Honekker* musste im Zentralkomitee bekennen, dass das private Handwerk »unentbehrlich« und eine Trendwende in der Handwerkspolitik notwendig sei. Im Oktober 1989, zum 40. Jahrestag der DDR, verteilt er sogar Orden an private Handwerker.

Die Wende

Nach der Maueröffnung 1989 kamen die verbliebenen ostdeutschen privaten Handwerksmeister, die sich bei ihren westdeutschen Kollegen auf mehreren »*Handwerksforen*« und in »*Ost-West-Arbeitskreisen*« ausführlich über die bundesrepublikanische Handwerksordnung informiert hatten, zu dem Schluss, dass sie dieses »bewährte und 40 Jahre lang praktizierte« System übernehmen und die Bestrebungen der DDR-Regierungen unter *Hans Modrow* und *Lothar de Maizière*, eine eigene »*DDR-HwO*« zu schaffen, zurückweisen wollen. Die inzwischen demokratisch legitimierten 15 *DDR-Handwerkskammern* und die 14 neu gegründeten *DDR-Fachverbände* traten dem ZDH als Gastmitglieder bei und wurden zu Wegbereitern der deutschen Einheit.

Die DDR-Regierung gab schließlich ihre Pläne für eine »DDR-HwO« auf und setzte am 12. Juli 1990 die Handwerksordunung der Bundesrepublik für die DDR in Kraft. Im November des selben Jahres wurde *Heribert Späth* zum ersten gesamtdeutschen Handwerkspräsidenten gewählt. Er ging noch einen bedeutsamen Schritt weiter, indem er die Regierungen der beiden deutschen Staaten aufforderte, die Vereinigung der Handwerksorganisationen als Beispiel zu nehmen für eine schnellstmögliche Wiedervereinigung Deutschlands.
Unermüdlich betont er auf unzähligen Veranstaltungen, dass das Handwerk als ein Träger von »Mündigkeit, Selbständigkeit und Selbstverantwortung« in einer freien demokratischen Gesellschaft unverzichtbar sei. Der gewerbliche Mittelstand bilde eine »Barriere gegen Kommandowirtschaft und Kollektivismus«.

Vom »*Tag der deutschen Einigung*« am 3. Oktober 1990 bis Ende 1997 verdoppelte sich fast die Zahl der privaten Handwerksbetriebe in den fünf neuen Bundesländern (von 83 000 auf 156 000) und verdreifachte sich die Zahl der Beschäftigten (von 426 000 auf 1,3 Mio). Im vereinigten Deutschland ergab 1996 die letzte Handwerkszählung 840 000 selbständige handwerkliche und handwerksähnliche Betriebe und Nebenbetriebe mit 6,5 Mio. Beschäftigten, darunter 632 000 Lehrlingen. Das Umsatzvolumen aller Betriebe überschritt 1996 die Grenze von 1 Billion DM. Seit der letzten Zählung 1977 war der Handwerksstand um 33 % gewachsen. Damit ist das Handwerk der zweitwichtigste Wirtschaftsbereich nach der Industrie. 42 % aller Auszubildenden sind im Handwerk tätig, bei weitem mehr als in der Industrie. Die 340 überbetrieblichen Ausbildungsstätten verfügen über 2 500 Werkstätten und 75 Internate mit 53 000 Werkstatt- und 6 500 Internatsplätzen. 80 % aller überbetrieblichen Berufsbildungkapazitäten werden vom Handwerk gestellt. In den letzten zehn Jahren wurden 2 Mio. neue Arbeitsplätze im Handwerk geschaffen. 2/3 aller Werktätigen sind in Klein- und Mittelbetrieben beschäftigt, die 90 % aller Unternehmen ausmachen. Diese Zahlen machen deutlich, welche Bedeutung die mittelständische Wirtschaft, und insbesondere das Handwerk, in Deutschland hat.

VII. Anhang

Personenregister

Lehnhardt, Ernst 298, 459
Leitner, Harald 300, 302
Lenarz, Thomas 300
Leon, Pedro Ponce de 240
Leysieffer, Hans 461
Lichtenberg, Georg Christoph 29
Lieben, Robert von 146, 147
Lieber, Hugo 194
Link, Rudolf 298
Loest, Emil 95, 97, 193
Louise von Hessen-Kassel 137
Löwe, Armin 300
Ludwig, Walter 230, 232
Ludwig XVI. 242
Lukretian 41
Lüscher, Max 450
Luther, Martin 57, 59
Luxemburg, Rosa 254
Lybarger, Samuel 159, 439, 448, 449
Lyregaard, Poul 449

M

Maimonides, Moses 45
Malden, Karl 379, 412
Mälzel, Johann Nepomuk 98, 99
Mann, Golo 390
Mann, Thomas 164, 313
Marangos, Nikolaos 459
Marbois, Marie 245, 246
Marcus, Jürgen 389, 411
Marshall, George C. 197
Marucci, Dean 223
Mathis, Vivian 377
Maxwell, James 165
McCandless, G. 449
McCarthy, Joseph 371
Mehring, Hermann 300
Meister Eckehart 59
Meister, Max H. 257
Melanson, John 448
Mencheta, Enrique 14, 15
Menuhin, Sir Yehudi 102, 104, 412
Merbeck, Gustav 300
Merker, Hannah 250, 412
Mersenne, Martin 163
Metz, Otto 450
Meyer, Conrad Ferdinand 104

Meyer, Serge 330
Meyrowitz, Emil 194
Miller, Aubrey 6, 113, 237, 281, 283, 303, 305
Mirabeau, Gabriel de Riqueti Graf von 482
Mohammed 46
Mohl, Hans 386, 411
Mondino de Liucci 62
Montesquieu, Charles de Secondat Baron de la Brède 482
Montessori, Maria 252
Moore, Gordon 208
Morgenthau, Henry M. 197
Morse, Samuel Finley 126
Moser, Ludwig M. 300, 446
Moses 31, 46
Mozart, Wolfgang Amadeus 102, 483
Müller, Fritz 282
Müller, Gustav 296
Müller, Joachim 361, 424
Müller, Johannes 165, 166

N

Nannen, Henri 388, 411, 412, 418
Nero, Kaiser 40, 44
Nicole, Nicola 158
Niemeyer, Wolfhart 300, 450
Nixon, Richard 371
Noelle-Neumann, Elisabeth 388, 411
Novalis (Leopold Freiherr von Hardenberg) 164
Noyce, Robert 208
Nuck, Antonius 74
Nursia, Benedikt von 57

O

Ohr-Anna 52
Ollmann, Bruno 193, 196, 230, 232, 233, 234, 235, 268, 298, 329
Opitz, Hans-Joachim 300
Oppikofer, Ernst 257
Oranna, Heilige 51, 52
Orwell, George 145
Ossietzky, Carl von 483
Osterwald, Christina 6, 312
Osterwald, Kurt 6, 311
Ozaki, Yukio 377

Sachregister

A

A-Batterie 202
A.E.A. 291, 329, 330
Abdruckmaterial 159, 238
ABI 440, 459
Absolutes Gehör 102
Acousticon 138, 139, 141, 162, 169, 173,
   176, 177, 200, 220, 228, 229, 230, 231,
   236, 265
Acryl 159
Acrylplastik 159
ADA 289
ADANO 364
Adaptive Scal-Adapt-Method 449
Aditone 171, 177, 194, 270, 298, 321
Akademie für Hörgeräte-Akustik 113, 291,
   298, 311, 312, 316, 318
Akademie-Förderverein 318
Akademierat 318
Akkumulatoren 202
Akou-Massage 95
Akoulallion 135
Akouphone Company 135
Akumeter 118, 120, 151, 185
Akumetrie 117, 150, 151
Akusmatiker 41
Akustika 315, 330
Akustischer Fächer 116
Alexander-Graham-Bell-Medaille 291, 294,
   330, 389, 390, 405
American Academy of Ophthalmology
   and Otolaryngology 228
American Association of Retired Persons
   (AARP) 370
American Earphone Company 110
American Hearing Aid Association
   (AHAA) 228
American Hearing Society 110
American Medical Association 110
American National Standards Institute
   (ANSI) 370
American Otological Society 148

American Speech and Hearing Association
   (ASHA) 162, 228, 369
American Standards Association (ASA)
   370
Amplivox 112, 149, 170, 236, 265
ANA 330
ANIFA 330
Annual Audio Engineering Award 206
AOK 359, 360
Apparator Auris 109
Arbeitsgemeinschaft der Deutschen
   Hörmittel-Fachverbände 284
Arbeitsgemeinschaft Deutscher
   Audiologen und Neurootologen 364
Archytas 41
ARD-Ratgeber »Gesundheit« 389
Ardente 147, 169, 195
Ariston 172, 177, 194
Art Directors Club (ADC) 388
Assistive Hörsysteme 366
Assoçiation Européenne des
   Audioprothésistes (A.E. A.) 291, 329,
   330
Atlas-Werke 201, 220, 321
Atom-Batterie 202
Audecibel 310
Audi-Ear 110
Audio-Amplifier 153
Audio-Eingang 115, 135, 439
Audio-Telegramm 311
Audio-Zoom 437
Audiologe 25, 343
Audiologie 160, 162, 185, 309, 312, 317,
   347, 461
Audiologische Akustik 304, 312
Audiologist 112, 162, 163
Audiometer 120, 135, 137, 151, 153, 154,
   220, 237, 240, 266, 272, 312, 313, 317,
   321, 322
Audiometrie 117, 151, 153, 154, 160, 240,
   243, 284, 348, 435, 440, 445, 450
Audiophone 110, 153, 170, 172
Audioprosthologist M.A. 163
Audioscope 155
Audiotone 155, 171, 439, 440, 446
Audiphone 93, 116, 171
Audiphone Invisible 93

International Organization for
   Standardization 370
Internationaler Hörgeräte-Akustiker-
   Kongress 271, 325, 390, 405, 461
Intos 361, 362
ISO 330, 370, 415
Isophonen-Differenzmaß-Methode,
   präskriptive 449

J
Julius Groos Verlag 311
Jung von Matt 385, 402, 407

K
K-Amp-Verstärker 441, 455
Kabbala 54
Karbongeräte 135
Kartellrecht 354, 359, 362, 363
Kathodenstrahlenrelais 146
KEMAR 108, 327, 328, 330, 439
Keramik-Mikrophon 214
Killion-Horn 160
Kinematographie 121
Kinnbügel 110
Kinnbügelkopfhörer 111
Klaxon-Horn 141, 142
Klear-Tone 85
Kleinhörer 187
Knalltrauma 160, 207, 250, 418, 420
Knochenleitungshörbrille 116, 205
Knochenverankerte Hörhilfen 463
Knochenverankertes Hörgerät (BAHA)
   247, 440, 441, 463
Knowles Electronics Inc. 330, 439
Kohlegerät 135, 144, 149, 236
Kohlemikrophon 130, 134, 144, 188, 213
Kohlenstaub 130
Kohleverstärker 187, 188, 190
Kompakt-Gerät 199, 439
Komparative Verfahren 448
Konischer Kuppler nach Keller 439
Kontinuierliche Tonreihe 119, 150, 153
Konzertierte Aktion im Gesundheitswesen
   353
Kopfband 32, 33, 34, 74, 85, 86, 111
Kopfbügel 76, 183, 187
Kopfgerät 212, 215, 439

Kopfmaschine 101
Kopfschatteneffekt 90
Koran 32, 46, 47
Kostendämpfungs-Ergänzungsgesetz 353
Kreishandwerkerschaften 494
Kristall-Mikrophon 213
Kristallgerät 216
Krusophon 97
Kunstkopf-Stereophonie 93
Kupferpendel 118

L
Labyrinth 50, 55, 64, 68, 525
Lamprophone 134
Lärmtelefon 154
Lautheitsausgleich 153
Lautheitsempfinden 151, 449
Lautsprachbegleitende Gebärden 245
Lautsprachunterstützende Gebärden 245
Leitohr 52
Lemon Laws 371
Leonhardt & Kern 385, 407
Libby-Horn 160
Lichtgeschwindigkeit 121
Lichthärtende Kunststoffe 160
Lidreflexe 67
Luft- und Knochenleitung 66, 137, 151
Luftschall 69, 115, 116, 154, 250, 252
Lybarger-Horn 160

M
Made in Germany 195, 464
Madsen 445
Magnet-Mikrophon 213
Maico 170, 206, 236, 265, 272, 275, 378, 441
Mainzer Kindersprachtest 450
Mallory 202, 378
Marburger Abkommen 362
Marburger Satzverständnistest 450
Marktzutrittsbeschränkungen 464, 471
Marshall-Plan 197
Master Hearing Aid 139, 155
Mastoidektomie 67
Max-Planck-Gesellschaft 180
MCL 449
Medexport 168
Medicaid 369

Literaturverzeichnis

Aldred C, Echnaton, Pawlag Verlag, Herrsching 1985

Andresen C et al. Lexikon der alten Welt, Weltbild Verlag, Augsburg 1994

Baumgarten A (1988) Propyläen – Welt der Musik und Komponisten Bd. 1–5. Propyläen-Verlag, Frankfurt

Beem AR (1997) De Historie van het Hoortoestel. Selbst-Verlag, Doesburg

Bennion E (1994) Antique Hearing Devices. Vernier-Press, London – Brighton

Berendt JE (1985) Das Dritte Ohr. Rowohlt-Verlag, Hamburg

Bergenstoff H (1984) Verstärkertechnik. Der Hörgeräte-Akustiker 19 (4), 4–11

Bergenstoff H (1993) Hearing Instruments – From Past to Present. 15th GN Danavox-Symposion, Kopenhagen

Berger KW (1984) The Hearing Aid – It's Operation and Development. The national hearing aid society, Livonia

Bess FH, Humes LE (1995) Audiology – the fundamentals. Williams & Wilkins, Baltimore

BKK (1991) Sozialgesetze der Krankenversicherung. Kohlhammer, Stuttgart

Blume H (1999) Ein Handwerk – Eine Stimme. 100 Jahre Handwerkspolitik. (geplante Erscheinungstermin Frühjahr 2000) ZDH, Berlin

Böhme G (1997) Wie wurde Beethovens Hörstörung behandelt? IV. Audio-Symposium, Bommer AG/Rexton, Zürich

Bonsel H (1988) Gruppensystematik zur Abgabe von Hörgeräten. Median-Verlag, Heidelberg

Brixner W, Die Mystiker, Bechtermünz-Verlag, Augsburg 1996

Brunner R, Nöldeke I (1997) Das Ohr. Thieme-Verlag, Stuttgart

Carlsson P (1990) On Direct Bone Conduction Hearing Devices. Technical Report 95, Chalmers TU, Göteborg

Chladni EF (1992) Longitudinalschwingungen bei Saiten und Stäben. In: Renner RG (Hrsg.) Klassiker Deutschen Denkens, Bd. 1. Herder-Verlag, Freiburg

Chronik der Deutschen (1996) Chronik Verlag im Bertelsmann-Lexikon Verlag GmbH; Genehmigte Lizenzausgabe für Bechtermünz Verlag im Weltbild Verlag GmbH

Cicero Über Die Freundschaft, Heyne Verlag, München 1976

Connolly P, Dodge H (1998) Die antike Stadt. Könemann-Verlag, Köln

Der Hörgeräte-Akustiker. Jahrgänge 1966–1987. Median-Verlag, Heidelberg

Dohrn MJ (1979) Stellungnahme zur Handwerksordnung. Gewerbearchiv (10), Gildeverlag, Alfeld/Leine

Dreve W (1960) Otoplastik. (Manuskript) Unna

DSB-Report. Jahrgänge 1998–1999. DSB, Berlin

Eggert A (1982) Wie könnte das Hörgerät der 80er Jahre aussehen? (Teil I/II) Hörakustik 17 (1/2), 17–22/2–8

Engasser Q, Grosse Männer der Weltgeschichte, Neuer-Kaiser-Verlag, Klagenfurt, 1987

Erasmus von Rotterdam, Vertraute Gespräche, Phaidon Verlag, Essen 1947

Faber G, Auf den Spuren Hannibals, List Verlag, München 1983

Fassmann K et al. (1976) Die Grossen. Kindler-Verlag, Zürich

Fassmann K et al. (1991) Die Grossen – Band III/2. Kindler-Verlag, Zürich

Feldmann H (1960) Die geschichtliche Entwicklung der Hörprüfungsmethoden. Thieme-Verlag, Stuttgart

Feldmann H (1984) Ein Museum der Otologie und Audiologie. HNO-Informationen (1)

Feldmann H (1989) Kulturhistorisches und Medizinhistorisches zum Tinnitus Aurium. Harsch-Verlag, Karlsruhe

Galen Über die Heilkunst, in: Renner, Klassiker des Denkens, Bd. 1, Herder Verlag, Freiburg 1992

Gavazzi M, Bütikofer W (1995) Hören und Verstehen. BSSV, Zürich

Geck HM, Petry G (1981) Forschungsbericht Nr. 68 über Hörhilfen. BMAS, Bonn

Geers K, Kiehl R (1995) Unternehmen Besser Hören. Median-Verlag, Heidelberg

Geers T (1954) Das Schwerhörigen-Brevier. FDH-Broschüre, Dortmund

Geers T (1961) Gedanken zum Berufsbild des Hörmittelhändlers. Manuskript, Dortmund

Geers T (1970) Aus den Berufsorganisationen. Der Hörgeräte-Akustiker 5 (5), 4–6

Geers V (1981) Kostendämpfung. Median-Verlag, Heidelberg

Gerdelmann W (1978) Bundes-Rahmenvertrag für Hörgeräte. Die Ortskrankenkasse (12)

Ghasali A, Das Elixier der Glückseligkeit, Eugen Diederichs Verlag, München 1993

Gööck R (1988) Die Großen Erfindungen, Bde: Schall, Elektronik, Radio. Sigloch-Verlag, Künzelsau

Gottschalk G (1990) Die großen Pharaonen. Scherz Verlag, Bern & München; Genehmigte Lizenzausgabe für Weltbild-Verlag, Augsburg

Green J, Bruder Franz, Herder Verlag, Freiburg 1984

Grimm G, Die Lehre des Buddha, Aurum Verlag, Freiburg 1988

Güttner W (1964) Zur Geschichte der Hörgeräte. Manuskript/Siemens, Erlangen

Güttner W (1978) Hörgerätetechnik. Thieme-Verlag, Stuttgart

Habermann G (1996) Stimme und Mensch. Median-Verlag, Heidelberg

Hamer E (1987) Das Mittelständische Unternehmen. Poller-Verlag, Bonn

Hartmann R (1987) Cochlea-Implantat. Der Hörgeräte-Akustiker 22 (4), 4–18

Hearing Instruments (1990) 50 Years of Hearing Health Care

Hearing Journal Jahrgänge 1998–1999

Hearing Review (1998) Timeline of the Hearing Aid Industry.

Hellbrück J (1993) Hören. Physiologie, Psychologie und Pathologie. Hogrefe-Verlag, Göttingen

Helle HJ (1966) Hörgeräte-Akustik im Umbruch. Der Hörgeräte-Akustiker 1 (1), 4–8

Helle HJ (1967a) Zum Aufbau der Bundesinnung. Der Hörgeräte-Akustiker 2 (2), 1–2

Helle HJ (1967b) Ambulanter Handel mit Hörhilfen? (Teil I/II) Der Hörgeräte-Akustiker 2 (4/5) 1–4/2–6

Helmholtz H (1992) Die Natur der menschlichen Tonempfindungen. In: Renner RG (Hrsg.) Klassiker Deutschen Denkens, Bd. 2. Herder-Verlag, Freiburg

Herbst G (1984) Fertigungs-Technologien bei Hörgeräten. Der Hörgeräte-Akustiker 19 (2/3), 4–8/4–8

Hölterhoff H (1952) Beltone Instruktionsheft. Manuskript, Bad Orb

Honolka K (1976) Weltgeschichte der Musik. Rheingauer Verlagsgesellschaft, Eltville, Lizenzausgabe m. freundlicher Genehmigung der Droemerschen Verlagsanstalt, Zürich

Hörakustik. Alle Jahrgänge 1987–1999. Median-Verlag, Heidelberg

Hossner U (1998) In: Handwerkskammer Hamburg (Hrsg.) Horizonte (zur Handwerksgeschichte). L+H Verlag, Hamburg

Hougaard S et al. (1994) Schall und Hören. Widex, Kopenhagen

Hrouda B (1991) Der alte Orient. Bertelsmann-Verlag, Gütersloh

Hüls R (1993) Design oder Nicht-Sein? Hörakustik 28 (5/6), 4–15/16–26

Irmscher J (1986) Lexikon der Antike. Gondrom-Verlag, Bindlach

James P, Thorpe N (1998) Keilschrift, Kompaß, Kaugummi. Sanssouci-Verlag, Zürich

Jussen HH, Claußen H (Hrsg.) (1991) Chancen für Hörgeschädigte. Reinhardt-Verlag, München – Basel

Katz J (1994) Handbook of Clinical Audiology. William & Wilkins, Baltimore

Keller F (1996) Stichwörter aus Akustik, Audiologie und Hörgerätekunde. Median-Verlag, Heidelberg

Keller H (1994) Meine Welt. DTV, München

Kießling J, Kollmeier B (1997) Versorgung und Rehabilitation mit Hörgeräten. Thieme-Verlag, Stuttgart

Kisor H (1993) Henry – Die Geschichte eines Gehörlosen. Droemer Knaur, München

Kitchen M (1998) Illustrierte Geschichte Deutschlands. Weltbild-Verlag, Augsburg

Koelkebeck ML et al. (1984) Historic Devices for Hearing. Central Institut of the Deaf, St.Louis

Köhler M (1996) Das Ohrenbuch. Eichborn-Verlag, Frankfurt

Korbmann H (1979) Der Logopäde. Die Ersatzkasse (2)

Köttgen K (1952) Grundgedanken zur Hörgeräte-Anpassung. Manuskript, Köln

Köttgen W (1990) 30 Jahre Union der Hörgeräte-Akustik. Manuskript, Köln

Kuhn D (1989) Ohrschmuck. Englisch-Verlag, Wiesbaden

Kuhn R, Kreutz B (1991) Das Buch vom Hören. Herder-Verlag, Freiburg

Lagerlöf S, Christuslegenden, Heyne Verlag, München 1978

Lane H (1990) Mit der Seele hören. DTV, München

Laotse Tao-te-King, Reclam-Verlag, Stuttgart 1961

Lehnhardt E (1996) Praxis der Audiometrie. Thieme-Verlag, Stuttgart

Lehnhardt E (1997) On the History of Cochlear Implants. 17th Danavox Symposion, Kopenhagen

Lissner I, Die Cäsaren, dtv, München 1963

Lissner I, So habt Ihr gelebt, Walter Verlag, Freiburg 1960

Löwenstein H, Seneca – Kaiser ohne Purpur, Bechte-Verlag, München 1983

Maas R (1984) Hörgerätetechnik. Ecomed-Verlag, Landsberg

Martin J (1994) Das alte Rom. Bertelsmann-Verlag, Gütersloh

McManners J (1998) Geschichte des Christentums. Parkland-Verlag, Köln

Mencheta E (1974) La Protesis Auditiva. Broschüre, Valencia

Merker H (1996) Listening. Klein-Verlag, Hamburg

Miller A (1986) Wer taub were der nemme. (Sonderdruck) Median-Verlag, Heidelberg

Mitchell J (1990) Große Illustrierte Weltgeschichte. Parkland-Verlag, Stuttgart

Müller G (1968) Das Internationale Büro für Audiophonologie. Der Hörgeräte-Akustiker 2 (2), 4–6

Müller G (1970) Zur leihweisen Überlassung von Hörgeräten. Der Hörgeräte-Akustiker 5 (4), 10–13

Mylanus EAM (1994) The Bone Anchored Heraing Aid. Königl. Bibliothek den Haag, Nijmegen

Needham J (1961) Science and Civilization in China, Bd. I u. II. Cambridge University Press, Cambridge

Neuburger A (1919) Die Technik des Altertums. Voigtländer-Verlag, Leipzig

Niemeyer W (1972) ABC für Hörbehinderte. Thieme-Verlag, Stuttgart

Oehler W, Konfuzius, Deutscher Literatur-Verlag, Hamburg 1949

Osterwald, K (1979) Ein Erfolg, der Wiederholungen verdient: 1. Seminar für Werbung und Öffentlichkeitsarbeit der Fördergemeinschft Gutes Hören. Der Hörgeräte-Akustiker 14 (11), 36–44

Papus N, Die Kabbala, Fourier Verlag, Wiesbaden 1995

Pasemann K (1994) Neue Entwicklungen in der Hörgerätetechnik. Mikroelektronik (8), VDE-Verlag, Berlin

Pasemann K (1996) Kilometersteine am Wege zur Entwicklung der Hörgeräte. Hörakustik 31 (3/4/5), 36–44/16–22/25–31

Pasemann K (1998) Hörgeräte, Verstärker und Audiometer. (Manuskript) Erlangen

Petry G (1985) Regelversorgung bei Hörgeräten. Manuskript, Tübingen

Peyser A (1942) Vom Labyrinth aus gesehen. Oprecht-Verlag, Zürich

Pistor W (1971) Der Hörgeräte-Akustiker in der Europäischen Wirtschaftsgemeinschaft. Der Hörgeräte-Akustiker 6 (3) 1–4

Pistor W (1987) Zur Geschichte der Hörgeräte-Akustik. Manuskript, Eutin

Plath P (1991) Zur Abgabe von Hörgeräten in der HNO-ärztlichen Praxis. In: audio-telegramm aktuell. Median-Verlag, Heidelberg

Pleticha H (1996) Weltgeschichte, Bd. 1–12. Bertelsmann-Verlag, Gütersloh

Politzer A (1976) Geschichte der Ohrenheilkunde, Bd. I und Bd. II. Georg Olms Verlagsbuchhandlung, Hildesheim. Reprografischer Nachdruck: Ferdinand Enke Verlag, Stuttgart – Hildesheim

Renner RG (Hrsg.) (1992) Klassiker Deutschen Denkens, Bd. 2 und 3. Herder-Verlag, Freiburg

Saekel R (1989) Gesundheitsreform. BKK: Die Krankenversicherung (1/2). Schmidt-Verlag, Berlin

Scheele W (1990) Festbetragsregelung bei Hörgeräten. BKK: Die Krankenversichrung 1/90. Schmidt-Verlag, Berlin

Schönwandt F (1966) Handwerkspolitik – ja oder nein? Der Hörgeräte-Akustiker 1 (2), 1–3

Schönwandt F (1967) Das sollten Sie vom Handwerksrecht wissen. Der Hörgeräte-Akustiker 2 (1), 1–3

Schulte-Westenberg M (1998) Wettbewerbsrechtliche Aspekte der Hörgeräteversorgung. WRP (12), Deutscher Fachverlag, München

Schwab W, Hamann KF (1991) Schwerhörigkeit. Trias-Verlag, Stuttgart

Seneca Von der Seelenruhe, Bechtermünz Verlag, Augsburg 1996

Siemens (1979) Hörrohr Horror? Siemens AG, Bereich Medizinische Technik, Aud. Technik, Erlangen

Siemens (1991) Chronik des Geschäftsbereiches Audiologische Technik. Siemens, Erlangen

Siemens (1993) Meilensteine der Hörgeräte-Technik. (Manuskript) Erlangen

Skadegaard J (1979) Hörgeräte-Versorgung in den USA. Der Hörgeräte-Akustiker 14 (3), 39–47

Skafte M et al. (1990) Fifty years of Hearing Health Care. Sonderheft Hearing Instruments. Williams & Wilkins, Duluth

Sloterdijk P, Mystische Zeugnisse, Eugen Diederichs Verlag, München 1993

Sobotta G (1970) Sieben Tage im April: Eine vorläufige Bilanz zur Aktion Besser Hören 1970. Der Hörgeräte-Akustiker 5 (3), 6–9

Stach BA (1997) Comprehensive Dictionary of Audiology. William & Wilkins, Baltimore

Tettinger PJ (1997) Kammerrecht. Beck-Verlag, München

Tinnitus-Forum. Jahrgänge 1998–1999

Tjellström A (1995) Osseointegration. Journal of Laryngology and Otology (109)

Toellner R (1992) Illustrierte Geschichte der Medizin. Andreas-Verlag, Vaduz/Erlangen

Tomatis A (1995) Das Ohr und das Leben. Walter-Verlag, Düsseldorf

UHA, Geschichte und Entwicklung des Berufsstandes der Hörgeräte-Akustiker ab 1950. Grünes Heft der UHA, Mainz

Vandenberg P (1985) Nofretete, Echnaton und ihre Zeit. Scherz Verlag, Bern – München; Genehmigte Lizenzausgabe 1985 für Manfred Pawlak, Herrsching

Vater W (1998) Der Weg in die Sterilisation Gehörloser – auch eine Aufarbeitung. Hörgeschädigten-Pädagogik (6), 323–352

Vater W (1999) Der Weg in die Sterilisation Gehörloser – auch eine Aufarbeitung. Hörgeschädigten-Pädagogik (1/2), 32–40/92–98

Vollmer W, Wörterbuch der Mythologie, Reprint-Verlag, Leipzig 1874

Vonlanthen A (1995) Handbuch der Hörgerätetechnik. Huber-Verlag, Zürich

Voogdt U (1993) Otoplastik. Median-Verlag, Heidelberg

Wendt W (1951) Der Weg zum Kunden. Manuskript, Hamburg

Werth PC (1970) Hörgeräte-Versorgung in England. Der Hörgeräte-Akustiker 5 (1), 25–29

Zabern PH von, Ägyptens Aufstieg zur Weltmacht, von Zabern Verlag, Mainz 1987

Zago M (1984) Der Buddhismus. Paul Pattloch, Aschaffenburg

Zeitschrift für Hörgeräte-Akustik. Alle Jahrgänge 1962–1966.

Zenner HP (1994) Hören. Thieme-Verlag, Stuttgart

Als Nachschlagewerke waren unverzichtbar

Harenbergs Personenlexikon. Dortmund 1992
Stein W: Fahrplan der Weltgeschichte. Genehmigte Lizenzausgabe, Weltbild-Verlag, Augsburg 1994
Who is Who in Germany? 1988
Duden-Lexikon. Mannheim 1988